MÉLANGES
POSTHUMES
D'ADAM MICKIEWICZ

PUBLIÉS

AVEC INTRODUCTION, PRÉFACES ET NOTES

PAR

LADISLAS MICKIEWICZ

DEUXIÈME SÉRIE.

I. LÉGENDES LITHUANIENNES
ZYWILA. — KARYLLA.

II. Ce que femme préfère
(*Proverbe.*)

III. NOTICES LITTÉRAIRES
DÉPOUILLEMENT DES BIBLIOTHÈQUES ET MUSÉES DE POLOGNE.
LA MORT DE GARCZYNSKI.
COUP D'OEIL SUR LES DZIADY
ET FRAGMENT DE LA PREMIÈRE PARTIE.

IV. APOLOGÉTIQUE DU ROMANTISME
DE LA POÉSIE ROMANTIQUE.
RÉPONSE AUX CRITIQUES DE VARSOVIE.

PARIS

LIBRAIRIE DU LUXEMBOURG

16, RUE DE TOURNON, 16

—

1879

MÉLANGES
POSTHUMES
D'ADAM MICKIEWICZ

Paris. — IMPRIMERIE DE CHARLES NOBLET
rue Cujas, 13.

MÉLANGES

POSTHUMES

D'ADAM MICKIEWICZ

PUBLIÉS

AVEC INTRODUCTION, PRÉFACES ET NOTES

PAR

LADISLAS MICKIEWICZ

DEUXIÈME SÉRIE.

I. LÉGENDES LITHUANIENNES
ZYWILA. — KARYLLA.
II. Ce que femme préfère
(Proverbe.)
III. NOTICES LITTÉRAIRES
DÉPOUILLEMENT DES BIBLIOTHÈQUES ET MUSÉES DE POLOGNE.
LA MORT DE GARCZYNSKI.
COUP D'OEIL SUR LES DZIADY
ET FRAGMENT DE LA PREMIÈRE PARTIE.
IV. APOLOGÉTIQUE DU ROMANTISME
DE LA POÉSIE ROMANTIQUE.
RÉPONSE AUX CRITIQUES DE VARSOVIE.

PARIS
LIBRAIRIE DU LUXEMBOURG
16, RUE DE TOURNON, 16

1879

AU LECTEUR BÉNÉVOLE

« Ce serait un grand obstacle aux succès futurs des Français dans la carrière littéraire que ces préjugés nationaux qui les empêcheraient de rien étudier qu'eux-mêmes. » Cet avertissement que madame de Staël (voy. sa préface de la 1re édit. de *Delphine*) adressait aux Français, au commencement du siècle, à la veille des plus étonnants triomphes militaires, leur fut répété par les voix les plus autorisées, soixante-dix ans après, au lendemain de désastres inouïs. Un moment, il sembla que le public français voulût, pour son propre avantage, en tenir quelque compte. Mais il ne tarda pas à reprendre son allure habituelle. Et les étrangers, en général, continuent à emprunter aux Français leurs engouements littéraires comme leurs toilettes.

La première série des *Mélanges posthumes* de mon père n'a pas fait grand bruit en France. Chez mes compatriotes polonais, elle n'a guère provoqué (au bout d'un an et demi) qu'une critique peu bienveillante, insérée dans le *Czas* de Cracovie. Et pourtant je continue. — Il faut une fière foi! me direz-vous. — Je l'ai.

Je suis convaincu que les Français finiront par sentir la nécessité de s'initier aux pensées des autres peuples. Un roi qui dédaignerait de pénétrer les mystères des cabinets et de connaître les mobiles qui peuvent les influencer et les faire agir, loin d'être un grand roi, marcherait de faux pas en faux pas à la défaite. Que penser des classes qui se disent supérieures et veulent être dirigeantes, quand on les voit borner leur activité spirituelle à l'admiration d'elles-mêmes ? Les peuples prétendent être souverains : qu'ils commencent donc par prendre des habitudes royales !

Les Français n'ont-ils pas aujourd'hui à regretter amèrement de n'avoir pas étudié, lorsqu'on les y conviait, non pas tant encore la langue allemande que l'esprit allemand ? Il y a de longues années déjà, juste trente-trois ans, un avertissement non suspect leur vint de Henri Heine, ce grand esprit juif-allemand francisé, qui s'était, il l'a dit, donné pour mission de rapprocher fraternellement la France et l'Allemagne, et qui, « après avoir travaillé à faire comprendre la France en Allemagne, à détruire ces préventions nationales, que les despotes savent si bien exploiter à leur profit, » entreprit d'expliquer l'Allemagne aux Français, signala ce qu'il y avait « de redoutable et de très-dangereux » dans le demi-savoir où la France se complaisait, dans une interprétation erronée de l'esprit allemand.

Malheureusement, on ne l'écouta que d'une oreille distraite.

C'est instructif à relire. Écoutez donc :

« ... Il me semble, disait Heine, qu'un peuple méthodique, comme nous le sommes, devait commencer par la Réforme pour s'occuper ensuite de la Philosophie, et n'arriver à la Révolution politique qu'après avoir passé par ces phases. Je trouve cet ordre tout à fait raisonnable. Les têtes que la Philosophie a employées à la méditation peuvent être fauchées à plaisir par la Révolution ; mais la Philosophie n'aurait jamais pu employer les têtes que la Révolution aurait tranchées auparavant. Pourtant la révolution allemande ne sera ni plus débonnaire, ni plus douce, parce que la critique de Kant, l'idéalisme transcendantal de Fichte et la philosophie de la nature l'auront précédée. Ces doctrines ont développé des forces révolutionnaires qui n'attendent que le moment pour faire explosion et remplir le monde d'effroi et d'admiration. Alors apparaîtront des kantistes, qui ne voudront pas plus entendre parler de piété dans le monde des faits que dans celui des idées et bouleverseront sans miséricorde, avec la hache et le glaive, le sol de notre vie européenne pour en extirper les dernières racines du passé. Viendront sur la même scène des fichtéens armés, dont le fanatisme de volonté ne pourra être maîtrisé ni par la crainte, ni par l'intérêt ; car ils vivent dans l'esprit et méprisent la matière, pareils aux premiers chrétiens qu'on ne put dompter ni par les supplices corporels, ni par les jouissances terrestres. Oui, de tels idéalistes transcendantaux, dans un bouleversement social, seraient encore plus inflexibles que les premiers chrétiens ; car ceux-ci enduraient le martyre pour arriver à la béatitude céleste, tandis que l'idéaliste transcendantal regarde le martyre même comme pure apparence, et se tient inaccessible dans la forteresse de sa pensée. Mais les plus effrayants de tous seraient les philosophes de la nature, qui interviendraient par l'action dans une révolution allemande et s'identifieraient eux-mêmes avec l'œuvre de destruction ; car, si la main du kantiste frappe fort et à coup sûr, parce que son cœur n'est ému par aucun respect traditionnel ; si le fichtéen méprise hardiment tous les dangers, parce qu'ils n'existent point pour lui dans la réalité, le philosophe de la nature sera terrible en ce qu'il se met en communication avec les pouvoirs originels de la terre, qu'il conjure les forces cachées de la tradition, qu'il peut évoquer celles de tout le panthéisme germanique, et qu'il éveille en lui cette ardeur de combat que nous trouvons chez les anciens Allemands, et qui veut combattre, non pour détruire, ni même pour vaincre, mais pour combattre. Le christianisme a adouci, jusqu'à un certain point, cette brutale ardeur batailleuse des Germains ; mais il n'a pu la détruire, et quand la croix, ce talisman qui l'enchaîne, viendra à se briser, alors débordera de nouveau la férocité des anciens combattants, l'exaltation frénétique des Berserkers que les poëtes du Nord chantent encore aujourd'hui. Alors, et ce jour, hélas ! viendra, les vieilles divinités guerrières se lèveront de leurs tombeaux fabuleux, essuieront de leurs yeux la poussière séculaire ; Thor se dressera avec son marteau gigantesque et démolira les cathédrales gothiques… Quand vous entendrez le vacarme et le tumulte, soyez sur vos gardes, nos chers voisins de France, et ne vous mêlez pas de l'affaire que nous ferons chez nous en Allemagne : il pourrait vous en arriver mal. Gardez-vous de souffler le feu, gardez-vous de l'éteindre : car vous pourriez facilement vous brûler les doigts. Ne riez pas de ces conseils, quoiqu'ils vous viennent d'un rêveur qui vous invite à vous défier de kantistes, de fichtéens, de philosophes de la nature ; ne riez point du poète fantasque, qui attend dans le monde des faits la même révolution qui s'est opérée dans le domaine de l'esprit. La pensée précède l'action, comme l'éclair le tonnerre. Le tonnerre en Allemagne est bien à la vérité allemand aussi : il n'est pas très-leste, et vient en roulant un peu lentement ; mais il viendra, et quand vous entendrez un craquement comme jamais craquement ne s'est fait encore entendre dans l'histoire du monde, sachez que le tonnerre allemand aura enfin touché le but. A ce bruit, les aigles tomberont morts du haut des airs, et les lions, dans les déserts les plus reculés de l'Afrique, baisseront la queue et se glisseront dans leurs antres royaux. On exécutera en Allemagne un drame auprès duquel la Révolution française ne sera qu'une innocente idylle. Il est vrai qu'aujourd'hui tout est calme, et si vous voyez çà et là quelques hommes gesticuler un peu vivement, ne croyez pas que ce soient les acteurs qui seront un jour chargés de la représentation. Ce ne sont que des roquets qui courent dans l'arène vide, aboyant et échangeant quelques coups de dent, avant l'heure où doit entrer la troupe des gladiateurs qui combattront à mort.

« Et l'heure sonnera. Les peuples se grouperont comme sur les gradins d'un amphithéâtre, autour de l'Allemagne, pour voir de grands et terribles jeux. Je vous le conseille, Français, tenez-vous alors fort tranquilles, et surtout gardez-vous d'applaudir. Nous pourrions facilement mal interpréter vos intentions et vous renvoyer un peu brutalement suivant notre manière impolie ; car, si jadis, dans notre état d'indolence et de servage, nous avons pu nous mesurer avec vous, nous le pourrions bien plus encore dans l'ivresse arrogante de notre jeune liberté. Vous savez par vous-mêmes tout ce qu'on peut dans un pareil état ; et cet état vous n'y êtes plus... Prenez donc garde ! Je n'ai que de bonnes intentions et je vous dis d'amères vérités. Vous avez plus à craindre de l'Allemagne délivrée que de la Sainte-Alliance tout entière avec tous les Croates et les Cosaques. D'abord on ne vous aime pas en Allemagne, ce qui est presque incompréhensible, car vous êtes pourtant bien aimables, et vous vous êtes donné, pendant votre séjour en Allemagne, beaucoup de peine pour plaire, au moins à la meilleure et à la plus belle moitié du peuple allemand ;

mais, lors même que cette moitié vous aimerait, c'est justement celle qui ne porte pas d'armes et dont l'amitié vous servirait peu. Ce qu'on vous reproche au juste, je n'ai jamais pu le savoir. Un jour, à Gœttingue, dans un cabaret à bière, un jeune Vieille-Allemagne dit qu'il fallait venger dans le sang des Français le supplice de Conradin de Hohenstaufen que vous avez décapité à Naples. Vous avez certainement oublié cela depuis longtemps ; mais nous n'oublions rien, nous. Vous voyez que, lorsque l'envie nous prendra d'en découdre avec vous, nous ne manquerons pas de raisons d'Allemand. Dans tous les cas, je vous conseille d'être sur vos gardes : qu'il arrive ce qu'il voudra en Allemagne, que le prince royal de Prusse ou le docteur Wirth parvienne à la dictature, tenez-vous toujours armés, demeurez tranquilles à votre poste, l'arme au bras. Je n'ai pour vous que de bonnes intentions ; et j'ai presque été effrayé quand j'ai entendu dire dernièrement que vos ministres avaient le projet de désarmer la France...

« Comme, en dépit de votre romantisme actuel, vous êtes nés classiques, vous connaissez votre Olympe. Parmi les joyeuses divinités qui s'y régalent de nectar et d'ambroisie, vous voyez une déesse qui, au milieu de ces doux loisirs, conserve toujours une cuirasse, le casque en tête et la lance à la main. — C'est la déesse de la sagesse. » (*De l'Allemagne*, Nouv. édit. in-18. Paris, 1855, I, p. 180-184.)

Or, il vint un jour où, tandis que l'Opposition, en France, dans sa crédulité démocratique et libérale, somnolait en se répétant : « Nous n'avons point de haine pour les Allemands, donc les Allemands nous aiment : d'ailleurs, les Allemands, étant philosophes, sont des autres nous-mêmes, » — les thuriféraires officieux criaient : « Nous ne tolérerons pas que l'Allemagne s'unisse, nous soulèverons le Hanovre, nous protégerons la Bavière catholique, il faut que le Prince Impérial trempe son épée dans le Rhin, » — l'empereur Napoléon III croyait habile d'insister outre mesure sur la question Hohenzollern, pour laquelle, pensait-il, l'Allemagne du Sud ne se passionnerait point ; et ses ministres comptaient sur la rivalité de l'Allemagne d'en deçà et de l'Allemagne d'au delà du Mein. On déclara la guerre; on criait et faisait crier : A Berlin! à Berlin! Et militairement rien n'était prêt.

Est-il bien sûr que M. Thiers, par exemple, ait fini par comprendre que, en reprochant quotidiennement à l'Empire d'avoir laissé faire Sadowa, et en s'opposant au doublement de l'armée projeté par le maréchal Niel, il a été l'une des causes premières de la malheureuse guerre dont il a ensuite mis tous ses soins à solder les colossales contributions? C'est peu probable, au contraire, puisqu'on l'a vu demander, non sans quelque naïveté, à l'ambassadeur d'Allemagne, baron d'Arnim (janvier 1873), sa parole de gentilhomme que l'Allemagne ne songe pas à faire la guerre à la France après le paiement des cinq milliards, et ajouter : Vous ne voudriez pas, à mon âge, me rendre ridicule devant l'histoire! — sans même s'apercevoir qu'il se plaçait ainsi de lui-même presque au niveau de M. Jules Favre pleurant à Ferrières devant M. de Bismark.

Si un homme comme M. Thiers, qui avait tant écrit et tant voyagé, ignorait profondément l'Allemagne, combien y a-t-il de Français qui puissent se vanter de la connaître? Et comment n'être pas effrayé de voir la légèreté avec laquelle aujourd'hui les Français voyageurs, écrivains et journalistes, font, en opposition aux principes de 1789, bon marché de l'effacement de la Pologne, et qui n'a son égale que la légèreté avec laquelle les Français hommes d'État cherchèrent, il y a quelques années, à entraver l'unité allemande qui n'est pas moins respectable que l'unité française?

Le russophilisme spontané et simultané de tous les chefs actuels de parti en France atteste une aussi grandiose ignorance des conditions slaves que des conditions germaniques. « Grande nouvelle! dit-on. Laquelle? Nous avons un ami dans le monde. Voilà assurément quelque chose de nouveau; et cet ami, quel est-il? La Russie qui nous bafouait hier!...

Nous allons nous jeter dans ses bras, grossir son cortége, et changeant, non de système mais de dépendance, nous faire son agent, en attendant qu'elle devienne le nôtre : car nous venons de découvrir que notre rivale sur terre a pour intérêt de nous agrandir ; que le pouvoir absolu a la même cause que la démocratie, le meurtrier de la Pologne le même but que son protecteur, l'ennemi de la Révolution le même esprit que ses ministres!.. » Ces lignes, que l'on croirait d'hier, datent du 25 décembre 1840, et furent écrites par M. Edgar Quinet, dans son *Avertissement au pays*, moins de deux mois après l'avénement du ministre Guizot.

Eh bien! l'erreur sur la Russie, si elle n'est point à temps reconnue et réparée, aurait des conséquences plus désastreuses encore que n'en eut l'erreur volontaire où les hommes politiques et les écrivains de France se tinrent et entretinrent leur public sur l'Allemagne. L'un des premiers besoins de la France, c'est de bien connaître la Russie ; elle ne le peut guère que par la Pologne : car Pologne et Russie sont les deux pôles de la question slave.

C'est pourquoi, ami lecteur, je poursuis mes publications slaves et particulièrement l'édition française des œuvres complètes de mon père.

Mon censeur cracovien estime que les préfaces et annotations que j'ai mises au premier volume des *Mélanges* sont superflues (donnez-vous donc de la peine!), et il blâme ma dédicace à Armand Barbès. J'aurais, sans aucun doute, obtenu son approbation, si la dédicace eût été adressée au feu comte de Montalembert, pour qui cependant les souffrances de la Pologne, dont il déserta la cause en 1848, ne furent qu'un moyen de popularité et une occasion de polémique personnelle et de parti, et qui finit même par détruire sa traduction du *Livre des Pèlerins polonais*, ou bien encore à M. l'évêque d'Orléans Dupanloup, qui affirmait aimer la Pologne, et qui pourtant, dans sa réponse à Quinet en 1863, préférait qu'elle restât au sépulcre plutôt que d'en être tirée par une autre méthode que la sienne, et à une autre heure qu'à celle qui peut convenir au clergé de l'Occident! Dans la reconnaissance que je professe envers les étrangers qui témoignent des sympathies pour la Pologne, je n'ai aucun égard à l'opinion politique, sociale ou religieuse : je classe les amis de la Pologne selon le degré de leur hostilité contre les Puissances copartageantes. Et je suis en cela le procédé de mon père qui, en 1848, recommandait à ses Légionnaires d'Italie de juger les hommes selon l'intensité de leur désir de lutter contre l'Autriche, puisque alors c'est contre l'Autriche que la guerre était engagée, et, par conséquent, l'action ouverte aux Polonais. Notre meilleur ami est, en temps de guerre, celui qui combat le plus virilement et le plus obstinément contre l'un quelconque des trois ennemis qui nous ont démembrés, — et en temps de paix, celui qui a le plus d'horreur de la Russie, car elle est le plus formidable de nos bourreaux. J'ai donc eu raison de dédier le volume précédent à Armand Barbès qui, en 1848, a montré son grand amour de la Pologne, en proposant aux Français de faire tout exprès la guerre pour sa totale délivrance, — et qui, en 1855, écrivait, de sa prison de Belle-Isle, à un de ses amis : « Je suis bien aise de voir en toi les sentiments que tu exprimes; et si tu ne fais point de vœux pour les Russes, moi je fais des vœux pour la victoire de nos Français. Oui, oui ! qu'ils battent bien là-bas les Cosaques, ce sera autant de gagné pour la cause de la civilisation et du monde... Puisque l'épée est tirée, il est nécessaire qu'elle ne rentre point sans gloire au fourreau. Cette guerre profitera plus qu'à d'autres à la nation qui en a besoin. Depuis Waterloo, nous sommes les vaincus de l'Europe, et, pour faire quelque chose de bon même chez nous, il est utile, je crois, de montrer aux étrangers que nous savons manger de la poudre. Je plains notre parti, si, dans son sein, il y en a qui pensent autrement. Hélas! Il ne nous manquait plus que de perdre le sens moral, après avoir perdu tant d'autres choses. » Mon père admirait hautement cette lettre de Barbès, comme aussi celle par laquelle Napoléon III le fit instantanément mettre en liberté sans condition, en déclarant qu'un « homme qui professait de pareils sentiments ne pouvait pas rester une seconde en prison sous son règne. » De part et d'autre alors, le patriotisme primait les questions de parti ; et la France vainquit. Le contraire se produisit quinze ans plus tard ; et la France succomba. Et ce ne sont point là des souvenirs indifférents pour les nations qui veulent se relever, pas plus que pour celles qui veulent éviter de tomber. J'ajouterai que l'exemple de Barbès s'unissant moralement à l'armée française d'Orient pour la défaite des Russes, malgré la présence de l'Empereur aux Tuileries, fut invoqué par les patriotes italiens à l'appui de la coopération du Piémont à l'expédition de Crimée, d'accord avec la France malgré la présence des Français à Rome. (Voy. article de Joseph La Farina, dans la *Rivista enciclopedica italiana*, 4e livraison de la première année, Turin, 1855.)

Enfin, quant aux notes mises dans un volume destiné au public français et européen, mon contradicteur n'est pas très-bien placé pour en juger. Qu'il me permette de le lui dire, on voit mieux de Paris que de Cracovie ce qui a besoin d'éclaircissement pour des lecteurs non polonais. Et l'assentiment de Français, très-grands amis de la Pologne, m'est à cet égard un guide plus sûr que les meilleurs conseils d'un compatriote polonais, naturellement porté à croire que ce qu'il sait si bien des choses et des hommes de notre pays est également familier aux étrangers. J'ai donc persisté malgré mon critique, et même

A.

avec un certain endurcissement, car les notes du présent volume ne sont pas moins longues que celles du volume précédent. J'ai foi qu'elles agréeront aux vrais amis de la Pologne, et leur serviront à mieux entendre et défendre notre cause. C'est ce qu'avec le temps mon critique reconnaîtra; et il est trop bon Polonais, je m'imagine, pour ne pas alors me pardonner de ne m'être point aujourd'hui rendu à ses observations.

De même que, pour faciliter l'intelligence des œuvres de mon père à ceux qui en ont l'étude à cœur, j'ai, dans l'introduction au premier volume de ces *Mélanges*, donné quelques traits de sa physionomie à ses âges divers, d'après sa Correspondance dont il n'existe encore qu'une édition polonaise, — je voudrais ici relever quelques détails des notices biographiques qui lui ont été consacrées, et rectifier un certain nombre des erreurs qui s'y sont glissées.

Madame Sand, en commençant l'*Histoire de sa vie*, faisait la remarque que ses biographies étaient pleines d'erreurs, dans la louange comme dans le blâme ; et qu'il n'est pas jusqu'à son nom qui ne fût une fable dans certaines d'entre elles, publiées d'abord à l'étranger et reproduites en France avec des modifications de fantaisie (T. I, p. 5, éd. 1858). Les biographies de mon père fourmillent également d'inexactitudes ; et elles ne sont point toutes involontaires, surtout pour les quinze dernières années de sa vie.

Son premier biographe a été un compatriote, M. Léonard Chodzko, qui, parti de Pologne comme secrétaire du prince Michel Oginski, habitait la France dès avant 1830 (après la révolution de Juillet, il dut à sa qualité de Polonais de devenir l'aide de camp de La Fayette et le secrétaire du comité franco-polonais). M. Léonard Chodzko s'occupait de publications sur la Pologne : il donna, en 1828, une notice sur Adam Mickiewicz à la *Biographie universelle et portative des contemporains* (1); cette biographie est assurément des mieux intentionnées, mais, en plus d'un détail, indiscrète et même imprudente, mon père n'ayant pas encore franchi les limites de l'Empire, et se trouvant par conséquent alors sous la main du gouvernement russe. Les renseignements sur sa naissance, sa famille, ses études ont été depuis constamment répétés (2). Rien de plus naturel que le biographe, parmi les maîtres de Mickiewicz, notât Léon Borowski, professeur de littérature polonaise, Groddek, de littératures latine et grecque, Joachim Lelewel, d'histoire universelle, et Goluchowski, de philosophie (3); qu'il constatât l'enthousiasme avec lequel avaient été reçus du public ses deux premiers volumes de poésies, et qu'il signalât que son adoption du genre romantique lui avait attiré des détracteurs, sans que leurs critiques aient eu le pouvoir de le décourager. En outre, quand, à propos de ces premiers volumes, il disait que les poésies de Mickiewicz « réunissent une rare flexibilité de talent, beaucoup d'imagination, une connaissance exacte du pays, des anciennes mœurs, avec tous les charmes d'une admirable et naïve simplicité, » il rendait assez bien, quoique sous une forme qu'on peut trouver vague et banale, l'impression du gros public. Mais était-il nécessaire

---

(1) *La Biographie universelle et portative des Contemporains, ou Dictionnaire historique des hommes vivants et des hommes morts depuis 1788 jusqu'à nos jours, qui se sont fait remarquer par leurs écrits, leurs actions, leurs talents, leurs vertus ou leurs crimes*, était publiée à Paris sous la direction de MM. Alph. Rabbe, Vieilh de Boisjolin et Sainte-Preuve. Un premier tirage ayant été épuisé avant 1830, il en fut fait un second en 1836, mais sans modifications.

(2) Chodzko dit que Mickiewicz « suivit les cours de l'Université de Vilna, qui l'entretint à ses frais. » Ce second point est inexact.

(3) Parmi les maîtres de Mickiewicz, il y avait aussi Sniadecki, par qui il se félicite d'avoir été mis en garde contre les doctrines de Kant (*Korespondencya Adama Mickiewicza*. Paris, 1874, 1, p. 2.)

d'écrire en toutes lettres le nom de la jeune fille pour qui le cœur du poète avait battu du premier battement d'amour? Sans doute, le nom de Marie Wereszczaka devait traverser les âges avec celui d'Adam Mickiewicz, comme le nom de Charlotte Kestner avec celui de Gœthe, et le nom de Laure de Noves avec celui de Pétrarque, et le nom de Béatrice de Portinari avec celui de Dante; mais il y avait un singulier manque de tact à le livrer avec un irrespectueux empressement à la curiosité du public européen. « En 1824 (1), dit Léonard Chodzko, le Gouvernement prit ombrage de la Société présidée d'abord par François Malewski, et plus tard par Thomas Zan, élève très-distingué de l'Université, et qui s'était formée à Vilna, dans le but d'encourager la culture des sciences et d'entretenir dans toute sa force l'esprit national et la langue polonaise. » Évidemment le biographe ne songeait qu'à glorifier deux compatriotes; mais il était sur la terre hospitalière de France et eux dans le pays de la servitude, et son affirmation pouvait aggraver leur position. Quant à Adam Mickiewicz, ledit biographe déclarait « qu'il nourrissait dans son âme le feu sacré de la liberté et de l'amour d'une patrie malheureuse, et que toutes ses poésies portaient l'empreinte de ces sentiments; » qu'il avait pris place parmi les « patriotes écrivains, » et « mérité le beau titre de poète national polonais. » Après avoir dit qu' « il résidait à Moscou sous la surveillance de la police, » il ajoutait qu' « il y préparait un nouveau poème, composé de plus de deux mille vers, intitulé

---

(1) C'est en 1823 que commencèrent les arrestations. En sa IIIe partie des *Dziady*, Mickiewicz, se personnifiant dans le héros de son poème, lui fait tracer avec du charbon sur les murs de la cellule de sa prison: *D.O.M.* — *Gustavus obiit* — M.D.CCC.XXIII — *Calendis novembris*; et en face : *Hic natus est Conradus* — M.D.CCC.XXIII — *Calendis novembris*. Une poésie, qu'il adressa, pour le jour de sa fête, à la fiancée d'un de ses amis, Louise Mackiewicz, est datée du couvent des Basiliens de Vilna, le 24 octobre 1824, jour de son départ de la Lithuanie pour la Russie, c'est-à-dire de sa sortie de prison pour l'exil.

Wallenrod. » C'était pour le moins le désigner à la censure russe. Aussi, quand Mickiewicz, arrivé en Occident, eut connaissance de cette biographie, il s'écria avec le proverbe : Dieu nous garde de maladroits amis ! Il était particulièrement froissé de la divulgation de certaines circonstances intimes de sa vie avec la mention du nom des personnes et inquiet de la pensée que cette biographie pénétrerait peut-être en Lithuanie et qu'on l'y pourrait accuser d'indiscrétion. (Lettre à Fr. Malewski, datée de Rome, 2 février 1830.)

Lorsque Chodzko dit que mon père fut exilé en Tartarie, il veut désigner la Crimée qui était, en grande partie, habitée par les Tartares. Mais la Crimée n'avait pas été assignée à mon père comme lieu d'exil : il la visita occasionnellement.

Chodzko relate que les *Sonnets de Crimée* d'Adam Mickiewicz furent traduits en langue persane par Mirza Kaptschi Bacha, ami de l'auteur ; qu'il en fut fait à Moscou une belle édition in-4° en polonais, et que plusieurs furent traduits en russe par le prince Wiazemski ; que, de son côté, Mickiewicz traduisit quelques morceaux de Shakespeare, de Byron, de Schiller, de Dante, de Pétrarque, de Lamartine et d'autres. — D'abord le nom du traducteur persan est mal reproduit. En tête de l'édition in-4° de Moscou, 1826, imprimerie de l'Université, se trouvent deux pages lithographiées avec la mention : « Sonnet V. *Vue du Czatyrdah depuis les steppes de Kozlow*, traduit du polonais en vers persans par Mirza Dzafar Topczy Baszy, professeur adjoint de l'Université de Saint-Pétersbourg, traducteur au Collège asiatique et chevalier de l'ordre de St-Wladmir 4e classe. » Il n'a été traduit en persan qu'un seul sonnet. Mais le prince Wiazemski les a tous traduits en russe. Outre les auteurs dont le nom est cité par le biographe, mon père traduisit des morceaux de Gœthe et de Jean-Paul Richter, de Puszkin, de Lafontaine et de Mérimée, des pensées de Jacob Boehme, d'Ange de Silésie et du théosophe Saint-Martin, et aussi quelques poésies arabes d'après une version française, mais rien que je sache de Lamartine. Mickiewicz excita alors, il est vrai, une admiration universelle par ses improvisations (plus fréquentes d'ailleurs en prose française qu'en vers polonais), mais il est improbable qu'il se soit jamais lui-même accompagné du piano, car il ne savait jouer d'aucun instrument de musique.

Si deux parties seulement des *Dziady*, au lieu de quatre, ont paru à Vilna en 1823, cela ne tint pas à la défense de la censure; car, des deux parties qui manquent, la troisième de la première série n'a jamais été composée.

L. Chodzko dit que « Mickiewicz demanda inutilement au ministre de l'instruction publique la permission de publier à Moscou et en langue polonaise un journal littéraire et philosophique intitulé *Iris*. » C'était avant l'apparition de *Wallenrod*. Et c'est à ce projet, sans doute, que se rapporte la phrase suivante de Mickiewicz, en sa lettre adressée à Odyniec, à Varsovie, en 1827 : « Il se prépare ici (à Moscou) une curieuse entreprise; j'ignore si elle aboutira; garde-m'en le secret : je songe à publier un écrit périodique polonais. Penses-tu qu'il trouverait des abonnés à Varsovie? » (*Koresp. Adama Mickiewicza*, Paris, 1875, II, p. 446.)

L'article biographique se termine par les mots : « Voyez le supplément. » Mais il n'est plus reparlé de Mickiewicz dans le supplément.

L'article n'est point signé; mais nous savons qu'il est de Léonard Chodzko, par une lettre dont il nous communiqua la copie comme ayant été écrite de Paris à Adam Mickiewicz à Pétersbourg, le 3 mai 1828, et où il lui dit qu'il s'est chargé de la rédaction des notices polonaises pour ledit dictionnaire biographique. (*Koresp. Ad. Mick.* Paris, 1876, III, p. 94.)

Nous apprenons, par cette même lettre, qu'il a fourni les matériaux pour un article qui devait paraître dans la *Revue encyclopédique* (1), et qui parut, en effet, sous le titre : *Notice sur la vie et les poésies d'Adam Mickiewicz*, par Alphonse d'Herbelot. (Paris, in-8°, mai 1830.)

La Notice de M. d'Herbelot fut composée à l'occasion de la traduction française que venaient de publier, à Paris, MM. Félix Miaskowski et G. Fulgence (*Konrad Wallenrod, le Faris, Sonnets de Crimée*). Il n'y avait encore eu de traduction française d'œuvres de Mickiewicz que celle des *Sonnets de Crimée* et des *Ballades*, sous le titre de *Poésies romantiques d'Adam Mitskevitch*, et de *Ballades Polonaises*, par G. Le Cointe de Laveau, publiées à Moscou en 1828, dans deux numéros du *Bulletin du Nord, journal scientifique et littéraire.*

M. d'Herbelot commence ainsi : « Depuis longtemps le nom de Mickiewicz [on prononce *Mitzkévitch*] (2) était populaire dans le Nord de l'Europe ; et cependant aucune de ses compositions n'avait passé le Rhin. Tandis que la France accueille avec empressement les moindres productions échappées à la plume des écrivains célèbres de l'Allemagne ou de l'Angleterre, elle ignorait jusqu'à l'existence d'un poète qui va de pair avec les plus brillants génies de ce siècle... Cet injuste oubli vient enfin de cesser. »

Le critique-biographe a bien saisi ce que rencontre de difficultés, dans la société moderne, tout jeune homme qui garde au cœur une étincelle du feu sacré : « Au milieu de notre civilisation régulière et monotone, de la pompe de nos salons et de nos spectacles, de nos joies de cérémonie, je ne sais quel voile

---

(1) La *Revue encyclopédique* était dirigée par A. Jullien (de Paris), qui fut membre du Comité franco-polonais.

(2) Il est plus exact de prononcer : *Mitzkiévitch*.

d'uniformité s'étend sur la vie entière : l'exaltation, traitée de folie, se refroidit vite ; on se raidit contre l'enthousiasme, chose étrange, en effet et de mauvais ton; les âmes, comme les corps, s'assujettissent aux goûts, aux bienveillances, et se mettent, pour ainsi dire, au régime intellectuel du plus grand nombre.» Mais la passion et la douleur emportèrent Mickiewicz et l'aigle prit son vol superbe à travers l'espace.

L'auteur constate que « l'amour et le patriotisme ont inspiré les vers de Mickiewicz. » Il ajoute discrètement : « Il est dans le cœur des abîmes qu'un œil curieux ne doit jamais pénétrer, des peines amères et secrètes qu'il faut respecter et taire. »

La Notice poursuit : « Il traduisit d'abord des ballades allemandes, puis traita des sujets nationaux ou de fantaisie et publia enfin, en 1822, un volume de poésies. Ce recueil, qui contenait, entre autres pièces, *Grazyna* et *les Aïeux*, fit sensation en Pologne. Plein de beautés nouvelles et originales, de récits naïfs et d'éclatantes images, il contrastait vivement avec l'allure sentencieuse, froide et guindée que la Pologne avait empruntée récemment à la littérature française du xviiie siècle. Les partisans exclusifs de cette littérature attaquèrent Mickiewicz, et ce dernier fut quelquefois obligé d'abandonner la poésie pour la polémique, et de descendre dans l'arène, armé de véhémentes et spirituelles *préfaces*. » — C'est à tort que l'on fait débuter mon père par des traductions : le premier recueil de ses poésies ne contient qu'une seule pièce traduite, le *Gant*, de Schiller. *Grazyna* et les *Dziady* (Aïeux) sont compris, non dans le 1er vol., de 1822, mais dans le 2e, de 1823.

« C'était le temps où l'esprit de liberté, qui avait remué l'Europe, s'éteignait, de toutes parts comprimé par la ruse ou par la violence... Indigné de ce qu'il appelait la lâcheté de l'âge mûr, Mickiewicz, dans sa généreuse douleur, s'adressa aux jeunes gens, leur confiant la tâche de relever l'autel de la liberté, et il composa l'*Ode à la jeunesse*, qui fut couronnée par l'*Association des Elèves de l'Université de Vilna* (1). Il est permis de croire que cette composition fut un des titres de Mickiewicz à la haine du gouvernement russe : aussi lorsqu'une mesure brutale vint frapper l'Université de Vilna, l'auteur de l'*Ode à la jeunesse* ne fut pas oublié...

«... Un simple étudiant, Thomas Zan, avait formé une Société littéraire et scientifique, dans le but d'entretenir l'esprit national et les habitudes morales, *sans lesquelles le patriotisme même dégénère en passion aveugle et facile à rebuter*. Cette association prit le nom de *Société des frères rayonnants*, ainsi nommés parce que les étudiants furent partagés en sept classes, qui tirèrent leurs noms des sept rayons de la lumière céleste : Mickiewicz fut mis au nombre des vingt *Philomathes* (2), ou surveillants de l'association ; et déjà cette idée de Thomas Zan promettait à la Pologne les plus beaux résultats, quand une dénonciation clandestine obligea la Société de se dissoudre en 1822. L'imprudence d'un jeune étudiant attira bientôt, sur les membres dispersés, une nouvelle persécution. En septembre 1823 (4), Thomas Zan fut arrêté, jeté en prison avec une foule de ses camarades, soumis à une enquête rigoureuse, pendant laquelle il déploya la plus héroïque fermeté. Mais il fut convaincu d'avoir *voulu propager l'insensée nationalité polonaise* (5) et enfermé dans la forteresse d'Orenbourg ; depuis il n'a pas reparu dans son pays (6). Quatre professeurs furent destitués, entre autres le savant Lelewel; dix *philomathes* condamnés au bannissement perpétuel et parmi eux Mickiewicz. Un grand nombre d'étudiants, déportés dans les régiments russes, ont depuis trouvé

---

(1) Le *Chant des Philarètes*, qui date de la même époque, a été imprimé pour la première fois, dans l'édition polonaise de 1844.

(2) Voy. ci-dessous, p. 513, ce qui y est dit de l'organisation des *Rayonnants*, des *Philarètes* et des *Philomathes*.

(3) M. d'Herbelot renvoie à l'article Thomas Zan, publié dans la *Biographie universelle et portative des Contemporains*, par M. Boisjolin, éditeur.

(4) Voy. ci-dessous, p. 516.

(5) Selon la teneur de l'oukaze du 14 septembre 1824.

(6) Mort le 7 juillet 1855, cinq mois avant Mickiewicz), en Lithuanie, où il était revenu depuis 1841. (Voyez *Koresp. Mick.* II. Paris, 1875, p. 110.) C'est sur un renseignement inexact que, dans une note de l'*Hist. pop. de Pologne* de mon père, j'avais indiqué Thomas Zan comme revenu en Pologne seulement après l'amnistie qui suivit la guerre d'Orient et la paix de Paris de 1856.

la mort loin de leur famille et de leurs amis, sous les remparts de Silistrie et de Varna.

« Quant à Mickiewicz, on l'envoya à Odessa, et, durant son séjour en Crimée, il composa des sonnets... Bientôt le gouvernement russe découvrit, par sa correspondance, qu'il trouvait tolérable ce lieu d'exil. On le fit de suite partir pour Moscou, et là il fut placé sous la surveillance de la police et attaché à la personne du prince Galitzin, gouverneur militaire de cette province. Mais cette rigueur devint, pour Mickiewicz, la source d'un adoucissement inattendu à ses maux. Le prince Galitzin fut ému de son sort; frappé de son talent, il tint à honneur de se faire un ami du grand poète et le conduisit à Saint-Pétersbourg, où Mickiewicz publia une édition de ses œuvres et fut accueilli avec enthousiasme par cette partie de l'aristocratie moscovite qui, trop faible ou trop indifférente pour secouer le joug, murmure néanmoins en secret contre sa pesanteur. Mais sans doute l'étiquette de la cour et les exigences de la police impériale convenaient peu à l'âme indépendante de Mickiewicz; il obtint, par le crédit de ses admirateurs, la permission de quitter la Russie, sous la condition expresse de ne pas rentrer en Lithuanie. Il vint alors en Allemagne, passa quelque temps près de Gœthe (1), à Weimar, et s'y lia d'une amitié fidèle avec notre illustre statuaire David. Il parcourt aujourd'hui l'Italie, rêvant à ses forêts natales, à son *bleu Niémen*, et projetant, pour distraire ses ennuis, un voyage en Orient (2).

« Les revers de la fortune et ces violents orages de l'âme ont développé chez le poète polonais un sentiment profond de mélancolie. Patriote ardent et dévoué, ses peines personnelles se sont accrues encore de celles de son pays... »

Mickiewicz se plaignit de quelques-uns de ces passages à Léonard Chodzko, en une lettre, adressée de Florence à Paris, le 10 juillet 1830 : « On a crié sur les toits que la *Société des*

---

(1) C'est-à-dire passa, à Weimar, une dizaine de jours (du 18 au 30 août), pendant lesquels il fut plusieurs fois le visiteur de Gœthe et eut l'honneur de s'asseoir à sa table. (1er vol. de ces *Mélanges*, p. 202-211.)

(2) « Je ne veux pas vous ennuyer de mon excursion en Sicile : peu s'en est fallu que je ne me lançasse par delà la Méditerranée. Si je m'étais embarqué, je ne serais pas revenu de sitôt, » écrivait Mickiewicz, de Rome, à Domeyko, en Lithuanie, vers le milieu de l'année 1830. (*Koresp.* Paris, 1874; I, p. 60.)

Rayonnants était politique et considérable, précisément ce qu'ont soutenu et soutiennent nos ennemis et que nous avons nié. Ces articles mettent des armes aux mains de nos persécuteurs et serviront de preuves, parce qu'ils semblent écrits par nos amis. Il ne fallait point parler de la haine du gouvernement contre les individus et contre la Société ; car le gouvernement a été trompé par les intrigues de quelques coquins. Rappelez-vous que, sauf moi, tous nos amis sont en exil et que les représenter comme des gens dangereux, c'est leur fermer à jamais le chemin du retour. En proclamant que tous mes amis et protecteurs russes sont des mécontents hostiles au gouvernement, ce qui est une fausseté, on détourne de protéger mes autres camarades. Je n'oserais lever les yeux devant mes connaissances, si elles pouvaient penser que la déclaration fanfaronne aux termes de laquelle j'aurais été fatigué de l'étiquette de la Cour émane de moi, alors, qu'en réalité, je n'ai jamais vu la Cour.... Notre ardente jeunesse devrait se corriger de l'ancien défaut de *beaucoup crier et de peu agir*. L'article de la *Revue*, concernant mes poésies, m'aurait fait beaucoup plus de plaisir, n'était cette partie politique (1). Depuis le temps qu'on parle de moi dans les gazettes, c'est le seul article dont j'aie été content.... »

Autre passage de la Notice. — L'auteur dit que Mickiewicz n'est pas seulement un habile et grand artiste, mais un artiste inspiré, doué du talent d'improviser comme de celui d'écrire, qui, s'il se trouve au milieu de ses amis, et que le son du piano, le refrain d'une chanson nationale réveille son sentiment poétique, verse sur un sujet inattendu tous les trésors de son imagination. Vient le fait suivant à l'appui :

---

(1) Voy. dans la préface que Mickiewicz mit à la IIIe partie des *Dziadj* 1832) ce qu'il dit de la persécution des étudiants de Vilna.

« Un soir, en 1827, Adam Mickiewicz était à Saint-Pétersbourg (1), avec quelques compatriotes, chez M. Adam Rzewuski : c'était la veille de Noël et l'anniversaire de sa naissance. Il venait d'improviser quelques vers, lorsque exalté par les transports de ses amis, ému par les souvenirs de la Pologne que lui rappelait le cercle réuni devant ses yeux, il demande tout à coup un sujet de tragédie emprunté à l'histoire nationale. On se presse autour de lui, on se consulte : une voix prononce le nom de Samuel Zborowski (2); Mickiewicz accepte et sort un instant. On attend son retour dans le silence : chacun cherche à rassembler dans sa mémoire les événements, les personnages, qui pouvaient figurer dans cette tragédie. Mais le poète rentre et son drame est prêt. L'imagination l'a transporté dans la Pologne du seizième siècle : d'admirables accents jaillissent de son âme ; l'action marche, se développe, se lie, et déjà il avait déclamé plusieurs centaines de vers, lorsqu'au milieu d'un discours de reproches que Zamoyski adressait à Samuel, ses forces l'abandonnent, il chancelle et tombe évanoui sur un siège. Des larmes d'émotion, des cris d'enthousiasme échappent à l'assemblée entière : on environne le poète, et quelques-uns de nous, dit l'auteur de la lettre, restent comme pétrifiés, les yeux fixés sur l'objet de *leurs adorations*... »

M. d'Herbelot parle de l'*Ode à la jeunesse*, comme d'un « hymne de patriotisme et d'espoir, où se mêle, à un profond dégoût de l'indifférence contemporaine, une foi vive dans l'avenir de la liberté. » Et, « quand on songe, dit-il, que cette noble jeunesse de Vilna, pour en avoir répété les strophes dans ses promenades et ses entretiens du soir, pour les avoir commentées par ses actions, a subi la persécution, le bannissement et les fers! Mickiewicz exhortait ses amis à l'union....; vraiment, ils étaient prophétiques ces beaux vers du poète :

---

(1) Extrait d'une lettre écrite par un témoin oculaire. — *Note de M. d'Herbelot.*

(2) Un des plus mauvais citoyens de la Pologne, qui la remplit de troubles et d'intrigues au temps d'Henri III. Le sujet du drame était la lutte de ce factieux avec l'illustre famille des Zamoyski. (*Idem.*)

« Courage, jeunes amis, quoique le chemin soit rude et glis-
« sant, que la violence et la lâcheté nous en disputent l'en-
« trée.... »

L'*Ode à la jeunesse* était la première efflorescence d'une âme qui aspire à l'action ; les *Sonnets de Crimée* furent un premier fruit de l'exil : « Relégué à Odessa, comme patriote polonais, continue l'auteur de la Notice, Mickiewicz parcourut la Crimée, les ruines de ses villes jadis florissantes et les monuments dévastés où triomphait l'orgueil de ses khans : il visita surtout ses vallées, ses paysages enrichis de toutes les splendeurs de l'Orient, et il consacra le souvenir de son voyage dans dix-huit sonnets étincelants de beautés poétiques, et où se peignent admirablement les alternatives de plaisir et de douleur qu'excitaient en son âme tantôt les merveilles de la nature, tantôt le souvenir de son pays et de son amour.... Il y retrace la splendeur de l'Orient et les secrets sentiments de son âme avec une chaleur et un éclat de poésie dont les *Tristes* d'Ovide n'approchèrent jamais.... Parmi les spectacles délicieux de la nature du midi, il redit sans cesse, avec une expression déchirante de tristesse et de regret, *ce mot si doux d'amour qui n'a pas d'égal sur la terre, si ce n'est le mot de patrie;* et ce mélange de passion rêveuse et d'éblouissantes couleurs prête un charme irrésistible à ses vers. Tandis qu'il erre parmi les palais délabrés des khans de Crimée et parcourt ces galeries et ces vestibules que *balayait jadis le front des bachas*, ou bien qu'emporté par son cheval, il *voit les forêts, les vallons et les rochers couler à ses pieds tour à tour et disparaître*, on aime à voir comme il se reprend avec délices au souvenir de la terre natale, comme il s'écrie, plein d'une émotion vraie : « O Lithuanie ! le bruit de tes forêts résonnait
« plus doucement à mon oreille que le chant du rossignol de
« Baïdare et des jeunes filles du Salhire ; et je foulais avec

« plus de joie tes fondrières que les mûriers de rubis et les ananas d'or (1). »

« *Wallenrod*, comme la plupart des poèmes de Mickiewicz, n'est pas seulement une œuvre de l'esprit, c'est encore un acte de patriotisme et un souvenir du pays. Il y a du rapport entre la condition des Lithuaniens opprimés par les Croisés et celle de la Pologne soumise au despotisme moscovite. Ce rapprochement a frappé le poète. Sans doute, lorsqu'il remuait les vieilles gloires de sa terre natale, et demandait un héros aux chroniques du moyen âge, ses regards se sont naturellement arrêtés sur des malheurs semblables à ceux de son temps ; et quand il a montré Wallenrod contemplant avec un affreux sourire les désastres des Allemands, il a songé peut-être qu'un jour viendrait où la Russie paierait à son tour les maux de la Pologne. D'ailleurs, fidèle à la vérité et à l'exactitude historique, il s'est gardé de transporter les idées et les passions de notre époque dans le monde du quatorzième siècle, et, lors même qu'il s'inspirait du triste spectacle qui se déroule sous ses yeux, il revêtait encore son tableau de couleurs antiques, et restait peintre curieux des coutumes, des croyances et des superstitions de l'ancienne Lithuanie. A notre avis, c'est là un des plus grands mérites du poème de *Wallenrod*, qu'il soit le produit d'une émotion toute contemporaine et toute vivante, sans que rien trahisse l'allusion ; qu'il touche comme un intérêt pressant et actuel, et charme comme un souvenir des temps passés. »

L'auteur de la Notice voit dans les *Sonnets* et dans *Wallenrod* « une poésie d'émotion et de sentiment, la seule vraie, parce qu'elle part du cœur. » Et il les préfère au *Fa-*

---

(1) Dans la table décennale, publiée en 1831 pour les quarante premiers volumes de la *Revue encyclopédique* (1819-1829), se trouve la mention : « Mickiewicz (Adam), poète polonais. Sonnets. Vol. XXXVII, p. 741.

ris (1), « quelle que soit d'ailleurs la magnificence et la richesse de cette éclatante poésie, dédiée à un seigneur polonais qui avait eu la singulière idée d'adopter les mœurs des Arabes, et où se trouvent décrites avec un rare bonheur d'expression les sensations diverses qui agitent l'âme d'un cavalier arabe courant au hasard à travers l'immensité du désert. » — Mais est-il bien exact que ce cavalier court au hasard? La casside, ou poésie orientale, dont il s'agit [et qui, écrite en l'honneur d'un Polonais, le comte Wenceslas Rzewuski, est dédiée à un Russe, le littérateur Jean Kozlow] (2) se termine par un superbe élan de l'âme, par l'immense cri de joie de l'homme qui peut respirer librement, dont la vue s'étend au large, dont rien ne gêne les mouvements ni n'arrête la pensée : plus vite et plus vite! plus loin et plus loin! plus haut et plus haut! et plus haut encore! Le *Faris* est tout à la fois un *Excelsior*, selon l'expression latine, un *Vorwartz*, comme disent les Allemands, un *En avant, marche*, comme disent les Français. Y a-t-il à s'étonner, après cela, qu'il se soit trouvé, en 1828, des admirateurs de Mickiewicz qui aient placé volontiers au premier rang un tel chant lancé de Saint-Pétersbourg même! Le *Faris*, frère puîné de l'*Ode à la jeunesse*, est, lui aussi, un chant de liberté, et de liberté pour tous, de l'Orient à l'Occident. Seulement le poète, pour l'entonner en Russie, dut s'envelopper d'un burnous arabe.

L'auteur de la Notice a moins bien compris, que les poésies dont il avait la traduction sous les yeux, les poèmes de *Grazyna* et des *Dziady* (ou *Aïeux*) qu'il ne connaissait pas direc-

---

(1) Faris, titre d'honneur chez les Arabes Bédouins qui correspond à celui de *chevalier* dans l'Europe du moyen âge (*Note d'Adam Mickiewicz* en l'édit. pol.)

(2) Jean Kozlow a publié, en 1829, à Moscou, une traduction et imitation des *Sonnets de Crimée*. — Poète de second ordre, du reste. (Voy. *Koresp.* édit. 1875, II, p. 147.)

tement et jugeait sur notes. Quand, parlant de *Grazyna*, il dit que « les chevaliers, irrités, attaquent le château de Litawor, » tandis que, dans le poème, les Lithuaniens de Litawor sont allés les attaquer dans la plaine, il montre par là qu'il ne l'a pas lu ; et alors, quelle valeur peut avoir la sentencieuse déclaration que, « de tous les ouvrages de Mickiewicz, *Grazyna* sera le moins goûté des lecteurs français, parce que son mérite principal consiste dans une fidélité scrupuleuse à reproduire les formes élégantes et la pureté de la langue polonaise au seizième siècle? » Dans le vrai, si la beauté de la forme a ajouté à la popularité de *Grazyna* chez les Polonais, le fond, quel que soit le décoloris d'une traduction, reste, toutefois, au jugement de tout connaisseur, admirable même pour les étrangers.

Des *Dziady*, le même biographe : « Ce sujet fantastique, Mickiewicz l'a paré de tous les charmes de la poésie : la dernière partie surtout, avec ses inventions bizarres et ses contemplations mystiques, est pourtant un chef-d'œuvre de grâce et de sensibilité profonde. » Mais comment se fait-il que le critique ait écrit : « Après avoir embrassé son maître, Gustave se frappe d'un poignard qu'il tenait caché sous son manteau, et il expire sans qu'aucun secours humain puisse le sauver ; » puisque le poète fait dire à Gustave : « Deux heures se sont écoulées, celle de l'amour, celle du désespoir, vient celle de l'enseignement; » puis fait s'écrier le prêtre : « Rends-moi cet instrument meurtrier ; » à quoi le jeune homme répond : « Ce poignard, je te le jure, ne quittera pas sa gaine jusqu'au jugement dernier…? » Comment, puisqu'il ne s'agissait que d'une mort morale, le critique a-t-il pu ajouter: « Tel fut l'enthousiasme qui saisit la jeunesse polonaise, à l'apparition des *Aïeux*, que l'exemple de Gustave fut, dit-on, contagieux pour plusieurs? Werther seul avait exercé cet empire sur les âmes;

influence déplorable sans doute, mais qui témoigne pourtant de la puissance et de l'inspiration du poète ? » C'est que le critique n'avait pu lire les *Dziady* non traduits, et que le résumé qui lui en avait été fourni avait été rédigé sans attention.

L'auteur de la Notice constate que : « le début de Mickiewicz dans la carrière littéraire fut brillant, et, depuis, sa gloire n'a pas cessé de grandir. » Il observe que « la double inspiration qui a produit tous ses poèmes sont l'enthousiasme pour les beautés de la nature et la mélancolie ; que parfois c'est la poésie extérieure qui domine, et parfois la rêverie ; mais ces deux sentiments se mêlent et se confondent sans cesse : et, dans leur alliance, est le charme et la véritable unité du poète…. Que, si vous supposez la poésie du cœur embellie de tout l'éclat de l'imagination, parée d'un luxe d'images, alternativement suaves et gigantesques, vous aurez une idée du génie de Mickiewicz, et vous comprendrez facilement combien un tel poète doit être cher au pays qui l'a vu naître. »

Après avoir noté « cette grave et poignante douleur qui n'est pas un simple dégoût du monde, mais qui a ses racines au fond du cœur, et qui, toujours présente, vit et se décèle sous chaque pensée du poète », il dit : « Cette mélancolie, caractère distinctif de son génie, est empreinte sur la figure comme dans les poèmes de Mickiewicz ; et qui verra le bronze où M. David a modelé les traits de son ami ne s'étonnera pas que celui dont il contemple l'image ait fait les *Aïeux*, les *Sonnets de Crimée* et *Wallenrod*. »

Après avoir rappelé combien « le retour perpétuel aux traditions d'une gloire déchue, cette tendresse filiale pour une patrie qui ne vit plus que de souvenirs, ont rendu cher aux Polonais le nom de Mickiewicz, » il ajoute : « En 1828, la comtesse Ostrowska fit publier à Paris, sous la direction de M. L. Chodzko, une édition complète des œuvres de Mickiewicz :

c'était le premier livre polonais imprimé en France, et le prix de l'édition fut offert, dans son intégrité, au poète. En même temps, les patriotes de la principauté de Poznanie publièrent dans la même intention, à Posen, une édition de ses œuvres (1). Aujourd'hui, M. Miaskowski rend encore un éclatant hommage au poète national, en le faisant connaître à la France...; et la France, dont l'hospitalité accueille toutes les gloires, comme toutes les infortunes, placera Mickiewicz au nombre des écrivains les plus distingués dont s'honore le dix-neuvième siècle. »

Après avoir remarqué, mais non sans quelque inadvertance, que l'esprit de l'Allemagne semblait avoir dicté le premier recueil de Mickiewicz, il crut devoir conseiller au grand poète polonais de se dérober de plus en plus à l'influence de Gœthe : « Quand on a fait les *Aïeux*, dit-il, il y aurait péril à se nourrir de *Werther* : car, peu à peu, on pousserait la sensibilité jusqu'à la démence ; mais on peut lire et relire *Manfred* ou *Lara* : avec une telle âme, on ne copiera jamais *Don Juan*. »

Le *Conversation-Lexicon* allemand de Brockhaus (Leipzig)

---

(1) Mais, par contre, il y eut plus d'une contrefaçon dommageable. « Par malheur, écrivait de Moscou, le 9 juin 1827, Adam Mickiewicz, à son ami Joseph Kowalewski, interné à Kazan, un imprimeur de Léopol (puissent toutes ses presses être frappées de paralysie !) a publié une édition de mes *Sonnets* à meilleur marché et a compromis mes revenus en annulant le débit de ma propre édition. » Il s'agit de l'édition Kuhn et Milikowski. Léopol, 1827. Brockhaus contrefit de même *Conrad Wallenrod*, en 1846. Après la mort de mon père, les contrefaçons se multiplièrent. M. Julien Klaczko, sous le titre de *Korespondencya*, *Studium*, publia une réelle contrefaçon de la première édition de la Correspondance de mon père. Brockhaus inséra, sans autorisation, les œuvres de Mickiewicz dans sa collection des écrivains polonais (*Biblioteka Pisarzy polskich*, Leipzig, 1862), mais, du moins, consentit en 1866 à indemniser la famille, en s'interdisant tout tirage à venir. Maintenant, M. Bartoszewicz, à Léopol, MM. Skutsch et E. Lambeck, à Thorn, publient une contrefaçon d'œuvres de mon père, sans vouloir tenir compte des plus légitimes réclamations ! Ce qui constitue non seulement une flagrante violation du huitième commandement du Décalogue, mais, par les pertes qui en résultent, ralentit la publication des œuvres complètes de mon père.

a consacré, en 1833, un article à Adam Mickiewicz comme à l'un des premiers poètes européens vivants. » L'article est en partie calqué sur celui que L. Chodzko avait donné à la *Biographie universelle et portative des Contemporains*. Parmi les camarades de Mickiewicz qui formèrent avec lui l'association littéraire qu'atteignit la proscription de 1823, l'auteur cite François Malewski, Jean Czeczot, Joseph Jezowski, Onuphre Pietraskiewicz (1). Il dit que Mickiewicz alla en Crimée avec quelques-uns de ses compagnons d'infortune (2). Il raconte que, à son arrivée à Moscou, Mickiewicz reçut du gouverneur général prince Galitzin l'ordre de rester dans sa suite : — or, la vérité est que mon père reçut un poste dans l'administration qui dépendait du prince Galitzin. On lit en effet, dans une lettre de mon père adressée à Germain Holowinski, maréchal de Wolhynie, et datée de Moscou 23 juin 1826 : « En quittant Odessa (3), j'avais l'espoir de voir Steblow et de respirer une fois encore, sous votre toit hospitalier, l'air de l'U-

(1) Mickiewicz a dédié la troisième partie des *Dziady* à la mémoire de ses condisciples, coprisonniers et coexilés Jean Sobolewski, Cyprien Daszkiewicz et Félix Kolakowski. Parmi les personnages, outre Sobolewski et Kolakowski, il y a introduit ses camarades de conspiration patriotique : Thomas Zan, Ignace Domeyko (sous son petit nom de Jegota), Freiend, Suzin, Jezowski (sous son prénom de Joseph), Jankowski et Justin Pol.
Avaient été envoyés à Orenbourg Thomas Zan et Jean Czeczot ; à Kazan : Joseph Kowalewski, Hilaire Lukaszewski, Félix Kolakowski, Jean Wiernikowski et Joseph Lozinski, qui fut bientôt expédié à Wiatka. En 1825, Mickiewicz était à Odessa avec François Malewski et Jean Jezowski ; en 1826, à Moscou, avec François Malewski, Onuphre Pietraskiewicz, Cyprien Dazkiewicz et Georges Budrewicz.
(2) Mickiewicz écrit d'Odessa à Malewski : « Nous devons exécuter ce soir l'excursion projetée. Hier, il y eut une tempête si furieuse qu'il semblait qu'Odessa ne resterait pas en place. Je ne sais si tu auras évité cette tourmente. » Il s'agit de l'excursion en Crimée ; Malewski ne fut pas de la partie. Mais Ignace Domeyko y accompagna Mickiewicz, si l'on en croit la note d'Ostrowski, p. 451 de l'édit. 1869 de sa traduction. Les Sonnets portent pour dédicace : « Aux Compagnons de son voyage. A. M. »
(3) Mickiewicz, après son excursion en Crimée, était, on le voit, revenu à Odessa.

kraine, avant de lui dire un long adieu. Les circonstances en ont disposé autrement, j'ai dû me rendre à travers des régions inconnues, vers d'autres régions beaucoup plus inconnues encore. Depuis neuf mois (1), je demeure dans la capitale, à Moscou, en qualité de *czynownik* (2), dans la chancellerie du général-gouverneur; ce digne homme m'a permis de me préparer tranquillement au service et d'atteindre ainsi le moment où je connaîtrai la langue et me serai un peu formé le caractère. Cette besogne, hélas! avance très péniblement et il me faudra encore beaucoup de temps avant que je ne devienne un *scribe actuel.* »

Le biographe ajoute que Mickiewicz alla à Saint-Pétersbourg avec le prince Galitzin, et que le don d'improvisation qu'il possédait à un très haut degré l'y fit grandement remarquer. Et cela est exact. Il indique que le *Faris* a été traduit en allemand par Spazier, mais il ne dit pas où. Il dit que, le 30 novembre 1830, les derniers vers de l'*Ode à la jeunesse* furent, par une main inconnue, écrits sur l'hôtel de ville de Varsovie. Et il ajoute que lorsqu'après l'insuccès de l'insurrection polonaise de 1831, Mickiewicz se retira à Dresde, sa muse, qui était

---

(1) Mickiewicz écrivait, le 9 juin 1826, à Thomas Zan : « Je suis depuis décembre (1825) à Moscou, comme vous le savez. » C'est très probablement par un *lapsus* de calcul que, dans sa lettre au maréchal, il dit: depuis neuf mois. — D'une lettre de madame Marie Szymanowska, qui exprime à Mickiewicz le regret de ne s'être point trouvée à la soirée où, la veille de son départ de Moscou, il improvisa, on déduit naturellement que Mickiewicz quitta Moscou en décembre 1827. (Voy. *Koresp.* 1827, III, p. 88.)

(2) « En Russie, dit Mickiewicz, en une note des *Dziady*, pour s'élever au-dessus du paysan ou du marchand, c'est-à-dire pour se libérer du knout, il faut entrer au service du gouvernement et s'embrigader dans la vaste famille des *czynowniki*, qui se subdivise en quatorze classes: il faut plusieurs années de service pour être promu à une classe supérieure ; les candidats doivent subir des examens et s'astreindre à des formalités pareilles à celles qui sont en vigueur dans la hiérarchie des mandarins chinois, ce qui prouve que cette dénomination (de czyn) a été apportée en Russie par les Mongols. »

restée muette un long temps, s'enflamma, et qu'il y composa plusieurs ouvrages empreints du plus enthousiaste patriotisme et qui, loin de le céder aux précédents, leur sont encore supérieurs. L'auteur ajoute que Mickiewicz arriva à Paris dans l'été de 1832 et qu'il y publia son quatrième volume de poésies qui, sous le titre de continuation des *Dziady*, contient une série de scènes dramatiques qui portent principalement sur les persécutions dont la jeunesse de Vilna fut l'objet et où, parcourant tout le domaine de la poésie, depuis la satire la plus amère jusqu'à la plus ardente aspiration (*glühenden andacht*) et aux plus audacieux élans (*kühnen schwunge*), l'œuvre du poète appartient à ce qu'il y a de meilleur dans la nouvelle littérature. Finalement il note le succès du livre des *Pèlerins polonais*, qui, aussitôt paru, fut traduit en allemand et en français.

Lorsque M. Louis de Loménie, qui est devenu professeur de littérature française au Collége de France, en remplacement de M. Ampère, et membre de l'Institut, publia, à Paris, sa *Galerie des Contemporains illustres par un Homme de rien*, en petites brochures in-18 qui eurent un assez grand succès, il consacra à mon père, en 1841, le vingt-cinquième portrait, sur les cent vingt de la collection. Le portrait était tracé d'une main bienveillante. L'auteur avait pris pour devise, d'abord cette belle parole de George Sand sur Mickiewicz en 1839 : « Depuis les larmes et les imprécations des prophètes de Sion, aucune voix ne s'était élevée avec tant de force pour chanter un sujet aussi vaste que celui de la chute d'une nation; » puis ces mots du *Courrier suisse* (Lausanne, septembre 1840), lors de la nomination d'Adam Mickiewicz à la chaire de langue et de littérature slaves dans le Collége de France : « Le poste que M. Mickiewicz va occuper en France est comme une ambassade morale et littéraire de la Pologne auprès de l'Europe occidentale. »

La notice débutait ainsi :

« Vers la fin de 1829, un homme jeune encore et déjà marqué au front du triple sceau du génie, de la persécution et de la gloire, traversait l'Allemagne pour se rendre en Italie et passait par Weimar. Le vieux Gœthe terminait alors paisiblement les derniers jours d'une royauté littéraire de cinquante ans; les chants du barde étranger étaient parvenus jusqu'à lui, il voulut le voir (1); ces deux apôtres de deux cultes opposés (2) se reconnurent au signe maçonnique du génie, et fraternisèrent au nom d'une croyance commune, la poésie ; le grand panthéiste fit présent au barde catholique de la plume avec laquelle il écrivait son second *Faust*, et il lui demanda son portrait. Notre statuaire David (d'Angers) se trouvait alors à Weimar; il fixa sur un médaillon la figure grave et accentuée de l'étranger, qui traduisit pour lui en français une de ses plus belles poésies (*le Faris*) (3). Après cet échange affectueux et sympathique entre les trois grands artistes, le voyageur reprit sa route, traversa Paris (4) et passa les Alpes; sous le beau ciel de l'Italie, il oubliait les cachots de Vilna et l'atmosphère étouffante de Saint-Pétersbourg, lorsque tout à coup un cri de liberté, retentissant de Paris à Varsovie et de Varsovie au delà des Alpes, vint l'arracher à son repos : la patrie l'appelait aux armes, il accourut (5); la police prussienne lui barrait le passage. Après avoir franchi mille obstacles, il touchait au sol

---

(1) Ce n'est point Gœthe qui demanda à voir mon père; mais c'est mon père qui sollicita l'honneur de le voir sur lettre de recommandation de madame Szymanowska.

(2) Entre Gœthe et Mickiewicz, il y avait, dans leur culte artistique, plutôt diversité qu'opposition radicale.

(3) Sur l'entrevue de Mickiewicz avec Gœthe, voyez le premier volume de ces *Mélanges*, p. 202, et l'appendice du présent volume, p. 491. Gœthe envoya son peintre à mon père avec prière de laisser faire son portrait.

(4) Mickiewicz se rendit alors directement d'Allemagne en Italie, sans passer par la France : il toucha Strasbourg seulement.

(5) Les retards qui empêchèrent Mickiewicz de prendre part militairement à la lutte de 1831 se trouvent indiqués, dans le présent volume ci-dessous, p. 175, et dans une note du chap. V du *Mémorial de la Légion polonaise de* 1848.

natal (1), quand un nouveau cri se fit entendre; mais cette fois, c'était un cri de mort : le poète n'avait plus de patrie (2), le voyageur (3) n'était plus qu'un proscrit. N'ayant pu servir son pays avec l'épée, il ajouta à sa lyre une corde d'airain. Pendant sept ans inconnu (4) au milieu de nous, il retrouva les accents de Jérémie (5) pour chanter son *Super flumina Babylonis* (6). Enfin, la Suisse l'enleva à la France, et la France vient aujourd'hui de le rappeler dans son sein pour lui confier une grande et belle mission. »

Suivent des détails biographiques, que l'*Homme de rien* déclare tenir de M. Chonski :

« La famille Mickiewicz est une des plus anciennes du pays; plusieurs prétendent qu'elle appartient à la même souche que celle des princes Giédroyc; mais elle fut appauvrie par les bouleversements politiques. Le père d'Adam Mickiewicz (7) exerçait la profession d'avocat près d'un tribunal de première instance à Nowogrodek. Le poète a plusieurs frères (8): l'un d'eux, Alexandre Mickiewicz, est un jurisconsulte distingué, qui occupait avant l'insurrection polonaise (de 1830) les fonctions de professeur de droit romain au lycée de Krzemieniec

---

(1) Le sol natal est ici pris poétiquement pour signifier la Pologne : car Mickiewicz était né fort loin de la frontière occidentale.

(2) Le biographe semble croire qu'avant 1830, il y avait réellement une Pologne politique : il n'y avait qu'un mensonge de royaume taillé par la diplomatie.

(3) Le voyageur était déjà un voyageur spécial, muni d'un passeport, il est vrai, mais assez voisin de l'émigré.

(4) Le *Livre des Pèlerins polonais*, paru fin 1832 et traduit en 1833, avait cependant eu un assez grand retentissement.

(5) Mickiewicz rappelle bien plutôt Isaïe que Jérémie.

(6) Quel est ce *Super flumina Babylonis* chanté par Mickiewicz, sept ans après sa venue en France? Comme l'article de madame Sand, dans lequel elle compare le poète polonais aux prophètes de Sion, est de 1839, ce serait à penser que l'*Homme de rien* a cru que l'œuvre à laquelle madame Sand faisait allusion et qui est de 1832 (tant le *Conrad* des *Dziady* que le *Livre des Pèlerins*) avait de peu précédé l'article critique.

(7) Nicolas, mort, à Nowogrodek, le 16 mai 1812. La mère du poète, née Barbe Majewska, mourut le 4 octobre 1820.

(8) François-Bronislas, né en 1796, mort le 14 nov. 1862; Julien-Alexandre, né en 1801, mort en nov. 1871; Casimir-Georges, né en 1804, mort en 1839; Michel-Antoine, né en 1805, mort en bas âge.

en Volhynie. L'aîné, nommé François, né avec un vice de conformation qui le rendait perclus de ses membres, avait gardé le toit paternel jusqu'en 1831 au moment où éclata l'insurrection lithuanienne. Aux premiers coups de canon, il jeta ses béquilles, monta à cheval, fit toute la campagne avec les insurgés, et ne déposa les armes qu'en Prusse, après la catastrophe. »

Après avoir dit ce que le jeune Adam dut, comme amour du travail et comme foi religieuse, aux Dominicains qui dirigeaient l'école districtuelle de Nowogrodek, son goût pour la chimie, ses attractions vers les appareils d'une pharmacie de la maison qu'il habitait, ses éblouissements devant les expériences de l'un des Pères qui était un savant chimiste de l'endroit, et noté que ses poésies témoignent de connaissances très-étendues dans le champ des sciences physiques et naturelles, — il ajoute que son père, grand admirateur de Jean Kochanowski, que les Polonais regardent comme leur plus illustre poète du seizième siècle, faisait quelquefois des vers dont l'enfant écoutait avidement la lecture, et que bientôt lui-même, excité par la vue d'un incendie qui éclata dans sa petite ville, composa à ce sujet quelques strophes où brillait déjà le premier germe de ce talent descriptif qu'il a porté si loin depuis. Vient ensuite cet intéressant détail : « Lors de la campagne de Russie en 1812, le passage en Lithuanie des Français et du prince Joseph Poniatowski à la tête du 3ᵉ corps d'armée fit une profonde impression sur l'esprit du jeune Adam ; souvent plus tard, il a raconté à ses amis l'effet produit sur lui par un certain chef d'escadron, vieille moustache, logé dans la maison paternelle, qui, de sa voix retentissante, répétait sans cesse, à tout propos, cette phrase favorite : « *J'en jure par le nom du grand Napoléon !* » Ce serment par le nom d'un homme (1), qui annonçait

---

(1) Il y a dans le texte : Ce serment *à* un homme. Visiblement c'est : par le *nom* d'un homme que l'auteur a voulu dire.

une foi aveugle en lui, fit concevoir à l'esprit de l'enfant la grandeur humaine comme quelque chose de divin ; un attrayant fantôme de gloire militaire ou politique se présenta souvent alors dans ses rêves ; mais sa mission était autre, et le fantôme ne tarda pas à s'évanouir. »

Il est probable que, si la campagne de Russie eût réussi, et que les espérances de la Pologne n'eussent point été brisées par la chute de la France et de Napoléon, mon père, lui aussi, fût devenu militaire, et avec bonheur ; car les Polonais, nés hommes d'action, ne sont écrivains que faute de mieux : ils chantent les pensées de leurs cœurs, faute de pouvoir les imprimer sur le sol à la pointe de leurs lances. Mais comment songer à entrer dans l'armée, quand ceux qui y sont rougissent du métier de gendarme ou du rôle de parade, auquel ils se voient ravalés ?

Le biographe raconte qu'en 1815, à l'âge de dix-sept ans, Adam Mickiewicz partit pour Vilna, où l'appelait un parent éloigné, l'abbé Mickiewicz, doyen de la Faculté des sciences de cette ville ; comment le hasard l'ayant, dans la salle où il attendait son tour pour l'examen d'admission, placé près d'un jeune homme vers lequel il se sentit attiré par un penchant secret et irrésistible, il devint dès lors l'ami intime de Thomas Zan, « dont le nom brille d'un grand éclat dans les fastes de l'Université de Vilna, qui fut martyr de sa foi politique et qui, compagnon de cachot du poète, a été immortalisé par lui dans la troisième partie des *Dziady*. » Puis il dit l'ardeur avec laquelle, à peine reçu bachelier ès sciences, il se jeta dans l'étude des classiques grecs, latins et polonais, et le profit qu'il sut tirer des leçons du professeur Léon Borowski, « critique distingué et littérateur ami du progrès, qui initiait déjà ses auditeurs à un tour nouveau d'inspiration et de forme, dont l'étude des littératures allemande et anglaise commençait à faire comprendre les beautés hardies et les franches allures. » Et il mentionne la passion que lui inspira la sœur d'un de ses compagnons d'études, l'empêchement que l'inégalité des fortunes mit à leur union, et la douleur qui, en remuant le jeune homme jusque dans les plus intimes profondeurs de son être, le fit décidément poète : « L'inspiration descendit en lui mélancolique et sombre ; l'oppression de sa patrie et les tourments de son cœur s'unirent en un même symbole de souffrance, qui devint son idéal chéri et prit à jamais possession de son âme. »

Suivent quelques détails sur l'association des jeunes universitaires (voy. ci-dessus, p. XVII), qui donna lieu à l'incarcération de Mickiewicz et à sa relégation hors des frontières de sa patrie :

« L'ami de Mickiewicz, Thomas Zan, fonda une association patriotique entre tous les étudiants de Vilna ; les membres de cette société, connue d'abord sous le nom de Société des *Rayonnants*, se divisaient en sept catégories désignées par les sept couleurs du prisme solaire : ainsi théologiens, médecins, jurisconsultes, littérateurs, artistes, physiciens, mathématiciens, s'appelaient violet, indigo, bleu, vert, jaune, orange et rouge ; le but de l'association était de maintenir entre tous les membres l'amour des lumières, de la liberté et de la nationalité. Le gouvernement russe n'y fit pas d'abord grande attention ; mais plus tard, la Société ayant pris plus d'extension sous le nom de société des *Philarètes*, le gouverneur général de Vilna, Korsakow, le même que Masséna battit à Zurich, enjoignit au recteur de l'Université de dissoudre l'association et de punir les coupables. Les papiers de la Société furent saisis, et une enquête fut dirigée contre les fondateurs. Comme on ne découvrit l'indice d'aucun but directement politique, la Société fut simplement dissoute avec défense de se reformer à l'avenir : elle se reforma pourtant, mais dans le secret et limitée à trente des principaux chefs, et elle prit le nom de société des *Philomathes*. M. Mickiewicz, qui en faisait partie, après avoir terminé ses études et après avoir été envoyé dans le district de Kowno (Lithuanie), comme professeur de langues et de littératures latine et polonaise, venait de passer dans un séjour délicieux, au confluent du Niémen et de la Vilia, les deux plus heureuses années de sa vie (1820 et 1821). Inspiré par la beauté du site, par le calme d'une vallée verte et fleurie (que les habitants nommèrent depuis « la vallée de Mickiewicz »), il avait enfanté et venait de publier ses premières poésies... Ces poésies, neuves de forme et de pensée, avaient été accueillies, surtout parmi la jeunesse polonaise, avec un enthousiasme extraordinaire. Le poète jouissait de son succès, lorsque tout à coup un ordre parti de Vilna enjoint aux autorités de Kowno de le faire saisir et expédier dans la capitale de la Lithuanie, où des fers l'attendaient. »

Après avoir dit que, au moment où son nom retentissait déjà partout comme un signal de régénération littéraire, Adam Mickiewicz eut à comparaître à Vilna devant la commission d'enquête établie par ordre de l'empereur Alexandre Ier sous la présidence du sénateur Nowosilcow, et attendit de longs mois le résultat de l'instruction dans une cellule du couvent des Basiliens transformé en prison d'État, où il sentit grandir en lui cet amour inné de la liberté et de la patrie qui allait dominer tous ses chants; — comment, condamné à l'internement en Russie, il se lia à Pétersbourg avec le poète Puszkin et les littérateurs russes Bestuzew et Ryleïew (1), fut relégué à Odessa d'où il trouva moyen d'aller visiter la Crimée, puis, dirigé sur Moscou, fut rappelé à Saint-Pétersbourg par l'influence d'un de ses amis et compagnons d'exil, le biographe ajoute :

« L'auteur de *Conrad Wallenrod* sentit qu'il ne pouvait rester longtemps à Saint-Pétersbourg sans s'exposer à de nouvelles persécutions. Il profita de l'enthousiasme qu'il avait inspiré à plusieurs Russes de distinction, et surtout au poète Żukowski (2), précepteur du prince impérial, pour obtenir, par son entremise, un passeport pour l'étranger. Ses amis russes voulaient même le faire attacher à

(1) Voy. dans le premier volume de ces *Mélanges* la notice d'Adam Mickiewicz sur Puszkin, avec les renseignements qui l'accompagnent sur les amis de mon père en Russie.

(2) Voy. la note sur Zukowski, page 330, dudit premier volume des *Mélanges*.

une légation ; il fut un instant question de l'envoyer avec un caractère officiel au Brésil et ensuite à Turin. Le poète éluda ces offres bienveillantes, et s'estima plus heureux d'obtenir un passeport qu'un brevet. A son départ, les admirateurs qu'il laissait en Russie se réunirent pour lui offrir comme souvenir une coupe en argent sur laquelle ils firent graver leurs noms (1). Touché de cet hommage, le poète improvisa à ce sujet des vers imprimés depuis à la fin de la troisième partie des *Dziady*. »

Sur ce dernier point, le biographe fait encore erreur. Les vers dont il parle ne furent point improvisés en Russie, mais écrits en France et imprimés, sous forme de dédicace *Aux amis russes*, au frontispice du *Voyage en Russie*, qui forme appendice à la troisième partie des *Dziady*. (Voyez au reste ce qu'il en est dit dans les présents *Mélanges*, I, p. 288.)

L'*Homme de rien* a assez bien saisi le caractère de la lutte du romantisme polonais contre le classicisme. « En ce temps-là, dit-il, la Pologne avait ses classiques comme la France, ou plutôt la littérature polonaise n'était qu'un calque affaibli de la littérature française du dernier siècle ; le bel esprit y était en honneur, et les paillettes du langage voilaient tant bien que mal la nullité du sentiment ; tous les Sarmates civilisés, abstracteurs de quintessence et faiseurs de madrigaux, s'insurgèrent contre cette poésie (de Mickiewicz) qui plongeait ses racines dans le sol national ; mais la jeunesse, toujours amie des novateurs parce qu'elle est la jeunesse, couvrit celui-là de l'égide de son enthousiasme. » Toutes les appréciations particulières des œuvres d'Adam Mickiewicz par ledit *Homme de rien* laissent beaucoup à désirer : nous l'en excusons sans difficulté. Il ne les

(1) Les noms gravés sur la coupe sont reproduits avec une note sur chacun d'eux, p. 283 du 1er vol. des présents *Mélanges*. C'est à son départ de Moscou pour Pétersbourg en 1827, et non à son départ de Pétersbourg pour l'Occident en 1829, que la coupe fut donnée à mon père par ses amis russes.

connaissait du reste que par une traduction, celle de M. Christien Ostrowski, qui, comme il le raconte, la lui avait communiquée en épreuves.

Si, selon la mode parisienne de tout ramener à un patron occidental, il compare le *Faris* de Mickiewicz au *Mazeppa* de Byron, dont il estime qu'il égale la vigueur de ton et de coloris, il n'y a, ni à s'en étonner, ni à s'en plaindre. Mais quand, suivant la méthode bizarre, et néanmoins très-répandue, d'expliquer l'inconnu par l'inconnu, il assimile le poème de *Grazyna* aux vieux chants guerriers des Eddas scandinaves, et déclare qu'« il y a là des pages pleines d'une énergie de scalde, » il est douteux que le lecteur en conçoive de la sorte une idée bien claire! A la lecture de la donnée du poème qui est présentée de la manière que voici : « Le duc lithuanien Litavor, dont Grazyna est la femme, fait une guerre acharnée aux Chevaliers teutons de la Prusse; il périt dans un combat : sa femme s'empare de son costume et de ses armes, et venge sa mort dans le sang de ses ennemis! » — ce qui, chez l'étranger, a prêté à rire de la légèreté française (voyez notamment l'étude publiée à Florence par Napoléon Giotti, dans la *Rivista di Firenze*, n° 48 du 24 juillet 1846) (1), puisqu'il s'agit au contraire d'une princesse qui, pour empêcher son époux de se joindre par dépit aux Chevaliers teutons contre un autre prince lithuanien, se revêt nuitamment, durant son sommeil, de son armure pour conduire ses troupes contre ces mêmes Chevaliers teutons, mais meurt dans la bataille et est vengée par le prince son époux, — il est permis de penser que le critique-biographe n'avait point lu lui-même la légende dont il rendait compte.

Passant aux premiers *Dziady*, il trouve que « M. Mickiewicz y révèle à un haut degré le génie intuitif, analytique, psycholo-

---

(1) Le critique italien y dit : « *La coscienza vorrebbe che, dovendosi parlare di un opera qualunque, almeno si leggesse.* »

gique, le génie du siècle. » « Ce n'est plus ici, dit-il, le peintre fougueux d'une réalité objective; c'est un rêveur replié sur lui-même, dont la prunelle se retourne en dedans pour sonder les abîmes du cœur et saisir les fantômes de l'esprit. La poésie *plastique* fait place à la poésie *psychique;* l'élève de Gœthe devient l'émule de Byron. » Mon père, dans sa jeunesse, avait plaisir à lire Gœthe, Gœthe *non traduit;* il ne fut point pour cela un élève de Gœthe, il lisait Schiller aussi (1). A aucune époque, il n'a rien fait qui, même de loin, ressemble à de l'art pour l'art : ses ballades, par exemple, ne sont point des spectres, beaux, mais froids, de chants populaires; elles sont tout imprégnées de son souffle personnel, vivifiées par la passion de l'époque; il y a respecté la tradition, mais ce n'est point une tradition morte et embaumée; on y voit l'âme du peuple; on y sent la présence réelle de l'esprit qui les dicta et qui les conserve. D'autre part, jamais il ne s'est regardé aimer ni souffrir, sinon il n'eût point mérité de se voir placé à côté de Byron : il a écrit simplement ce qu'il éprouvait. Je ne sais à quelles œuvres premières le biographe fait allusion, quand il y signale la touche fougueuse d'une réalité objective : ce qui est certain, c'est que les *Dziady* de 1823 appartiennent à la même manière que les *Ballades et Romances* de 1822.

Pour l'*Ode à la Jeunesse*, il affirme à tort qu'elle fut composée à Pétersbourg : « C'est là, dit-il, sous l'œil du tzar *knoutopotent*, pour me servir d'un mot des *Dziady* (de 1832), au

---

(1) Adam Mickiewicz écrivait de Vilna, en 1822, à François Malewski, alors à Berlin : « Un dictionnaire à la main, j'essaie de pénétrer jusqu'à Shakespeare, comme le richard évangélique jusqu'au ciel par le trou d'une aiguille. En revanche, je me tire d'affaire avec Byron beaucoup plus aisément, et j'y ai beaucoup avancé. Je traduirai sans doute le *Giaour*. Cependant, ce poète, le plus grand de tous peut-être, ne chassera pas Schiller de ma poche. » — Et le 5 janvier 1827, il écrivait de Moscou à Jean Czeczot et Thomas Zan, déportés à Orenbourg : « Quant à ma lecture, je lis *Fiesque*, de Schiller, et l'*Histoire* de Machiavel. »

milieu d'un peuple plié depuis des siècles à l'obéissance passive, que le fier poète jeta, comme un défi à cette puissance matérielle, un hymne qui retentit de la Dzwina à l'Oder, et fit tressaillir vingt millions d'hommes... L'*Ode à la Jeunesse* est d'autant plus remarquable que la censure russe, trompée par le ton élevé du poète, ne vit là qu'une audace purement littéraire, et laissa tranquillement publier, à Saint-Pétersbourg même, cet hymne avant-coureur d'une révolution. » Le biographe confond l'impression de l'*Ode à la Jeunesse* avec l'impression de *Conrad Wallenrod*. L'*Ode*, composée en 1820, ne fut publiée qu'en 1827 à Léopol dans un recueil poétique édité par Szczepanski.

Mais elle avait circulé manuscrite, et elle avait conquis à Mickiewicz l'admiration et lui avait valu l'amitié de la jeunesse russe non moins que de la jeunesse polonaise, tant elle manifeste d'élévation dans la pensée et de largeur dans les sentiments. « Sans cœur et sans âme, voici des peuples de squelettes! Jeunesse, prête-moi tes ailes et je prendrai mon essor au-dessus du vieux monde. »

Ce cri désolé sur les masses dont l'âme est morte n'avait rien d'extraordinaire pour des Russes, puisqu'un auteur russe, Gogol, a peint d'après nature des *âmes mortes* (1). — Le poète polonais ne désigne aucun peuple, mais il invoque la jeunesse, d'où qu'elle soit. « Que celui que l'âge a flétri, dont le front sillonné se courbe vers la terre, que celui-là n'ose sortir du cercle étroit que lui décrivent ses débiles regards... Jeunesse! au-dessus des

---

(1) L'auteur (Charles-Edmond Chojecki) de la *Pologne captive et ses trois poètes Mickiewicz, Krasinski, et Slowacki* (in-16, Leipzig, 1864), observe que Gogol, principal romancier et comédiographe russe, est un Petit-Russien; qu'avec une persévérance et une perspicacité inouïes, Gogol fouille dans les plus sombres recoins de la Russie; qu'il suit avec acharnement à la piste les crimes, les vices et les défauts qui rongent l'empire; que la vénalité, la corruption, la fourberie, l'obscurantisme, la passion d'opprimer, trouvèrent en lui le plus implacable persécuteur (p. 136).

bassesses de ce monde prends ton vol d'aigle, et, d'un pôle à l'autre, embrasse l'Humanité... (1). Rallions-nous, jeunes amis! le bonheur commun, voilà notre but; forts de notre union, éclairés par l'enthousiasme, jeunes amis! rallions-nous. Heureux celui qui succombe dans la carrière, trahi par sa noble ardeur! d'autres le suivront; son corps est un échelon de plus vers le temple de la gloire... Jeunesse, ton bras est pareil à la foudre... Les glaces inertes se rompent, les préjugés font place à la lumière. » Cette invitation à rompre la glace des préjugés était noble et généreuse dans la bouche du jeune poète polonais : il est beau que la jeunesse russe l'ait comprise et y ait répondu.

L'*Homme de rien* voit, dans les *Sonnets de Crimée*, « une guirlande de fleurs orientales, où M. Mickiewicz semble avoir voulu prouver toute la souplesse de son génie. » En réalité, le poète a chanté selon que l'inspirait la nature qu'il avait sous les yeux. S'il eut une arrière-pensée, ce ne fut point une préoccupation de vanité; mais, en contrefaisant le littérateur apolitique, comme Brutus contrefaisait le fou sous Tarquin, il s'acheminait à la liberté. C'est à ce même ordre d'idées qu'appartient la préface qu'il mit à *Conrad Wallenrod*, où il déclara que le sujet tiré du moyen-âge n'a rien à voir avec les temps présents, et à laquelle le monde officiel russe se trouva pris.

A propos de *Conrad Wallenrod*, notre biographe dit : « La sensation qu'il produisit fut vive et profonde. Partout, en Pologne, on répétait ces belles pages remplies d'allusions sur les destinées du pays depuis son démembrement; on apprenait par cœur d'énergiques tirades provoquant à la vengeance et à la haine de l'oppression ; les romances mélancoliques d'Alf et d'Al-

---

(1) Cette phrase, exprimée en quatre vers, est précisément celle que Garczynski prit pour épigraphe de son *Wenceslas*.

dona se chantaient dans les salons et dans les chaumières. Ces morceaux avaient été mis en musique par madame Marie Przymanowska (1), célèbre pianiste, dont la fille est devenue plus tard la femme du poète exilé. » Il est toutefois à noter que les Polonais, dont aucun ne se trompa sur la portée du poème, eurent la joie moins bruyante qu'on ne semble l'indiquer; ils surent contenir leurs premières impressions : autrement Adam Mickiewicz n'eût point reçu un passeport pour l'Italie, mais il eût été mis en kibitka pour la Sibérie. L'*Homme de rien* observe avec justesse que « le canevas de ce poème n'est qu'un voile transparent à travers lequel apparaît la belle et triste figure de la patrie opprimée. » Mais nous ne saisissons point ce qu'il a voulu exprimer en disant : que « le cachet individuel des précédentes inspirations du poète a disparu pour faire place à une synthèse plus large; » car, dans Alf et dans Conrad, comme dans Gustave, perce également la personnalité de Mickiewicz ; et, quoique différemment modulé, le patriotisme chez *Grazyna* n'était pas moins ardent qu'il ne l'est chez *Wallenrod*.

Le biographe raconte ainsi la composition de la pièce de vers adressée *A la mère polonaise* : « Au moment où lui arriva en Italie la première nouvelle de la Révolution de Juillet, M. Mickiewicz se sentit saisi d'un pressentiment funèbre ; il prévit que sa patrie allait se lever aussi pour la liberté, mais qu'elle allait mourir pour elle, et c'est alors qu'il composa cette belle élégie à une mère polonaise, où il verse des larmes prophétiques sur les destinées de son pays. » Or, ce n'est pas en Italie que la poésie fut composée, mais en Suisse, où Mickiewicz était lors de la Révolution de Juillet : elle porte la date de Genève 1830.

Notre poète Théophile Lenartowicz a écrit que mon père lui

---

(1) C'est Szymanowska qu'on a voulu dire.

avait dit l'avoir composée sous l'impression d'un pénible pressentiment. Les premières fautes des chefs du mouvement parisien qui confiaient le nouveau pouvoir à un d'Orléans, lui faisaient entrevoir l'abandon de la Pologne, et dès lors son écrasement et le martyre de ses fils. « Hélas! peut-on répéter avec le biographe, le barde patriote n'avait que trop bien mérité le nom de *vates* que les Latins donnaient à leurs poètes. »

Il est vrai que, après la prise de Varsovie, A. Mickiewicz résida quelque temps à Dresde, qu'il y imprima la *Redoute d'Ordon* (1831) et y traduisit le *Giaour* de Byron : il n'y conçut point seulement la troisième partie des *Dziady*, mais il l'y écrivit (lettre à Lelewel, Dresde, 20 mai 1832). Il est inexact que, venu en France, il s'y tut quelque temps : il y imprima aussitôt les *Dziady* et le *Livre de la nation polonaise et des Pèlerins polonais*, en partie composé à Dresde. Ce livre n'est point seulement « un magnifique chant de conciliation et de paix, » c'est aussi un terrible avertissement aux nations coupables d'un égoïste laissez-faire. Quant à la supposition que la *Vision d'Hébal*, de Ballanche, écrite avant juillet 1830 et publiée peu après, donna à Adam Mickiewicz l'idée de se servir du style biblique, elle est aussi gratuite que l'est cette autre hypothèse qu'il se soit inspiré de Kœrner. Le style du *Livre des Pèlerins polonais* n'est point une imitation littéraire : c'est la parité de situation et de douleur entre la Pologne et Israël, qui a engendré, non chez un écrivain polonais seulement, mais chez plusieurs, le ton hébraïque et qui fait éclater l'accent prophétique. Et ce n'est point Mickiewicz, mais Garczynski, qui peut être rapproché de Kœrner. Le biographe dit que le *Livre des Pèlerins polonais*, bien qu'inspiré par le plus pur catholicisme, fut blâmé à Rome, et que cela se conçoit, attendu que le Saint-Père était alors occupé à rédiger cette fatale lettre encyclique au clergé de Pologne, que M. de Lamennais n'a malheureusement que trop bien caractérisée en la résumant ainsi : « Tiens-toi là près de l'échafaud, et, à mesure qu'elles passeront, maudis les victimes. » Il eût été plus exact de dire « venait de lancer l'encyclique ; » car cette encyclique, qui invitait le clergé polonais et les fidèles « à la soumission envers leur souverain légitime, le magnanime empereur Nicolas, » est de juillet 1832, tandis que le *Livre des Pèlerins* ne fut imprimé en polonais qu'en décembre 1832, et ne parut traduit en français qu'en avril 1833. Toujours est-il que le Livre et l'Encyclique furent la contradiction l'un de l'autre ; et, dans les balances divines, sans doute ce ne sont point les *Pèlerins* qui auront été trouvés le plus légers.

« L'année suivante, en 1833, dit l'*Homme de rien*, après avoir publié la troisième partie des *Dziady* (1), M. Mickiewicz se maria et devint père de famille. Son imagination se ressentit de cette nouvelle phase de sa destinée : elle se tranquillisa, prit une tournure plus positive et se reporta vers des scènes de la vie privée et champêtre de son pays. Il en résulta un nouveau poème en deux volumes, publié à Paris en 1835, *le Sieur Thadée*, où la description domine le drame et qui est considéré par les Polonais comme un modèle de vérité, de naturel et comme le tableau à la fois le plus attrayant et le plus exact de la vie domestique de la noblesse lithuanienne. » Or, Adam Mickiewicz se maria en 1834, le 22 juillet ; et déjà *le Sieur Thadée* avait paru. Il l'avait conçu, vers la fin de l'insurrection polonaise, dans les jours où il erra en Poznanie de cachette en cachette pour échapper à la police prussienne ; et il le commença même avant d'avoir fini sa troisième partie des *Dziady*. Le poète n'a pas qu'une corde à sa lyre : et fréquem-

---

(1) La IIIe partie des *Dziady* fut imprimée fin 1832.

ment son âme impressionnable et qui ne se règle point selon une logique mathématique, passe d'une corde triste à une corde douce et tendre. Et cela n'étonne que ceux qui n'ont jamais eu de poésie au cœur.

Après avoir relaté qu'en 1839, Adam Mickiewicz reçut de l'Académie de Lausanne une chaire de littérature latine, et qu'heureuse et fière de le posséder, elle espérait se l'attacher par des liens durables, lorsque, l'année suivante, appelé à une chaire du Collége de France, il pensa que « c'était pour lui un devoir impérieux d'aller où il pourrait le plus efficacement servir son pays, » le biographe dit les vifs regrets qu'il laissa dans le canton de Vaud, et cite ces belles paroles d'un collègue insérées dans le *Courrier suisse* : « On se souviendra longtemps parmi nous de cet enseignement si grave et si attrayant à la fois, orné d'une si noble simplicité ; de cette critique en quelque sorte intuitive, inspirée, où l'analyse était précédée et dominée par la synthèse, nous voulons dire par un sentiment aussi prompt que délicat des beautés de l'art ; de ce cours de littérature latine, où toutes les littératures se donnaient rendez-vous à la voix d'un professeur à qui toutes étaient connues et plusieurs familières ; de ces aperçus féconds et de ces vues neuves qui jaillissaient à l'improviste de chaque partie d'un sujet, de ces leçons de goût qui étaient souvent des leçons de morale ; de cette parole substantielle et transparente ; de ce style solide marqué au coin de l'antique ; enfin de ce bon sens si élevé qu'on l'eût pris pour la plus belle imagination ; et de cette imagination si pure, qu'on l'eût prise pour le plus noble bon sens. »

Voici maintenant le récit de la création de la chaire slave à Paris :

« Parmi toutes les créations utiles qui ont signalé le court passage de M. Cousin au ministère de l'instruction publique, une des plus utiles et des plus fécondes est sans contredit l'établissement d'une chaire de langue et de littérature slaves au Collége de France ; aussi le projet de loi présenté par lui (1) à ce sujet rencontra-t-il sur tous les bancs de la Chambre un assentiment à peu près unanime, si l'on en excepte toutefois un très-digne homme, le *respectable* M. Auguis (comme disait M. Cousin en répondant aux facéties de l'orateur), un de ces économiseurs de bouts de chandelle, qui se font au dehors une popularité fort douce en consacrant toutes leurs facultés à rogner triomphalement chaque année trois francs cinquante centimes sur un budget d'un milliard. Pourtant, dans cette circonstance, ce n'était point précisément par économie que M. Auguis ne voulait pas de la chaire nouvelle, c'était par *patriotisme*; il avait découvert qu'il était souverainement antinational d'ouvrir une enquête sur l'état intellectuel d'une race de soixante millions d'hommes qui occupe ou domine la moitié de l'Europe, le tiers de l'Asie, et dont nous ne savons rien, sinon qu'elle a pris par deux fois le chemin de Paris, et que d'une main elle touche à Constantinople, et de l'autre à la muraille de Chine ; M. Auguis avait découvert qu'étudier le génie de cette race dans sa langue mère, le slave (2) et dans les quatre grands dialectes qui en dérivent, le russe, le polonais, le bohême, le serbe, était une chose aussi inutile qu'absurde, et qu'il serait beaucoup plus national et beaucoup plus logique de fonder une chaire de basque, de limousin ou de bas-breton ; M. Auguis avait encore découvert, et ici je cite textuellement, « qu'il n'était pas de la dignité de la nation de donner « une chaire dans un établissement français à un étranger. » Voilà du patriotisme *à la chinoise*, ou je ne m'y connais pas. *L'étranger* pensait sans doute à M. Auguis, lorsqu'en ouvrant son cours il nous disait avec sa parole pittoresque de poète : « Il y a deux mille ans que « Tacite parlait aux Romains inattentifs de ces Germains qui prome- « naient dans leurs forêts l'avenir du monde ; rappelez-vous, mes- « sieurs, que vous êtes les fils de ces Barbares. » Tout ce qu'on peut dire de mieux à M. Auguis, c'est qu'au lieu d'être un fils de Barbare, il descend sans doute en droite ligne de ces *Romains inattentifs*.

(1) En 1840, dans le Cabinet présidé par M. Thiers, et dénommé par sa date le *Cabinet du 1ᵉʳ Mars*, auquel succéda vite le *Cabinet du 29 Octobre*, présidé par le maréchal Soult, duc de Dalmatie, et dirigé par M. Guizot.

(2) « S'il a jamais existé une langue commune à tous les peuples de cette grande famille (slave), elle a péri. » (Cousin, en son Exposé des motifs.)

C.

« Mais ce n'était pas tout de décréter que la France allait faire comparaître devant elle quatre grandes littératures aussi riches que variées, qu'elle allait se mettre en communication intellectuelle avec une race inconnue et formidable, afin de l'étudier dans son passé et de prévoir son avenir. Pour diriger cette enquête, il fallait trouver un rapporteur compétent, un homme qui unît, à la science complète des langues et des littératures slaves, la connaissance des langues et des littératures de la Grèce, de Rome, de la France et des autres peuples de l'Occident ; un homme qui occupât une assez haute position littéraire dans la Slavie pour que, tout entière elle pût voir en lui son représentant ; un homme enfin qui possédât assez à fond la langue du pays qui l'adoptait pour se faire écouter d'un public un peu blasé par des voix éloquentes, et qui se prête difficilement à accueillir la pensée quand elle descend d'une chaire, dépouillée du prestige du langage. Or cet homme s'est trouvé : le lamentable naufrage d'une héroïque nation l'a jeté au milieu de nous ; c'est ce même barde voyageur dont Gœthe aimait la voix puissante ; c'est le plus grand poète de la Pologne, le Byron catholique du Nord, l'auteur de *Conrad Wallenrod* et des *Dziady*, c'est Adam Mickiewicz, le frère de Dante par la foi, par le génie et par l'exil. — Il y a d'autant plus de mérite à M. Cousin d'avoir été chercher ce proscrit dans sa retraite, qu'il aurait bien pu, dans un temps de petites susceptibilités, lui garder un peu rancune d'une certaine qualification originale de *Moulin vide*, que le poète croyant applique au grand-pontife de l'éclectisme dans son beau *Livre des Pèlerins polonais*. »

Assurément la création de la chaire slave et le choix d'Adam Mickiewicz honorent beaucoup M. Cousin. Les lettres qu'à cette occasion il adressa à mon père, et les conversations qu'à ce sujet il eut avec M. Léon Faucher, alors rédacteur en chef du *Courrier français* et promoteur du projet, témoignent de la volonté réfléchie et persistante qu'il y apporta. Or, il y avait plus d'une difficulté à surmonter : l'indifférence du premier ministre et l'opposition du roi. Quant à M. Auguis, cet être inconnu, aujourd'hui complétement oublié, c'était en ce temps-là un personnage, un rapporteur du budget ; dans le discours qu'il dirigea contre la chaire slave, il était en réalité moins ridicule qu'il n'en eut l'air : plus d'une niaiserie qu'il débita ne provenait point de la naïveté, mais était destinée à voiler sa pensée, qui, dans l'impatience de n'être point compris de la Chambre à demi-mot, finit par éclater dans cette apostrophe au ministre : « Je sais bien pour qui vous créez cette chaire ; mais alors, dites donc que vous voulez créer une chaire polonaise. » Le ministre n'eut garde de suivre son opposant sur un terrain brûlant : car il eût craint d'éveiller les susceptibilités russes qui auraient amené le *véto* royal. Et, par un accord tacite entre le ministre et les députés, le nom de la Pologne ne fut point prononcé : il ne fut question que de l'importance de la langue slavonne et des antiquités slaves. Que de fois, dans les parlements, des discussions sont plutôt destinées à masquer le projet qu'on veut faire passer qu'à l'éclairer ! C'est ainsi que l'une des discussions les plus ternes de la grande Constituante française de 1789 fut celle relative à la suppression des couvents : tout un siècle philosophique avait souverainement résolu la question en esprit ; au dernier moment on recouvrit de fleurs l'hostilité contre l'Église. En 1840, les conservateurs-bornes, comme M. Auguis, sentaient parfaitement que la chaire slave était au fond une création hostile à la Russie ; mais on ne leur donna point la satisfaction de fournir à l'ambassade russe un prétexte d'alarmes.

Le projet de M. Cousin, présenté le 19 avril 1840 (1), fut voté par la Chambre des députés le 18 juin, et par la Chambre des pairs le 9 juillet, puis promulgué par le roi. M. Mickie-

(1) L'*Exposé des motifs*, rédigé sur une note fournie au ministre par M. Léon Faucher d'entente avec le prince Adam Czartoryski, inséré dans le *Moniteur* du 21 avril 1840, a été reproduit dans ses *Lettres slaves* (Paris, 1857, in-18, p. 62-65) par M. Christien Ostrowski, mais à tort sous le nom de M. Salvandy, qui ne fut ministre de l'instruction publique que quelques années plus tard, comme successeur de M. Villemain et collègue de M. Guizot.

wicz, chargé du cours par arrêté ministériel du 8 septembre, et installé au Collége de France le 6 novembre, fit sa première Leçon le mardi 22 décembre.

Nous lisons dans la biographie due à la plume d'un *Homme de rien* :

« La diction de M. Mickiewicz, bien que difficile et hésitante, n'en a pas moins un charme extrême : d'abord elle est très-nette, très-claire et très-pure, quoique originale dans son étrangeté. Le mot arrive lentement, mais il arrive, et c'est toujours le plus juste et le meilleur : « Il cherche, c'est vrai, me disait l'autre jour un de ses « plus spirituels collègues, qui, sous ce rapport lui ressemble un « peu ; il cherche, mais il trouve (1). » Il y a surtout quelque chose de singulièrement attrayant à entendre ces vieux chants polonais, russes, bohêmes ou serbes, qui vous arrivent reproduits dans toute leur rudesse et leur simplicité homérique, à travers une parole étrange, abrupte, cadencée, hachée et pittoresque. La personne même du professeur est en harmonie avec son sujet : s'il y a du contemporain dans ce regard profond et dans cette physionomie triste et rêveuse, il y a ensuite du vieux slave dans ces traits anguleux, dans cette bouche proéminente et sillonnée aux deux coins, dans cette voix aux brusques intonations, et dans cette figure constamment impassible, au milieu de l'hilarité provoquée par telle ou telle naïveté d'un héros bohême ou russe du dixième siècle. Je me rappelle notamment une certaine comparaison charmante d'un barde slave entre les *femmes* et les *vipères* : l'auditoire riait de tout son cœur, le professeur ne sourcillait pas ; toujours le même masque imperturbable et grave ; peut-être un peu de pitié pour la légèreté française, mais voilà tout. En vérité, vous diriez que l'auteur de *Grazyna* et de *Conrad Wallenrod* a vécu au milieu de ses héros : s'il n'a pas leurs six pieds et leur poignet d'Hercule, il a leur foi naïve, leur énergie morale et cette grandeur simple qui n'est plus de notre âge. »

Malgré ses taches, la biographie d'Adam Mickiewicz par un *Homme de rien* a toutefois été utile ; car le ton général en est

(1) Ce spirituel collègue est sans aucun doute M. Michelet.

bon. Un ami bourguignon me disait avoir, tout jeune, senti son premier mouvement d'amour pour la Pologne à la lecture de cette biographie (sa grand'mère l'ayant abonné à la *Galerie des Contemporains illustres*, qui paraissait en livraisons).

M. Christien Ostrowski, qui, outre qu'il est un littérateur polonais distingué, manie la langue française avec beaucoup de dextérité, saisit l'occasion de l'ouverture du Cours de littérature slave au Collége de France pour offrir au public une traduction des œuvres poétiques complètes du nouveau professeur. Mon père, qui ne l'y avait point encouragé, fut touché de son zèle (on en a la double preuve dans sa Correspondance, lettres des 13 novembre 1840 et 3 septembre 1841). Mais il fut choqué de la préface, que M. Ostrowski mit, en 1845, à la troisième édition et où, traitant, sans du reste en fournir la moindre preuve, André Towianski d'agent russe, il reproche amèrement à Adam Mickiewicz d'avoir foi en lui, le représente comme le jouet d'une intrigue panslaviste ourdie par l'empereur Nicolas, et en parle comme d'un génie tombé! Si, au milieu des passions qui embrasèrent alors l'Émigration, M. Ostrowski a pu croire nécessaire de protester contre toute solidarité, en matière de philosophie religieuse, avec celui dont il avait traduit les poésies, le calme, qui, avec les années, se fait sur toutes les questions comme dans tous les esprits, aurait dû, il semble, l'induire à retrancher cette préface dans les éditions subséquentes. Il l'a laissée subsister jusqu'à présent et c'est regrettable. C'est surtout par cette traduction que les étrangers connaissent les poésies de mon père; plusieurs traductions ont même été faites en anglais et en italien notamment, sur le français de M. Ostrowski. Les notes que le traducteur a ajoutées à son travail, ainsi que sa première préface et les renseignements que contiennent deux de ses *Lettres slaves* (l'une de décembre 1841, après la première année du Cours (1), et l'autre de janvier 1856, après la mort d'Adam Mickiewicz et le retour de son corps à Paris), sont souvent consultés par ceux qui s'occupent de travaux biographiques. A côté de détails intéressants, il y a maintes erreurs. Je me fais, en conséquence, un devoir de signaler et celles-ci et ceux-là.

Victor Hugo a écrit sur lui-même (dans ses *Feuilles d'automne*) :

> Ce siècle avait deux ans : Rome remplaçait Sparte,
> Déjà Napoléon perçait sous Bonaparte.
> . . . .
> Alors, dans Besançon, vieille ville espagnole,
> Jeté comme la graine au gré de l'air qui vole,
> Naquit d'un sang breton et lorrain à la fois
> Un enfant sans couleur, sans regard et sans voix ;
> Cet enfant, que la vie effaçait de son livre,
> Et qui n'avait pas même un lendemain à vivre,
> C'est moi.

M. Ostrowski a écrit de son auteur (*Notes* du 1er vol. de sa traduction, édit. 1859, p. 448) : « La jeunesse de Mickiewicz, comme celle de la plupart des poètes, a été maladive et pleine de souffrances. Une fois, le bruit de sa mort s'était tellement répandu qu'un de ses voisins, paisible habitant de Nowogrodek, l'ayant aperçu, pâle et défait, au milieu de la campagne, se mit à fuir à toutes jambes en faisant le signe de la croix ;

---

(1) La première est, par une manifeste erreur typographique, datée de décembre 1840, au lieu de décembre 1841, dans la 3e édit. des *Lettres slaves*. (In-18; Paris, 1857, p. 8.) Il y est énoncé « que, dans le *premier semestre* de son cours, Mickiewicz a pleinement justifié la brillante renommée qui l'y avait précédé. » De plus, il y est parlé de la prédication du *Messianisme* : or, Towianski n'est arrivé à Paris qu'à la fin du premier semestre 1841 et n'a fait son appel à l'émigration polonaise que le 27 septembre 1841. La première lettre de M. Ostrowski avait paru dans l'*Université catholique*.

et courut annoncer à ses concitoyens qu'il avait vu le spectre, le fantôme de Mickiewicz. Cet incident, puéril en apparence, lui suggéra l'idée du prologue et peut-être de tout le poème des *Aïeux*. Un reflet de cette maladie, qui faillit le conduire au tombeau, se trouve aussi dans l'introduction de *Thadée Soplica*. » A propos de la quatrième partie des *Aïeux*, est ajouté (p. 465) : « Nous croyons pouvoir affirmer que ce prêtre aux cheveux blancs, entouré de marmots qu'il considère comme ses enfants, ce professeur qui a formé l'esprit et le cœur de Gustave, et qui, de la part de son élève, est l'objet de tant de vénération, n'est autre que l'abbé Mickiewicz lui-même, l'oncle de notre poète (1). Après la suppression de l'Ordre des Jésuites, en 1775, par Clément XIV, l'Université de Vilna, fondée par Étienne Batory, resta sous l'administration des mêmes prêtres connus désormais sous le nom d'ex-jésuites. Un rejeton de cette confrérie est parvenu jusqu'à nos jours ; et l'abbé Mickiewicz était encore en 1819 doyen de la Faculté des sciences physiques et mathématiques (2). Peu avant sa mort, il se retira dans sa cure de Nowogrodek. » Mais rien n'autorisait à écrire (p. 468) : « Ce taret, jadis grand usurier, est sans doute le recteur Malewski, homme de savoir et de probité, mais poussant la parcimonie jusqu'à l'avarice. » C'est porter trop loin la licence de l'interprétation (3).

M. Ostrowski observe (*préface* de la première édition de sa traduction) que Mickiewicz eut deux grands maîtres : le peuple et l'antiquité ; que la tradition populaire forma l'essence de sa

---

(1) M. de Loménie (voy. plus haut, p. xxxiii) a dit plus exactement que c'était un parent éloigné.

(2) Ailleurs, M. Ostrowski dit (*Lettres slaves*, p. 305) que l'abbé Mickiewicz s'était « sécularisé après la suppression de l'ordre des Jésuites. »

(3) « On voyait alors, parmi les professeurs de l'Université de Vilna, des noms tels que ceux de Jean et André Sniadecki, Lelewel, Onacewicz, Goluchowski, Malewski, etc. (*Lettres slaves*, p. 306).

pensée et que cette pensée se revêtit du langage d'Homère et de Virgile; qu'il s'appropria cette dépouille classique, cette robe impalpable qu'Hélène expirante a laissée dans les bras de Faust, que la Grèce, devenue barbare, a transmise au moyen âge : d'où, ces vers coulés en bronze, et d'une facture tellement monumentale qu'il serait difficile d'en déplacer une syllabe sans compromettre l'harmonie de l'ensemble. — C'est assez bien dit. Toutefois j'ajouterai que mon père ne s'est pas abreuvé aux seules sources, si riches soient-elles, de la Grèce et de Rome, mais aussi à la profonde et supérieure source d'Israël; et qu'il ne s'est point nourri des seules traditions de son peuple, mais des chefs-d'œuvre des autres nations. Et chez lui, ce n'était pas un procédé qui lui fût suggéré par le froid calcul d'une doctrine scolastique; mais il avait cette ferme foi : que l'homme est d'autant plus complet qu'il a plus et mieux vécu le passé de l'Humanité, et que sa propre vie est d'autant plus féconde que l'action y est plus fortement et plus fidèlement unie à la pensée.

On a comparé Mickiewicz à Byron et à Dante; et la comparaison est juste. Il peut plus exactement encore être comparé aux prophètes d'Israël : il y a en lui des accents qui rappellent l'accent de Moïse, de David, d'Isaïe et de saint Paul. « De même que plusieurs écrivains polonais seront un jour rangés parmi ceux de la Bohême, ou ceux des Slaves du Danube ou ceux de la Russie; de même il y en a qui pourraient être, pour quelques-unes de leurs compositions, placés à côté des poètes israélites, » a dit Adam Mickiewicz au Collége de France (*Slaves*, III, p. 366). C'était faire allusion à lui-même, ainsi qu'à Brodzinski, à Garczynski et à Krasinski.

M. Ostrowski trouve que, quant à la forme magistrale des vers, « il y a des analogies frappantes entre les poésies d'Adam Mickiewicz et celles d'André Chénier, cet autre prétendu *roman-*

tique du dernier siècle. » Mais n'est-ce pas amoindrir le poète polonais? Je sais qu'André Chénier et ceux qui ont marché sur ses traces avaient pour devise : « Sur des pensers nouveaux faisons des vers antiques. » Où sont les pensers nouveaux d'André Chénier? Et comment d'ailleurs se donner pour règle de faire entrer des êtres modernes dans d'anciens vêtements? A un fond divers doit correspondre une forme diverse. Mon père croyait qu'avant tout il faut penser fort et juste, et qu'alors la forme vient naturellement par surcroît. Je n'ai pas à examiner les titres qu'André Chénier peut ou non avoir au titre de *romantique*. Qu'il me soit seulement permis de rappeler que mon père revendiqua ce nom et s'en fit gloire, mais qu'il élargissait singulièrement le domaine littéraire dont il justifiait la conquête légitime. (Voy. son apologétique du Romantisme dans les deux préfaces mises à ses poésies en 1822 et en 1828, comme aussi le jugement sur les classiques et les romantiques, que, d'après le Cours slave, j'ai cité dans le 1er vol. de ces *Mélanges*, p. 196.) Du reste, M. Ostrowski dit heureusement « que, dès la publication de ses *Romances et Ballades*, Mickiewicz entreprit une lutte à mort avec le privilége de la pensée, représenté alors par l'école classique. »

C'est une erreur d'avoir écrit (préface de la 1re édit. de la trad., p. X) que l'*Ode à la Jeunesse* correspond à la captivité de Mickiewicz dans les prisons de Vilna. Dans les premiers *Dziady* imprimés en 1823, c'est-à-dire plusieurs mois avant son arrestation, quatre vers de l'*Ode à la Jeunesse* sont cités. Nous avons vu ci-dessus qu'elle remonte à l'an 1820, c'est-à-dire à l'époque de l'organisation des Philarètes (1). Et c'est ce que M. Ostrowski lui-même confirme dans l'article nécrologique qu'il publia sur Adam Mickiewicz à la date du

---

(1) Voy. ci-dessus, p. xvii, et ci-dessous, p. 213.

21 janvier 1856 dans le *Siècle* (Voy. *Lettres slaves*, p. 306) : « Cœur de héros, s'il en fut jamais, Thomas Zan était l'âme de l'association qu'il conduisait par l'amour de l'étude à l'émancipation nationale. Initié par lui, dans le conseil directeur des *Rayonnants* (1), Mickiéwicz improvisa cette magnifique *Ode à la Jeunesse,* son plus beau titre de gloire... Vouloir donner aux Philarètes de Vilna un avertissement contre l'égoïsme, concentrer dans un même foyer leurs cœurs et leurs âmes, n'était-ce point leur signaler le vice dominant de notre époque?... « O « jeunesse, s'écriait-il, ton vol est celui de l'aigle et ton bras « est pareil à la foudre. » On peut juger du retentissement que ce chant dut avoir en Pologne... Il devait enflammer jusqu'aux

---

(1) « Les sept divisions de la Société des *Philarètes* étaient désignées par les sept couleurs du prisme solaire. De la réunion de ces couleurs élémentaires devait jaillir la lumière qui, dans l'ingénieuse pensée de cette noble jeunesse, avait pour signification suprême la liberté. » (*Lettres slaves*, p. 306.) — Ostrowski confond ici les *Philarètes* avec les *Rayonnants*.

On lit dans les Notes de l'*Histoire populaire de Pologne* d'Adam Mickiéwicz (Paris, in-18, 1867, p. 552) : « Les étudiants lithuaniens organisèrent, sous le voile de sociétés littéraires, des foyers de moralisation et de patriotisme. Thomas Zan, le promoteur de ce mouvement, fonda la société des *Rayonnants*, comité directeur des *Philarètes*... Le gouvernement russe découvrit l'existence de la société des *Philarètes*. Le sénateur Nowosilcow, dépêché à Vilna, s'y couvrit d'infamie par des exactions et des cruautés sans nombre. Thomas Zan, Jean Czeczot, Suzin, Sobolewski et une foule d'autres furent arrêtés. Zan, avec un héroïsme admirable, se borna à répondre : « que « lui seul était le chef des associations; que les étudiants n'avaient fait que « céder à son influence; qu'il réclamait pour lui seul le châtiment. » Des centaines de jeunes gens furent jetés aux mines, déportés en Sibérie ou incorporés dans les régiments. Thomas Zan fut interné à Orenbourg... La tradition des efforts, de la constance surhumaine et de la courageuse résignation de cette sainte légion de martyrs est demeurée vivante en Pologne. »

Ce qui est relaté ici d'Ostrowski et plus haut de Loménie et d'Herbelot sur cette triple Société, ainsi que de l'*Hist. popul. de Pol.* est à rectifier d'après l'indication de la page 513 ci-dessous: à savoir que les *Philomathes* créèrent et dirigèrent les *Philarètes* et les *Rayonnants*.

M. Ostrowski, dans les notes de sa traduction (édit. 1859, I, p. 452) donne le 1er novembre 1823 comme la date des arrestations. M. d'Herbelot, en sa notice de 1830 (voy. ci-dessus, p. xvii), a donné celle de « septembre 1823. » Dans les notes de l'*Histoire populaire de Pologne* (p. 552), j'ai adopté la date du 1er novembre, en raison de l'inscription des *Dziady* (*Calendis novembris*), qui semble être la marque de la première nuit de prison.

Russes eux-mêmes qui, depuis 1817, dans les deux comités de Tulczyn et de Moscou, méditaient l'affranchissement de leur pays. Le gouvernement russe s'aperçut alors seulement de la faute qu'il avait commise en autorisant sa publication ; mais il était trop tard, le *Romancero* de Mickiewicz était dans toutes les mains, son *Ode à la Jeunesse* dans toutes les mémoires : il n'y avait plus qu'à frapper et à sévir. C'est ce qu'il fit de la manière la plus brutale. » Il n'est pas exact que l'*Ode à la Jeunesse* ait paru dans le *Romancero*, autrement dit dans le premier volume des poésies de Mickiewicz qui contenait ses *Romances et Ballades*, et qui fut imprimé à Vilna en 1822. Il n'existe, que nous sachions, aucune trace qu'elle ait été imprimée à part lors de sa composition, comme le fut, en 1822, la *Lettre à Lelewel*.

Dans la même notice, M. Ostrowski avance que Mickiewicz composa à Saint-Pétersbourg, avant son départ pour Odessa (c'est-à-dire en 1824), son *Voyage en Russie*, « peinture atroce mais fidèle de cette contrée de boue et de sang. » Il avait été plus vrai dans les notes de sa traduction, en disant (vol. 1, p. 478) qu'il l'avait composé la même année que le *Livre des Pèlerins polonais* (c'est-à-dire en 1832).

Il remarque que c'est à l'excursion en Crimée du jeune poète, interné dans l'Empire, que sont dus les premiers *Sonnets* qui aient été composés en langue polonaise : « ravissante série de petits tableaux en miniature enchâssés dans de l'or damasquiné : » il eût dû ajouter que déjà Adam Mickiewicz avait composé plusieurs sonnets en Lithuanie. Mais il y a de l'exagération dans ce qu'il dit des cajoleries de l'aristocratie russe auxquelles mon père aurait eu à résister : celle-ci selon lui, mue plutôt par le calcul que par un véritable engouement, s'efforçait de gagner le poète et déployait toutes ses séductions pour l'attacher à son parti, plus souverain et plus redouté que le tzar. Qu'il y ait eu quelques personnes dont les gracieusetés aient eu un tel mobile, ce n'est pas impossible. Ce qui est certain, c'est que la Correspondance de mon père contient la preuve irrécusable de sentiments nobles et sincères qui lui furent témoignés dans la haute société russe et dont il garda, même dans ses plus douloureuses amertumes nationales, un souvenir reconnaissant.

Parlant de *Conrad Wallenrod*, M. Ostrowski écrit que, lorsque ce poème parut, la gloire de Mickiewicz fut au comble; que le tzar Nicolas lui-même le fit complimenter (1), et que bientôt il obtint la permission de faire un voyage en Italie pour rétablir sa santé. « Quel fut le procédé, dit-il, dont Mickiewicz se servit pour en imposer aux ennemis du nom polonais au point de leur faire accepter ce poème avec sa devise : *Bisogna essere volpe e leone* (empruntée à Machiavel), comme n'ayant rien que de très-inoffensif et de conforme aux intérêts de Sa Majesté le tzar de toutes les Russies ? C'est un mystère que je ne me charge pas d'expliquer. Toutefois, Mickiewicz put prendre sa volée; et enfin, hors de cette frontière qu'il avait naguère franchie en prisonnier d'État, et que maintenant il repassait presque en triomphateur, il respira. » (*Préface* de la 1re édit. de la trad., p. XII.) — L'explication cherchée est pourtant des plus simples : il n'y a là nul autre mystère que la mise en pratique de ce verset de l'Évangile où Jésus recommande à ses disciples d'avoir la prudence du serpent et l'innocence de la colombe.

Revenant, dans ses *Lettres slaves* (p. 308-309), sur ce

---

(1) Il est faux que Nicolas ait fait complimenter mon père. Mais il est avéré que la censure des œuvres polonaises à Saint-Pétersbourg et à Moscou était un peu moins sévère qu'à Varsovie et à Vilna, par la raison toute simple que la diffusion de ces œuvres dans un froid milieu russe présentait pour le tzarisme un danger moins visible et moins direct que dans un milieu polonais incandescent.

« poëme vengeur, » M. Ostrowski, après avoir constaté combien le sujet en est dramatique, et comment l'exécution ne le cède en rien à l'idée, que le langage est tantôt d'une tendresse infinie dans les entretiens de Conrad avec Aldona, la fille de Keystout, et tantôt d'une âpre et farouche énergie dans ses conciliabules avec Halban, le vieux Lithuanien qui s'est attaché à ses pas pour attiser dans son âme le feu de la vengeance, ajoute : « Et pourtant, disons-le avec regret, malgré la perfection du style, cette idée n'est point polonaise ; elle n'a point jailli d'une inspiration purement nationale. Le héros du poëme est au bout du compte un traître ; il obtient sa victoire par la ruse et la dissimulation : qualités qui sont, fort heureusement, qui seront toujours antipathiques au caractère polonais. *Conrad Wallenrod* a fait en Pologne, de même que les *Brigands* de Schiller en Allemagne, une monstrueuse école, tout antinationale. » — Mais, dans le vrai, la conception de Wallenrod conduisant à la défaite les ennemis de son peuple n'est pas plus antipolonais que n'est antijuif l'acte par lequel Samson renversa les colonnes du portique des Philistins et s'ensevelit avec eux sous ses décombres. La morale de la nation martyre n'est pas plus ébranlée dans un cas, que ne furent entamées dans l'autre les Tables de la loi du peuple de Dieu. Un double et grand enseignement demeure, à savoir, que la violation de la loi morale se retourne contre celui qui la commet. Et le rapprochement que je fais ici n'est pas arbitraire ; mon père fait dire, dans son improvisation de prison, au Conrad des *Dziady* (qui est le Conrad Wallenrod transporté dans le monde moderne) : « Ma force m'est revenue... Aujourd'hui est l'heure du destin, aujourd'hui j'étends le plus fortement les bras de mon âme ; c'est l'heure de Samson, quand, prisonnier et aveugle, il méditait au pied de la colonne... » (Voy. ci-dessous, p. 309.)

M. Ostrowski raconte (*Lettres slaves*, p. 309) qu'à dater du jour de l'apparition de *Conrad Wallenrod* le poète Ryleïew et le savant Bestuzew, tous deux condamnés à mort pour crime d'amour de la patrie, se déclarèrent amis et disciples du barde polonais. — C'est oublier que, quand parut *Wallenrod* (1828), Ryleïew était mort, ayant été pendu, le 25 juillet 1826, par suite de la conjuration du 14/26 décembre 1825. Bestuzew fut envoyé en Sibérie. Pour avoir été antérieure à *Wallenrod*, l'amitié qui les unit à mon père n'en fut pas moins très-vive : lui-même l'a du reste affirmé dans sa dédicace : *Aux amis russes*.

M. Ostrowski dit encore (*id.*, p. 309). « On chantait dans tous les salons les airs du *Conrad Wallenrod*, mis en musique par madame Szymanowska, célèbre pianiste polonaise dont la fille Marie devint plus tard la compagne du poète exilé. » — Or, c'est madame Szymanowska qui s'appelait Marie; sa seconde fille, qui épousa Adam Mickiewicz, portait le nom de Céline.

« A la nouvelle de la Révolution de Juillet, écrit M. Ostrowski (*Lettres slaves*, p. 309); Adam Mickiewicz se rapprocha de la France et vint s'établir à Genève, où nous l'avons vu pour la première fois... C'est là qu'en pressentant le réveil prochain de la Pologne, il composa ces stances adressées à une *Mère polonaise*, empreintes d'une mélancolie navrante... » — Le fait est qu'Adam Mickiewicz, qui était en Italie, avait entrepris une excursion en Suisse, avant les événements français de Juillet 1830 : ainsi que nous le voyons dans l'itinéraire dressé par son compagnon de voyage, Odyniec (vol. I, p. 74 de l'édition polonaise de 1874 de la Correspondance de mon père), il avait quitté Rome le 1ᵉʳ juillet, et était arrivé par le Simplon et Chamounix, le 1ᵉʳ août, à Genève, d'où il alla, le 14, visiter l'Oberland, et où il rentra le 4 septembre pour, le 10 octobre, s'en retourner à Rome. La poésie intitulée *A la Mère polonaise* (1) doit être des premiers jours d'août 1830. Dans la première préface de sa traduction, M. Ostrowski a raconté qu'en effet, au mois d'août 1830, il s'était enthousiasmé pour Mickiewicz en entendant réciter cette ode par un compatriote, pendant une promenade sur le Léman; en 1833, il la traduisit en vers français.

Les vers de Mickiewicz, *A la Mère polonaise*, sont trop douloureux pour être une ode, et trop peu résignés pour être une élégie. Ils n'ont pas non plus le ton enthousiaste qui caractérise l'hymne. C'est un genre *sui generis*. La pièce est composée de quarante-quatre vers compris en onze stances de quatre vers chacun. Il y a là de la colère et du sarcasme, le sentiment de la défaite malgré la justice, mais la certitude de la bénédiction dans la souffrance. — Le poète avertit la Mère polonaise de ce que l'éclair du regard de son fils, aux récits ou aux chants de la patrie, lui présage des douleurs pour elle-même. Il lui prédit qu'elle souffrira dans son fils, comme la Vierge Marie souffrit dans le sien. Il l'invite à le façonner à son inévitable avenir, en l'habituant à se composer un froid maintien; car il aura à lutter contre l'espionnage et à jouer avec les chaînes, la brouette du forçat et le gibet; car voilà ce qui l'attend.... avec l'immortalité de la gloire. — Il existe une madone de Raphaël; qui, en apercevant, dans une auréole, la croix entre les deux têtes enfantines de saint Jean et de Jésus, presse son enfant contre son sein. Cette madone a été gravée par Thévenin, à Paris. Il est possible que Mickiewicz en ait vu l'original dans une des galeries d'Italie qu'il venait de visiter et que le ressouvenir de cette image ait influé sur la composition de ses vers *A la Mère polonaise*.

---

(1) Voy. ci-dessus, p. xli.

M. Ostrowski a dit excellemment du *Livre des Pèlerins polonais* que « jamais la pensée de Mickiewicz ne s'était élevée aussi haut; que la mission du poète s'y confond avec celle du prêtre, de l'apôtre; et que c'est là son titre réel à l'immortalité » (1re préface). Mais il comprend mal les seconds *Dziady*, quand, en en parlant avec un certain dédain, du reste après la mort de l'auteur (*Lettres slaves*, p. 344), il y voit un affaissement de la pensée, un grand abandon de langage, une tendance plus prononcée vers le mysticisme dont le germe fatal se trouvait déposé dans la frêle et maladive constitution de Mickiewicz. « Son individualisme, ajoute-t-il, s'était assombri, exalté au contact de la société de Saint-Pétersbourg; son *moi* trop exclusif était devenu l'inséparable compagnon de son mépris byronien du monde et de l'Humanité, en se résumant l'un et l'autre dans les orgueilleuses paroles de la scène terrible nommée l'*Improvisation*.... Cette formidable imprécation de Conrad, terminée par le blasphème et la démence, était déjà une transition vers le *Messianisme*. » La haine de M. Ostrowski pour le *Messianisme* le rend aveugle et injuste pour les *Dziady*. Quinze ans plus tôt (1re préface), il disait dans un autre esprit, mais non sans une analogue exagération : « Cette puissance, que Mickiewicz demandait à Dieu dans son *Improvisation*, lorsqu'il s'écriait : « Je veux « gouverner ainsi que tu gouvernes; donne-moi l'empire des « âmes! » il la possède maintenant; c'est la parole slave, c'est le *Verbe* qui, du haut de la chaire du Collége de France, jette au loin les semences de la liberté universelle. »

M. Ostrowski voit, dans *Thadée*, le splendide épanouissement du génie de Mickiewicz : mais la postérité ne mettra pas plus *Thadée* au premier rang des poésies de Mickiewicz, que les *Géorgiques* n'ont été mises au premier rang des poésies de Virgile, quelle que soit d'ailleurs la perfection de l'une et de l'autre œuvre. En tout cas, nul ne souscrira dans l'avenir, pas plus que dans le présent, à ce jugement téméraire et bizarre : que Mickiewicz, en écrivant le *Sieur Thadée* après les *Dziady*, se soit relevé d'une déchéance.

« Cette épopée pastorale polonaise, dit-il d'ailleurs de *Thadée* avec vérité, où nous voyons défiler, dans des scènes rapides et bien enchaînées, tous les tableaux qui, dès l'enfance, ont charmé nos regards, où nous croyons respirer toutes les brises et les aromes de la terre natale : c'est la vie des champs, cet Eden des anciens Polonais, avec tous ses travaux, ses fêtes, ses amours; c'est l'histoire de Dombrowski et de Kniaziewicz, les héros des Alpes et de Hohenlinden, celle des légions polonaises du Rhin et de l'Adige; c'est l'entrée des Français et de Napoléon en la Pologne qui jette à leurs pieds son sang, son or et ses moissons, car elle se sent revivre, la pauvre martyre ! c'est enfin Kosciuszko, c'est Joseph Poniatowski, c'est tout 1812 : puis, dans le drame intime, c'est ce duel séculaire entre la Pologne libérale et la Russie barbare qui se poursuit à outrance dans le sein des familles comme dans la nation ; c'est tout ce qui fait battre le cœur, donne du prix à la vie, tout ce qui fait espérer l'avenir. » (*Lettres slaves*, p. 312.)

M. Ostrowski a noté que Mickiewicz, avant d'être appelé à occuper la chaire slave au Collége de France, professa avec éclat les lettres latines à Lausanne (*id.*).

Dans sa lettre de décembre 1844 à M. de Sorgo, ancien ministre de la République de Raguse, M. Ostrowski dit ne pouvoir se défendre des analogies qui existent entre les deux émigrations de Byzance et de Varsovie; et il remarque que « toutes les deux furent des abrégés du pays qu'elles avaient abandonné, et résumaient en elles tous les éléments de la vie sociale; qu'un exil commun avait enveloppé des prêtres et des guerriers, des artistes et des savants, des princes et des prolétaires. » Il rappelle que le flambeau des arts, éclipsé à l'Orient, fut transmis à l'Italie par les Grecs exilés; et il compare à l'émotion qui s'emparait du peuple toscan devant la révélation de la Grèce antique par les infortunés fils de la Grèce elle-même, l'émotion que ressentit le public du Collége de France en présence d'Adam Mickiewicz.

Il a écrit avec raison : que « l'établissement du cours de littérature slave à Paris répondait à un besoin réel de l'instruction publique ; car il semblait étrange que, dans un collège destiné à l'essai des enseignements nouveaux qui avaient pris assez de développement pour s'élever à la dignité de sciences, la langue slave fût seule oubliée parmi toutes les langues vivantes qui font partie des études universitaires, comme le *copte*, le *malais*, l'*arménien*, le *tatare-mantchou*, etc. Dès le quinzième siècle, le slavon méritait déjà de fixer l'attention des savants, puisque Laurent le Magnifique, le même qui accueillit avec tant de faste et de grandeur les lettres exilées de Constantinople, ne dédaigna pas de faire enseigner publiquement l'*illyrique* à Florence, concurremment avec le grec et le latin, en témoignant ainsi de son admiration pour le dialecte de Raguse, l'Athènes slavonne. » (*Lettres slaves*, p. 67.)

Les Polonais ont montré peu de clairvoyance dans la question de la chaire slave du Collége de France. Chaque parti avait commencé par applaudir à la nomination d'Adam Mickiewicz, en se flattant de parler par sa bouche. Mais il en est de l'esprit de l'homme de génie comme de l'esprit divin : il souffle où il veut et non pas au gré des caprices de tout un chacun. Or, comme il n'y a pire conseiller que le désappointement, tous les partis polonais se trouvèrent former une coalition de criailleries contre mon père. Il fut en butte aux récriminations les plus contradictoires et les plus injustes; on l'accusa même de renier la Pologne, comme on avait accusé Napoléon de renier la Révolution. Il y eut plus d'un compatriote qui joua, vis-à-vis de lui, le rôle d'un Moreau ou d'un Bernadotte : aucun d'eux ne fut, il est vrai, tué dans les rangs ennemis ; mais beaucoup y étaient, et aidaient à pointer. Bernadotte s'imaginait qu'une fois Napoléon renversé, c'est lui qui serait acclamé empereur ! Tel espéra la succession de Mickiewicz et n'avait que dans cette perspective travaillé à sa chute, qui se retrouva Grosjean comme devant (1). Quant à mon père, les reproches de russophilisme et de panslavisme ne le troublèrent pas plus que les dénominations d'ogre de Corse et de Robespierre à cheval n'avaient ému Napoléon : lui aussi, il savait que la poussière des piétinements ne tarde pas à retomber à terre, et qu'alors le soleil, un moment obscurci, réapparaît aux regards dans tout son éclat.

En contribuant, les uns par passif abandon, les autres par défection active, à abattre Mickiewicz, les divers partis de l'Émigration ne firent en définitive que servir les ennemis de la Pologne. Mais, au lieu de s'accuser eux-mêmes, ils préférèrent naturellement s'ingénier à prouver que tout le mal était venu d'Adam Mickiewicz qui ne les avait pas écoutés. De braves gens aimaient à se persuader que l'irritation des ministres de la monarchie orléaniste venait de leur sympathie pour la cause polonaise ! C'était naïf. Mais combien, même à présent, y a-t-il de personnes qui aient compris que la création de chaire slave correspondait au même ordre d'idées que le replacement de la statue de Napoléon sur la Colonne, et que le retour des cendres du martyr de Sainte-Hélène à Paris, c'est-à-dire un de ces hommages à un grand passé destinés, croyait-on, à attirer quelque rayon de gloire sur ceux qui les rendent, mais aussi à ne point engager le présent et à rester sans influence sur l'avenir ?

(1) J'ai, un jour, dans une vente d'autographes, retrouvé la singulière lettre d'un compatriote qui sollicitait du ministre la chaire de mon père. Ce ne fut pas l'un des moins acharnés à sa chute.

La véritable cause de la cessation du Cours de mon père au Collége de France, elle est dans cette parole que lui dit, la veille de la suspension, M. Villemain, alors ministre de l'instruction publique : « Nous ne pouvons pas nous laisser nier. »

On lit, dans la préface de la troisième édition de la traduction de M. Ostrowski :

« Dès la troisième année de son cours, Mickiewicz se pose en médiateur entre la Russie et la Pologne, entre l'Europe et l'Asie, entre la civilisation et les barbares ; et de là il entreprend de juger avec impartialité l'un et l'autre hémisphère. L'impartialité ! ce mot sonne d'une manière au moins bien étrange dans la bouche du philarète de Vilna, du proscrit de Crimée, du chantre de Conrad Wallenrod ; et pourtant ce mot se retrouve à chaque page dans le recueil de ses Leçons que l'on vient de publier. Ni les élèves qui se pressaient autour de la chaire slave, ni même le gouvernement qui l'avait érigée ne réclamaient de sa part une telle abnégation. Ce n'est point sans une vue politique, sans un dessein inavoué, qu'il la conférait à un Polonais, et non pas à un Russe, ou, ce qui serait assurément plus grave, à quelque savant de Bohême subventionné par la Russie. « Il est un « point de vue élevé, dit Mickiewicz, à la hauteur duquel l'idée polo- « naise et l'idée russe pourront se réunir et se réconcilier. » Nous protestons de toutes nos forces contre cette assertion ; les massacres de l'Ukraine, de Praga et d'Oszmiana se dressent entre elles avec leurs flots de sang répandu, avec leurs vengeances et leurs malédictions : celui qui voudrait les réconcilier, les réunir, serait un insensé ! Si même, nous autres Polonais, nous pouvions vouer à l'oubli tout le passé, si nous pouvions, comme le Christ, pardonner à nos bourreaux. eux-mêmes pourraient-ils oublier, pardonner tout le mal qu'ils nous ont fait ? Leurs pères, pendant trois siècles, ont égorgé nos pères. Oh ! non, rien ne saurait nous réconcilier, nous réunir jamais ! Mais, s'ils veulent laver leur honte séculaire, écarter de leurs fronts l'anathème d'esclavage, qu'ils osent détrôner leur tyran et le nôtre ; qu'ils aient le courage d'être libres un seul jour, comme nous l'avons été dix mois en 1831 : jusque-là, point de trêve, point d'alliance entre nous ! Les Russes voudront-ils jamais redevenir des hommes ? Oseront-ils briser leurs chaînes ? eux, façonnés à la servitude par dix siècles d'une muette et passive obéissance ? La Russie, libre ! non, non ! nous ne le croyons pas, nous ne l'espérons pas ! »

Singulier reproche, on en conviendra, que celui de parler, avec impartialité, du passé historique des peuples et, dans un esprit de concorde, de leur avenir politique et religieux ! Mon père n'a jamais songé à une réconciliation en dehors de la justice. Mais on n'a pas plus le droit de désespérer du progrès moral d'un peuple que de la miséricorde de Dieu.

Que produisent d'ailleurs ces exagérations de polémique qui englobent, sans exception, une nation entière dans la malédiction qu'ont provoquée ses chefs ? On a maintes fois blessé des âmes russes par « les outrages immérités au peuple russe, que l'erreur ou la passion sont venues ajouter à la légitime révolte de l'opinion publique contre le gouvernement russe. » (Lettre de Sasonoff à Chr. Ostrowski, 29 nov. 1853. *Lettres slaves*, p. 220.)

Au dire de M. Ostrowski, « le Messianisme, tel qu'il a été formulé par Mickiewicz, ne sert que les intérêts du tzar. » — Oui, peut-on lui répondre, comme dans la Captivité, la parole inspirée des prophètes juifs consolidait la domination des tzars de Babylone !

« Dans l'Orient de l'Europe, poursuit M. Ostrowski, où la religion est encore à peu près la seule institution bien établie, toucher à ce tabernacle sacré, c'est porter atteinte à la base même des nationalités. La race slave tout entière, comme l'a très bien démontré M. Cyprien Robert dans la *Revue des Deux Mondes*, se compose en effet de deux grandes familles : les *Gréco-Slaves* et les *Slaves-Romains*. La première est plus forte matériellement, par le nombre et par l'organisation ; elle reconnaît pour son enseigne le schisme et pour son souverain le tzar de Russie. La seconde lui est infiniment supérieure par la civilisation et le caractère individuel ; elle reconnaît pour son centre la Pologne et pour son drapeau la foi catholique. Lui enlever en ce moment ce labarum, ébranler ses croyances religieuses, ce serait la faire

D.

douter d'elle-même ; ce serait la livrer en pâture au despotisme, la jeter sans défense sous les pieds sanglants de Nicolas. Laquelle de ces deux croyances doit prévaloir dans l'avenir? Voilà toute la question slave réduite à sa plus simple expression (1). »

Vraiment la question slave ne serait que cela ! Il s'agirait simplement de savoir qui l'emportera du catholicisme romain ou du schisme grec ! Mon père a insisté, dans ses Leçons au Collége de France, sur le dualisme de l'idée polonaise et de l'idée russe ; mais il a signalé également cette population intermédiaire qui participe à la croyance romaine et au culte oriental, et qui se distingue par l'appellation de Grecs-Unis ; et d'autre part, il n'a point négligé les Bohêmes ou les Slaves du Midi, Serbes, Monténégrins, Bulgares, etc. Dans le plan de ceux qui rétrécissent la question à n'être qu'une lutte de prédominance entre les Gréco-Slaves et les Slaves-Romains, que deviennent les Grecs-Unis? Les disputera-t-on à la conquête spirituelle du tzar, et cherchera-t-on à en faire de parfaits catholiques romains comme les convertisseurs tzariens en font, de par le bâton, des Gréco-Russes ? Et les Slaves du Midi, en presque totalité de religion grecque, les abandonnera-t-on comme une proie naturelle à la convoitise russe? Et les Bohêmes, devront-ils détruire en leur âme tout genre d'hérésie hussite et rejeter du sein de la patrie tout élément protestant pour entrer, par l'attraction polonaise, dans l'orbite slave-romaine ? Comment donc oublier que la Pologne n'existe plus comme

(1) M. Ostrowski avait déjà écrit, dans sa 1re édition (1841) : « C'est à la Pologne qu'est réservée la mission de défaire l'œuvre de Photius... Le schisme étant la religion du tzar, le catholicisme devient naturellement pour elle la religion de la liberté. » — Qu'un jour la Pologne, par le mérite de ses souffrances, unisse les nations d'Europe en une nouvelle unité religieuse, cela peut être dans les desseins de la Providence. Mais assurément ce ne serait pas en se faisant la satellite de la curie romaine, qui n'a pu y réussir : témoin l'impuissant concile de Florence. Suffit-il que le tzarisme soit tyrannique pour que le catholicisme soit reconnu libéral ? Étrange logique !

Puissance et que, dans l'Europe orientale, l'hégémonie catholique est exercée par l'Autriche? Et si la question est posée en des termes tels que les populations aient à choisir entre l'Autriche et la Russie, est-il bien sûr que l'instinct de race ne parlera pas plus haut que la doctrine ecclésiastique, et que les populations, éperdues dans un douloureux dilemme, ne se jetteraient pas dans les rustres bras de la Russie pour échapper aux jésuitiques embrassements de l'Autriche? N'est-ce pas faciliter la progression envahissante de la Russie que de confondre les Gréco-Slaves avec les Gréco-Russes, c'est-à-dire les Slaves, qui ont leur centre religieux à Constantinople, avec ceux qui ont le leur à Moscou, comme assimiler la cause des Slaves Romains du nord et celle des Slaves Romains du sud, c'est encourager l'Autriche, Puissance catholique, à agir vis-à-vis des Bosniaques et Herzégoviniens comme elle l'a déjà fait vis-à-vis des Croates, des Esclavons et des Dalmates, et antérieurement des Bohêmes et des Moraves, et des Polonais eux-mêmes. Enfin, si le tzar est à la fois le chef politique et religieux de ses peuples, tandis que les peuples qui auraient leur centre politique naturel en Pologne reconnaissent Rome pour leur centre religieux, que faire si, en présence de l'activité dévorante du tzarisme, la curie romaine ne sait que se croiser les bras ou, qui pis est, se laisse tromper comme Grégoire XVI confessa lui-même avoir été trompé, et comme mon père le dénonça de sa chaire du Collége de France (16 janvier 1844. *Slaves*, V. p. 54 et *Politique du XIXᵉ siècle*, p. 468)?

« La tentative de Mickiéwicz, dit encore M. Ostrowski, était donc avant tout prématurée, intempestive. Il a compris, avec son siècle, que le passé ne suffisait plus; et comme tous les esprits ardents qui s'intéressent aux grandes questions de l'Humanité, il s'est mis à la recherche d'une loi nouvelle qui résumât les besoins moraux des temps à venir... Mais, la loi de l'avenir, c'est ailleurs qu'il faut la chercher ; c'est dans la gravitation spontanée des peuples vers l'unité primitive, au nom de leurs droits et de leurs evoirs mutuels ; c'est dans une meilleure méthode pour donner à chacun d'eux la plus grande source de sagesse et de bonheur dont il soit capable de jouir : c'est, en un mot, dans une grande fédération *slavo-romano-germanique*, qui comprendrait tous les peuples des trois races chrétiennes, et qui porterait le nom, proposé par nous, d'*Etats-Unis d'Europe*. Ceux qui leur tiennent un autre langage, ce sont les faux prophètes...» (*loco cit.*, p. xxx-xxxi).

La grande guerre de la sécession américaine (1861-1867) a montré que l'union ne suffit pas, quelle qu'elle soit, au bonheur des Etats. De plus, il s'agit, dans notre Europe, d'unir des nations plutôt que des Etats, car trop souvent ceux-ci sont des agrégations factices ou des agglomérations forcées. Que devient la nation grecque ? Sera-t-elle absorbée dans les Gréco-Slaves ? Et les races qui ne sont pas chrétiennes ? S'en remettre démocratiquement à la gravitation spontanée équivaut à s'en remettre mystiquement à l'action de la Providence. Mon père, dans le *Livre des Pèlerins polonais* (ch. XXII, verset 2), avait annoncé la Confédération européenne. Mais il ne cessa jamais de croire que c'est par le sacrifice volontaire incessant des individus et des peuples que l'on peut et que l'on doit en promouvoir l'avènement.

M. Ostrowski parle « d'une intrigue infâme » dont Mickiewicz aurait été « le jouet, » « d'un piége grossier, ourdi par des mains mercenaires, » qui aurait « été tendu sous ses pas, » pour le faire devenir, et quelques-uns des plus illustres exilés à sa suite, « les apôtres et les séides d'un messie orthodoxe, » « les disciples d'une prétendue religion dont un charlatan est le prophète et probablement le tzar Nicolas le dieu, » et finalement pour « paralyser l'Emigration en la divisant ! » — Le gouvernement russe est l'auteur de l'Emigration polonaise, mais il ne fut assurément pour rien dans ses divisions. D'autre part, la citation d'un seul fait de charlatanisme, de mercenarisme ou d'orthodoxie russe, aurait été plus probante qu'une déclamation violente et vague. Non-seulement les injures ne sont pas des raisons, mais elles en font supposer l'inexistence. Towianski et ses disciples ont vécu de longues années dans l'exil et dans la pauvreté. On peut leur contester d'avoir trouvé la vérité, non de l'avoir cherchée avec désintéressement et sincèrement aimée. Michelet se plaisait à dire : « Qui de nous aurait la force d'agir et de produire, s'il ne se croyait pas un peu dieu ! » On peut dire avec plus de vérité encore : « Comment travailler efficacement à la libération de son peuple, sans se croire, au moins quelque peu, précurseur du Messie libérateur ? »

En une note du premier volume de sa traduction des poésies de mon père (édit. 1859, p. 477, 478), M. Ostrowski a écrit :

« Cinq ou six jours ont suffi à la composition du poème de *Grazyna*. Mickiewicz était, en effet, comme tous les poètes hors ligne, doué d'une extrême facilité; et tous ses écrits, même les plus travaillés en apparence, portent le cachet de l'improvisation. Le *Livre des Pèlerins*, la deuxième et troisième partie des *Aïeux* [c'est-à-dire ce que l'auteur publia en 1832 sous le titre *Dziady : Troisième partie*, avec le *Voyage en Russie* pour appendice], ainsi que le roman-poème de *Thadée Soplica*, sont le fruit d'une seule année de travail, souvent interrompu par les préoccupations de l'exil et les soins de la famille. Ne devons-nous pas en conclure que, sans l'infâme complot dont il a été victime, sans le piége tendu sous ses pas, par les promoteurs et les adeptes du *Messianisme*, pour le déshériter, lui et ses auditeurs, de la chaire slave au Collége de France, Mickiewicz aurait à coup sûr replacé la littérature nationale, par une série de chefs-d'œuvre immortels, au niveau de notre ancienne littérature des quinzième et seizième siècles. Depuis 1844, époque de la suppression de son cours, jusqu'en 1855, date de sa mort, c'est-à-dire durant un parcours de onze années, il n'a pas écrit un seul vers polonais ! Quelle perte inappréciable pour les lettres, pour sa patrie, pour l'Europe entière! »

Qu'Adam Mickiewicz ait composé *Grazyna* en cinq ou six jours, il y a là véritablement de l'exagération, quoique le temps ne fasse rien à l'affaire, et que, selon la remarque du poète lui-même, « tout dépende de l'intensité d'inspiration » (réponse à M. Burgaud, voy. ci-dessous, p. 262); et d'ailleurs il y a toujours à distinguer le temps matériel de l'éclosion d'avec celui de la gestation. Un ouvrage peut s'écrire en quelques jours, qu'on aura porté des années en soi : souvent même, la pensée jaillit avec d'autant plus de force qu'elle vient de plus loin.

Qu'Adam Mickiewicz ait eu le génie improvisateur, c'est évident : son génie était essentiellement intuitif, tout de divination et d'élan. Mais cela n'empêchait pas qu'il travaillât ses pensées, ainsi qu'il le dit lui-même en une de ses lettres à Garczynski (ci-dessous, p. 177).

Qu'Adam Mickiewicz ait fait en fort peu de temps le *Livre des Pèlerins*, la IIIe partie des *Dziady*, et le *Sieur Thadée*, chacun le sait. Toutefois, il y mit non un an, mais deux; et si son travail fut fréquemment troublé par les soucis de l'exil, il ne le fut point par ceux de la famille; car il n'était pas encore marié.

Il n'a point fait de vers durant les onze dernières années de sa vie; mais il n'en avait point fait non plus pendant les dix années précédentes, de 1834 à 1844. Et ce long premier silence de sa muse ne saurait être imputé au Messianisme! Mais c'est que Mickiewicz (comme on le relève d'une lettre à Kajsiewicz du 31 octobre 1835), loin de se laisser aller à l'adoration de lui-même, au milieu de la fumée des éloges que lui valurent ses œuvres, éprouvait presque des remords d'être resté au-dessous de l'idéal qu'il avait entrevu. Et déjà, en 1827, il écrivait à Thomas Zan (5 janvier) : qu' « écrire ce n'est pas faire des bottes sur commande. »

M. Ostrowski, qui avait terminé sa première préface, de

1844, par la maxime (empruntée à Buffon) : « Le génie, c'est la patience, » en a naturellement voulu à Adam Mickiewicz du démenti donné à la prophétie de son traducteur, qui s'était pour ainsi dire porté garant de la production indéfinie de celui dont il présentait les œuvres aux lecteurs français. Mais Adam Mickiewicz, qui n'avait point du génie la même conception, ne se croyait point destiné à des travaux de patience littéraire, de même qu'il avait trop le respect de lui-même pour rien publier qui ne fût émané de l'inspiration et mûri sous une forme vivante et vraie.

Michelet, dans son livre de l'*Insecte*, admire la puissance d'amour de petits êtres qui se reproduisent avec une fécondité prodigieuse. Or, les animaux les plus nobles ont la gestation la plus longue et la portée simple. On est enclin à admirer de nos jours l'étonnante productivité littéraire de tel ou tel, qui fait, en peu de semaines, succéder les volumes aux volumes. En général, l'homme de génie produit peu : mais, le plus souvent, ce qu'il produit est immortel. Heureux celui qui est béni dans tous ses enfants et dans toutes ses œuvres !

En la lettre qu'il adresse au *Siècle*, le 24 janvier 1856, sur Adam Mickiewicz, à l'occasion de ses funérailles à Montmorency, M. Ostrowski a écrit :

« Et voilà qu'on nous apprend la mort inattendue, presque mystérieuse, dont le poète a été foudroyé en Orient, en accomplissant une mission dont il avait été chargé par la France ! Cette mort arrivée en un tel lieu, à pareille époque, ne semble-t-elle pas comme une dernière vengeance exercée par le despotisme aux abois et désespérant de sa cause, sur une de ses plus anciennes et de ses plus illustres victimes ? Oh ! comme la voix du vieux barde lithuanien eût été entendue parmi les Slaves, s'il l'avait élevée, là-bas, sous cet horizon slave, au nom de la France et de la liberté !... »

Mon père est mort d'un cas de choléra foudroyant. Et il

n'y a pas eu le plus léger indice que la mort n'ait été naturelle.

M. Ostrowski a ajouté le *post-scriptum* suivant à sa préface de 1845, en son édition de 1859 de la traduction des poésies de mon père :

« Après avoir occupé pendant dix ans le poste de bibliothécaire de l'Arsenal, vacant par la mort de Charles Nodier, Mickiewicz fut envoyé par le gouvernement français en Orient, avec la mission de jeter les premières bases d'une organisation de *Légions polonaises* devant être employées contre la Russie. Peu de jours après son arrivée à Constantinople, le 26 novembre 1855, Mickiewicz est mort dans toute la force de l'âge, à 56 ans, à la suite d'une violente discussion avec les agents et les affidés de l'Hôtel Lambert, foyer d'intrigues qui, sous le couvert de l'Emigration, s'attache depuis 1832 à détruire les dernières espérances de la Pologne. »

C'est probablement par un simple *lapsus* typographique qu'il a été imprimé « dix ans » au lieu de « deux ans » (1). Charles Nodier (2) était mort conservateur de la Bibliothèque de l'Arsenal, le 27 janvier 1844 ; et mon père ne fut nommé qu'en 1853 simple bibliothécaire, sous les ordres de M. Laurent (de l'Ardèche), ancien député ; mais il occupa à l'Arsenal l'appartement qui avait été celui de M. Nodier. La mission donnée à

---

(1) Cependant, à lire dans la lettre au *Siècle* (*Lettres slaves*, p. 313) la phrase suivante : « La chaire slave fut fermée en 1844 ; M. Mickiewicz fut nommé bibliothécaire de l'Arsenal à la place de M. Charles Nodier, ce Slave d'adoption, récemment décédé, l'auteur de *Jean Sbogar* et de *Smarra*, » on peut conclure que M. Ostrowski, par une confusion de mémoire, faisait remonter à 1844 la nomination de Mickiewicz.

(2) Charles Nodier, ancien secrétaire intime de Fouché, duc d'Otrante, qui, quand il était gouverneur des provinces illyriennes, lui confia la rédaction d'un journal français, le *Télégraphe illyrien*, à Laybach, puisa dans le procès d'un brigand célèbre jugé à Laybach le sujet de son roman de *Jean Sbogar*. Fut nommé bibliothécaire à l'Arsenal en 1824 par M. de Corbière. Voy., dans le *Moniteur* du 28 janvier 1844, la notice nécrologique publiée par P. A. Vieillard, depuis dix-huit ans son collègue à la bibliothèque de l'Arsenal dans un grade inférieur.

mon père était moins explicite que cela n'est indiqué ici. Ce n'est pas peu de jours, mais deux mois après son arrivée à Constantinople que mon père mourut du choléra. Qu'il ait eu, durant ce voyage, maint désagrément provenant des Czartoryski et de leurs partisans, la preuve en subsiste dans la lettre que (le 19 novembre), peu de jours avant sa mort, il adressa au prince Ladislas Czartoryski et dont il fit expressément garder copie. Mais la discussion dont parle M. Ostrowski et qui aurait causé sa mort, est tout imaginative. Un proverbe dit qu'on ne prête qu'aux riches ; mais il en est aussi un autre qui dit que qui veut trop prouver ne prouve rien. Il faut savoir être juste et vrai même avec ses adversaires.

Dans le *Mémorial de la Légion polonaise de 1848* (I, p. 398 et suiv.), je donne la substance de la belle étude publiée sur mon père dans la *Rivista di Firenze*, en 1846, par Napoléon Giotti (pseudonyme de Charles Jouhaud). Quant aux détails biographiques, plus d'un y pèche d'inexactitude, ayant été emprunté à MM. Loménie et Ostrowski. Je n'ai pas à répéter les rectifications déjà faites ci-dessus. J'ajouterai seulement que mon père n'est jamais, que je sache, allé à Cracovie ; pas plus que les autorités de Cracovie, tant l'œil des trois voisins surveillants, avant l'incorporation autrichienne, pesait lourdement sur l'indépendance nominale de cette Ville libre, ne se risquèrent à commander pour leur cathédrale l'image de l'auteur du *Livre des Pèlerins polonais*. Et je me borne ici à noter, entre autres, ces deux phrases : qu'après l'apaisement politique de la Restauration, avait surgi une nouvelle révolution littéraire, au nom de la liberté de la pensée et de l'indépendance du sentiment ; — et que si c'était un beau poste que Mickiewicz était appelé à venir occuper à Paris, c'était aussi un beau don qu'en acceptant il faisait à la France.

M. Hector Marcucci, en sa préface aux Poësies de Lenartowicz (*Poesie polacche di Teofilo Lenartowicz, recate in versi italiani da Ettore Marcucci*, in-18. Florence, 1874), après avoir comparé les poètes polonais du dix-neuvième siècle aux bardes irlandais du temps de Robert Bruce, en disant que, comme eux, ils sont les vrais représentants de la nation opprimée, parle de Mickiewicz comme du plus grand poète du siècle, et ajoute que, pour la seule lecture des vers de Mickiewicz, plus de douze mille jeunes gens furent, sous Nicolas, soit déportés en Sibérie, soit incorporés pour vingt-cinq ans dans l'armée. Je ne crois pas que l'on ait fait de dénombrement qui permette de donner un chiffre de ceux qui ont souffert pour cause de lecture de vers patriotiques. Mais nous voyons chaque jour croître cette énormité de la proscription de notre langue et se renouveler contre les Polonais, comme au moyen âge contre les juifs, l'interdiction de l'étude des Livres sacrés de leur nation !

Une des biographies les plus soignées et les moins défectueuses est celle qui a été insérée dans l'*Encyclopedia Britannica or Dictionary of arts, sciences and general literature, eight edition, vol. XIV*. Edinburg, 1857. Nous en donnerons donc la traduction, en l'accompagnant d'annotations.

« MICKIEWICZ (Adam), le plus illustre poète de Pologne, est né en 1798, à Nowogrodek (1) (Lithuanie), d'une famille noble mais pauvre. De l'école de district de sa petite ville natale, il passa au gymnase de Minsk, puis en 1815 à l'Université de Vilna, dont son oncle était l'un des professeurs et pour le rectorat de laquelle notre

---

(1) Mickiewicz est né le 24 décembre 1798, non à Nowogrodek même, mais près de Nowogrodek, à Zaosie. Son acte de naissance et de baptême porte les prénoms de Adam-Bernard.

poète Campbell fut une fois candidat. Cette Université, qui a été supprimée par le gouvernement russe, était alors célèbre comme école de mathématiques et de sciences naturelles; et Mickiewicz montra d'abord de grandes dispositions pour la chimie et l'histoire naturelle, sans que ses amis se doutassent qu'il possédât aucun talent pour les vers (1). Son premier recueil de poésies parut en deux petits volumes à Vilna en 1822 (2), peu après qu'il eut été nommé professeur de littérature classique à Kowno. Elles furent accueillies du public avec un enthousiasme extraordinaire; et la voix générale du pays et de toutes les nations slaves lui décerna le nom de *Byron polonais* et le proclama le plus grand poète de Pologne. La majeure partie de ces poésies, qui consistent surtout en ballades, rappelle cependant plutôt Lewis, l'auteur de *The Monk* (3), que Byron. Elles sont fondées sur les sauvages superstitions idolâtriques et les vieilles ballades païennes des paysans lithuaniens, que le poète entendit, dans son enfance, et retint d'entre les reliques obscures et négligées d'un dialecte qui présente les plus étroites affinités avec le sanscrit (4). Outre les ballades, ces premiers volumes contiennent deux poèmes plus longs,

(1) Voir ce qui est dit plus haut (p. xxxii), par M. de Loménie, des précoces essais poétiques de Mickiewicz.

(2) Le premier volume seul est de 1822 ; le second, de 1823.

(3) Lewis (Mathieu-Grégoire), auteur de *The Monk* (le Moine), était fils d'un député secrétaire d'État pour la guerre, naquit en 1773, mourut en 1818. Quelque mérite qu'ait son principal ouvrage (paru en 1795) et la popularité dont il ait joui, c'est à tort qu'on lui comparerait Adam Mickiewicz plutôt qu'à Byron. Lewis se plaisait aux apparitions surnaturelles, aux scènes fantastiques, démoniaques et sanglantes. Son drame *The Castle spectre* (le Château spectre) est resté au théâtre et plusieurs de ses ballades sont demeurées populaires. Cependant il ne faut pas oublier que les écrivains ne se rapprochent pas plus par la contexture purement extérieure de leurs œuvres, que les officiers ne se comparent ni ne se jugent d'après leur taille physique : c'est à l'âme qu'il faut aller, et l'esprit qu'il faut voir.

(4) « C'est un fait maintenant reconnu que la langue des Lithuaniens est la plus ancienne de celles que l'on parle sur le continent de l'Europe. D'après le baron d'Eckstein, c'est la langue la plus ancienne après le sanscrit; mais elle a très-peu de monuments écrits... Chez les Lithuaniens, ce n'est pas une seule caste, mais c'est une portion des Indous, que l'on retrouve avec ses prêtres, avec ses guerriers et avec son peuple... Cette société conserve jusqu'à présent ses traditions : elle n'a pas cessé de parler sa langue, que les peuples mêmes des Indes ont déjà oubliée et qui ne se retrouve que dans leurs livres sacrés... Comme on trouve dans le sanscrit les racines de presque toutes les langues de l'Europe, il est clair que le lithuanien a dû avoir des rapports avec les différentes langues de l'Europe. » (*Les Slaves* de Mickiewicz, IV, p. 281-294.)

d'une valeur supérieure. L'un d'eux, *Grażyna*, *légende lithuanienne* (il a, dit-on, inspiré l'infortunée héroïne Emilie Plater, qui combattit si bravement dans les rangs polonais contre la Russie en 1831), est l'histoire d'une princesse lithuanienne qui périt en combattant, sous l'armure de son époux, à la tête de ses vassaux, plutôt que de le laisser joindre, par jalousie privée, ses forces aux ennemis de son pays. L'autre, les *Dziady* (les *Aïeux*), est un drame étrange et irrégulier, plein d'une poésie puissante mais effrayante, qui retrace une superstition révoltante et respire une sombre horreur (1). Mickiewicz fut, entre autres critiques, attaqué, pour ses innovations *romantiques*, par Dmochowski, le traducteur polonais d'Homère (2); toutefois, en dépit de l'hostilité de la critique, il se forma rapidement à Vilna et autour de Vilna une société de jeunes poètes, sous le nom d'*École de Mickiewicz* (3). Mais il n'était pas destiné à jouir longtemps en paix des honneurs de la souveraineté poétique. Son ami Zan constitua à Vilna une société pour la culture de la langue et de la littérature polonaises, dont le poète enthousiaste et un certain nombre des élèves de l'Université devinrent membres. La suspicion de la Russie fut éveillée et la Société dissoute (4). L'infatigable Zan, après des tentatives répétées pour réorganiser sa chère association, fut condamné en 1824 à un emprisonnement perpétuel; tandis que son ami Mickiewicz et les autres en furent quittes pour une sentence de bannissement perpétuel dans l'intérieur de la Russie (5). Le poète polonais

---

(1) Vraisemblablement l'auteur de la biographie ne connaissait les *Dziady* que par ouï-dire.

(2) Voir, dans le présent volume (p. 355), la réponse de Mickiewicz aux Critiques de Varsovie.

(3) Léonard Chodzko, dans la biographie que nous avons relatée ci-dessus, a écrit : « Parmi les jeunes poètes amis de Mickiewicz qui s'exercent à la poésie romantique, on distingue Antoine-Edouard Odyniec et Alexandre Chodzko. »

(4) Mickiewicz, dans sa préface à la troisième partie des seconds *Dziady*, dit que, craignant les soupçons du gouvernement russe, les associations littéraires s'étaient dissoutes avant qu'aucun oukaze les eût frappées; mais que Nowosilcow, par un zèle infernal, fit croire au tzar qu'il les avait trouvées existantes, bien qu'en réalité il ne fût arrivé en Lithuanie qu'après leur dissolution; et il se mit à persécuter la jeunesse d'une façon impitoyable.

(5) Après une prévention de dix à douze mois; Mickiewicz a écrit ses *Prisons* dans les *Dziady* (3ᵉ partie).

fut conduit à Saint-Pétersbourg (1), où sa renommée l'avait précédé; et il fut reçu dans les cercles littéraires de la capitale avec de grandes marques de respect. C'est là, en 1824, au moment où Byron venait de mourir à Missolonghi, que le Byron polonais, Adam Mickiewicz, et le Byron russe, Alexandre Puszkin, se rencontrèrent; une vive sympathie naquit bientôt entre l'illustre Polonais exilé et les principaux hommes de lettres de la capitale de la Russie. Mais le plus naturel commerce littéraire et l'esprit de révolution parurent synonymes à un despotisme soupçonneux : et Mickiewicz eut promptement l'ordre de quitter Pétersbourg pour Odessa. Une excursion, qu'il fit en Crimée, donna origine à toute une série de *Sonnets de Crimée*, qui obtinrent le plus grand succès; — l'auteur ne se doutait guère qu'il vivrait assez longtemps pour voir porter sur le « steppe d'Eupatoria, » et au pied du vieux château de Balaklava, de tout autres matériaux de moralisation que ceux qu'il avait trouvés, sur cette mémorable péninsule, dans les souvenirs laissés par le Grec civilisé, le Génois entreprenant et le Turc impitoyable. Mickiewicz fut invité à faire partie de la maison civile du prince Galitzin, gouverneur de Moscou (2); et, par suite, il lui fut permis de retourner dans la capitale, où il publia en 1828 son *Conrad Wallenrod*, légende romantique d'une grande force basée sur un caractère historique réel de Lithuanie. Le livre, bien qu'il y éclatât un vigoureux esprit de liberté, échappa à la censure politique de Pétersbourg (mais non de Varsovie et de Vilna), grâce à l'habileté de la préface qui informait le lecteur que le sujet avait été choisi, parce qu'il appartenait à un passé très-reculé et ne pouvait avoir aucun rapport avec les intérêts du présent. Ayant obtenu la permission de voyager à l'étranger, Mickiewicz visita Gœthe à Weimar; et il venait précisément de faire la connaissance de Fenimore Cooper à Rome, quand y arriva la nouvelle de l'insurrection varsovienne de 1830. S'étant trop attardé à rejoindre ses compatriotes pour prendre part à leur lutte désastreuse, il se retira à Dresde, où il composa une autre partie de son poème dramatique des *Dziady*. Il en est lui-même le héros et il y a introduit plusieurs de ses

---

(1) Le départ est décrit à la fin du prologue du *Voyage en Russie* qui forme appendice à la 3e partie des seconds *Dziady*.

(2) Nous avons déjà dit (plus haut, p. XXVII) que Mickiewicz fut attaché, non à la personne, mais à la chancellerie du prince-gouverneur Galitzin.

compagnons d'exil sous leur vrai nom. La première scène (1), dans le corridor du couvent des Basiliens, durant la nuit de Noël, est écrite avec une telle puissance qu'un critique des plus autorisés (2) a dit qu'elle place l'auteur au niveau de Gœthe. Il a été publié en 1832 (3) à Paris, où son dernier poème, qui est le plus long et aussi, dit-on, le plus achevé, *Pan Tadeusz* (le *Sieur Thadée*), parut deux ans plus tard.

L'étoile de Mickiewicz était à son apogée. Lors de la création d'une chaire de langue et de littérature slaves au Collège de France en 1840, le choix de Mickiewicz comme professeur fut considéré comme particulièrement heureux. Malheureusement les choses tournèrent autrement qu'on ne l'avait espéré. Il était tombé, quelques années auparavant, sous l'influence d'un charlatan religieux, nommé Tomianski (4), qui lui persuada avoir guéri madame Mickiewicz d'une sérieuse maladie par des moyens de mesmérisme. L'ardente imagination du poète, frappée par le singulier mystère d'un tel phénomène, le plongea dans une mer du plus sauvage fanatisme. Après quelques brillantes lectures (5) sur la littérature slave, il parla à son auditoire du « culte de Napoléon » et du messianisme de quelque mystérieux Polonais, qu'en 1844 on vit n'être autre que ledit Mesmérien. Le poète dut quitter Paris (6); mais il lui fut permis de garder le professorat nominal jusqu'en 1851, qu'il fut nommé sous-bibliothécaire à l'Arsenal (7). Il fut envoyé en mission en Orient par

(1) Il serait plus exact de dire : « Les premières scènes... »

(2) George Sand, dans son étude du 1ᵉʳ décembre 1839, dans la *Revue des Deux Mondes*.

(3) Dans le deuxième semestre, après avoir été composé à Dresde.

(4) C'est Towianski qu'il eût fallu écrire. Mickiewicz ne se lia avec lui qu'après l'arrivée de celui-ci à Paris, c'est-à-dire quand lui-même avait déjà commencé son Cours. L'épithète qu'on a accolée au nom de Towianski est un outrage sans justification : on serait tout aussi embarrassé de citer un acte de charlatanisme de Towianski qu'un acte de fanatisme de Mickiewicz.

(5) Adam Mickiewicz n'a jamais lu ses Leçons, mais il a toujours improvisé. Il avait cette règle oratoire que l'on ne doit point arriver devant le public avec des phrases toutes faites. (*Slaves*, V, p. 279. — 28 mai 1844.)

(6) Adam Mickiewicz n'eut point à quitter Paris après la suspension de son cours. M. Towianski fut expulsé de France après le 13 juillet 1842, date de la mort du duc d'Orléans, pour avoir, dit-on, prédit cette mort huit jours auparavant.

(7) Adam Mickiewicz fut révoqué de ses fonctions de chargé du Cours de lan-

l'empereur des Français en 1855, et mourut à Constantinople le 27 novembre (1) de la même année. Ses restes furent ramenés à Paris, et enterrés à Montmorency, près Paris. Nul poète en Europe, durant ce dernier quart de siècle, n'a été aussi parfait que Mickiewicz, et son nom demeure incontestablement le premier dans la littérature de son pays. Quant à ses œuvres en prose (dont l'une d'elles, *les Pèlerins polonais*, a été traduite en anglais), elles n'occupent pas un haut rang. Une édition de ses œuvres a été publiée en 4 vol. à Paris en 1865 (2), sous le titre *Pisma Adama Mickiewicz na nowo przejrzane, dopełnione*, etc. »

Ce dernier alinéa est plein d'erreurs.

Quant au commencement du Cours, nous citerons les paroles de M. Hippolyte Lucas, alors insérées dans un journal de Paris et que M. Ostrowski a reproduites dans la préface de la deuxième édition de sa traduction (1842) :

« Mickiewicz, une de ces intelligences d'élite qui laissent un large sillon de lumière sur l'époque qu'ils ont traversée, et dont le privilége est d'avoir l'Europe entière pour auditoire, vient d'être appelé, par le vœu unanime de ceux qui ont été à même d'apprécier son beau talent, à la chaire de l'enseignement slave au Collége de France. Cet établissement national, étant destiné à l'essai des enseignements nouveaux qui viennent de s'élever à la dignité de science, et qui fait de notre capitale une métropole de l'esprit humain, l'ouverture de la nouvelle chaire répond au but primitif de son institution. Les premières séances de Mickiewicz, dans lesquelles il s'est tout d'un coup posé parmi les savants les plus distingués de notre époque, ont pleinement réalisé les espérances de ses amis et compatriotes : tour à tour

gue et littérature slaves au Collége de France le 12 avril 1852, en même temps que M. Jules Michelet le fut de celle de professeur d'histoire et de morale, et M. Edgar Quinet de celle de professeur de langues et de littératures de l'Europe méridionale. (Voy. le décret dans la correspondance de Mickiewicz, édit. polon. Paris, 1875, II, p. 79, ainsi que sa lettre au ministre Fortoul en date du 18 avril 1852). Mickiewicz fut nommé à l'Arsenal en novembre 1852.

(1) Non pas le 27, mais le 26, un lundi, à 9 h. du soir.

(2) Non en 1865, mais en 1844, et par les soins d'Alexandre Chodzko. D'autres éditions plus complètes ont été publiées depuis.

ingénieux et profond, érudit comme un antiquaire allemand, plein de fougue et d'imagination comme un fils de l'Orient qu'il est, sondant d'un œil divinateur le passé des nations ensevelies dans les ténèbres des âges, ou s'élevant aux plus hautes considérations de philosophie et de morale, il a déployé la double qualité de professeur éminent et de poëte inspiré, d'analyste et de créateur. Déjà de nombreux élèves se pressent autour de lui ; la salle primitivement assignée à son Cours est devenue insuffisante pour contenir son auditoire, composé de Français et de Slaves... Des notabilités littéraires de toute sorte se donnent à l'envi rendez-vous à l'amphithéâtre de Mickiewicz ; M. Ampère, à peine descendu de sa chaire, vient à son tour, bénévole auditeur, s'asseoir parmi ses élèves, et prodiguer à son successeur (1) les témoignages d'une sincère et non équivoque admiration : M. de Montalembert, M. de Salvandy, M. Michelet, M. Sainte-Beuve, George Sand, telles sont les personnes qui viennent s'emparer, au nom de la civilisation, de ce nouvel hémisphère de la pensée que le savant polonais est chargé de lui découvrir. »

Après la suspension du Cours de Mickiewicz, la *Revue de Paris* publia la diatribe que voici, et qui, plus encore qu'une attaque rétrospective contre lui, était une dénonciation dirigée contre Michelet et Quinet, et dans le but de mettre en relief un autre professeur :

« Au Collège de France, il y a trois chaires consacrées à l'enseignement des littératures du Nord, du Midi de l'Europe et des pays slaves, — qu'ont fondées de nos jours . Villemain et M. Cousin, et dont ils ont investi MM. Philarète Chasles, Edgar Quinet et Adam Mickiewicz (2). A l'exception d'une seule, ces créations jusqu'ici n'ont pas été très fécondes en bons résultats. Chez M. Adam Mickiewicz, le poëte, l'homme de parti, trop exalté par de maladroits amis, l'ont emporté sur le professeur. Laissant de côté ce qu'il savait mieux que

---

(1) C'est-à-dire à celui qui, à son tour, prend après lui la parole.

(2) La chaire slave fut créée la première par M. Cousin, et les deux autres quelques mois après par son successeur, M. Villemain. M. Quinet fut appelé à s'y occuper de la race latine et M. Philarète Chasles de la race germanique. Quant à la chaire d'*histoire et morale*, occupée par M. Michelet, elle était d'ancienne création.

personne, ce qu'il exposait avec une originalité pittoresque, avec une conviction qui s'élevait jusqu'à l'éloquence, M. Mickiewicz a donné dans l'un des travers les plus communs à notre époque, dans cette sorte de mysticisme à la fois politique et philosophique, où le ridicule est si voisin du sublime. Quant à M. Quinet, depuis son installation, ce n'est pas des littératures du Midi qu'il s'est occupé... Les Cours de M. Michelet et de M. Quinet occupent une place à part dans l'enseignement du Collége de France; car on n'y fait ni de l'histoire, ni de la littérature, ni de la philosophie proprement dite... M. Philarète Chasles est donc le seul qui, répondant à l'appel du ministre, pénétré de l'objet de sa mission, n'ait cessé de la remplir avec la plus heureuse persévérance... » (*Revue de Paris*, du 12 juin 1845, n° 174, p. 229).

M. Philarète Chasles était l'un des collaborateurs assidus de la *Revue de Paris*. Malgré tous les efforts de la camaraderie pour le pousser au premier rang, il n'a jamais pu être autre chose qu'un médiocre professeur, comme il n'était qu'un médiocre écrivain. Qui déjà se souvient du cours de M. Philarète Chasles ?

Mais les leçons de Mickiewicz et de ses deux collègues, Michelet et Quinet, sont restées un cher souvenir pour ceux qui les ont entendues, témoin les paroles émues qu'écrivait, vingt ans après, un ancien auditeur du Collége de France :

« C'était le temps où, pendant une semaine, on retranchait la meilleure part de son dîner pour avoir le prix d'une place de parterre à la Comédie française ou au Théâtre-Italien. Le lendemain on courait au Collége de France entendre des leçons passionnées. Le professeur (sa voix est muette aujourd'hui) parlait un peu de la littérature des Slaves et beaucoup de leurs infortunes. L'auditoire haletait. Tout à coup des proscrits polonais se levaient comme poussés par un ressort. Ils étaient pâles, et des larmes pendaient à leurs longues moustaches. Les bras en l'air, ils criaient : Vive la France ! et tous les Français de se lever et de crier : Vive la Pologne ! Un grand Anglais restait assis et silencieux, pressant de ses deux bras son chapeau contre sa poitrine. Il pleurait comme les autres. Ah ! c'était le

E.

bon temps... » (Dr Clavel, *Statique sociale, de l'équilibre et de ses lois*, vol. in-18, Paris 1861, p. 2.)

Toutes les fois qu'on sort des routes frayées, on se heurte à des intérêts ; l'originalité même des aperçus des Leçons de Mickiewicz devait soulever des hostilités. Mais depuis que le Cours a été publié en son entier (les vol. IV et V en 1845 et les trois premiers en 1849), il n'est plus permis de répéter avec bonne foi que les Leçons ont été sans caractère scientifique. Peu de Cours, au contraire, ont été aussi nourris de faits et d'idées : et toujours ces faits et ces idées ont été éclairés d'une intuition supérieure. L'enseignement de Mickiewicz n'était point de la science morte, mais de la science vivante : il avait pour but, non de distraire et d'amuser l'esprit, mais d'enrichir l'âme et de la mettre en mouvement, d'accroître par son capital moral sa productivité créatrice. A une époque où on se plaisait à croire que des formules bien dites suffisent à tout, on lui en voulut d'avoir dit que les nations ne peuvent se passer de grands hommes, et que c'est par le culte des héros qu'on retrouve la force de reproduire leurs hauts faits. Or, la France vient de voir, par la plus dure des expériences, que des montagnes de théories et de doctrines n'ont pas le pouvoir de retarder d'une heure la marche des armées ni le déluge des invasions, pas plus que les plus habiles phrases de rhétorique n'ont le pouvoir de convertir les conquérants.

On peut ne pas partager les croyances d'André Towianski ; mais il commande l'estime, et l'on n'a pas le droit d'en parler sans respect. Voici d'ailleurs ce qu'en disait, en 1843, la *Revue des Deux Mondes* :

« En Pologne, les âmes sont puissamment travaillées. La Pologne semble tranquille ; celui qui la visite pourrait croire la nation abattue et résignée à son humiliation ; mais, s'il pénétrait les secrètes pensées du peuple, il verrait l'effervescence qui l'agite. Un fait remarquable en est l'indice. Un gentilhomme de Lithuanie, M. Towianski, vint en France, il y a bientôt trois ans; jusqu'alors il avait vécu sur ses terres, honoré pour sa piété et chéri de ses paysans; son âme s'était échauffée à la vue des souffrances de la Pologne, il crut entendre, dans les luttes de la prière, des promesses divines et recevoir un ordre d'en haut. Il partit pour obéir à cet appel mystérieux. Arrivé à Paris, il convoqua les Polonais et leur annonça qu'il avait mission céleste pour les ramener dans leur patrie et la délivrer avec eux. Bientôt plusieurs crurent en lui. M. Towianski ne s'était encore fait connaître par rien; mais il n'est point un homme ordinaire; il a une foi contagieuse en son œuvre, de l'éloquence, force et douceur, et un magique ascendant sur les âmes auxquelles il donne paix et exaltation. Il s'adressait d'ailleurs à des émigrés consumés du regret de leur patrie, et dont plusieurs vivaient dans l'attente d'un secours providentiel. Ses disciples forment une école croisée pour affranchir la Pologne, et née sous l'influence de la douleur nationale, du mysticisme slave et des idées qui remuent le siècle. » (N° du 15 décembre 1843, p. 987, 988. *Mouvement des Slaves, leur passé, leurs tendances nouvelles : Cours de M. Mickiewicz*, par A. Lèbre.)

On a, plus qu'il n'était convenable, entretenu le public de la maladie de madame Mickiewicz. Le fait est qu'ayant éprouvé quelque trouble dans son organisme à la suite de la naissance de son deuxième enfant, et ce trouble s'étant reproduit, quoique avec moins d'intensité, durant la nutrition de son troisième, l'influence d'André Towianski eut la vertu de lui imprimer une secousse salutaire, de rétablir un équilibre ébranlé et de lui rendre un calme moral qu'elle a ensuite conservé des années jusqu'à la fin de ses jours. Mais il ne fut employé aucun moyen mystérieux, magnétisme ni mesmérisme. Mon père, tout en rendant grâce à Dieu de cette guérison, y vit une preuve de la force d'esprit de Towianski.

Il n'est pas étonnant que les Anglais apprécient mal le *Livre des Pèlerins polonais;* car c'est surtout contre l'esprit d'égoïsme mercantile, qui a son siége en Angleterre, qu'il est dirigé. Les virulentes apostrophes adressées aux boutiquiers (dans le chap. xxiii) doivent même les avoir blessés. Mais les prophéties, qui se sont déjà à demi réalisées sur la France, devraient donner à réfléchir à l'Angleterre.

Il s'est trouvé, il est vrai, des doctrinaires polonais qui, après la mort d'Adam Mickiewicz, ont parlé légèrement du *Livre de la Nation polonaise et des Pèlerins polonais*, et cherché à le faire considérer comme un simple pamphlet. Or, ces gens-là, s'ils eussent vécu dix-huit cents ans plus tôt, n'auraient sans doute pas manqué de voir, dans l'Évangile selon saint Matthieu, un opuscule de circonstance!

A son apparition, le livre de Mickiewicz fut très-bien compris des Français, en qui n'étaient pas encore totalement effacées les saintes émotions de Juillet 1830 :

« Combien est digne de respect et de sympathie ce fils de la Pologne, cet Adam Mickiewicz, qui console et soutient ses compatriotes dans l'exil, en leur montrant dans l'avenir leur patrie ressuscitée et la vraie liberté triomphante dans l'Europe entière! On ne peut lire sans émotion ce *Livre des Pèlerins polonais* dont M. Charles de Montalembert vient de publier une traduction, précédée d'une préface (1), où respire toute l'indépendance de l'école catholique dans les rangs de laquelle il a combattu. A ceux qui adorent la force brute et ses œuvres, il est inutile de recommander la lecture de ce petit ouvrage, écrit tout entier en langage biblique : il est fait pour les âmes qui croient à d'autres puissances. Elles sauront comprendre ces simples et belles paroles... » (*Revue des Deux Mondes*, n° du 1er juin 1833. Deuxième série, tome II, p. 730.)

Le Dictionnaire de la Conversation et de la Lecture, pu-

(1) M. de Montalembert ayant, dans la période de réaction qui suivit la restauration pontificale, et alors que lui-même demandait « une guerre de Rome à l'intérieur, » retiré de la circulation sa traduction du *Livre des Pèlerins polonais* (1839), elle est devenue presque introuvable. On peut lire les principaux passages de sa préface dans les commentaires que j'ai mis à la traduction nouvelle que M. Armand Lévy a donnée du livre de mon père en 1864.

blié à Paris sous la direction de M. W. Duckett, contient (13e volume de la 2e édition, in-4°, 1857) un article sur Adam Mickiewicz. Il y est rendu hommage aux « brillantes facultés dont il était doué et à son ardeur infatigable pour le travail. » Après avoir dit que l'autorité qui l'avait fait arrêter et incarcérer lors des mesures de proscription dont fut frappée, en 1823, l'Université de Vilna, n'ayant pu trouver les preuves d'une conspiration, punit le simple soupçon, dont il avait été l'objet, par un exil dans l'intérieur de la Russie, l'auteur ajoute que les « délicieux sonnets qu'il composa sur les bords de la mer Noire lui valurent la bienveillance et la protection du gouverneur militaire de Moscou, le prince Galitzin, qui, en 1826, l'attacha à sa maison (1), et sous le patronage de qui furent publiés ces mêmes sonnets. » Nous ne voyons pas ce qui peut motiver la dénomination de « poème épique » donnée à *Conrad Wallenrod*. Mais c'est avec raison qu'il est noté que « l'*Ode à la Jeunesse* acquit une grande célébrité, parce que, le 30 novembre 1830 (c'est-à-dire le premier jour de la Révolution polonaise qui avait éclaté dans la nuit du 29 au 30, grâce à l'héroïsme de dix-sept jeunes conjurés), les dernières strophes en furent répétées à l'Hôtel de ville de Varsovie, par les milliers de voix d'une foule enthousiaste, qui aimait à y voir un heureux présage. »

En effet le poète avait dit :

« Sors de tes fondements, vieil univers, nous allons te pousser dans des routes nouvelles; et, dépouillant ton écorce pourrie, tu rappelleras le printemps de tes années.

« De même que, quand le divin Maître prononça son *fiat*, le monde s'établit sur son axe et que les étoiles semèrent les cieux de clartés, ainsi, là où la jeunesse brûle d'un feu créateur, le monde des âmes sortira du chaos...

(1) Voy. plus haut, p. XXVII et XXVIII.

« Les glaces inertes se rompent, les préjugés font place à la lumière. Salut! aurore d'indépendance ; après toi, le soleil de la Liberté (1) ! »

Il y a, dans l'article, plus d'une inexactitude à relever.

Ainsi il est dit : « En 1848, Mickiewicz se rendit en Italie où il chercha à provoquer la création de Légion polonaise ; puis reconnaissant l'inutilité de ses efforts, il s'en revint dans le sein de sa famille, à Paris. » — Or, le *Mémorial de la Légion polonaise de 1848 créée en Italie, par Adam Mickiewicz*, que je publie en ce moment, donne la preuve que ces efforts ne furent pas inutiles, que le premier noyau de Légion polonaise se comporta avec la vaillance traditionnelle dans les champs de la Lombardie, que mon père retourna à Paris pour en hâter le développement ; et il n'a point dépendu de lui que les Polonais reparussent aussi nombreux qu'à l'époque de Dombrowski et de Kniaziewicz sur la scène militaire, mais des événements seuls.

« Comme, longtemps avant la Révolution de février, Mickiewicz avait professé, dans sa chaire du Collége de France, un véritable culte pour Napoléon, prédisant même fort clairement le retour de sa dynastie, Louis-Napoléon l'en récompensa en le nommant, en 1852, bibliothécaire de l'Arsenal, à Paris. » — Or, la première faveur qu'Adam Mickiewicz reçut de Louis-Napoléon Bonaparte fut la continuation de la suspension de son cours en janvier 1849 et sa suppression en avril 1852, selon la remarque de M. Ch. de Mazade, en un article qu'il fit, en 1862, dans la *Revue des Deux Mondes* sur l'édition connue sous le nom d'Edition Wolf: « Adam Mickiewicz était de la

---

(1) La devise de l'insurrection de 1768-1772 était : *Pro fide, lege et libertate* ; celle de 1794 : *La victoire ou la mort* ; celle de 1830 : *Pour votre liberté et la nôtre* ; celle de 1863 : *Indépendance, intégrité, liberté*. D'abord l'indépendance, avant-coureur de la liberté, selon le dernier vers de l'*Ode à la jeunesse*.

nature des prophètes qu'on ne croit pas avant l'événement et qu'on met de côté quand la prophétie est accomplie. » Le poste de bibliothécaire, que mon père occupa à l'Arsenal, lui rapportait la moitié des émoluments de ceux qu'il avait eus à l'origine, en 1840, comme chargé du cours du Collége de France. Ce fut là tout ce que mon père reçut de la munificence du régime impérial. Il est vrai qu'il ne demanda rien ni ne se plaignit de rien, et que M. le ministre Achille Fould, orléaniste rallié au bonapartisme, lui était foncièrement hostile. Quant au culte de mon père pour la mémoire du grand Napoléon, qu'il me soit permis de renvoyer à la *Politique du dix-neuvième siècle*, où l'on verra comment mon père, en glorifiant le génie militaire émancipateur des Français, exprimait sa foi et son vœu que la mission de Napoléon, dégagée de toute préoccupation et péché dynastique, fût continuée non selon la chair, mais selon l'esprit (*passim* et notamment les pages LXI et LXV).

« Dans le courant de 1855, au milieu des incertitudes que présentait encore la question d'Orient, le gouvernement français crut utile de faire appel à un certain nombre de membres de l'Emigration polonaise qu'on envoya en Turquie sous divers prétextes, pour ne pas trop effaroucher la Prusse et l'Autriche. Mickiewicz fut un de ceux sur qui on jeta les yeux ; et il se trouvait en mission spéciale à Constantinople, quand il succomba dans cette capitale, en décembre 1855, à une attaque de choléra. Il avait perdu sa femme huit mois auparavant. » — Il est vrai qu'après le départ de mon père pour l'Orient, il y eut des Polonais qui s'offrirent à compléter son œuvre, comme il y en avait eu douze ans auparavant qui s'offraient à le substituer en son Cours du Collége de France, et sept ans auparavant qui s'offraient à le remplacer dans l'organisation de la Légion polonaise d'Italie, et peut-être même dans le dessein de le surveiller pour le compte d'un parti de l'Emigration. (Voy., par exemple, le *post-scriptum* de la lettre d'Adam Mickiewicz à sa fille Marie, en date de Constantinople, 3 octobre 1855.) Mais ce n'est pas une raison pour dénaturer ou amoindrir la mission de mon père. Il mourut non en décembre, mais en novembre. Nous avions perdu ma mère le 5 mars précédent.

« Les compatriotes d'Adam Mickiewicz se sont noblement chargés du soin de pourvoir à l'éducation et à l'avenir des orphelins que laissait l'illustre poète. Une souscription ouverte à cet effet au sein de l'Emigration polonaise produisit plus d'un demi-million de francs. » — Quoique le chiffre soit resté notablement au-dessous de ce que laissaient prévoir les premières sommes souscrites, les enfants de Mickiewicz n'ont pu que rester profondément touchés et reconnaissants de la sollicitude de compatriotes qui voulurent démontrer une fois de plus la vérité de cette parole de l'Ecriture que « l'homme de bien peut être sûr que ses enfants ne manqueront jamais de rien. »

Le rédacteur de l'article parle du Cours avec un dédain qui témoigne du peu de connaissance qu'il en avait. Il dit bien que ce Cours de quatre ans a été publié : mais l'a-t-il lu? Probablement il n'aura fait qu'en feuilleter les pages sans attention.

« C'est une œuvre, dit-il, qui a bien moins pour base l'étude approfondie des sources que les données d'une imagination complétement prévenue en faveur de l'intérêt catholique. Aussi, n'offre-t-il pas les éléments d'un enseignement véritable et n'a-t-il obtenu, même parmi les compatriotes de l'auteur, qu'un succès très-controversé. — Par suite de la participation de Mickiewicz aux menées mystiques de Towianski, dont il se faisait l'écho passionné dans sa chaire, le gouvernement de Louis-Philippe avait fini par se voir obligé de le suspendre indéfiniment de ses fonctions. »

Il n'est point d'usage, quand un édifice est achevé, de laisser subsister les échafaudages. Les livres les plus savants ne sont pas ceux qui sont surchargés d'appareils scientifiques, de même que les monuments les plus solides ne sont pas ceux qui sont flanqués de contreforts. Dans les époques fécondes de l'histoire, on voit fréquemment la même personne être homme d'État et homme de guerre, orateur et poète ; dans les autres époques, le cas est si rare qu'il y passe aisément pour un défaut : plutôt que d'avouer leur propre infériorité, les spécialistes spécialisent malgré lui l'homme de génie ; est-il grand guerrier, on contestera qu'il soit grand écrivain ; est-il poète, on lui déniera le droit de s'occuper de politique, ou on lui refusera jusqu'à la possibilité d'être savant. Mon père eut maintes fois à souffrir de ce rapetissement de la conception que les contemporains se faisaient du poète. Les événements, pourtant, ont montré que son action politique était plus pratique que ne le fut celle des hommes d'État de profession. Et ceux qui relisent ses Leçons, documents en main, se persuadent vite que la science la plus exacte, puisée aux sources les plus authentiques, s'y allie à l'éloquence. Si, selon le beau mot que M. Legouvé rappelait dernièrement de Rachel sur Samson qui fut son maître, le meilleur professeur est celui qui « donne des idées lesquelles en font venir d'autres, » tout juge impartial confessera que l'enseignement d'Adam Mickiewicz au Collége de France a été excellent.

C'est faire montre d'un esprit bien superficiel que de voir chez Mickiewicz une « imagination complétement prévenue en faveur de l'intérêt catholique. » Après avoir exposé ce qu'avait été la grandeur de l'Église, surtout en Pologne, Adam Mickiewicz signala les plaies qui, de nos jours, la rongent, surtout hors de Pologne : et c'était juste, car notre clergé est encore le moins gâté qu'il y ait dans le monde. On a loué M. Guizot, parce qu'alors cela servait une réaction contre-révolutionnaire, d'avoir, lui protestant, parlé sans hostilité de l'Église dans son *Histoire de la Civilisation*. Mais on a trouvé extraordinaire, parce que cela contrariait des intérêts et des systèmes occidentaux, que Mickiewicz, lui fils d'une nation croyante et souffrante, s'exprimât sur son Église, associée aux douleurs de sa nation, autrement que les Français en général ne s'expriment sur leur Église, constante alliée de tous ceux par qui souffre leur nation ! Au moment où les jésuites étaient en France l'objet des diatribes les plus violentes et les mieux méritées et où, comme conclusion d'un acte d'accusation formé des méfaits accumulés de trois siècles, il leur était intimé que légalement ils n'avaient droit qu'à l'expulsion, mon père dédaigna de leur lancer la pierre. A ses yeux, le mal avait dépassé le jésuitisme : il ne s'agissait déjà plus seulement d'une déviation de dogme et de morale, mais du tarissement de la foi en Dieu.

On reproche à Mickiewicz (voyez dans le même dictionnaire l'article *Towianski*, qui est visiblement de la même plume) d'avoir « prêché dans sa chaire la doctrine de Towianski, laquelle avait pour but une transformation complète de l'Humanité, non pas seulement par une réforme de l'ordre de choses actuel, mais encore par l'élévation de l'Humanité à un état permanent d'extase, seul moyen de comprendre et de réaliser les idées de lumière, de vérité et de charité. »

« Cette doctrine, est-il ajouté, reçut le nom de *Messianisme*; et Mickiewicz, non content de la prêcher dans sa chaire, la développa encore dans un ouvrage intitulé l'*Eglise officielle et le Messianisme* (2 vol., Paris, 1842). » D'abord cet ouvrage n'est que la reproduction des Leçons sténographiées des deux dernières années (il a paru, non en 1842, mais en 1845); d'où il appert que l'articoliste en parle sur foi d'autrui. Puis, voyez-vous l'énormité qu'il y a à affirmer qu'il faut s'élever pour apercevoir la vérité, comme si nier la nécessité de l'exaltation n'était point ruiner le christianisme dans sa racine même puisqu'il repose sur l'ascension! D'ailleurs, Mickiewicz n'a jamais prononcé dans son cours le nom de Towianski.

L'autorité se servit du prétexte de mysticisme pour enlever la parole à Mickiewicz : elle se serait servie de n'importe quel autre prétexte. Elle en trouva un second contre Quinet en 1845, et un troisième contre Michelet, à la fin de 1847. Ce qui effrayait l'autorité, c'était l'esprit même de leur enseignement, à tous les trois : car il ouvrait à la jeunesse un nouveau courant de vie, la soulevait de terre et la transportait loin du culte des intérêts matériels. Aussi l'opinion publique, en dépit de tous les sophismes, ne s'y est-elle point trompée : elle a constamment uni dans son admiration et dans ses regrets les trois grands professeurs. La jeunesse reconnaissante leur décerna une médaille sur laquelle leurs trois images étaient gravées; et la République de 1848 les réinstalla ensemble dans leurs chaires. Mais l'Empire naissant leur enleva, par un même décret (avril 1852), leurs chaires pour toujours, — débutant ainsi contre la liberté du haut enseignement comme la Monarchie de Juillet avait fini.

Mais n'est-il pas singulier que des écrivains libéraux s'ingénient à excuser le gouvernement de Louis-Philippe d'avoir suspendu Adam Mickiewicz?

Quand M. Cousin, professeur de philosophie à la Sorbonne, fut, après la chute du ministère Decazes, condamné au silence, en 1821, M. de Kératry, dans un livre intitulé *la France telle qu'on la fait*, le vengea en ces termes :

« La politique ne porte pas seule le deuil de nos libertés, M. Cousin est banni de la Faculté des lettres, que, jeune encore (1), il hono-

(1) M. Victor Cousin était né en 1792.

rait par la maturité de son talent…. Et qu'enseignait-il donc qui pût provoquer ainsi la colère et les coups de l'autorité?... Il enseignait qu'il y a dans l'homme un élément dont l'essence et les lois n'ont aucune analogie avec les phénomènes et les lois de la matière, que la sensation et ses métamorphoses ne peuvent expliquer, auquel l'univers extérieur sert de théâtre, et non de base, qui se saisit et se proclame lui-même dans le sentiment de tout acte véritable, de tout acte volontaire et libre. Il enseignait que, la grandeur et la loi de tout être étant la fidélité à sa nature, la dignité et la sainteté de l'homme résident dans la liberté qui le constitue; que le devoir dans son acception la plus simple à la fois et la plus élevée est le maintien de cette liberté contre tout ce qui lui est étranger et ennemi, contre les passions, filles des sens et de la fatalité extérieure…. Les âmes s'élevaient et s'affermissaient à cet enseignement sévère. Qu'importe! Ils l'ont rejeté comme jacobin et athée! Nous n'entendrons plus M. Cousin; mais nous nous en souviendrons toujours. On a pu lui enlever sa chaire, on ne l'arrachera pas du cœur de ses élèves. »

Et le tour de M. Guizot arriva. Dans sa chaire d'histoire à la Sorbonne, il développait, au milieu d'un jeune et nombreux auditoire, les diverses phases du gouvernement représentatif depuis la chute de l'Empire romain, quand tout à coup il fut frappé de suspension (1825), par les *ultras* arrivés au pouvoir avec le nouveau roi Charles X. Le ministère se vengeait sur le professeur des attaques du publiciste qui, dans des brochures habilement audacieuses, proclamait clairement, quoique avec d'infinies précautions oratoires, que la Révolution française avait légué deux dogmes politiques, *la souveraineté du peuple et l'égalité*, passés presqu'à l'état d'axiome, de telle façon qu'un pouvoir ne peut vivre qu'en s'appuyant plus ou moins sur eux.

Ce qu'on reprochait à MM. Cousin et Guizot, c'était l'esprit de liberté qui, en ce temps-là, soufflait dans leur parole et enflammait la jeunesse. Ce qu'on reprocha à Mickiewicz, Quinet et Michelet, ce fut ce même esprit de liberté, plus un regret de la gloire évanouie, ce fut l'éloquent rappel adressé à la France : qu'une nation est responsable de son gouvernement ; que les nations, comme les individus, ont des devoirs envers elles-mêmes et envers les autres.

Le gouvernement de Louis-Philippe suivit, en matière d'enseignement, les tristes errements du Gouvernement de la Restauration ; mais il alla plus loin dans l'arbitraire. Si les Cours de la Sorbonne constituent un enseignement officiel, donné au nom de l'État, et dont l'État est responsable, par conséquent fatalement orthodoxes, les Cours du Collége de France ont été au contraire ouverts par leur fondateur François Ier à toutes les hardiesses des disputes de l'esprit, à l'hérésie scientifique ; ils forment une Compagnie savante, qui était dans la dépendance du ministère de l'intérieur, au point de vue du maintien unique de l'ordre public, et qui n'a été rattachée au ministère de l'instruction publique que par une préoccupation de symétrie. Ils relèvent du ministre de l'instruction publique, non du grand maître de l'Université, car ses professeurs ne font point partie de l'Université ; mais comme la grande maîtrise de l'Université et le ministère de l'instruction sont réunis dans les mêmes mains, le ministre de l'instruction publique applique aux Compagnies savantes, qu'il a mission d'encourager et de protéger, le niveau brutal de l'orthodoxie littéraire et scientifique du grand maître de l'Université.

Le 9 juillet 1844, M. le ministre de l'instruction publique Villemain, répondant à une interpellation de M. le député de l'Espinasse, s'exprimait ainsi :

« L'étranger célèbre, si vivement attaqué par l'honorable préopinant, est auteur d'un écrit intitulé les *Pèlerins polonais*, écrit très religieux qui fut publié et traduit avec enthousiasme par M. le comte de Montalembert. (*On rit.*) Je dirai donc qu'au premier aspect nulle inquiétude exagérée, nul soupçon d'irréligion ne doit s'attacher au nom de cet étranger, auquel le malheur, le talent et la poésie peuvent avoir communiqué un peu d'exaltation, mais dont les premiers écrits étaient tous empreints d'un caractère si religieux et consacrés par un si pieux traducteur. Je ne puis donc légèrement admettre ces accusations dirigées contre un étranger, contre un absent, contre un poète.

« Le Collége de France n'est pas un collége dans le sens ordinaire du mot (*C'est vrai !*); ce n'est pas un de ces établissements où toutes les paroles, s'adressant à une jeunesse qu'il est si important de préserver, doivent être sévèrement pesées, sévèrement surveillées : c'est un établissement de haut et libre enseignement. (*Très-bien !*) Cependant les professeurs de cet établissement, par le fait seul qu'ils professent sous la protection de l'Etat, je ne dirai pas au nom de l'Etat, car chacune de leurs paroles n'est pas soufflée par l'Etat, mais parce qu'ils professent sous la protection de l'Etat, ont des devoirs très étroits, très impérieux, des devoirs de modération, de gravité, de réserve, des devoirs que nous n'oublierons jamais de leur rappeler. »

Sur quoi, M. l'Espinasse se déclara satisfait. Et il avait raison. Car M. Mickiewicz ne tarda pas à être forcé de demander un congé qui lui fut indéfiniment et malgré lui continué.

M. Gabriel Monod, dans la brochure qu'en 1875 il publia sur *Jules Michelet*, un an après la mort du grand historien, a écrit : « Michelet formait une espèce de trinité avec Mickiewicz et Quinet, qui comme lui se crurent appelés au Collége de France à une sorte d'apostolat philosophique et social. » M. Michelet se plaisait à parler dans ses Leçons de « la triple chaire de l'unité moderne. » L'image des trois professeurs fut gravée sur une seule et même médaille qui leur fut offerte par les élèves du Collége de France (13 septembre 1845). Voyez l'adresse des jeunes gens et la réponse de mon père. (*Korespond.*, II⁰ vol. de l'édit. 1872, p. 225, et I⁰ʳ vol. 1874, p. 278.)

Le *Temps*, dans un article du 29 mars 1875 sur la mort de Quinet, disait : « Quinet avait pour collègues Michelet et

Mickiewicz. L'enseignement de ces trois professeurs ne peut être comparé en rien à celui du fameux trio de la Sorbonne sous la Restauration : si l'inspiration en était plus ardente, la valeur scientifique en était assurément moindre. » — Vous êtes orfèvre, monsieur Josse, autrement dit, vous êtes orléaniste, pourrait-on dire au *Temps*. Si l'on cherche, comme on doit le faire, autre chose dans un cours que dans un livre, c'est-à-dire avant tout un courant de vie morale, la flamme qui nourrit l'âme et les éclairs qui illuminent la voie, Michelet, Mickiewicz et Quinet laissent loin derrière eux Guizot, Cousin et Villemain. Surtout il y eut dans le trio du Collége de France une pureté de caractère dont l'absence fut trop souvent à déplorer dans le trio de la Sorbonne. Aussi est-il certain qu'il viendra un jour où la jeunesse française voudra consacrer par le marbre la mémoire des trois grands professeurs du Collége de France, unis dans la mort, comme la jeunesse de 1845 a consacré sur le bronze leur union dans la vie.

M. Vapereau, en son *Dictionnaire universel des Contemporains* (Paris, 1858), parle naturellement d'Adam Mickiewicz. Mais la Notice renferme plus d'une erreur.

Ainsi on y lit: « Mickiewicz était professeur de littérature latine et polonaise à Kowno en Lithuanie, lorsqu'il publia ses premiers vers : *Grœzyna* (1), poëme héroïque sur les temps fabuleux de la Pologne ; et la Fête des Morts (*Dziady*), suite de ballades où l'on trouve de la grâce et de l'originalité (Vilna, 1821-1822, 2 vol. in-18). Ces deux ouvrages avaient commencé la révolution romantique dans la littérature slave. » — Passons sur l'impropriété du terme de « temps fabuleux de la Pologne, » quand il s'agit d'une action qui s'accomplit à la fin du

---

(1) Lisez : *Grazyna*.

quatorzième siècle, et non pas en Pologne, mais dans la Lithuanie avant son union avec la Pologne. Ce qui est plus grave, c'est qu'il est parlé des *Dziady*, comme d' « une suite de ballades, » tandis que les deux volumes en question (in-16, dont le premier parut, non en 1824, mais en 1822, et le second en 1823) contiennent, outre les deux ouvrages mentionnés, toute une série de *ballades, romances et poésies diverses*, qui furent les premiers-nés de son âme et forment exclusivement le premier volume.

Il est ajouté : « Exilé à Pétersbourg, il lança audacieusement de cette capitale sa fameuse *Ode à la Jeunesse*, qui émut, dit-on, jusqu'aux Russes eux-mêmes et eut pour résultat de le faire reléguer en Crimée. » — Bien intentionné, mais non rigoureusement vrai. Il est possible que l'*Ode à la Jeunesse* ait été, à Saint-Pétersbourg, récitée à des amis russes et répétée par eux. Mais elle n'y fut ni composée ni publiée. Nous avons dit plus haut, p. XXXIX, qu'elle datait de 1820 et qu'elle ne fut éditée, pour la première fois, qu'en 1827, et hors des frontières de l'empire des tzars. En outre, Mickiewicz fut relégué de Pétersbourg, non en Crimée, mais à Odessa ; et c'est par une permission spéciale qu'il put visiter l'ancienne Chersonèse Tauride.

Il est dit encore : « Mickiewicz composa à Odessa une série de *Sonnets* (1826), qui lui valurent de hautes sympathies et déterminèrent son rappel à Saint-Pétersbourg, où il composa son second poème héroïque et national, *Conrad Wallenrod* (1828). » — Les *Sonnets*, inspirés par le voyage de Crimée, et intitulés : *Sonnets de Crimée*, ont, sans doute, été composés partie en Crimée et partie à Odessa, au retour de Crimée (1). Ils furent imprimés à Moscou, où l'auteur dut se

---

(1) Mickiewicz écrivait de Moscou, le 9 juin 1826, à Thomas Zan : « Depuis mon départ d'Odessa, ma muse est demeurée paresseuse : je ne puis

rendre avant de pouvoir revenir à Saint-Pétersbourg. L'année 1826 est la date de leur publication. *Wallenrod* fut imprimé en 1828 à Saint-Pétersbourg, mais commencé à Odessa et achevé à Moscou en 1826-1827.

Autre passage : « Redoutant le succès même, Mickiewicz sollicita un passe-port pour l'étranger et visita successivement la France, où parurent ses poésies, 1828, 3 vol., et l'Allemagne, où il lia connaissance avec Gœthe. » — L'expression que Mickiewicz « redouta le succès même » de son nouveau poème de *Wallenrod* est bien trouvée. Mais, s'il visita les bords du Rhin et toucha Strasbourg à la mi-septembre 1829, il ne visita réellement la France et ne vint à Paris qu'en 1832. Il avait vu l'Allemagne auparavant, tandis que la structure de la phrase du biographe donnerait à penser que son voyage de France est antérieur à la publication qui fut faite de ses poésies à Paris.

L'auteur de la Notice ajoute : « Mickiewicz était en Italie, quand éclata la révolution de Pologne, et revint assister au douloureux spectacle de la ruine de sa patrie. Après la prise de Varsovie, il se réfugia à Dresde.... » *Revint assister* ne peut donner au lecteur qu'une idée vague. J'ai dit plus haut, p. XXX, comment mon père fut empêché d'arriver assez à temps sur le théâtre de la lutte pour y prendre de sa personne une part active.

Encore des erreurs : « En 1833, Mickiewicz donna un volume intitulé : *Le Peuple et les Pèlerins polonais*, qui fut traduit en 1834. » — Le titre est : *Le Livre de la nation polonaise et des Pèlerins polonais* (Ksiengi narodu polskiego i pielgrzymstwa polskiego). *Ksiengi* signifie : « Actes, Fastes, Livre. » Ce livre parut fin 1832, et la traduction française en

terminer une Nouvelle lithuanienne qui doit compléter mon troisième volume. » (Il parlait de *Conrad Wallenrod*.)

fut publiée en avril 1833. Il était destiné non seulement « à réconcilier les divers partis de l'Emigration, » mais à quelque chose de plus encore, à les unir en une même foi dans la résurrection de la Pologne et dans son futur règne glorieux.

C'est avec raison qu'il est dit que « le *Sieur Thadée* (1) fut très goûté ; » mais la dénomination d'*héroïque* n'est certainement pas celle qui lui convient le mieux.

Après avoir dit « que la critique française, stimulée par George Sand, n'eut pas assez de louanges pour le grand poète polonais ; qu'en 1839, il alla occuper une chaire de littérature latine à Lausanne, et que l'année suivante, M. Cousin en créa pour lui une de langue et littérature slaves au Collége de France, » le biographe ajoute avec malveillance : « La popularité et l'intérêt des matières qu'il traitait auraient sans doute fait passer longtemps sur la difficulté de sa parole et son défaut de méthode, si, à la fin, sous l'inspiration de Towianski, son Cours n'eût pris un caractère de mysticisme et d'excentricité qui en nécessita la suspension. Ses *Leçons sur l'histoire et les Etats slaves* furent du moins publiées à Paris en 5 vol., 1840-1849. » — C'est en 1845 que parurent les deux derniers volumes du Cours et, en 1849, les trois premiers. Le titre sous lequel mon père les a réunis est : *Les Slaves*. Quant à sa diction, si elle était marquée d'un accent étranger, elle valait au moins celle de maint autre professeur étranger dont s'est honorée la France ; et il improvisait en français avec une facilité que plus d'un illustre Français lui envia.

Franklin, dans une lettre à l'abbé Morellet (avril 1787), écrivait : « Vous savez que l'homme qui désire le plus être utile à ses semblables par l'exercice de son intelligence, perd la moitié de sa force dans un pays étranger où il est obligé de

---

(1) C'est par erreur d'impression qu'il a été mis *Pau Tadeusz* au lieu de *Pan Tadeusz*.

se servir d'une langue qui ne lui est pas familière. » Ce supplice dont souffrit l'envoyé de l'Amérique près la cour de France, mon père l'éprouva ; et il constata, en prenant possession de sa chaire, les difficultés de sa position (voy. sa 1re leçon). Mais la conscience d'un grand devoir à accomplir lui donna la force de surmonter ces difficultés. Et madame Sand put écrire en toute vérité, dans la *Revue indépendante* du 10 avril 1843 : « M. Adam Mickiewicz a ouvert, cette année, son Cours au Collége de France avec autant d'éclat et de profondeur que les années précédentes. La parole du poète polonais est aussi belle que ses écrits. Le professeur slave fait mieux que de posséder la langue française : il la devine, il la force à se révéler à lui. C'est un instrument qu'aux premières minutes d'audition on croirait devoir lui être rebelle, mais qui bientôt, dominé par la puissance de l'inspiration, cède et livre ses trésors. Il arrive à l'éloquence, et il n'est pas jusqu'à son accent lithuanien dont la sauvage rudesse ne vous saisisse bientôt par une concision pleine de caractère et d'autorité. C'est à la manière de sentir, à la diction, à l'originalité des aperçus de Mickiewicz qu'on peut appliquer cette expression à la mode : *avoir de la couleur*. Le tout est rehaussé par une grande sobriété d'expression, et l'accent sympathique d'une admirable simplicité (p. 378, article : *De la littérature slave*).

J'ai déjà répondu, dans l'introduction que j'ai placée en 1866 en tête des *Slaves*, au défaut de méthode qu'on a, plus d'une fois, et avec quelque légèreté, reproché à mon père : « Mon père parut sans méthode, parce qu'il ne suivait point les sentiers battus, qu'il s'écartait des habitudes scolastiques, des divisions et classifications en usage et heurtait des idées reçues. Mais rien n'est plus aisé que de s'orienter dans ce qu'il appelait lui-même un voyage de circumnavigation au travers des pays slaves. Partout où, de siècle en siècle, il y avait de grands actes, la glorification d'un héroïsme ou d'un martyre, c'est là que le poète-historien allait successivement aborder. Il n'a jamais séparé l'histoire de la littérature ; mais il éclairait l'une par l'autre, mesurant l'importance du mouvement littéraire à l'intensité de la vie nationale. »

D'honnêtes compilateurs et abréviateurs ont cru pouvoir reprocher dédaigneusement aux Leçons d'Adam Mickiewicz de manquer de valeur scientifique, parce que, dans une hâtive et très-imparfaite édition du Cours du Collége de France, ils auront relevé tel ou tel *lapsus*. Par exemple, un professeur italien a noté que Mickiewicz, en parlant de Buonaccorsi comme d'un machiavéliste (*Slaves*, édit. 1849, II, p. 15, 37), avait oublié que Buonaccorsi était mort en 1496, avant que Machiavel (né en 1469) eût publié son *Prince*, qui est de 1514. Et la remarque est juste : il aurait fallu dire : un précurseur de Machiavel et non « un de ses disciples. » Mais ce *lapsus* n'enlève rien à la profondeur des aperçus de Mickiewicz sur la politique polonaise et la politique italienne, sur les conceptions opposées de Machiavel et de notre grand historien Dlugosz, sur la répulsion qu'eut la noblesse polonaise pour un système qui déjà s'appliquait en mainte contrée de l'Occident et auquel fut donné le nom de machiavélisme, parce que Machiavel le maxima, — répulsion constatée par l'impopularité de Buonaccorsi, qui voulait introduire ce système en Pologne, et la nécessité dans laquelle fut le roi Albert de l'éloigner de ses conseils (1). Mon père savait combien il y avait de défectuosités dans les notes qui avaient été recueillies

---

(1) Cette antipathie radicale de notre chevaleresque nation pour l'immoralité en politique et son invincible opposition contre le paganisme gouvernemental se retrouvent dans tous les moments décisifs de notre histoire, témoin l'impuissance de la politique habile mais tortueuse des Czartoryski au xviiie siècle, et plus récemment de Wielopolski.

de l'improvisation de ses Leçons ; et quand, en 1849, il céda
à de pressantes sollicitations pour l'impression des trois premiers volumes, plus spécialement relatifs à la partie historique
et littéraire, il recommanda essentiellement de réviser les dates
et les citations, toujours données de mémoire : quelqu'un fut
spécialement chargé de cette besogne et bien payé. Les occupations qui absorbaient mon père au milieu des événements politiques d'alors ne lui permirent pas de donner lui-même ses
soins à ce travail. Et quand il eut l'édition entre les mains, il
en fut désolé. Il corrigea à loisir un exemplaire que je possède,
et d'après lequel sera, un jour, imprimée l'édition définitive
du Cours.

Ce n'est pas en 1843, mais en 1844, que le Cours de mon
père fut suspendu. La dernière Leçon est du 28 mai 1844.

Il est écrit « qu'en 1848, après avoir fait une certaine propagande nationale en Italie, il revint chercher un asile en
France. » — Or, cette propagande nationale consista dans la
création du noyau d'une Légion polonaise. (Voy. le *Mémorial
de la Légion polonaise de 1848, créée en Italie, par Adam
Mickiewicz.*) Et quand il revint en France, quelques mois plus
tard, ce ne fut point pour y chercher un asile, car il y avait
conservé sa famille et son habitation, mais afin d'y organiser
les enrôlements polonais pour sa Légion et s'efforcer de lui
conquérir l'appui du Gouvernement de la République française.

Autre rectification : « Après l'avènement de Louis Bonaparte
à la présidence, est-il dit, le culte qu'il avait toujours professé
pour le nom de Napoléon lui fit accorder une place à la Bibliothèque impériale. — Or, la vérité est qu'après l'élection de
Louis-Napoléon Bonaparte, comme président de la République
au 10 décembre 1848, mon père vit derechef (janvier 1849)
proroger l'interdiction de remonter dans sa chaire, et qu'a-
près le coup d'Etat de décembre 1851, suivi de l'élection du

Prince-Président à la présidence décennale et de la Constitution qu'il fit le 14 janvier 1852, mon père eut sa chaire supprimée, par le même décret du 12 avril 1852 qui supprimait celles de Michelet et de Quinet. Fin 1852, il fut nommé à un poste de bibliothécaire, non pas à la Bibliothèque impériale, mais à la Bibliothèque de l'Arsenal.

Le biographe insère « la nouvelle que le gouvernement russe aurait (1857) autorisé, sauf le contrôle de la censure, la publication, à Varsovie, des œuvres de l'illustre exilé. » Cette mesure, en effet, due à l'initiative d'un ancien condisciple d'Adam Mickiewicz, resté à Saint-Pétersbourg depuis leur commun éloignement de la Lithuanie, coïncida avec l'amnistie qui, à la suite de la paix de Paris, en 1856, rappela de Sibérie un certain nombre de déportés polonais. Mais il convient d'ajouter que la censure gâta singulièrement la mesure d'Alexandre II et que l'édition, qui parut alors, est odieusement mutilée. Or, l'affront fait à l'homme de génie et à ses œuvres rejaillit, et pour les siècles, sur ceux qui se le sont permis.

Le biographe a observé avec justesse que « Mickiewicz a porté dans la poésie la gravité mélancolique qui était le caractère de sa personne. Ses poésies ont une grâce rêveuse qui s'allie quelquefois à une grande verve satirique et toujours avec un vif sentiment national. » Mais il y a de l'exagération à dire qu' « aussitôt leur apparition, elles ont été traduites dans *toutes* les langues. » Dans le vrai, la plupart ont été traduites dans beaucoup de langues, mais non dans toutes ; par exemple, en français, en italien, en allemand, en anglais, en russe, en polonais, en bohême et en serbe. Le nom du premier traducteur en français des *OEuvres poétiques complètes* d'Adam Mickiewicz est mal indiqué : c'est Ostrowski et non Omowski qu'il fallait écrire.

Quant à l'assertion que « l'obscurité et la fantaisie bizarre qu'on y peut relever leur ont déjà bien enlevé de cette popularité européenne qu'elles avaient conquise un instant, » qu'il me soit permis de répliquer que ce n'est point mon père seulement qui est moins lu aujourd'hui, mais aussi Gœthe et Byron et tous les poètes. Et ce n'est pas leur faute, mais la faute de la génération qui les a suivis, et qui, en baissant moralement et s'absorbant dans les préoccupations matérielles, a, déjà en partie, perdu l'intelligence et le goût des choses de l'esprit.

M. Christien Ostrowski a écrit d'Adam Mickiewicz : « Son nom se trouve dans toutes les bouches, ses vers dans toutes les mémoires ; à tel point que, si le dernier exemplaire de ses poésies avait servi à chauffer les bains de Nicolas, on pourrait encore les reconstruire en entier, vers par vers, avec ce que ses compatriotes ont appris ou retenu par cœur. » Ce n'était pas de l'exagération : en Pologne, on était passible de déportation en Sibérie pour avoir été trouvé possesseur d'un exemplaire de Mickiewicz ; on le copiait, on l'apprenait, on faisait circuler le volume et l'on détruisait sa propre copie. Si aujourd'hui on l'apprend moins par cœur, c'est qu'en Pologne aussi, comme en Occident, l'esprit se matérialise, se spécialise. Quand Dante tomba durant un temps dans un quasi-oubli, cela ne prouva rien contre Dante, mais cela accusait le siècle. Dante en a-t-il moins resplendi après plusieurs siècles ? L'avenir appartient à ce qui est vraiment grand. Les œuvres du génie peuvent être ensevelies un moment, mais elles ressuscitent sûrement et pour l'éternité : car elles sont douées d'immortalité.

Passons maintenant à la *Nouvelle Biographie générale*, publiée par Didot, sous la direction du docteur Hœfer, tome XXXV, in-8°, Paris, 1864.

Après avoir rapporté que Mickiewicz fut emprisonné pendant plus d'un an dans le couvent de Saint-Basile, à Vilna, puis condamné, en 1824, à un exil perpétuel dans l'intérieur de la Russie ; et, qu'à Saint-Pétersbourg, où on lui permit d'abord de résider, il se lia avec des libéraux russes plus ou moins engagés dans des complots contre le gouvernement impérial et favorables à la Pologne, l'auteur ajoute : « Dans sa dédicace à *Nos amis en Russie,* Mickiewicz dit que d'autres ont été frappés d'une condamnation plus sévère, car ils se sont vendus au tzar. On croit qu'il y a là une allusion à un autre de ses *amis* (souligné) de Russie, au poète Puszkin. » — Le *Voyage en Russie* est dédié à *Mes amis russes.* Cette dédicace est sévère pour ceux qui auraient pactisé avec le tzar ; mais elle ne contient nul outrage à Puszkin.(Voy. 1er vol. de ces *Mélanges*, p. 288.)

Suit cette appréciation des *Sonnets de Crimée* : « Ces petites poésies, où l'on trouve trop d'images communes et de faux brillants, ont acquis plus d'intérêt depuis que la guerre de Crimée a rendu célèbres quelques-uns des lieux chantés par le poète : Eupatoria, Balaklava. Les *Sonnets de Crimée* valurent à Mickiewicz une invitation du prince Galitzin, gouverneur de Moscou, et ensuite son rappel à Saint-Pétersbourg. » — Le biographe serait quelque peu embarrassé de citer ces « images communes » et ces « faux brillants. » Ce qui, au contraire, frappe généralement le plus dans les *Sonnets de Crimée*, c'est l'originalité du point de vue et la simplicité de la forme, l'exactitude des détails et la justesse de l'expression, le reflet brisé d'une belle nature dans une âme bouleversée. Quant à ce que l'expédition de Crimée a pu ajouter d'intérêt aux vers du poète, il est probable que l'on méditera ceux-ci longtemps encore après que les marches et contre-marches de celle-là seront oubliées, ainsi qu'il advint aux *Tristes* d'Ovide. Ce qui est dit ici du prince Galitzin est obscur. (Voyez plus haut, p. XXVII et XXVIII.)

A propos de *Conrad Wallenrod*, le biographe observe que : « la censure de Saint-Pétersbourg, en autorisant ce poème, fit preuve de beaucoup de complaisance ou de peu de sagacité, car le voile est transparent, » comme s'il regrettait que la censure pétersbourgeoise ne se soit pas montrée plus soupçonneuse et plus dure, et qu'il eût préféré que *Conrad Wallenrod* ne parût point ? Et quand on pense que ces biographies sont écrites en général par des Polonais ou sur des notes fournies par des Polonais ! L'auteur de l'article dit que l'épigraphe *Bisogna essere volpe e leone* semble empruntée à Machiavel. Le mot *semble* est joli. Visiblement la littérature italienne était peu familière à cet écrivain. Analysant le sujet du poème, il dit qu'un Lithuanien *tâche* d'arriver à la grande maîtrise de l'Ordre des Chevaliers teutoniques dans le but de détruire l'Ordre. Ce mot *tâche* révèle qu'il ne connaissait guère mieux le *Wallenrod* de Mickiewicz que le *Prince* de Machiavel. Lorsqu'il ajoute, relativement à la morale conclusionnelle de l'ouvrage, que « c'était indiquer clairement aux Polonais quelle devait être leur politique à l'égard de la Russie et comment, par leur adhésion même à la puissance conquérante, ils pouvaient préparer la délivrance de leur pays, » le biographe montre qu'il a peu entendu son auteur. De ce que Samson, fait prisonnier et rendu aveugle par les Philistins, un jour que, sous un portique, il avait été amené pour les faire rire, invoqua l'Eternel, puis ébranla et renversa les deux colonnes contre lesquelles il s'appuyait et périt avec eux, faisant ainsi mourir par sa mort plus de gens qu'il n'en avait fait mourir en sa vie, qui a jamais eu l'idée d'en conclure que généralement le meilleur moyen de lutter contre l'ennemi est de se rendre son prisonnier, de se faire crever les yeux par lui pour ensuite périr avec lui ? Le biographe reconnaît d'ailleurs que « l'œuvre du poète est inspirée par un profond et ardent patriotisme. » « Mais, après tout, ajoute-t-il, cette politique n'était menaçante que dans l'avenir : dans le présent, elle ne contrariait pas l'aristocratie [? l'autocratie] du tzar ; deux traductions russes parurent sans que l'autorité y mît obstacle. » La rigueur des principes ne permet-elle donc que de tenter des choses parfaites mais impossibles ? Toute ruse de guerre est-elle interdite au prisonnier, et la morale impute-t-elle aux parents et amis du prisonnier le devoir de confirmer ses geôliers dans la plus stricte obéissance à leurs chefs et de dénoncer leur manque de surveillance ? Hélas ! on a vu des journalistes et historiens libéraux qui reprochent aux généraux du despotisme d'avoir pu oublier un moment leur serment militaire pour faire cause commune avec le peuple, ou pour refuser de tirer sur leur propre nation !

Le biographe a raison de dire que « la troisième partie des *Dziady* marque le plus haut point de puissance où soit parvenu le talent du poète. » Mais pourquoi ajouter qu' « elle montre, dans ce talent, de fâcheuses tendances vers des idées confuses que repoussent également la raison et la religion ? » Vraiment, il y a des gens qui ont une singulière façon de comprendre l'expression de la passion ! Comment donc parler avec calme, au milieu de pareilles douleurs, domestiques et nationales, comment rester froid devant le martyre de ses compagnons et les désastres de sa nation, devant la bassesse et le cynisme des agents de la tyrannie !

Le biographe répète cette phrase de Montalembert: que Mickiewicz dans le *Livre des Pèlerins polonais* « prêche (à ses compatriotes) la sanctification de leur auguste infortune par une humble et implicite confiance dans la miséricorde divine.... » Or, il n'y a rien de moins résigné que le *Livre des*

Pèlerins polonais. Il ajoute : « Ce jugement (de M. de Montalembert) est fondé sans doute. Cependant les admirateurs du poète s'inquiétaient de le voir incliner de plus en plus vers le mysticisme ; et les catholiques sévères n'étaient pas rassurés en voyant les *Pèlerins polonais* servir de modèle aux *Paroles d'un croyant*. » Ainsi, au tort d'avoir, à force de rusée prudence, trompé la censure tzarienne, Mickiewicz avait joint celui d'avoir, par manque de modération, alarmé la curie papale. Il n'avait malheureusement pas le sens du *juste milieu* !

« Le dernier grand poème de Mickiewicz, *Pan Tadeusz* (Monsieur Thadée), » est rabaissé à n'être qu' « une peinture familière et minutieuse, mais animée et intéressante de la Lithuanie, en 1812, à l'approche de Napoléon. »

Ce n'est pas de littératures anciennes, mais simplement de littérature latine, que mon père fut professeur à l'Académie de Lausanne. Il avait été nommé professeur extraordinaire, par arrêté du 1er octobre 1839 ; à la fin du premier semestre, il fut nommé professeur ordinaire par arrêté du 13 mars 1840, et solennellement installé le 26 juin suivant.

Relativement au Cours du Collége de France, le biographe s'exprime ainsi : « M. Cousin, ministre de l'instruction publique, fit créer pour lui une chaire des langues et littératures slaves au Collége de France. Le Cours de Mickiewicz, ouvert le 22 décembre 1840, offrit d'abord un sérieux intérêt.... Mais bientôt le Cours slave prit une étrange direction. Le professeur était tombé sous l'influence d'un singulier personnage, André Towianski, révélateur et apôtre d'une religion nouvelle, le Messianisme, dont un des traits caractéristiques était le culte de Napoléon, mais dont la tendance réelle était le panslavisme ou réunion de toutes les branches de la race slave sous l'hégémonie de la Russie. Il serait pénible d'insister sur ce déplorable épisode de la vie du poète sincère dans son erreur ; il suffit de rappeler que le Gouvernement dut interdire le Cours de slave au mois de mai 1844. » Toujours la même préoccupation de justifier le Gouvernement de Louis-Philippe et le même acharnement à repousser par l'injure tout ce qui touche à une rénovation religieuse. Quant à l'accusation de *panslavisme*, j'en appelle à la Leçon de mon père du 6 décembre 1842, où il est dit que « les peuples russe et polonais ont droit tous les deux à une existence libre et séparée. » (Voy. les *Slaves*, IV, p. 15 et mon *Introduction*.) Ce qui est bizarre, c'est que, par inadvertance, la tendance panslaviste se trouverait plutôt dans la loi même qui donna à la chaire le titre de langue et littérature slaves (au singulier), comme s'il y avait une seule langue slave !

« En 1848, continue le biographe, Mickiewicz sortit de sa retraite et alla en Italie, où il fut bien accueilli par le pape Pie IX. Mais la nouvelle révolution ne rendit pas l'indépendance à la Pologne. Le poète revint à Paris et fut nommé, en 1851, sous-bibliothécaire à l'Arsenal. » — Sauf la date de 1851, qui doit être remplacée par celle de 1853, c'est exact. Mais le biographe a l'air d'ignorer et la création, en 1848, de la Légion polonaise en Italie et la publication, en 1849, du journal la *Tribune des peuples*, à Paris.

La notice se termine ainsi : « Toujours dévoué à la cause nationale, Mickiewicz, au commencement de la guerre d'Orient, vint, à la tête d'une députation de Polonais, demander à l'empereur Napoléon III le rétablissement de la Pologne ; et, en 1855, il reçut une mission en Orient pour l'organisation des Légions polonaises qui devaient être employées à la guerre contre la Russie ; mais, peu de jours après son arrivée à Constantinople, il mourut à l'âge de cinquante-sept ans. Ses restes, rapportés à Paris, ont été ensevelis dans le cimetière Mont-

martre. » — Premières rectifications : Mon père repose à Montmorency. Il avait cinquante-six ans quand il mourut le 26 novembre 1855, étant né le 24 décembre 1798. Il était arrivé à Constantinople fin septembre 1855. Quant à la députation polonaise, il s'agit de la démarche faite aux Tuileries, après l'attentat de Pianori, en mai 1855, laquelle avait, il est vrai, été inspirée par un mobile patriotique, mais durant laquelle mon père resta muet et qui lui arracha ce jugement sur l'empereur Napoléon III : « Ce n'est qu'une âme vulgaire. » (Voy. *Mémorial de la Légion polonaise*, I, p. 176.) Mon père avait accepté une mission en Orient en vue de préparer quelques éléments d'une lutte plus efficace contre la Russie ; mais le Gouvernement français ne sut pas donner à cette mission l'ampleur nécessaire, et nos compatriotes ne surent suffisamment profiter ni d'un commencement de bonne volonté du Gouvernement français, ni du concours actif et désintéressé de mon père, dont la mort d'ailleurs précéda de fort peu la paix.

Puisque le biographe a cru devoir donner une bibliographie des œuvres de mon père, il eût pu la donner moins erronée, au lieu de prendre uniquement pour base l'édition de Léonard Chodzko de 1828, qui n'est point la première et qui est restée incomplète. *Pan Tadeusz* n'est point de 1832, mais de 1834. Le Cours ne parut en volumes qu'en 1845, non en 1840. Si l'on veut citer des titres en polonais, au moins faudrait-il le faire exactement : ainsi au lieu de *Dziadom czesé*, il faut lire *Dziadów czesc trzecia*; et de *Pan Thadeusz czyli ostatrii na liturie, historia szlacheckazt*, lire *Pan Tadeusz czyli ostatni zajazd na Litwie, historya szlachecka*. Le biographe aurait pu consulter la bibliographie qui se trouve dans l'édition parisienne de 1844 des œuvres de mon père : *Pisma Adama Mickiewicza*. Je le renvoie aujourd'hui à celle qui est placée à la fin du 2ᵉ vol. (Paris, 1875) de la *Korespondencya Adama Mickiewicza* (1).

Parmi les sources ou ouvrages à consulter indiqués par l'auteur, se trouve la *Littérature française contemporaine* de Bourquelot.

Les *Esquisses biographiques* allemandes de Schmidt-Weissenfels (*Schmidt-Weissenfels' Biographische Skizzen und Charakternovellen*, II vol., Berlin, 1862) commencent une notice sur Adam Mickiewicz, par observer que le Congrès de Vienne, tout en laissant son nom au Royaume de Pologne, lui avait enlevé son existence politique, et qu'après toutes les espérances, qu'avait fait concevoir Napoléon, d'un rétablissement de la Pologne, pour lequel il ne fit sérieusement rien, la jeunesse polonaise, principalement, sentait justement le malheur de la patrie ; que le *vif seul a droit* (2) et que la Pologne était morte ; qu'on pouvait le regretter, mais que le fait n'en existait pas moins ; que toutefois la jeunesse polonaise ne pouvait se résigner à le croire et se pressait sur le sein de la patrie, comme un amant sur le corps inanimé de son amante que, dans son égarement, il s'imagine pouvoir rappeler à la vie.

Puis la Notice rapporte que « Mickiewicz, un noble polonais, aimait ; qu'il aimait comme un Polonais et avec toute la passion de la jeunesse ; que l'étudiant de Vilna exhala sa dou-

---

(1) Dans la *Nouvelle Biographie générale*, dirigée par M. Hœfer, figurent comme collaborateurs les Polonais Léonard Chodzko, secrétaire général du comité polonais, Kubalski (N.-A.), Morozewicz (Calixte), Pawlowski (Gustave), Yanowski (Jean), professeur suppléant au Collége de France, Zychlinski. — L'article sur Mickiewicz est signé N.

(2) Ceux qui invoquent la formule juridique : « Le mort saisit le vif » ne doivent pas oublier cet autre principe de droit : que l'on ne peut hériter de celui dont on a causé la mort.

leur en des vers écrits avec le sang de son cœur, dans le
« Sacrifice des Morts, » consacré tout à la fois à l'amour et à
la patrie. Malheureux amour, malheureuse patrie, quelle admirable source d'inspiration pour une douleur divine, prométhéenne, qui jaillit en chants sur un mode admirable comme
les sons de la harpe éolienne !.... Quoi qu'en aient pu dire les
érudits et les critiques de Varsovie, les *Dziady* et *Grazyna*
frappèrent, en notes consolatrices, l'oreille de la nation polonaise, et les chants de la plainte, de l'amour et de la colère
devinrent les mots d'ordre d'un peuple.... Les vers de Mickiewicz ranimèrent l'ardeur depuis longtemps comprimée de
l'amour de la patrie : on se confédérait par un muet serrement
de main ; on se parlait avec les yeux ; on aiguisait en secret
le couteau contre l'ennemi.... »

Sont à relever et retenir les détails suivants, à savoir : que
Mickiewicz était revenu de Kowno à Vilna, quand il fut arrêté ;
qu'il fut relégué à Odessa au lycée Richelieu ; qu'après avoir
visité les campagnes « italiennes » de Crimée, il écrivit, aux
bords de la mer Noire, ses merveilleux *Sonnets de Crimée* et
le commencement de son poème de *Conrad Wallenrod*, cette
Iliade du moderne esprit national polonais ; qu'à Moscou, son
sort toucha la princesse Zénéide Wolkonsky, qui le prit sous
sa protection et le recommanda au prince Galitzin ; et que,
dans la suite de celui-ci, il fit le voyage de Saint-Pétersbourg. »

L'auteur de l'article constate l'effet magique que produisit à
Varsovie, en 1830, le 30 novembre, premier jour de la révolution, l'*Ode à la Jeunesse*, dont les derniers mots résonnèrent à l'Hôtel de ville comme d'une *Marseillaise* polonaise.
Il dit ensuite que Mickiewicz reconforta ses compagnons
d'exil. Il explique que le grand poète polonais aurait présenté
le panslavisme comme une ancre de salut, et exposé qu'il y

avait à chercher non plus seulement le rétablissement du royaume de Pologne, mais l'érection d'un gigantesque empire slave, dans lequel le Russe n'adorerait plus le czar, ni le Polonais ses gentilshommes, mais où Puszkin et Zaleski chanteraient à l'unisson les héros de l'Ukraine, où les Bohêmes enrichiraient la science slave, et les Serbes chanteraient pour tous les Slaves. « Tel est l'esprit, ajoute-t-il, que Mickiewicz développa dans son Cours de littérature slave. Par son *Livre de la nation polonaise* (1832) et par son *Thadée* (1834) il activa le mouvement slave. Mickiewicz devint ainsi plus que le poète de la Pologne : il devint le poète national de tout le Monde slave.... Il donna à la race slave un même but ; il assigna à sa littérature une même tendance. Son génie popularisa le panslavisme. Et le panslavisme apparut comme un spectre menaçant pour le monde germanique. » — J'ai déjà répondu à ces mésinterprétations de la pensée de mon père, qui proviennent chez les uns de la mauvaise foi et de la peur chez les autres. Mon père croyait à un lien de parenté entre les nations d'une même race comme entre les familles d'une même nation, sans que jamais il lui soit venu dans l'esprit la folle pensée de douter du principe de nationalité, pas plus que du principe primordial sur lequel repose la famille. D'autre part, il n'y a rien dans les *Pèlerins* ni dans *Thadée* qui puisse, même de loin, avoir trait au panslavisme.

Sont à corriger, en l'article, plusieurs autres erreurs, et matérielles cette fois : Ce n'est pas en 1827, mais sur la fin de 1825, que mon père quitta Odessa pour Moscou. Il ne visita la France (voy. p. xxx) qu'après l'Italie. Il fut bibliothécaire à l'Arsenal, non à la Mazarine. Il mourut, non le 28, mais le 26 novembre. — Quant au reproche d'avoir honoré Napoléon Ier qui « sut si bien tromper la Pologne, » je n'ai qu'un mot à répondre : Si Napoléon Ier fit peu, qu'ont fait les autres ?

Il ne releva qu'une fraction de Pologne, mais les autres l'avaient livrée ou se l'étaient partagée. Appartient-il vraiment à un Allemand, dont l'Etat le plus puissant a pris et détient son tiers de Pologne, d'accuser Napoléon de n'avoir pas rétabli la Pologne dans son intégrité !

Le *Dictionnaire universel d'histoire et de géographie* de Bouillet (Voy. supplément de 1863 et l'édition de 1866, Paris) dit que Mickiewicz, « s'étant rendu suspect pour son esprit d'indépendance, fut exilé dans l'intérieur de la Russie, » alors qu'il serait plus exact de dire qu'il fut, « pour cause de patriotisme, transporté de Pologne et interné en Russie ; » lui fait visiter la France avant l'Italie, pendant que c'est le contraire ; relate qu'il « ne put, en 1830, aller prendre part à la Révolution de Pologne, mais anima l'ardeur de ses compatriotes par son *Ode à la Jeunesse*, » de façon qu'il semblerait ainsi qu'il composa cette Ode pour la circonstance en 1830 ! et ajoute que, « comme poète, ses compatriotes l'égalent à Byron et à Gœthe, » tandis que ce sont les étrangers qui l'ont, les premiers, mis à ce rang, témoin la célèbre étude critique de George Sand. La date de la mort n'est pas 1856, mais 1855. L'article se termine par la mention que « les œuvres de Mickiewicz ont été réunies à Paris en huit volumes in-8°, 1838 et années suivantes. » Or, en 1838, il n'y eut aucune édition de Mickiewicz, mais seulement un changement de couverture aux huit volumes in-12 déjà parus, à Paris, de 1828 à 1836, et ce par les soins de l'éditeur du dernier de ces volumes, Alexandre Jelowicki.

Le même dictionnaire dit qu' « une souscription nationale (polonaise) a pourvu, après la mort d'Adam Mickiewicz, aux besoins de sa famille. » C'est ce que fit la France pour les enfants du général Foy, après la mort du général-orateur, dont le patriotique libéralisme fut une des gloires de l'Opposition sous la Restauration. Mais vu l'oppression qui régnait sur la Pologne, la souscription, dont il est ici question, ne s'étendit guère au delà des limites de l'Emigration. Le nom du sculpteur qui fit (en 1856) la statue de Mickiewicz (pour une place de Posen) doit se lire Ladislas Oleszczynski, au lieu de Obezinsky.

Le *Nouveau Dictionnaire universel, Panthéon littéraire et Encyclopédie illustrée* de Maurice de La Châtre (Paris, 1865-70) consacre à Mickiewicz une notice insignifiante plus brève encore que celle du Dictionnaire de Bouillet, donne une date inexacte de sa mort, omet sa nomination à Lausanne et attribue la suspension de son cours « à ce qu'il avait fait de sa chaire une tribune politique. » — En face de ce reproche stéréotypé de la polémique hostile au Cours de mon père, je me bornerai à mettre ces quelques lignes du commencement du discours d'ouverture que M. Cyprien Robert, qu'on lui avait imposé comme suppléant, prononça, en janvier 1849, au Collège de France, puis publia, sous le titre : « Des tendances générales de la révolution slave, en littérature, en religion, en politique, » dans sa Revue mensuelle la *Pologne*, journal slave de Paris, et publication de la Société slave de Paris, 1er février 1849 :

« Messieurs, il serait difficile d'imaginer une réunion de circonstances plus capables que celles où nous sommes d'attirer sur les Cours de littérature slave l'attention publique. Voici en effet l'époque où les Slaves vont prendre dans les affaires de l'Europe une part plus importante que jamais. Or c'est précisément, Messieurs, l'époque actuelle que je compte étudier spécialement dans nos leçons de cet hiver. C'est la *littérature politique* des peuples slaves et ses rapports avec la révolution que je veux étudier ici particulièrement avec vous. Désormais les temps de la littérature académique et d'une érudition futile sont passés. Aujourd'hui, pour être lu et écouté, il faut poursuivre un but pratique plutôt qu'un but savant, se consacrer aux masses et à leur affranchissement plutôt qu'au beau idéal et au culte oiseux de la forme. S'il doit désormais en être ainsi pour toute littérature en général, à plus forte raison faut-il que ce caractère domine sur tous les travaux littéraires faits dans un but spécial de propagande slave. Par conséquent, messieurs, les sujets que j'approfondirai devant vous ne présenteront pas autre chose que la discussion franche et simple des intérêts slaves, à mesure que les événements contemporains en imposeront l'examen à l'Europe. Vous verrez, dans cette vaste lutte d'émancipation, le drame à la fois le plus grandiose et le plus palpitant de l'époque. Sous la manière si diverse dont ces peuples combattent et dont leurs victimes succombent, se cachent des problèmes profonds de philosophie sociale, destinés à changer la face de la politique humaine. Nous étudierons ensemble le génie de ces littératures opprimées mais si vivaces et généreuses de Pologne, de Bohême et d'Illyrie. J'espère vous les montrer alliées inébranlables de la littérature française, proclamant et dirigeant chez les Slaves une série de révolutions toujours correspondantes à nos révolutions de Paris. »

Ceux-là même qui maintenaient la suspension du Cours de mon père comme suspect de convertir une chaire littéraire en tribune politique, ne trouvaient rien à redire à ce programme passablement politique de son suppléant. C'est que tous les doctrinarismes royaliste, impérialiste, constitutionnel, républicain et voire même socialiste, se reconnaissent comme alliés d'une même cause, quel que soit le camp où ils se trouvent, et conséquemment ils se traitent en frères.

Le grand *Dictionnaire universel du XIXe siècle*, par Pierre Larousse, t. XI, 1er mai 1874, fait naître Adam Mickiewicz à Osowce, tandis qu'il est né à Zaosie. Il lui reproche d'avoir dit dans le *Livre des Pèlerins* que « la tolérance des rois de Pologne pour le protestantisme avait été la cause principale de la chute de cette Puissance, » ce dont il n'est pas dit un mot dans l'ouvrage en question. L'auteur de l'article réédite des lieux communs sur le Towianisme et avance qu'à cette époque Mickiewicz publia deux brochures en français : *l'Église* *officielle et le Messianisme* et *la Religion et la Politique*. Ces deux brochures sont en réalité les deux gros volumes des Leçons professées au Collège de France pendant les deux dernières années du Cours. L'auteur, mal informé, raconte qu'en 1846 la verve poétique parut se réveiller chez Mickiewicz et que « quelques-unes de ses poésies fugitives de cette époque, entre autres l'ode au *Pin polonais*, respirent tout le charme mélancolique qui caractérisait son génie. » Or, Adam Mickiewicz n'a, en 1846, écrit aucun vers ; et la poésie : *Au Pin polonais*, est apocryphe. L'auteur de l'article fait de Mickiewicz un bibliothécaire à la Sorbonne, alors qu'il a rempli cette fonction à l'Arsenal.

« En fait de poètes ou d'écrivains, comme l'a très bien dit Sainte-Beuve, chaque nation est le premier juge des siens; la vendeuse d'herbes d'Athènes, ou, pour parler comme Paul-Louis Courier, la moindre femmelette de la rue Chauchat en sait plus long sur certaines fautes indigènes que l'homme de génie étranger. » — La Pologne est unanime à proclamer Adam Mickiewicz son plus grand poète.

« Dire d'un homme de génie qu'il était essentiellement bon, c'est le plus grand éloge que je sache faire, » écrivait George Sand, en commençant son article sur le plus illustre de ses rivaux littéraires, Honoré de Balzac (1853). — Sigismond Krasinski, le premier des poètes-collègues de mon père, a écrit de même : « Mickiewicz est encore plus beau comme homme que comme poète. Seul il dit sincèrement, seul il sait ce qu'est le sacrifice. C'est pourquoi je pense qu'il doit être mal à l'aise au milieu d'hommes qui n'ont que l'intérêt en vue et s'accrochent le mot sacrifice comme une feuille de vigne aux statues. »

Quinet disait de Mickiewicz : « Il est bien remarquable par l'élévation morale... Il a l'air jeune et parfaitement naturel, ce qui, dans ce temps-ci, n'est pas la règle. » (Voy. dans la Correspondance d'Edgar Quinet. Paris, 1877, 2ᵉ vol., p. 289, la lettre à sa mère du 23 décembre 1837.) — Et, en effet, le *naturel* de Mickiewicz venait de la parfaite harmonie qui existait entre sa pensée et son action ; et son air *jeune*, de cette fontaine de Jouvence que porte en soi celui qui est en possession d'une grande idée et vit conformément à cette grande idée (1).

Ozanam, dans l'Introduction à son étude sur Dante, a dit :

« Voici un poète qui parut dans un siècle tumultueux, qui marcha comme enveloppé d'orages... Il devance les temps, il pénètre dans le monde invisible... De ces hauteurs, il mesure les choses humaines et il les juge. Ses discours sont des enseignements qui subjuguent les convictions et qui inclinent les consciences, en même temps que par le rhythme ils se fixent dans toutes les mémoires. C'est comme une prédication qui se fait parmi les multitudes, ne se taisant jamais, qui les captive en s'emparant de ce qu'il y a de plus fort en elles, l'intelligence et l'amour. C'est donc une poésie qui, aux trois harmonies d'où la beauté résulte, en joint deux autres, l'harmonie de la pensée avec ce qui est, c'est-à-dire la vérité ; l'harmonie de la parole avec ce qui doit être, c'est-à-dire la moralité. Ainsi elle porte, en soi une double valeur logique et morale, par où elle répond aux besoins les plus chers du plus grand nombre des hommes : elle se fait comprendre de ceux qu'elle a compris ; elle est efficace, elle est, comme on dit, *sociale*. Il y a là un phénomène qui mérite, sans contredit, une place dans l'histoire de l'art. C'est plus qu'un phénomène, c'est un exemple... »

L'auteur se complaît à noter que Dante a été placé par Raphaël parmi les pontifes et les docteurs de la Dispute du Saint-

---

(1.) Voy. dans le 5ᵉ volume du Cours et dans la *Politique du XIXᵉ siècle* p. 446, 447, l'appel de mon père à la jeunesse française, ce qu'il y dit du geste inné de la jeunesse française, qui dénote un peuple d'action, et comment il voit dans l'enthousiasme le commencement de la liberté.

G.

Sacrement, son chef-d'œuvre, en l'une de ces *stanze* du Vatican qui sont « le sanctuaire de l'art chrétien ; » et que cette figure du poète « la tête ceinte, non d'une tiare ni d'une mitre, mais d'une guirlande de laurier, noble et austère, n'y est nullement indigne d'une telle compagnie. » Et il insiste sur « les honneurs presque religieux que l'Italie entière a rendus à la mémoire de Dante, et qui annoncent en lui plus qu'un poète. »

« Les pâtres des environs d'Aquilée, dit-il, montrent encore aujourd'hui, au bord du Tolmino, un rocher qu'ils appellent le siége de Dante, où souvent il vint méditer les pensées de l'exil. Les habitants de Vérone aiment à faire voir l'église de Sainte-Hélène, où, voyageur, il s'arrêta pour soutenir une thèse publique. A l'ombre des sauvages montagnes de Gubbio, dans un monastère de Camaldules, son buste fidèlement conservé rappelle qu'il y trouva quelques mois de solitude et de repos. Ravenne, saintement jalouse, garde ses cendres. Mais surtout Florence a entouré d'un culte expiatoire tout ce qui reste de lui : le toit qui abritait sa tête, la pierre même où il avait coutume de s'asseoir. Elle lui a décerné une sorte d'apothéose en le faisant représenter par la main de Giotto, vêtu d'une robe triomphale et le front couronné sous l'un des portiques de l'Église métropolitaine et presque entre les saints patrons de la cité. Des monuments d'un autre genre rendent un témoignage plus manifeste encore : ce sont les chaires publiques fondées dès le quatorzième siècle à Florence, à Pise, à Plaisance, à Venise, à Bologne, pour l'interprétation de la *Divine Comédie* ; ce sont les commentaires de ce poème dont s'occupèrent les plus graves personnages. Les plus beaux génies italiens s'inclinent devant ce génie fraternel et humain. » (*Œuvres complètes* de A.-F. Ozanam, professeur de littératures étrangères à la Faculté des lettres de Paris, in-8°. Paris, 1859, VI, p. 46-54.)

On a décerné, principalement en Italie, à Adam Mickiewicz le surnom de Dante polonais.

Ce qui est dit du génie de Dante s'applique à Mickiewicz : chez lui aussi la parole est vraie ; on reconnaît le verbe éclatant d'une haute pensée, de la pensée de l'époque. Comme devant Dante les poètes italiens les plus illustres de son temps, ainsi devant Mickiewicz les poètes polonais ses contemporains se sont inclinés; et les plus grands l'ont fait sans efforts, heureux et fiers de ne se sentir pas trop au-dessous de lui, satisfaits de se disputer entre eux le second rang. Comme Dante inspira les artistes italiens, ainsi les personnages des poèmes de Mickiewicz hantent la tête des artistes polonais. Si, dans la douleur de sa mort, le municipe florentin fit, par la main de Giotto, glorifier Dante sur les murs de l'un des portiques de la cathédrale, un peintre polonais, Statler, a, dès avant sa mort, représenté Mickiewicz, au parvis de Notre-Dame, dans la ville libre de Cracovie, y lisant, devant un peuple immense, son *Livre de la Nation polonaise*. Si tout ce qui a appartenu à Dante fut considéré comme une relique, un égal respect s'attache chez les Polonais à tout ce qui rappelle Mickiewicz : la vallée où son cœur s'ouvrit à l'amour reçut, de son vivant même, le nom de vallée de Mickiewicz. Son tombeau est l'objet de pèlerinages patriotiques; et déjà il a été question de transporter ses cendres près de celles de nos héros et de nos rois, comme on l'a fait pour Joseph Poniatowski et Thadée Kosciuszko, dans cette Cracovie qui fut le berceau de notre nation, dont l'indépendance a survécu la dernière à nos désastres, et vers laquelle, en priant, nous tournons nos regards comme Israël vers Jérusalem.

Des chaires n'ont pas encore été ouvertes pour commenter Mickiewicz, comme il y en eut pour Dante. Mais l'idée en a été émise. Et, en attendant les commentaires oraux, les commentaires écrits se succèdent nombreux en diverses langues.

Fauriel, dans l'une de ses belles Leçons à la Sorbonne (1), disait

---

(1) *Dante et les origines de la langue et de la littérature italiennes.* Cours fait

le soin pieux avec lequel Pétrarque, puis Boccace ont recueilli partout où ils l'ont pu les moindres notices sur la vie de Dante; et il exprimait le regret que tant de lettres de lui se fussent perdues, que, par exemple, l'on ne puisse déterminer au juste le moment précis de ses voyages en France et en Angleterre. Il ne dépendra point de moi que la postérité n'ait pas, à propos de Mickiewicz, les mêmes regrets que pour Dante : je n'ai rien négligé pour retrouver tout ce qu'il était humainement possible de retrouver, et je mets tout mon zèle à le publier, car le meilleur moyen de conserver une chose est de la confier au public. Rien d'insignifiant quand il s'agit d'un grand homme : les détails s'éclairent les uns les autres ; un simple mot souvent est un trait de lumière. Dans les *Opere minori* de Dante, dans sa *Vita nuova*, son *Convito*, son *De vulgari Eloquio*, sa *Monarchia*, on recherche, on retrouve un commentaire tantôt direct tantôt indirect de son grand poème. Il en est de même pour Adam Mickiewicz.

Boccace, dans sa vie de Dante, raconte que les treize derniers chants du Paradis de la *Divine Comédie*, qui n'avaient pas encore été publiés quand Dante mourut, se trouvèrent égarés. Dante était mort sans dire ce qu'il en avait fait. Sur l'instance qui leur en fut faite, les deux fils de Dante, qui versifiaient, entreprirent de terminer le poème paternel, quand l'aîné, Giacopo, eut, dans une vision, la révélation de l'endroit où était l'œuvre même de son père, ce qui le soulagea d'une tâche téméraire. Il n'a jamais passé par la tête d'un fils de Mickiewicz d'achever aucune de ses poésies. Mais je prie Dieu qu'il daigne me faire découvrir ce qui s'est égaré des manuscrits de mon père.

Il existe à la Bibliothèque nationale de Paris (n° 7765) le ma-

à la Faculté des lettres de Paris, par M. Fauriel. Paris, 1844, in-8°, I, p. 198, 224, 231, 244.

nuscrit inédit d'un commentaire de Giacopo, fils de Dante, sur l'Enfer. Plus heureux que le fils de Dante, j'ai publié bon nombre des écrits paternels avec notes et commentaires : puisse le bon vouloir du public, en secondant ma persévérance, me permettre de pousser cette œuvre de piété filiale et nationale jusqu'au bout, *usque ad finem!*

Paris, 24 décembre 1876.

LADISLAS MICKIEWICZ.

N. B. — Un *sursum corda* continu nous est imposé par le fait que, contre notre malheureuse patrie, l'Esprit du mal veille toujours.

Tandis que des compatriotes, dans l'affaiblissement de leur foi patriotique, sacrifient aux divinités étrangères et en arrivent à méconnaître ce qui constitue l'essence du génie de la Pologne (voy. ci-dessous, p. 313, 317, 321, 467, 479), des étrangers sans conscience, partie par légèreté, partie par incompréhension et surtout par intérêt, s'appliquent à diminuer nos gloires nationales. Venus les uns et les autres de deux points opposés de l'horizon, ils se trouvent néanmoins réunis pour la condamnation de l'exaltation, ce qui, pour la Pologne, implique la négation de l'espérance, puisque l'on ne saurait vaincre qu'à force d'enthousiasme ou de terreur et que la Pologne ne pouvant, par nature, user de terrorisme, doit donc monter son âme au diapason de l'enthousiasme nécessaire.

Un Français égaré dans l'empire des czars, M. C. Courrière, membre du comité slave de Kiew, et dont les appréciations littéraires sont fortement influencées par son envie visible de complaire à la Russie, vient de publier, à Paris (1879, vol. in-18), une *Histoire de la littérature contemporaine chez les Slaves*, où les auteurs polonais sont traités avec légèreté et dénigrement. Oubliant la formule supérieure de Victor Hugo : « Le ciment des nations, c'est une pensée commune », il a pris pour épigraphe une devise flamande : « La langue est toute la nation », formule d'émiettement qui justifierait la séparation de l'Alsace d'avec la France, comme celle de la Lithuanie d'avec la Pologne. Après avoir consacré tout un volume à l'histoire de la littérature contemporaine en Russie, il n'accorde à la littérature polonaise, la plus riche de toutes les littératures slaves, qu'une faible portion de volume à la suite de la littérature bulgare, serbe, croate, tchèque, serbo-loujitche, slovaque et petite-russienne. Et les plus grands noms s'y trouvent noyés dans un océan de noms inconnus.

M. Courrière veut bien reconnaître à Adam Mickiewicz du génie et du patriotisme, et il le proclame « capable de sentir violemment et de rendre toutes sortes d'émotions, enthousiaste pour toutes les idées grandes et belles, n'ayant par tempérament rien de platonique, mais doué d'une tendance instinctive à vouloir réaliser ce qu'il ressentait, même l'impossible. » A preuve l'*Ode à la Jeunesse*. Mais lui, le premier, il a imaginé de lui reprocher l'esprit de caste ! « Adam Mickiewicz, dit-il, personnifie plus que tout autre le génie de la poésie polonaise et les aspirations politiques de la noblesse dans la première moitié de ce siècle. » Or si parfois on a cru voir, dans Krasinski, plutôt le poète de l'aristocratie, et dans Slowacki le poète de la démocratie, l'opinion universelle a constamment salué, dans Mickiewicz, le poète de la nation entière.

M. Courrière répète sur mon père plus d'une erreur empruntée aux publications précédentes et que je ne relèverai pas de nouveau. Il y en ajoute qui lui sont propres, par exemple : qu'à Kowno il apprit le mariage de la jeune fille qu'il aimait, alors que ce fait est antérieur ; qu'il s'embarqua à Cronstadt avec son ami Odyniec, tandis que celui-ci le rejoignit à Dresde ; que Gœthe lui donna une plume d'or, tandis que ce fut une plume d'oie, usagée et partant plus précieuse ; que le grand poète allemand lui aurait dit en le congédiant : « Gœthe marche vers la tombe et vous êtes le premier chantre de l'Europe ; » mais si Gœthe a réellement dit de Mickiewicz que c'était un homme de génie, il connaissait trop peu ses vers pour le pouvoir proclamer le premier chantre de l'Europe ; qu'à Rome il aurait vécu dans l'intimité de Lamennais et de Montalembert, quand il est avéré qu'à cette époque ni Lamennais ni Montalembert n'étaient à Rome ; et qu'il écrivit *Pan Tadeusz* sous l'influence d'Henri Rzewuski, quand chacun sait, au contraire, que Rzewuski écrivit ses *Récits d'un vieux gentilhomme polonais* à l'instigation de Mickiewicz, et donna à son héros le nom de Séverin Soplica en souvenir du poème de Mickiewicz, dont le héros est Thadée Soplica.

M. Courrière dit que Mickiewicz fut un des collaborateurs du *Dziennik* de Varsovie, revue fondée par Mochnacki et plus tard dirigée par Odyniec (p. 364). Mon père a pu être indiqué comme collaborateur, ce que j'ignore; mais il n'y a rien écrit, que je sache. Seulement le *Pamientnki Warsawski* publia son appréciatton de la *Jagellonide* de Tomaszewski (janvier 1819). Il ne me semble pas exact de dire que la chaire de littérature slave fut créée sur les instances notamment de Montalembert (p. 384), lequel, s'il s'en mêla, ce dont je n'ai point retrouvé la trace, n'y fit pas grand'chose, étant sans influence alors sur M. Cousin et sur M. Thiers.

Pour atténuer l'indignité des procédés du gouvernement russe, M. Courrière rattache à l'assassinat de Kotzebue, par Carl Sand, l'interdiction des associations parmi les étudiants à Pétersbourg, à Kasan et à Vilna ; et il accuse les associations polonaises de Vilna, les *Rayonnants*, qui se divisaient en autant de sections qu'il y a de couleurs dans l'arc-en-ciel, les *Philarètes* qui se proposaient de venir en aide aux étudiants pauvres et de développer le goût littéraire, et les *Philomathes* qui avaient un caractère politique, d'avoir été en relations avec celles fondées par les étudiants de Varsovie (les *Polonais libres*, les *Amis*, *Polonia*), ainsi qu'avec les loges des francs-maçons, des carbonari et des templiers où dominait l'élément militaire. Et dès lors il trouve tout naturel que le sénateur Nowosilcow, nommé curateur de l'Université de Vilna, ait fait arrêter les suspects. Plus loin, il disculpe la censure russe d'avoir manqué de clairvoyance dans l'examen de *Conrad Wallenrod* : « Le gouvernement russe, dit-il, comprenant les allusions que renfermait ce poème, voulut sévir. Grâce à la protection de la princesse Wolkonska, Mickiewicz obtint un passeport pour l'étranger. »

M. Courrière note que le signal, en Pologne, de la lutte entre les classiques et les romantiques fut l'apparition des deux premiers volumes de poésies de Mickiewicz, dont la préface et la pièce le *Romantisme* étaient une réponse à Sniadecki, qui, en s'adressant à Brodzinski, s'était écrié : « Evitons le romantisme qui est à la fois une trahison et une épidémie ! « et il ajoute que les champions du classicisme ne se relevèrent pas du coup que Mickiewicz leur porta par sa préface de 1828. Mais pourquoi dire que Mickiewicz fut un de ceux qui copièrent le mieux l'esprit allemand ? Il confesse que la société nouvelle, dont les aspirations ne pouvaient plus être satisfaites par la littérature de cour et de salon du siècle de Stanislas-Auguste, trouva, dans le romantisme, des sources pleines de vie et de jeunesse, et que le romantisme en Pologne n'eut ni le même caractère, ni les mêmes tendances que dans les autres pays. Mais pourquoi dire que, si le romantisme en Pologne fut une évolution de la poésie dans le sens national, il ne vit dans le passé que la noblesse, fut et resta, à peu d'exceptions près, aristocratique ?

Il estime qu'il règne un grand désordre dans le poème fantastico-symbolique des *Dziady*; que l'auteur, sous l'influence visible du romantisme allemand, y a chanté l'amour comme une force universelle qui régit notre existence ; et que les Polonais seuls peuvent le comprendre et en admirer les beautés ! Il convient toutefois que « rarement l'amour, dans ce qu'il a de plus ardent et de plus passionné, a été mieux chanté. » Il parle de *Grazyna* comme d'une héroïne qui se sacrifie pour sauver son mari de la honte et son pays des suites désastreuses d'une *guerre* avec les Chevaliers teutoniques : c'est d'une *entente* qu'il eût fallu dire. Si l'amour de la patrie est l'idée fondamentale de *Grazyna*, la note patriotique, dit-il, domine aussi dans plusieurs passages de *Conrad Wallenrod* : la fin en est sublime ; mais le poème est rempli de défauts ! Il considère les *Sonnets de Crimée* comme de vrais bijoux. Le chef-d'œuvre de Mickiewicz est, selon lui, le *Sieur Thadée*, dont Krasinski a dit : « Aucun peuple européen ne possède une épopée semblable. *Don Quichotte* y est fondu avec l'*Iliade*. Le poète s'est placé entre la génération qui disparaissait et nous. Il les a vus avant leur mort et maintenant ils ne sont plus. » « Cette époque, ajoute Courrière, était, en effet, caractéristique. Elle formait le point de rencontre de deux siècles : du dix-huitième avec son esprit philosophique emprunté aux encyclopédistes, et du dix-neuvième avec les grandes idées que les armées de Napoléon avaient importées avec elles. Le tableau antithétique, qui finit à la marche de Napoléon sur Moscou, est dépeint par Mickiewicz d'un pinceau ferme, sûr et fidèle. »

Se figure-t-on, dans une histoire de littérature italienne, une étude sur Dante, où l'on parlerait de toutes les œuvres de Dante, moins la *Divine Comédie* ? Eh bien ! M. Courrière n'écrit guère sur la troisième partie des *Dziady* que cette seule ligne : qu'il y est fait allusion à l'enquête de Nowosilcow à Vilna ; et il ne mentionne le *Livre de la Nation polonaise et des Pèlerins polonais* que pour dire que c'est une espèce de profession de foi de l'Emigration, écrite en style biblique. Ces deux œuvres sont les premiers titres de gloire de Mickiewicz ;

mais ce sont ses crimes aux yeux du czar et des panégyristes du czar.

Tandis qu'il passe à peu près sous silence les œuvres capitales d'Adam Mickiewicz, M. Courrière, dans sa malveillance pour la Pologne, met en relief la querelle insignifiante de Slowacki avec Krasinski et avec Mickiewicz. Il cite des vers de défi que, dans un excès d'orgueil, Slowacki lança à Mickiewicz, mais il omet de dire comment celui-ci releva le gant.

Mickiewicz était l'aîné des trois, ayant dix ans de plus que Jules Slowacki, né à Krzemieniec de Wolhynie, en 1809, mort à Paris le 3 avril 1849, et treize ans de plus que Sigismond Krasinski, né à Paris en 1812, mort à Paris le 14 février 1859.

M. Courrière écrit : « Mickiewicz, malgré le caractère religieux et mystique de son génie, avait des tendances positives et un idéal tangible, que l'on peut facilement saisir dans chacune de ses créations. Slowacki représente le côté négatif ; il semble ignorer le passé, et l'absence d'idéal défini est une des causes principales qui nous explique la faiblesse de ses œuvres... Ses premières productions, où l'inspiration vraie fait défaut, ne sont que de pâles imitations... Vers cette époque, Slowacki faillit avoir un duel avec Mickiewicz. Il n'aima jamais ce dernier. Un incident amena une rupture complète. Mickiewicz, dans la troisième partie de ses *Dziady*, avait dépeint sous un jour défavorable un docteur de l'Université de Vilna. Le portrait était si transparent, qu'on pouvait facilement reconnaître le docteur Becu (que la mère de Slowacki avait épousé après la mort de son premier mari, Eusèbe Slowacki, qui avait professé la littérature à l'Université de Vilna). Slowacki, exaspéré, voulut provoquer son rival. Ses amis l'en détournèrent et il partit pour la Suisse... De là il jeta le gant à Mickiewicz, en publiant, sous le voile de l'anonyme, un nouveau poème : *Kordyan*... » Après avoir remarqué que Slowacki a une verve et un brio étonnant, qu'il saute d'un sujet à l'autre, mais est pétillant d'esprit ; que son style est charmant, léger, et d'une fascination qui faisait dire à Krasinski : « Il écrit des vers comme Liszt joue du piano, » il ajoute : « Slowacki ne pouvait pardonner à Mickiewicz le prestige dont il jouissait au sein de l'Emigration. » A la fin de son cinquième chant de *Beniowski*, il lui jette une seconde fois le gant :

« Tu me trouveras toujours sur ton chemin, debout, le front haut, le regard menaçant. Non, je ne suis pas *toi* et tu n'es pas le *znicz* (1). Mais quand tu

(1) *Znicz*, feu sacré de la mythologie lithuanienne. (*Note de M. Courrière.*)

serais un dieu, moi je suis un homme vivant, prêt à te flageller, vaine idole, de mon fouet de serpents, tant que tu conduiras le monde vers le précipice. L'avenir est à moi; à moi seul la victoire au delà du tombeau. »

Mon père ne s'est jamais cru le *Znicz*. Mais il savait où il était, il s'était chauffé de sa chaleur, éclairé de sa flamme, il en avait même emporté quelque étincelle en son âme, tandis que Slowacki, et c'est ce qui causait le désespoir de sa jalousie, ne le connaissait que par ouï-dire, et se sentait impuissant à en recevoir des rayons autrement que par réverbération.

Slowacki s'attaqua aussi à Krasinski, malgré les nombreux et vifs témoignages d'amitié qu'il en avait reçus. M. Courrière rapporte un passage de sa *Réplique à l'auteur des psaumes de l'Avenir* :

« A t'en croire, mon gentilhomme, ce serait donc notre vertu, à nous, que d'endurer patiemment l'esclavage ? Tu transformes notre triste existence dans cette vallée de pleurs en une vie de purs esprits dans la lune argentée; d'une voix d'enfant tu cries: « l'action ! l'action !... » La nation se dresse, et voilà que tu trembles tout à coup quand apparaît la face du peuple, et que du buisson qui s'embrase commence à retentir la parole de Dieu. »

« Plusieurs strophes, ajoute M. Courrière, se terminaient par ce refrain ironique et provocateur : « Et tu as eu peur, fils de noble ! » — Or, soit dit entre parenthèses, si cette violente apostrophe ne provenait pas d'une inspiration élevée, elle jaillissait, et non sans quelqu'éloquence, du fond même de la nature de Slowacki. M. Courrière dit que Slowacki s'en repentit amèrement plus tard. Et il cite la réponse qu'y fit Krasinski dans ses *Nouveaux psaumes*, au lendemain des massacres de Galicie :

« C'est donc la peur, dis-tu, qui a parlé par ma bouche alors que je prévoyais que nous allions vers les ténèbres et non vers la lumière et que le peuple pouvait se souiller. Moi je tremble devant le meurtre de mes semblables, je n'aime point pousser dans l'abîme. »

Nous lisons dans les *Slaves* de Mickiewicz (III, p. 102) : « De nos temps, plus d'une main sacrilège osa toucher à l'auréole qui entoure la tête vénérable du Père Marc. Il y a eu des écrivains qui, tournant en ridicule l'idée généreuse dont cet homme a été l'apôtre et le martyr, ont consacré pourtant des poèmes à son éloge. Cette manière moderne de louer est plus perfide que le blâme des contemporains. Les écrivains de cette espèce devraient être rangés parmi les Pharisiens, qui érigeaient aux prophètes morts des tombeaux, et les ornaient, tout en continuant à lapider les prophètes vivants. » (Leçon du 22 février

1842.) D'où vive irritation et grand tapage, comme on le voit par une lettre d'Adam Mickiewicz à Bogdan Zaleski, du 25 février. J'ai noté, dans le premier volume de ces *Mélanges* (p. 195), cette allusion de mon père à Slowacki. M. Courrière s'est borné à dire, en parlant du *Père Marc*, que ce fut le premier fruit de l'évolution de celui-ci vers le Towianisme, où du reste il s'arrêta peu, et que ce poème est une de ses créations les plus faibles (p. 396).

Charles-Edmond Chojecki, dans son volume la *Pologne captive et ses trois poètes: Mickiewicz, Krasinski, Slowacki*, dit en parlant de *Beniowski :* « Parmi les différentes directions entre lesquelles se partageait la vie morale de la nation, le poète en aperçut plusieurs qui lui parurent fatales : un désir impérieux de destruction le saisit aussitôt ; il s'arma, sans pitié, du fouet d'une ironie où perçait un dépit haineux mais plein de verve et de calcul. A côté de strophes empreintes d'un sentiment moral profond, qu'a colorées l'imagination la plus pittoresque, le lecteur est stupéfait de trouver des strophes où il n'aperçoit qu'une puissance de langue extraordinaire dans la forme et une expansion démesurée de fiel dans l'esprit » (p. 145).

Au banquet du 24 décembre 1840 (voy. ci-dessous, p. 488), Slowacki, qui cherchait à se mesurer avec Mickiewicz, s'étant permis de vouloir « laver ses lauriers dans une pluie de paroles de feu, Mickiewicz lui répliqua avec tendresse et force par une improvisation, où, après avoir parlé de l'esprit de sacrifice et de la mission de la poésie, il rappela à Slowacki qu'encore en Lithuanie il avait prédit à sa mère sa future renommée. Mais « sachez que, pour le poète, il n'est qu'une seule voie : chercher dans le cœur son inspiration et tendre vers Dieu. » — « Il nous semblait, a dit un des témoins, qu'une auréole ceignait les tempes d' dam. La parole s'échappait de ses lèvres comme un torrent de la Vistule. » (Voy. *Koresp. Ad. Mick*. II, Paris, 1875, *Bibliogr.*, p. 7).

N'est-il pas triste que, n'ayant que l'embarras du choix entre tant de jugements admiratifs portés sur Adam Mickiewicz par les personnes les plus autorisées et les plus illustres, M. Courrière ait été dénicher une boutade d'un compatriote envieux ? Il dit de l'attaque à Krasinski, que Slowacki eût mieux fait de ne pas l'écrire. Mais, ajouterons-nous, était-il donc absolument indispensable de la répéter ainsi que celle à Mickiewicz, en un abrégé d'histoire de la littérature slave contemporaine !

Non content de rabaisser la gloire de nos poètes par leurs mutuelles critiques accidentelles, M. Courrière attribue à l'amitié la justice que mon père rendit à Garczynski :

« Garczynski fut l'imitateur et l'ami de Mickiewicz, ce qui lui valut l'honneur d'être placé par ce dernier à la tête des poètes polonais. Il faut beaucoup rabattre de cet éloge dû à l'amitié. Garczynski est loin d'être un poète original ; Gœthe et Byron dirigèrent son inspiration. C'est sous leur influence que, dans son poème philosophique, *Waclaw*, il émet ses vues sur le sort de la Pologne. » — Or, Mickiewicz, a dit (*Slaves*, III, p. 347) : « Garczynski est, de tous les poètes que nous avons analysés (Brodzinski, Malczewski, Goszczynski, Zaleski), le plus polonais, » c'est-à-dire celui dont la conception, l'esprit et la parole sont les plus conformes à la pensée polonaise, à la tendance polonaise, au ton polonais. Il en a parlé comme d'un « grand poète, » d' « un des plus grands poètes nationaux ; » mais il ne l'a point placé *à la tête* des poètes polonais, comme le lui fait dire M. Courrière, parce que si Garczynski a des vers admirables, parfois aussi la forme n'est pas achevée. Quant à lui contester l'originalité, il faut ou ne l'avoir pas lu ou ne l'avoir pas compris : c'est ce dont se convaincra quiconque prendra la peine de jeter un coup d'œil sur ce que mon père en a dit en ses Leçons du Collège de France, notamment en parlant de ce poème de *Wenceslas* où, selon son expression, on voit « l'enthousiasme d'un poète patriote aux prises avec le raisonnement d'un apostat philosophe » (*Slaves*, III, p. 318-341), et de parcourir la notice de lui que renferme le présent volume de *Mélanges*. De plus, on a, par la correspondance de Garczynski, la preuve qu'il connaissait imparfaitement Byron, lorsqu'il a composé son *Wenceslas* ; il fut un disciple de Mickiewicz, non son imitateur : lui aussi, il appartenait à la famille des aigles, plus jeune, moins expérimenté, mais capable de parcourir les plus hautes régions de l'atmosphère morale. Les éloges donnés par mon père à son ami ne proviennent point de la camaraderie ; mais ils sont de justes et consciencieux témoignages rendus à l'un de ses compagnons de voyage dans le monde de la poésie.

M. Courrière tourne en dérision ceux qui, comme Mickiewicz, ont pu croire aux destinées providentielles de la Pologne et voir en elle un Christ-nation. Il se rit également de ce que Brodzinski et Mickiewicz ont parlé de la Pologne comme d'un Kopernik du monde moral. *Qui potest capere capiat*, dit-il. Il appartient évidemment à la catégorie, heureusement peu considérable, de ces Français dégénérés

qui ne sauraient plus comprendre la sublime parole des Pyramides :
« Du haut de ces monuments quarante siècles vous contemplent. »

Voici la phrase de M. Courrière (p. 382) : « Ad. Mickiewicz et Brodzinski disent que la Pologne est le Kopernik moral des nations. »
— Et voici le passage entier de Mickiewicz (*Slaves*, I, p. 13) : « Un de mes compatriotes a eu raison de dire que Kopernik a trouvé les lois du monde physique, comme la nation polonaise a pressenti celles du mouvement du monde moral. Kopernik a détruit les anciens préjugés, en montrant que le soleil est le foyer central des planètes ; la nation polonaise a lancé sa patrie autour d'une grande unité : la même inspiration qui a fait de Kopernik un grand philosophe a fait de la nation polonaise le Kopernik du monde moral. »

M. Courrière reproche aux poètes polonais d'avoir exalté le passé et l'avenir de la Pologne : à Słowacki, d'avoir, par allusion au héros Suisse de Sempach, appelé la Pologne le Winkelfried du monde ; à Krasinski, d'avoir dit que les nations doivent être sauvées par la sainte Pologne, fille de Dieu, comme le monde le fut il y a dix-huit siècles par Jésus, fils de Dieu ; à Garczynski, d'avoir glorifié la Passion de la Pologne ; à Adam Mickiewicz, d'avoir annoncé un Messie libérateur, un *homme-nation*. « Dire à la Pologne qu'elle est le Christ des nations, l'entretenir de ces illusions orgueilleuses, est-ce bien là, s'écrie-t-il, la tâche d'un vrai patriote ?... En lui inspirant encore plus d'orgueil, la poésie la poussera dans cette voie funeste, qui aboutira aux insurrections de 1846, 48 et 63. Cette poésie aura une autorité d'autant plus dangereuse, qu'elle sera sans rivale pour la fécondité, la richesse de l'inspiration et la beauté de la forme. Et pas une voix sensée ne s'élèvera pour dire à cette malheureuse noblesse qui se berce d'espérances chimériques :

« On te trompe sur le rôle divin et civilisateur que tu as joué dans
« l'Humanité. Jusqu'au dernier moment tu n'as pas même songé à
« civiliser ton peuple. Tu n'as jamais eu d'influence morale sur l'Eu-
« rope. Cette dernière ne s'est occupée de toi que pour acheter tes
« votes et te donner des rois dont tu faisais des mannequins. Au lieu
« de te poser en Christ ou en apôtre, renonce à tes errements, pense
« à ton peuple, humilie-toi et travaille. C'est l'orgueil qui perd les
« nations ; c'est le travail qui les sauve ! »

Ne dirait-on pas vraiment que les Croisades ont été dirigées par le Tiers-Etat, lequel n'existait pas encore, et qu'avant le partage de la Pologne, tous les paysans étaient partout émancipés et libres, sauf en Pologne ? Doit-on imputer à crime à la noblesse polonaise, si nombreuse qu'elle comptait un million d'électeurs, de n'avoir pu supporter l'absolutisme d'un prince, mais d'avoir, plusieurs siècles avant les autres pays, pratiqué le régime constitutionnel et d'avoir parfois choisi un roi en dehors de ses frontières, ainsi qu'on voit aujourd'hui plus d'une nation, et d'entre les plus civilisées, choisir le chef de leur gouvernement sans s'inquiéter de savoir si le sang qui coule dans ses veines est plus ou moins un sang d'autochthone ? Est-ce bien aux vaincus qu'il y a à prêcher l'humilité ? C'est plus commode évidemment que de la prêcher aux vainqueurs ; mais aussi cela touche à la dérision.

Quant à l'action et influence, en Europe, de notre noblesse, qui fut pendant des siècles l'incarnation de la Pologne militante, comment oser la contester ? Peut-on oublier le roi Ladislas, mort à Varna, sous les coups des Turcs, dont les Polonais retardèrent l'entrée à Constantinople et contre l'invasion desquels ils voulaient préserver l'Europe ; — le roi Jean Sobieski, le libérateur de Vienne dont il fit lever le siège par les Turcs ; — et, de nos jours, le prince Joseph Poniatowski, qui périt dans l'Elster, en protégeant la retraite de l'armée française ? — Sans parler des milliers de nobles polonais qui combattirent pour la liberté sur le Tibre et aux Pyramides, à Somo-Sierra et sous les murs de Moscou, en Hongrie comme en Italie, en Amérique comme en Europe.

La noblesse polonaise a fait des fautes et mon père les a signalées ; d'ailleurs, que la classe qui en Europe se trouve sans péché lui jette la première pierre ! Mais il est inniable que souvent, selon l'expression de Krasinski, « sa poitrine fleurit en cicatrices. » Elle avait conçu, à l'inverse des autres pays d'Europe, l'établissement de l'égalité ; elle voulait (Constitution du 3 mai 1791) élever successivement le reste de la nation jusqu'à elle. Et, aujourd'hui que les paysans ont été affranchis de la glèbe seigneuriale pour être directement attachés à la chaîne impériale, on voudrait que tout ce qui pense en Pologne fût confondu avec les paysans ! « Humiliez-vous au niveau de ceux qui furent vos serfs, leur crie-t-on, et travaillez comme eux. » Et il se trouvera des gens pour applaudir à ce conseil égalitaire, sans réfléchir qu'il ne s'agit ici que d'égalité dans l'esclavage. Mon père, en sa Leçon du 5 mars 1844, au Collège de France, disait : « L'Empereur de Russie, dans son célèbre catéchisme (au chapitre du culte dû à l'Empereur), dit à nos compatriotes : « Polonais, imitez l'exemple du

« Sauveur qui s'est laissé crucifier sous Tibère, et qui n'a pas dé-« sobéi, mourez! » Voilà à quoi on nous invite, après dix-huit cents ans du règne de l'Evangile : à nous laisser tranquillement crucifier! »

Les poètes polonais n'ont pas fait, comme les en accuse M. Courrière, « l'apothéose de leur pays » (p. 407). Car l'apothéose est une idée païenne. Mais ils ont montré comment les Polonais, à force de s'identifier avec la vie de Jésus, se sont rendus tous ensemble capables du plus haut sacrifice, d'un sacrifice collectif national. Adam Mickiewicz (et ce n'est pas sa moindre gloire), a fait sentir que la Pologne avait péché comme Israël et comme Israël était punie ; et il a annoncé qu'après avoir souffert comme Jésus, la Pologne comme Jésus ressusciterait pour la liberté du monde. Nous n'avions pas encore entendu dire que le retour d'Israël avait été retardé par les prophètes qui, dans sa captivité, lui remémoraient son glorieux passé, lui rappelaient les faveurs dont l'avait jadis comblé l'Éternel et l'invitaient à en mériter de nouvelles, ni que le triomphe du christianisme avait été compromis par les hommes de foi qui glorifiaient les martyrs, en croyant à la fécondité du sang versé dans la coupe du sacrifice.

M. Courrière, pour rendre nos poètes responsables des désastres de la patrie, dit que « Varsovie, à la veille de l'insurrection de 1863, fit célébrer un service funèbre en l'honneur de Mickiewicz, de Slowacki et de Krasinski. » Hélas! ce n'est pas à l'impulsion insuffisante de ses poètes (Mickiewicz, Slowacki et Krasinski étaient morts tous les trois) qu'il faut attribuer l'insuccès de 1863, pas plus que l'on ne peut attribuer à l'insuffisance de l'Evangile la lenteur de son triomphe, mais à l'insuffisance d'efforts, avant et pendant la lutte.

Parlant du Cours de quatre ans, au Collège de France, M. Courrière dit : « Mickiewicz a saisi et rendu avec assez de justesse les traits généraux du caractère slave, bien que, dans ses vues d'ensemble, il y ait beaucoup de fantaisie et d'imagination. Poète, il donna la première place à la poésie. Mais son programme renferme de nombreuses lacunes et il est loin d'être impartial. Plein d'indulgence pour le passé de son pays, il se garda bien d'en montrer les taches. Il ne fit pas ressortir le caractère spécial de la littérature polonaise, qui, dès l'origine, s'était écartée de la source commune. Enfin, il donna trop d'importance à beaucoup d'auteurs polonais d'un faible mérite, et ne tint pas assez compte des autres littératures slaves. »

Que, pour comprendre la marche historique des peuples et leurs grandes œuvres littéraires, il faille autre chose que la patience d'un compilateur, c'est évident. Mais ce n'est pas sa fantaisie que suivit Mickiewicz : c'est son intuition qu'il consulta. Il donna la première place à la poésie, non point parce que poète lui-même, mais parce que, chez tous les peuples, la poésie est la plus haute expression de leur âme, et vient naturellement en tête de leur littérature. Il n'a point caché les taches de sa nation ; il ne pouvait pourtant pas lui inventer des crimes pour que son histoire égalât en horreur celle de Russie. Mais il poussa l'impartialité au point de se rendre presque suspect à ses compatriotes, malgré son génie, son caractère et son martyre. Il parla des auteurs polonais et autres en raison du degré d'inspiration qu'il sentait en leurs œuvres : il ne reconnut nulle autre règle et il y demeura fidèle. Son Cours a des lacunes : certainement ; mais il fut brusquement interrompu. Si on le considère consciencieusement tel qu'il est, on est obligé de convenir qu'il y a peu de Cours qui, en aussi peu de temps, du 22 décembre 1840 au 28 mai 1844, c'est-à-dire, en réalité, trois ans et demi, aient été aussi bien remplis.

Durant les deux premières années, Adam Mickiewicz esquissa l'histoire et la littérature des peuples slaves, en faisant marcher de front le récit de leurs gestes et l'analyse de leurs chants et de leurs livres : ce qu'il appela son « Cours préparatoire. » En commençant la troisième année, 6 décembre 1842, il disait :

« Nous laissons déjà loin de nous l'histoire des luttes entre les pays slaves, l'histoire générale de ce continent. Il est temps d'entrer dans quelques détails. Nous consacrerons, autant que possible, une heure de notre Cours, celle des vendredis, aux études qui pourront intéresser ceux de nos auditeurs qui voudraient faire de la littérature slave l'objet particulier de leurs études.

« Nous traiterons successivement dans ces études : *de l'époque primitive de l'histoire slave*, que j'appellerai l'époque asiatique ; — *de la mythologie slave*; — *du dogme social et gouvernemental slave*. Nous y ajouterons un aperçu de *la législation primitive de ces peuples*; enfin *de la construction*, ou plutôt *de la partie architectonique de la langue slave*; et nous présenterons les différents systèmes des savants pour éclaircir la construction de cette langue, la plus vaste et la plus achevée qui existe. Ces études serviront d'introduction à l'étude de la grammaire générale des idiomes slaves. En attendant, nous continuerons l'histoire de la littérature contemporaine slave ; nous reprendrons les ouvrages que nous avons analysés l'année dernière, et nous vous ferons l'analyse d'autres ouvrages polonais et bohèmes surtout. On m'a accusé, et avec amertume, d'avoir subordonné la littérature polonaise à celle de la Russie, de m'être trop occupé des ouvrages russes. Je m'expose maintenant à un reproche contraire ; car je ne m'occuperai presque exclusivement que de la littérature polonaise, en y ajoutant seulement quelques ouvrages bohèmes et serbes, mais en les groupant autour de l'idée polonaise : c'est que les littérateurs slaves, après avoir imité tous les genres qu'ils avaient empruntés à l'étranger, ne sont parvenus que dans les derniers temps à créer une littérature réellement originale, et les ouvrages principaux, les compositions classiques, les compositions modèles de cette littérature sont des poèmes polonais !... Cette littérature est tout entière philosophique et sociale. Comme les auteurs polonais n'ont pas la prétention d'inventer ni de prôner des systèmes individuels, qu'ils ne sont que des échos de la grande voix des peuples, dans laquelle tout le monde reconnaît la voix de Dieu, il y a pour un philosophe même beaucoup à apprendre dans leurs ouvrages. C'est la partie intégrante de la grande parole qui s'agite dans les entrailles des peuples. Comme l'ancienne poésie latine, comme l'antique poésie grecque, la poésie polonaise, dont l'histoire marche à l'inverse de celle des autres peuples modernes, offre dans ses productions les rudiments d'une haute philosophie..; pour comprendre cette poésie, il nous faudra plus d'une fois discuter des questions philosophiques...

« Que les peuples slaves n'envient pas à la nation polonaise la gloire douloureuse d'avoir produit et formulé les plus hautes vérités : cette nation l'a payé par de cruels sacrifices... »

Et ce programme a été, en grande partie, rempli, dans les vingt-cinq leçons de l'année scolaire 1842-1843. En finissant celles qu'il employa ensuite « à faire parler l'esprit slave au génie de la Grande Nation, à faire apparaître cet esprit et à en expliquer les mystères, » il prouva qu'il ne s'était point écarté de l'esprit de la création de sa chaire, par la lecture de l'exposé des motifs de la loi. (*Slaves*, V, p. 276).

Un Français, M. Charles Loubens, terminait ainsi l'article que, dans le numéro de mai 1846 de la *Revue indépendante*, il consacra au compte rendu des deux volumes du *Cours slave*, qui venaient de paraître : « Il n'est pas d'œuvres qui, à travers leurs défauts, dénotent, de la part de leur auteur, une plus haute intelligence. Le nom de M. Mickiewicz, déjà populaire en France avant que sa parole y eût été entendue, nous dispense de rien ajouter à cette appréciation ; le style et la pensée s'élèvent dans son livre à la même hauteur. Un large sentiment poétique s'y développe, et plusieurs de ces pages, recueillies dans l'improvisation, égalent en magnificence les plus riches trésors de notre littérature. »

Dans l'article que, sous le titre *De l'Esprit poétique de la Lithuanie : l'Œuvre de Mickiewicz*, il publia dans le numéro du 28 février 1862 de la *Revue contemporaine*, et qui plus tard est entré dans la composition du volume *La Pologne captive et ses trois poètes : Mickiewicz, Krasinski, Slowacki*, Charles-Edmond Chojecki a exprimé (p. 785) le regret des Polonais que, pendant plusieurs années qu'il a professé au Collège de France, Mickiewicz n'ait pas dit un seul mot de lui-même : « Sa patrie s'inquiétait de la lacune que devait nécessairement laisser l'omission de sa personnalité dans un cours sur la littérature slave... Elle n'attribuait point le silence à sa modestie, car la Pologne s'est habituée à regarder son maître comme au-dessus de toute modestie. Parmi les millions de compatriotes qui saisissaient avec avidité chacune de ses paroles, pas une seule voix n'eût osé le contredire : l'amour et le respect s'y opposaient également. On espérait que le maître consentirait enfin à dire ouvertement ce qu'il cachait au fond de sa pensée... Du reste, il est permis de croire que, si le poète n'avait parlé qu'à ses compatriotes et dans sa patrie même, il ne se serait pas arrêté à certaines considérations dont il lui parut indispensable de tenir compte en présence d'un public étranger. » — Même si son Cours eût duré quatre ou cinq fois davantage, il est improbable que mon père eût comblé cette lacune-là. Mais il en eût assurément comblé beaucoup d'autres.

Quant à l'incrimination de n'avoir compris ni montré que, dès l'origine, la littérature polonaise s'était écartée de la source commune, il ne manque vraisemblablement point de gens qui soient tout prêts à monter dans la chaire qu'occupa mon père pour redresser les idées qu'il y a émises, et prouver, par exemple, que le polonais a été une corruption du russe, lequel serait déclaré la langue mère, dont découlent tous les dialectes slaves, et que, par conséquent, obliger les Polonais à oublier le polonais et à se servir du russe est une œuvre patriotique, comme c'est une œuvre pie de contraindre les Grecs-Unis à rentrer dans le giron de l'Eglise russe, dont le rit grec-uni est représenté comme une déplorable déviation!

Mon père accepta l'offre de la chaire slave, afin d'empêcher, disait-il (lettre à Bohdan Zaleski, du 2 juillet 1840), que quelque Allemand n'y grimpât pour aboyer contre la Pologne. Serions-nous donc destinés à voir un jour la chaire de Mickiewicz occupée par pire que Russes ou Allemands, c'est-à-dire par un Français qui parlât dans un esprit diamétralement opposé à celui de Mickiewicz?

M. Courrière dit que de l'époque du Cours date la décadence de Mickiewicz, qui se laissa alors convertir à la doctrine nébuleuse de Towianski, dont les germes couvaient déjà depuis longtemps en lui, et qui fut le signal de sa chute! « Le mysticisme, dit-il, emprunté au moyen âge par le romantisme, trouva un facile accès chez les Polonais. Malheureux dans le présent, n'ayant qu'un poignant souvenir, ils appelèrent le mysticisme à leur aide afin de pouvoir deviner l'avenir. Le mysticisme polonais, tel que l'entendait Towianski, n'est, en effet, que la substitution individuelle de l'esprit humain au dogme de l'Eglise. Cette émancipation de l'esprit, appliquée aux grands faits historiques ou à la recherche de la destinée des peuples, devait nécessairement aboutir à des doctrines nébuleuses et insensées comme le messianisme. Mickiewicz, malgré toute la puissance de son génie, n'y échappa pas. Il y avait déjà été préparé par la fréquentation du prêtre Choloniewski et de Lamennais à Rome et par son tempérament poétique militant. Il adopta avec enthousiasme cette alliance entre l'omnipotence de l'idée et la foi que prêchait le Towianisme. « Avec l'idée et la foi, dit-il quelque part, on peut renverser et relever les trônes (1). » Appliquant cette théorie religieuse à l'histoire de sa patrie, il fut amené à parler des grandes guerres de Napoléon qui avait fait une profonde impression sur son enfance. Il vit dans ce grand homme une incarnation des vues providentielles. La campagne de Russie, où Napoléon entraîna derrière lui presque toute l'Europe occidentale, lui apparut comme un grand mouvement de l'Humanité, dans lequel l'Empereur jouait le rôle de précurseur du nouveau Messie qui devait délivrer la Pologne. Ces théories forcèrent le Gouvernement français à lui ôter la chaire de littératures slaves » (p. 385).

Le mysticisme polonais et le romantisme polonais ont, en effet, quelque chose de commun : l'appel au génie. Mickiewicz avait, il est vrai, un tempérament poétique militant. Mais Lamennais, dont la nature était essentiellement polémique et qui, selon la remarque de mon père, voyait, dans la question religieuse, surtout pour ne pas dire uniquement, le côté gouvernemental, n'avait rien de mystique; et le prêtre Choloniewski n'était pas plus mystique que Lamennais. Qu'y a-t-il d'insensé de la part de ceux qui souffrent, à attendre un libérateur, un Messie, sans toutefois pouvoir déterminer exactement ni quand ni comment il viendra?

M. Courrière voit, dans le rappel d'une tradition inquiétante pour la Russie, la cause première de la fermeture du Cours d'Adam Mickiewicz. Personne n'avait jamais douté que la Russie n'y fût pour quelque chose. Il est certain, du reste, que le gouvernement de Louis-Philippe fut d'autant plus empressé à faire plaisir au gouvernement russe, qu'il se faisait en même temps plaisir à lui-même.

N'est-il pas instructif de voir Mickiewicz incriminé pour sa coopé-

---

(1) Dernier vers du prologue de la IIIᵉ partie des *Dziady* (1832).

ration à l'œuvre de Towianski par ceux-là même qui cherchent à complaire au gouvernement russe, alors que Towianski fut traité d'agent russe par des partis polonais aveuglés de haine?

Ceux qui ont crié le plus fort contre Towianski, auraient dû se dire, pour peu qu'ils eussent été de bonne foi, qu'un homme, devant qui Adam Mickiewicz inclina durant un temps son génie, ne pouvait pas être un homme ordinaire. On voulut suspecter son patriotisme, parce qu'il disait que le Polonais doit aimer le Russe : et nul ne pria plus ardemment que lui pour le relèvement de la Pologne en 1861-1863. On voulut croire qu'il était un serviteur du czarisme, parce qu'il recommandait de ne point combattre le règne du czar par les armes de la haine : or, il le représentait comme la verge dont le Seigneur se servait pour punir la Pologne de ses fautes. On se moqua de son napoléonisme comme d'une adoration du césarisme moderne or il eut la hardiesse d'écrire à Napoléon III qu'il faisait reculer la France à Louis XIV, et crucifiait l'esprit de Napoléon Ier; que les mauvais jours pour lui s'approchaient (28 mars 1866). Tandis que les uns lui reprochaient d'être rebelle à l'Eglise et les autres d'en rester l'esclave, il fit remettre par un de ses disciples (23 janvier 1869), entre les mains de Pie IX, un écrit où, tout en protestant de son attachement à l'Eglise, il déclarait : que la Papauté est descendue aux déviations des souverains de la terre, que Rome est devenue le siège des péchés spirituels et que l'esprit de Jésus-Christ y est crucifié plus que partout ailleurs.

Towianski est mort à l'âge de quatre-vingts ans, le 13 mai 1878, à Zurich. De lui aussi l'on peut dire qu'il est mort dans l'exil, parce qu'il aima la justice, *quia dilexit justitiam.* — J'en parle d'autant plus librement, que, tout en respectant et honorant en lui l'ami de mon père, je n'ai jamais fait partie de son Cercle.

M. Courrière raconte que, « lors de la guerre de Crimée, le vieux poète crut que la réalisation de ses utopies messianiques allait s'accomplir, et qu'il dédia à Napoléon III une ode intitulée : *Ode in Bomarsundum captum, ad Napoleonem Cæsarem Augustum,* dernier et faible éclat d'un génie qui s'éteint. » — Voici le fait : Un soir, au lendemain de la prise de Bomarsund par la flotte française, Adam Mickiewicz, qui corrigeait alors des vers latins de l'un de ses fils, élève de Sainte-Barbe, eut l'idée de composer, en l'honneur de cette victoire qui paraissait ouvrir un horizon heureux pour la Pologne, une ode sur le mode d'Horace, et de la faire imprimer sans nom d'auteur et distribuer aux professeurs de Paris, pour les intriguer. L'ode fut en effet publiée sur une feuille petit in-4º ; et nul ne se douta de qui elle émanait. C'est seulement après la mort du poète que l'on sut de qui elle était, par l'ami polonais qui avait été chargé de l'impression et distribution. Qu'il me soit permis de trouver qu'il faut y mettre une singulière bonne volonté pour voir quelque chose qui ait trait au messianisme dans une production qui n'est qu'une simple réminiscence universitaire, jointe au désir de susciter de toutes les façons possibles une bonne pensée pour la Pologne et ses compagnes de servitude. Le titre exact est : *Ad Neapolionem III, Cæsarem Augustum. Ode in Bomersundum captum.* En voici la traduction littérale :

A Napoléon III César-Auguste

ODE

SUR LA PRISE DE BOMARSUND

Tel que l'Amphitryonide, quand, poursuivant Cacus en sa fuite, il lançait des rochers sur la tête du monstre, lui refoulant feu et fumée en sa gueule horrifiante,

Ainsi, sous tes auspices, ô César Auguste! le Gaulois, abordant en vainqueur l'ours du Nord, purifie les cavernes que tant de meurtres et de vols innombrables

Ont souillées ; et voici que, de toutes parts, accourent des nations qui soupirent après la mort du brigand, et le Suédois, et le Finlandais, et le Polonais, chacun réclamant ce qui est à lui ;

Convaincus, à ton bras roméléen, que César, ton oncle, terrible aux superbes, est déjà par toi, Auguste, avec le second Empire, revenu pour les malheureux.

Si je me suis autant étendu sur un ouvrage médiocre, moins histoire que catalogue, et dont l'auteur, on le voit, n'a que des connaissances superficielles, ce n'est point seulement parce qu'un pareil abrégé, par la commodité même de sa forme, est destiné à se trouver en beaucoup de mains, et par conséquent à répandre une quantité d'erreurs nuisibles à la mémoire de mon père et au relèvement de ma nation, mais parce que l'hostilité contre ma nation et contre mon père y est voilée sous des apparences de respect et de sympathie, et que la dévotion à la Russie et à son gouvernement y est masquée par certaines thèses qui pourraient faire croire, si l'on n'y regardait pas de très près, à quelque libéralisme et équité.

Comment, par exemple, soupçonner l'inimitié, quand on lit une phrase telle que celle-ci : « La division des Slaves en peuples distincts est un fait accompli, consacré par l'histoire, et aucune force humaine ne saurait refaire le travail de neuf siècles » (p. 536). Malheureusement on n'aperçoit pas que l'auteur croie à la possibilité ni à la nécessité de défaire l'œuvre d'iniquité perpétrée il y a un siècle sur la Pologne. Il trouve trop difficile de réunir les trois tronçons de la Pologne. — M. Courrière a écrit encore :

« Les slavophiles, et avec eux la plupart des organes de la presse russe, lorsqu'ils parlent de la réalisation de l'idée slave et du rôle libérateur que doit jouer la Russie, tombent dans une contradiction qui saute aux yeux. Ainsi ils prennent le parti des Tchèques et des Slovènes contre les Allemands, des Slovaques et des Serbes contre les Magyares, des Serbes et des Bulgares contre les Turcs ; ils les encouragent à résister moralement ou ouvertement à leurs oppresseurs, et ils ne s'aperçoivent pas que ces arguments pourraient être retournés contre la Russie, au sujet de la situation politique faite à la Pologne. Ces droits, qu'ils revendiquent avec tant de chaleur pour leurs frères opprimés, ils les refusent aux Polonais, qui sont cependant Slaves. Ils s'indignent de ce que le traité de Berlin ait coupé la Bulgarie en deux tronçons, dont l'un a été jeté en pâture aux Turcs; mais ils n'ont pas assez de mots pour anathématiser ceux qui défendraient aussi chaudement la cause de la Pologne. Il faudrait cependant être logique! Si tous les Slaves doivent être libres, pourquoi les Russes refusent-ils aux Polonais tout droit politique? Pourquoi, par exemple, ces derniers doivent-ils encore aujourd'hui payer une contribution de guerre qui se prélève depuis l'insurrection de 1863? Une pareille contradiction peut faire douter à bon droit du désintéressement ou de la sincérité des slavophiles russes.» (P. 520.)

Fort bien. Mais par « Pologne, » l'auteur entend la découpure minuscule du Congrès de Vienne. Et, pour un Polonais, nulle liberté octroyée ne saurait tenir lieu de l'indépendance nationale.

M. Courrière nie le testament de Pierre le Grand, qui n'est à ses yeux qu'une mystification ; et il ne croit pas aux projets ambitieux qu'on prête à la Russie! Selon lui, le panslavisme, tel qu'on l'entend communément dans le sens politique, est irréalisable; et il déclare que la France a fait le jeu de l'Allemagne, en criant avec elle au panslavisme (p. 484, 485, 536, 537).

Mais, n'est-ce pas, pour un Français, faire tout autrement le jeu de l'Allemagne, de soutenir contre les polonophiles de Galicie le principe de la nationalité ruthénienne, ce qui équivaut à soutenir une nationalité alsacienne !

M. Courrière cite parfois le *Cours de littérature slave* d'Adam Mickiewicz et son *Histoire populaire de Pologne*, mais inexactement. Ainsi, pour prouver, dans l'intérêt de la Russie, que l'union de la Pologne et de la Lithuanie, d'abord volontaire, fut ensuite maintenue par la force, il écrit (p. 331) : « Il y eut de fortes résistances, dit laconiquement Ad. Mickiewicz dans son *Histoire de Pologne* » (p. 59). — Or voici le passage : « C'est peut-être le seul exemple, dans l'histoire, d'une union complète entre deux races, sans qu'elle ait coûté une seule goutte de sang. Il y eut de fortes résistances du côté des Lithuaniens : les Polonais, aussi plus d'une fois, voulurent rompre l'union, mais jamais on n'a employé la violence. La politique profonde des rois Jagellons consistait dans la patience et la douceur. Aussi cette unité subsiste-t-elle jusqu'à présent. »

Après l'effroyable guerre de 1870, terminée par un second démembrement de la France, qui fait suite à celui de 1814-1815, notre héroïque Confédération de Bar qui sut défendre cinq années durant, de 1768-1772, l'indépendance de notre République de Pologne, devait être mieux comprise par un Français. Eh bien ! M. Courrière écrit : « Cette Confédération, résultat d'un fanatisme politique et religieux que rien ne justifiait, amena la guerre civile qui fut compliquée de la révolte des Haïdamaques en Ukraine, où nobles, juifs et prêtres tombèrent sous les coups de ceux qu'ils avaient si longtemps persécutés et exploités. Tous ces événements, suivis de la guerre des Turcs, aboutirent au premier démembrement de la Pologne (1772). »

L'ouvrage de M. Courrière est essentiellement antipolonais. Et c'est pourquoi il lui sera beaucoup pardonné de son libéralisme de détail par les ennemis de la Pologne.

M. Courrière a, du reste, donné antérieurement déjà des gages à la Russie. Dans un pamphlet publié en déc. 1873 et intitulé *Russie et Pologne*, M. Courrière s'étonne « qu'il soit encore de mode de traiter les Russes de bourreaux et les Polonais de martyrs. » M. Courrière dit bien : « En principe, au point de vue du droit et de la justice, le triple partage de la Pologne est une flétrissure pour les Puissances auxquelles il a profité. En outre, je reconnais aux Polonais, comme à tous les autres peuples opprimés, le droit inaliénable d'une revendication incessante. » En fait, M. Courrière pousse l'ignorance ou la mauvaise foi jusqu'à méconnaître que le régime constitutionnel, octroyé par la Russie à une portion de la Pologne sous la pression des événements de 1815, fut un mensonge. Des députés recevaient l'ordre du gouvernement russe de rester à la campagne, au moment où la Diète se réunissait dans la capitale, et la constitution n'était qu'un vain simulacre. M. Courrière applaudit à la russification de la Li-

thuanie et de l'Ukraine et à des mesures qu'il résume lui-même ainsi :
« Aucun Polonais ne peut recevoir d'emploi civil, à moins toutefois qu'il n'embrasse l'orthodoxie. L'usage de la langue polonaise est sévèrement défendu. Les biens grevés d'hypothèques ou de dettes sont vendus aux enchères à Vilna ou à Kiew, mais les Polonais n'ont pas le droit de se porter comme acquéreurs » (p. 32). Un écrivain qui approuve et qui s'ingénie à justifier de pareils procédés donne la plus triste idée de son sens moral.

Une consolation est de voir que la Pologne, trop négligée en France, a depuis plusieurs années préoccupé sympathiquement l'Italie. Une double solennité a eu lieu à Rome : le 29 mars 1877, pour la pose d'une plaque commémorative sur la maison où, en 1848, Adam Mickiewicz créa sa Légion polonaise; et, l'année suivante, au même anniversaire, pour le placement de son buste au Capitole. Cette année-ci (le 8 juin), Bologne, au foyer universitaire de laquelle, à l'époque de la Renaissance, des Polonais venaient étudier les belles-lettres, a inauguré une Académie pour l'étude de l'histoire et de la littérature de la Pologne et des autres nations slaves, à laquelle a été donné le nom d'*Académie Adam Mickiewicz*.

J'ajouterai, avec la joie de voir s'affirmer de nouveau la fraternité des Czèches et des Polonais, que, le 29 juillet dernier, en Bohême, à Carlsbad, a été célébré le cinquantième anniversaire de l'arrivée d'Adam Mickiewicz en cette ville. Un service religieux rassembla à l'église un nombreux public; le chanoine Stulc, traducteur de diverses poésies de Mickiewicz, notamment de *Wallenrod* et de *Grazyna*, en langue czèche, a écrit, à cette occasion, des vers chaleureux sur le registre consacré à la mémoire du plus grand poète de la race slave. Ce registre, conservé dans la maison *sous la flèche*, où descendit Mickiewicz, en 1829, sera enfermé dans un meuble dont un peintre polonais de Munich a donné le dessin. Une table de marbre rappelle déjà que là habita Mickiewicz. Il va être placé au-dessus de la porte de la maison un médaillon qui sera fondu à Varsovie. (Voy. le *Kurier Warszawski*, du 5 août.)

15 Août 1879.

L. M.

LÉGENDES LITHUANIENNES

PRÉFACE.

Si Adam Mickiewicz a dit avec raison que l'amour de la patrie fut le dogme générateur de la nationalité polonaise, il n'est pas moins exact de dire que l'amour de la Pologne est le principe créateur, l'âme des œuvres de ses poètes et surtout d'Adam Mickiewicz.

Mon père aimait à répéter que les Polonais ne pouvaient être mis en mouvement qu'au nom de l'amour de la patrie, comme Israël qu'au nom de Dieu. Pour que le Juif s'arrache à ses intérêts matériels, il faut qu'il entende un appel au nom de Dieu et qu'il sente en son âme la réalité de cet appel : alors il est instantanément prêt aux plus grands sacrifices ; autrement il ne bouge. Le Polonais de même, s'il voit avec l'aigle blanc flotter le drapeau polonais et qu'il entende battre la charge, alors il distingue la voix de la patrie, quitte tout et s'élance ; sinon, non.

Dans le *Livre des Pèlerins polonais*, il est reproché aux nations de l'Occident de s'être fait des idoles et de s'être prosternées devant elles, l'Espagne devant la *Prépondérance politique* et la *Domination universelle*, l'Agleterre devant la *Suprématie des mers* et le *Commerce*, l'Allemagne devant le *Bien-Être*, et la France devant l'*Honneur*. Mais la Pologne ne s'est pas créé d'idole. Comme Israël, elle a souffert et elle souffre ; mais, ainsi qu'Israël est resté fidèle à l'unité divine, sans douter de l'Éternel, son Dieu, la Pologne reste attachée à l'amour de la patrie comme à son arbre de vie.

Ce n'est pas que la France notamment n'ait, dans ses bons moments, reçu la visite de son esprit familier, au temps de Charlemagne, à l'époque des Croisades et durant la période expansive de la Révolution. Le mot d'ordre a varié ; mais, pour s'enthousiasmer, se lever tout entière, et vaincre, toujours elle a eu besoin de se voir conviée à de grandes choses pour le bonheur du monde. Depuis 1815, à peine a-t-elle eu trois jours de Juillet, trois heures de Février, et cet éclair, à la lueur duquel celui qui avait prononcé les mots : « L'intérêt de la France est partout où il y a une cause juste et civilisatrice à faire prévaloir », brisa la puissance autrichienne à Solférino. Et depuis lors, à quoi l'a-t-on appelée ? Capable de miracles pour les autres, dès qu'il ne s'agit que d'elle-même, elle ne daigne faire effort ; et, si on la réduit prudemment à sa propre défense, elle est déjà conquise.

Les nations, pour remplir leur mission, doivent suivre leur génie, ce que la langue spirituelle appelle les anges gardiens des nations : chacune a le sien. Mais l'ange ne s'assied à un foyer et ne le bénit, que si le feu sacré y brûle : or, en chaque pays, c'est l'office des voyants de l'entretenir, spécialement des poètes et des prophètes.

La mission spéciale de la Pologne a été de constituer une nation modèle, qui soit pour le monde moderne ce qu'Israël fut pour l'antiquité. Sa chute temporelle n'a point changé son idéal. Elle a un tel souvenir de sa gloire passée, un tel pressentiment de la haute destinée qui l'attend, et son âme en est si enivrée, qu'elle dédaigne cent améliorations matérielles dont tant de nations sont fières. Elle se défie même, comme d'un don dangereux, de ce qui est offert à quelques-uns de ses enfants sans devoir profiter à tous. En dépit de son démembrement, elle a gardé son unité morale. Scellée dans son triple sépulcre, non-seulement elle n'est point morte, mais elle n'est pas la plus malade des nations d'Europe : elle y est emprisonnée, mais elle y est vivante et pleine de foi, dans l'attente de l'heure libératrice.

En aucun pays peut-être, l'amour de la patrie n'a été aussi bien compris, aussi saintement observé. Les étrangers eux-mêmes en ont été plus d'une fois frappés. Henri Heine, par exemple, nous a rendu ce témoignage :

« Le patriotisme est chez les Polonais le grand sentiment qui absorbe tous les autres, comme l'Océan les fleuves. Un Français, qui ne pouvait comprendre cet amour du pays, disait un jour en secouant finement la tête et en contemplant les plaines marécageuses de la Pologne : « Et voilà ce que ces gens appellent une « patrie ! » Mais ce n'est pas du sol même, c'est des luttes pour son indépendance, des souvenirs historiques et du malheur, que ce patriotisme est né chez les Polonais. Il brûle aujourd'hui aussi ardemment encore qu'aux jours de Kosciuszko. C'est presque jusqu'au ridicule, que les Polonais honorent tout ce qui est patriotique. Comme un mourant qui se débat contre la mort, leur âme se révolte et se soulève contre l'idée de l'anéantissement de leur nationalité. Ces mouvements convulsifs du peuple polonais à l'agonie ont quelque chose d'effrayant... Mais tous les peuples de l'Europe et du monde devront traverser cette agonie afin que la vie sorte de la mort, et qu'à la nationalité païenne succède la fraternité chrétienne. Je n'entends point par là l'abandon de ces belles particularités dans lesquelles se complaît surtout l'amour, mais cette confédération fraternelle et universelle des peuples, mais le christianisme primitif auquel nous aspirons surtout. Si le mot de patrie est le premier mot du Polonais, le mot de liberté est le second, — une belle parole, la plus belle assurément après celle d'amour. Il est étonnant de voir quelle puissance exerce à lui seul sur les Polonais le mot de liberté ; leurs âmes brûlent et s'enflamment en apprenant que quelque part on combat pour la liberté ; leurs yeux brillent en regardant du côté de la Grèce ou de l'Amérique du Sud. La Providence poursuit avec les peuples, non moins qu'avec les individus, ses grandes visées; et maint peuple doit souffrir afin que l'humanité subsiste et progresse toujours de plus en plus. Les Polonais, peuple slave placé à la porte du monde germanique, semblent par leur situation avoir été particulièrement destinés à remplir certains buts dans l'histoire du monde. Leur lutte contre la perte totale de leur nationalité a constamment produit des phénomènes, qui ont imprimé à tout le peuple un autre caractère et doivent agir aussi sur le caractère des peuples voisins. » (*De la Pologne*, dans le volume intitulé : *Satires et Portraits*. Paris 1868.)

Adam Mickiewicz a signalé comment l'amour de la patrie avait animé les générations polonaises successives, et comment, de siècle en siècle, il avait été élevé à une plus haute puissance. Or lui-même a su le grandir encore. Chacune de ses œuvres fait mieux aimer la patrie ; chacun de ses héros est un enseignement palpable d'un mode de servir la patrie ; chacune de ses strophes, comme autant de cloches de bronze, sonne : *Patrie, patrie, patrie !*

Ce qui prouve combien ce fut, chez lui, un don de Dieu, c'est que le premier jet de sa plume a été un cri de patriotisme, un des élans du patriotisme le plus ardent et le plus communicatif.

J'écrivais, il y a quelques années, les lignes suivantes :

« Un ami d'enfance de mon père s'étant rappelé dernièrement que l'une de ses premières productions avait été insérée dans une revue de Vilna, la fit rechercher; et il m'en envoya une copie, d'après laquelle je la publie.

« Ce n'est guère qu'une esquisse ; mais les amis des belles-lettres, ainsi que les amis des arts, ont toujours eu une curiosité pieuse pour les esquisses des maîtres. On peut considérer le présent écrit comme le canevas d'un poème. Il a paru anonyme dans le n° 123 du *Tygodnik Wilenski* du 28 février 1819 (mon père n'avait alors que 20 ans). Le style en est archaïque. Et le titre portait l'indication, que la légende était tirée d'anciens manuscrits polonais communiqués à la rédaction par P. S. F. Z. C'est la même pensée qui a inspiré *Grazyna*, puis *Wallenrod* ; et c'est aussi le même procédé.

« Sous l'empire d'une censure ombrageuse, l'écrivain patriote s'est trouvé souvent réduit au rôle du fabuliste, qui, dans l'impossibilité de mettre les hommes en scène, fait parler les animaux et trouve ainsi le moyen de produire par l'apologue la vérité proscrite de la vie politique. Et c'est ce que notre Niemcewicz exécuta avec tant de talent et d'esprit. Adam Mickiewicz, afin d'exprimer les devoirs envers la patrie, a parfois choisi ses personnages à une époque assez éloignée pour que leurs paroles, transparentes aux yeux de ses compatriotes, ne semblassent que de l'histoire ancienne aux yeux de l'ennemi. De pareilles créations ont entretenu l'amour de la patrie polonaise et la haine de l'oppression étrangère. »

Telles sont les réflexions que j'avais mises en tête de la première édition de *Zywila*, parue à Paris au mois de mai 1866 (format in-16, avec texte et traduction en regard l'un de l'autre). Je reproduis dans le présent volume la traduction de cet opuscule de jeunesse, afin qu'il entre ainsi dans l'édition française des œuvres complètes de mon père.

J'y joins une autre esquisse de la même époque, *Karylla*, qui avait été insérée, également anonyme, dans le même recueil hebdomadaire de Vilna, *Tygodnik Wilenski*, n° 139 du 31 mai 1819, p. 329. *Karylla* comme *Zywila* est en prose. Le style n'en a pas été vieilli.

Zywila et *Karylla* sont deux enfants naturelles. Leur origine est attestée par un témoignage irrécusable. Mais l'auteur de leurs jours, ni ne leur a donné son nom, ni ne les a présentées dans le monde ; il ne les a avouées qu'en petit comité. Aussi ne réclament-elles point part égale dans le glorieux héritage ; toutefois elles ont droit à une place au foyer, fût-ce dans un coin reculé, par exemple dans ce qu'on appelle les *Mélanges*, qui sont comme les mansardes de la maison.

En matière littéraire, la recherche de la paternité n'est pas interdite. Mais on doit loyalement faire part de ses recherches au public ; il est juste en effet qu'il sache, pour asseoir son jugement, ce qui fut signé et ce qui ne fut pas signé par un auteur, ce dont celui-ci a entendu assumer la pleine responsabilité, avec quel cortége il a voulu aller à la postérité. Ce sont là des distinctions qui ne sont pas toujours établies dans les œuvres posthumes des écrivains, et qui cependant ont leur importance.

Adam Mickiewicz a fait l'observation que, dans les phases diverses de la vie des grands hommes, se retrouvent, comme un même type sous ses facettes multiples, reproduits, avec les lignes principales du caractère, certains actes analogues. Cela existe dans chaque vie d'homme ; mais c'est plus visible chez ceux dont le développement est le plus fort. L'éducation a sa puissance, moindre toutefois qu'on ne l'a dit. L'homme vient de loin, et il apporte avec lui en ce monde un bagage de qualités et de défauts, un acquis ou capital spirituel, que le travail réveille et développe, que la paresse engourdit et stérilise ou que la légèreté dissipe ; tantôt il gagne, tantôt il perd ; les uns s'en vont moralement enrichis, les autres appauvris ; beaucoup s'en retournent, comme ils sont venus. On voit poindre l'adolescent chez l'enfant et percer chez l'adolescent l'homme mûr. L'historien se plaît à contempler l'image de ses héros et à surprendre les secrets de leur destinée aux premières heures insouciantes de la carrière et aussi sur le soir de la vie, quand l'âme se détend dans le repos après l'action et se laisse mieux voir telle qu'elle est.

Zywila a, par elle-même, une réelle valeur. C'est court, et pourtant c'est complet. Un des premiers artistes français, aussitôt après l'avoir lue, disait : « Cela vaut un grand poëme ; les personnages sont dessinés d'un tel trait qu'on les voit se mouvoir et qu'on ne les oublie plus. » Et dans le même temps, un artiste polonais distingué en tirait le sujet d'une belle gravure à l'eau-forte.

Mais ce qui fait le principal intérêt de *Zywila*, c'est que, dans cette esquisse, dont les moindres linéaments trahissent une main de maître, on aperçoit le germe des qualités que l'auteur portera ensuite à leur suprême degré de perfection. Il est instructif, par conséquent, de comparer cette modeste première-née avec *Grazyna*, son illustre puînée, et avec son grand frère cadet *Conrad Wallenrod*. L'air de famille est tel, que, même si *Zywila*, la pauvrette, ne nous fût pas arrivée avec un certificat de naissance, force eût été néanmoins, malgré l'humble condition de vêtement de la nouvelle venue et la magnificence et la célébrité des deux autres, de les reconnaître pour frère et sœurs.

Ceux qui sont tant soit peu initiés à la littérature polonaise se rappellent que Grazyna est une princesse lithuanienne qui, ayant appris le secret de la trahison méditée par son époux, lequel, par dépit envers le grand-duc de Lithuanie, a promis son appui contre lui aux Chevaliers de l'Ordre Teutonique, revêt mystérieusement l'armure de ce même époux pendant son sommeil, se met à la tête de ses troupes et les conduit contre les Teutons : l'ennemi est défait, mais elle a été blessée à mort. Conrad Wallenrod, lui, se fait traître par patriotisme. En haine des Teutons, il entre dans l'Ordre sous un nom d'emprunt, en est élu chef suprême et alors il les mène à la défaite. Quant à Zywila, elle s'est éprise d'amour pour le plus illustre guerrier de sa nation ; or le prince lithuanien son père, irrité à la pensée qu'elle ait pu vouloir déroger, l'enferme dans un cachot et va la livrer à la mort, quand son amant qui, pour la sauver, a passé dans les rangs des Ruthéniens par lui vaincus la veille, vient briser les portes de sa prison. Mais elle est exaspérée de voir sa patrie trahie, le tue, soulève le peuple, chasse l'ennemi, délivre son père, tombe à ses pieds et meurt. — Ainsi Zywila immole son amant pour le punir d'avoir trahi sa patrie ; Grazyna sacrifie sa vie pour empêcher que son époux ne trahisse sa patrie ; et Conrad Wallenrod se fait une arme de la trahison pour détruire les cruels ennemis de sa patrie. *Zywila*, *Grazyna* et *Conrad Wallenrod* sont, on le voit, de la même famille.

La scène de chacun des trois poèmes a été placée dans des siècles lointains, à l'époque des luttes soit des Lithuaniens contre les Ruthéniens, ou contre l'Ordre Teutonique, soit des Prussiens contre ce même Ordre Teutonique. En réalité, dans les trois poèmes, sous le voile de la poésie historique, se cache une incessante prédication contre la domination russe.

Pour *Zywila*, l'auteur, alors à son début, prit la précaution non-seulement de l'annoncer comme une légende extraite d'anciennes chroniques (plus tard il dira de même y avoir pris les sujets de *Grazyna* et de *Conrad Wallenrod*), mais encore de corroborer ici son dire par l'emploi d'un style archaïque. A un certain moment, l'archaïsme fut à la mode en Europe. Macpherson laissa par vanité planer un doute sur la question de savoir s'il ne serait pas l'auteur véritable des chants d'Ossian, au lieu d'en avoir été le simple transcripteur d'après les traditions populaires. Mérimée donna gravement la traduction de poésies serbes, dont l'original n'avait jamais existé que dans son imagination ; et ce tour de force littéraire fut si bien réussi, que, même dans les pays slaves, plusieurs écrivains s'y trompèrent. Mais, tandis qu'en Occident on a fait de l'archaïsme par fantaisie littéraire, pour ranimer une curiosité blasée, ou satisfaire à l'amusement de son propre esprit, Adam Mickiewicz ne prenait un déguisement que par ruse de guerre et ne s'habillait en vieux que pour échapper à la plus policière et à la plus dangereuse des douanes littéraires, qui est la censure russe.

Et, chose merveilleuse ! chaque fois il échappa. La revue, qui publia *Zywila*, ne fut point raturée avant ni inquiétée après ; *Grazyna* s'imprima en volume à Vilna et *Conrad Wallenrod* parut en brochure à Saint-Pétersbourg, avec le visa de la censure ! C'est que jamais Mickiewicz ne pensa à sa propre gloriole, mais au service de la patrie ; et ses pieux stratagèmes ont toujours été bénis par le Dieu qui veille sur les nations.

Le but d'Adam Mickiewicz, en écrivant, a été constant et unique, à savoir d'aider à l'accomplissement du devoir envers la Pologne. L'esprit plein de son objet, il dit tout ce qu'il faut et rien que ce qu'il faut, comme le fils qui plaide pour son père ou qui implore pour sa mère en danger. Son style rappelle la façon de Michel-Ange : à voir le groupement et la pose de ses personnages et la largeur avec laquelle ils sont traités, on pourrait dire qu'il *écrit à fresque*. Et de même que le grand artiste florentin, peignant et sculptant tour à tour, portait dans la peinture les formes de la sculpture et dans la sculpture le mouvement de la peinture, de sorte que ses figures se détachent des murailles de la chapelle Sixtine par exemple, comme autant de statues vivantes, et que ses statues, le *Moïse* de Saint-Pierre-aux-Liens, par exemple, semblent, quoiqu'isolées, se mouvoir au milieu d'un peuple en écoute, ainsi le grand barde lithuanien a-t-il tout à la fois peint et sculpté ses poèmes, de sorte qu'on ne sait qu'y admirer le plus, la netteté des lignes sculpturales ou la vérité de vie et d'action de ses personnages.

Zywila a été conçue dans le même but patriotique que le furent *Grazyna* et *Conrad Wallenrod*; on y retrouve et le trait et la touche; et déjà s'y fait remarquer cette sobriété qui caractérise essentiellement le talent d'Adam Mickiewicz. La sobriété est rare dans la littérature contemporaine; et elle est d'autant plus étonnante chez un si jeune homme, presqu'au sortir du collège, alors que d'ordinaire la rhétorique influe fortement sur le style. Dès ses premiers écrits, il échappa à la profusion de détails qui généralement déparent les œuvres de jeunesse. Il se traça un plan extrêmement simple et y resta fidèle en évitant tous développements inutiles.

Cette concision admirable n'a pas toujours été comprise: elle a même éveillé des critiques assez vives. Il y eut des gens qui, habitués à la multitude des accessoires, firent à Mickiewicz un grief de n'avoir point amplifié davantage, puisqu'en variant l'expression de ses idées, en retournant chacune d'elles sous toutes ses faces, d'un chant il en eût fait plusieurs. Mais autre a été le jugement du public, qui estime, que l'un des plus grands charmes de ses créations, c'est que jamais chez lui la mélodie ne disparaît sous des fugues capricieuses. Aussi suit-on d'un bout à l'autre de chacun de ses poèmes le motif poétique qui l'a inspiré et qui se reflète entier dans l'âme du lecteur. J'ajouterai que, si le sujet est d'une irréprochable élévation de sentiments, il s'y rencontre de ces mots lumineux et puissants qui sont les éclairs du génie. On a beaucoup et justement loué ce vers de *Wallenrod*: « On ne peut être heureux dans sa maison, quand on ne l'est pas dans sa patrie. » Ce cri de *Zywila* n'est pas moins beau: « Traître, la patrie était donc si peu de chose à tes yeux, que tu l'as vendue pour un peu de cette beauté! »

En parlant des œuvres du grand poète russe, qui fut son ami, Adam Mickiewicz exprimait le regret qu'il n'eût pas à l'origine mieux ménagé son talent, mais qu'enfant sublime, il eût trop présumé de ses forces et se fût trop vite élancé dans de hautes régions, ce qui nuisit à son développement poétique (1).

---

(1) Voyez, dans le premier volume de ces *Mélanges*, l'étude sur Puszkin, p. 297

De lui-même, Adam Mickiewicz se préserva de la tentation. Et ce n'est pas le moindre mérite de l'auteur de *Zywila* de ne s'être pas laissé aller, malgré la précocité de son génie, à composer trop jeune un grand poème, mais d'avoir su mesurer ses forces et attendre. Avant de quitter son nid d'aigle, il essaya ses ailes. Trois ans séparent de la naissance de *Grazyna* les premiers pas de *Zywila*.

Il y a, dans le sujet de *Zywila*, la matière d'un long poème. Mais l'auteur n'a point pensé à en tirer autre chose que le présent opuscule. Il avait visiblement projeté de créer, sur le même plan et dans des cadres de même taille, une série de productions analogues, à titre de *légendes* (c'est le mot dont lui-même se sert au début de *Zywila*, en laissant entrevoir qu'elle sera suivie d'autres portraits d'héroïnes). Déjà il se préoccupait, on le sent, de propagande patriotique au moyen de la littérature ; ce qu'il tentait et conseillait par son exemple une dizaine d'années avant la révolution de 1830, comme l'un des moyens les plus efficaces d'agir sur les masses et de les préparer, il le reproposa au lendemain de la défaite, ainsi qu'on le peut lire dans sa *Note aux amis Galiciens* en 1833 (*Politique du XIXe siècle*, p. 96). Il faut, disait-il, répandre dans le pays des écrits qui raniment l'esprit national. Et il traçait le plan d'une petite bibliothèque populaire.

Hélas ! en un temps où tant de théoriciens ne parlent que de droits du peuple, de souveraineté du peuple, et où le suffrage universel devient de plus en plus le fondement civil de la société, il eût été sage de songer à l'éducation et instruction du peuple : autrement que n'y a-t-il pas à redouter de l'usage que des masses ignorantes pourraient faire des droits immenses qu'on leur aurait reconnus ou dont elles se seraient emparées ! Mais pendant longtemps ce fut le moindre souci des gouvernements et des oppositions. Et maintenant qu'on parle d'enseignement universel et obligatoire, qu'entend-on par là ? Quelle base veut-on lui donner, et croit-on qu'un peuple en vaudrait beaucoup mieux, parce que chacun y saurait, par exemple, la distance du soleil à la terre, le nombre de kilomètres de voies ferrées que possède chaque département, la quantité de balles de coton employées chaque année pour la production de chaque pays, le nom scientifique des pierres et des plantes, voire même la structure des bécasses ? Je ne veux point médire des sciences, ni de la cosmographie, ni de la géographie, ni de la statistique, ni de la minéralogie, ni de la botanique, ni de l'ornithologie, etc. Chacune a son utilité. Mais ni aucune d'elles, ni toutes ensemble ne font l'homme. Mon père donnait pour base à l'enseignement populaire l'amour de la patrie.

Benjamin Franklin, qui fut un savant et un grand citoyen, n'a point dédaigné de faire des almanachs pour le peuple. Et par là il produisit un bien considérable en Amérique. Mais, dans la plupart des contrées d'Europe, est-ce qu'un savant, un écrivain illustre ose se compromettre à descendre jusqu'à cette littérature du petit peuple? Journaux, revues et livres pour les masses sont abandonnés aux mains des spéculateurs et des incapables. Mon père considérait une semblable propagande comme un devoir et un honneur. J'ignore pour quel motif sa série de Légendes ne fut pas, en 1819, poussée au-delà de deux numéros. Il ne s'en offrait pas moins, en 1833, comme l'un des rédacteurs de la petite bibliothèque dont il promouvait la fondation. Je ne sais pas davantage ce qui fit alors échouer cet utile projet. Mais la persistance de ses vues à cet égard est à noter. C'est dans le même esprit qu'il conseilla la composition, et, dit-on, révisa le texte de *Séverin Soplica*, ou *Récits d'un vieux gentilhomme polonais*.

Quand *Zywila* a reparu en 1866, en portant pour la première fois le nom d'Adam Mickiewicz, elle n'a éveillé qu'un simple intérêt de curiosité. Il en fut de même du drame de mon père *Les Confédérés de Bar*, qui, à la lecture, passa presque inaperçu; mais à la représentation, il a produit un grand enthousiasme, et fut dès lors apprécié comme il le mérite. Et *Zywila* aussi sera choyée du public, lorsqu'elle rentrera dans la propagande populaire, pour laquelle elle a été faite. Mais on ne l'avait pas encore envisagée sous ce point de vue, qui est le principal. Est-ce qu'un peuple ne grandirait pas intérieurement en apprenant à lire dans des livres d'un pénétrant patriotisme, en épelant des légendes dont la pensée première et dernière serait l'amour de la patrie, avec l'esprit de sacrifice pour base? La teinte archaïque du style aiderait même à la compréhension des masses, chez qui les vieilles formes du langage se conservent le plus longtemps.

Karylla vint au monde trois mois après *Zywila*. Dans *Zywila*, le patriotisme domine, et, si laconique qu'il soit, il a le verbe assuré. Dans *Karylla*, c'est l'amour qui occupe toute la scène : or, qui n'a un peu balbutié en murmurant de premières plaintes d'amour ? *Zywila*, c'est la femme aimant sa patrie au point de lui sacrifier son amant ; *Karylla*, c'est la femme aimant son fiancé au point de devenir folle de l'avoir perdu. L'auteur se proposait sans doute de prendre successivement pour sujet chacun des grands sentiments qui se manifestent chez la femme. Malheureusement la série a été interrompue. Il est à remarquer qu'il avait donné le premier rang au patriotisme et le second seulement à l'amour.

Dans le dix-huitième siècle, il y avait une tendance générale aux descriptions champêtres (1). La parole de J.-J. Rousseau : « Revenez à la nature, » était à l'ordre du jour. Mais chez M. de Florian, Estelle et Némorin n'étaient que des gens de cour travestis en berger et bergère pour se dire plus commodément des fadaises au clair de la lune. Plus tard, M. de Chateaubriand a peint dans *Atala*, et au milieu du plus étonnant des succès littéraires, l'amour de deux Sauvages : en réalité, c'étaient plutôt deux civilisés égarés dans une forêt vierge, tout exprès pour y être trouvés et catéchisés par un vieux moine.

Le tableau d'un coin d'Europe, au lendemain de son défrichement, est plus vrai que ne l'est, dans le brillant écrivain français, sa peinture des grands fleuves et des savanes transatlantiques. Notre auteur ne décrit point mille accidents de la nature ; mais il vous fait respirer la senteur et le bonheur des champs, et de plus il avertit qu'il y aurait péril à s'endormir dans un calme trompeur : les hordes dévastatrices sont proches ; elles tiennent le laboureur en éveil.

On ne peut point ne pas admirer le cœur de l'opulente Karylla, aimant le pauvre Sario pour lui-même, sans égard qu'à sa bonté, et lui gardant fidélité en dépit de toutes les obsessions. La bonté, selon la remarque de Mickiewicz, était la première qualité que les Polonais voulaient trouver dans leurs rois, et c'est aussi la bonté qui est ici représentée comme le premier titre à être aimé. La fin paraît étrange ; toutefois, il ne faut pas oublier que l'héroïne est déjà folle et que la scène se passe à une époque encore barbare. Quel moment, d'ailleurs, que celui où les frères criminels retrouvent la preuve de leur inutile forfait au fond du vase sur lequel pleurait l'infortunée Karylla !

---

(1) La chanson populaire « Il pleut, il pleut, bergère, rentre tes blancs moutons, » a pour auteur le conventionnel Fabre d'Églantine.

Zywila ni Karylla n'étaient chrétiennes; elles n'étaient point mûres pour le baptême. Un jour, Zywila, transfigurée dans l'esprit de l'auteur, sacrifiera non autrui, mais elle-même à la patrie; elle sera devenue Grazyna, qui, si elle n'est pas encore officiellement chrétienne, suit la morale du christianisme sans le savoir. Un jour aussi l'auteur reprendra la donnée poétique du fou par amour; ce ne sera plus une femme, mais un homme, — plus une païenne, mais un chrétien; ce ne sera plus un rosier planté sur une tête de mort, qu'une malheureuse arrosera de ses larmes, mais son propre bâton de voyage, que, dans sa main, le pèlerin désolé verra grandir sous ses pleurs; le Gustave des *Dziady*, ne mourra point de douleur, comme Karylla, mais il retrouvera la raison; seulement il dépouillera le vieil homme; et, après avoir dominé ses souffrances individuelles, il embrassera une vie d'action tout entière consacrée à l'affranchissement de sa nation : c'est l'homme moderne.

On a, en France, beaucoup abusé de l'idée de tout expliquer dans les œuvres d'un auteur par sa vie; des biographies ont même été entièrement composées par l'ingénieuse juxtaposition de phrases tirées des discours des divers personnages de la création d'un écrivain, et que, d'après tel ou tel indice, on supposait devoir contenir la révélation d'une circonstance particulière de son existence. George Sand, dans l'un des passages des Notices placées en tête de chacun de ses romans, s'élève contre la prétention de vouloir constamment établir parité entre les faits et gestes de l'auteur et les péripéties des êtres imaginaires évoqués par sa fantaisie, et explique que souvent l'artiste cherche dans son œuvre non une expansion au sentiment dont il est possédé, mais un *alibi*. Nous croyons que l'auteur se met dans son œuvre plus qu'il ne le pense lui-même. Mais on ne saurait poser ici de règle générale. On raconte que, dans un salon, une dame, après mille compliments à Rachel, s'essayait à trouver une corrélation nécessaire entre les passions exprimées par un artiste sur la scène et les passions ressenties par lui dans la vie. — Et pourtant je n'ai pas été adultère, répliqua la grande artiste, dont le plus beau triomphe, comme chacun sait, était *Phèdre*. L'interlocutrice se mordit les lèvres, bien que Rachel n'eût songé à épigramme, mais seulement voulu repousser une théorie trop absolue.

Tous les biographes d'Adam Mickiewicz ont parlé d'un amour malheureux qu'il aurait eu dans sa jeunesse, et de sa douleur au moment où la jeune fille aimée fut, malgré elle, mariée à un autre qui, aux yeux de la famille, avait l'avantage de la position sociale et de la richesse. Lorsqu'il s'agit d'un auteur qui mit toujours tant d'unité dans sa vie et dans ses œuvres, ne pourrait-on, sans forcer les rapprochements, penser que sa situation morale ne fut pas sans influence sur le choix des sujets et sur la manière dont il les traita? Quand il a peint ce glorieux Lithuanien, aimé à l'insu du père, et ce père qui ne veut point de mésalliance et entre en courroux, n'y avait-il point là un reflet et de ses sentiments et de l'opposition qu'ils rencontraient? Peut-être eût-il pu aplanir les difficultés en usant de son talent pour obtenir une fonction. Sans doute, la jeune fille eût pu triompher de sa famille en résistant plus fortement et plus longtemps. On peut supposer qu'il aura voulu lui faire entendre que celui qui sacrifie sa patrie à son amour est digne, non de la main, mais du mépris de celle qu'il aime, — et que la femme qui aime vraiment ne se donne jamais à un autre, quoi que veuillent et fassent ses parents. Et le désir de lui faire parvenir plus sûrement un conseil de virilité peut avoir été l'un des motifs pour lesquels il a gardé l'anonyme.

Les réflexions qui ont fait naître en moi les divers points de vue sous lesquels j'ai considéré les opuscules que je publie en ce moment, loin de se contredire, se complètent les unes les autres. Qu'Adam Mickiewicz, en écrivant ces opuscules, ait été mu par une pensée patriotique, c'est incontestable; et qu'il ait été instinctivement attiré vers un genre de sujets qui plus tard devaient prendre sous sa plume une si merveilleuse splendeur, c'est évident. Il ressort du préambule de l'auteur qu'il songeait à un recueil qui aurait pu être, pour les Polonaises, comme un *epitome* de virilité domestique et nationale. Enfin, que sa position personnelle et l'état de son âme se soient reflétés en certains points, il n'y a rien là que de naturel.

On a vu, dans le premier volume de ces *Mélanges*, comment Adam Mickiewicz s'essaya aux drames et aux romans; on verra, dans celui-ci, qu'il avait commencé par s'essayer aux récits populaires que nos pères désignaient par le simple et beau nom de *Légendes*, c'est-à-dire ce qui doit être lu et mérite de l'être. Le volume qui contenait la vie des Saints était appelé la légende dorée, autrement dit la légende par excellence.

L'idée de tradition se lie à l'idée de légende ainsi qu'à l'idée d'histoire. Mais autre est l'histoire, et autre est la légende. Tandis que l'histoire est la reproduction des faits avérés et tenus pour certains, la légende est le recueil des récits qui circulent autour de ces faits et en forment pour ainsi dire l'atmosphère : la légende est l'atmosphère de l'histoire, et elle n'est pas moins nécessaire à l'histoire que ne l'est à la terre l'immense couche d'air qui l'enveloppe et qui la vivifie. Une histoire qui cesserait d'être accompagnée de sa légende serait promptement une histoire morte. Un peuple qui rejetterait aujourd'hui philosophiquement sa légende, demain ne croirait plus à sa propre histoire. Les peuples, en qui le principe de vie est le plus fort, qui tiennent à durer, même envers et contre le destin, ont eu grand soin d'alimenter leur histoire par la légende : témoin la Bible, qui est bien le plus magnifique livre d'histoire qu'un peuple unique garde depuis tant de siècles avec une piété jalouse, et qui, comme un arbre de vie (c'est le nom sublime que lui donne Israël), puise une séve toujours nouvelle dans les saintes légendes juives, réunies en un livre du Talmud. Et c'est un exemple qui s'impose aux méditations des Polonais et des Français au milieu des malheurs de leurs nations.

La légende n'est pas nécessairement écrite ; longtemps avant qu'elle ne le soit, le peuple la lit dans son imagination, et, fût-elle écrite, elle ne l'est jamais tout entière, elle n'est pas immuable ; elle s'augmente chaque jour de conceptions nouvelles, comme chaque jour le paysage est éclairé d'un nouveau ciel. C'est un livre ouvert et qui ne doit être clos.

La légende contient les pensées intuitives des générations et leurs sentiments crépusculaires, des nuages de rêves et des flocons d'aspirations dorés de rayons de soleil. C'est la poésie de l'histoire. Malheur aux peuples qui proscrivent leurs légendes ! Chétive génération qui serait élevée sans poésie, comme des enfants nourris sans lait ou avec du lait fabriqué, du lait scientifique ! Triste jeunesse, qui serait forte en calcul, mais pauvre d'amour !

Mon père, Lithuanien, s'est surtout attaché à la vie lithuanienne, aux traditions, au caractère, à l'esprit de la Lithuanie. Et il n'en fut que meilleur Polonais. Un collègue ami, M. Michelet, disait : « Il ne sert à rien de gratter la terre en mille endroits ; l'important est de creuser profond ; alors on atteint les grandes eaux de la science. » Mon père, en creusant profondément le sol lithuanien, atteignit les grandes eaux qui sont la commune source nourricière de la Pologne et de la Lithuanie, dont l'union a formé notre République. Dans ses *Ballades*, c'est le frémissement du bouleau lithuanien que vous entendez, et dans son *Romancero*, le soupir du cœur lithuanien ; tous ses poèmes sont lithuaniens : *Grazyna*, *Conrad Wallenrod*, les *Dziady* et le *Sieur Thadée*, et aussi les légendes de jeunesse, *Zywila* et *Karylla*. Mais l'âme, qui respire dans la moindre de ses œuvres, embrasse si complétement le passé, le présent et l'avenir de toute notre nation, que les millions de ses contemporains ont proclamé Adam Mickiewicz le premier poète polonais, comme ils avaient reconnu le premier des héros polonais dans Thadée Kosciuszko, lui aussi Lithuanien.

Le lecteur trouvera peut-être que les développements qui précèdent sont quelque peu longs comme préface à de courts opuscules. Je le prierai alors de se rappeler que de quotidiennes dissertations scientifiques et littéraires sont d'autant plus détaillées, qu'est plus bref le fragment découvert qu'elles ont pour objet d'élucider. J'ai eu ici principalement en vue de dégager, autant qu'il m'a été donné de l'entrevoir, la pensée qui inspirait et guidait mon père. Car un jour l'œuvre des *Légendes* sera reprise, comme le sera celle des *Drames* et des *Romans* auxquels a tracé la voie le sillon lumineux du génie.

L. M.

22 septembre 1872.

ZYWILA

ZYWILA

Les Grecs et les Romains, dans leurs histoires, nous ont transmis, en suffisance pour notre édification, des actes de femmes vertueuses et d'un cœur quasi viril. Notre Lithuanie, elle aussi, ne manquerait point de semblables exemples, si quelqu'un eût su les découvrir dans ses fastes et les retracer d'une plume d'or; mais voyant, hélas! qu'il n'y a pour y songer âme qui vive, j'ai pris à tâche, autant du moins que je le puis, de vous présenter une courte légende tirée des anciennes chroniques.

Vers l'an du Seigneur 1400, il régnait sur Nowogrodek, Slonim et Lida, un riche et puissant prince nommé Koryat. Il avait une fille unique d'une étonnante beauté et qu'on appelait Zywila, c'est-à-dire Diane; car, par sa grâce merveilleuse, elle égalait presque cette déesse, et l'on pensait communément qu'elle éprouvait pour le mariage une vive répugnance; vainement, en effet, des princes et de grands seigneurs avaient-ils envoyé de contrées lointaines leurs ambassadeurs demander sa main : à chacun elle avait opposé le même constant refus. Ça fit naître le bruit qu'elle voulait demeurer jusqu'à la fin de ses jours dans l'état de virginité. Mais son obstination tenait à de tous autres motifs. Depuis un certain temps, la princesse Zywila s'était secrètement énamourée du Lithuanien Poray, homme au cœur héroïque, que ses éclatants succès à la guerre avaient placé très-avant dans la faveur de Koryat, si bien qu'en son absence c'est lui qui gouvernait l'Etat. Aussi ne lui était-il pas difficile de se ménager avec sa bien-aimée de fréquents et mystérieux rendez-vous, pendant lesquels ils s'exprimaient leur amour et se consolaient mutuellement.

Il advint que le prince Koryat, au retour d'une rapide expédition, s'attrista grandement en remarquant un profond changement dans sa fille chérie. Ces larmes, ces soupirs, ces pâleurs, ce trouble, ces frissons continuels devant son père, lui révélèrent tout : « Fille dénaturée, s'écriat-il, voilà donc que l'inconduite et le désordre t'ont fait déshonorer pour toujours la maison paternelle; disparais de ma présence; toi et celui qui t'a induite à mal, vous périrez d'une mort cruelle. » On proclama officiellement par la ville, au son de la trompette, que quiconque dénoncerait l'amant de la princesse, ou fournirait à cet égard des indications, s'en retournerait richement récompensé. Mais autant en emporta le vent, puisque personne ne savait rien de ces secrètes amours, ou, le sachant, ne les dévoila à Koryat. La princesse Zywila avait été prise en singulière affection par ses serviteurs et sujets; et quant au guerrier Poray, qui pleurait à la dérobée son malheur, il savait montrer à la cour un joyeux visage, et nul ne le soupçonnait.

Koryat, voyant que toute sa surveillance et toutes ses recherches devenaient infructueuses et n'aboutissaient à rien, tourna ses efforts contre sa fille et n'épargna point la menace; mais la patience de celle-ci ne se lassait pas. « Mon père, lui dit-elle, j'avoue que je mérite un lourd châtiment; punis-moi, me voici; je n'ignore pas que je suis indigne de ta miséricorde, mais je ne puis entraîner dans ma perte un être innocent, de peur d'offenser les dieux plus grièvement encore. » Le prince alors se départit un peu de ses premières rigueurs, et il essaya de la prendre par la douceur; dissimulant sa colère sous de soyeuses paroles, il lui promettait de lui pardonner sa faute, si seulement il lui était donné de connaître le nom du séducteur.

Zywila se taisait, ne répondant que par ses larmes et ses sanglots. Le prince, transporté de fureur, ordonna d'enchaîner sa fille unique et de la jeter sous bonne garde au fond d'un cachot, d'où elle ne devait sortir que pour être bientôt conduite au supplice.

Qui pourrait décrire les lamentations, le violent chagrin et les larmes dont fut remplie la ville entière : naguère la nation considérait la princesse Zywila comme une déesse de l'honnêteté; elle l'aimait à l'égal d'une mère adorée, car elle se plaisait à soulager le pauvre monde et tempérait l'humeur du prince envers ses sujets.

Le peuple en masse se pressait dans la cour du palais, pleurant amèrement et mendiant pitié pour la pauvre princesse, sans pouvoir rien obtenir.

En ce même temps, les frontières étaient troublées

par les incursions que les princes ruthéniens faisaient en Lithuanie. Iwan, ayant rassemblé force soldats de toute espèce, parcourait le pays, et promenait par les villes le fer et le feu. Avant que la nouvelle ne s'en fût répandue, une foule d'honnêtes habitants avaient déjà souffert, et lui, par une marche rapide, s'était avancé jusqu'à la capitale, à proximité de laquelle il établit son camp.

Cela se passait la veille des fêtes de Perun : le lendemain devait avoir lieu le supplice de la princesse Zywila.

Poray fut détaché par Koryat avec une poignée de guerriers d'élite pour arrêter l'ennemi, pendant qu'on ferait sur les remparts les préparatifs nécessaires. Quoiqu'il eût affaire à un envahisseur cruel et de beaucoup supérieur en nombre, il ne s'en effraya point, mais il fondit avec une telle impétuosité sur les troupes qui avançaient sans ordre, qu'il les tailla en pièces et les rejeta derrière leurs retranchements de chariots; cette journée aurait été témoin de la destruction totale des Ruthéniens, si la nuit n'eût mis fin au combat.

Poray, sans perdre de temps, enveloppa des siens l'armée ennemie, puis courut, de sa personne, porter à la ville cette heureuse nouvelle. La ville célébra de grandes réjouissances. Koryat alla au-devant de Poray, avec un nombreux cortége, et lui rendit toute sorte d'honneurs en le proclamant son sauveur. Il l'invita à un banquet au château : dès qu'ils furent seuls, Poray tomba aux pieds du prince et, se tenant prosterné, lui rappela en détail ses actes de fidélité : « Mon prince et seigneur, voici que j'ai taillé ton ennemi en pièces et les dieux te donneront de le détruire entièrement; je me regarderai comme amplement récompensé, si tu ne fais point périr ta fille unique, mais si, au contraire, tu daignes me l'accorder pour femme; et, en reconnaissance de cette grâce, je te consacrerai mes biens et ma vie. » Le prince, au lieu de lui témoigner de la bonté, laissa percer son mauvais vouloir et répliqua en ces termes : « Poray, tu m'as à la fois rempli de joie et de chagrin; je me réjouis à l'énumération de tes dignes services, mais tu réclames une récompense qu'il n'est point en mon pouvoir d'accorder. Tu sais que nos saints et grands ancêtres, les princes lithuaniens, ne donnaient point leur fille en mariage à leurs sujets. Malheur à quiconque, sans respect pour son sang, dispose de sa personne à la légère! Malheur aussi à celui que le succès enorgueillit et auquel il inspire de trop hautes visées! En mettant de côté ces considérations, ma fille dénaturée a terni l'honneur de ma maison princière. Je me refuse à croire que tu l'aies précipitée dans cette honte. Mais d'où vient ton subit amour pour cette criminelle? Je ne le comprends pas. Il faut que tu te laves de ce simple soupçon, et je verrai alors ce qu'il me restera à faire. »

Après cet entretien, ils se séparèrent; très-satisfaits en apparence, ils dissimulaient tous les deux leur fureur. Poray, blessé au vif par l'ingratitude de son maître, et comme frappé de la foudre, pressentit qu'un malheur était suspendu sur sa tête. C'est pourquoi il se résolut à une vengeance que déjà il couvait au fond de son cœur. Le prince pensait de son côté qu'évidemment, par cette relation coupable avec la princesse, jointe à ses succès militaires, il voulait s'emparer de sa capitale. Il réfléchit donc aux moyens de lui enlever la vie, mais il n'osait le faire à l'instant même, de peur qu'il ne s'ensuivît un mouvement parmi le peuple, qui, dans la ville, acclamait Poray comme son sauveur; de plus, jusqu'à l'entier écrasement de l'ennemi, le bras de Poray lui était encore nécessaire.

Cela se passait dans la nuit d'avant la fête de Perun : le lendemain devait avoir lieu le supplice de la princesse Zywila.

Pendant ce temps, Iwan, vaincu et étroitement resserré, s'attendait à voir arriver le moment fatal ; privé de tout espoir, il se tourmentait sans savoir qu'entreprendre. Tout à coup les gardes du camp arrivent lui dire qu'un guerrier couvert d'une noire armure est arrivé au camp et réclame une audience du prince. Ordre fut donné de l'introduire. Il s'avança et dit : « Kniaz Iwan, je suis Poray qui deux fois ai défait tes soldats et par qui tu es cerné de toutes parts. Je viens remettre dans tes mains la ville et son prince avec toutes ses richesses et son armée. Il faut seulement que tu t'engages par un serment solennel à ne pas anéantir la population par le fer et le feu, et à me donner pour femme en toute sécurité certaine princesse détenue dans la ville. »

Déjà allait poindre l'aurore du jour de la fête de Perun, et ce jour-là devait avoir lieu le supplice de la princesse Zywila.

Soudain un fracas et un tumulte inattendus s'élèvent dans la ville ; les citoyens les plus énergiques périssent en s'opposant à cette violente irruption ; dominés par la crainte, les autres font leur soumission à l'ennemi.

Poray brise les portes de la prison et trouve, c'est honteux à dire, sa bien-aimée, pâle, à moitié morte, abandonnée sur une couche grossière dans un obscur cachot. A la vue de Poray, elle perdit connaissance.

On la transporta dans la rue pour la faire revenir à elle et rappeler ses esprits. On s'empressait autour d'elle, sans qu'elle sortît de son évanouissement ; à ce spectacle, le peuple accourut ; il y eut des plaintes et de grands cris : elle demeurait privée de sentiment. A la fin elle ouvrit des yeux reconnaissants et fut étonnée de voir le peuple en foule et des ennemis en armes. Poray, s'approchant, lui dit : « Bannis toute crainte, ma très-chère, ce sont les guerriers d'Iwan, les vengeurs de nos offenses, dont la protection ne nous quittera plus. » A ces mots, Zywila fut près de s'évanouir de nouveau ; soudain elle tira du fourreau le glaive de Poray et en dirigea la pointe contre sa poitrine avec tant de force qu'elle le transperça d'outre en outre. « Traître, s'écria-t-elle, la patrie était donc si peu de chose à tes yeux, que tu l'as vendue pour un peu de cette beauté ; homme sans honneur, c'est ainsi que tu m'as payée de mon fidèle amour ! Et vous, citoyens, qui restez immobiles, comme si cela ne vous concernait point, ne tournerez-vous

pas contre ces brigands votre colère et vos vengeances? »
En achevant ces mots, elle se jeta avec son glaive sur
l'ennemi le plus proche : à cette vue, le peuple, remué
comme si on l'eût aspergé de flammes, et prenant ce
qui lui tombait sous la main, courut sus aux Ruthéniens, qui ne s'attendaient à rien de semblable. On en
extermina un grand nombre dans les maisons et dans
les rues ; on prit Iwan et l'on emprisonna le reste. Zywila accourut sur la terrasse où se tenait Koryat, qu'on
venait de délivrer : « Mon père! » s'écria-t-elle, et elle
tomba sans vie.

On l'enterra au pied de la montagne de Mendog; à
cet endroit, on éleva un tumulus et l'on planta des arbres
en souvenir. Les vieillards, en rendant grâce à Dieu
tout-puissant de ne pas les avoir livrés à la honte et aux
moqueries de l'ennemi, répètent à leurs enfants le nom
de Zywila.

KARYLLA

KARYLLA

Sur les belles rives de la Nara, dans la délicieuse vallée où s'éleva dans la suite une ville qui, aujourd'hui a perdu le souvenir de son ancienne gloire et ne présente plus que le triste spectacle des désastres passés, demeurait jadis un opulent vieillard, qui labourait de sa propre main une terre défrichée sur de séculaires forêts. Ses troupeaux paissaient dans les montagnes environnantes ; ses trois vaillants fils servaient sous les étendards du prince de Lithuanie, qui ne cessait de faire une guerre acharnée aux sauvages Polowces. Karylla, l'enfant adorée de son père, l'ornement des plaines de la Nara, dépassait en vertus et en charmes toutes les autres jeunes filles de son âge. Son cœur aimant ne connaissait encore d'autre objet que le doux accomplissement de ses devoirs envers un père vénéré. Les bergers de ces montagnes se disputaient sa main, les bois retentissaient de ses louanges; mais Sario, pauvre jeune homme, qui n'avait d'autre richesse qu'un chétif troupeau de brebis, sut lui plaire le plus. Souvent il apportait en cadeau à Karylla des fleurs des bords de la Nara, et elles lui étaient plus agréables que les dons magnifiques de la belliqueuse jeunesse qui revenait chargée de butin des bords de la Dzwina. Les fruits sauvages, que Sario cueillait pour elle, lui semblaient les plus savoureux. C'est à de pareilles bagatelles, que le cœur des jeunes filles goûte les premiers plaisirs du sentiment qui envahira bientôt leur âme entière. L'honnête et bon Sario plaisait également au père de Karylla; le vénérable vieillard tenait en haute estime la bonté de son cœur, acceptait avec joie son aide dans les travaux champêtres et domestiques, et le préférait à tous ses autres voisins. Bientôt Karylla sentit que Sario seul était capable d'assurer son bonheur.

Le bon vieillard étant, peu après, tombé gravement malade, Sario et Karylla l'entourèrent de leurs soins les plus tendres. Heureux et tranquille, il attendait la mort, en regrettant uniquement que l'absence de ses fils l'empêchât de leur donner sa bénédiction dernière; mais, voyant que sa fin venait à grands pas: « Approche-toi de moi, dit-il à Sario. Pourquoi ceux à qui j'ai donné le jour ne peuvent-ils aujourd'hui fermer la paupière de leur père ! Atta, Celi et Oral luttent contre les cruels ennemis de notre patrie; leur père finira ici sa vie dans les bras de Karylla et dans les tiens. Quand je me suis établi dans cette vallée, il n'y avait point encore ici vestige de pas humains; mon bras a abattu des arbres énormes, j'ai construit cette cabane, la terre reconnaissante m'a comblé d'abondantes moissons : je remerciais le Ciel de sa bénédiction étendue sur ma famille. A présent cette vallée compte une centaine d'habitants, qui, attirés dans ces lieux par mon exemple, les ont par leur travail défrichés, fertilisés et égayés. Peut-être cette place sera-t-elle un jour le sanctuaire de l'abondance, des richesses et du bonheur ! Peut-être !... Moi, je laisse à mes enfants un nombreux troupeau et des champs sur les rives de la Nara, bien labourés et recouverts de belles moissons qu'ils récolteront aussitôt après ma mort. Tu m'as été un aide dans mes occupations et dans mes travaux. Karylla est ma bien-aimée, elle m'est chère par-dessus toute chose : que ce dernier instant de ma vie soit l'assise de votre bonheur ; je vous unis d'une main qui déjà se glace. C'est à vous que je laisse le soin d'élever mon tertre tumulaire. » En achevant ces paroles, le vieillard sentit que sa voix s'éteignait dans sa poitrine ; il leva vers le ciel ses bras, qu'un poids plus fort que sa volonté fit retomber sur son sein : il n'était plus.

Karylla se jeta sur le corps de son père, qu'elle inonda de ses larmes ; ses gémissements se répandirent dans la vallée. Sario, plein de tristesse, consolait son amante éplorée et fondait lui-même en larmes. Les amis et les voisins du bon vieillard s'assemblèrent. La douleur, dont l'action est plus puissante sur des gens simples qui ne savent analyser leurs sensations, se peignait vivement sur les physionomies des dignes amis et de la maisonnée du vieillard. Karylla n'acceptait aucune consolation et semblait inanimée, elle aussi, auprès des restes de son père chéri, tellement un vrai désespoir la dominait! On passa aux préparatifs de l'enterrement. Tout à coup, Atta, Celi et Oral, couverts de gloire et surchargés d'un honorable butin, entrent dans la maison paternelle : « Votre père est mort! » telles sont les premières paroles qu'au lieu d'un joyeux accueil entendent, de la bouche des habitants de la vallée, ces valeureux jeunes gens. Leur gaieté se change subitement en un noir chagrin. La journée fut consacrée à pleurer le défunt et à s'entretenir de ses qualités. Le lendemain, on rendit à la terre la dépouille du bon vieillard.

Les frères de Karylla ne tardèrent pas à être informés des dernières dispositions de leur père. L'orgueilleux Atta, qui destinait sa sœur en mariage à l'opulent Kledo, ne put prendre sur lui d'admettre qu'elle devînt la femme du pauvre berger Sario. Il avertit ses frères de ses projets, et ils tombèrent d'accord de ne pas permettre cette union. Atta notifia à Karylla qu'elle eût à devenir la femme de Kledo et à ne plus revoir Sario. Cette annonce la frappa au cœur comme un coup de foudre ; des larmes abondantes inondèrent son beau visage ; c'est en vain qu'elle leur rappela les dernières volontés de leur père, en vain qu'elle implora leur pitié et qu'elle leur représenta que son bonheur, sa tranquillité et même sa vie dépendaient de cette union. L'impitoyable Atta demeura insensible à ses supplications. Karylla, depuis ce jour, plus étroitement surveillée, sentit tout le malheur de sa position : elle frémissait à la seule pensée d'un autre mariage ; elle maudissait ses frères ; chaque moment qui la privait de la vue de la personne aimée était pour elle un tourment ; mais Atta, Celi et Oral envisageaient avec indifférence son chagrin et s'en moquaient.

Elle réussit cependant à s'échapper chaque soir de la maison de ses frères et à voir Sario sous un chêne magnifique, au point de rencontre des deux rivières qui coupent la vallée qu'entourent les montagnes de Nara : « Ils veulent t'arracher à moi, disait-elle en serrant tendrement dans ses bras son berger bien-aimé; les cruels veulent te ravir à moi pour jamais; mais ils réussiraient plutôt à m'ôter la vie qu'à nous séparer ! » Les larmes et les soupirs étaient le mutuel langage des deux amants. Bientôt les méchants frères s'aperçurent qu'en dépit de leurs efforts Karylla voyait Sario et nourrissait en son âme une flamme chaque jour plus vive. Ils délibérèrent comment y couper court et la priver à jamais de l'espérance de posséder son ami. Après de courtes réflexions, le cruel Celi dit à ses frères : « Atta et Oral ! l'ardent amour, dont Karylla se consume pour ce vil berger, n'est pas pour vous un mystère; le voisinage l'entretient et l'accroît. Elle ne veut même pas entendre parler de mariage avec le riche et puissant Kledo, dont l'intrépidité et le courage plaisent à notre prince. Kledo souhaite épouser Karylla, et nous lui avons promis notre sœur. Je ne vois pas d'autre moyen d'éteindre cet amour dans le cœur de Karylla que d'éloigner Sario de notre contrée. Le temps, l'absence et la perte de tout espoir ont habituellement raison du plus violent amour. Eloignons-le à jamais d'ici; détruisons de lui toute trace pour anéantir jusqu'à son souvenir. » — « Oui, interrompit Atta, il faut nous en débarrasser sans retard. Conduisons-le demain dans les montagnes de Nara et qu'il y trouve son tombeau. » Les deux frères approuvèrent la pensée d'Atta, et ils se promirent réciproquement de l'attirer dans un piége pour leur affreux dessein. De ce moment, ils se mirent à consoler par de flatteuses espérances l'infortunée Karylla, dont le cœur dévoré de chagrin accueillait avec ravissement leurs douces et traîtresses paroles. Sario fut invité à souper. Les beaux traits de Karylla étaient le miroir de son âme; la chère inquiétude de son cœur se peignait par un vif incarnat qui colorait fréquemment son visage et disparaissait aussitôt, puis par des soupirs, et par un regard errant, qui involontairement, de quelque côté qu'elle le portât, rencontrait les yeux de son amant et enfantait sur ses lèvres un sourire enchanteur. Dans leur fausseté, ses frères, par leur amabilité pour Sario et par leurs mots à double entente, avivaient les plus délicieux sentiments; Karylla se croyait la plus heureuse femme qui fût au monde et ne savait plus dire une parole, embrassant ses frères sans savoir pourquoi : on eût dit qu'elle les voulait remercier de sa félicité. Enfin la conversation fut amenée sur la chasse. Atta exprime le désir d'aller chasser le cerf dans les montagnes voisines; ses frères acceptent avec empressement; et Sario, invité à les accompagner, n'ose leur refuser. Ils conviennent de se mettre en route dans l'après-midi du lendemain et se séparent.

Karylla, qui, comme toute jeune fille, savait mieux sentir que raisonner, passa la nuit sans dormir, dans les plus heureuses pensées, attendant le lendemain pour pouvoir revoir son berger bien-aimé. A l'heure dite, Sario accourut, armé d'un épieu, d'un arc et de flèches.

Karylla l'aperçut de loin ; une douce joie rasséréna ses sens, et chaque pas du jeune homme lui remuait agréablement le cœur. Les frères de Karylla avaient déjà tout préparé pour la chasse ; on sortit les chiens bien dispos ; on mangea quelques fruits, et l'on sonna le départ. Karylla prit tendrement congé de ses frères ; les yeux des deux amants, qu'humecta une larme involontaire, s'envoyèrent, hélas ! leurs derniers adieux. Bientôt Karylla les perdit de vue ; alors, assise sous le vaste feuillage du hêtre qui ombrageait la maison, elle s'abandonna à une aimable rêverie.

Les montagnes retentissaient de l'aboiement des chiens et des cors, que l'écho renvoyait sur les rives de la Nara ; Karylla, plongée dans ses méditations, laissait errer sa pensée le long des bruits, dont résonnaient les cimes boisées des monts ; bientôt cet écho s'éteignit, les chasseurs s'étant enfoncés dans des forêts plus éloignées. Un cerf énorme se lève d'un profond ravin : Atta, Celi, Oral et Sario s'élancent sur ses traces ; le berger lui décoche un trait, qui se fiche dans son échine, et, l'épieu à la main, il vole pour achever le cerf blessé ; mais deux flèches de Celi et d'Oral, perfidement lancées, lui traversent de part en part le dos et la poitrine ; l'infortuné roule à terre, et ses cruels meurtriers courent sur lui et le font mourir à coups de poignard. Sur la pente de la montagne, ils creusent le sable avec leurs épieux, déposent dans la fosse le malheureux jeune homme, avec son arc, ses flèches, son épieu et son couteau de chasse, puis se remettent à la poursuite du cerf. Les ombres du crépuscule recouvraient déjà la belle vallée, quand les trois frères, chargés de gibier, s'approchèrent de la maison. Karylla, que leur voix tira d'une sorte de léthargie, se précipita à leur rencontre, et, n'apercevant pas Sario, leur demanda d'une voix toute changée : « Qu'avez-vous fait de votre compagnon de chasse? » — « Il s'est trop engagé à la poursuite d'un cerf, répondirent les frères aînés ; et, n'ayant pu nous faire entendre de lui, nous sommes revenus. » — « Mais, ajouta Celi, il connaît bien la montagne et sera ici sous peu. » Karylla ignorait ce que c'est que le crime, aussi nul soupçon ne pénétra-t-il dans son cœur ; chaque murmure lui semblait présager le retour de son berger bien-aimé ; tantôt la supposition de quelque triste accident lui traversait l'esprit, tantôt elle se réjouissait de la perspective de le revoir le lendemain, chassant au pâturage son modeste troupeau ; elle composait les plaintes qu'elle se proposait de lui faire sur le tourment que lui avait causé son ardeur à la chasse ; et ces pensées alternaient pendant son sommeil troublé.

A peine les premiers rayons du jour éclairèrent-ils les montagnes de Nara, que l'anxieuse Karylla ne perdit plus de vue la cabane de Sario, voulant le voir rentrer ; mais bientôt elle aperçut les brebis de son berger, qui, sans gardien et sans guide, vaguaient au travers des ravins, le long de la petite rivière, que, dans cette vallée, recevait la superbe Nara. Le chien fidèle de Sario hurlait, étendu au seuil de la demeure de son infortuné maître. La triste Karylla le montrait à ses frères, en leur disant que Sario n'était pas de retour. Les pervers jeunes gens répondirent froidement qu'ils ignoraient où il avait pu passer. Son désespoir augmentait d'heure en heure ; à la fin, comme si elle eût été privée de raison, elle errait solitaire dans la vallée et sur les rives de la Nara, évitant ses compagnes et jugeant, au milieu des hommes, se trouver dans un affreux désert.

Un jour, plongée dans de noires pensées et dévorée d'inquiétude, elle s'assit sous le chêne magnifique, naguère témoin de leurs joies innocentes et de leurs tendres propos. Une sombre méditation envahit son âme; le soleil était déjà descendu derrière les montagnes de Nara, et l'obscurité avait rempli la vallée. Karylla, essuyant les larmes qui, malgré elle, mouillaient son visage, se mit tristement à chanter cette chanson qu'interrompaient ses sanglots et ses réflexions :

Ils se sont tu, les milliers d'oiseaux,
Dont les chants caressants remplissaient l'air ;
La nature, sur le sein de qui ils s'endorment,
Les recouvre de son vert manteau.

Tout est muet dans la nature,
Sauf le murmure des feuilles,
Et le faon égaré, qui, loin de sa mère,
Se plaint dans la montagne.

De quelque côté que je regarde,
L'horreur règne autour de moi,
Et la lune, sur son front d'argent,
Étend un voile noir.

Le chagrin, un profond désespoir m'accable,
L'horreur a son charme pour moi, les larmes sont mon élément.
Oh! mon père bien-aimé ! je vois ton ombre chérie,
Errante dans les montagnes de Nara.

Approche : dans des sentiers déserts
Je m'engagerai ; et, dans d'affreuses cavernes,
Je te suivrai, mon cher père,
Dans de terribles et tristes tombeaux.

Au milieu des ombres de la nuit,
J'errerai en ta compagnie ;
Prends-moi pour t'aider :
A tes côtés, je ne manquerai pas de hardiesse.

Tu disparais, mon père chéri !
Où est mon Sario, mon bien-aimé ?
Quelles régions le détiennent ?
Peut-être n'a-t-il point péri ?
Peut-être.....

D'abondantes larmes lui coupèrent la voix. Elle s'affaissa sur le sol sans connaissance, une faiblesse inconnue détendit ses membres et un doux sommeil ferma ses paupières.

A peine ce bienfaisant sommeil avait-il engourdi les sens de Karylla endoloris de souffrance et de regrets, que le cher Sario, Sario, dont le souvenir était l'unique vie de son âme, se dresse devant elle, écarte son vêtement, lui montre sa poitrine traversée de deux flèches et percée de coups de poignard, sa tête meurtrie et ensanglantée, et lui parle en ces termes : « J'ai succombé de la main de tes perfides frères, mon corps est enseveli sur une montagne éloignée ; lève-toi et suis-moi ! » L'infortunée Karylla, sans s'éveiller, se redresse ; et, conduite par quelque force surnaturelle, elle croit suivre la direction d'une ombre chérie. Quelle scène terrible ! Au milieu de la nuit, elle franchit, sans en avoir conscience, la misérable passerelle en branchages jetée sur la rivière qui tombe dans la Nara ; elle gravit les flancs abrupts des montagnes, à travers les arbres et les ronces, elle étend la main tremblante vers l'ombre à la suite de laquelle il lui semblait qu'un fantôme la guidait ; elle blesse ses beaux pieds, et son sang les rougit ; enfin elle parvient au sommet d'un mont où le fantôme la quitte : elle tombe à terre, et, saisie d'un profond sommeil, reste ainsi jusqu'à l'aurore.

Déjà les cimes boisées des montagnes de Nara résonnaient du chant d'innombrables oiseaux, quand Karylla s'éveilla. Elle ne put d'abord concevoir où elle se trouvait, ni comment elle était parvenue jusque-là ; mais, en rappelant ses souvenirs, l'horrible apparition lui revint à la mémoire, et elle eut conscience de la triste réalité. A la pensée de la mort de Sario, un torrent de larmes s'échappe de ses yeux. Voulant écarter toute incertitude, elle examine l'endroit où en songe elle a vu s'abîmer l'ombre de son bien-aimé, et elle reconnaît un sol fraîchement remué ; elle creuse de ses propres mains, et, lamentable spectacle! elle contemple son malheur ; elle se jette sur les restes glacés de son amant, les baigne de ses larmes et demeure un moment dans la stupeur.... Puis elle déterre le couteau de chasse, et, saisie d'une démence subite, elle détache la tête, la cache sous ses vêtements, recouvre le corps de sable, lui fait ses douloureux adieux et regagne sa chaumière avec son précieux fardeau.

Un matin, les frères de Karylla qui ne la trouvent point à la maison s'effraient, parcourent la vallée en tous sens, interrogent les habitants qui tous chérissaient cette jeune fille; les uns fouillent la montagne, les autres parcourent les rives de la Nara, car on craint qu'elle ne se soit laissée aller à un acte de désespoir. Pendant ce temps, Karylla rentre chez elle sans que personne la voie, enfouit la tête de Sario au fond d'un vase qu'elle remplit de terre et où elle transplante un rosier qui fleurissait à quelques pas de la maison. On l'aperçut enfin, les recherches sont interrompues, chacun se réjouit de son retour. On la questionne, on tâche de l'égayer. La malheureuse Karylla, qui nourrit au fond de son cœur un désespoir insensé, sourit avec amertume et évite ses frères. Nuit et jour, elle arrose son rosier de ses larmes ; il se couvre de fleurs et Karylla croit y voir le charme, la douceur, l'innocence du visage de son bien-aimé. Ses traits à elle ont perdu la fraîcheur délicieuse qui en faisait l'ornement, ses yeux n'ont plus de flamme, et son imagination est mélancolique. Son corps s'étiolait à vue d'œil, elle semblait un spectre ambulant. Ses frères, de qui les soupçons ont été éveillés en voyant son assiduité auprès de ce rosier qu'elle ne quittait pas des yeux, brisent, pendant son sommeil, le vase qui le contenait, et frémissent à la vue de leur méfait. Pour en anéantir la trace, ils précipitent le vase dans la Nara. A son réveil, Karylla ne retrouve plus son rosier favori, elle le cherche, elle s'enquiert auprès de ses frères, elle finit par comprendre que les meurtriers de Sario lui ont ravi cette consolation dernière. Son triste état empire chaque jour, la mort achève enfin cette victime d'un violent amour.

Tous les habitants de la vallée la pleurèrent, et la tradition de ce triste événement s'est conservée dans la simple chanson populaire lithuanienne, qui commence par les mots :

La belle Karylla, reine des prairies de la Nara...

NOTES.

Zywila, de la racine slave *zyc*, vivre (d'où *zywic*), signifie *vie*. Chez tous les peuples, on retrouve comme nom de femme un mot tiré de la racine qui dans leur langue signifie vie ; et cela depuis l'origine du monde, à commencer par Ève, en hébreu *Havva* ou *Hayya*, de la racine *Hay*, vivant, ainsi qu'il est dit dans la *Genèse*, III, 20 : « Adam donna à sa femme le nom d'Ève, parce qu'elle fut la mère de tout vivant. » Les Septante ont traduit *Havva* par Ζωη, vie : d'où le nom de *Zoé*, très-répandu chez les nations chrétiennes du rite grec.

Ce nom primitif est le plus naturel. Car si, d'une part, la femme est source de vie, de l'autre, la première parole adressée à celle qu'on aime n'est-elle pas : « Chère âme, » comme si en effet il ne fût pas de vie pour l'homme sans elle ?

La même racine a donné formation à des noms d'hommes. Et l'on y peut voir un nouvel hommage au principe de vie. Les Israélites, aujourd'hui encore, prennent fréquemment le nom de *Hayem*, qu'ils traduisent quelquefois en allemand par *Leib* (de *Leben*, vie). Un roman polonais de J.-U. Niemcewicz, dont le sujet est emprunté à la vie juive et dont le but était d'effacer les préjugés en Pologne entre Juifs et chrétiens, a pour titre *Leib* et *Siora*. Chez les nations chrétiennes de rite latin, on rencontre le nom de *Vitalis* ou *Vitale*, du latin *vita*, vie ; il y a, dans le martyrologe romain, un san Vitale.

Notre auteur dit que la princesse lithuanienne, son héroïne, « s'appelait Zywila, c'est-à-dire Diane ; car, par sa grâce merveilleuse, elle égalait presque cette déesse, et l'on pensait communément qu'elle éprouvait pour le mariage une vive répugnance, qu'elle voulait demeurer jusqu'à la fin de ses jours dans l'état de virginité. » Cette explication n'enlève rien de sa réalité à l'étymologie, que nous avons donnée. Si des deux noms que rapproche l'auteur, le premier emporte l'idée de fécondité et le second celle de chasteté, la contradiction n'est qu'apparente. Chaque jour, le chrétien dit: « La nouvelle Ève, c'est-à-dire Marie la

très-sainte Vierge. » Le Lithuanien de l'époque païenne aurait pu de même identifier le nom patriarcal de Zywila à celui de la chaste Diane. Diane, dont le nom a une racine qui se retrouve dans *dies*, jour, était la déesse de la lumière, un Apollon féminin présidant à la clarté de la lune, comme son frère à celle du soleil.
— «Nous avons le mot slave *Dziej, Dziac*, qui signifie *agir*. Dankowsky traduit le mot grec Ζεύς (que les Grecs prononcent *dzeïs*) par le mot *Dziej*, dont la racine existe dans les mots polonais *dobrodziej, kolodziej*. Θεός, Ζεύς, *Dziej*, c'est la Divinité devenue être agissant, qui paraît dans le monde : » (*Slaves* d'Adam Mickiewicz, IV, p. 282), Chacun sait que le *Deus* latin (d'où *Dieu*) est le Ζεύς grec (Jupiter, Ζεύς πατήρ), et que *dies* vient de *Deus* (la lumière étant une manifestation de Dieu). J'ajouterai que la parenté de *dziac*, agir, et de *zywic*, vivre, est évidente; ce qui montre que *Zywila* et *Diane* ayant un même étymon, l'auteur a pu dire *Zywila*, c'est-à-dire *Diane*.

* * *

M. Edgar Quinet, dans son beau livre *le Génie des Religions* (celui de ses ouvrages que mon père préférait), a dit (livre VI, ch. 2) : «Les légendes des héros sont, pour l'antiquité, ce que sont les légendes des Saints pour les temps chrétiens; elles fournissent des patrons sur lesquels on cherche à conformer sa vie; en sorte que l'Iliade et l'Odyssée sont un grand idéal vers lequel la société grecque tend par une approximation constante.... Alexandre se règle sur le modèle d'Achille; Agésilas, sur celui d'Agamemnon » (Xénophon, *Hellén.*, III, c. IV).

* * *

Bien que chacun connaisse les actes de vertu ou de courage qui ont rendu célèbres tant de femmes chez les Grecs et chez les Romains, on n'aura sans doute point déplaisir à trouver groupées ici les principales d'entre elles.

Grecques : *Eurydice*, qui, en fuyant les persécutions d'Aristée, est blessée au talon d'un serpent et en meurt. Orphée, son époux inconsolable, descend la chercher aux Enfers, l'en tire par ses chants, mais la perd une seconde fois pour l'avoir regardée avant d'être sorti du royaume des Ombres. — *Hypermnestre*, la seule des Danaïdes qui refuse de tuer son mari, la nuit des noces des cinquante sœurs avec les cinquante Égyptiens; Danaüs, son père, voulait se venger sur elle ; mais le peuple d'Argos la sauva de sa colère. — *Niobé*, femme d'Amphion, roi de Thèbes, qui, à la vue de ses sept fils et de ses sept filles mourant sous les traits de flèches invisibles, en resta pétrifiée de douleur, ce qui fit d'elle un type de douleur maternelle. — *Antigone*, célèbre à la fois par sa piété filiale et son amour fraternel; car elle servit de guide à Œdipe, son père, aveugle et banni, et, malgré la menace d'être enterrée vive, revint à Thèbes rendre les derniers devoirs à son frère Polynice : condamnée, elle prévint la mort en s'étranglant. — *Iphigénie*, fille d'Agamemnon, vouée à la mort, sur l'oracle de Calchas, afin de rendre les vents favorables au départ de la flotte des Grecs pour la Troade. Une biche ayant été immolée à sa place, comme un bélier à la place d'Isaac, elle fut transportée en Tauride, elle y devint prêtresse de Diane, et, plus tard, arracha à la mort son frère Oreste et Pylade. — *Electre*, qui sauva Oreste de la fureur d'Egisthe, meurtrier d'Agamemnon, et épousa Pylade, qui avait aidé à venger son père. — *Pénélope*, qui, pendant la longue absence d'Ulysse, son époux, sut échapper aux obsessions d'une foule de prétendants, attendit patiemment son retour et fut ainsi un modèle de fidélité.

J'ajouterai la femme spartiate, dont parle Plutarque, et qui disait à son fils partant pour la guerre : « Si tu ne reviens sous ton bouclier, reviens dessus, » — autrement dit : victorieux ou mort.

Romaines : *Lucrèce*, la chaste matrone, qui se tua pour se laver de la violence que lui avait faite son beau-frère, le fils du roi Tarquin le Superbe, confia le soin de sa vengeance à son père, à son époux, et fut aussitôt vengée par l'expulsion des rois de Rome. — *Clélie*, qui s'échappa des mains de Porsenna, roi des Etrusques, en repassant le Tibre à la nage. Celui-ci, qui assiégeait Rome pour y rétablir Tarquin, voyant que le courage des femmes y égalait celui des hommes (or il venait d'être témoin de l'héroïsme de Mucius Scévola et d'Horatius Coclès), leva le siége. — *Virginie*, que poignarda son père pour la préserver de la souillure de l'amour du patricien Appius : ce qui fut le signal de la chute des Décemvirs. — *Cornélie*, la mère des Gracques, pour qui, disait-elle, ses enfants étaient ses joyaux, et qui les éleva dans un tel amour du peuple que, devenus ses tribuns, ils lui furent dévoués jusqu'à la mort. — *Porcie*, fille de Caton d'Utique et femme de Marcus Brutus, devinant que son mari nourrissait quelque secret dessein, « ne voulut point le lui demander, dit Plutarque, qu'auparavant elle n'eût fait l'épreuve de son propre courage. Elle prit donc un petit couteau, et, après avoir renvoyé ses femmes, elle se fit à la cuisse une profonde incision, en sorte qu'elle perdit beaucoup de sang et fut saisie bientôt de douleurs très-vives et d'une fièvre violente accompagnée de frissons. Comme Brutus était dans une mortelle inquiétude sur l'état de sa femme, Porcie, au fort de la souffrance, lui tint ce discours : « Brutus, je suis entrée dans ta maison non pour être seu- « lement la compagne de ton lit et de ta table, mais pour partager « avec toi et les biens et les maux. Tu ne m'as pas donné, depuis

« notre mariage, le moindre sujet de plainte ; mais moi, quelle preuve
« puis-je te donner de ma reconnaissance et de ma tendresse, si tu
« me crois également incapable et de supporter avec toi un accident
« qui demande le secret et de recevoir une confidence qui exige de
« la fidélité? » En finissant ces mots, elle lui montre sa blessure et
raconte l'épreuve qu'elle a faite. Brutus, frappé d'étonnement, lève
les mains au ciel et demande aux dieux de lui accorder un succès si
complet dans son entreprise, qu'on le juge digne d'être l'époux
d'une femme telle que Porcie. » Porcie mit fin à sa vie après le
suicide de Brutus, en l'an 42. — *Agrippine*, l'épouse de Germanicus, laquelle ramena ses cendres de Syrie, accusa Pison de l'avoir
empoisonné, le força à se donner la mort. Tibère, jaloux de la faveur dont elle jouissait auprès du peuple, l'interna dans une île
et l'y fit mourir de faim.

A ces noms historiques je joindrai celui de la Romaine *Péronée*,
qui allaita en prison son vieux père Cimon, condamné à y mourir de faim. Le Sénat, ému, fit grâce. Un temple à la *Pietà* fut
élevé à la place de la prison par Acilius Glabrio (consul 191 avant
J.-C.) ; et devant le temple fut placée la statue du vieux père.
L'une des fresques de Pompéi représente cet acte de dévouement
filial.

* * *

Je ne vois point que, dans nos anciennes chroniques, il soit aucunement question de Zywila. J'ignore où mon père aura puisé la
donnée de cette légende : est-ce dans des chants du terroir déjà
tombés dans l'oubli, ou bien a-t-il fait jaillir de son imagination
les personnages pour donner un corps aux pensées qui couvaient
dans son esprit ? Peut-être ici, comme dans *Grazyna*, la trame
invoquée de l'histoire n'est elle que le voile sous lequel il cachait
ses propres sentiments.

— Il est naturel que l'auteur de *Zywila* ait fait régner son prince
sur Nowogrodek, aux portes duquel lui-même était né, et sur les
villes voisines de Slonim et de Lida.

Mendog ou Mindowe reçut le baptême en 1251; Innocent IV
lui concéda par une bulle le titre de roi et lui offrit la couronne
qu'il ceignit à Nowogrodek en présence d'un légat du pape. Il
essaya de réunir toute la Lithuanie sous son sceptre, et fut assassiné le 12 septembre 1263. La Lithuanie païenne se refusait à
accepter le christianisme ; et Mendog, en secret, sacrifiait aux divinités du pays. Le poète polonais Jules Slowacki en a fait le
héros d'un de ses drames. A l'entrée de la ville de Nowogrodek,
une montagne, que recouvre un cimetière abandonné, a conservé
le nom de Mendog.

— Nous renvoyons le lecteur, que la mythologie lithuanienne intéresse, à la leçon d'Adam Mickiewicz au Collége de France, du 21 mars 1843.

— *Perun* est sans doute le même que le *Perkunas* de la mythologie lithuanienne, sorte de Jupiter lithuanien, aussi le dieu du tonnerre.

— Poray, le guerrier de notre légende, est une sorte de Coriolan lithuanien. Il fut, au milieu de son triomphe, puni par son amante. La légende romaine rapporte que le fier patricien qui, dans son dépit contre Rome, s'était mis à la tête des Volsques et leur avait donné la victoire, quand il fut arrivé aux portes de Rome, consentit à évacuer le territoire de la République sur les supplications de Véturie, sa vieille mère. « Tu as remporté, s'écria-t-il, une victoire heureuse pour la patrie, mais funeste pour moi. Je me retire vaincu par toi seule. »

— *Poray* est le blason d'Adam Mickiewicz, une rose blanche à cinq feuilles sur champ rouge.

Ce n'est pas que Adam Mickiewicz eût la moindre vanité. Ainsi, un jour qu'il avait donné à lire à ses enfants une histoire des anciennes familles polonaises, ceux-ci s'empressèrent de rechercher ce qui pourrait y être dit de la famille Mickiewicz. Ce dont il les reprit et gronda, en leur disant : « Ce n'est pas pour cela, que je vous ai donné ce livre, mais pour que vous y voyiez ce que de grandes familles ont fait pour la Pologne. »

Dans *Grazyna*, mon père a donné à l'un des personnages, au fidèle serviteur, donneur de bons conseils, le nom de Rymwid, qui était un de ses noms de famille.

***

Le nom de Karylla n'est que le diminutif de *cara* (*chère*, en latin), orthographié à la polonaise. L'auteur désignait dans cette légende par un nom de fantaisie, comme dans la précédente par un pseudonyme mythologique ou patriarchal celle que ses premières poésies chantèrent sous le nom de Marylla. Il poussa ici la précaution jusqu'à ne désigner les localités que par des dénominations vagues ou imaginaires. Lorsqu'il parle d'une ville qui a perdu aujourd'hui le souvenir de son ancienne gloire, et ne présente plus que le triste spectacle des désastres passés, c'est évidemment Nowogrodek qu'il a en vue. Le mot par lequel il indique la rivière de Nara est le même qui, en hébreu, signifie *fleuve* (*naar*, au pluriel *naharoth. Gnal naharoth Babel, Super flumina Babylonis*, psaume 137). Sario ou Sarius était le prénom du grand Zamoyski : *Joannis Sarii Zamoscii.* Tout en faisant ces rapprochements, qui me semblent curieux, je ne veux pas affirmer que mon père y ait formellement songé. Cependant, quand je vois qu'en hébreu *Atta* signifie *toi*, *Ora!*, lumière de Dieu, et que *Celi* a pour racine *kolo*, cercle, d'où le *cœlum* des Latins et le *ciel* des Français, je ne puis m'empêcher de penser qu'il n'est pas impossible que mon père ait créé le nom de quelques uns de ses personnages à la manière de la Bible.

L'auteur place la scène de la légende *Karylla* à l'époque des guerres des Lithuaniens contre les Polowces. Les Polowces sont une horde qui, avant les Mongols, désola la Lithuanie et les pays slaves, que détruisirent les Mongols en 1236 et dont le roi de Hongrie, Bela, interna les débris en Transylvanie.

Si l'auteur s'est plu à exprimer dans *Karylla* la simplicité patriarcale des anciens Slaves, il a surtout cédé au désir d'exalter chez l'héroïne la constance à toute épreuve et l'énergie qu'il eût voulu voir chez la jeune fille qui fut l'objet de son premier amour. Celle-ci, néanmoins, céda aux obsessions de sa famille. Le poète exhala son désespoir dans le poème des *Dziady.*

— Les frères de *Karylla* ont pris la résolution non-seulement de tuer son amant, mais encore d'anéantir tout ce qui pourrait entretenir son souvenir, c'est pourquoi ils font disparaître son corps. Mais, dans l'hallucination de sa folie, elle retrouve ce corps et en rapporte la tête, qu'elle enfouit dans un vase ; elle y concentre toutes ses pensées et toute son affection ; c'est le seul lien qui la rattache à la vie ; et, quand on le lui a arraché, son cœur se brise avec le vase et elle meurt.

Peut-être que cette conclusion n'a pas été imaginée par mon père, pas plus que M. de Chateaubriand n'avait imaginé que les femmes, chez certaines tribus sauvages, suspendaient aux arbres, comme des nids d'oiseaux, les corbeilles qui contenaient leurs enfants expirés.

Qu'il me soit permis de rappeler que l'histoire parle d'Agrippine pleurant sur l'urne qui renferme les cendres de son époux ; que la peinture représente Marie-Madeleine se macérant à côté d'une tête de mort, et que des romans célèbres ont décrit les Sauvages emportant avec eux les os de leurs pères.

* * *

Quoiqu'il n'y ait point, que je sache, trace écrite de la tradition dont parle mon père dans *Zywila*, pas plus que de la chanson populaire lithuanienne à laquelle il fait allusion en terminant *Karylla*, cependant il n'est pas impossible que ces deux légendes ne soient pas une œuvre de pure imagination, et qu'elles aient un fondement dans les récits de notre peuple.

Qui ne croirait de prime abord que *René* et *Atala* sont nés de la fantaisie seule? Or, M. de Chateaubriand a écrit dans la préface : « Le sujet d'*Atala* n'est pas entièrement de mon invention ; il est certain qu'il y a eu un Sauvage aux galères et à la cour de Louis XIV ; il est certain qu'un missionnaire français a fait les choses que j'ai rapportées ; il est certain que j'ai trouvé dans les forêts de l'Amérique, des Sauvages emportant les os de leurs aïeux et une jeune mère exposant le corps de son enfant sur les branches d'un arbre. » Et il ajoutait, à propos de *René* : « L'auteur n'eut pas tout à faire, car il trouva cette histoire presque naturalisée chrétienne dans une vieille ballade de pèlerin, que les paysans chantent encore dans plusieurs provinces :

> C'est le chevalier des Landes,
> Malheureux chevalier, etc. »

Les Nouvelles de M. de Chateaubriand étaient des cadres à plaidoyers religieux, comme les Contes de Voltaire avaient été des cadres à plaidoyers philosophiques ; de même que le chef de chœur du dix-huitième siècle aiguisait en flèches acérées des aphorismes rationalistes, ainsi le chantre de la restauration du clergé, à l'aurore du dix-neuvième, arrondit en gracieuses périodes des sentences de morale chrétienne. Que se proposait-il dans *Atala* ? de prouver la puissance de la religion, dont l'apparition, sous la forme de la clochette d'un moine en quête d'égarés au milieu des bois, préserve la virginité défaillante d'une Indienne catholique dans les bras d'un jeune Sauvage, son amant. En publiant *René*, qu'avait-il en vue ? de démontrer l'utilité des couvents, à titre d'hospices moraux, par le refuge qu'y trouve une jeune fille qui vient y enfouir l'amour incestueux qu'elle veut étouffer dans son cœur. L'auteur lui-même a de la sorte marqué son objet, en ajoutant que, si, à l'origine, il avait joint ces deux épisodes à son *Génie du Christianisme*, c'était « comme amorces » à une certaine classe de lecteurs. Mais une littérature de polémique, quel que soit son éclat, est, par sa nature, condamnée à ne guère survivre aux incidents qui l'ont produite. — Chez Adam Mickiewicz, nulle préoccupation de ce genre, et tout autre est la méthode : dans ses œuvres, la leçon se dégage de l'exemple que donnent de vivantes créations, et n'est jamais formulée en des sermonneries qui sentent forcément le pédagogue. Aussi s'est-il élevé de *Zywila* et de *Karylla* à d'immortels chefs-d'œuvre, tels que *Grazyna* et *Wallenrod*, tandis que *Atala* et *René* furent suivis des *Natchez* et des *Martyrs*, lesquels, malgré leurs beautés de détail, sont déjà presque totalement oubliés.

« J'étais encore très-jeune, lorsque je conçus l'idée de faire l'*Epopée de l'homme de la nature* ou de peindre les mœurs des Sauvages en les liant à quelque événement connu, » dit M. de Chateaubriand dans la préface de la première édition d'*Atala*. — Assurément l'homme peut, par intuition, se figurer et, par conséquent, décrire un état de choses et très-éloigné et très différent de celui au milieu duquel il vit. Mais, pour rester dans la vérité, il est tenu à observer une grande réserve dans les détails : c'est parce qu'ils ont manqué à cette première règle d'esthétique littéraire que tant d'écrivains, malgré les plus remarquables talents, ont survécu eux-mêmes à leurs œuvres un moment célèbres. Les grands auteurs polonais, Adam Mickiewicz en tête, ne sont point tombés dans ce défaut si commun parmi les Occidentaux. Ils ont également évité cette foule de dénominations inusitées, dans l'accumulation desquelles un faux goût s'est plu à voir la couleur locale.—
« L'étrangeté du style a aidé au succès, » dit Chateaubriand, en parlant de sa première œuvre. Mais, ajouterons-nous, cette étrangeté même a contribué à ce que le succès ne fût qu'éphémère. L'étrangeté fatigue, dès qu'elle cesse d'être nouvelle; et l'oubli suit de près le triomphe.

*
* *

Le dicton philosophique du dix-huitième siècle, « que l'homme est un animal perfectionné, » a agi sur un assez grand nombre de littérateurs français, qui se sont imaginé que le meilleur moyen d'être compris des gens du peuple était de s'adresser à eux dans un langage analogue à celui qu'employent certaines personnes, qui s'amusent à causer avec leur chat. D'autres veulent voir en eux de grands enfants et se mettent à leur parler d'une façon enfantine. Mais ils oublient qu'à l'enfant lui-même on ne doit, quand on a le respect de son âme, lui parler que d'une manière virile. L'enfance est l'époque des intuitions les plus extraordinaires, au milieu desquelles l'âme vierge entrevoit tout le long d'un rayon infini la voie qu'il lui faudrait suivre, qui plus tard souvent s'obscurcit pour elle, et dont il lui arrive rarement de parcourir plus d'une faible portion. Il en est de même des peuples : ils ont besoin d'être élevés par une parole souveraine.

Avec les meilleures intentions du monde, de grands écrivains français ont tenté des romans paysans et des drames paysans. Un grand talent a été dépensé dans ces essais; la droiture de l'âme de l'auteur y a répandu un charme réel; un succès mérité a récompensé de louables efforts. Et pourtant ces œuvres ne seront pas durables : la voie est fausse. Le style paysan, qu'on a songé à créer, n'est pas plus vrai que le style grognard, qu'on mit aussi à la mode.

Ni les prophètes en Israël ni les tribuns à Rome n'employaient un style de carrefour pour être compris des foules. Jésus n'abaissait point son ton pour être entendu des pêcheurs ni des publicains dont il fit ses apôtres; mais il les élevait à lui par la lumière de sa parole. Napoléon ne se rendait point vulgaire pour arriver au cœur et à l'esprit de ses soldats; mais leur âme était illuminée soudain par l'éclair flamboyant de ses proclamations. « La parole, quand elle est régulièrement formée, c'est-à-dire quand elle est la splendeur d'une haute pensée, est toujours universelle, » disait Mickiewicz. « Elle est saisie par tous. » — Un jour qu'un jeune ami français lui parlait de ses études de la langue en vue de se créer un style accessible aux masses, mon père lui dit : « Occupez-vous d'élever et de fortifier votre pensée, et la forme viendra ensuite d'elle-même. »

Nous avons en polonais un poème sur la vie de la nature, *Wieslaw*, par Brodzinski, qu'admirait mon père, et qui a ce charme du *Paul et Virginie* de Bernardin de Saint-Pierre.

Ce que Femme préfère.

PROVERBE

PRÉFACE.

Dans les pages que je publie plus bas, sous le titre : *Ce que femme préfère*, Adam Mickiewicz a touché d'une main légère, et aussi avec un regard profond, à cette plaie du siècle, qui est le mariage sans amour. Des cris éloquents ont été maintes fois, en Occident, poussés contre le ménage moderne, accompagnés des plus émouvantes peintures. Notre auteur pose le doigt sur le mal. — « Qu'importe la poésie, qu'importe la science? se dit la fille à marier ; un bon revenu net suffit. » Elle joue un instant avec de nobles projets, comme pour en agrémenter ses adieux à sa vie de jeune fille ; mais elle saisit au vol la première occasion d'embrasser le solide et le positif. Et il y a vraiment quelque chose d'effrayant à voir la désinvolture avec laquelle elle s'y décide d'elle-même, comme à ce qu'il y a de plus naturel au monde. Hélas! l'hymen est aujourd'hui sans flambeau. Et où ce flambeau s'allumerait-il ? A l'église, la lampe s'est éteinte, faute d'air respirable. Et, dans la cité, la flamme du patriotisme est étouffée.

Ce ne sont plus des cœurs qui se cherchent et s'unissent, mais des dots qui s'appellent et qu'on superpose. Et, attendu que ce qu'on veut de l'homme avant tout, c'est une position, il va sans dire qu'il se marie tard : il finit la vie quand *elle* la commence. Et, comme on s'est marié sans amour, on demeure sans foyer véritable ; on a, non les douceurs de la vie d'intérieur, mais les agitations de la vie extérieure ; on ne goûte point le charme délicieux d'être seuls, mais on éprouve le besoin d'une distraction continue. On ne s'était point préoccupé de savoir si l'on avait un sentiment commun ni une pensée commune ; on ne sait que se dire ; on s'ennuierait du tête-à-tête : on court le monde, les concerts, les théâtres et les salons, et souvent le mari d'un côté et la femme de l'autre.

Et si la passion s'éveille et parle? Alors nous voyons de ces drames, tels que celui dont tout Paris s'est ému naguère, celui d'une jeune fille mariée par motif d'argent, qui, retrouvant ensuite dans le monde l'homme qu'elle avait aimé et souhaité pour époux, se livre à lui comme amant, et qui, épiée et surprise, est froidement tuée par son mari, lequel, soit dit entre parenthèse, avait ostensiblement pris maîtresse. (Procès Dubourg, à Paris, 1872.) Et il s'est trouvé des écrivains pour applaudir à cet assassinat conjugal ! Il ne manque pas de gens en effet, qui, dans un esprit de propriétarisme à outrance, voient dans la femme une propriété et trouvent tout simple de lui appliquer les règles des Codes civil et pénal en matière de propriété, d'une part, le droit d'*usus* et d'*abusus*, et de l'autre, l'assimilation de l'amant et de l'épouse surpris en flagrant délit d'adultère, aux voleurs et complices surpris nuitamment en flagrant délit d'effraction, auquel cas la mort qui leur est donnée est excusable. Et vu que, dans plus d'un État d'Occident, en France notamment, on n'a pas même le divorce pour soupape de sûreté, vous entendez des raisonnements tels que celui-ci : « Faudrait-il donc laisser impunément outrager mon honneur ? Si un forban s'introduit chez moi, et sous le voile de l'amitié me trompe, dois-je courber la tête en silence et en silence accepter pour miennes ses œuvres à lui ? » — Mais, dirons-nous, pourquoi avoir préconisé le mariage de raison, qui n'est que la traduction euphémique de mariage d'argent, et qui est un non-sens moral, de même qu'une poésie philosophique est une absurdité littéraire ? Vous recueillez ce que vous avez semé.

Or, voici des voix d'à côté qui geignent et qui crient : « Le luxe est tel que chaque jour le mariage devient plus difficile. Ils sont revenus les temps de la Rome impériale. Nous aussi, nous ne sommes pas assez riches pour nous marier. »

En ce temps-là, le nombre des célibataires était si grand, que l'on porta des lois contre ceux qui ne se marieraient pas, ce qui était une façon de décréter le mariage obligatoire. Mais que peuvent les décrets contre la nature des choses ? Si les eaux d'un fleuve vous incommodent, à quoi servirait-il de leur commander de ne plus couler ? Vous lui creusez un nouveau lit, si vous voulez détourner son cours.

Le luxe engendre la luxure ; et, si la société actuelle est irrémédiablement corrompue, quel sort pourrait-elle attendre autre que celui de l'antique société, à l'époque de la venue des Barbares! les Barbares sont-ils déjà aux portes ?

De nos jours la fille d'Ève, comme à l'origine des temps la mère du genre humain, tente l'homme, et l'homme se perd pour lui plaire. La femme étant possédée d'un amour immodéré de luxe et d'un luxe insensé, l'homme dégrade ou vend son âme pour l'obtenir d'abord et puis pour la conserver, souvent, hélas! sans y parvenir. Or, comme le mal est venu de la femme, la femme doit inaugurer la réparation ; et, par conséquent, c'est d'abord chez la femme qu'il faut susciter le désir d'une vie plus vraie, plus simple et plus élevée, plus conforme à sa nature et à sa destination, qu'il faut provoquer le dédain de tant de vanités et futilités et faussetés qui font son admiration, dont elle s'enorgueillit ou qu'elle envie ; et ce mouvement réparateur devrait commencer par la femme du grand monde : car d'en haut partent les exemples qui corrompent ou qui relèvent.

Alors que le siècle sortait à peine de son premier quartier, un jeune poète polonais soulevait délicatement, dans un salon, à l'extrémité de l'Europe orientale, ce terrible problème qu'en Occident on abordait sur la scène d'une manière malheureusement opposée. M. Eugène Scribe eut, on le sait, charge spéciale d'endoctriner chaque soir la société française, de l'embourgeoiser et embourber tout en la berçant. Il lui sentimentalisa son égoïsme et la fit s'éprendre d'elle-même. Il aida les parents à déflorer l'âme de leur enfant, en séchant les illusions par le froid glacial de l'intérêt, en ridiculisant l'enthousiasme, l'amour, le sacrifice, comme de vieux sentiments surannés, au point que la jeune fille mit d'elle-même le calcul là où sa grand'mère mettait son cœur. L'idéal préconisé était de gagner de l'argent; car l'argent, c'est tout l'homme. Un homme, s'il est pauvre, n'existe pas encore; et, s'il est ruiné, il n'existe plus. Un acte contre l'honneur faisait seul déchoir le noble ; l'homme, tel que la bourgeoisie l'a fait, croît, décroît et disparaît avec ses écus. Aux quartiers de noblesse, c'est-à-dire aux lignées de générations se succédant avec intégrité dans le culte et la pratique des mêmes vertus, on a substitué l'unique respect des quartiers de rente acquis tant bien que mal et accrus n'importe comment. Un homme bien renté est tenu pour un homme comme il faut, fût-il sans conscience ; et un sot joliment habillé est déclaré « un jeune homme bien » : on s'est mis à juger l'homme non plus sur sa valeur propre, sur son intelligence, sur son cœur, sur ses actes, mais sur l'habileté du bottier et du tailleur dont il avait su ou pu faire choix. La femme bannit de son cercle, pour cause d'inconvenance, comme sujets ennuyeux, déplaisants, subversifs, et la politique, et la religion, et la morale, et l'art, et la littérature, et la science; on ne laissa pour aliment à la conversation que les cancans du jour, les nouvelles de la mode, la romance, le feuilleton ou la pièce de théâtre en vogue, le bal, la promenade et les modulations infinies sur le thème de la température. Et l'on admira les faiseurs de bons mots, ce qu'on appelait des calembours, c'est-à-dire cette détestable habitude de ne voir dans le discours que le côté extérieur, d'en tirer des rapprochements bizarres de syllabes, un cliquetis de paroles; celui qui réussissait le mieux dans cet assaut de faux esprit était, surtout près des dames, réputé le plus charmant. Voilà le monde de Scribe, qui applaudit Scribe et que Scribe encensa. Or, Scribe tint le sceptre plus d'un quart de siècle. Le théâtre de Scribe fit le tour de l'Europe, et partout se naturalisa. Non-seulement la bourgeoisie française se gâta et gâta les autres classes de la nation, et d'en haut et d'en bas; mais elle répandit sur le Continent le poison de son étroit égoïsme et la contagion de sa sottise.

Adam Mickiewicz s'est, on le verra, agréablement moqué du mariage de raison. Il a finement tourné en ridicule (or, c'est contre les gens du monde l'arme la plus terrible) ces personnes qui, cachant la prose de leur âme sous un sentimentalisme de convention, ont l'air de ne vouloir que filer le parfait amour, lèvent les yeux au ciel, ont les mots les plus poétiques sur les lèvres, se plaisent à parler philosophie, et, somme toute, n'aiment que l'or et ce qui procure le bien-être.—Un de mes amis et compatriotes polonais me racontait comment, dans sa jeunesse, il hantait une maison où il y avait de belles jeunes filles à marier. L'une d'elles recevait simultanément les hommages de plusieurs prétendants et s'en laissait avec une grâce parfaite également adorer, au point que chacun se réjouissait secrètement à la pensée d'être le préféré. Un soir qu'elle se trouvait avec mon ami, sur le balcon du château, une étoile fila; aussitôt, de son air le plus angélique, et avec un regard qui fit passer en lui un courant d'espérance et de joie, elle lui dit : « Chaque fois que vous verrez une étoile filante, vous penserez à moi, n'est-ce pas? vous me le promettez? » Or, le lendemain, la mère ayant complété ses renseignements, on apprit le prochain mariage de la jeune fille avec un autre, avec celui de tous qui présentait les garanties les plus solides de fortune. « Jamais depuis lors, ajoutait mon ami, je n'ai pu voir filer une étoile sans me reporter à cette heure d'illusions si vite évanouie. » — L'héroïne du récit de mon ami est de la famille morale de celle que mon père mit en scène.

La forme sous laquelle Adam Mickiewicz a présenté sa leçon sociale est celle du *proverbe*, c'est-à-dire de l'une de ces petites comédies de société qui roulent sur un adage à examiner, sur une maxime à appliquer, sur un point de philosophie morale à deviner, déterminer et résoudre, qui en contiennent la donnée et le développement, qui font jaillir des incidents du dialogue, comme des facettes du diamant, une lueur qui permette à l'auditeur de juger en connaissance de cause la question pendante. C'est une causerie de salon en relief, une conversation en action, qui ne comporte que peu de personnages, le plus souvent deux ou trois, les deux interlocuteurs et parfois celui qui, jouant le rôle de chef du chœur, résume en quelque sorte les débats devant le public juré. Un grand bien pourrait être produit par un tel jeu, en mettant en mouvement les qualités de chacun des membres d'un même cercle d'amis, en servant à faciliter l'improvisation, à exercer et surexciter l'esprit, à présenter certaines vérités d'une manière saisissante et profitable pour tous.

Alfred de Musset a plus tard traité ce genre supérieurement. Ses Proverbes étaient souvent un enseignement contenu dans le titre, par exemple : *On ne badine pas avec l'amour.*

Alfred de Musset fit du Proverbe un genre littéraire : c'est à ce sujet son principal mérite. Mais il y porta le même scepticisme social que dans le reste de son œuvre, l'amour de l'art pour l'art. Du moins on n'a pas à lui reprocher d'en avoir fait, comme tel ou tel de ses successeurs, une forme nouvelle d'adulations ou même de sollicitations. Chez lui l'esprit était de trop bonne race pour être courtisan.

Le Proverbe est de fréquent usage dans les cours. Depuis qu'il n'y a plus de bouffon de cour, ce put être quelquefois un moyen par lequel se fait jour plus d'une pensée qu'on n'oserait exprimer hautement, et que l'on risque sous le manteau du Proverbe. Au temps de Louis-Philippe, le Proverbe de cour avait généralement, dit-on, le caractère du gros rire, tel que celui que provoquaient par exemple les fameuses chansons équivoques sur le *Maire d'Eu* et l'*Écu de France*. Un des auteurs habituels disait : « Quand nous avions trouvé quelque chose de bien drôle, nous appelions le Roi, et quand nous avions réussi à le faire rire, nous étions si contents ! »

Sous Napoléon III, le Proverbe de cour fut peut-être moins gaulois de forme; mais la corruption était dans la moelle. L'impératrice Eugénie assista, au palais Pompéien du prince Napoléon, à une représentation imitée de l'antique. Sur le programme il y avait: *invito censore*, malgré la censure; et les plus belles dames écoutaient sans rougir des variations sur l'amour grec.

Si le plus souvent ceux qui ont composé des Proverbes n'y ont cherché qu'une distraction pour une société à amuser, Adam Mickiewicz, qui ne fit qu'effleurer le genre, y entrevit un instrument de moralisation. Dieu me garde de vouloir outrer l'importance de simples bribes littéraires! Je ne me fais aucune illusion, ni comme fils ni comme Polonais. Mais, parce qu'il n'y a pas de point de comparaison entre un poème et une fable ou un sonnet, ne sera-t-il point licite de constater que l'auteur des *Dziady* et de *Conrad Wallenrod*, quand il a abordé les genres inférieurs de la poésie, n'y a pas moins excellé que dans les hautes régions de l'art, ayant su replier suffisamment ses ailes d'aigle pour se mouvoir en un plus étroit espace? De même que j'ai fait remarquer que, par la légende de *Żywila*, Adam Mickiewicz avait donné un spécimen excellent de ce que pouvaient et devaient être des récits à l'usage du peuple, je puis noter ici qu'Adam Mickiewicz a, dans *Ce que Femme préfère*, donné un exemple et un modèle de Proverbe de société, comme sujet, comme ton et comme forme. Les Polonais, moins qu'aucun peuple, n'ont la liberté du théâtre. Mais que de scènes morales ou patriotiques pourraient être improvisées et jouées dans un salon! Ils y trouveraient, pour leurs enfants d'abord un puissant moyen d'éducation, et pour eux-mêmes ensuite un précieux *sursum corda*.

Les Français se plaignent quotidiennement de la non-liberté théâtrale. Sans cesse ils accusent la censure, lui reprochant et ses rigueurs et ses inepties. D'un autre côté, plus d'une mère de famille gémit, si elle veut mener ses enfants au spectacle, de ne pouvoir leur procurer cette distraction sans danger ou pour le moins sans inconvénients. L'un des moyens de réagir contre un pareil état de choses, en tant que cela dépend de simples particuliers, pourrait être un judicieux usage du Proverbe de société. « Ce mode n'est point à la portée de tout le monde, » nous dira-t-on. — Plus qu'on ne pense, répliquerons-nous. L'esprit n'est le monopole d'aucune classe et le petit nombre de personnages d'un Proverbe s'accommode avec tous les appartements. N'est-il pas souvent arrivé à des soldats en gaieté de donner au camp la comédie à leurs camarades? Les classes que la tradition, le capital, l'étude ont placées en avant et à la tête de la société, oublient trop qu'elles ont charge d'âmes : si elles veulent être respectées, à l'égal de sœurs aînées, par les divers prolétariats qui en bas se débattent dans la misère et l'ignorance, qu'elles commencent par leur ouvrir leur cœur avant même de leur ouvrir leurs mains. Et surtout qu'elles profitent des avertissements de la Providence pour se réformer elles-mêmes.

On parle beaucoup en France de revanche morale et de régénération. Il n'y aura un commencement de régénération que quand la femme française préférera pour mari un patriote pauvre, mais intègre, capable et enthousiaste, à un rentier sot et lâche, spéculard à outrance, mais riche, ou à un être titré mais ignorant et nul, diplômé mais servile, fonctionnaire exact peut-être, mais intrépidement prêt à fonctionner au profit de n'importe qui, fût-ce l'étranger ! Et l'un des premiers symptômes de cette régénération s'apercevra, lorsque le public ne pourra plus supporter les pièces de théâtre des Scribe et compagnie, dont on l'a, à son grand dam, nourri pendant cinquante années, et celles non moins égoïstes, mais en sus plates, niaises et graveleuses qui les ont suivies. La manufacture théâtrale est de plus en plus misérable, tout le monde le reconnaît; et il est difficile d'imaginer que cela change; quand l'Etat paie, la scène est ennuyeuse comme une feuille officielle ou officieuse; quand la direction vit du public, elle flatte ses goûts et ses appétits pour faire recette ; et il n'est pas rare qu'elle lui dore et glorifie ses vices, pour faire fortune. Le jour où les classes supérieures seront saisies d'un réel amour du bien public, elles inaugureront, par le théâtre à domicile, la réforme des théâtres publics; après s'être censurées en petit comité et avoir pris l'habitude de scènes élevées, elles ne pourront plus au dehors entendre ni voir de pièces où la noblesse des sentiments et la pureté de la morale soient absentes d'une œuvre d'esprit. Le goût plus pur qu'elles se seront formé dans leurs cercles, elles le feront prévaloir au milieu du grand public. Et ce sera un grand pas de fait. — Utopie ! nous crie-t-on. — Soit! mais alors que nous parle-t-on de régénération ?

Le présent opuscule, simple bluette, mais bluette illuminée d'un éclair, s'était conservé chez un ami d'enfance de l'auteur, M. François Malewski, qui n'avait gardé souvenance ni de la date ni de l'occasion de sa composition. Je la publie sur le manuscrit même de l'auteur. Il a été probablement écrit à Moscou, où Adam Mickiewicz se trouva interné en 1826; du moins on est porté à le croire, en lisant que le richard de notre impromptu possède « une maison de trois étages à la Twerskaja, » qui est le boulevard des Italiens de Moscou. A-t-il dû son origine à quelque jeu de société, a-t-il été improvisé comme une charade et des bouts-rimés à la suite d'un pari ou d'une de ces pénitences que les dames imposent? On est autorisé à le penser en lisant la phrase : « vu la patience de l'auditoire, » et cette autre encore : « C'est aux dames à prononcer. » Il serait possible encore, qu'il eût été griffonné au courant de la plume pour s'amuser du va-et-vient de l'esprit de quelque bonne connaissance, sauf à lui soumettre le manuscrit et à en rire avec elle. Nous soupçonnons que, le jour où il fut composé, Iwan et Wasili n'étaient que des pseudonymes transparents pour la dame qui joue cette comédie de salon; et nous jurerions que l'auteur avait un modèle vivant sous les yeux, en dépeignant cette coquette personne qui répète si ingénieusement l'immortelle scène de Rabelais au chapitre IX de la *Vie de Gargantua et de Pantagruel*.

Panurge, on s'en souvient, s'en va consulter Pantagruel pour savoir s'il se doit marier : « Pantagruel rien ne répliquant, con« tinua Panurge et dist avec profond souspir : « Seigneur, vous « avez ma délibération entendue, qui est me marier; je vous « supplie par l'amour que si longtemps m'avez porté, dictes m'en « votre avis. — Puis, respondit Pantagruel, qu'une fois en avez « jecté le dé, et ainsi l'avez décrété et prins en ferme délibération, « plus parler n'en fault : reste seulement la mettre à exécution. « — Voire mais, dist Panurge, je ne la vouldrois exécuter sans « vostre conseil et bon advis. — J'en suis, répondit Pantagruel, « d'advis et vous le conseille. — Mais, dist Panurge, si vous cog« noissiez que mon meilleur fust tel que je suis demourer, sans « entreprendre cas de nouvelleté, j'aimerois mieux ne me marier « point. — Poinct doncques ne vous mariez, répondit Pantagruel. « —Voire mais, dist Panurge, vouldriez-vous qu'ainsi seulet je de« mourasse toute ma vie sans compagnie conjugale? Vous savez « qu'il est escript : *Væ soli*. — Mariez-vous donc de par Dieu, « respondit Pantagruel. » Et tout le chapitre se poursuit sur ce ton. « Mariez-vous donc, » conseille Pantagruel à Panurge chaque

PRÉFACE.

fois que ce dernier se plaint des inconvénients du célibat. « Ne vous mariez donc point, » réplique-t-il, quand Panurge lui expose les dangers du mariage. Au premier doute, la girouette tourne; à chaque objection nouvelle, Pantagruel fait volte-face, type immuable des conseillers d'ici-bas qui modèlent leurs avis sur les goûts de celui qui les demande et les modifient selon ses tergiversations. L'auteur nous déroule ici une litanie analogue. « Epousez le Philosophe, » dit la chambrière. — « Mais.... » soupire la dame. — « Alors épousez le Poète. » La dame hasarde un autre *mais*; et sa confidente de revenir au Philosophe pour lui préférer ensuite le Poète, et ainsi de suite, au fur et à mesure des fluctuations de sa maîtresse.

Il est de ces femmes qui balancent entre deux cœurs, comme l'âne de Buridan entre deux bottes de foin. Seulement un âne est un âne et celui de Buridan se laissa, dit-on, mourir de faim, tandis qu'une femme est une femme, c'est-à-dire une créature raisonnable qui finit par se décider à satisfaire son appétit, soit qu'elle croque l'une des bottes de foin, soit qu'elle s'amuse à donner alternativement un coup de dent à droite et un coup de dent à gauche, car entre deux objets qui vous tentent, il en coûte tant parfois de sacrifier l'un à l'autre! La difficulté d'un pareil sacrifice a inspiré à Alfred de Musset son conte des *Deux Maîtresses*. La première avait telle qualité, la seconde telle perfection, si bien que le héros du conte, attiré tantôt par l'une, tantôt par l'autre, ne savait point se résoudre à ne pas les posséder toutes les deux.

La dame qui nous occupe est moins coupable. Elle n'aborde pas la pensée d'accaparer et Philosophe et Poète : seulement il lui est si difficile de faire un choix! Plus d'une jeune fille discute de la sorte les prétendants à sa main; et que de dialogues de ce genre s'échangent entre amies de pension ou entre maîtresses et suivantes!

Ce morceau, qui est un jeu d'esprit sans prétention, est plein d'une gaieté de bon aloi. Quand la jeune fille reconnaît que le poète a des qualités très-remarquables, le lecteur ne s'attend guère à voir figurer en première ligne une jolie petite campagne avec un joli petit revenu. Cela rappelle ce mot d'un seigneur russe, scandalisé du mariage d'un ami : « La jeune personne, disait-il, au physique est laide; et au *moral* elle n'a pas le sou. »

Peut-être la dame, courtisée à la fois par un poète et par un philosophe, a-t-elle posé au premier la question à laquelle il aurait répondu par écrit et à grand renfort d'ironie. Si la conclusion est prosaïque, c'est que la plupart des femmes ne cherchent ni poésie ni philosophie dans le mariage; et d'entre celles qui hésitent, combien n'y en a-t-il point qui finissent par se résigner à abandonner leur cœur à une grosse rente et à une belle maison? De nos jours, qu'est-ce qu'on nomme un *beau parti*, si ce n'est un *beau nom* et une *belle fortune?* De ces unions, il naît des enfants tels que ceux que nous représente le crayon de Cham : «Mon fils,» demande le père, un catéchisme à la main, « qu'est-ce qu'une bonne action? » — « Papa, » répond le gamin sans hésiter, « c'est une action au-dessus du pair. »

En opposition à cette représentation badine du triomphe final des sacs d'écus, il nous paraît juste de citer les réflexions, sérieuses cette fois, qu'Adam Mickiewicz émettait devant son ami Odyniec relativement à l'influence de la richesse sur la poésie, et que celui-ci reproduit textuellement dans une lettre de Francfort-sur-le-Mein du 3 septembre 1829 :

« Cette scène de l'Arioste (1) où Roland, en apercevant pour

(1) Voici le passage de l'Arioste auquel l'auteur fait allusion :

Non volse porre ad altra cosa mano,
Fra tante e tante guadagnate spoglie,
Se non a quel tormento ch' abbiam detto
Ch' al fulmine assimiglia in ogni effetto.

L'intenzion non già, perchè lo tolle,
Fu per voglia d'usarlo in sua difesa ;
Chè sempre atto stimò d'animo molle
Gir con vantaggio in qualsivoglia impresa ;
Ma per gittarlo in parte, onde non volle
Che mai potesse ad uom più fare offesa.

. . . .

Lo tolse e disse : « Acciò più non istea
« Mai cavalier per te d'essere ardito ;
« Nè quanto il buono val, mai più si vanti
« Il rio per te valer, qui giù rimanti.

« O maladetto, o abbominoso ordigno,
« Che fabbricato nel tartareo fondo
« Fosti per man di Belzebù maligno,
« Che ruina per te disegnò il mondo,
« All' Inferno, onde uscisti, ti rassigno. »
Cosi dicendo, lo gittò in profondo.

ARIOSTO, *Orlando Furioso*, c. IX, st. 88-91.

la première fois une arme à feu, la traîne sur le rivage et la jette à la mer, parce qu'il prévoit qu'elle amènera la décadence de la vigueur et du courage individuel, me revient en mémoire. Et je pense que, dès que la poésie rapportera de l'or, elle se métamorphosera peu à peu en idolâtrie de l'or et disparaîtra comme toute foi idolâtre. Tant que les poètes n'écrivirent que pour la gloire, ils durent songer à mériter la gloire; et l'argent leur fut quelquefois donné par surcroît. Quand ils écriront pour de l'or, ils finiront par ne mériter ni gloire ni or. Le protectorat des rois et des seigneurs était cent fois moins dangereux pour la poésie que le protectorat des libraires et des journalistes. Un roi ou un seigneur, qui protégeait la poésie, devait l'aimer et tant soit

Ces strophes ont été ainsi traduites en vers français :

> Roland, comte d'empire et sénateur romain,
> S'embarque, ne voulant, pour toute récompense,
> Dans la part du butin qu'au vainqueur on dispense,
> Que cet engin de mort, ce tube de métal,
> Foudre par son éclat et son effet fatal.
>
> Il ne veut pas qu'il serve à sa propre défense,
> Humiliant soupçon qu'il prendrait pour offense :
> Pour ce type d'honneur, de sainte loyauté,
> Prendre un tel avantage est une lâcheté.
> Il veut que ce fer creux, si puissant pour détruire,
> Soit mis en tel endroit qu'il ne devra plus nuire.
> Qu'il est loin de penser à s'en faire un appui!
> Les balles et la poudre, il prend tout avec lui.
>
> Et quand il fut au large où tombe en vain la sonde,
> Et qu'à droite et qu'à gauche il ne vit plus que l'onde,
> Rien que l'onde et le ciel sur l'Océan profond,
> Qui semble n'avoir plus ni de bord ni de fond,
> Il prit cette arme et dit : « Instrument d'épouvante,
> « D'une fausse valeur pour que nul ne se vante,
> « Afin qu'au plus vaillant le lâche désormais
> « Ne se puisse égaler, reste ici pour jamais!
>
> « O machine exécrable, invention barbare,
> « Par Belzébuth forgée au fond du noir Tartare,
> « Pour effrayer ce monde et pour l'anéantir,
> « Va, retourne aux enfers d'où l'on t'a fait sortir;
> « Va, tu ne feras plus ici-bas de victime! »
> Il la jette, à ces mots, au fond du noir abîme.

(Voir les strophes LXXXVIII, LXXXIX, XC, XCI du chant IX de *Roland Furieux*, trad. de F. Desserteaux. Paris, 1865.)

peu s'y connaître : donc, afin de mériter les égards d'un Mécène il fallait écrire quelque chose qui eût de la valeur. Au contraire, un libraire ne se préoccupe nullement de la bonté d'un écrit, mais de son débit; un journaliste ne songe qu'à augmenter le nombre de ses abonnés. Ils ne paient que ce qui se vend bien, c'est-à-dire ce qui flatte le goût, non des connaisseurs, qui sont peu nombreux, encore moins des gens simples, qui ne lisent pas de livres, quoique par le sentiment ils seraient peut-être les plus aptes à les juger, mais de la foule en habit, des demi-savants et des désœuvrés, qui ont les moyens d'acheter des volumes et sont prêts à le faire uniquement pour les déguster et en disputer ou pour se désennuyer. Leurs arrêts ne donnent pas la gloire, ils ne procurent que le renom et le débit. Qui sait si les poètes, lorsqu'ils l'auront compris, ne préféreront pas à une gloire posthume une célébrité de leur vivant? Aucun grand poète n'a été populaire immédiatement, car il a fallu du temps pour que le public contemporain s'élevât jusqu'à le concevoir. Il y a atteint plus ou moins vite, selon le degré de lumière ou de chaleur que le poète projetait autour de lui ou selon l'élévation du point qu'il occupait. Un rayon de soleil met huit minutes à parvenir jusqu'à la terre, et la lumière des étoiles fixes a besoin d'années entières; un météore, en un clin d'œil, éblouit les regards. Les poètes, qui n'auront soif que de renommée, auront souci de l'opinion, non des gens supérieurs, mais du plus grand nombre; et la majorité, c'est la médiocrité. La médiocrité en poésie, c'est comme l'indifférence en religion. Elle est pire que l'impiété! Les grands pécheurs font les grands pénitents : l'indifférence ne conduit ni à la vertu ni au repentir. La poésie dans l'indigence était comme le christianisme dans les catacombes. Les honoraires des libraires seront peut-être pour les poètes ce que les riches prébendes ont été pour la foi. »

Ainsi, Adam Mickiewicz ne croyait point que le poète dût baiser l'ergot du diable pour en recevoir puissance et jouissance, autrement dit, faire concession au monde pour en tirer ce précieux revenu net, objet de tant d'adorations et cause de tant de bassesses, après lequel la femme moderne soupire et dont si souvent le mariage dépend. Et cette fierté d'âme, qu'on voit empreinte en ses écrits, il la porta dans sa vie, chacun le sait.

Si son Proverbe est couronné par le triomphe du revenu net, on sent que, quoique conforme à la réalité des choses, ce triomphe est ironique, — comme ironique, par exemple, est la morale de la fable du *Loup et de l'Agneau* : La raison du plus fort est toujours la meilleure.

Quant à la femme, s'il lui donne un rôle abaissé, ce n'est point par méconnaissance de sa réelle grandeur : il la montre ici dans sa chute morale, comme ailleurs il la montra dans sa divine auréole : témoin Aldona, l'amante ardente et pure de Wallenrod, si pieuse et si dévouée. On peut voir, dans le *Cours Slave*, la page admirable qu'il a consacrée à la femme, où il explique comment c'est en Pologne que l'émancipation de la femme a progressé plus qu'en nul autre pays, non par le raisonnement, mais par des actes, car tout droit a besoin d'être mérité par un sacrifice correspondant, et où il cite la mort héroïque de la jeune comtesse Emilie Plater, colonel d'un régiment d'insurgés, et la vie inépuisablement charitable de la bonne Claudine Potocka, consolatrice des émigrés. (*Slaves*, III, p. 317.)

Adam Mickiewicz a donné, dans les *Dziady*, puis dans les *Drames Polonais*, l'idée de la puissance de son génie dramatique; on a, dans *Ce que Femme préfère*, la preuve que le génie comique ne lui était pas étranger.

Le présent Proverbe a été écrit en français par l'auteur; et peut-être même n'est-ce que la transcription de l'une de ces improvisations, dont parle son ami Odyniec (Voy. le 1er vol. de ces *Mélanges*, p. 287), qu'il faisait en français et dont les Russes demeuraient étonnés?

Qu'il ait été parlé, puis écrit, ou écrit d'abord, toujours est-il qu'il a été disposé de façon à être débité par une seule personne. Mais rien ne serait plus aisé que de s'en partager les rôles. Or, il y en a trois : la dame, sa suivante et finalement l'auteur. Il arrive, en plus d'une pièce de théâtre, que l'auteur ou l'*impresario* adresse quelques mots au public. Ici, l'auteur vient préciser la question qu'il soumet à son appréciation.

Quel accueil les lecteurs feront-ils à un Proverbe improvisé en français par un Polonais à Moscou, et exhumé après un laps de quarante-six années? Je l'ignore. Mais il me semble qu'il pourrait utilement servir de lever de rideau. Le style en est aussi simple que ferme. D'habiles acteurs en tireraient de saisissants effets. Le sujet n'a point vieilli : il s'agit d'un mal qui, en 1826, se révélait par ses premiers symptômes et était encore localisé, qui plus tard a envahi tout le corps social et contre lequel, aujourd'hui seulement, on peut espérer un commencement de réaction. Voilà pourquoi *Ce que femme préfère* arrive à son heure. Quand Adam Mickiewicz l'a composé, il devançait son époque; puis, il y a quelques années, si ce Proverbe eût été joué, il eût pu lui arriver la même chose qu'au *Mercadet* de Balzac, imaginé pour la flétrissure des boursicotiers et qui, quand il fut représenté (1851), produisit un effet diamétralement opposé à celui qu'avait cherché l'auteur, puisque la marée montante de la spéculation était si forte que les boursicotiers s'admiraient eux-mêmes, dans cette pièce comme dans un miroir, et que le public, qui adorait les coquins heureux et ne désirait rien tant que d'être admis à devenir peu ou prou leur complice, n'avait pas encore le ressort moral nécessaire pour les juger; aujourd'hui qu'il a amplement goûté les fruits amers qu'ils lui avaient préparés, il est permis de supposer qu'il en serait autrement. Déjà on a entrevu cette vérité: que c'est l'avilissement des caractères qui amène les désastres nationaux.

Nul doute que le public ne comprît et n'applaudît un Proverbe si moral sous sa forme ironique : *Qui vaut-il mieux épouser d'un poète ou d'un philosophe ? — Un rentier.*

L. M.

Paris, 6 octobre 1872.

CE QUE FEMME PRÉFÈRE

« Quelle différence y a-t-il entre l'amour d'un poète et d'un philosophe? » disait une jeune dame, en fixant sa femme de chambre avec un air d'incertitude. »

— « Eh bien! ma chère, répondit la suivante, femme vieille et très-rusée, qui donc préféreriez-vous, du poète Iwan ou du philosophe Wasili (1)? »

— « Ah! reprit la jeune dame, tous deux sont de braves gens, tous deux sont amoureux de moi; et cependant, quand j'y pense, il me semble que le Philosophe aime avec plus de force. As-tu remarqué comme il rougit à mon approche? Dernièrement, il disputait sur des matières de la plus haute importance, sur le fini et l'infini, sur des cercles et sur des angles, enfin que sais-je, moi? Imaginez donc un philosophe tout entier à ses démonstrations. Et cependant, dès que j'entrai, il oublia la fin de ses arguments, son front, naguère couvert de nuages philosophiques, s'épanouit, et ses joues se teignirent de rose. Il me dit qu'il ressemblait à un livre de dévotion, qui, tout grave qu'il

---

(1) *Iwan* et *Wasili* correspondent aux deux prénoms français *Jean* et *Basile*. (*Note de l'Éd.*)

est, doit revêtir une reliure en maroquin rouge, quand il entre dans le boudoir des dames. »

— « A la bonne heure, s'écria la vieille, prenez donc ce livre en maroquin rouge, prenez le philosophe Wasili, et ne tourmentez pas les gens par votre indécision. »

— « Mais, répondit notre belle irrésolue, le pauvre Poète, que deviendra-t-il? Si tu savais que de jolis acrostiches, odes, fables, il a écrits dernièrement, et tout cela à ma louange! Il a inséré ces vers dans un journal. Avec quelle impatience il attendait l'apparition de cette gazette chérie! Avec quelle ivresse de bonheur il m'apporta cette feuille, humide encore! Comme il se dépêchait de trancher les pages en se servant de ses doigts en guise de coupe-papier! que de choses sublimes il y avait là!... des étoiles, des palmes, des images, l'idéal! Ah! tu n'y comprends rien. Sache, en un mot, que je vis mon nom imprimé en gros caractères. La fille de l'isprawnik (1) et la veuve du général doivent à présent crever d'envie. Mon nom dans un journal! »

— « C'est vrai, murmura la vieille, je n'aime pas cette veuve de général, qui se dit plus jeune que moi; et si ce poète peut la faire crever d'envie, prenez le Poète. »

— « Mais, repartit encore en soupirant la jeune femme, on dit que les poètes sont volages. Je sais que Iwan a plusieurs fois adressé à d'autres dames ses acrostiches et ses fables. Quant au Philosophe, je suis

---

(1) *Isprawnik*, fonctionnaire russe, dont l'emploi tient du sous-préfet et du commissaire de police. (*Note de l'Ed.*)

sûre de son cœur; il ne fréquente que les bibliothèques, il ne parle avec enthousiasme que des livres, et, si, après son mariage, il devient jamais amoureux de quelque chose, ce sera d'un cercle; car je lui ai entendu dire qu'il n'y a rien de si beau et de si parfait que le cercle. Or, cette figure géométrique n'est pas une rivale bien terrible. »

— « Tu as raison, ma petite, tu as grandement raison de fuir les maris volages. Feu mon mari (que Dieu ait pitié de son âme!) se plaignait toujours de moi, parce que je le régalais de temps en temps de quelque volée de coups de bâton, que ses infidélités méritaient bien. Mon pauvre caporal! Je crois qu'il était poète, car il chantait souvent des vers : *Ide huzary preznich let* (1). C'est pour cela que le drôle était si inconstant. Je suis pour le Philosophe. »

— « Mais, continue la jeune personne, le Poète m'a juré de m'être fidèle, par toutes les divinités du Ténare (2). Je pleurais, il me regardait, il me prêta son serment les larmes aux yeux, et je t'avoue que ces larmes m'ont touchée. Je n'ai jamais vu pleurer le Philosophe. Je préfère un mari tendre. Toutes les fois que je me déciderai à pleurer, il faut que mon mari pleure aussi; et, quand il me plaira de m'évanouir, oh! le

---

(1) *Les hussards du temps jadis....*, premier vers d'une chanson russe. (*Note de l'Éd.*)

(2) *Ténare*, une des bouches de l'Enfer qui, selon la mythologie grecque, s'ouvrait près du cap qu'on appelle aujourd'hui Matapan. Prenant, par figure de rhétorique, la partie pour le tout, les poètes disaient : « les divinités du Ténare, » comme ils auraient dit : « les divinités de l'Enfer. » (*Note de l'Éd.*)

Poëte mourra de désespoir, tandis que le Philosophe fera appeler quelque médecin. »

— « C'est bien dit, exclama la femme de chambre en frappant des mains, très-bien dit. Un mari incrédule est un monstre. Moi aussi j'essayai deux fois de m'évanouir, mais savez-vous ce qu'a fait mon caporal de mari? Il roula un petit tube de papier, l'alluma par un bout, mit l'autre bout entre ses lèvres et me souffla dans le nez une bouffée de fumée qui aurait ressuscité un mort. Le scélérat! l'incrédule! Je crois qu'il était un peu philosophe. A tout considérer, ma chère, je suis pour le Poëte. »

— « Ah! s'il n'était pas si capricieux, interrompit la jeune fille. Mais, hélas! à chaque minute, il change d'humeur. Quelquefois il critique mes toilettes, il persiffle mes expressions, il m'accuse de cruauté, d'inconstance, il me maltraite; il me devient, mon Dieu! insupportable. Je cherche alors un asile auprès de mon philosophe, toujours calme, tranquille, content, point soupçonneux. Et, quand je suis à songer aux extravagances du Poëte, le Philosophe est persuadé que mon esprit est enfoncé jusqu'aux oreilles dans les thèses qu'il développe. Jamais il ne m'a appelée ni cruelle ni inconstante. Dernièrement il m'a appelée son *absolutum*, ce qui veut dire, selon moi, que je serai la maîtresse absolue de sa destinée. »

— « Maîtresse absolue! répéta la vieille. Tout est dit, prenez le Philosophe aujourd'hui même. Faites-le venir sur-le-champ. Ah! quel dommage que mon caporal n'ait pas été philosophe! »

— « Mais je ne puis nier, ajouta à son tour la jeune fille, que le Poète n'ait quelques qualités très-remarquables. Il possède une petite campagne avec un joli petit revenu. Il aime à vivre gaiement, à boire avec ses amis. On est sûre, dans sa maison, de se parfaitement amuser. »

— « Il fallait me le dire plus tôt, reprit la vieille. Ce genre de vie me plaît beaucoup : vous pouvez accorder votre main au Poète, et je serai l'intendante de votre petite campagne. »

— « Pas pour longtemps, dit la jeune fille en secouant tristement la tête. Il aime à dépenser, et il dépensera tout. C'est périlleux, la prodigalité; et quelle vilaine chose que la pauvreté ! Ah ! le Philosophe est plus raisonnable, plus régulier, plus économe. »

— « Ne me parlez plus du Poète, vous êtes femme du Philosophe ; c'est décidé. »

— « Mais, reprit encore une fois notre héroïne, j'ai dit que ce philosophe est plus économe; seulement, hélas ! il n'a guère quoi économiser. Il est actuellement presque aussi pauvre que le Poète le sera un jour. »

— « Dans ce cas-là, répondit gravement la vieille, je vous conseille de prendre notre vieux bourgmestre Borys, qui ne parle pas d'idéal ni d'*absolutum*, mais qui, en revanche, a une maison de trois étages à la Twerskaja (1), et vingt mille roubles quarante kopeks de revenu net (2). »

(1) C'est la rue la plus élégante de Moscou. (*Twerskaja ulica*, c'est-à-dire la rue de Twer.)　　(*Note de l'Ed.*)
(2) Le rouble vaut 4 francs, et il y a 100 kopeks dans un rouble.
　　　　　　　　　　　　　　(*Note de l'Ed.*)

— « Vingt mille roubles quarante kopeks! répéta comme un écho l'aimable jeune fille. Je crois que vous avez raison (1); j'y penserai. »

Ce dialogue, que j'ai entendu à la porte d'une maison, a presque résolu la question suivante : Qui vaut-il mieux aimer, d'un poëte ou d'un philosophe? Effrayé de la longueur de mon récit, je voudrais finir; mais, vu l'importance de sujets tels que philosophes et poëtes, et vu encore la patience de l'auditoire, je m'enhardis à ajouter quelques mots.

En parcourant l'histoire des amours des poëtes et des philosophes, on trouve entre la manière d'être de ces deux catégories de gens une grande différence. Les poëtes ont presque tous décrit l'histoire de leurs amours, et ont mentionné toutes les particularités concernant leurs amantes; mais, une fois mariés, ils ne trahissent pas le secret de leur ménage, et ils se taisent modestement sur le compte de leurs femmes. Au contraire, l'histoire des amours des philosophes est perdue pour la postérité, et l'histoire de leurs femmes jouit malheureusement de plus de célébrité que ce n'eût été désirable. Vous connaissez comment Ovide, Pétrarque, etc., faisaient leur cour : ouvrez l'*Art d'aimer* et les *Sonnets*, vous saurez tout sur Laure et sur Gly-

(1) Le *vous* employé ici par la dame envers sa suivante n'est pas plus une tache que, plus haut, le : « tu as raison, ma petite, » adressé par celle-ci à sa maîtresse. C'est, au contraire, le signe d'une profonde connaissance du cœur humain : dans un mouvement de joie, la vieille en oublia l'étiquette, et parla à sa maîtresse comme autrefois quand elle était enfant; ici la sagesse de la réflexion produit sur la dame cet effet qu'elle en oublie les distances. (*Note de l'Ed.*)

cère. Comment Socrate s'y prenait pour dire des compliments à Xantippe, c'est ce que personne ne sait ; mais, dans chaque recueil d'anecdotes, vous trouverez des sarcasmes contre cette pauvre épouse.

J'arrive à cette conclusion générale : que les poètes deviennent philosophes après leurs noces, et que les philosophes, dès qu'ils sont mariés, commencent à s'exercer dans la poésie satirique. C'est aux dames à décider lequel des deux systèmes est préférable.

Ce qu'ont de commun les destinées des espèces philosophique et poétique, c'est le dénouement de leurs amours. Il leur manque malheureusement la qualité essentielle ; et cette qualité, vous le devinez, c'est la richesse. Le poète, après avoir écrit et complimenté toute sa jeunesse, frappe à la porte de sa belle, et dit avec la cigale de La Fontaine : J'ai chanté tout l'été. — Eh bien ! dansez maintenant, répond la prévoyante fourmi.

Le philosophe a presque toujours le même sort ; et, s'il réussit par hasard à gagner le cœur de sa belle, en est-il plus heureux ? Écoutons Swift.

Or, le doyen Swift compare la tête du philosophe à cet instrument que le poète Sina presse contre son sein dans la maison de fous, c'est-à-dire à un balai. « La tête d'un philosophe, dit-il, verte quand elle est jeune, veut nettoyer le monde ; elle parcourt la chambre de la nature et passe dans tous les coins de la création comme un balai. Avec le temps, ce balai perd ses feuilles et devient chauve ; alors une vieille femme le manie à son gré et puis le jette par la fenêtre sur un tas de boue et de fumier. »

Qui faut-il donc préférer du poète ou du philosophe? C'est aux dames à prononcer; mais, sauf l'honneur des uns et des autres, je vote pour le bourgmestre Borys, s'il a une maison à trois étages et vingt mille roubles quarante kopeks de revenu net.

NOTES.

Je répondrai d'abord à deux critiques, dont l'une s'adresse au texe de l'auteur et l'autre à la préface.

Il est inadmissible, m'objecte-t-on, qu'une femme de chambre dise : « Ma chère » à sa maîtresse; cela choquerait dans les salons auxquels le Proverbe est destiné. — Et pourtant j'ai connu, et dans le meilleur monde, une vieille femme de chambre qui, non-seulement disait : « Ma chère » à sa jeune maîtresse, mais encore la tutoyait parfois, ce dont celle-ci n'avait point l'idée de se formaliser, se rappelant avoir, tout enfant, été tenue sur ses genoux.

J'ai écrit dans la préface : « L'hymen est aujourd'hui sans flambeau. Et où ce flambeau s'allumerait-il? A l'église, la lampe s'est éteinte, faute d'air respirable. Et, dans la cité, la flamme du patriotisme est étouffée. » — « Comment voulez-vous, me dit-on, que l'Eglise s'occupe d'autre chose que de marier les fiancés qui viennent le lui demander? Elle ne peut sonder leurs cœurs? Et quelle bénédiction voulez-vous qu'elle leur donne, sinon ces belles paroles si simples et si touchantes par lesquelles elle évoque les patriarches de l'ancienne loi et résume les devoirs des époux, un peu plus éloquemment, je pense, que le Code Napoléon? Elle prie Dieu pour ceux qu'elle unit à jamais; et si les fiancés s'aiment véritablement, s'ils envisagent le mariage religieux dans sa véritable signification, le flambeau de l'hymen s'allumera là pour eux d'une flamme plus vive et plus pure qu'aux déclamations des philosophes qui se marient à la face de la nature ou à la lecture de quelques articles de la loi civile. » Enfin l'on me reproche d'avoir l'air de reléguer la bénédiction au rang des choses surannées. — Je ne crois pas à la morale indépendante de l'idée de Dieu; je crois, au contraire, que toute société qui bannit Dieu de son sein se voue au dépérissement comme une plante qui serait privée de soleil. Et c'est précisément parce que ma foi en Dieu et dans la Patrie est entière, que je m'afflige de l'appauvrissement continu de Dieu et de la Patrie dans les âmes. L'amour doit être sanctifié ; mais une simple formule, si élevée soit-elle, ne suffit pas à la consécration ; or, on dirait que l'Eglise a perdu le secret d'illuminer les esprits et les cœurs. Les cierges symbolisent le flambeau moral, mais ne sauraient en tenir lieu. L'Eglise ne peut légitimement lier sur la terre que ce qui a été lié dans le ciel. D'entre tous ceux de qui l'union est quotidiennement prononcée, combien y en a-t-il dont les âmes se soient reconnues avec certitude ? Comment l'Eglise communiquerait-elle aux autres une clarté qui s'est obscurcie pour elle-même, absorbée qu'elle est dans l'exclusive préoccupation de ses intérêts ! Le mal, quoique moins grand chez les Polonais que chez la plupart des autres peuples, existe cependant chez eux aussi ; et ils se doivent à eux-mêmes de le combattre avec d'autant plus de soin que leur mission est plus élevée et que le compte, qui leur sera demandé par la Providence, sera plus rigoureux.

*
* *

Honoré de Balzac, qui, dans la longue série de romans qu'il a réunis sous le nom de *Comédie humaine*, s'est efforcé de reproduire les types les plus caractéristiques de la société de son temps, a publié une *Physiologie du mariage* qui peut être considérée comme la morale de son œuvre.

Partant de cette idée, qu'aujourd'hui l'acte de mariage est une espèce de charte, il montre comment les transgressions de la charte conjugale sont fatalement aussi nombreuses que les violations de la charte nationale ; que le serment entre époux n'est pas plus pris au sérieux que ne l'est le serment politique ; que tout conspire contre le chef de la communauté non moins que contre le chef de l'Etat : que si, par le temps qui court, un roi est quotidiennement exposé à être détrôné, un mari est incessamment exposé à être *minotaurisé* (mot que le célèbre romancier a inventé pour remplacer celui qu'employait Molière et que la pruderie moderne ne permet plus de prononcer, sans que toutefois le fait qu'il exprime ait en rien diminué).

La *Physiologie du mariage* est peut-être, de tous les ouvrages de Balzac, celui que la bourgeoisie française a le moins goûté, et même elle en a voulu à l'auteur. Car elle a été forcée de s'apercevoir que certaines peintures dans la vue desquelles elle s'était complue étaient ironiques comme des comédies de Molière.

Le livre dans lequel M. Emile Deschanel, le spirituel conférencier, a réuni *le Mal et le Bien qu'on a dit des femmes*, contient, entre autres remarques ingénieuses, celle-ci, empruntée à madame Emile de Girardin :

« Est-ce la faute de M. de Balzac, si l'âge de trente ans est aujourd'hui l'âge de l'amour? M. de Balzac est bien forcé de peindre la passion où il la trouve, et certes on ne la trouve plus dans un cœur de seize ans. Autrefois une jeune fille se faisait enlever par un mousquetaire; elle s'enfuyait du couvent par-dessus le mur à l'aide d'une échelle; et les romans de cette époque étaient remplis de couvents, de mousquetaires, d'échelles et d'enlèvements. *Julie* aimait *Saint-Preux* à dix-huit ans, à vingt-deux elle épousait par obéissance *M. de Volmar*; c'était le siècle. Dans ce temps-là le cœur parlait à seize ans, mais aujourd'hui le cœur attend plus tard pour s'attendrir. Aujourd'hui, *Julie*, ambitieuse et vaine, commence par épouser volontairement, à dix-huit ans, *M. de Volmar*; puis, à vingt-cinq ans, revenue des illusions de la vanité, elle s'enfuit avec *Saint-Preux* par amour; car les rêves du jeune âge maintenant sont des rêves d'orgueil. Une jeune fille n'épouse un jeune homme qu'à la condition qu'il lui donne un rang dans le monde, une belle fortune, une bonne maison. Un jeune homme qui n'a que *des espérances* est refusé; on lui préférerait un vieillard, qui n'a plus rien à espérer. Vous parlez des auteurs anciens; ils peignent leur temps : laissez M. de Balzac peindre le nôtre. La *Junie* de Racine, dites-vous? — Mais aujourd'hui elle choisirait bien vite *Néron* pour être impératrice. — *Manon Lescaut?* — Mais vous la voyez mettre à la porte *Desgrieux* pour un vieux maréchal de l'empire. — *Virginie?* — Elle quitterait *Paul* pour épouser M. de la Bourdonnaye. — *Atala?* — *Atala* elle-même préférerait au beau *Chactas* le père *Aubry*, si le vieillard n'avait fait vœu de pauvreté. — Mais voyez donc un peu les femmes passionnées, qui, de nos jours, font parler d'elles; toutes ont voulu être riches, comtesses, marquises et duchesses, avant d'être aimées. Ce n'est qu'après avoir reconnu les *vanités* de la vanité qu'elles se sont résolues à l'amour. Il en est même qui ont recouru naïvement après le passé, et qui, à vingt-huit ou trente ans, se dévouent avec passion au jeune homme obscur qu'à dix-sept ans elles avaient refusé d'aimer. M. de Balzac a donc raison de peindre la passion où il la trouve, c'est-à-dire hors d'âge. M. Janin a raison aussi de dire que cela est fort ennuyeux; mais, si cela est fort ennuyeux pour les lecteurs de romans, c'est bien plus triste encore pour les jeunes gens qui rêvent l'amour, et qui en sont réduits à s'écrier dans leurs transports : « Que je l'aime! Oh! qu'elle a dû être belle! »

*
* *

Nous trouvons dans un petit traité, imprimé en Belgique, des arguments de nature à expliquer les singulières préférences que témoigne l'héroïne du dialogue que nous publions:

« C'est un fait généralement admis, » nous dit l'auteur anonyme de l'opuscule en question, « que les femmes se connaissent très-bien en étoffes, en perles, en dentelles, et que, quand elles adoptent un ruban, il y a tout lieu de croire qu'elles ont pour ce ruban des motifs plausibles de préférence. Partant de cette donnée, des philosophes se sont demandé si elles mettaient un soin également sérieux dans le choix d'un amant ou d'un mari. La plupart en ont douté. Aujourd'hui, grâce à Dieu, la vérité s'est fait jour : il est acquis que les femmes ne s'éprennent de nous qu'à bon escient. Entre les hommes, elles comparent, elles examinent, elles pèsent; et elles ne se décident pour l'un d'eux qu'après avoir vérifié et constaté en lui la qualité précieuse qu'elles recherchent. Cette qualité, c'est... la sottise. De toute antiquité, les femmes ont eu de la prédilection pour les sots. Alcibiade, Socrate et Platon ont été sacrifiés par elles aux fats de leur temps. Turenne, La Rochefoucauld, Racine et Molière ont été trahis par leurs maîtresses pour des sots notoires. Nos contemporaines, s'autorisant de ces illustres exemples, continuent à idolâtrer les descendants de ceux qu'adoraient leurs grand'mères. Pour peu que l'on soit observateur et qu'on ait vu le monde, on sait que la sottise est presque toujou un gage de succès. Malheureusement ne jouit pas qui veut avantages de la sottise. La sottise est plus qu'une supériorit naire : c'est un don, c'est une grâce, c'est une marque divine naît sot, on ne le devient pas. Jamais une femme n'a résisté sot. Jamais un homme d'esprit n'a eu impunément un sot rival. L'homme d'esprit voit dans les femmes des êtres d'une n ture plus relevée que la sienne, ou, tout au moins, il leur prê ses idées, il leur suppose son cœur, il s'imagine qu'il faut po leur plaire des qualités au-dessus du vulgaire. Naturellement mide, il s'exagère encore, auprès d'elles, son insuffisance; le s timent de ce qui lui manque le rend défiant, indécis, tourme Le sot n'a pas de ces scrupules. L'intrépide opinion qu'il a de même le remplit de sang-froid, d'assurance. Il est satisfait d personne, et rien ne paralyse son audace. Il est amoureux haut. Il ne débite que des formules emphatiques et plates; il décèle rien qui indique une personnalité quelconque. Il n'est sus pect ni d'excentricité ni de poésie : c'est ce qu'il faut; il est médiocre et ridicule : c'est mieux encore. En effet, l'étranger qui lit ses missives n'y trouve rien à redire; dans sa jeunesse, le père de la demoiselle écrivait comme cela; la demoiselle elle-même ne s'attendait pas à autre chose. Tout le monde est satisfait, même ses amies. Que voulez-vous de plus? La conclusion finale, c'est que les sots réussissent et que les gens d'esprit échouent : résultat important et déplorable en cette matière surtout. » (*De l'amour des femmes pour les sots*, Liége, 1859.)

Un jour que Balzac parlait à certaine comtesse de la prédilection des femmes pour les sots, celle-ci lui fit remarquer que c'était en contradiction avec l'aversion des femmes pour leurs maris. — Hélas! non, pouvait-on lui répliquer, car elles ont commencé par les épouser.

Toute boutade a son côté de vérité et son côté d'exagération. S'il serait outré de soutenir que toutes les femmes, dans tous les temps, et partout, n'aiment que les sots, il est manifeste qu'il y a des époques et des lieux où la thèse ci-dessus relatée se vérifie pleinement. L'amour des femmes pour les sots est fréquent; mais il ne tient pas à la nature de la femme; c'est une maladie. Et si l'on observe attentivement cette maladie domestique, on voit qu'elle correspond à une maladie politique analogue : les deux maladies apparaissent à la fois dans la famille et dans l'Etat, avec les mêmes symptômes, même origine et même caractère. Il y a des époques où, par-dessus toutes choses, on a peur de l'élan: pour le mariage ou pour les fonctions publiques, on préfère les êtres éteints ou naturellement nuls ; on recherche d'une part des êtres bien élevés sans originalité, comme de l'autre des talents sans personnalité. Voilà pourquoi on épouse les sots et pourquoi ....hommes-machines ont le privilége d'occuper les ....

...tant les *Commentaires* de César et les *Dictées* de Napoléon ... le fidèle récit de leurs campagnes, autant les vers de Pétrarque sont la peinture véridique de ses amours : les *Sonnets* sont les bulletins de son cœur. Plus ...., on a vu de faux poëtes, le chantre d'Elvire et de Graziella, par exemple, se ..... dans des sentiments d'emprunt .... : il ....les .... à lui seul qu'il pense. ...., chez le malheureux Pétrarque, on retrouve les accents de la sincérité même. Ni il n'ajoute, ni il ne retranche; il aime, il dit ce qui fut et ce qui est, ce qu'il voit et ce qu'il sent.

« J'aimai, dit-il, une dame de qui l'esprit, ignorant des soucis d'ici-bas, brûlait de célestes désirs; de qui le visage, s'il y a quelque vérité en ce monde, reflétait les rayons de la divine beauté; de qui les mœurs étaient un exemple de l'honnêteté la plus parfaite;

de qui enfin, ni la voix ni la force du regard, ni le port ne décelait rien qui fût des mortels » (*Op. omn. Fr. Petrarchæ*, Basil. 1554, page 398, lin. 36). Les sonnets en l'honneur de Laure coururent toute l'Europe. Charles de Luxembourg, qui plus tard fut l'empereur Charles IV, étant venu à Avignon, l'une des premières demandes qu'il y fit fut de voir la femme célébrée par Pétrarque. Elle lui fut présentée ; alors, devant plusieurs personnes, il sollicita respectueusement la permission de lui baiser le front *in segno di stima*. Et Pétrarque consacre au récit de l'incident un sonnet, le 201e, qu'il termine par les mots : *Me empié d'invidia l'atto dolce e strano*. Quand il composa *les Dialogues avec saint Augustin*, il les data de la « 17e année de son amour » (*Oper.* vol. 1, p. 398). En cette même année (1343), il écrivait : « Mon amour est véhément et excessif, mais exclusif et vertueux » (*De secreto conflictu*). Cinq ans après il traçait ces lignes funèbres : « Laure, que ses vertus ont illustrée et que mes vers ont longuement célébrée, m'apparut pour la première fois, aux premiers temps de ma jeunesse, l'an du Seigneur 1327, le 6 avril, en l'église Sainte-Claire d'Avignon, au matin. Et dans cette même ville, dans ce même mois d'avril, le même sixième jour, à la même première heure, en l'année 1348, elle fut enlevée à la lumière de ce monde, alors que j'étais à Vérone, ignorant, hélas! mon malheur. Ce corps très-chaste et très-beau fut déposé au couvent des Frères Mineurs, le même jour de la mort, vers le soir.... Pour en conserver le douloureux souvenir, j'ai pris l'amer plaisir de l'écrire sur ce livre que j'ai le plus souvent sous les yeux, afin que rien en ce monde n'ait plus d'attraits pour moi, et que ce grand lien étant rompu qui m'attachait à la vie, je puisse, avec fréquente réflexion et juste estimation de notre existence passagère, être averti qu'il m'est plus que temps de penser à laisser cette Babylone terrestre, ce qui, avec la grâce de Dieu, sera facile à qui pense vivement et virilement aux futiles soucis du passé, aux vaines espérances, aux départs inattendus. » Le livre, sur lequel Pétrarque déposa ainsi son ineffaçable chagrin, existe encore aujourd'hui : c'est son *Virgile*, conservé dans la bibliothèque ambroisienne de Milan.

François Pétrarque, le prince des lyriques italiens, qui fut un savant et un diplomate, le maître de Boccace et l'ami de Cola di Rienzi, est né le 19 juillet 1304 à Arezzo, où, deux ans auparavant, en l'année même de l'expulsion du Dante, s'étaient retirés ses parents exilés de Florence. Il passa sa jeunesse à Avignon, devenu le séjour de la cour papale. Il y connut Laure, fille du chevalier Audebert de Noves, maire de la ville. La première fois qu'il la vit et l'aima, elle était déjà mariée à Ugo de Sade et âgée de 19 ans. Au bout de quelques années, il voulut s'affranchir du sentiment dont il était dominé : il fit la connaissance d'une dame, en eut deux enfants, un fils et une fille ; mais, en dépit de ses efforts pour oublier Laure, son cœur et son esprit retournaient toujours à l'objet de son premier amour ; il prit soin des enfants et rompit avec la mère. Il chercha aussi à éteindre sa flamme dans la solitude ; mais la solitude même ne fit que l'y accroître. « De là sont nées, a-t-il dit, ces poésies en langue vulgaire sur les erreurs de ma jeunesse, dont j'ai à présent quelque honte et repentir, mais qui, comme je le vois, sont aimées de ceux que travaille le même mal » (Lettre III du livre VIII des *Lettres familières*). Il a chanté Laure quand elle vivait, il la chanta quand elle fut morte ; il lui semblait la voir dans son sommeil ; il l'aima, bien qu'elle fût mariée, mais sans désirer la posséder : il l'aima malgré la mort, avec la certitude de la rejoindre ; et il persista jusqu'à la fin qu'on le trouva mort dans sa bibliothèque, la tête appuyée sur son livre, à Arqua, le 18 juillet 1374, à l'âge de 72 ans.

M. Edgar Quinet a dit de lui : « ...Dans ses angoisses on ne surprend nulle part le poète à maudire ou à envier le mariage de Laure ; et c'est encore ici un des traits les plus frappants de la société féodale. L'époux n'inspire point de jalousie ; l'idée que le bonheur eût pu être légitime ici-bas n'entre jamais dans le cœur des hommes du moyen-âge. Sur cette terre maudite, ils croient à l'amour, non au bonheur.... Ce nom de Pétrarque a volé sur toutes les bouches, parce qu'il signifiait l'amour sans espérance ici-bas, la félicité achetée par le sacrifice, le divorce sur la terre, les fiançailles dans la mort, le mariage dans l'éternité, en un mot la pensée de douleur qui s'exhale de chacune des relations humaines au moyen-âge ; de tout cela se compose ce qu'il appelle son secret. Pour toucher de vos doigts la vérité de ce qui précède, visitez Vaucluse. Ce désert stérile, ces antres, ces rochers minés qui se perdent dans la nue, cette nature âpre et sauvage, ce glapissement des oiseaux de proie, tout dans ces lieux parle de sacrifice, de renoncement intérieur aux voluptés de la terre ; ne cherchez pas, dans la Thébaïde de l'amour chrétien, le Tibur d'Horace.... Las d'errer, Pétrarque s'enferme pendant dix ans dans les rochers de Vaucluse. Un paysan, Ramon Monet, et sa vieille femme, sont les seuls compagnons de sa solitude ; il partage leur pain noir. C'est là, dans cette vie d'expiation, de renoncement, que le génie de Pétrarque prend sa véritable forme. Chacune de ses victoires sur ses sens (*De contemptu mundi vel secretum*) éclate dans un poème macéré ; cette poésie, dans laquelle s'exhale le plus pur parfum de l'âme humaine, au moyen-âge, lui est donnée en récompense de l'héroïsme intérieur ; dans ce pur séjour, il a vraiment vécu pour l'immortelle gloire. Comment les écrivains de nos jours ont-ils pu tout renverser au point de chercher au contraire l'explication de son génie dans ses heures de souillure? Le moyen-âge ne s'y était pas trompé (voyez la *Lezione* de Michel-Ange sur Pétrarque): à l'accent de sainteté dans l'amour, il avait reconnu l'écho d'une vie réparée et lavée dans la source de Vaucluse. » (*Révolutions d'Italie*, in-8, Paris, 1848.)

*
* *

Comme Pétrarque au moyen-âge, Ovide dans l'antiquité célébra son amante. Une même ardeur et vérité de sentiments leur a valu une même immortalité. Le nom de Laure signifiant *laurier*, plus d'un critique moderne imagina que Pétrarque avait, sous une personnification idéale, chanté la gloire, comme ils disaient que le Dante, sous le nom de Béatrice, avait chanté la sagesse. Mais l'existence de Laure de Noves ne fait pas plus de doute que celle de Béatrice Portinari. Glycère, dont le nom en grec signifie *douceur*, et à qui Ovide a consacré tant de vers de son *Art d'aimer*, n'est peut-être qu'un pseudonyme; mais celle qui a fait aussi fortement battre le cœur du poète latin n'en a pas moins existé. On soupçonne que la cause mystérieuse de l'exil d'Ovide fut l'amour qu'il aurait conçu pour une princesse de la famille d'Auguste, lequel s'en serait montré d'autant plus irrité que, chez les païens, le bonheur n'était pas, comme chez les chrétiens, ajourné à l'autre vie.

*
* *

Socrate, de qui Montaigne a dit qu'il « a esté un exemplaire parfaict en toutes grandes qualités, » et J.-J. Rousseau que « sa mort fut d'un sage ; » de qui Platon a écrit en terminant le récit de ses derniers moments : « Voilà quelle fut la fin de notre ami, de l'homme, nous pouvons le dire, le meilleur des hommes de ce temps; » qui avait su à la fois résister à la tyrannie des magistrats et combattre les sottises de la multitude, et fut moqué par Aristophane, et poursuivi par l'autorité ; qui, croyant à des lois non écrites (αγραφοι νομοι), et conseillant à chacun d'écouter son démon familier, c'est-à-dire la voix de sa conscience, fut accusé de ne pas reconnaître les dieux de la république et de séduire la jeunesse, mais qu'on ne put convaincre d'avoir en sa vie commis une seule injustice; que Cicéron admirait d'avoir refusé le concours de Lycias, le grand avocat, et, se défendant lui-même, de s'être exprimé, non comme un suppliant, mais comme le maître et le juge de son propre juge; qui, pouvant s'échapper de prison, déclara qu'il voulait obéir aux lois de la république, même injustes, et but la ciguë en recommandant de ne pas oublier le sacrifice du coq à Esculape, car, à ses yeux, la mort était une délivrance, un retour à la santé ; qui ne fut pas un théoricien mais un enseignement vivant, et dont les *dialogues*, recueillis par Platon, forment en quelque sorte un prodrome de l'Évangile ; qui, en un mot, fut, quatre cents ans avant l'ère chrétienne, un précurseur de Jésus au milieu de la gentilité, comme saint Jean-Baptiste le fut au milieu des Juifs ; — Socrate, si grandement homme de bien, ne fut pas heureux en ménage.

Socrate put s'exercer à la patience sans sortir de chez lui. Xantippe, sa femme, le fit souffrir. Mais elle eut une telle douleur de sa mort, que les Athéniens en furent touchés. Et, comme Socrate était mort pauvre, ils voulurent venir en aide à sa veuve : ce qu'elle refusa en disant que d'avoir été la femme de Socrate était un titre assez beau pour se passer de toute richesse.

⁎
⁎ ⁎

Voici la fameuse *Méditation sur un balai*, dont parle notre auteur. Disons d'abord à quelle occasion elle fut composée. Lady Berkeley, dont Swift était le chapelain, s'était prise de passion pour les *Méditations de M. Boyle*, que Swift fut bientôt las d'avoir à lui lire. Un jour, il inséra adroitement dans le volume une feuille de son écriture, la lut avec un sérieux imperturbable et s'en alla. Lady Berkeley ne manqua pas d'exprimer à des amis, qui vinrent lui rendre visite, son admiration pour Boyle, qui savait tirer de si belles réflexions d'un sujet si méprisable, et loua surtout son excellente *Méditation sur un balai*. Les interlocuteurs ne purent s'empêcher de témoigner leur surprise de ce titre ; l'un d'eux ouvrit le livre et trouva la page de la main de Swift : sur quoi ce fut un éclat de rire général ; et milady, le premier étonnement passé, goûta la plaisanterie autant que qui ce fût. Plus d'une dévote de nos jours se laisserait prendre à une pareille mystification, sans probablement avoir, comme lady Berkeley, le bon sens d'applaudir un tour si spirituellement joué :

Méditation sur un balai.

« Ce simple bâton, que vous voyez ici gisant sans gloire dans ce coin négligé, je l'ai vu jadis florissant dans une forêt ; il était plein de sève, plein de feuilles et plein de branches ; mais à présent, en vain l'art diligent de l'homme prétend lutter contre la nature en attachant ce faisceau flétri de verges à son tronc desséché : il n'est tout au plus que l'inverse de ce qu'il était, un arbre renversé sens dessus dessous, les rameaux sur la terre, et la racine dans l'air ; à présent, il est manié de chaque souillon, condamné à être son esclave, et, par un caprice de la destinée, sa mission est de rendre propres les autres objets et d'être sale lui-même; enfin, usé jusqu'au tronçon entre les mains des servantes, il est ou jeté à la rue, ou condamné, pour dernier service, à allumer le feu. Quand je contemplai ceci, je soupirai et dis en moi-même : *certainement l'homme est un balai!*

« La nature le mit au monde fort et vigoureux, dans une condition prospère, portant sur sa tête ses propres cheveux, les véritables branches de ce végétal doué de raison, jusqu'à ce que la hache de l'intempérance ait fait tomber ses verdoyants rameaux et n'ait plus laissé qu'un tronc desséché. Alors il a recours à l'art, et met une perruque, s'estimant à cause d'un artificiel faisceau de cheveux (tout couverts de poudre) qui n'ont jamais poussé sur sa tête; mais, en ce moment, si notre balai avait la prétention d'entrer en scène, fier de ces dépouilles de bouleau que jamais il ne porta, et tout couvert de poussière, provînt-elle de la chambre de la plus belle dame, nous serions disposés à ridiculiser et à mépriser sa vanité, juges partiaux que nous sommes de nos propres perfections et des défauts des autres hommes.

« Mais un balai, direz-vous peut-être, est l'emblème d'un arbre qui se tient sur sa tête; et je vous prie, qu'est-ce qu'un homme? si ce n'est une créature sens dessus dessous, ses facultés animales, perpétuellement montées sur ses facultés raisonnables, sa tête où devraient être ses talons, rampant sur la terre! Et pourtant, avec toutes ses fautes, il s'érige en réformateur universel et destructeur d'abus, en redresseur de griefs; il va fouillant dans tous les recoins malpropres de la nature, amenant au jour la corruption cachée, et soulève une poussière considérable là où il n'y en avait point auparavant, prenant tout le temps son ample part de ces mêmes pollutions qu'il prétend effacer; ses derniers jours se passent dans l'esclavage des femmes, et généralement des moins méritantes, jusqu'à ce que, usé jusqu'au tronçon comme son frère le balai, il soit jeté à la porte ou employé à allumer les flammes auxquelles d'autres se chaufferont. » (*Opuscules humoristiques de Swift traduits pour la première fois par Léon de Wailly*. Paris, 1861.)

— Jonathan Swift, né à Dublin en 1667, mort en 1745, fut doyen de Saint-Patrick comme Rabelais avait été curé de Meudon. Il donna carrière à son esprit humoristique dans des écrits qui sont restés célèbres, par ex. : les *Lettres du drapier*, le *Conte du tonneau*, les *Voyages de Gulliver*. Irlandais, il n'a pas épargné l'ironie aux Anglais. Il alla jusqu'à proposer, dans une brochure, aux lords anglais de permettre, pour soulager l'horrible misère des Irlandais, que ceux-ci vendissent au marché leurs enfants, qui, sur la table de leurs conquérants, remplaceraient avantageusement les dindes et les cochons de lait. Adam Mickiewicz parlait de Swift avec admiration. Pour un Polonais, il y a beaucoup à profiter de l'étude des armes si admirablement employées contre l'oppression par le grand écrivain irlandais : car la Pologne et l'Irlande sont deux sœurs d'infortune, l'une et l'autre unies malgré elles et par la force à un conquérant étranger.

On aura remarqué qu'Adam Mickiewicz, dans la citation qu'il fait de Swift, met le mot *philosophe* là où Swift a écrit le mot *homme*. Pourtant il n'y a pas inexactitude dans le fond. Car Swift, quand il parle de l'homme comparé à un balai, l'envisage surtout comme réformateur, destructeur d'abus et redresseur de griefs, autrement dit, comme philosophe.

***

Nous avons vu, dans *Zywila*, comment le génie et la gloire, puis, dans *Karylla*, comment la bonté et l'amour du travail suffisaient pour être aimé, mais non pour être marié ; car, dans un cas, le père, et, dans l'autre, les frères y mirent obstacle. Ceux-ci reprochaient à l'amant sa pauvreté et celui-là l'inégalité des rangs. En Russie, les rangs et la fortune se conquièrent aisément, pourvu qu'on ait du talent et qu'on n'ait pas de conscience. Adam Mickiewicz était trop patriote pour éprouver une tentation en Russie. Entouré de séductions, il n'eut pas même à lutter contre lui-même. Il avait laissé ses illusions en Lithuanie. Si l'amour d'une étrangère lui a souri sur des rives qui n'étaient point celles des fleuves de sa patrie, il y a, nous le voyons, répondu par une simple ironie : l'absence du revenu net. Il se maria sur la terre hospitalière de France, avec une Polonaise qui l'aimait d'enthousiasme et vint partager son exil. Mais il ne se convertit point pour cela au revenu net ; il refusa de sacrifier à ce dieu de la gentilité moderne, et, sous ce rapport, on peut dire qu'il mourut dans l'impénitence finale.

***

Un littérateur allemand a, vers le milieu du règne de Louis-Philippe, tracé de curieuses pages sur « la situation financière des littérateurs français ; » en voici un extrait (sous toutes réserves) :

« M. Frédéric Soulié, par exemple, auteur des *Deux Cadavres*, du *Vicomte de Béziers*, du *Comte de Toulouse*, du *Magnétiseur*, touche, bien qu'il ne brille pas au premier rang, 2,000 francs par volume (or la page française a beaucoup moins de lignes que la page allemande). Balzac, George Sand et d'autres sont payés sur le pied de 2 fr. par exemplaire, ce qui leur vaut 8,000 fr. pour chaque ouvrage en deux volumes tirés à deux mille ; ces deux auteurs favoris du public des lecteurs ont vu souvent leurs travaux rétribués beaucoup plus cher. Le libraire Ladvocat, autrefois si fameux, avait donné à Chateaubriand, auteur du *Génie du Christianisme*, 500,000 fr. de ses œuvres complètes. M. de Lamartine a reçu du libraire Gosselin, 80,000 fr. pour son *Voyage en Orient*, 20,000 fr. pour ses *Harmonies poétiques*, et pour ses *Méditations*, une somme assez considérable que je ne suis pas en mesure de préciser. Victor Hugo a touché 2,000 fr. pour la seconde édition de *Hernani*, et 10,000 fr. pour la première; le tout indépendamment des droits d'auteur perçus au Théâtre-Français et qui ont dû lui rapporter une somme quadruple; *Notre-Dame de Paris* lui a valu un bénéfice net de 15,000 fr. Alexandre Dumas a vendu son drame *Stockholm, Fontainebleau et Rome* 8,000 fr. au libraire Barba, et a gagné 30,000 fr. avec *Henri III* tant pour la vente du manuscrit que par les droits prélevés à chaque représentation. La *Revue des Deux-Mondes* paie 1,000 fr. par article de quelque étendue, signé d'un grand nom littéraire, et la *Revue de Paris* paie 150 fr. la feuille d'impression. Jules Janin se fait au moins 40,000 fr. de revenu.

« Alexandre Dumas a fait en onze jours les trois actes d'*Angèle*, de Vigny a passé dix-sept nuits à écrire *Chatterton*, et Victor Hugo trois semaines à composer *Angelo*. M. le comte de Vigny n'a pas gagné beaucoup de sa plume; *Chatterton* est écrit pour un public d'élite; cette pièce a trop de profondeur pour que le caissier du théâtre y trouve du profit. Le jeune Mallefille a reçu 500 fr. pour son drame de *Glenarvon*. Les auteurs dramatiques qui travaillent pour le Vaudeville, les Variétés et le Gymnase sont les mieux rétribués de tous, car ils reçoivent quatre pour cent par acte, ce qui fait le cinquième de la recette pour une pièce en cinq actes, le double de ce que paie l'administration de la Porte-Saint-Martin. M. Scribe reçoit de la direction du Gymnase, outre ses droits d'auteur, une somme annuelle de 6,000 fr., et il s'engage à fournir un certain nombre de pièces par année. Les vaudevillistes sont les plus expéditifs de tous ceux qui écrivent pour la scène; leurs pièces sont faites en fabrique et souvent par plusieurs à la fois : L'un compose le dialogue, l'autre fait provision de pointes, un troisième rime des couplets et un amateur de musique fournit la mélodie. Ils épient l'apparition de quelque livre remarquable et saisissent avec avidité le premier événement qui se présente pour l'exploiter à leur profit. L'auteur d'une pièce de théâtre reçoit un certain nombre de billets par représentation; en général il les donne au chef de la cabale qui en vend une bonne partie et remet l'autre à ses subordonnés. (Les journaux annonçaient dernièrement que, dans une faillite dont le bilan a été déposé au greffe consulaire, on voit figurer comme actif *le fonds de claqueur en chef du théâtre du Vaudeville*. Ce fonds a été payé 20,000 fr. comptant par le failli et rapporte 550 fr. chaque mois.)

« Le nombre des prosateurs, des poètes, des journalistes et écrivains de toute espèce qui fourmillent à Paris, est réellement incalculable : on en trouve dans les positions les plus humbles et les plus misérables, comme dans les rangs les plus élevés et les plus brillants. C'est un monde de traducteurs, d'arrangeurs et de teinturiers littéraires. Des milliers de personnes vivent du théâtre, de la librairie et des journaux ; je ne parle ni des imprimeurs, libraires, relieurs, etc. ; mais seulement des écrivains, des rédacteurs, des sténographes, vaudevillistes, traducteurs, correspondants de journaux, compilateurs ; puis une foule innombrable de beaux-esprits au service des gens de lettres, et de spécialités en tout genre : ici une école, là une coterie ; ici un parti, là une méthode nouvelle ; ici un train de prince avec des chambellans, des encensoirs et un langage courtisanesque ; là un agent de calomnie avec ses poisons, son fiel et ses plumes acérées. Parfois aussi, mais bien rarement, des ermites tels que Charles Nodier et Ballanche, quelques oiseaux de passage, venus de l'étranger, comme Mickiewicz, le grand poète populaire des Sarmates,—Witwicki, le bon, le doux, le pieux Théocrate, qui tourne chaque jour ses regards vers l'église de l'Assomption,—Heine, cet Allemand francisé, ce Français germanisé, qui s'efforce d'oublier les parfums du sol natal, comme si les abeilles parisiennes ne produisaient que du miel. » (Voy. *Revue du Nord*, V, p. 331 : — *Silhouettes de Paris* de A. D. Bornstedt, 1837, trad. de l'allemand.)

Depuis trente-cinq ans les prix de la main-d'œuvre littéraire ont, pour certains écrivains, énormément augmenté. A côté du prolétariat littéraire, une féodalité littéraire est née. L'exagération du propriétarisme en matière de littérature a provoqué entre autres protestations le volume de Proudhon contre les *Majorats littéraires*. Une *Société de gens de lettres* s'est établie pour veiller aux intérêts de l'industrie littéraire. De même que le gentilhomme, c'est-à-dire l'homme qui avait une *gens*, était nourri par cette même *gens* dont son bras défendait le territoire, il n'y a pas à s'étonner que l'homme de lettres tire ses moyens matériels d'existence de son public, c'est-à-dire, de ceux dont son esprit protège et agrandit le domaine moral. Il est naturel que l'écrivain vive de sa plume, comme le prêtre vit de l'autel ; mais la richesse ne doit être le but ni de l'un ni de l'autre. L'époque où domine la préoccupation du gain, si elle est la plus douce pour les littérateurs, n'est pas la plus heureuse pour la littérature. Les pressentiments d'Adam Mickiewicz se sont tristement vérifiés : ses paroles de 1829 ont reçu, des faits subséquents, le plus probant commentaire.

— Un homme de lettres français, de qui certaines pièces eurent jadis quelque vogue, Auguste Luchet, dénonçait, il y a trente ans, dans une revue, les misères de la collaboration, l'exploitation bizarre de jeunes talents par des hommes dont la réputation était faite, expliquant comment un auteur en renom mais fatigué, épuisé, tenait à un débutant plein de mérite, de verve et de fécondité ce langage inouï : « Combien gagnez-vous par ligne, par feuille et par volume ? On me paie dix fois, vingt fois plus, associons-nous, vous ferez la besogne, je la signerai et nous partagerons ! »

La littérature a enrichi quelques hommes. Mais plus d'un, tout en recevant de gros appointements, a ressenti une cuisante douleur morale. La médaille en effet a son revers. Un journal publia, peu après la mort de Théophile Gautier, l'aimable feuilletoniste qui collabora successivement à la *Presse* d'Emile de Girardin et au *Moniteur universel*, dans le temps qu'il était officiel, une étude qui contient des mots navrants sur sa vie littéraire.

« Comme je m'étonnais, un jour, qu'il eût consenti à faire une besogne si contraire à ses goûts, en acceptant la charge du feuille-
« ton dramatique, Théophile me répondit : « Un poète qui n'a pas
« de fortune et qui n'est d'aucun parti politique, est obligé pour
« vivre d'écrire dans les journaux. Or on n'a pas toujours le choix
« des choses qu'on aimerait le plus à faire. Le feuilleton de théâ-
« tre est une besogne à jour fixe, qui vous donne de maigres
« émoluments, mais des émoluments fixes, et c'est là le point impor-
« tant dans un petit ménage. Les romans, les récits de voyage ne
« durent qu'un temps. Les comptes-rendus dramatiques subsistent
« toujours... » — Alors, lui-dis-je, tu es heureux, mon pauvre
« Théo ? — Heureux ! fit-il, autant que peut l'être un forçat qui
« compte déjà huit ans de galères. » Puis il ajouta : « La chose
« serait supportable si l'on ne devait jamais rendre compte que
« des pièces du père Dumas, de Victor Hugo, même de d'Ennery,
« qui entend son affaire ; si tous les cabotins, dont on est tenu de
« parler, étaient de la force de madame Dorval, de Bocage, ou
« de Frédérick-Lemaître. Mais, pour un drame de la valeur d'*Her-*
« *nani*, ou de *Richard d'Arlington*, que d'inanités mal écrites,
« signées de Ponsard et de quelques autres, il faut avaler et faire
« avaler au public. Quant à la liberté d'appréciation dont on jouit,
« tu sauras qu'il n'existe pas de nègre condamné à périr sous le
« fouet qui ait été plus exploité et plus tyrannisé que ton ami.
« Si encore on se donnait la peine de me dire ce qu'on exige de
« moi, reprit-il, je pourrais à peu près supporter la vie qui m'est
« faite. Mais non : il faut que je devine tout. On ne se fatigue
« même pas à desserrer les lèvres pour m'apprendre ce qu'on sou-
« haiterait que je fisse. Et je n'ai même pas la satisfaction de

« n'être tyrannisé que par un seul maître; j'en ai autant qu'il y a
« de co-propriétaires et d'influences diverses dans le journal où
« j'écris. Tu peux voir maintenant d'ici comment je fais mon
« feuilleton dramatique ; je voudrais ne songer qu'à la pièce, à ses
« interprètes, me borner à donner mon appréciation au public, à
« qui je la dois sincère et complète ; et, au lieu de cela, il faut
« que je me loge dans l'esprit, pour diriger cette appréciation, les
« liaisons qui attachent tels et tels au personnel figurant dans la
« pièce, ou les rancunes qui les portent à lui vouloir tout le mal
« possible. Juge comme c'est commode et quels rapports ces préoc-
« cupations peuvent avoir avec l'esthétique. Voilà à quel labeur je
« suis condamné! Et, je ne puis pas m'y soustraire, car, si je me
« permettais la moindre réflexion, on me casserait aux gages, et il
« n'y aurait plus de pain à la maison. » — Et, tendant les deux
bras avec effort, le pauvre Théo ajouta avec une expression d'envie désespérée : « Oh les cantonniers, qui cassent des pierres sur
« les routes! » (*Souvenirs sur Théophile Gautier*, par Ernest
Feydeau. *Bien public*, n° du 26 décembre 1872.)

— Dans le même temps que la *Revue du Nord* donnait un extrait
des *Silhouettes de Paris* de Bornstedt, la *Revue des Deux-Mondes*
citait ce passage de l'ouvrage de M. de Custine sur *l'Espagne* :
« En France, J.-J. Rousseau est le seul qui ait rendu témoignage
par ses actes, autant que par ses paroles, à la grandeur du sacer-
doce littéraire; au lieu de vivre de ses écrits, de vendre ses pensées, il copiait de la musique, et ce trafic fournissait à ses besoins.
Ce noble exemple, tant ridiculisé par un monde aveugle, me paraît,
à lui seul, capable de racheter les erreurs de sa vie... Il y a loin
de la dignité du pauvre Rousseau à la pompeuse fortune littéraire des spéculateurs en philanthropie.... » (Tom. XVI, 4ᵉ série,
p. 366, année 1838.)
Le trafic des dons de l'esprit est un grand péché, que le christianisme a sévèrement condamné et qui est appelé *Simonie*, de
Simon le magicien, lequel eut la coupable pensée d'offrir de l'argent aux apôtres pour leur acheter le pouvoir de communiquer
le Saint-Esprit par l'imposition des mains (*Actes*, VIII, 18, 19). —
Les apôtres, afin d'éloigner d'eux toute tentation de tirer du spirituel le moindre profit matériel, gagnaient leur vie par le travail
de leurs mains.

**
* **

J'ai, dans la préface, parlé de l'influence sociale que pourraient
avoir les théâtres de société. Au moment où j'écris ces lignes, je
vois qu'à Rome et à Florence (mars 1873) des représentations publiques viennent d'y avoir lieu, données par des personnes du

grand monde, au profit d'œuvres de bienfaisance. A Rome, la célèbre artiste madame Ristori (mariée au marquis del Grillo, George Capranica, gentilhomme de cour de la princesse de Piémont), a joué au théâtre de l'*Apollo*, dans la *Donna e lo Scettico* de Paul Ferrari et le troisième acte de *Marie Stuart* de Schiller, assistée de *dilettanti* tels que le prince Colonna (don Marc-Antonio), un richard de province, M. Montefoschi, etc., devant des loges garnies de la plus haute société et au milieu des applaudissements d'un parterre d'élite. A Florence, le 3° acte des *Femmes savantes* de Molière et deux vaudevilles français furent joués avec grand succès par des amateurs de distinction, tels que le comte Gaston de Larderel, le duc de Dino, les comtesses de Larderel, Orlowska, Bentivoglio, mesdames Troloppe, de Martino, etc. L'Académie philodramatique romaine existe depuis 1826. Auparavant il y avait déjà une Académie dite des *Imperiti* (c'est-à-dire des inexpérimentés), laquelle avait un caractère plus démocratique, mais fut dissoute après 1834 et dont les débris se fondirent dans l'autre Académie. La Société prit alors le théâtre Cesarini et compta parmi ses membres don Giovanni Chigi, madame Laure Pianciani, la comtesse Lepri, don Bartolomeo Ruspoli, le duc Grazioli, le duc Sforza Cesarini, le comte de Carpegna, etc. Après l'entrée des troupes italiennes à Rome au 20 septembre 1870, la Société philodramatique romaine s'est réorganisée sous la présidence du prince libéral Marc-Antoine Colonna.

Les Polonais pourraient d'une manière analogue se servir du théâtre, sans être retenus par le préjugé religieux ni social, puisque pareille chose s'est faite à Rome sous les papes et se fait actuellement à Florence, fleur de civilisation et reine du bon ton, et de plus y introduire, comme en tout, leur patriotisme, en ravivant les grandes scènes de notre histoire nationale, en glorifiant les héroïsmes qui ont créé notre puissance et en stigmatisant les défauts ou les vices qui ont préparé et consommé la perte de notre République.

NOTICES LITTÉRAIRES

PRÉFACE.

Nous avons donné, dans les *Légendes lithuaniennes*, un échantillon du comment Adam Mickiewicz entendait la propagande populaire, afin d'entretenir ou raviver le patriotisme dans les âmes; — puis, dans le proverbe : *Ce que femme préfère*, une invitation aux classes supérieures de la société d'aider à leur propre régénération en se censurant elles-mêmes, de sorte qu'en premier lieu la famille soit sanctifiée par l'amour dans le mariage.

Maintenant, nous allons donner trois *Notices* qui, si elles traitent d'objets divers, pourtant ne diffèrent point de sujet; car, sous une forme ou sous une autre, elles mettent en lumière l'action de la littérature polonaise. La première est tout à la fois un aperçu de la mission civilisatrice de la Pologne et une éloquente dénonciation des moyens employés pour la destruction de ses sources traditionnelles et même l'anéantissement de sa langue. La seconde est un hommage rendu par l'auteur à un ami, qu'une mort prématurée venait de frapper, et qu'il pleura non-seulement comme compagnon, mais comme patriote, car il avait reconnu en lui la précieuse qualité d'avoir gardé le plus profondément le caractère polonais dans ses productions poétiques, tout empreintes qu'elles soient de la douleur du mal qui travaille les nations d'Europe. La troisième notice est un coup d'œil de l'auteur lui-même sur la principale de ses œuvres, lorsqu'elle fut pour la première fois présentée au public français.

La littérature polonaise est à la tête de la littérature des peuples d'Europe. Un illustre étranger, qui fut toujours extrêmement jaloux de l'hégémonie intellectuelle de sa nation, a rendu ce témoignage à ma patrie. Je lis en effet les lignes suivantes dans la correspondance du grand agitateur italien avec la comtesse d'Agoult :

« Vous êtes, lui écrit-il, bien féroce à l'endroit de mes pauvres Slaves. Ils ont trois grandes choses pour eux. Ils naissent, ils viennent à la vie : nous mourons ; nous mourons pour nous transformer, pour renaître, je le veux bien ; toutefois, c'est d'un côté le berceau, de l'autre la tombe de tout un ordre de choses : laissez-moi, vous femme, m'intéresser au berceau. En second lieu, ils ont seuls aujourd'hui, depuis la mort de Goethe et de Byron, la seule poésie spontanée, vivante, respirant l'action, qu'il me soit donné de connaître. Vous me citez Mickiewicz, que j'ai connu, il n'est pas seul. Ils ont Malczewski, Garczynski, Zaleski, Krasinski. Il y a plus de poésie dans un des embrassements que Zaleski donne à l'Ukraine et à ses steppes, plus de poésie dans quelques scènes du drame de *Krasinski*, dans son rêve de *Cesara*, dans son *Prisonnier*, que dans toutes les élégies de Lamartine et dans toutes les poésies en bas-relief de Victor Hugo. La vie, l'action, le sentiment d'une tâche à accomplir, remuent dans tout ce que ces hommes écrivent. Enfin, mon amie, ces hommes, ces Slaves que vous dédaignez, savent le martyre que nous ne connaissons plus : ils prient et combattent, tandis que nous diplomatisons ; ils luttent et lutteront, soyez-en sûre, jusqu'à l'avénement, tandis que nous faisons de l'*opportunisme* entre le tombeau de la Pologne et celui de Danemark. A force de l'analyser, nous avons tué la vie. Votre race germanique, c'est la critique, c'est la pensée sans l'action. Son unité n'a pas un martyr depuis 1848. La Pologne tout entière est un seul martyr.—26 sept. 1864. » (*Lettres de Joseph Mazzini à Daniel Stern*. Paris, 1873, p. 24.)

Ce n'étaient point là, chez Mazzini, des paroles qui provenaient d'un accès de sympathie, au milieu de notre dernière lutte insurrectionnelle ; c'était chez lui une idée réfléchie et qui datait de loin. Trente ans auparavant, dans un article publié par lui en français, à Paris, dans la *Revue républicaine* (t. V, fasc. 14), à propos d'un drame de Thomas Grossi, il écrivait :

« Si ma voix pouvait se faire écouter par l'auteur de *Marco Visconti*, je lui dirais : Le roman historique, comme le drame, est impossible sur la terre où tu vis : écris de fantaisie. Nous avons toujours été si haut ou si bas dans l'histoire, que c'est pitié de vouloir nous traîner ainsi sur une route moyenne, où la grandeur historique étouffe, resserrée à l'étroit entre deux montagnes. Ne torture pas ainsi ton beau génie dans un travail, que ta pensée a conçu tout entier, mais qui ne peut sortir qu'incomplet du moule où il te faudra la jeter. Ne souille pas ton âme chaste et pure par des concessions. Pourquoi ces noms historiques qu'il te faut effacer à moitié? Pourquoi ces ébauches imparfaites du passé, quand nulle leçon ne peut en ressortir pour nous? Et que répondras-tu à ceux qui viendront te dire : Tu as évoqué les ombres de nos pères, maintenant fais-les parler; nous voulons les entendre? — Ah! laisse là nos pères; qu'ils n'apparaissent dans nos pages, comme dans nos souvenirs, que pour nous sauver ou pour nous maudire! — N'as-tu pas des chants dans ton âme pour nous consoler, toi, poète? Chante-nous, comme Kollar le Bohême; chante comme Mickiewicz. Ils ont chanté eux aussi dans les fers; mais leurs chants sont répétés tout bas avec amour, avec recueillement, partout où deux hommes souffrent et espèrent dans la patrie qu'ils ont chantée. Sois comme eux; fais-toi un symbole, une image d'ange ou de femme, belle et triste... Chante, pleure et prie avec elle; mais prie avec foi, prie avec espérance; que ce soit la prière de ceux qui vont se relever forts et dévoués, non celle de l'esclave qui plie et s'affaisse lâchement sous le poids de ses chaînes.» (*Scritti di Giuseppe Mazzini*. In-18, Milan, 1862, IV, p. 149.)

L'article, d'où ces lignes sont extraites, est intitulé : *De l'Art en Italie*. Il n'est pas daté. Mais il doit être de 1835, si j'en juge par cette phrase de Mazzini à Daniel Stern : « En 1835, j'écrivis dans votre *Revue républicaine* qu'il y avait un vide en Europe. »

Et Mazzini était bon juge en littérature. C'est incontestablement l'un des premiers écrivains contemporains. Il s'était nourri de Dante; et on lui doit l'achèvement de la magnifique édition, aujourd'hui classique, qu'en avait commencée Ugo Foscolo.

On a fait à la littérature polonaise le reproche d'être trop nationale; et l'on a vu, dans ce caractère, un obstacle à son universalisation. Mais quelle littérature fut plus nationale que la littérature hébraïque? Cela ne l'a pas empêchée d'être en même temps la plus humaine. La langue des Juifs était probablement moins répandue que celle des Phéniciens; et elle était parlée par un peuple moins nombreux que celui des Assyriens. Cependant elle a survécu à la langue des Phéniciens comme à celle des Assyriens. Il en sera de même de la langue polonaise.

Il y a des nations de qui la langue se généralise par sa banalité, comme il y a des discours d'autant plus applaudis qu'ils sont plus ordinaires, qu'ils s'adressent d'avantage à la moyenne des intelligences. C'est ainsi que, sur le Danube, un ministre-orateur expliquait à un ami le secret des applaudissements qui accueillaient sa parole : « Je baisse de ton tout exprès, disait-il, pour être compris d'un plus grand nombre. » Or, ce ne sont point là des succès durables ni pour les individus ni pour les peuples.

Ce qui constitue la force d'une parole, la puissance et la richesse d'une langue, c'est la grandeur de l'idée qu'elle porte en elle, la somme de vérités qu'elle exprime, l'intensité de chaleur et de lumière qu'elle projette, le courant de vie qu'elle communique.

Dans le message, par lequel il a inauguré sa deuxième présidence de la république des Etats-Unis d'Amérique (février 1873), e général Grant disait : « Depuis que le commerce, l'éducation et la communication rapide de la pensée et de la matière par l'électricité et la vapeur ont changé les choses, je crois que le Créateur prépare le monde à devenir tout entier une seule nation, parlant une seule langue, fait qui rendra inutiles les armées et les marines militaires. » Le *Times*, de Londres, en reproduisant le message, a fait la réflexion fort juste : « Qu'il n'y a pas le moindre motif de prévoir la disparition des distinctions ethnologiques et morales qui constituent la nationalité. » Le président américain avait commencé par dire : « Qu'il ne partageait pas l'appréhension que les Etats couraient le danger de s'affaiblir ou d'être détruits par l'extension ; » et il terminait par la promesse « d'encourager et appuyer toute recommandation au Congrès qui tendrait à ce but. » De telle sorte que les paroles apocalyptiques du chef de la colossale République ne sont pas très-éloignées des vues du chef du colossal empire de Russie ; — et c'est un nouveau trait de leur affinité. A la Maison-Blanche de Washington, comme dans le palais de Tzarskoéselo, on croit peu aux nationalités, mais d'un côté de l'Atlantique, à l'universalisation de la puissance et de la langue anglo-américaines, comme de l'autre, à l'universalisation de la puissance et de la langue russes.

Nous croyons au développement de la fraternité des nations autant qu'à celle des hommes ; mais nous ne croyons pas plus à leur absorption de toutes en une seule qu'à l'absorption de tous les individus en un seul. Plus les peuples se civiliseront, plus ils comprendront que l'assujettissement d'une nation par une autre nation n'est pas moins odieux que l'esclavage d'un homme par un autre homme, et que le meurtre d'une nation est la répétition agrandie du crime de Caïn sur son frère. Il arrivera un jour où la mutilation territoriale d'une nation sera jugée avec la même sévérité que le serait à présent la mutilation corporelle d'un prisonnier de guerre, et où l'annihilation d'une nation pour se nourrir de sa substance produira la même horreur que provoquerait l'anthropophagie. Chaque nation a sa langue propre au même titre que chaque homme a son accent particulier. Les langues cesseront d'être ennemies; et, leur variété s'harmonisant dans l'unité, Dieu se réjouira d'être invoqué, glorifié et béni dans toutes les langues de la terre. On peut se demander si l'Humanité reviendra à une seule et même langue, comme avant la dispersion de Babel, s'il lui sera donné, sur cette terre, de rentrer dans le paradis terrestre. Mais, quels que soient les desseins de l'Eternel, on doit se dire que l'idiome privilégié ne saurait être que celui dans lequel la sainte douleur et les célestes aspirations auront le plus infusé de l'esprit divin.

Et c'est là précisément ce qui fait notre foi dans la vitalité, la perpétuité, l'immortalité de la langue polonaise : elle est de toutes les langues modernes celle dans laquelle il a été et il est le plus méritoirement souffert et prié. La langue de Pologne traversera les âges, ainsi que l'a fait la langue d'Israël : elle aussi, elle sera épelée, étudiée, parlée, quand depuis des siècles celle de ses persécuteurs aura disparu; car la violence et la langue de la violence n'ont qu'un temps, mais la justice et la langue de la justice demeurent à toujours. Le divin qui est en elle la fait vivre comme l'âme qui anime le corps. De même que l'hébreu est demeuré la langue sainte, ainsi le polonais pourra être appelé la langue du martyre national.

Tant qu'il y aura un Polonais, les poésies d'Adam Mickiewicz seront lues, comme le sont celles d'Homère par les Grecs, et celle de Dante par les Italiens. Et, tant que le nom de Mickiewicz sera prononcé, on répétera celui de Garczynski, le jeune poète de génie qu'il a aimé.

L. M.

5 mars 1873.

DÉPOUILLEMENT

DES BIBLIOTHÈQUES ET DES MUSÉES

DE POLOGNE

AVANT-PROPOS.

Après Waterloo, la France ressentit le dépouillement de ses musées aussi vivement peut-être que le démembrement de son territoire. Napoléon en a parlé jusque dans son testament. Il est de petites douleurs contre lesquelles l'âme se révolte plus encore que contre de grands désastres. Casimir Delavigne lança des strophes indignées :

> A l'ombre de nos étendards,
> Ils reviendront ces dieux que la fortune exile.
> L'étranger, qui nous trompe, écrase impunément
> La justice et la foi sous le glaive étouffées;
> Il triomphe en barbare et brise nos trophées.
>   Que cet orgueil est misérable et vain !
> Croit-il anéantir tous nos titres de gloire ?
> On peut les effacer sur le marbre et l'airain;
> Qui les effacera du livre de l'histoire?

Nous lisons dans l'avant-propos des *Messéniennes* : « Quand Casimir Delavigne vit le Musée dévasté et ces lourds chariots qui passaient sous les voûtes du Louvre et s'arrêtaient devant le portes; quand il vit les Barbares mettre le levier sous nos statues, et les emporter comme un butin de guerre, il protesta éloquemment contre ce sauvage abus de la victoire. Comme poète, il adressa de touchants adieux à ces merveilles des arts, à ces dieux de la Grèce, que la fortune exilait de leur patrie adoptive, à ces muses profanées, qui penchaient devant l'ennemi leurs têtes abattues, à ce dieu des neuf sœurs, qui ne trouvait pas même un trait pour terrasser ces briseurs d'images. Comme citoyen, il rappela fièrement aux étrangers qu'ils pouvaient bien emporter des statues, mais qu'il fallait renouveler la face de l'Europe, s'ils voulaient y effacer nos champs de bataille et la trace des pas de nos armées. »

Et pourtant les étrangers ne reprenaient à la France que les œuvres d'art que celle-ci leur avait enlevées. Napoléon Ier avait le droit de punir les odieux principicules italiens; mais l'Italie pleura que ce fût sur son dos qu'il les châtiât, et il est regrettable qu'en cette circonstance Napoléon ait pratiqué le vieux droit brutal de la conquête. Il y a des monuments qui ont servi de trophées successivement à tous les conquérants : ainsi les fameux chevaux de bronze ravis à la Grèce, qui furent ensuite portés de Rome à Constantinople, de Constantinople emmenés à Venise, puis par Napoléon à Paris, et qui, en 1815, ont derechef quitté l'arc du Carrousel pour retourner sous les arcades supérieures de Saint-Marc à Venise. Si Napoléon Ier avait pu croire légitime de s'approprier les chevaux de bronze qui avaient voyagé avant lui de capitale en capitale, et naturel d'enlever comme un drapeau conquis dans la bataille le lion ailé de Saint-Marc qui surmonte l'une des deux colonnes de la Piazzetta du palais des doges, et qui a été un temps à Paris sur l'esplanade des Invalides, de quel droit enlevait-il les chefs-d'œuvre de la peinture italienne, arrachait-il les Corrége, les Raphaël, les Michel-Ange et les Titien à leur patrie? de quel droit enlevait-il à la bibliothèque Ambrosienne de Milan le précieux *Virgile* de Pétrarque? Il agissait à la romaine ; mais il donnait un mauvais exemple en faisant ainsi revivre l'antiquité dans ses procédés barbares, lesquels finirent par se retourner contre la France.

Napoléon ne mit jamais la main sur des musées entiers. Il y préleva une dîme consentie par les gouvernements qui avaient cherché querelle à la France et que ses victoires avaient mis à sa merci. La Russie déporta des collections entières, comme il lui est arrivé de déporter des villages entiers aux confins de l'empire ; et ces trésors, dont la Russie dépouillait un voisin traîtreusement garrotté; la Pologne ne les avait pas butinés au loin; c'étaient des acquisitions librement débattues, ou les productions du génie national. Nous aussi, nous pouvons affirmer, que les étrangers, en décrochant du palais de Varsovie les portraits de nos rois, et en les traînant au Kremlin, comme ce spéculateur dont la conscience atrophiée ne redoute même plus la vue d'objets mal acquis, ont pu emporter nos chefs-d'œuvre artistiques, mais non nos glorieuses traditions.

Il est vrai que les Romains, lorsqu'ils prenaient une ville, emmenaient la divinité. Ils l'interrogeaient : *Visne Romam adire?* Et ils considéraient son silence comme un consentement. En emmenant les divinités, ils privaient le peuple vaincu de la source de ses inspirations, ils lui dérobaient l'avenir, ils constituaient son infériorité; ils l'assujettissaient par une chaîne spirituelle plus forte que des liens d'acier, en ne lui permettant plus d'invoquer ses propres dieux que par l'intermédiaire des vainqueurs, puisque seuls les patriciens romains étaient sacrificateurs.

Les Russes, en enlevant les monuments, eux aussi, essaient de frapper la nation, non-seulement dans son présent, mais dans son passé, dans ses racines. Ils voudraient réduire les Polonais à ne connaître de leurs annales que ce qu'il plairait au gouvernement du tzar qu'ils en sussent. On peut dire des ennemis de la Pologne, selon le mot de Condorcet, que « leur vengeance ne s'arrête pas à la tombe : elle veut frapper jusqu'au souvenir. »

Le peuple romain était comme Hercule promenant sa massue par le monde : il sentait en lui un idéal supérieur à celui des peuples qu'il soumettait à ses lois. Les tzars de Russie voudraient étouffer la Pologne, en exterminer ou transplanter les habitants, et dans les survivants tuer l'esprit des aïeux, comme le tentèrent sur Israël les tzars d'Assyrie, fléaux de Dieu et bourreaux des peuples.

Mais, pas plus que les tzars d'Assyrie, les tzars de Russie ne réussiront. Dieu a permis que la Pologne, comme Israël, fût punie de son inertie spirituelle, de ses infidélités passagères à sa mission; mais il ne permet pas qu'elle soit anéantie. Car si Israël a été le peuple premier-né de l'Eternel, la Pologne, bien des signes en font foi, est, dans le monde moderne, la fille de prédilection de Dieu.

Au moment où je réimprime les plaintes que mon père portait à la barre du peuple français, j'ai la douleur de lire ces lignes, extraites du *Courrier du Bas-Rhin*, que les journaux français reproduisent avec une émotion que partageront leurs lecteurs :

« La célèbre bibliothèque militaire de Metz, composée de 40,000 volumes, emballés en 140 caisses, est parvenue ces jours derniers à l'état-major général prussien à Berlin. C'est une collection unique dans son genre; elle contient des ouvrages des plus rares ou qu'on ne retrouve plus ailleurs, ainsi que des manuscrits et dessins très-précieux. Pendant trois siècles, on y a travaillé avec un zèle louable et sans reculer devant aucune dépense. »

Ce n'est pas une seule bibliothèque, ce sont toutes leurs bibliothèques que les Polonais, en émigrant en 1831, virent devenir la proie des Barbares. Ils n'en sentirent que davantage la nécessité de réagir contre un tel état de choses.

A peine en France, ils se préoccupèrent de faire connaître leur cause à l'étranger, comme aussi de rassembler sur une terre libre les chefs-d'œuvre de leurs auteurs. Aussi, dès le 29 avril 1832, une Société littéraire était-elle fondée à Paris par les généraux Bem et Uminski, Alexandre Walewski, Louis Wolowski, Théodore Morawski, etc. La Société tenait ses séances le 3 mai, jour anniversaire de la constitution que s'était donnée la Pologne en 1791. Pendant les dix premières années de son existence, la Société s'occupa surtout de fournir des matériaux et renseignements sur la Pologne aux parlements, aux journaux et aux revues, etc. C'est par ses soins que parut de 1836 à 1844 le recueil diplomatique rétrospectif intitulé : le *Portofolio* (rare et précieuse collection, qui forme 6 vol. in 8). En 1833, on avait résolu d'avoir des membres honoraires, et les choix se portèrent sur le général La Fayètte, lord Dudley Stuart, Bignon, Villemain, etc. J. U. Niemcewicz proposa de constituer une Section historique, ce qui s'effectua le 8 février 1838. Il y eut aussi une Section statistique sous la présidence du comte Louis Plater. La Section historique s'occupa de réunir les livres et manuscrits, et de faire copier, dans les archives et les collections particulières, les documents touchant la Pologne. La Section historique fut d'abord présidée par Niemcewicz et, à sa mort (1840), par Adam Mickiewicz. C'est le 24 mars 1839 que la Bibliothèque polonaise, créée de dons volontaires, sous l'impulsion de la Société littéraire, et successivement accrue, ouvrit ses portes au public. En 1853, la Société littéraire fit l'acquisition d'un immeuble, quai d'Orléans, n° 6. En 1854, les sections se fondirent en un seul corps, qui prit le nom de *Société historique et littéraire*. Le prince Adam Czartoryski en fut élu président et Adam Mickiewicz vice-président. A l'occasion de la guerre d'Orient, un de ses membres, le regretté Charles Sienkiewicz, longtemps conservateur de la Bibliothèque polonaise, fit paraître une publication analogue au *Portofolio* sous le titre : *Recueil de documents relatifs à la Russie, pour la plupart secrets et inédits*, publié en 3 livraisons, de juillet 1853 à septembre 1854. Sous les auspices de la Société, le général Chrzanowski exécuta une carte de Pologne en quarante-huit feuilles in-folio, travail dont les frais furent couverts par des sacrifices patriotiques. La Bibliothèque polonaise possède 33,000 volumes, plus de 20,000 feuilles d'extraits concernant la Pologne, tirés des différentes archives,

27,000 gravures, un millier de monnaies polonaises. Elle a été reconnue, par décret du 10 juin 1866, institution d'utilité publique. Si l'on ajoute que la bibliothèque de l'École nationale polonaise de Paris est riche de 22,000 volumes (elle a notamment acquis la bibliothèque de notre grand historien Lelewel, en lui en laissant la jouissance sa vie durant), on conviendra qu'aucune émigration n'a jamais réalisé, dans d'aussi dures conditions, des fondations si vastes.

A côté de la Société littéraire, plusieurs groupes éphémères se constituèrent dans le même but, et ne tardèrent pas à se fondre avec elle ou à disparaître. L'eau va à la rivière, dit le proverbe; et plus d'une fois il arrive que la trace d'un affluent desséché s'efface.

La première pensée de reconstituer à l'étranger une bibliothèque pour la Pologne s'est manifestée par l'initiative d'un groupe de libéraux français, amis de notre nation, qui s'inspirèrent de mon père.

Adam Mickiewicz, qui, ainsi qu'on l'a vu, par la *Politique du XIXe siècle*, p. 38-55, avait, dès les premiers temps de l'Émigration, préconisé la réunion de la diète polonaise à Paris, et la fondation d'un journal français consacré à la défense de la cause polonaise, songea également à la création d'une bibliothèque nationale polonaise sur le sol de l'exil. La bibliothèque fut une préoccupation, non de la première, mais de la troisième heure, quand, l'espoir d'une revanche prochaine ayant reculé à l'horizon, l'âme se replia sur elle-même, et fit un retour vers le passé.

Nous trouvons, dans la correspondance d'Adam Mickiewicz, une lettre où il dit: « Il existe à Paris une *Société de civilisation*, qui a résolu de fonder une bibliothèque pour les Polonais. Je rédige à cette occasion un appel. On m'a invité à exposer dans une note combien les Russes ont ravi de bibliothèques aux Polonais, et je m'occupe des recherches nécessaires. Ainsi les épaves de notre naufrage national ont trouvé un asile à Paris. »

Mon père rédigea la note en français : car elle était destinée à servir d'appel au bon vouloir des étrangers en faveur de la nouvelle institution polonaise. La lettre, dans laquelle il en parle, était adressée à Kajsiewicz, et elle est sans date; mais elle est visiblement antérieure de très-peu à la pièce publique où le travail en question se trouve intercalé.

La note de mon père, adoptée par le bureau de la *Société de civilisation*, et revêtue de l'approbation du Comité central franco-polonais, parut sous le titre de : *Appel aux peuples civilisés pour la formation d'une bibliothèque à offrir à la Pologne.*

Elle fut insérée dans le numéro de janvier 1834 du *Polonais, journal des intérêts de la Pologne*, in-8°, t. II, p. 30. Les émigrés polonais qui rédigeaient ce journal l'y firent précéder des considérations suivantes, sur la conservation des sciences et de la littérature de la Pologne : « Depuis les derniers désastres, la Pologne voit dépérir tous les jours sa nationalité ; la lance du Cosaque, trempée dans le sang polonais, n'épargne point ses souvenirs glorieux; et le tzar, dont la vengeance devrait enfin être satisfaite, enlève et détruit les derniers monuments littéraires de ce pays. C'est pour remplir ce vide, c'est pour arrêter la décadence des sciences et de la littérature polonaise, que la *Société de civilisation* vient de faire un appel aux peuples civilisés pour la formation d'une bibliothèque qui sera offerte à la Pologne. Grande et noble idée qui atteste que cette société comprend la mission qu'elle s'est imposée de concourir, par tous les moyens possibles, à la conservation et à l'extension universelle des idées civilisatrices. Il est glorieux pour la France de montrer, par des œuvres aussi dignes d'elle, qu'elle comprend tout ce qu'il y a de hideux dans la conduite d'un usurpateur, qui veut ensevelir une nation dans l'ignorance et la barbarie. Nous ne pouvons qu'applaudir à un acte aussi éminemment utile, et nous témoignons à la Société de civilisation notre gratitude au nom d'un peuple malheureux, au nom de tous ceux de ses enfants qui expient sur une terre étrangère le crime glorieux d'avoir réclamé une patrie. Nous ne doutons pas que les Français généreux et éclairés ne s'empressent de concourir à élever ce nouveau monument à la nationalité polonaise et de contribuer ainsi à la régénération d'un grand peuple. Sur l'invitation de M. le vice-président de la *Société de civilisation*, nous consignons avec plaisir la pièce suivante dans notre recueil. »

En reproduisant dans le présent volume la note de mon père, je la donne conforme au texte original. Le texte imprimé avait subi quelques retranchements. Les signataires n'osèrent qualifier d'astucieuse et de lâche la politique qui est propre aux gouvernements civilisés de notre époque. Ils y ajoutèrent une conclusion que voici, où se retrouve, légèrement modifiée, la dernière phrase du manuscrit de Mickiewicz :

« A cet effet, nous faisons un appel à tous les amis de la Pologne pour les engager à déposer dans le sein de la *Société de civilisation,* quai Malaquais, n° 1, tous les livres de quelque nature qu'ils soient, dont ils pourront disposer. Un catalogue contiendra les noms des donateurs et le nombre de volumes offerts, sur lesquels sera immédiatement apposé un cachet portant ces mots : *Les peuples civilisés à la Pologne.* Cette collection aidera ainsi à combler le vide laissé en Pologne par l'enlèvement que le tzar a fait faire de toutes les bibliothèques publiques. La littérature et les arts polonais ont émigré avec l'armée exilée; ils reverront leur sol natal, et la bibliothèque que nous allons former y entrera escortée des enfants de la Pologne. »

Suivait la date : « Paris, 25 novembre 1833, » avec les signatures :
« Comte Lasteyrie, président ; Daniel Saint-Antoine, vice-président; Mangeat, secrétaire; Bertin; Chardel, député; Reffay de Sulignan, Jullien de Paris. »

Puis venait la mention du comité central franco-polonais :

« Approuvé par le comité central : F. Moncey, président; Chardel, député; Monternault, avocat; colonel Raucourt, Maisonneuve, Tisserand, ancien directeur de l'École normale; Vendel-Heyl, professeur; Buchère, propriétaire ; Routher, avocat aux conseils; Deschamps, architecte ; Avril, architecte; Duverne, avocat; Poulet, propriétaire ; Courtin, peintre ; Crammaille, propriétaire; Michel Berr, homme de lettres. »

Je ne pense pas que cette *Société de civilisation* ait longtemps fonctionné. Cependant la bibliothèque polonaise se fonda; et si une action collective tendant à l'enrichir de dons français et étrangers ne dura pas, la bonne volonté des particuliers persista et la bibliothèque reçut de donateurs français un nombre considérable et de volumes et de gravures.

Le comte de Lasteyrie, président de cette Société, était le gendre d'un des plus nobles amis de la Pologne, du général La Fayette. Toute cette famille est restée fidèle à notre cause.

Les Russes, eux aussi, devraient avoir présent à l'esprit ce conseil, que le savant Kœstner donnait au philosophe Fichte, en l'invitant de moins méditer sur *le moi* et un peu plus sur le *à moi.*

Les pillages commis en Pologne sont la base des collections publiques et privées en Russie. Pierre Ier n'avait pour toute bibliothèque qu'une poignée de livres ramassés dans ses voyages, quand il s'appropria, en 1714, la bibliothèque de Mitau, qui comptait 2,500 volumes de choix, et la bibliothèque de Riga. Ce fut là l'origine de la bibliothèque de Saint-Pétersbourg. Ce même Pierre 1er obtint qu'Auguste II lui offrit le tableau représentant la présentation à Sigismond III par Zolkiewski des tzars qu'il avait faits prisonniers. Le tableau fut détruit, mais des gravures s'en sont conservées. Pierre s'adjugea également les magnifiques copies en bronze de l'*Apollon du Belvédère*, de la *Vénus de Médicis*, etc., qui ornaient le jardin de Villanow et qui figurent dans les jardins de Péterhof. L'admirable bibliothèque de Nieswiez fut ravie aux Radziwil en deux fois, une partie en 1769 et l'autre en 1772; Backmeister, dans son *Essai sur la bibliothèque de Saint-Pétersbourg*, dit que ce contingent de livres fut plus considérable que tout ce qu'avait encore reçu cette bibliothèque. L'abbé Ignace Polkowski évalue à 17,000 volumes le total de cette déprédation.

L'évêque Zaluski avait rassemblé une incomparable bibliothèque, formée de 300,000 volumes, 12,000 manuscrits, et 25,000 gravures, qu'il offrit à sa patrie. En 1795, Catherine la confisqua; les Cosaques qui traînaient ces trésors en vendaient à la livre le long du chemin.

Les archives publiques, conjointement à la bibliothèque Zaluski, furent, après le départ du roi Stanislas-Auguste de Varsovie, transportées à Pétersbourg; les trois cours se partagèrent ensuite les archives; mais la bibliothèque resta à Pétersbourg, et jusqu'au jour d'aujourd'hui elle forme un des ornements les plus précieux de la capitale russe (Zaydler, *Storia della Polonia*, II, p. 473).

Après la chute de l'insurrection de Kosciuszko, le commandant russe de Varsovie, Buxhowden, déroba du trésor de célèbres tapis des Gobelins représentant le déluge, tissés sur fond d'or et acquis par le roi Sigismond-Auguste. En 1812, le général Tuczkow, en menaçant de la potence le commandant, se fit révéler où était caché le trésor des Radziwil qui avait échappé aux pillages de leur bibliothèque et qui avait été muré. Les douze Apôtres en or et mille autres bijoux et curiosités furent escamotés par Tuczkow. L'empereur Alexandre envia la chance de son général et lui fit rendre quelques objets, entre autres la tente du grand vizir que Jean III avait conquise lors de la délivrance de Vienne. Le dernier des Radziwil de cette ligne illustre, le prince Dominique, compta ainsi l'empereur lui-même parmi les spoliateurs de ses reliques de famille.

En 1832, lors de la suppression de 290 couvents, la bibliothèque de Saint-Pétersbourg s'adjugea les volumes qui lui plurent, les autres furent gaspillés. La bibliothèque de Varsovie, augmentée en 1819 des bibliothèques de quarante-quatre couvents supprimés, fut déportée à son tour. Nicolas ne laissa aux Varsoviens que les volumes traitant de théologie et de médecine. Le 1er mai 1832, un oukaze ordonna le transport à Saint-Pétersbourg de la bibliothèque, avec les archives, les collections savantes et les souvenirs de la Société des amis des sciences à Varsovie. C'était quasi une propriété privée, formée de dons tels que celui du prince Sapieha qui en 1804 donna 4,000 volumes, du primat Holowczyc, qui donna 3,000 ouvrages, des livres de Bohusz, de Czacki et de Staszyc. Les empereurs de Russie méritent qu'on leur applique le mot de Proudhon, avec un léger changement, en disant que leur propriété c'est le vol; car en effet elle résulte d'une longue série d'exactions, en violation de toutes les lois divines et humaines Dans le palais de la Société des amis des sciences, se trouvait l'étendard de Mahomet, envoyé par Sobieski au pape et que le général Dombrowski avait rendu à la Pologne.

Les princes Czartoryski sauvèrent beaucoup des souvenirs accumulés dans Pulawy et presque toute leur bibliothèque. Les Russes pillèrent le reste. La bibliothèque de Vilna, de 50,000 volumes, prit le chemin de Pétersbourg, ainsi que celle de Krzemieniec, de 30,000 volumes, et celle de Kiew. Les Russes décimèrent d'autres bibliothèques, déversèrent la moitié de celle des Basiliens à Pétersbourg et l'autre moitié à Moscou. Quand Nicolas entreprit de convertir les Uniates à coups de bâton, les anciennes et précieuses éditions se rapportant à cette liturgie furent, sur son ordre, brûlées par monceaux. En 1864, nouvelle confiscation de cent bibliothèques de couvents supprimés. La bibliothèque de l'Académie catholique de Varsovie, de 15,000 volumes, et celle des missionnaires, de 30,000 volumes, placés sous les tables, sont abandonnées aux rats.

Je ne veux pas dire qu'il n'y ait que les Russes de coupables. Les Autrichiens et les Prussiens ne sont pas meilleurs observateurs du Décalogue. Après le Partage, les Autrichiens rassemblèrent les livres enlevés des couvents, en réservèrent 20,000 pour la bibliothèque de l'Université et vendirent le reste au papier. Les archives de la République furent saisies en 1795, une partie existe à Moscou, une autre à Saint-Pétersbourg. Les Prussiens y portèrent aussi la main et en 1807 restituèrent ce qu'il leur convint de rendre. Enfin ce sont eux qui pillèrent le trésor de nos rois. On ignore si les Hohenzollern l'ont enfoui dans le leur ou s'ils l'ont dispersé. Actuellement, à une exposition à Vienne, figure le sceptre d'ivoire du roi Michel Wisniowiecki que possède, on ne sait d'où, une bourgeoise allemande. Le trésor contenait la couronne que l'empereur Othon offrit au roi Boleslas en 1000, la couronne du sacre, la couronne de Hongrie, chacune avec leurs sceptres, des croix, des reliquaires, deux glaives des chevaliers Teutoniques, le glaive ébréché par Boleslas le Hardi sur la porte de Kiew, des bonnets enrichis de pierreries, les joyaux de la couronne, des bagues, des sabres, et, ajoutons, la couronne de Russie léguée au trésor par Ladislas IV. Le 15 juin 1794, les Prussiens occupèrent Cracovie. A leur sortie, le trésor, diminué par des vols précédents, n'existait plus.

A Cracovie, le château royal, dont sur la fin du dix-huitième siècle l'Anglais Coxe décrivait encore les fresques, fut changé en caserne.

On formerait tout un catalogue de l'argenterie, des bijoux, des objets d'art de toute sorte que la Russie a extorqués aux Polonais. Cet inventaire douloureux n'a encore été fait par personne, et les voyageurs n'ont jamais souci de rechercher ni d'indiquer la provenance des trésors qu'ils admirent.

Dans une *Description de Moscou* par le comte de Laveau, publiée en 1835, nous lisons :

« On voit dans le trésor du Kremlin : *la couronne en vermeil de la Pologne* faite pour l'enterrement du roi Stanislas-Auguste et envoyée à Moscou par l'empereur Paul, pour y figurer à côté des couronnes de Kazan, d'Astrakan, de Géorgie, etc.; le *sceptre du dernier roi de Pologne* magnifique, aigue-marine montée en or; ce sceptre, qui a 12 werschoks 3/4 en longueur, fut déposé au trésor en 1799, à la mort du roi Stanislas-Auguste, à côté du sceptre d'un tzar de Géorgie

« *Le trône de Pologne*, qui a été envoyé de Varsovie le 4/16 novembre 1831. Il se trouvait au palais dans la salle du couronnement;

« *Le trône de Pologne*, qui a été envoyé, en même temps que le précédent, de la salle du trône au palais de Varsovie. Ces deux trônes ont été déposés, par ordre suprême, à l'ourougeinoï palata, le 15 janvier 1832;

« L'ordre de l'Aigle blanc de Pologne ayant appartenu au roi Stanislas-Auguste, en or émaillé,

« La chaîne de l'ordre de l'Aigle blanc de Pologne, que porta le roi Stanislas-Auguste. Il s'y trouve une image de la Vierge avec l'inscription : Marie. Cette chaîne fut déposée au trésor par ordre suprême, en 1799.

« La salle des armures est ornée de plusieurs bustes, qui ont été rapportés de Varsovie. »

Nos bibliothèques dans le pays ont continué à être ravagées par les Russes. Il m'est arrivé, il y a une dizaine d'années, d'être arrêté en Ukraine, sur l'ordre du prince Wasilczykow, gouverneur de Kiew, par un Courlandais nommé Drukart, employé aux missions spéciales. (C'est un euphémisme qui signifie : chargé des visites domiciliaires et des arrestations.) Je passai une nuit sous le toit de cet honnête personnage, qui me montra une foule d'anciens bijoux et de vieilles armes polonaises qu'il avait reçus en cadeau, me dit-il, de Polonais reconnaissants. Attendu que depuis vingt ans il empoignait des Polonais, il est permis de supposer qu'il devançait leur reconnaissance en s'attribuant les objets qui étaient de son goût ou à sa convenance. Sans parler des vols dont presque chaque descente de police est l'occasion, ni des extorsions dont chaque enquête est le prétexte, de fréquentes confiscations dispersent les souvenirs nationaux ou de famille, qui ont échappé le plus longtemps à la rapacité des envahisseurs. Les musées de Pétersbourg rappellent la scène où le brigand, aux mains duquel Gil Blas est tombé, lui fait les honneurs de sa caverne : il lui fait traverser plusieurs chambres ; dans les unes il y avait des pièces de toile, dans une autre des étoffes de soie, plus loin de l'or et de l'argent et beaucoup de vaisselle à diverses armoiries. Il y a aussi une grande diversité d'armoiries dans les collections russes : ceci provient des Turcs, et cela des Suédois. Hélas ! ce sont les Polonais surtout qu'ils ont détroussés, et qu'ils détroussent encore de préférence. Sous l'empereur Nicolas, quand un officier protégé était endetté, on lui donnait un régiment. Le colonel, en volant ses soldats, refaisait sa fortune. Maintenant on lui donne un commandement en Pologne. S'il est amateur de vin, il ne sera pas embarrassé pour fournir sa cave ; s'il est amateur de livres, il se formera sans frais une riche bibliothèque ; s'il a du penchant pour les beaux-arts, alors statues, tableaux et coupes afflueront chez lui. Son secret, c'est d'agir vis à vis des particuliers comme son gouvernement agit vis à vis de la nation polonaise.

Les Russes se plaignent amèrement que les Polonais les décrient à l'étranger. Ils affirment que, depuis les dernières réformes introduites dans leur législation, ils sont les plus progressifs et les plus bénins du monde. Mais d'abord leurs réformes ne s'appliquent point aux Polonais en Pologne. Ces derniers n'ont pas même la moindre latitude historique! Les Romains laissaient Polybe écrire les annales de la Grèce; mais un Polonais qui, par des arguments scientifiques, contredirait des systèmes nés d'hier et imaginés pour pallier les spoliations du jour, se verrait frapper pour trahison d'Etat. Le journalisme russe a deux excellentes raisons pour déchirer à belles dents les Polonais : il n'est pas permis de lui répondre, et le gouvernement lui octroie généreusement les dépouilles de ceux qu'il larde à coups de plume. Ainsi le rédacteur en chef des *Nouvelles de Moscou*, Katkow, pour avoir vanté l'excellence des confiscations de propriétés polonaises, a été gratifié par Alexandre II des domaines ravis à un comte Czapski, déporté en Sibérie.

Aucune nation n'a été bâillonnée d'une aussi horrible façon que l'est la nôtre. Non-seulement la langue est proscrite des écoles et des actes publics; mais, si une domestique vous dénonce comme parlant polonais à votre foyer domestique, vous êtes passible d'une amende! Quelques écrivains achètent la liberté d'écrire en trahissant la vérité sur un point essentiel, ce qui leur vaut une certaine tolérance dans les questions secondaires. D'autres fuient tous les sujets sur lesquels les Russes ne souffrent pas de contestation; d'autres enfin publient leurs œuvres loin des frontières de cet empire maudit.

Les Russes se sont mis à éditer en Russie des pamphlets à bas prix contre les Polonais; de plus, ils ont abordé la propagande et risqué des publications à Paris. Souvent le soin de tromper l'Europe a incombé presque exclusivement aux Russes amateurs. Un Russe reste toujours Russe et s'habitue rarement à l'impartialité. Ainsi un prince Augustin Galitzin a fait paraître une *Bibliothèque elzévirienne* de réimpressions d'ouvrages rares concernant les Slaves. La première condition d'une réimpression (et sans laquelle elle devient un faux historique), c'est d'être fidèle. Or, le prince Galitzin, voulant dédier son édition de l'*Ukraine* de Beauplan à Alexandre II, fit à son souverain le sacrifice de sa conscience littéraire et omit le sous-titre : *qui est province polonaise*. Un jésuite russe, le R. P. Martinow, plus russe encore que jésuite, ayant réuni sous le titre d'*Annus slavicus* tous les saints slaves de l'année, se laissa aller à exclure plus d'un grand saint polonais. Ces tirailleurs, précieux à plus d'un titre au gouvernement russe, ne lui suffisent plus. Il a pris personnellement sa cause en main, et ce sont les mêmes gens qu'il charge de pendre et de calomnier ses victimes. Un ancien instrument de Murawiew, le général Ratch, avait publié à Vilna une prétendue *Histoire de la rébellion des Polonais*. Il en a fait paraître une traduction à Paris, en modifiant le titre par crainte du ridicule qui autrement l'eût accueilli, et en intitulant son factum : *La question polonaise dans les provinces occidentales de la Russie*. Un malheureux a été loué au mois pour reproduire en français les mensonges des journaux russes, et ses brochures sont distribuées gratuitement. A ces efforts s'ajoutent les anciens procédés. Le *Musée archéologique* de Vilna a été déporté à Moscou, contrairement aux engagements d'Alexandre II lors de sa fondation. L'Ecole supérieure polonaise de Varsovie a été changée en Université russe, etc.

En dépit de tant d'attentats, la littérature polonaise de ce siècle est, même numériquement, d'une richesse incomparablement plus grande que toutes les autres littératures slaves réunies, y compris la littérature russe si largement subventionnée. L'Emigration, nous l'avons dit, possède à Paris une riche bibliothèque à l'abri des spoliations russes, et les littérateurs des bords de la Neva se convaincront à la longue que, s'il est possible d'imposer le silence à ses adversaires et de se faire adjuger les biens des victimes que l'on dénonce, il ne l'est pas de pervertir par le terrorisme et la rapine les jugements implacables de l'histoire.

Les confiscations russes ont inspiré à Ballanche les réflexions suivantes : « La Convention nationale, en 1793, ne crut pas que la prescription fût acquise en faveur des propriétaires investis des dépouilles de ceux qui avaient été chassés de France par la révocation de l'édit de Nantes..... La justice violée tôt ou tard produit des réactions absoutes d'avance. »

On peut appliquer aux empereurs de Russie la qualification de *savants en profanation* qu'applique à certains Césars de Rome l'historien d'un grand docteur slave de l'Église. Dans l'ouvrage, en effet, qu'Amédée Thierry consacre à Saint-Jérôme, nous voyons qu'Adrien montra à l'égard des monuments chrétiens autant de haine raffinée que le tzar Nicolas vis à vis des reliques du passé de la Pologne.

« Adrien, dit M. Thierry, souilla le Calvaire et les autres lieux témoins de la passion du Christ. Le Golgotha, situé hors de l'ancienne enceinte comme lieu de supplice, fut réuni à la nouvelle et nivelé. La caverne sépulcrale où le corps du Sauveur avait reposé avant sa résurrection et la citerne où les Juifs avaient jeté précipitamment sa croix à l'approche du Sabbat furent enfouis sous un amas de décombres, et sur le terre-plein formé par ces ruines s'élevèrent deux temples et deux autels, l'un au Jupiter du Capitole, l'autre à Vénus, matrone des Césars. La caverne de Bethléem fut consacrée aux mystères d'Adonis. »

Et s'il y a un siècle déjà que les Russes profanent les localités sanctifiées par le long héroïsme national de la Pologne, qu'ils n'oublient pas que deux siècles se passèrent avant que les dieux païens ne fussent balayés avec leurs temples pour faire place à l'église du Saint-Sépulcre. Tel sera aussi le sort de tous ces monuments de russification, dont il ne restera d'autre vestige que la réprobation de l'histoire.

Les Polonais peuvent se consoler en répétant les vers d'Horace :

> Multa renascentur quæ jam cecidere, cadentque
> Quæ nunc sunt in honore.....

Un jour les Russes répéteront avec stupeur ces paroles qu'arrache à Macbeth l'approche du châtiment : « Autrefois, quand un homme était mort, on avait la paix avec lui ; les morts maintenant sortent de leurs tombes, couverts d'horribles blessures et ils nous chassent de nos siéges. »

L. M.

Paris, 14 juillet 1872.

DÉPOUILLEMENT

DES

BIBLIOTHÈQUES ET MUSÉES

DE POLOGNE.

Le peuple polonais, occupant le territoire qui sépare l'Europe de l'Asie, maître de ces grands chemins qui servirent tant de fois de passage aux Barbares, semblait être destiné par la Providence à devenir médiateur armé entre la civilisation et la barbarie. Uni aux nations de l'Occident par le lien moral de ses croyances et de ses idées, tenant aux hordes de l'Orient et du Nord par son origine et ses habitudes belliqueuses, il pouvait former un camp retranché pour la défense de l'Europe, et en même temps une école pour civiliser l'Asie.

Les Polonais reconnurent cette double et haute mission, ils y restèrent fidèles ; leur histoire, depuis les combats de Lignica, de Varna et de Vienne, jusqu'à ceux de Grochow et d'Ostrolenka, n'est qu'une suite d'efforts pour briser d'abord la puissance des Sarrasins et des Tartares, qui furent les Russes du moyen-âge, et puis celle des despotes moscovites, héritiers de la politique envahissante du Califat et du Khanat, — ainsi que celle de leurs alliés, car l'Autriche et la Prusse et tous les gouvernements despotiques ne sont que de simples pachas et de petits khans aux ordres de la Russie.

Ces efforts héroïques, peu connus et peu appréciés, ne restèrent pas sans influence sur le sort de l'Europe. Ce fut un prince du sang des Piastes, qui, sur les champs de Lignica, par sa mort glorieuse, mit un terme aux progrès des Mongols. Ce fut un prince du sang des Jagellons, qui, le premier, osa arrêter les hordes de Gengis-Khan. Ce fut après la défaite et la mort de Ladislas que Mahomet entra à Constantinople; ce ne fut, enfin, qu'après la défaite de Kosciuszko que l'Occident vit pour la première fois, sur le Rhin et sur le Tibre les hordes de Suwarow.

D'après ces données, il serait facile de deviner toute l'histoire de la Pologne; ses époques heureuses ou malheureuses coïncident avec la décadence ou le progrès de la puissance des Barbares; sa chute menace la civilisation, sa renaissance en assurera le triomphe.

Pour connaître la position actuelle de la Pologne, que les peuples de l'Occident relisent leurs propres annales; qu'ils se rappellent ce qu'ont souffert leurs pères durant les invasions des Khans, des Huns, des chefs de Vandales et des généraux russes. En effet, toutes ces scènes d'horreurs qui effrayaient l'antiquité et le moyen âge, elles se passent de nos jours, sous nos yeux: la Pologne en est le théâtre. Nous en appelons aux ruines de ces villes aujourd'hui dépeuplées, aux ossements innombrables qui bordent tous les chemins depuis la mer Noire jusqu'à la Baltique, aux récits de ses enfants héroïques, et aux ignobles détails des gazettes de Pétersbourg et de Berlin.

Malgré la destruction de la République de Pologne, et l'anéantissement de sa puissance politique, la puissance morale de la Pologne subsiste tant que les Polonais conservent leur esprit d'indépendance, l'esprit de la liberté et de la propagande civilisatrice, qui est le principe constitutif de leur nationalité. Leurs oppresseurs le savent bien : aussi s'acharnent-ils particulièrement à éteindre ce germe vital, ce dogme générateur du patriotisme polonais. Ils avouent hautement leur but, ils proclament leurs moyens. D'un côté, en détruisant tous les monuments littéraires et artistiques, en proscrivant l'histoire et la langue nationale, ils espèrent effacer toutes les traditions de liberté et de gloire, tout souvenir d'indépendance ; d'un autre côté, en supprimant les écoles, en interdisant à la Pologne de communiquer avec l'étranger, ils empêchent les Polonais de prendre part au grand mouvement social de notre époque. Ils frappent ainsi une nation, vieille de gloire et jeune d'enthousiasme, dans son passé et dans son avenir. Tel est le but avoué des Russes et de leurs amis ; ils exécutent depuis longtemps ce plan destructeur, avec toute la haine des Barbares et tous les raffinements de cette politique astucieuse et lâche qui est propre aux gouvernements civilisés de notre époque.

Dans cette guerre de nouvelle espèce, guerre morale et intellectuelle, qui menace l'existence future d'un peuple, les Polonais seront-ils abandonnés comme ils l'ont été naguère sur le champ de bataille ?

Nous croyons de notre devoir d'appeler l'attention des pays civilisés sur les progrès de cette lutte barbare; nous en citerons quelques traits, en nous bornant toutefois aux faits les plus authentiques et le mieux constatés, et en les empruntant uniquement à l'histoire moderne et contemporaine.

Ce fut la tzarine Catherine II qui fit revivre en Europe un droit de guerre longtemps oublié, celui de piller la propriété monumentale et littéraire d'un pays conquis, et de tourmenter l'âme et la pensée d'un peuple opprimé. En faisant la guerre aux Confédérés de Bar, elle donna ordre à ses généraux de détruire ou d'enlever les monuments et les édifices publics, les statues, les tableaux et les livres. Plus tard, maîtresse de Varsovie, elle ordonna de saisir et de transporter la grande bibliothèque nationale, formée par l'évêque Zaluski, et donnée à la République; des Cosaques, chargés de l'emballage, fabriquèrent un grand nombre de caisses d'égale dimension, ils hachaient et sciaient les volumes dont le format leur paraissait trop grand ou trop incommode. Un millier de kibitkas, escortées d'un régiment de Cosaques, formaient le cortége funèbre de toute une littérature condamnée à être enterrée vive dans un pays lointain et ennemi. Chemin faisant, on vendit plusieurs chariots aux juifs et aux paysans russes. De deux cent quatre-vingt mille volumes de cette immense collection, il n'en reste que cent soixante mille entassés en désordre dans les vastes salles de la Bibliothèque Impériale de Pétersbourg. On saisit en même temps une partie de la bibliothèque privée du roi. Il est défendu aux étrangers, et particulièrement aux Polonais, de consulter et même d'approcher ces livres. Le même sort atteignit la grande bibliothèque des Radziwil, enlevée du château de Mitau et destinée à l'usage particulier de Sa Majesté russe. La tzarine affectionnait surtout cette collection riche en livres étrangers et en éditions de luxe.

Une autre bibliothèque des Radziwil, saisie dans le château de Nieswiez, se trouve également à Pétersbourg; elle porte le titre de Bibliothèque de l'Arsenal.

Pendant que le gouvernement confisquait les collections les plus riches et les plus renommées, les généraux russes, de leur côté, pillaient les châteaux et les maisons des particuliers. On peut, sans exagération, porter à un million le nombre des livres enlevés à la Pologne et répandus maintenant en Russie. Ainsi le despotisme, tout en combattant la civilisation, avale le poison qui doit le tuer un jour.

Cependant, dans l'intervalle qui sépare le règne de Catherine de celui de Nicolas, les Polonais firent des efforts inouïs pour réparer leurs pertes. Tandis qu'à Varsovie une Société littéraire formait à ses frais une bibliothèque et des collections scientifiques, les citoyens de Lithuanie et des terres russiennes consacraient une partie de leurs revenus à fonder et à doter des lycées et des écoles. A l'aide de souscriptions patriotiques, on éleva des monuments nationaux à Kopernik, à Kosciuszko, à Poniatowski. La dernière guerre livra de nouveau toute cette propriété nationale entre les mains des ennemis éternels de la Pologne. Le gouvernement russe, fidèle à ses principes, enlève non-seulement les bibliothèques nouvelles de Varsovie, de Krzemieniec et celles d'un grand nombre de lycées, d'écoles et de couvents; mais il pille la propriété privée. Comme du temps de Catherine, les statues de la collection du roi Stanislas-Auguste allèrent embellir les jardins de Pétersbourg, de même aujourd'hui les tableaux de la galerie des princes Sapieha ornent le cabinet particulier de Nicolas, de même encore les raretés monumentales de Sofiowka, confisquées à Alexandre Potocki et données en cadeau à l'impératrice par le tzar, sont destinées à enrichir les palais de la capitale.

La Pologne n'a plus ni bibliothèque, ni presse, ni atelier d'artiste, ni universités, ni écoles. Les livres polonais sont enveloppés dans la même proscription qui frappe les patriotes de ce malheureux pays. La littérature et les arts polonais émigrèrent avec l'armée exilée; ils ne peuvent retourner sur le sol natal qu'à la suite d'une armée victorieuse.

NOTES.

« La gloire véritable, la gloire qui jaillit du courage et du patriotisme, n'est pas un symbole d'honneur passager : c'est une vertu surhumaine, une émanation d'en haut. Dieu lui-même lui donne un des rayons de sa splendeur et quelques siècles de son éternité ; et, quand toutes les chancelleries impériales réuniraient contre elles les proscriptions de leurs ukazes, elles ne parviendraient pas à l'anéantir. Si le peuple intimidé n'ose en parler hautement, il en garde la trace lumineuse au fond de son cœur, il l'évoque en secret dans l'enceinte de ses foyers. Semblable à cette étoile qui se lève dans les parages les plus froids, dans les nuits les plus sombres, la gloire nationale brille comme un phare éternel aux regards du peuple opprimé et lui indique le but qu'il doit atteindre. — Dans le voyage que j'ai fait à travers la Pologne, j'ai retrouvé partout le souvenir voilé, mais profond, des traditions illustres de ce pays et de ses héros, le souvenir de ce grand roi dont vous avez raconté l'histoire en termes si poétiques... »

Ainsi s'exprimait M. Xavier Marmier, dans une lettre sur *les Châteaux de Varsovie*, adressée à M. de Salvandy, auteur d'une *Histoire de Sobieski*, et insérée dans la *Revue de Paris*, en 1843 (Nouvelle série, tome XIV, p. 27). Il ajoutait :

« Je ne serais pas étonné de voir le jour où, de par le tzar tout-puissant, ce nom (de Sobieski) fût proscrit comme une parole dangereuse, comme un appel illégitime aux souvenirs de l'indépendance et de la nationalité polonaises. »

*
* *

La nation polonaise, qui était destinée à être tout à la fois « un camp retranché pour défendre l'Europe et une école pour civiliser l'Asie, » l'Occident, par légèreté, indifférence ou égoïsme, l'a laissé abattre. Et l'empire de Russie a violemment usurpé sa place, pour le malheur de l'Asie et le danger de l'Europe : car, loin de porter en Asie la civilisation, il la désorganise et l'écrase ; et, loin de protéger l'Europe contre les invasions des hordes tartares, il les introduit, sous ses ordres, en Europe, pour l'oppression et l'anéantissement des peuples. La Pologne avait élaboré en elle une vie supérieure qui lui aurait rendu possible d'agir sur le moral des populations asiatiques, sans dévier de ses principes à leur contact, tandis que la Russie, après s'être dégradée dans la lutte qu'elle soutint contre elles, a enrégimenté des Asiatiques pour ses conquêtes en Europe, et des Européens pour l'extension de ses conquêtes en Asie. Et, en effet, dans le même temps qu'elle se sert des Polonais, comme officiers, ingénieurs, savants, consuls, etc., en Asie, elle fait camper des Baszkirs sur les places de Varsovie.

La France et l'Angleterre, l'une au lendemain et l'autre à la veille de ses désastres, peuvent méditer sur les périls, que leur persistante inattention ou mauvais vouloir à l'égard de la Pologne a amoncelés sur elles et sur l'Europe.

*
* *

Non loin de Lignica (en allemand *Liegnitz*), ville de Silésie, dans une localité nommée *la Bonne plaine*, le 4 avril 1291, un prince du sang des Piasts, Henri II, brisa l'élan d'une invasion tartare. Une tradition raconte que, lorsqu'il partait pour la lutte où il trouva la mort, une pierre se détacha de l'église Sainte-Marie à Lignica, et tomba à ses pieds, ce qui fut considéré comme un fâcheux augure. Il périt tant de chevaliers, qu'en coupant une oreille à chaque cadavre, les Tartares en eurent de quoi remplir neuf sacs. Mais de pareilles défaites enrayaient la marche du fléau.

— Ladislas le Varnénien naquit à Cracovie le 4 novembre 1424, devint roi à dix ans. C'était l'époque où Amurat menaçait les derniers bastions de l'indépendance des petites principautés slaves. Le jeune roi de Pologne entreprit une véritable croisade, une croisade à la tête de ses seuls sujets. Les cœurs des Bulgares, des Serbes, s'ouvrirent de nouveau à l'espérance. Déjà l'égoïsme de l'Europe, qui rendit possibles les progrès des Turcs, s'étalait impudemment. Les Génois, les Vénitiens, moyennant finance, transportaient eux-mêmes les Infidèles d'Asie en Europe. Après de premiers succès, la paix avec les Turcs fut conclue et jurée sur le Coran et sur l'Évangile. Le cardinal Césarini, à la nouvelle que le sultan Amurat était engagé dans une expédition en Caramanie, obtint du roi de dénoncer le traité. Beaucoup de chevaliers avaient regagné leurs foyers. Le roi n'avait que seize mille hommes d'infanterie et quatre mille hommes de cavalerie. Le 10 novembre 1444, Ladislas et Amurat se trouvèrent en présence dans la plaine de Varna. La bataille, longtemps indécise, se termina par la défaite des chrétiens, dont la cavalerie, arrêtée par des ravins, succomba sous le fer des janissaires. Ladislas tomba sur le champ de bataille, et sa tête, plantée au bout d'une pique, fut promenée comme un trophée. Depuis ce désastre, la chrétienté n'osa entreprendre contre les Turcs de mouvements offensifs; ceux-ci nivelèrent toute résistance slave jusqu'aux frontières de Pologne et de Hongrie, et firent au cœur de l'Europe des incursions, jusqu'à ce qu'un autre roi de Pologne, Jean Sobieski, eût brisé, sous les murs de Vienne, leur force expansive (12 septembre 1683).

— Jean Sobieski naquit au château d'Olesko, sur les confins de la Galicie et de la Wolhynie. Couvert de gloire par ses glorieuses campagnes contre les Tartares et contre les Turcs, il fut élu roi le 5 juin 1674. Son expédition de Vienne fut comme le dernier reflet des croisades. Le nonce du pape Pallavicini et l'ambassadeur d'Autriche comte Waldstein s'étaient jetés aux genoux du roi, à Willanow; celui-ci lui criait : Sauvez Vienne! et celui-là : Sauvez la chrétienté! Ils lui insinuaient qu'il recevrait en récompense la couronne de Hongrie. Jean III ne voulut entendre parler d'aucune promesse de cette nature. Jusqu'au partage de la Pologne, Vienne fêta l'anniversaire du jour où Sobieski l'avait sauvée. Il mourut à 66 ans, le 17 juin 1696.

— Nous avons dit comment, sous un roi Piast, Henri II, la Pologne arrêta les Tartares à Lignica. Nous ajouterons comment, sous un roi Jagellon, elle fit reculer les Mongols.

En 1506, une immense armée tartare se précipita sur la Lithuanie. Le roi Alexandre se mourait. Glinski écrasa les Infidèles à Kleck. Le roi, lorsqu'il reçut cette nouvelle, avait déjà perdu la parole, il ne put que lever au ciel ses mains reconnaissantes, et il expira le (19 août).

De même que, dix ans après la défaite et la mort du roi de Pologne Ladislas à Varna, Mahomet II et ses Turcs prirent Constantinople, cinq ans après la chute et le démembrement de la nation polonaise, les Russes, conduits par Suwarow, débordaient sur l'Italie. L'armée française était décimée les 17, 18 et 19 juin 1799 dans les sanglants combats de la Trebbia; le 15 août, le général Joubert était tué à Novi, et les Russes eussent pénétré en France, si, le 26 août 1799, Masséna ne les avait vaincus à Zurich.

Les Italiens aiment à se persuader, que les Russes n'en voulaient qu'à la France; et ils sont assez disposés à se faire illusion sur les sentiments de la Russie à leur égard. Or, la Russie doit être jugée d'après une autre règle que les autres peuples et gouvernements d'Europe. Ce n'est pas un principe moral, ni même l'intérêt, qui lui sert de guide. Elle est poussée à se jeter sur autrui, à le déchirer et détruire par un instinct analogue à celui qui pousse les bêtes féroces.

— Le 26 février 1831, à Grochow, 120,000 Russes avec 400 bouches à feu ne purent vaincre 35,000 Polonais avec 100 canons, et il s'en fallut de peu que ces derniers ne les missent en déroute. Le 26 mai 1831, se livra à Ostrolenka la bataille la plus acharnée de la campagne : elle dura douze heures entières. Les Polonais eurent 7,000 hommes hors de combat et les Russes le double.

— Le nationalicide de Pologne, qui est le crime capital de l'ère moderne, s'est accompli par une coalition de brigandage entre les trois États voisins, Russie, Prusse et Autriche, par la complicité de l'Angleterre et le laisser-faire de la France. Or, des puissances qui ont concouru au crime les unes par action, les autres par vœux ou par omission, déjà l'Autriche a été punie par un amoindrissement de territoire et une dislocation de forces, la Prusse par une extension d'autant plus périlleuse qu'elle est plus anormale, l'Angleterre par l'effacement de son influence continentale et la perspective de la perte des Indes, la France par trois invasions et un commencement de démembrement. L'Autriche paraît être destinée la première au châtiment suprême, car elle a été moralement la plus coupable, puisque de *Marche* qu'elle était pour servir à la défense de l'Europe, elle a aidé à en démanteler le principal boulevard. Quant à la Russie, son châtiment sera le plus terrible, car il se sera fait le plus attendre : en se constituant le bourreau de l'Israël moderne, elle s'est préparé le sort dont Dieu frappa les Assyriens.

*
* *

Adam Mickiewicz, dans une de ses leçons au Collège de France, a expliqué comment, au milieu du XVIIIe siècle, le mot d'ordre du temps, *instruction*, fut adopté dans la République de Pologne : que, l'enseignement et l'introduction des arts ayant paru le moyen le plus sûr de rétablir la splendeur de l'Etat, les Polonais y déployèrent beaucoup d'activité ; que le roi appela de l'étranger des architectes et des artistes et fit construire des monuments publics; que les grands seigneurs se bâtirent des palais et châteaux splendides; que l'un d'eux consacra plusieurs millions à faire lever la carte du pays; qu'un évêque établit à ses frais la plus riche bibliothèque d'Europe après celle de Paris, une bibliothèque de 200,000 ouvrages et en fit cadeau à la République. (*Slaves*, III, p. 10.)

— Joseph-André Zaluski, évêque de Kiew, naquit le 12 août 1702. Partisan du roi Stanislas Laszczynski, il s'exila avec lui, quand celui-ci, en retour de sa renonciation au trône de Pologne, reçut le duché de Lorraine, réversible à la France ; puis, de retour en Pologne, il se consacra avec un zèle infini à la création de la bibliothèque qui porta son nom. Entre les années 1746 et 1748 elle fut constituée définitivement. Ce soin ne le détourna jamais de ses devoirs patriotiques. C'est pourquoi Catherine II, par un attentat qui contribua à l'explosion de la Confédération de Bar, le fit empoigner à Varsovie, le 13 octobre 1767, et déporter à Kaluga, d'où elle ne le laissa rentrer dans sa patrie qu'après qu'elle eut consommé le premier partage de la Pologne. A peine avait-il, le 18 mars 1773, regagné Varsovie, qu'il songea à l'avenir de ses collections et en gratifia la nation. Il mourut le 7 janvier 1774.

— Les Radziwil étaient l'une des plus illustres familles de la Lithuanie. Barbe Radziwil, célèbre par sa beauté, par l'opposition que les États firent à son mariage et par les regrets déchirants de Sigismond-Auguste, son époux, fut reine de Pologne. Le dernier membre de la ligne principale de cette famille, Dominique Radziwil, leva, en 1812, un régiment à ses frais, et mourut d'une blessure, à Lautres, le 11 novembre 1813. L'empereur Nicolas maria la fille unique du prince Dominique Radziwil au prince Louis Wittgenstein, afin que cette colossale fortune sortît des mains polonaises.

*
* *

Nous trouvons, sur les efforts faits par les Polonais, au point de vue de l'instruction publique et des lettres, dans la période qui s'étendit entre la première et la deuxième prise de Varsovie, d'intéressants détails dans l'*Histoire de Pologne*, que publia à Florence, en 1831, dans la langue italienne, un Polonais, le docteur Bernard Zaydler, membre de la Société royale des amis des sciences de Varsovie et de plusieurs académies littéraires italiennes :

« L'empereur Paul restitua aux provinces polonaises soumises à sa domination l'usage de leur langue dans la majeure partie des affaires publiques, la juridiction du Statut lithuanien, une certaine influence dans l'administration aux maréchaux élus par la noblesse dans les diétines; et il manifesta des dispositions favorables relativement au développement de l'instruction publique, qui devint l'objet particulier des soins de son successeur (1801), Alexandre I, lequel, à cette époque, accordait la plus grande confiance au prince Adam Czartoryski fils, son ministre des affaires étrangères ; alors eurent lieu l'institution d'un ministère de l'instruction publique confié au savant comte Pierre Zawadowski, et de curatelles près les Universités et la riche dotation d'établissements d'éducation. L'antique Université de Vilna fut réorganisée (1803) sur une base plus étendue. Encouragé par de tels procédés, Thadée Czacki, un des plus savants polonais, établit à Krzemieniec, en Wolhynie, une école supérieure, digne, à plus d'un titre, d'être assimilée à une Université. (Après lui, elle fut, avec un zèle égal, dirigée par son ami intime, le conseiller d'Etat comte Philippe Plater). Mais, si la langue nationale fut cultivée de nouveau dans les provinces polonaises incorporées à la Russie, elle fut totalement exclue des actes officiels et des écoles dans celles soumises à l'autorité des deux autres puissances copartageantes, où toutefois, sous le rapport du bien-être matériel, le sort des habitants reçut de notables améliorations. Le gouvernement autrichien substitua à la célèbre Université de Cracovie une autre Université à Léopol, selon le système allemand. Dans le but de soustraire leur terre natale à l'influence de la germanisation et de lui éviter le sort de la Bohême, de la Silésie et de la Poméranie, quelques-uns des principaux savants polonais entreprirent de fonder à Varsovie la *Société des amis des sciences* (1801), afin de conserver dans toute sa pureté la langue nationale et de la transmettre intacte à la postérité, comme aussi de répandre parmi la jeunesse la connaissance de l'histoire et de la littérature de la patrie. Divisée en deux classes, l'une des sciences physiques, mathématiques et des arts mécaniques, l'autre des lettres, elle s'appliqua avec ardeur à composer des écrits utiles au pays, à traduire les auteurs classiques, à recueillir des matériaux pour éclairer l'histoire nationale, à rééditer les œuvres les plus importantes, spécialement celles des anciens auteurs nationaux, à les enrichir de commentaires et à en faciliter le débit par la modicité du prix. Dans un but également national, un des principaux habitants de la Galicie, l'érudit Joseph-Maximilien Ossolinski recueillit à Vienne, à ses frais, une bibliothèque slave très-nombreuse, qu'il légua ensuite au public de Léopol; le docte Samuel-Théophile Linde composa son célèbre dictionnaire de la langue polonaise; Thadée Mostowski publia son importante collection des classiques polonais; et Albert Boguslawski entretint dans les provinces de l'ancienne Pologne le goût du théâtre polonais. (*Storia della Polonia fino agli ultimi tempi*, II, p. 527-529.)

Alexandre Ier, empereur de toutes les Russies et roi de Pologne, dans son manifeste daté de Vienne, 3/15 mai 1815, disait :

« ... Une constitution adaptée aux besoins locaux et à votre caractère, l'usage de votre langue conservé dans les actes publics, les fonctions et emplois accordés aux seuls Polonais, la liberté du commerce et de la navigation, la facilité de communication avec les parties de l'ancienne Pologne qui restent sous une autre autorité, votre armée nationale, tous les moyens garantis pour perfectionner vos lois, la libre circulation des lumières dans votre pays, tels sont les avantages dont vous jouirez sous notre gouvernement et sous celui de nos successeurs, et que vous transmettrez en patriotique héritage à vos descendants. — Ce nouvel Etat devient le royaume de Pologne, si vivement désiré, depuis si longtemps réclamé par la nation, et acquis au prix de tant de sang et de sacrifices. — Pour aplanir les difficultés survenues à l'égard de la ville de Cracovie, nous avons fait adopter l'idée de la constituer en ville libre et neutre. Ce pays, placé sous la protection de trois puissances protectrices et amies, jouira du bonheur et du repos, en se consacrant uniquement aux sciences, aux arts, au commerce. Elle sera comme un monument de la politique magnanime qui a placé cette liberté dans le lieu même où reposent les cendres des meilleurs de vos rois et où sont réunis les plus nobles souvenirs de la patrie polonaise. — Finalement, pour couronner une œuvre que les calamités du temps ont si durablement retardée, il a été unanimement consenti que, aussi dans les parties de la Pologne soumise à la puissance autrichienne et prussienne, les habitants seraient désormais gouvernés par leurs propres magistrats choisis dans le pays... »

Dans le temps même où l'empereur Napoléon tentait, pour la dernière fois, la fortune des armes à Waterloo, on célébrait à Varsovie, avec *Te Deum* et prestation de serment, le rétablissement du royaume de Pologne. Hélas! ce que la crainte que l'on avait de Napoléon, à son retour de l'île d'Elbe, avait fait accorder aux Polonais fut stérilisé par sa chute.

« Une des premières et principales institutions du nouveau royaume, dit Zaydler, est l'université royale Alexandrine de Varsovie, formée en vertu du décret souverain du 19 novembre 1816, par les soins du ministre de l'instruction publique Stanislas Potocki et du conseiller d'État Stanislas Staszyc. Divisée en cinq facultés, celle de théologie catholique avec 6 professeurs, celle de droit et d'administration avec 8 professeurs, celle de médecine avec 10, de physique et mathématiques avec 10, des belles-lettres et beaux-arts avec 14 professeurs, la direction et l'administration intérieure en appartiennent au recteur et aux doyens des facultés respectives, élus par le corps des professeurs, à la majorité des suffrages, pour exercer leurs fonctions l'un durant quatre ans et les autres durant trois. Cette école supérieure jouit de la protection particulière du gouvernement; elle possède le droit de conférer aux élèves des grades scientifiques de docteurs et de maîtres; les professeurs se divisent en ordinaires avec le titre de conseillers, en ordinaires tout simplement, en extraordinaires, en autorisés et en lecteurs publics; dans leur nombre figurent les premiers érudits du pays; l'illustre orateur abbé Adalbert Szweykowski y exerce, toujours réélu, les fonctions de recteur depuis la création de l'Université; des séances annuelles sont consacrées à honorer la mémoire de savants compatriotes, à célébrer l'anniversaire de la fondation de l'établissement et à entendre le rapport du recteur sur l'état de l'Université ainsi que des dissertations des professeurs à tour de rôle. Le cours des études est généralement de trois ans; il l'est de quatre pour le droit et de cinq pour la médecine; chaque année, les élèves subissent un examen privé, et, à la fin du cours, un examen public précédé d'une thèse écrite, si l'on désire obtenir le grade de maître. Deux ans après la première promotion, on peut, après avoir appliqué la théorie à la pratique et soutenu une discussion publique sur une dissertation imprimée, aspirer au grade de docteur. Chaque année, les facultés respectives proposent aux élèves des thèses par écrit et les auteurs des meilleures réponses reçoivent des médailles d'or de grande valeur. Au reste, les professeurs jouissent d'une liberté pleine et entière dans l'exposition de leurs théories, pourvu toutefois qu'ils évitent ce qui pourrait froisser la religion, le gouvernement et les bonnes mœurs, et qu'ils se préoccupent d'appliquer autant que possible la théorie à la pratique et dirigent celle-ci vers les besoins du pays. Par suite de dispositions ultérieures, il a été prescrit, tant aux professeurs qu'aux élèves, de porter un uniforme distinctif avec l'épée, et une curatelle a été établie pour veiller sur les rapports extérieurs de l'Université. Le professeur Adam Zabellewicz, qui fut nommé le premier à cet emploi délicat, a su, grâce à une conduite ferme et douce, se concilier l'estime générale et de l'autorité et du corps académique. Le nombre des élèves qui, au commencement des cours, montait à 300, a augmenté chaque année et s'élève aujourd'hui à 700 environ.

« Dans le même temps, on mit la main à des améliorations essentielles dans la capitale; des édifices anciens furent restaurés, et de modernes, tant publics que privés, furent construits avec une somptuosité rare; les habitants peu fortunés furent, à cet effet et sous certaines conditions, aidés par les caisses publiques, et l'empereur Alexandre eut la générosité de consacrer le montant de sa liste civile aux besoins du pays. De la sorte, on vit rapidement le château royal, du côté du faubourg de Cracovie, débarrassé des maisons qui en gênaient l'avenue; surgir sur une place publique la magnifique statue de Sigismond III; mettre, par un travail grandiose, le château en communication avec un très-beau jardin du côté de la Vistule; le jardin de Saxe élargi et orné et la place qui porte le même nom rendue plus commode; la place de Krasinski embellie; une vaste place formée au milieu des rues étroites de la vieille ville par la démolition de l'ancien hôtel de ville; de nouvelles places, rues et palais dans le quartier de *Marieville*; le palais des Radziwil agrandi et embelli pour servir à la demeure du lieutenant du royaume; de nouveaux et vastes édifices dans l'enclos de Casimir destinés exclusivement à des établissements scientifiques; l'élégante église de Saint-Alexandre, construite sur le modèle du Panthéon de Rome, dans l'un des plus délicieux quartiers de la capitale; les rues rendues plus spacieuses et plus élégantes; et au lieu de ces maisons de bois ou de ces espaces vides existant entre les palais des magnats, des maisons bourgeoises érigées en briques et quelques-unes ornées de colonnes. » (*Storia della Polonia*, II, p. 619, 620, 621.)

« Nulle dépense ne fut épargnée relativement à la continuation des travaux entrepris, tant pour la commodité et l'embellissement de la capitale que pour le bien du pays tout entier. Une bibliothèque magnifique et nombreuse, contenant environ 150,000 volumes, parmi lesquels des manuscrits des dix, quinze et seizième siècles et des éditions *princeps* rares, fut créée et ouverte au public dans le palais de Casimir, formée et de celle du lycée de Varsovie et des autres moindres qui existaient dans la capitale, d'achats faits à l'étranger et des collections scientifiques recueillies par le docte Linde, son directeur général, dans les monastères supprimés dans le royaume de Pologne en vertu d'une bulle du pape Pie VII (1819), particulièrement à Miechow, Hebdow, Lysagora (mont Chauve), Sieciechow, Wonszok, Koprzywnica, Lenda, Witowo, Czerwinsk, et ailleurs. Un cabinet zoologique fut acquis à l'étranger; il est riche surtout en oiseaux et en insectes et s'élève déjà, moyennant des augmentations successives, à 25,000 objets; le cabinet minéralogique contigu possède entre autres une collection cristallographique de 1,000 échantillons; le nouveau cabinet anatomique et le laboratoire de chimie possèdent plusieurs centaines de sujets préparés; le cabinet de numismatique a acquis 2,769 monnaies et médailles, dont la majeure partie sont d'anciennes médailles polonaises; la galerie des beaux-arts, placée dans un palais construit tout exprès, a été enrichie de modèles en plâtre des chefs-d'œuvre de la sculpture; la collection de gravures, augmentée successivement par des achats et par des dons de particuliers, a été portée au chiffre de 100,000 pièces, pour la plupart provenant de celle du roi Stanislas-Auguste; la construction seule d'un magnifique observatoire astronomique, muni d'une quantité d'instruments précieux fabriqués par le célèbre Reichenbach, à Munich, coûta au gouvernement la somme de 800,000 florins; le nouveau jardin botanique peut être honorablement cité parmi ceux qui se distinguent en Europe, tant par sa position avantageuse et son étendue que par le choix des plantes dont le nombre montait alors à 10,000 et s'accroît chaque jour, grâce aux soins du savant botaniste polonais Schubert. En outre, divers instituts modernes servent à compléter les études de la jeunesse polonaise, à perfectionner l'industrie du pays et à donner une nouvelle impulsion au développement de la culture, par exemple, un séminaire catholique romain, une imprimerie et lithographie annexée à l'Université de Varsovie, une école des ponts et chaussées, un institut agronomique à Mariemont, près de la capitale, sous la direction du professeur Flatt, une école forestière, une école des mines à Kielcé, sous l'inspection du directeur Ulmann, divers établissements d'instruction militaire, tels que l'ancien corps des cadets à Kalisz, réorganisé en vue de fournir des sous-officiers instructeurs à tous les corps de l'armée et des candidats pour l'école d'application, destinée à pourvoir d'officiers capables l'état-major et le corps de l'artillerie et du génie, deux écoles d'enseignes d'infanterie et de cavalerie, pour instruire les futurs officiers de l'une et l'autre arme, deux écoles de natation près de Varsovie, une école d'équitation dans un bâtiment très-commode, spécialement édifié à cet effet. De plus, un institut de clinique externe et interne; une école pratique de sages-femmes, annexée à un hospice de la Maternité; un institut des sourds-muets dû au zèle de l'abbé Falkowski; une école d'arpentage; un institut dramatique dirigé par le général Rozniecki; un conservatoire de musique sous l'inspection du compositeur Elsner; une école pour l'instruction des rabbins; deux écoles normales, l'une à Pulawy, l'autre à Lowicz, destinées à former des professeurs pour les écoles inférieures (les supérieures en sont pourvues au moyen d'élèves qui vont, aux frais du gouvernement, se perfectionner à l'étranger dans leurs connaissances respectives; un fonds annuel de 28,000 florins y est affecté); une nouvelle école palatinale à Varsovie, outre les trois qui y existaient déjà et les huit dans les chefs-lieux des palatinats; une école pour l'instruction des maîtresses sous l'autorité d'un comité particulier; des écoles du Dimanche pour l'instruction des artisans, et finalement une école préparatoire pour servir de base à un grand institut polytechnique.

« Le développement intellectuel en Pologne est en outre puissamment stimulé par les soins de deux sociétés, l'une élémentaire, présidée par le savant Linde, qui s'occupe de la rédaction de livres pour la jeunesse, et de la Société royale des amis des sciences à Varsovie, laquelle, jouissant de la protection souveraine, continue à purger la langue et à perfectionner l'histoire nationale, à examiner studieusement le pays sous les rapports de la topographie, de la statistique, de l'histoire naturelle, de la géognosie, de l'agriculture, du commerce, en un mot, à répandre dans la nation toutes les connaissances qui tendent à accroître sa prospérité. Quant à l'histoire de la patrie, plusieurs des membres les plus distingués se sont chargés de développer séparément telle période, tel règne ou tel point jusqu'ici insuffisamment éclairci, et ce par le secours des archives publiques et privées tant du pays que de l'étranger, des anciens manuscrits, des monuments et des médailles soigneusement recherchées, ainsi que de répandre dans le bas peuple les connaissances historiques par des légendes et des chants. C'est sous les auspices du ministre du culte et de l'instruction publique comte Stanislas Grabowski, que se sont formés la plupart des instituts d'instruction et qu'ils fleurissent. Un homme extraordinaire, l'abbé Stanislas Staszyc, si renommé pour sa science, pour son infatigable zèle du bien public, pour ses sentiments d'humanité et une générosité rare, a acquis, sous le rapport du développement de l'enseignement et de l'industrie dans sa patrie, des droits particuliers à sa reconnaissance. C'est à lui que la première école de médecine doit son existence; il donna la première impulsion, puis des encouragements aux mines nationales de Kielce qui occupent aujourd'hui des milliers d'ouvriers et animent un pays désert; il fit construire à ses frais un magnifique palais à Varsovie pour l'usage de la Société des amis des sciences, dont il était le digne président; enfin il fut le premier à concevoir l'idée de l'érection d'une statue en l'honneur de Kopernik, par souscription publique, et à contribuer à la moitié des dépenses. (En mourant, 20 janvier 1826, il distribua ses biens de Rubieszow à ses paysans, en les affranchissant de toute autre obligation que de se régir d'après des institutions par lui prescrites; et tout son argent comptant, il le consacra au soulagement de l'humanité, à savoir : 200,000 florins pour l'hôpital des Innocents, 200,000 pour la maison des pauvres de la capitale, un fonds de 60,000 pour l'entretien d'un professeur surnuméraire pour les écoles de Rubieszow, 140,000 pour la clinique et 45,000 pour l'institut des sourds-muets.)

« La tendance de tant de nouveaux établissements scientifiques est dirigée vers un but éminemment sage, pratique et utile : vers un perfectionnement simultané de toutes les classes qui composent l'édifice social... » (Id., II, p. 637-640.)

Le premier président de la *Société des amis des sciences* fut Jean Albertrandy, fils d'un Italien qui avait été peintre du roi de Pologne Stanislas-Auguste. Jean Albertrandy voyagea en Italie et en Suède et copia plus de 150 volumes de documents relatifs à la Pologne. Né en 1731, il s'éteignit en 1808. Il eut pour successeur à la présidence de la *Société des amis des sciences* l'illustre Staszyc, qui, outre qu'il fit élever le palais où la Société tint ses séances, lui fit présent de sa très-riche bibliothèque personnelle, la dota d'un cabinet de physique, supporta les frais de publications qu'elle édita. Stanislas Staszyc était né en 1755. Tout jeune, il vint en France, où il se lia avec les célébrités de l'époque.

« Dans une des soirées de mademoiselle de l'Espinasse, lisons-nous dans une notice due à la plume de l'illustre Niemcewicz, une discussion animée s'éleva entre Staszyc et d'Alembert, au sujet d'une lettre écrite par celui-ci au roi de Prusse, Frédéric II, après le premier partage de la Pologne. Le roi de Prusse ayant mandé à d'Alembert combien ses petits États avaient grandi par l'acquisition des provinces polonaises, d'Alembert lui répondit : « Je félicite Votre Majesté de son petit *embonpoint*, occasionné par l'acquisition d'une *tranche* de la Pologne; jusqu'ici j'ai trouvé votre personne un peu mince. » A la lecture de ce passage, Staszyc ne put retenir un mouvement de colère et s'écria : « Et vous êtes un philosophe, un sage ! Comment osez-vous traiter si légèrement le crime le plus infâme qui fut jamais commis contre un peuple brave et innocent? Et vous prêchez la morale? » Niemcewicz raconte comment, à la mort de Staszyc, le grand-duc Constantin défendit qu'on lui élevât un monument ni qu'on inscrivît sur la pierre tombale aucune épitaphe. « Ce ne fut pas tout, ajoute Niemcewicz, Staszyc avait fait une très-belle édition de ses œuvres ornée de magnifiques gravures. Craignant les persécutions du gouvernement s'il les mettait en circulation, il fit déposer tous les exemplaires dans les caves du palais de la *Société des amis des sciences*. Cependant, peu de temps après la mort de Staszyc, l'œil du méchant Novosilcof pénétra dans ce réduit; une bande de soldats russes s'empara de la maison, et, sur le refus du nouveau président de livrer les clefs, les portes furent enfoncées et les livres portés chez le grand-duc. Celui-ci se mit à parcourir les œuvres de Staszyc, et y trouvant des attaques de ce patriote contre la tyrannie, il jeta au feu un exemplaire de l'ouvrage. «Je ne veux pas, s'écria-t-il en colère, avoir d'autre combustible que les œuvres de Staszyc; » et l'édition tout entière fut brûlée. Un grand-duc qui, au dix-neuvième siècle, imite Omar brûlant la bibliothèque d'Alexandrie ! »

Beaucoup de particuliers faisaient présent à la *Société des amis des sciences* de leurs joyaux les plus précieux. Le général Dombrowski lui légua tous les souvenirs des glorieuses légions qu'il avait commandées. Après la révolution de 1830, Nicolas confisqua tout. L'Université fut supprimée en 1831 comme université polonaise, relevée en 1867 comme université russe. « L'instruction publique elle-même, dit un voyageur français, est dans ce malheureux pays une des formes de l'oppression de la nationalité polonaise par la nationalité russe. Même sur le terrain de la science, de l'émancipation intellectuelle par l'instruction, on retrouve cette déplorable tentative d'asservissement d'une nation slave, qui est le scandale du monde slave, depuis Posen jusqu'à Cettinié. A l'école primaire, au gymnase, à l'université, la langue russe est la langue de l'enseignement, dût l'élève polonais n'y rien comprendre. Tandis qu'à l'université de Dorpat les cours de l'université et du gymnase se font en langue allemande, à Varsovie le polonais est proscrit. » (Voir le n° 33 de la *Revue politique et littéraire*, Paris, 1873.)

*
* *

Les nations n'écrivent point leurs annales seulement sur le parchemin ou le papier, mais dans des monuments de pierre ou des livres de bronze, qui sont le plus parlant des langages, le plus efficace des enseignements. C'est dans cet esprit que les Polonais élevèrent des monuments à trois de leurs génies nationaux : Kopernik, Kosciuszko et Poniatowski.

— Kopernik naquit à Thorn le 19 février 1473 et mourut à Frauenbourg le 24 mai 1543. En 1807, Napoléon visita la maison où une tradition veut que soit né l'illustre astronome polonais, et fit réparer, dans l'église Saint-Jean, à Thorn, le mausolée qu'en 1766 lui avait élevé le prince Alexandre Jablonowski, palatin de Nowogrodek, l'un des illustres Mécènes des lettres, des sciences et des arts. En 1809, son buste fut placé dans l'église Sainte-Anne, à Cracovie, avec cette inscription : *La Pologne enfanta l'homme qui arrêta le soleil et fit mouvoir la terre.* La Société des amis des sciences ouvrit une souscription pour lui élever un monument sur une place publique de Varsovie. Thorwaldsen fut chargé du travail. L'inauguration eut lieu le 11 mai 1830. Kopernik, assis, tient dans la main gauche la sphère et dans la droite un compas. On lit sur le piédestal : *Nicolao Kopernico, grata patria.*

Le comte Ignace Krasicki, qui fut à la fois le dernier prince-évêque de Warmie et le premier poète satirique de Pologne, avait formé le projet d'élever un monument à Kopernik, lequel avait été chanoine en l'église cathédrale de Warmie, dont son oncle maternel, Lucas Waisselrod, était évêque. Mais Frédéric II s'étant attribué ce pays lors du premier partage de la Pologne, Krasicki obtint du roi de Prusse, devenu son ami, la promesse qu'il se chargerait de ce soin. Frédéric se fit un mérite de cette idée auprès de Voltaire (12 août 1773); toutefois il se garda de la mettre à exécution dans la crainte de surexciter le sentiment national polonais. Mais en 1853, l'époque de la conquête parut assez éloignée pour que l'on pût sans danger rendre, dans le pays où il était né, un honneur public à Kopernik : un monument lui fut donc érigé à Thorn, par souscription allemande. Les Polonais répondirent à l'hommage insultant des conquérants par une édition des œuvres complètes de leur compatriote. Et au bout de vingt ans, voici que les Allemands considèrent Kopernik comme un Allemand et se glorifient de sa gloire! Ce qui est aussi sensé que s'ils eussent voulu voir également des Allemands dans le Titien, le Tintoret et le Véronèse, dont la patrie vénitienne fut, trois siècles après leur vie, adjugée par d'odieux traités à l'Autriche, membre de la Confédération germanique. Les Allemands ne devraient pas oublier que Kopernik fut un constant et énergique ennemi de l'Ordre teutonique : chez lui, comme chez Michel-Ange, le patriote était aussi grand que l'homme de science.

Adam Mickiewicz a observé que le plus grand roi de Pologne, Etienne Batory, était d'origine transylvaine, mais qu'élevé au trône de Pologne il épousa la nation avec une foi ardente. Nicolas Kopernik descendait de parents originaires de la Silésie qui, avant d'être conquise par Frédéric II, fit successivement partie de la République de Pologne et du royaume de Bohême. Mais, né en Pologne d'un père né en Pologne, il se sentait et s'affirmait Polonais. Les faux historiques, rétrospectivement perpétrés, ne sauraient faire que ce qui fut n'ait pas été; ils ajoutent seulement le ridicule du mensonge à l'horreur de la violence.

Le quatrième centenaire de Kopernik a été célébré dans sa ville natale de Thorn et par les trois universités de Bologne, où il étudia la jurisprudence, de Rome, où il enseigna l'astronomie, et de Padoue, où il étudia la médecine et les belles-lettres grecques.

A Thorn, en dehors de la cérémonie officielle allemande, il y eut une célébration nationale polonaise. M. Ignace Polkowski avait composé pour la circonstance une biographie de Kopernik, qui fut couronnée par la Société des amis des sciences de Posen. Deux grands artistes polonais, le peintre Matcyko et le sculpteur Victor Brodzki, avaient envoyé l'un un tableau, l'autre une statue, tous deux représentant Kopernik au moment du divin Ευρεκα, ici dans la méditation révélatrice et là dans l'action de grâces envers le Créateur qui lui a permis de comprendre ses lois.

A Rome, en dehors des discours officiels, il y eut un hommage rendu à la nation qui a produit ce grand homme, inséré dans le journal la *Riforma* et signé par un ancien membre du Comité polonais d'Italie, M. Jean Scovazzi, lequel cita la parole d'Adam Mickiewicz : que la Pologne est le Kopernik du monde moral, et rappela le devoir qu'ont toutes les nations envers celle qui fut le boulevard vivant de la civilisation, et le principe chrétien de solidarité qu'on ne méconnaît jamais impunément. L'Université a désiré avoir une réplique en marbre du beau buste de Kopernik jeune, que Brodzk a exécuté pour Posen, d'après un portrait du Ghirlandajo.

Le jour même du centenaire de Kopernik, un Français, ami de la Pologne et de l'Italie, écrivait les lignes suivantes : « Comme Christophe Colomb est l'une des plus grandes gloires de l'Italie, ainsi Nicolas Kopernik est l'une des plus grandes gloires de la Pologne. A tous les deux l'Humanité doit une immense reconnaissance : car le premier, par la découverte du nouvel hémisphère, doubla le champ terrestre de son activité ; et le second, en démontrant que la terre n'est qu'un point roulant dans l'espace, ouvrit à la vie humaine un immense horizon..... Les nations, en honorant ensemble la mémoire de leurs grands hommes qui ont bien mérité de l'Humanité, se grandissent elles-mêmes et resserrent leurs liens moraux dans une sphère plus haute et plus sereine. »

— Thadée Kosciuszko, né à Mereszczowszczyzna, en Lithuanie, le 12 février 1746, mort à Soleure le 15 octobre 1817, général sous Washington, dictateur en 1794. Les batailles les plus mémorables qu'il livra furent celles de Dubienka et de Raclawice, où il vainquit les Russes, de Szczekociny, où il arrêta l'armée prussienne, et de Maciejowice, où il tomba, blessé, aux mains des généraux de Catherine, le 10 octobre 1794.

Le gouvernement de Varsovie autorisa le sénat à réclamer le corps. Le transport du héros s'effectua en 1818. Le cercueil voyagea par terre jusqu'à Ulm, descendit par le Danube jusqu'à Vienne, et arriva le 11 mars à Cracovie. Il est placé dans les caveaux de la cathédrale. De solennelles obsèques eurent lieu le 23 juin. Le sénat de Cracovie s'adressa à l'université Jagellonne, à l'effet d'avoir son opinion sur le monument à élever à Kosciuszko. Des souscriptions furent ouvertes en Pologne et à l'étranger. Le 10 juillet 1820, on décida d'élever à la mémoire de Kosciuszko un tertre sur la butte de Bronislawa, aux portes de Cracovie. C'est le plus grand tumulus qui ait été élevé par la main des hommes. « Cette manière de perpétuer la mémoire des grands hommes et des grands événements en attachant les traditions du peuple à un objet indestructible, a paru d'autant plus propre en cette circonstance qu'on en avait déjà deux modèles remarquables dont l'origine se perd dans la nuit des temps : le tertre de Wanda, sur la gauche, et celui de Krakus, sur la droite de la Vistule, vus à plusieurs lieues par ceux qui s'approchent de Cracovie, rappellent les commencements de l'histoire nationale. Un troisième, élevé pour Kosciuszko, lie le présent au passé. L'emplacement de ce tertre a été très-heureusement choisi sur la butte dite de Sainte-Bronislawa, située à une demi-lieue à l'ouest de Cracovie, sur la gauche de la Vistule, et dont le nom vient d'un petit ermitage qui est au sommet. La butte est à 59 toises au-dessus du niveau de la Vistule; de plus, le tertre s'y élève à 18 toises de hauteur; et l'on ne saurait s'imaginer l'étendue et la beauté de la vue qui charme les yeux du spectateur. Cracovie se trouve placée près du point où les montagnes de la Silésie se joignent à la grande chaîne des monts Karpathes, dans un bassin formé par les chaînons et les contreforts de ces montagnes; la Vistule y est déjà navigable et le pays très-bien cultivé. Au coucher du soleil d'un jour serein, ces chaînes et ces chaînons s'aperçoivent dans tout leur développement, et les pics des glaciers, quoique éloignés de 25 à 30 lieues, déploient avec un majestueux éclat leurs arêtes resplendissantes de lumière ou colorées des teintes rougeâtres de l'Occident. Ce fut le dimanche 16 octobre 1820 qu'eut lieu la cérémonie de la fondation du tertre. Dès le matin, une immense population couvrait tous les abords et attendait dans un profond recueillement l'heure de la cérémonie. A dix heures, la messe fut dite sous les voûtes du ciel ; alors s'avança une grande voiture funéraire et les ossements des braves qui avaient combattu à Raclawice. Le général François Paszkowski, parent du héros et son exécuteur testamentaire, prononça un discours. Le président du sénat, Stanislas Wodzicki, jeta la première pelletée sur l'urne qui recélait la terre de Raclawice, et alors toute la population, sans différence d'âge, de sexe, de religion, de pays, de condition, tout se réunit pour élever le monument. La musique jouait alternativement la *Polonaise Kosciuszko*, la *Mazurek Dombrowski* et la *Marche Poniatowski*. A la nuit tombante, furent allumés spontanément des feux sur les montagnes de Krakus, de Wanda et de Bronislawa. Ces trois montagnes resplendissantes de lumières formaient un tableau magnifique. Le 24 novembre, le sénat décréta la formation du *comité du monument*, présidé par le général Paszkowski. Le 7 janvier 1821, le comité publia une proclamation, et le reste de l'hiver fut employé aux préparatifs nécessaires pour recommencer les travaux au printemps. Le 16 avril, une nouvelle cérémonie fut célébrée, et le 22 juillet 1822 le tertre était déjà élevé à la hauteur de 8 toises, lorsque la princesse Isabelle Czartoryska fit remonter par la Vistule deux caisses remplies de terre recueillie sur le champ de bataille de Macieiowice. Plus tard, on y ajouta la terre recueillie sur le champ de bataille de Szczekociny ou Kawka. Les travaux se poursuivaient, et l'élévation était arrivée, au 8 octobre 1823, à 14 toises, lorsqu'on y déposa la terre ramassée sur le champ de bataille de Dubienka. Enfin, le 25 octobre 1823, le tertre fut élevé à 19 toises, hauteur qu'il devait avoir ; mais, en 1825, il s'affaissa d'une toise : on reprit alors les travaux pour réparer cet affaissement, et, depuis cette époque, le monument présente toutes les garanties de solidité et de durée. Ainsi son diamètre, à la base, a 42 toises (72 mètres 7/10 de France) ; le diamètre du plateau est de 4 toises et demie (8 mètres et demi) et la hauteur horizontale 18 toises (34 mètres 1/10). L'ensemble forme une masse de 9,400 toises cubiques (64,134 mètres cubes) et la surface totale est de 16,000 toises. Les frais de cette construction montent à 87,482 florins de Pologne (56,863 fr.) sans compter le travail gratuit qui fut considérable. On a acquis autour du tertre un emplacement pour établir une colonie de quatre familles villageoises choisies parmi les Polonais qui ont servi sous Kosciuszko, et elles sont chargées de veiller à la conservation du monument. Une somme de 18,000 florins, restant des dépenses totales, a été destinée à doter trois pauvres orphelines, filles d'un cousin germain de Kosciuszko. Arthur Potocki, ancien aide de camp du prince Joseph Poniatowski, ajouta à cette somme 12,000 florins, ce qui fait un capital de 30,000 florins (18,500 francs). » (*Biographie du*

général Kosciuszko, par Léonard Chodzko, Fontainebleau, 1837.)
Ajoutons qu'Adam Mickiewicz offrit un portrait de Kosciuszko au propriétaire de la maison que ce héros avait habitée à Berville, près Montigny-sur-Loing. Ce portrait, sous lequel Adam Mickiewicz traça quelques lignes de sa main, doit s'y voir encore. L'emplacement où il reposa d'abord dans le cimetière de Soleure est resté également un lieu de pèlerinage pour les Polonais.

— Le prince Joseph Poniatowski, neveu du roi Stanislas-Auguste, défendit contre la Russie la Constitution du 3 mai 1791, se mit, en 1794, sous les ordres de Kosciuszko, devint, lors de la création du grand-duché de Varsovie, ministre de la guerre, arrêta, en 1809, l'armée autrichienne, tenant tête, le 19 avril, à Raszyn, avec 8,000 Polonais, à 30,000 Autrichiens. En 1812, il commanda le 5e corps de la grande-armée, le seul qui se maintînt en bon ordre dans cette fatale retraite, et ramena son artillerie à Varsovie. Le 19 octobre 1813, il protégeait à Leipzig la retraite de l'armée française. Les Français firent prématurément sauter, sur l'Elster, un pont, il voulut le traverser à la nage. Affaibli par ses blessures, il y trouva la mort. Son corps, d'abord ramené à Varsovie en septembre 1814, fut ensuite déposé à Cracovie, à côté de Sobieski. On ouvrit une souscription pour lui élever un monument, et Thorwaldsen exécuta sa statue équestre.

— Le culte des grands hommes fait passer dans l'âme des peuples un courant d'électricité morale. L'érection du monument de Kopernik, à Varsovie, précéda de peu la révolution du 29 novembre 1830. En 1861; la manifestation varsovienne du 15 octobre, jour anniversaire de la mort de Kosciuszko, ne tarda pas à être suivie du soulèvement national. Le jour où, sur toute la surface de la France, aura lieu une prière publique en commémoration du maréchal prince Joseph Poniatowski, mort martyr pour la France, ce sera le signal d'un acte réparateur de solidarité internationale envers la Pologne.

* * *

Il fut un temps où les excès des Russes contre la Pologne soulevaient au moins l'indignation intérieure chez la société occidentale.
« L'empereur de Russie est arrivé à Berlin deux heures avant la mort du roi Frédéric-Guillaume III, » lisait-on jadis dans une chronique de la *Revue des Deux-Mondes*. « En traversant la Pologne, la malheureuse Pologne, l'empereur Nicolas s'est-il de-

mandé quel sera, au jour de sa mort, le jugement inexorable de l'histoire ? Les rois aussi meurent ; et, comme le lui a écrit l'évêque de Podlachie, ils sont appelés comme nous devant le tribunal du Tout-Puissant » (tome XXIIe de la 4e série, p. 1047. — 15 juin 1840).

*
* *

Nous lisons dans les *Impressions de voyage* de M. Alfred Rambaud :

« Le château de Varsovie avait été d'abord une construction gothique des ducs de Mazovie au quatorzième siècle. Rebâti par les Wasa dans le style du dix-septième siècle, Auguste III de Saxe l'a agrandi du côté de la Vistule, et le dernier roi, Stanislas Poniatowski, s'était chargé de la décoration intérieure. C'est dans la partie voisine de la place que siégèrent d'abord le sénat et le corps législatif de Napoléon, puis le sénat et la chambre des députés d'Alexandre Ier. Aujourd'hui, il y a une caserne ; sur la Vistule habite le *Namiestnik* (lieutenant) ou vice-roi de Pologne. La plupart des tableaux, statues, œuvres d'art, ont été transportés dans les palais et les musées de Saint-Pétersbourg et de Moscou. A la place du château, commence un vaste boulevard qui est, pour Varsovie, l'*Unter den Linden*, la perspective de Newski, le boulevard des Italiens. On l'appelle le faubourg de Cracovie. C'est là qu'on trouve les beaux magasins ; mais, ici comme partout, apparaît trop visible l'empreinte d'une main tyrannique. Tous les marchands sont tenus d'avoir, à côté de leur enseigne polonaise, une enseigne en langue russe. Parce qu'il y a des caractères russes à sa devanture, un marchand devient-il un Russe ? Un peuple est-il dénationalisé, parce que l'enseigne d'un confiseur nous promet des douceurs en deux langues ? A moins pourtant que l'administration russe ne désire se tromper elle-même, et qu'elle ne se réserve le droit d'écrire à l'empereur, après une soigneuse inspection des écriteaux de cordonniers et de photographes : « Il n'y a plus de Polonais. » A l'extrémité du faubourg de Cracovie se dresse la statue de Kopernik par Thorwaldsen... On a bien fait de revendiquer pour les Slaves un homme que les Allemands veulent prendre pour eux, après avoir pris sa ville natale de Thorn. Mais si Kopernik vivait aujourd'hui, et qu'il acceptât une place de professeur d'astronomie à l'Université de Varsovie, on lui défendrait de faire son cours en polonais.

« Les traces de la haine nationale se multiplient autour de ce monument, qui, élevé en l'honneur d'un des plus grands hommes du monde slave, semblerait devoir réconcilier toutes les nations slaves dans une gloire commune. Ici est la maison de l'ancienne Société polonaise des amis de la science, supprimée en 1831 : maintenant, il y a là une école russe, et plus anciennement s'élevait à cette même place un couvent de dominicains où un tzar de Russie, Wassili Szuyski, fut prisonnier des Polonais. Plus loin, le palais du comte André Zamoyski et celui du prince Czartoryski, saccagés en 1863 à la suite d'un coup de feu qui aurait été tiré, on ne sait par quelle fenêtre, sur le comte Berg, lieutenant du tzar, puis confisqués par le gouvernement russe. Deux autres monuments produisent aussi sur les étrangers une pénible impression : la statue de Paszkiewicz, également dans le faubourg, et le monument de 1831, sur la place de Saxe. Ce dernier avait été élevé en l'honneur du prince Joseph Poniatowski, le brillant chef des légions polonaises de Napoléon, qui périt dans le grand naufrage de la fortune française à Leipzig. La statue équestre du héros de l'Elster, œuvre de Thorwaldsen, devait se dresser sur cette espèce de piédestal, qui est aujourd'hui tout le monument. Mais, après 1831, elle fut le butin du vainqueur : la statue du héros, qui avait péri pour ne pas se rendre, fut prisonnière de Paszkiewicz, qui fit, dit-on, couper la tête de Poniatowski et la remplaça par la sienne sur les épaules de bronze. Quant au piédestal, qui n'est plus à présent qu'un moignon de monument, on le traita d'une façon plus déshonorante encore. » — L'auteur fait remarquer que non-seulement les aigles à deux têtes allèrent déployer leurs ailes à ses quatre coins, mais que de plus sur ses flancs d'airain, qui devaient transmettre à la postérité les batailles de 1792, 1793, 1809, 1812, 1813, le burin officiel, en glorification des quelques généraux polonais massacrés par le peuple, le 29 novembre 1830, écrivit : « A la mémoire des Polonais tombés victimes de leur fidélité à leur tzar. »

Passant à la description de la statue du maréchal Paszkiewicz, dans laquelle il voit un outrage à la Pologne, aussi grand que le serait pour la France l'érection, dans Strasbourg, d'une statue à Von Werder, et qui l'est bien davantage, car Paszkiewicz était un Polonais, ancien lieutenant de Kosciuszko, et se fit l'instrument de la Russie, — le voyageur français dit :

« L'idée même d'un monument élevé au vainqueur de Varsovie dans Varsovie est une insulte gratuite aux vaincus. Sur la promenade la plus fréquentée de la capitale, sur le faubourg de Cracovie, se dresse, avec un air de bravade et de défi, ce même Paszkiewicz qui, le 8 septembre 1831, fit *régner l'ordre* à Varsovie, et dont la dictature, pendant vingt-cinq ans, fut consacrée tout entière à la destruction de la nationalité polonaise. Voyez si l'on n'a pas pris à tâche d'évoquer un à un les souvenirs du glorieux passé de la Pologne pour mieux les ravaler : dans le bas-relief le plus en vue de ce monument, les Varsoviens peuvent contempler leur vainqueur entrant en triomphe, le chapeau à grand plumet sur la tête, dans ce même faubourg de Cracovie ; au fond se dressent, pour mieux assister à l'humiliation de la Pologne, tous les monuments de son histoire, le Château royal, la colonne de Sigismond, la cathédrale de Saint-Jean ; au premier plan, des paysans se jettent à genoux pour implorer leur pardon du vainqueur, qui ne daigne même pas les regarder, tandis qu'une ligne de soldats porte les armes à leur général. Il y a des excès auxquels ne doit pas se porter dans la victoire une nation qui songe à l'avenir...

« Dans la même direction, on arrive à la citadelle Alexandre. Elle fut bâtie aux frais de la ville de Varsovie et en punition de l'insurrection de 1831. Une tête de pont (sur la rive droite), des forts détachés, sur les remparts desquels on voit poindre les noires cheminées des casemates, en défendent les abords. Dans un rayon de deux ou trois cents mètres, elle fait ce désert qu'on appelle une zone militaire : dans les terrains vagues que *protége* le feu de la citadelle, quelques pauvres diables font paître une douzaine de vaches. Les canons sont en batterie, leur gueule tournée vers la ville. Bien des fois cette forteresse a servi, pour les Varsoviens arrêtés, de première étape sur la route de la Sibérie. Je ne vois rien qui résume mieux la situation faite à la Pologne et à la Russie par les derniers événements. La politique de compression en est arrivée logiquement à ce résultat. On ne croit pouvoir contenir Varsovie qu'en étant en mesure, à toute heure, de l'écraser sous les bombes. »

M. Rambaud termine par cette réflexion qu'un siècle après le démembrement de la Pologne, après tant de triomphes militaires, tant de lois répressives, tant d'expulsions, de déportations et de transportations, voilà où en est la question polonaise. « La Russie, ajoute-t-il, peut-elle dire qu'elle a seulement conquis la Pologne, puisqu'elle est obligée de la conquérir tous les jours par la terreur ? » (*Varsovie et Cracovie* dans la Revue politique et littéraire, 15 mars 1873.)

*
* *

La guerre est loin de s'être humanisée en Europe, comme on se plaisait à le dire au lendemain des deux généreuses expéditions de Crimée et d'Italie. En 1870, les Prussiens ont pillé à l'antique, considérant chaque propriété individuelle comme étant, de par le droit de la guerre, devenue la propriété de tout individu vainqueur ; alors chacun se mettait à déménager les maisons des Français pendant que les chefs d'armée frappaient les villes de contributions générales. — Ce que les Prussiens ont fait un moment en France, les Russes le font, et avec plus d'excès encore, depuis plus d'un siècle en Pologne. L'iniquité, dont ont souffert les Français, devrait les prédisposer à mieux comprendre les plaintes des polonais. Et l'exemple de la France est un avertissement pour l'Occident tout entier.

Sous le règne de l'empereur de Russie Alexandre II, il n'y a plus en Pologne de spoliations de bibliothèques publiques, car Nicolas avait achevé le dépouillement de celles qui subsistaient et il n'en avait point laissé former de nouvelles ; de rigoureuses interdictions frappaient l'importation des livres de l'étranger ou l'impression à l'intérieur. Mais le système a été poussé plus avant : on en est arrivé jusqu'à vouloir détruire la langue polonaise.

C'est la langue polonaise aussi que le gouvernement prussien-allemand s'acharne à déraciner des provinces polonaises de Silésie, de Prusse et de Poznanie. Il suit le modèle russe. En imposant la langue allemande comme langue officielle et en en généralisant l'application, il se targue de faire acte de patriotisme; en obligeant les enfants à apprendre l'allemand comme langue maternelle, il se vante de son amour de l'instruction! O nationalité! ô civilisation! En Galicie et sur le territoire de Cracovie, les Polonais jouissent, depuis 1866, de certaines latitudes. Mais les ménagements dont les Polonais sont l'objet de la part des Autrichiens vaincus à Sadowa, auront-ils plus de durée que ceux dont ils furent l'objet de la part des Russes vaincus à Friedland? Assurément les efforts faits pour relever l'enseignement polonais en Galicie sont aussi méritoires que ceux faits il y a soixante ans en Lithuanie. Nous avons eu des Polonais, le comte Agénor Goluchowski, puis le comte Alfred Potocki, à la tête du ministère à Vienne; mais nos pères aussi s'étaient réjouis de voir le prince Adam Czartoryski ministre à Saint-Pétersbourg. Répits bienfaisants, mais essentiellement précaires, puisque nous n'avons pas personnellement la force de les prolonger envers et contre tout, et qu'il dépend du bon plaisir d'autrui de les faire cesser. Qui nous garantit que les tolérances d'aujourd'hui ne seront pas retirées demain, soit spontanément, soit sur injonction secrète des deux Cours complices? Quelle sécurité avons-nous que la Galicie et Cracovie ne seront pas envahies par les Russes, à la première occasion, et qu'alors n'y seront pas opérés les mêmes dépouillements de bibliothèques et de musées qu'en Lithuanie, dans les terres russiennes et le pays de la Couronne de Pologne?

Aujourd'hui, plus que jamais, il y a nécessité pour les Polonais de se constituer et conserver une bibliothèque nationale en lieu sûr. Et c'est pourquoi la *Bibliothèque nationale polonaise* de Paris ne mérite pas moins, qu'à son origine, le sympathique intérêt des hommes de cœur en tout pays.

L'*Appel*, que mon père avait rédigé en 1833, demeure permanent et s'adresse à quiconque aime la nationalité et croit à la justice. C'est faire œuvre pie que de contribuer à grossir le trésor littéraire d'une nation malheureuse.

P.-S. J'ai reproduit la note de mon père d'après le texte que j'ai retrouvé dans ses papiers posthumes. Elle avait été, à première vue, inventoriée par Charles Sienkiewicz, sous le titre de : *Mission politique de la Pologne*. La lettre, où il en est parlé à Jérôme Kajsiewicz, est insérée dans la *Korespondencya Adama Mickiewicza*, t. 1, p. 135, in-18. Paris, 1874. J'ajouterai que, pour prêcher d'exemple, mon père fit aussitôt don à la Bibliothèque nationale polonaise de tous les volumes qu'il possédait.

J'ai relaté (p. 112) comment Pierre 1er se fit offrir par Auguste II, pour le détruire, le tableau des Tzars prisonniers présentés par Zolkiewski à Sigismond III. Voici un autre exemple de l'acharnement des Russes à détruire les documents historiques de faits qui leur déplaisent. Je lis, dans don Albert Vimina, de Bellune (*Istorie delle guerre civili di Polonia*, Venise, 1671, in-4°, p. 209-216), que déjà le grand-duc de Moscovie Michel Romanow avait, après grande menace, fait insérer dans le traité de paix de 1634 avec la Pologne : que l'on brûlerait, avec interdiction de le réimprimer, le discours prononcé devant le Pape par l'ambassadeur Ossolinski au nom de Ladislas IV, roi de Pologne, grand-duc élu des Moscovites (*Ossolini Georgii domini in Ossolino, comitis de Thenczyn, thesaurarii regni Poloniæ, Oratio habita Romæ in aula regia Vaticana VI decembris 1633, quum Sereniss. ac potentiss. Wladislai IV, regis Poloniæ, etc., electi magni Moscorum ducis, sanctiss. domino nostro Urbano VIII, pontif. max. obedientiam præstaret, A Dom. Roncallio prothon. apostolico in lucem edita, etc. Romæ, apud Franciscum Caballum an. 1633 et Cracoviæ*). Ce discours a été réimprimé par Lunig (Jean-Chrétien) dans le premier volume de ses *Orationes procerum Europæ corumdemque ministrorum et legatorum*, etc. *Lipsiæ*, 1712.

J'ai parlé (p. 128) de la protection qu'accordait aux arts le dernier roi de Pologne, Stanislas-Auguste Poniatowski. Au premier rang des peintres venus de l'étranger, était Marcel Bacciarelli (né à Rome en 1731, mort à Varsovie en 1818). Appelé en Pologne par Auguste III, en 1755, il y jouit d'abord de ses bonnes grâces puis de celles de son successeur : en 1768, la diète le fit citoyen et noble polonais. Il ouvrit une académie et eut des élèves. Il peignit de grandes fresques et de nombreux tableaux. Dans la salle des rois au château de Varsovie : Casimir le Grand, recevant les suppliques des paysans et ordonnant la réparation des villes ; Ladislas Jagellon, instituant l'Académie de Cracovie ; l'investiture de la Prusse ; l'union de la Lithuanie à la Pologne, sous Sigismond-Auguste ; la paix de Chocim ; la libération de Vienne par Jean III (Sobieski) ; les portraits de Jean Tarnowski, Roman Sangusko, Jean-Charles Chodkiewicz, Nicolas Kopernik, Stanislas Hosius, Revera Potocki, Chrétien Radziwil, le cardinal André Olzowski, Martin Cromer, Martin Koncki ; — au château de Lazienki : l'empereur Napoléon donnant la constitution au grand-duché de Varsovie avec les portraits du comte Malachowski, ci-devant maréchal de la grande diète constitutionnelle, et les membres de la commission de gouvernement, à savoir : le comte Stanislas Potocki, Wybicki, Dzialynski, Bielinski, Sobolewski et le secrétaire général Luszczewski ; et, dans la salle de marbre noir, les portraits des rois de Pologne peints sur cuivre, Boleslas le Brave, Wenceslas de Bohême, Ladislas le Bref, Casimir le Grand, Louis de Hongrie, Edwige, Ladislas II Jagellon, Ladislas III le Waruénien, Casimir Jagellon, Jean-Albert, Alexandre Ier, Sigismond le Vieux, Sigismond-Auguste, Henri de Valois, Etienne Batory, Sigismond III, Ladislas IV, Jean-Casimir, Michel, Jean III, Auguste II, Auguste III, Stanislas-Auguste.

— Il avait peint sur cuivre aussi les hetmans Zolkiewski et Wisniowiecki, l'évêque Florian Czartoryski ; et sur toile madame Séverine Potocka, la comtesse Krasicka, née Grabowska, la starostine Malachowska, la duchesse de Courlande, née Medem. — Pour le roi, il avait fait les portraits de divers membres de sa famille : le castellan de Cracovie Stanislas Ciolek Poniatowski, son père ; madame de Cracovie, née Czartoryska, sa mère ; ses frères, le prince André Poniatowski, général en chef au service d'Autriche, le prince Casimir Poniatowski, grand chambellan de la Couronne, et le prince Michel Poniatowski, primat de Pologne ; ses sœurs, madame Zamoyska, palatine de Podolie, la comtesse Branicka, femme du grand général de la Couronne, et la castellane de Cracovie ; ses neveux et nièces le prince Joseph Poniatowski et la comtesse Vincent Tyszkiewicz (fils et fille du prince André), le prince Stanislas Poniatowski (fils du prince Casimir), avec sa mère, la comtesse Mniszech (fille de madame Zamoyska), et son mari, le grand maréchal de la Couronne, la princesse Sapieha, née Branicka, plus le prince Adam Czartoryski en uniforme de la garde de la Lithuanie, et la princesse Sapieha, née Lubomirska, femme du chancelier de Lithuanie. Et en outre l'audience du meunier où le roi est représenté avec un certain nombre de courtisans, et auquel il donna plus tard pour pendant la mort du roi à Saint-Pétersbourg (8 février 1798), où Stanislas-Auguste est entouré de la famille impériale de Russie et de ses serviteurs polonais. — Entre autres portraits de grands personnages, il fit celui du grand chancelier Chreptowicz, du comte Ostrowski, président du Sénat, de Stanislas Malachowski, du sénateur palatin Dzialynski. — Bacciarelli fit aussi des peintures allégoriques et religieuses, ou empruntées à l'histoire ancienne; par exemple, Esther évanouie devant Assuérus, lors du décret contre les Juifs.

Un autre peintre de Stanislas-Auguste, fut le Vénitien Barthélemy Bellotto, qui imitait son compatriote Canaletto et fut surnommé Canaletto le Jeune (mort entre 1770 et 1777). Il fit une quantité de tableaux représentant, les uns, des vues et édifices de Rome, les autres, des vues et édifices de Varsovie ou des environs. Il peignit l'entrée solennelle du comte Ossolinski, ambassadeur à Rome, en 1633, qui fut gravée par Stefanino della Bella, et aussi l'élection du roi Stanislas-Auguste Poniatowski à Wola, pour le comte Chodkiewicz de Varsovie, et dont une répétition fut placée au château de Varsovie.

Parmi les artistes attirés à la Cour par Stanislas-Auguste et employés par lui, on cite : Dominique Merlini, de Brescia, qui reçut le titre de premier architecte du roi et de la république de Pologne, fit la grande salle des concerts dans le château royal de Varsovie, la bibliothèque et la salle des rois, le palais de Lazienki, la villa de la Garenne et la villa de Jablonna, la grande église et maison des Scolopi, etc., et mourut fort âgé en 1792 ; — Jacques Monaldi, de Milan, sculpteur, qui mourut peu après Merlini, et à qui sont dus les quatre évangélistes de la façade de l'église des Bernardins, et quelques statues pour Lazienki ; — l'architecte Solari, qui fit le théâtre de Varsovie ; — les trois frères Stagi, sculpteurs, de Pietra-Santa ; — Bertogliati, de la Suisse italienne, et Fontana, tous deux architectes ; — le Romain Brenna, qui grava et publia à Varsovie les arabesques des thermes de Titus ; — le Vénitien Barthélemy Folino, ingénieur, qui grava sur cuivre la carte générale de Pologne, en 1774, et grava également les portraits de la famille royale.

De bonne heure, nos rois honorèrent les artistes. Ainsi, le florentin Bartolomeo fit, en 1520, la chapelle jagellonne, dans la cathédrale de Cracovie ; le Véronais Jean-Jacques Caraglio, graveur de pierres dures, fut protégé par Sigismond-Auguste ; le sculpteur Santi Guci, de Florence, fit à Cracovie le tombeau d'Etienne Batory ; l'architecte Jean-Marie Bernardoni, de la Compagnie de Jésus, originaire du duché de Milan, édifia l'église de Saint-Pierre à Cracovie, en 1597, sous Sigismond III, et le sculpteur Jérôme Canavesi, de Milan, y fit les apôtres de la façade ; le peintre

Hyacinthe Campana, de Bologne, mourut en Pologne, au service de Ladislas IV.

Starowolski rapporte que le Vénitien Thomas Dolabella, qui était allé en Pologne, avec le titre de peintre de la Cour, sous le règne de Sigismond III, peignit dans le palais royal de Cracovie la prise de Smolensk par Sigismond III, où il plaça les portraits de beaucoup de sénateurs et autres grands personnages polonais. Déjà, il avait à Cracovie, en 1613, fait sur toile deux grands tableaux pour le chœur de l'église des Mineurs conventuels, représentant, l'un, le *Jugement universel*, l'autre, le *Paradis et l'Enfer*, avec beaucoup de figures de personnages contemporains, et, en 1620, peint la canonisation de saint Hyacinthe, dominicain, pour la chapelle du Crucifiement de l'église des Dominicains.

En 1682, le Napolitain Martin Altamonti (né en 1657, mort en 1745) édifia pour le roi Jean III (Sobieski), à peu de distance de Varsovie, une magnifique villa, dans le goût italien, Villanow, où furent employés des architectes, sculpteurs, mosaïstes et peintres italiens, et où lui-même a laissé beaucoup d'œuvres de sa main. Le tableau de *saint Martin donnant son manteau à un pauvre*, qu'il fit pour l'église des Carmélites de Léopol, fondée par Sobieski, après la victoire de Chocim, vint, après la suppression de cette église, prendre place dans le palais du comte Alexandre Chodkiewicz à Varsovie. Il avait également travaillé dans le palais de Stanislas Joblonowski, grand général du royaume.

*

Nos magnats aimaient et encourageaient les arts. Voici quelques exemples :

— Dans le journal (*Diario*) de Jean Fagiuoli, célèbre poète burlesque florentin, qui se conserve manuscrit dans la bibliothèque Riccardi, sub n° 2695, et dans lequel il raconte, entre autres, son séjour à Varsovie, où il accompagna, en 1690, le nonce du pape, Mgr Santa-Croce, il décrit le palais de Jasdowa du maréchal Lubomirski. « Ce palais, dit-il, a été édifié à l'italienne, par un élève de Buonarotti. Il est noblement orné de tentures magnifiques, de peintures exquises et possède une nombreuse argenterie. Il y a un vaste jardin avec de grandes allées, des viviers, etc. Un lac entoure le jardin et l'on s'y promène en barque ; au fond du jardin, est un pavillon de repos solitaire. Il y a des poêles embellis de stucs et de peintures. Tout y respire un goût royal. »

— La famille Czartoryski avait réuni, dans le château de Pulawy, de nombreuses œuvres d'art, et une très-précieuse bibliothèque, riche en manuscrits rares, en curiosités littéraires et artistiques et surtout en souvenirs historiques. L'architecte polonais, Pierre Aigner, éleva à Pulawy une église de l'Assomption, et, dans le jardin du prince Czartoryski, le fameux temple de la Sibylle, où furent collectionnées les armures des anciens guerriers polonais les plus illustres. L'habitation princière de Pulawy, située sur un versant des monts de Cracovie, près la Vistule, a été chantée en polonais par les poètes archevêques Krasicki et Woronicz, et en français par l'abbé Delille, célébrée par le comte Stanislas Potocki dans ses dissertations sur les Polonais illustres et sur les monuments qui font honneur à l'art polonais, et décrite par Ciampi dans son *Voyage de Pologne* en 1830. C'est en 1731 que commencèrent les embellissements de Pulawy.

— Vers le déclin du dix-septième siècle, Constantin Villani, de Milan, élève de Pompée Batoni, partit de Naples avec Mgr Massalski, prince-évêque de Vilna, pour y faire douze grands tableaux dans la cathédrale. Il travailla ensuite dans l'église de Pociaiova des Pères Basiliens. A Luck, en Wolhynie, il peignit pour la cathédrale un tableau de la *Madeleine pénitente*; et, pour la cathédrale de Zytomir, il fit la *Nativité de Jésus-Christ*. Il fit des portraits et exécuta de nombreuses copies, d'après les originaux de la galerie royale de Dresde. Il perdit sa fortune, et faillit perdre la vie quand fut pendu par le peuple l'évêque de Vilna, qui l'avait amené en Pologne. Il se retira à Varsovie, où le comte Ossolinski lui confia la conservation de sa galerie. Il mourut octogénaire en 1823, après un séjour de plus de trente ans en Pologne.

— « Dans le plus bel endroit de Vilna, appelé en polonais *Antokol*, peut-être du latin *ante colles*, et dans la position la plus agréable, entre la Wilia et les collines adjacentes, il existe quatre monuments dus à un architecte italien Perti, que, sur la fin du dix-septième siècle, fit venir de Rome le prince Jean-Casimir Sapieha. Ils consistent en deux palais ou villas, et deux églises qui sont le plus bel ornement de la ville. Les Russes, après 1863, ont confisqué ces églises au profit de l'orthodoxie grecque. L'une de ces villas, près Vilna, appartenait à un certain Sluska, dont la famille est éteinte : c'est maintenant une fabrique de bière. L'autre, distante de un mille et demi italien, appartenait à la famille des princes Sapieha, qui fut très-puissante en Lithuanie, et à qui la province est grandement redevable : elle a été achetée par le gouvernement, et sert d'hôpital militaire. Ces villas avaient été construites dans le goût de celles qu'on voit sur la Brenta, près de Venise, ornées de très-beaux stucs intérieurement et extérieurement...

« Le même prince, Jean-Casimir Sapieha, palatin de Vilna, et grand général de Lithuanie, avait fait venir de Rome le peintre *del Bene*, qui peignit habilement la galerie, le salon, et quatre chambres de la villa Sapieha, avec des figures humaines de grandeur naturelle. » (*Lettre* du conseiller d'État Louis Cappelli, professeur de droit dans l'Université impériale de Vilna, à Sébastien Ciampi.)

— Le général comte Pac, en 1821, appela en Lithuanie Henri Marconi, né à Rome, qui avait étudié à Bologne, où son père Léandre était professeur d'architecture, puis à Rome, où il obtint le prix *Canova*. Marconi fit pour le comte le beau château gothique de Dospuda (palatinat d'Augustow), les deux églises de Raczki et de Rozanka et son palais de Varsovie. (Nommé en 1827 architecte du gouvernement, il fut chargé de la chapelle Sobieski pour l'église des Capucins, et de la reconstruction du palais de la commission palatinale de Lublin.)

— Au château de Dospuda, il y avait dans des niches de la façade douze statues colossales de rois et généraux polonais, des thermes peints à la manière des Thermes de Titus, une salle de billard avec des arabesques, des figures et paysages, et une galerie de 25 mètres ornée de stucs, et renfermant des tableaux nombreux et estimés des écoles italiennes, allemandes, françaises et autres ; un musée d'artillerie contenant des objets militaires antiques de toute espèce, et décoré des statues de Montecuccoli, Condé, Turenne et le prince Eugène. Les sculptures qui ornent le château sont de Charles Aurelii, élève de Canova, les tableaux d'histoire du romain Nicolas de Angelis, et les peintures décoratives de J.-B. Caretti, de Santa-Agata, sur le lac Majeur. — Les trois mêmes artistes ont fait dans l'église de Raczki, Caretti la voûte, de Angelis les tableaux, et Aurelii les statues. A Rozanka, le grand tableau du maître-autel est de de Angelis. — Au palais de Pac, à Varsovie, le fronton de 20 mètres sur 2 représente T. Q. Flaminius, qui dans les jeux isthmiques donne la liberté à la Grèce, par Louis Kauffmann, Romain. Six statues de la façade sont consacrées au souvenir des célèbres capitaines de l'antiquité, dont deux Grecs, deux Romains, deux Carthaginois. Dans l'intérieur, plusieurs peintures de de Angelis et de Caretti. Entre autres œuvres d'art, un buste d'*Hélène*, œuvre de Canova ; quatre bas-reliefs en marbre d'Adam Tadolini, Bolonais, élève de Canova ; une copie en marbre de l'*Hébé* de Canova, par son élève Cincinnatus Baruzzi, d'Imola.

— Le prince Radziwill voulut avoir en Pologne l'architecte et habile dessinateur Har, qui, né à Malte, avait étudié à Rome. —

Le comte Paul Cieszkowski emmena, en 1 18, Nicolas Monti, de Pistoie, pour peindre deux tableaux dans la chapelle de ses terres de Surkow (district de Krasnystaw), représentant l'un la *Conversion de saint Paul*, et l'autre *sainte Sophie*, dont le nom était porté par sa femme, née comtesse Kicka, morte en cette même année à Florence. (Le même Monti fit à fresque plusieurs peintures au château royal de Varsovie et dans la villa de Surkow.) — Le comte Stanislas Potocki fit faire à Villanow plusieurs peintures par Haires, de Turin, vers 1820. — La comtesse Malachowska, dans les cinq années qui précédèrent 1830, fit exécuter, sur sa terre de Konski, par François-Marie Lanci, de Fano, une serre égyptienne, une église gothique, un pont, et lui demanda le projet d'un grand palais. — Le comte Zamoyski (1827) fit faire par Louis Rubio, Romain, peintre d'histoire, de nombreux portraits de personnages illustres de sa famille.

— « Les palais de Pac, de Radziwill et de Krasinski étaient de véritables musées historiques. » (*Lettres slaves* de Christien Ostrowski, in-18. Paris, 1857, p. 299.)

La galerie du comte Ossolinski, à Varsovie, contenait, tant en originaux qu'en copies, 438 tableaux, dont 203 de l'école italienne. (Ciampi donne le catalogue de ceux-ci à la page 254 du vol. II de sa *Bibliog. crit.*)

*

Les indications concernant les artistes italiens, que les rois et magnats de Pologne firent venir pour l'embellissement de la patrie, sont tirées de l'ouvrage : *Bibliografia critica delle antiche reciproche corrispondenze politiche, ecclesiastiche, scientifiche, letterarie, artistiche dell' Italia colla Russia, colla Polonia ed altre parti settentrionali, il tutto raccolto ed illustrato con brevi cenni biografici delli autori meno conosciuti da Sebastiano Ciampi corrispondente attuale di scienze, lettere, etc., dell' imp. R. Commissione della istruz. pubb. del regno di Polonia. Firenze* 1834-42, 3 *vol. in-*8.

Ciampi mentionne encore, comme ayant été en Pologne, Albertrandi, peintre et professeur de dessin; Amadio, ornemaniste de stucs; Pietro da Bari, qui peignit dans l'église des Capucins de Cracovie, où il est enterré; Jean Bellotto, qui édifia l'église de Sainte-Croix des Missionnaires de Varsovie ; Campigli, peintre d'architectures et de vues; l'architecte Antoine Corazzi, de Livourne ; Grassi, de Turin, peintre d'histoire et portraitiste, qui travailla beaucoup à Kiew et dans d'autres villes de Pologne ; Magnavacca, né à Bologne en 1639, peintre et antiquaire ; un Marconi, frère de l'architecte Henri, habile en travaux de stucs et décorations architectoniques, qui était occupé à Varsovie en 1830 ; Molinari, peintre de portraits, vers 1820 ; Innocent Monti, d'Imola, qui, élève de Charles Cignani, peignait à Cracovie en 1713 ; Jean-Marie Mosca, de Padoue, sculpteur, qui fit le tombeau d'un roi de Pologne sur la fin du seizième siècle ; Michel-Ange Palloni, né à Florence en 1637, qui, élève de Balthazar Franceschini, peignit en Pologne et en Lithuanie, où il mourut au commencement du dernier siècle (il fit, en 1677, le portrait du comte Pac, grand général de Lithuanie) ; Johannes Patavinus, en 1532 ; Pirman, peintre italien, professeur à l'école de Kaminiec-Podolski ; Ranucci, peintre de vues ; Jean Ricchiardi, de Turin, jeune professeur, mort à Varsovie en 1820 ; Thomas Righi, de Rome, sculpteur, dont les travaux ornent la cathédrale de Vilna, et qui travailla beaucoup en stucs et en plâtre, et fit des statues pour Lazienki ; Ridolfi, maître sculpteur en stucs, qui travailla en Pologne, vers la moitié du seizième siècle ; le Romain Rossi, qui travailla à la façade de la cathédrale de Vilna avec l'architecte polonais Skuczewicz ; Sacchi, de Rome, architecte ingénieur qui travailla en Lithuanie ; Vincent Scamozzi, l'un des plus illustres architectes, né à Vicence en 1552 ; Jean Succatori, architecte, qui édifia l'église des Camaldules de Bielany, près de Cracovie.

Ciampi note, entre autres artistes italiens, chargés de travaux pour la Pologne, sans y être allés : Pierre Dandini, Toscan, qui fit des tableaux pour l'église des Capucins de Cracovie ; Ubaldo Gandolfi, qui fit le beau tableau de *saint Antoine* pour la même église ; Barthélemy Mancini, Romain, qui peignit des tableaux en 1623 pour l'église des Dominicains de Cracovie ; Paul Pagani, du duché de Milan, qui fit le *Martyre de saint Sébastien* pour l'église Sainte-Anne de Cracovie ; Ricci, professeur à l'Académie de Florence qui fit, pour la cathédrale de Cracovie, une répétition du monument funéraire qu'il avait fait à Santa-Croce de Florence ; Canova, qui fit l'*Amour et Psyché* pour le comte Tarnowski.

Parmi les artistes polonais qui étudièrent en Italie, le même Ciampi cite l'architecte Woydzko que, dans le dixième siècle, le roi Mieczyslas envoya étudier à Rome (note prise dans la description de la ville de Volau en Silésie) ; le peintre Albert, dont parle Dlugoss, à l'année 1462 ; Jean-Chrysostome Prszowski, peintre, en 1667 ; les deux frères Aigner qui fleurirent au dix-huitième siècle, l'un Charles, peintre, couronné par l'Académie du Capitole, l'autre Pierre, architecte général du royaume de Pologne, qui, outre les travaux de Pulawy, fit la cathédrale de Szuwalki, dans le palatinat d'Augustow (Lithuanie), et à Varsovie la Monnaie royale, l'église Saint-Alexandre, l'Observatoire, la Bibliothèque de l'Université, la façade et des annexes du palais Radziwill, devenu depuis résidence du lieutenant royal ; les architectes Stanislas Zawadzki et Degen, le peintre de miniatures Kousiski, le peintre d'histoire et portraitiste Kokarchi, madame Reiescka, peintre de pastels, Jean Regulski, graveur de pierres dures, les uns et les autres de l'époque de Stanislas-Auguste; Simon Czechowicz, de Varsovie, peintre; Adam Idzikowski, architecte, du palatinat d'Augustow; Jean Kisling, de Vilna, graveur, qui étudia à Rome, Florence, Milan, et devint professeur à l'Université de Vilna; Alexandre Kokular, de Varsovie, peintre; Kubicki, architecte; Thadée Konicz, de Cracovie (qui signait ses toiles à l'allemande, Tadeus Kuntze); Frédéric Lesel, architecte, à Varsovie; Alexandre Litowiski, sculpteur (qui fit le monument du comte Matuszewicz au *Campo Santo* de Bologne); Malinowski, sculpteur; Malinski, de Varsovie, sculpteur, professeur à l'Académie de Varsovie; Metzel, architecte ingénieur; Miraszewski, sculpteur; Miszewski, de Posnanie, peintre; Oriowski, dessinateur très-estimé de chevaux et de batailles; Plouiski, graveur à l'eau-forte, mort à Varsovie; Canut Rusieski, de Lithuanie, peintre; Schuch, de Varsovie, architecte; les frères Smuglewicz, peintres, dont l'un François, couronné à Rome, exécuta des tableaux historiques fort appréciés, et fut professeur de peinture à Vilna; et l'autre peignit à Varsovie, dans l'église des Grecs Maronites unis; Adalbert Stattler, de Cracovie, qui était à Rome en 1821; Constantin Stlegel, de Varsovie, sculpteur; Antoine Ziemiecki, de Varsovie, peintre, qui était à Milan en 1826; Jacques Tatarkiewicz, de Varsovie, sculpteur, qui vivait à Rome en 1828, et y fit la *Psyché* et *Jésus rendant la vue à l'aveugle*. — Ciampi cite en outre Xavier-Jean Kaniewski, né en 1803 en Wolhynie, pensionnaire russe du ministère de l'instruction publique, envoyé de Saint-Pétersbourg à Rome, pour se perfectionner dans l'art de la peinture.

Christien Ostrowski, dans sa lettre au *Siècle* sur les artistes polonais (29 novembre 1855), rappelle que les 65 églises de Cracovie, la métropole religieuse de la Pologne, aujourd'hui réduites à une vingtaine, étaient toutes décorées par des pinceaux polonais, par André Radwanski, le bernardin François Lexycki, le pieux coloriste Glowacki, et les peintres d'histoire Michel Stachowicz et Simon Czechowicz; ces deux derniers avaient décoré également le palais des évêques de Cracovie, qui fut détruit par l'incendie de 1850. — Il mentionne pour Varsovie une magnifique copie de la *Transfiguration* de Raphaël, par Oleszkiewicz, des tableaux de Smuglewicz, Warkulewicz, Sokolowski, Krzeczkowski, Eleisither, Albertrandi, Brodowski, Kokular; les dessins de Kondratowicz, Suchodolski, Lewicki, Charles Hoffman, Pierre Michalowski. — Il cite à Vilna l'architecte Gucewicz, et des œuvres des peintres Smuglewicz et Stachowicz.

Ciampi ne s'est occupé que des artistes italiens qui travaillèrent

pour la Pologne, et des artistes polonais qui se formèrent en Italie.
— Il cite par hasard le Français Norblin, qui était pensionné par le prince Adam Czartoryski, maréchal général de Podolie.

L'aperçu, déjà trop long, qui précède peut, tout incomplet qu'il est, donner une idée du goût qu'on eut en Pologne pour les arts, et des richesses artistiques qui s'y étaient accumulées. Nos envahisseurs se sont principalement attachés à arracher de notre sol ce qui y glorifiait notre nationalité.

*

L'un des souverains-brigands qui nous ont partagés disait de la Pologne qu'elle était un pays où il n'y avait qu'à se baisser pour prendre. Non-seulement on démembra, coupa et taillada le corps territorial de notre République ; mais tout ce qui se trouvait sur chaque parcelle fut sujet au pillage.

*

Ciampi, dans le récit de son voyage en Pologne, raconte que, passant par Dresde et y visitant la magnifique galerie (dont les plus beaux tableaux de l'école italienne faisaient jadis l'ornement de la galerie ducale de Modène), il s'informa de certaines tapisseries (*arazzi*), que l'on disait de Raphaël. On lui répliqua qu'elles étaient au magasin, parce qu'on n'avait aucune donnée de les croire telles ; qu'on avait écrit à quelqu'un de la cour de Rome, pour savoir si l'on s'y rappelait qu'elles eussent été données par tel ou tel pape à un prince de la famille souveraine de Saxe, à quoi il fut répondu qu'on n'avait pas le moindre indice à ce sujet : « Je dis alors, ajoute Ciampi, ce que j'en pensais, à savoir, que c'était une partie des tapisseries qui avaient appartenu au roi de Pologne Sigismond-Auguste et à ses successeurs, jusqu'au roi Jean-Casimir, qui, en abdiquant, les laissa en don à la République de Pologne. Après sa mort, elles furent réclamées par le duc d'Enghien, comme héritier d'une portion de ses biens privés ; mais la République s'y opposa. Tout cela me fut éclairci par une lettre qu'écrivit au grand-duc Côme III, de Toscane, l'Italien Santi Bani, secrétaire à Varsovie du duc de Mirova, et que le savant professeur Fr. Longhena, à qui je l'avais communiquée, inséra dans sa belle traduction de la *Vie de Raphaël*, de Quatremère de Quincy. Je fus confirmé dans mon opinion par la mention de l'existence de très-belles tapisseries dans les chambres du roi Sigismond-Auguste que fait le célèbre Oricovius (Orzekowski Stanislas), dans son récit des noces de ce roi (*Panegyricus nuptiarum Sigismundi Augusti Poloniæ regis. Cracoviæ,* 1553). Rien de plus probable donc que Auguste II ou Auguste III, ou leurs héritiers, aient emporté secrètement à Dresde ces tapisseries, ou du moins ce qui en restait alors, et que, les ayant tenues d'abord cachées, on perdit ensuite, sinon le souvenir de leur provenance, celui de leur confection sur cartons de Raphaël. La chose prend davantage encore l'aspect de la certitude, quand on confronte ces tapisseries avec la description qu'a donnée Oricovius, et qui est celle des principaux traits de la Genèse dont Raphaël a illustré les Loges du Vatican » (*Viaggio in Polonia nella state del* 1830... Florence, 1831, in-8, p. 16 et suiv.). — Ciampi ajoute (dans sa *Bibliog. crit.*, II, p. 265) que la provenance desdites tapisseries ayant été reconnue, et leur facture sur les dessins de Raphaël constatée, elles ont été dès lors offertes à l'admiration du public dans l'une des salles de la galerie de Dresde.

*

On lit, dans la relation de Ruggiero que le pape Pie V avait envoyée au roi de Pologne Sigismond-Auguste, en 1568 :

« Le roi se délecte grandement de joyaux ; un jour il me les fit voir, mais secrètement, parce qu'il ne veut pas que les Polonais sachent qu'il y a autant dépensé. Dans sa chambre, il y avait une table grande comme la chambre, et sur laquelle étaient seize cassettes de deux palmes de longueur chacune sur une et demie de largeur, toutes pleines de joyaux. Quatre sont celles de 200 m. écus de la mère qui sont venus de Naples. Quatre ont été achetées par Sa Majesté 200 m. écus d'or, entre autres la spinelle de Charles-Quint 80 m. écus d'or, et sa médaille de la grandeur d'un *agnus Dei* toute diamantée, ayant d'un côté l'aigle avec les armes d'Espagne, et de l'autre deux colonnes avec les mots *plus ultra*. Puis beaucoup de rubis et d'émeraudes quadrangulaires et en pointe. Les huit autres cassettes étaient les antiques ; il y avait entre autres dans une petite bourse pleine d'émeraudes, de rubis, de diamants, la valeur de 300 m. écus d'or. En somme, j'ai vu tant de joyaux, que je n'aurais pas pensé qu'il y en eût ainsi ; ceux de Venise que j'ai vus, et du royaume de N. S., ne peuvent entrer en comparaison. Outre les argents qui s'ouvragent pour Sa Majesté et pour les reines, il y a dans le trésor 15 m. livres d'argent tout doré qui ne s'ouvrage point. Ce sont pourtant de belles choses qui plaisent à Sa Majesté, telles que fontaines, horloges grandes comme un homme, avec figures, orgues et autres instruments ; le monde exactement représenté selon la mesure, avec tous les signes célestes ; des bassins et des vases avec toute sorte d'animaux célestes, terrestres et marins ; le reste, ce sont des coupes dorées que donnent les évêques, les palatins, les castellans, les capitaines et autres officiers quand ils sont créés par le roi... Le roi a enfin trente selles et fourniments de chevaux, qui sont les plus magnifiques choses de ce genre que l'on puisse voir : car, s'il y en a d'or et d'argent massif, ce qui n'est pas extraordinaire chez un prince, ils sont ornés d'un travail si beau, si fin, si rare, qu'on ne le croirait jamais possible avant de l'avoir vu. A côté se trouvent les vêtements pour vingt pages, avec des chaînes de 800 hongres (1) l'une, avec beaucoup d'autres choses rares qu'il serait trop long d'énumérer. C'est que Sa Majesté a des personnes qui excellent en tout art ; par exemple, pour la gravure des pierres dures, messire Jean-Jacques Caraglio, de Vérone, pour l'artillerie plusieurs Français, un Vénitien pour la sculpture, le Hongrois unique en fait de luth, le Napolitain Prosper Anadono pour l'équitation, et ainsi dans tous les arts. » — Le présent fragment extrait du *Codice Magliabechiano*, classe XXX, n° 162.

Il résulte d'une lettre de Pierre Arétin (Venise, 17 juillet 1539) que c'est dans cette même année que Caraglio serait allé en Pologne sur l'invitation du roi Sigismond Ier. Outre beaucoup d'autres travaux, il grava les médailles de Bona Sforza, reine de Pologne, femme du roi Sigismond, et les médailles aussi d'Alexandre Pesenti, de Vérone, l'un des attachés au noble service de cette princesse. Vasari dit qu'en 1568, il envoya de grandes sommes d'argent dans l'Etat de Parme, dans l'intention de venir y finir ses jours. (Voyez Ciampi, *Bibliografia critica*, II, p. 246.)

Nous ajouterons que la magnificence de la Pologne était telle, que l'évêque Dittmar, qui accompagna l'empereur Othon III à Cracovie, raconta avoir vu, à la cour du grand Boleslas, des richesses invraisemblables, des trésors *ineffabilia ac incredibilia ;* et que le trésor royal que laissa Sigismond III à son fils Ladislas IV, d'après son testament, publié par Niemcewicz, dépassait de beaucoup celui des autres souverains. (Voy. *Histoire du règne de Sigismond III*, par J.-U. Niemcewicz, édit. polon. Breslau, 1836.)

*

Mon père a dit (voy. p. 122) que la tzarine Catherine II, en faisant la guerre aux Confédérés de Bar, avait donné ordre à ses généraux de détruire ou d'enlever les monuments, les statues, les tableaux et les livres, et que des Cosaques, chargés du transport de bibliothèques, hachaient et sciaient les volumes qui ne pouvaient facilement entrer dans les caisses. Quantité de volumes, à la Bibliothèque impériale de Saint-Pétersbourg, portent aujourd'hui encore la trace palpable de ces énormités. En route, plus

(1) Ducat ou sequin de Hongrie, d'une valeur de 10 fr. 50.

d'un particulier acheta à la livre, aux Cosaques, des raretés bibliographiques.

Voici sur les rapines russes, à la suite de la défaite de Kosciuszko, à Maciejowice, quelques détails empruntés à Niemcewicz qui en fut témoin oculaire :

« Rien ne ressemblait plus à l'armée de Darius [que le train de l'armée moscovite]. Je puis affirmer, sans aucune exagération, que le nombre de chariots menant l'immense butin fait dans les palais, et le bétail enlevé aux campagnes, occupaient un espace presque égal à celui de l'armée. Tous les officiers généraux, les brigadiers et même les colonels se prélassaient dans de belles voitures, avec leurs femmes ou leurs maîtresses, suivies de femmes de chambre, de cuisiniers, de domestiques, etc. Le général Fersen, vieillard plus que sexagénaire, décharné et cassé, voyageait dans une charmante berline lilas et argent, attelée de six chevaux gris-pommelé ; à côté de lui était assise une charmante fille de seize ans, belle comme un ange, espiègle et folâtre comme un lutin... Les vertus cardinales du général Chruszczew étaient l'astuce, la rapacité et la gourmandise ; je dis vertus, car je suis persuadé que de bonne foi il les regardait comme telles. Il se livrait aux pillages les plus infâmes, non-seulement sans honte et sans remords, mais encore avec une sorte d'ostentation. Et, pourquoi n'en eût-il pas été ainsi ? Ses supérieurs ne lui montraient pas d'autre exemple...

Au moment où nous fûmes confiés aux soins de ce vertueux personnage, il traînait avec lui quarante grands chariots remplis d'objets pillés. Koziemwice, maison de chasse du roi de Pologne, à quinze lieues de Varsovie, offrit à ces messieurs les prémices de la moisson. Comme le roi ne s'y rendait que l'hiver pour la chasse des loups et des sangliers, le château était assez simplement meublé ; mais il contenait toute la garde-robe d'hiver de Sa Majesté : des fourrures de toute espèce d'un grand prix, un choix de fusils magnifiques et une cave des mieux pourvues. Dans l'espace d'un jour, tout fut enfoncé et enlevé ; c'était à qui volerait mieux, et notez que les soldats et les officiers subalternes n'avaient aucune part à ce butin ; la gloire et le profit en étaient uniquement réservés aux généraux et aux officiers supérieurs. Le major Iwan-Petrowicz Titow, notre gardien en second, en nous parlant de cette affaire, se plaignait, presque les larmes aux yeux, de ce qu'il n'avait eu pour sa part que des rideaux de damas rouge, ôtés du lit d'un des valets de chambre du roi ; un cadet de famille ne se serait pas plaint plus amèrement du tort que ses frères aînés lui auraient fait dans le partage d'un patrimoine. A mesure que la marche continuait, le butin croissait ; bourgs, villages, surtout maisons de campagne de la noblesse, tout fut dévasté, pillé, détruit. Pulawy, appartenant au prince Czartoryski, et une des plus belles campagnes de l'Europe, fut la plus maltraitée. Le château était meublé avec autant de goût que de magnificence. Une table superbe, toute en lambris et bronze doré, avec des glaces, porcelaines, meubles précieux, plafond peint par Boucher, les appartements de la princesse, non moins riches et élégants, une bibliothèque des mieux choisies : tout cela fut pillé ; ce qui ne pouvait pas être enlevé, on ne manquait pas de le briser en mille morceaux. Un nommé Bibikow, qui joignait à la fatuité et aux manières d'un perruquier de Paris la barbarie russe, était l'Achille de cette belle expédition. Le détachement de Chruszczew, destiné uniquement à notre escorte, traversait un pays paisible, déjà ravagé et où il n'y avait pas un seul soldat polonais; cependant Chruszczew levait des contributions, pillait et ravageait tout. Voici de quelle manière il s'y prenait : aussitôt son arrivée dans un endroit, on enfermait tous nos prisonniers dans des granges, les soldats russes prenaient leurs quartiers dans les maisons; lui, avec sa femme, sa fille, sa nièce et ses petits-enfants, prenait possession de la maison du propriétaire; on nous logeait dans une autre à côté de lui. Aussitôt ses aides de camp et les officiers de sa suite couraient à leurs départements respectifs; l'un, suivi de quelques grenadiers, descendait dans les caves et enlevait tous les vins qui s'y trouvaient; l'autre se rendait à l'écurie et prenait les meilleurs chevaux ; ceux-là couraient dans le bourg de maison en maison pour prélever la contribution en argent imposée aux habitants; ceux-ci fourraient les malheureux juifs dans des parcs à cochons, pour les forcer à avouer où étaient leurs trésors. Tandis que les officiers travaillaient avec cette activité, le général, suivi des dames, parcourait les appartements du seigneur de l'endroit; et là, avec des plaisanteries piquantes, de petites méchancetés spirituelles, le tout accompagné de rires immodérés, les messieurs détachaient glaces, tableaux, estampes; enlevaient livres, meubles, ornements, en un mot, faisaient maison nette. On enlevait jusqu'aux joujoux des enfants, et, dans le nombre des quarante chariots de Chruszczew, chargés de dépouilles, il y en avait un qui ne contenait que des batistes. C'était un aspect assez grotesque que l'assemblage confus des chevaux de bois, des petites voitures, des châteaux de carton et de toutes sortes de poupées, entassés pêle-mêle les uns sur les autres. Le petit Iwan, fils cadet de Chruszczew, était, en fait de poupées, l'enfant le plus riche de l'univers ; aussi, à l'âge de sept ans, éprouvait-il tous les inconvénients de la satiété. Quand on s'arrêtait quelque part, on lui étalait tous ces trésors; il s'en amusait beaucoup pendant quelques instants, mais devenait bien vite fatigué de tout. Il prenait une poupée, puis une autre, puis une autre encore, les regardait, leur cassait bras et jambes et les jetait par terre. Il montait sur son cheval de bois, s'y balançait un moment, le quittait pour une trompette et s'en dégoûtait de même. Une demi-heure avant dîner, les officiers ravageurs venaient présenter leurs rapports : c'étaient tant et tant de tonneaux, tant de douzaines de bouteilles de vin, tant d'étalons, tant de juments, tant de milliers de florins en argent. Si la récolte était bonne, comme c'était la plupart du temps le cas, le général riait, se frottait les mains, et disait : « *Oczen choroszo,* » c'est très-bien, c'est très-bien. Il se mettait à table, de bonne humeur, en répétant toujours son « *Oczen choroszo, oczen choroszo.* » Aussitôt après son dîner, il se couchait et dormait très-bien, ainsi que ses dames, car le proverbe, *le remords ne dort pas,* se trouvait là en défaut. Ces monstres, gorgés de rapines et de viandes, dormaient, comme s'ils n'avaient rien eu à se reprocher ; aussi le dernier degré du crime est-il d'être à l'épreuve des remords. Vers le soleil couchant, le cliquetis des tasses et des cuillers à thé les réveillait tous : aussitôt ils se mettaient à boire de grandes tasses de thé. Outre les petits pains, gâteaux, confitures, etc., on leur apportait sur de grands plateaux d'argent des raisins, des amandes, des figues sèches, le tout enlevé des boutiques des malheureux juifs. Ils mangeaient, jouaient aux cartes jusqu'à l'heure du souper. Pendant toute cette marche à travers la Pologne, c'était là le train ordinaire de leur vie. (*Notes sur ma captivité à Saint-Pétersbourg, en* 1794, 1795 et 1796 ; 1 vol. in-8º, Paris, 1843, p. 28-40.)

*

Un spécimen du rapt de nos archives. Sébastien Ciampi cite, dans sa *Bibliographie critique* (II, p. 115), la note suivante qui lui a été communiquée (en français) par l'archiviste Bacciarelli, fils de Marcel Bacciarelli, peintre de Stanislas-Auguste :

Sommaire des papiers qui, composant les anciennes Archives du département d'Italie ou soi-disant ecclésiastiques de Pologne, ont été transportés à Saint-Pétersbourg.

1º Trente-huit cartons dans lesquels se trouvent les titres, documents et papiers relatifs à 1136 affaires traitées avec la Cour de Rome, la nonciature, les primats, les métropolitains et les évêques de Pologne des deux rites, ainsi qu'avec d'autres, telles que coadjutoreries et expéditions d'archevêchés, évêchés, abbayes, prévôtés, prélatures, canonicats, cures d'âmes, dispenses de mariages ou de vœux, nullités de professions, sécularisation de biens ou de personnes ecclésiastiques, divorces, canonications, bénéfices, absolutions de serments, ex-divisions d'évêchés et d'abbayes, nouvelles érections d'évêchés, établissement et organisation de séminaires, colléges et alumnats, unions perpétuelles, échanges, emphytéoses et arrentes de biens ecclésiastiques, beneplacets apostoliques, saufs-conduits, commendes d'abbayes, suppression, abolition, réformes ou réunions d'ordres religieux, évêchés *in partibus*, suffraganéats, indulgences, jubilés, chapelles, oratoires et autels portatifs, projets de réforme du clergé des deux rites, vente de l'argenterie des églises, translation de fêtes, négociations et conventions avec les Cours de Rome, de Pétersbourg, de Vienne et de Berlin sur les affaires ecclésiastiques, convocation du clergé en synodes nationaux, provinciaux et diocésains, affaires du clergé des Grecs d'Orient et des désunis. Hiérarchie à établir en Pologne pour ces derniers, facultés papales accordées aux évêques et abbés mitrés; cérémonial à l'égard d'un cardinal, du primat et du nonce apostolique, habilité à pouvoir obtenir des bénéfices pour les religieux, permissions de pouvoir tester et porter l'habit de prêtre séculier, droits et prérogatives du pape, du roi, du nonce apostolique, du primat, du métropolitain grec-uni, des évêques, abbés et supérieurs d'ordres, conflits de la juridiction séculière avec l'ecclésiastique ainsi qu'entre le nonce, l'archevêque et les évêques, exemptions, distinctions des ecclésiastiques caducs. Affaires de l'ordre de Malte en Pologne, et établissement d'une nouvelle langue de cet ordre en Pologne, décorations, diplômes, patentes accordés aux sujets du Pape ainsi qu'à ceux d'autres souverains de l'Italie. Droit du roi de Pologne de nommer au chapeau de cardinal, ainsi qu'à des canonicats dans le royaume de Naples; fondations ecclésiastiques dans l'étranger et droits qu'y ont les rois et évêques de Pologne, prétentions du roi que les nonces du Pape en Pologne soient à l'instar de ceux accrédités auprès des Cours de Vienne, Versailles et Madrid, nommés d'abord cardinaux au sortir de leur mission, sans être obligés de remplir préalablement un autre emploi. — Tous ces papiers sont rangés d'après deux catalogues, dont un dans l'ordre numérique et l'autre dans l'ordre alphabétique, depuis 1764 jusqu'en 1801.

2º Neuf volumes de minutes de dépêches ministérielles adressées au marquis depuis cardinal Antici, ministre de Pologne à Rome, depuis 1764 jusqu'en 1795.

3º Trois Chiffres pour chiffrer et déchiffrer.

4º Un volume de minutes des dépêches ministérielles adressées au cardinal Jean-François Albani, protecteur de la Couronne de Pologne.

5º Seize volumes de dépêches du cardinal Antici au département et aux ministres des affaires étrangères de Pologne, depuis 1764 jusqu'en 1794.

6º Deux liasses de papiers relatifs aux affaires traitées par le cardinal Antici, ainsi qu'à des affaires particulières.

7° Deux volumes de dépêches de l'expéditionnaire Roccatani.

8° Deux volumes de dépêches originales du cardinal Albani.

9° Deux liasses de papiers relatifs à des affaires traitées par lui et à des affaires particulières.

10° Huit liasses de papiers contenant la correspondance avec l'agent royal Brunati, le secrétaire de légation la Barthe, l'expéditionnaire de Chard, les procureurs du roi Miselli, Monaldini et Collizzi, les greffiers Ghobert et Feretti à Rome, ainsi qu'avec les consuls de Pologne à Civita-Vecchia, Valentin et Rayolo à Naples.

11° Neuf volumes de bulletins ou nouvelles politiques de l'Europe, depuis 1764 jusqu'en 1798.

12° Une liasse de papiers relatifs aux beaux-arts et aux sciences.

13° Une liasse de papiers ayant rapport aux nouvelles politiques d'Italie.

14° Rapports sur la soi-disant princesse Elisabeth de Russie.

15° Une liasse de lettres de l'agent de Pologne à Venise, M. dall'Oglio.

16° Trois volumes de papiers concernant les pontificats et les règnes de Clément XIII, Clément XIV et Pie VI.

17° Sept liasses de papiers concernant les nonciatures des nonces Visconti, Durini, Garampi, Archetti, Saluzzo et Litta, ainsi que l'ambassade du cardinal Archetti à Saint-Pétersbourg.

18° Deux volumes de lettres et brefs originaux du Pape au Roi, aux électeurs de la diète et aux évêques de Pologne, et leurs réponses, depuis 1708 jusqu'en 1794.

19° Deux volumes de Copies de lettres du roi de Pologne au Pape, au Sacré-Collège, aux cardinaux, à différents souverains d'Italie, ainsi qu'à d'autres, depuis 1764 jusqu'en 1798.

20° Six volumes de lettres originales des souverains d'Italie, des cardinaux et autres personnes, adressées au roi de Pologne Stanislas-Auguste, depuis 1764 jusqu'en 1795.

21° Un volume de correspondance officielle avec l'agent de Pologne à Venise, M. dall'Oglio, et le marquis Curtis, agent de Pologne à Naples; — quant à ce dernier sur les sommes napolitaines.

22° Un volume de correspondance particulière du roi avec les cardinaux Albani et Antici.

23° Un volume d'extraits de dépêches de Rome.

24° Un volume de correspondances du roi avec le prélat Ghigiotti, chef du département d'Italie, lequel a cédé son poste à Frédéric de Bacciarelli, en 1788, et lui a rendu les archives susdites pour 1800 florins, que ce dernier a considérablement augmentées, et offertes, en 1816, à S. M. l'Empereur de toutes les Russies.

25° Deux volumes et une liasse de papiers qui contiennent l'énumération de tous les biens et capitaux que possédaient les ecclésiastiques en Pologne, dans l'année 1788, avec leurs revenus.

26° Un volume sur la manière dont se sollicitent les affaires ecclésiastiques en Cour de Rome avec les taxes de la Chambre apostolique.

27° Treize volumes imprimés contenant les canons, lois et constitutions apostoliques, les bulles et brefs des papes depuis saint Pierre, ainsi que les informations nécessaires sur l'expédition des grâces qu'on demande au Saint-Siége.

BACCIARELLI.

*

J'ai dit (p. 129 et suivantes), d'après Zaydler, les efforts faits par les Polonais pour reconstituer dans leur patrie, sous Paul 1er et Alexandre 1er, des bibliothèques et des musées; comme aussi j'ai indiqué succinctement, p. 113, les spoliations de l'empereur Nicolas. Voici, au sujet de ces spoliations, quelques curieux détails :

Lorsque, après notre défaite nationale de l'année 1831, il s'est agi du transport à Saint-Pétersbourg de la bibliothèque de Varsovie, il parut (5 février 1832) un ordre du lieutenant-général Czerniszew, adressé au prince Paszkiewicz, où il était dit : « S. M. l'empereur ayant reçu du ministre secrétaire d'Etat, comte Grabowski, une proposition tendant à laisser auprès de l'Université de Varsovie une partie de la bibliothèque, Sa Majesté a daigné ordonner que les volumes de médecine, de théologie, ou les ouvrages nécessaires à l'Observatoire astronomique pussent demeurer dans cette ville. Quant aux ouvrages de droit et autres, Sa Majesté, ne jugeant pas possible de maintenir la Faculté de droit auprès de l'Université de Varsovie, entend que tous ces volumes soient transportés à Saint-Pétersbourg, conformément à son premier ukaze. En vous communiquant cette décision, j'ai l'honneur de vous annoncer que Sa Majesté veut que les dettes de la Bibliothèque publique de Varsovie et du Cabinet des médailles soient acquittées par le royaume de Pologne, attendu qu'Elle considère que toutes ces collections appartiennent à la Russie par le droit de la guerre, Varsovie ayant été prise par la force du glaive. » — Le 30 avril, les commissaires russes exigèrent de la caisse du royaume de Pologne 60,000 florins pour les premiers frais de transport.

La Collection des gravures provenant en grande partie d'un don fait à la Nation par Stanislas Potocki, on montra la lettre de Potocki à Nicolas, en le priant de laisser cette collection à Varsovie. Le tzar répondit : « Elle servira à l'usage de la nation, puisque nation russe et nation polonaise ne font plus qu'un. »

La Société des Amis des Sciences représenta qu'elle ne s'était pas occupée de politique. Le 6 avril 1832, le lieutenant-général Czerniszew répond que : « Sa Majesté ne peut accepter l'explication de M. Rautenstrauch, d'après laquelle la Société, pendant la période révolutionnaire, serait restée fidèle à ses statuts et ne se serait occupée que d'encourager la littérature, alors que les membres les plus considérables de cette Société, tels que le prince Czartoryski, et le fameux Niemcewicz, étaient acteurs principaux dans le bouleversement du royaume, et qu'incontestablement beaucoup d'autres membres inconnus devaient avoir figuré parmi les perturbateurs. Sa Majesté ne peut donc admettre l'existence de la Société des Amis des Sciences. Quant aux dons conditionnels dont les auteurs s'imagineraient avoir des droits, Sa Majesté permet qu'on lui en communique la liste. Sa Majesté demande en même temps que vous lui transmettiez la note des dettes de la Société et vos idées sur la destination à donner au palais qui lui appartenait. » — Cette lettre était adressée au prince Paszkiewicz. Il fut permis de conserver à Varsovie, de cette bibliothèque, les livres de piété et d'astronomie.

Xavier Marmier notait, en 1843, que, depuis la révolution de 1830, le palais qui était occupé par l'Académie des belles-lettres de Varsovie avait été, par une amère ironie, transformé en un bureau de loterie !

*

Sofiowka (dont il est question p. 124) est un admirable parc, dans une vallée entourée de bois de trois côtés, près de Human (gouvernement de Kiew). En 1795, la fameuse Grecque Sophie de Witt, épouse du comte Félix Potocki, l'un des tristes héros de l'antipatriotique conjuration de Targowitza, ayant passé la nuit dans une auberge à cet endroit, raconta, le matin, avoir rêvé que là s'étendait un jardin magnifique. Potocki fit du rêve une réalité. On amena des milliers de paysans pour découvrir et faire surgir des sources, former des étangs, transporter de loin des rochers ; on fit des cascades et des grottes ; on éleva des pyramides ; selon le goût de l'époque, on sema des ruines artificielles. La réalisation de cette fantaisie seigneuriale coûta une dizaine de millions de francs, sans compter le travail gratuit des serfs. Le comte Félix étant mort à Tulczyn, en 1805, Sofiowka échut en partage à l'un de ses fils, Alexandre Potocki, à qui le tzar la confisqua pour se l'adjuger à lui-même. Nicolas avait été d'autant plus furieux de voir le comte Alexandre Potocki se joindre à l'insurrection polonaise de 1830, qu'il était colonel dans l'armée russe. (Il mourut à Dresde et y est enterré.)

D'autres et plus considérables curiosités et souvenirs de cette opulente famille étaient à Tulczyn, dont hérita le comte Mieczyslas Potocki, frère d'Alexandre. L'absence totale de patriotisme, chez le comte Mieczyslas, ne pouvait donner à l'empereur l'ombre d'un prétexte de confiscation. Tulczyn ne lui en est pas moins tombé dans les mains, le comte Mieczyslas ayant vendu ce domaine pour cinq millions de francs au comte Strogonow, qui vient de le revendre pour le double au gouvernement russe.

*

Les Russes aiment à faire consigner dans les relations des voyageurs : que Napoléon 1er, comme il l'avait fait ailleurs, emporta de Varsovie les meilleurs tableaux qui s'y trouvaient dans les églises et dans la Galerie royale. (Le peintre Bacciarelli fut chargé d'en copier plusieurs, notamment celui de Palma le jeune, qui représentait saint Stanislas ressuscitant un mort avec saint Jean-Baptiste, patron de l'église cathédrale, dont il ornait le maître-autel.) Mais les Russes ne se contentent point d'écrémer les collections artistiques : ils prennent tout. Les toiles qui, de tant de capitales d'Europe, furent réunies en France, comme à une exposition universelle forcée des œuvres de génie de chaque siècle, sont toutes retournées à leur place ; et on les y montre, en mentionnant, à titre de gloire pour elles, qu'elles ont fait le voyage de Paris. Mais nos tableaux prisonniers reviennent moins encore de Russie que nos citoyens déportés ne reviennent de Sibérie.

*

Lorsqu'en 1798 l'armée victorieuse de la République française entra dans Rome et que les plus magnifiques statues et tableaux en furent enlevés pour être transportés à Paris, le poète Monti exhala l'indignation italienne dans le sonnet suivant :

Sopra i monumenti dell' arte pegsi a Roma dai Francesi.

> Questi che dalle vinte attiche arene
> Sull' agreste passar Lazio guerriero,
> Famosi marmi, e al vincitor severo
> Gli error portaro, e le virtù d'Atene.
>
> Or nuovo a Roma ad involarli viene
> Fatal nemico con possente impero,
> E lo mertammo, chè il valor primiero
> Perse Italia incallita alle catene.
>
> Ma Gallia un giorno pentirassi : crede
> Dell' arti greche straccierà la chioma,
> Se inerte il brando allo scalpello cede ;

Chè, ov' è fasto e mollezza, ivi alfin doma
Muor Libertade; e dolorosa fede
Il cernere ne fan d'Atene e Roma (1).

Les Russes, eux, se mettent à l'abri du danger d'être amollis par les arts des vaincus ou influencés par leur littérature. Ainsi, un Nicolas Alexiejewicz Olenin, membre du conseil de l'empire, conseiller secret actuel, président de l'Académie des arts et directeur, après 1831, de la Bibliothèque impériale publique de Pétersbourg, ordonna de déposer tous les livres polonais de ladite bibliothèque dans des caisses scellées, et de n'en délivrer aucune que sur un ordre spécial de lui.

Le général Bonaparte, quand, dans sa première campagne d'Italie, il prit au duc de Parme le chef-d'œuvre du Corrège (la *Madone au saint Jérôme*) et qu'il en refusa la rançon d'un million, s'écriait : « Cela embellira notre patrie. » Embellir la Russie est le dernier souci des tzars et des généraux russes. Poussés par l'esprit de la destruction, ils considèrent leur empire comme suffisamment enrichi par l'appauvrissement de leurs ennemis.

Les statues qui ornaient les promenades de Varsovie et qui ont été transportées dans le Jardin d'Été à Saint-Pétersbourg, sont continuellement mutilées par les paysans russes qui, dans leur inconscience de tout art, leur cassent, qui un nez, qui un bras. On les répare sans cesse. Elles portent le stigmate de l'outrage du plus barbare des conquérants.

Napoléon Ier, dans un sentiment de haute équité, dépensait largement pour l'embellissement et enrichissement des pays non français que la victoire plaçait momentanément sous son sceptre. Il fit faire, sur une vaste échelle, les fouilles de Rome et de Pompéi, et répara quantité de monuments de l'antiquité. Et l'on n'a pas oublié que Joachim Murat, roi de Naples, pour protéger les peintures des Loges du Vatican contre les injures du temps, fit faire à la galerie les vastes vitrages qu'on y voit encore.

(1) *Sur les Monuments d'art pris à Rome par les Français.*

Ces fameux marbres qui, des plages vaincues de l'Attique, ont passé sur l'agreste rivage du belliqueux Latium, ils ont porté au rude vainqueur les vices d'Athènes avec ses vertus.

Or, voici qu'à Rome vient les enlever un nouvel et fatal ennemi, d'une main puissante. Et nous l'avons mérité, car l'Italie, engourdie dans les chaînes, a perdu sa valeur première.

Mais la France un jour s'en repentira : héritière des arts de la Grèce, elle lacérera sa chevelure, si son glaive cède au ciseau;

Car, où il y a faste et mollesse, la Liberté, enfin domptée, meurt : c'est ce dont fait douloureusement foi la vue d'Athènes et de Rome.

En août 1874, le gouvernement russe a ouvert à Varsovie, dans le palais de l'Université, une exposition rétrospective des objets d'art de toutes les Russies. Cette exposition, qui comprenait vingt mille objets, était formée des tableaux, des reliquaires, etc., arrachés à l'École des Beaux-Arts de Varsovie, aux collections particulières, aux couvents et aux églises. Dans le même temps et d'après le même système, une exposition archéologique s'ouvrait à Kiew. Hélas! nous n'avons pas ouï dire que ce cynique étalage des rapines moscovites, offert à la curiosité européenne, ait provoqué le moindre blâme.

Alexandre le Grand, lorsqu'il vengea sur l'Asie les affronts dont l'Europe avait souffert, fit rendre aux villes de la Grèce les statues des dieux et des héros que Xerxès avait enlevées et qui avaient été transportées à Pasagarde, à Suse, à Babylone. C'est ainsi qu'Athènes recouvra les statues d'airain d'Harmodius et d'Aristogiton.

Quand viendra notre vengeur?

Dans sa *Divine Épopée*, où, pour que « la rédemption de l'abîme s'opère, » et que Satan lui-même soit sauvé, le Christ accepte et souffre un nouveau crucifiement dans l'Enfer, Alexandre Soumet (ch. VI) représente l'Esprit puissant du mal, Idaméel, pleurant sur la Pologne :

> Et lorsque sous mes pieds la Pologne apparaît,
> J'incline ma grande aile en signe de regret.

Mais, plus obstiné dans le mal que le tzar infernal du poète, le tzar russe n'a jusqu'ici ni pitié, ni remords, ni regret.

Les Français de 1871 ont pleuré quelques pendules, comme les Français de 1815 quelques statues et tableaux... outre plusieurs lambeaux de leur territoire. Les Polonais ont à pleurer bien autre chose que des tableaux, des statues et des pendules, le trésor de leur littérature, les archives de leurs traditions nationales, — bien autre chose que des lambeaux de territoire, leur sol tout entier et jusqu'à leur foyer domestique. Et nous n'avions à expier ni des razzias d'Afrique, ni un pillage de Pékin, ni des dilapidations du Mexique, pas une seule conquête. Car la Pologne n'a jamais rien pris à personne.

Malgré toutes les violences et aussi tous les raffinements d'un brigandage tour à tour brutal et savant, il est un trésor que les

Russes ne sauraient nous ravir, à savoir, le souvenir des grandes choses que nous avons faites, qui, par la Pologne, ont enrichi le patrimoine moral de l'Humanité, et que le poète éternise. C'est ce qu'exprimait la maxime druidique, que le poète est plus fort que les trois choses les plus fortes : le mal, le feu et la tempête. C'est ce que mon père a rendu par son invocation à la Légende populaire (dans son poëme de *Conrad Wallenrod*), qu'une de ses amies, madame Pawlow, née Caroline Jaenisch (dans un volume intitulé les *Préludes*, Paris, 1839), a traduite en français comme il suit :

> O chant national! sainte arche d'alliance
> Entre les temps anciens et les temps d'aujourd'hui!
> Le peuple en toi dépose avec persévérance
> Les armes des guerriers qui furent son appui,
> Le précieux tissu de toutes ses pensées,
> Et de ses sentiments les fleurs entrelacées.
> Arche! tant que ton peuple encore te défend,
> Nul ne peut te briser ; ancien chant populaire,
> Comme un archange pur, tu restes triomphant ;
> De nos vieux souvenirs gardant le sanctuaire,
> Tu possèdes la voix de l'ange du Seigneur,
> Et ses ailes de flamme et son glaive vengeur !
> Le feu détruit les faits écrits dans les chroniques;
> Les héros sont ravis par des guerriers iniques :
> Le chant seul, échappant intact à tout pouvoir,
> Parcourt la multitude et va de ville en ville ;
> Et, si l'on ne sait point, parmi la foule vile,
> Le nourrir de douleur et l'abreuver d'espoir,
> Il fuit dans les rochers, aux débris il se glisse,
> Et, du fond du désert, dit les temps d'autrefois.
> Tel, lorsque l'incendie embrase l'édifice,
> Le rossignol s'enfuit, se pose sur les toits ;
> Et, quand le toit s'écroule, il vole aux forêts sombres,
> En répétant encor, d'une sonore voix,
> Sa plaintive chanson, au milieu des décombres.

*

J'avais été heureux d'enregistrer (p. 113) que les princes Czartoryski réussirent à soustraire à la rapacité russe la plupart de leurs trésors littéraires.

Le prince Ladislas Czartoryski est en train de transporter en Autriche ses archives et sa bibliothèque, lesquelles se trouveraient ainsi singulièrement rapprochées de la Puissance dont elles sont le plus convoitées, et qui, le cas échéant, ne les laisserait pas lui échapper une seconde fois. Or, une invasion russe en Autriche et même une mainmise par la Russie sur les provinces polonaises assujetties à l'Autriche sont autant à prévoir qu'à redouter. Dieu veuille protéger ces collections! Car la perte de pareilles richesses serait une calamité nationale.

*

Adolphe Cichowski, l'un de nos grands patriotes, qui, arrêté en mai 1822, à Varsovie, sut se taire en dépit de tous les interrogatoires, durant quatre ans de cachot, et dont mon père a célébré, dans ses *Dziady*, la fermeté et le martyre, consacra vingt-cinq années d'exil à réunir, dans Paris, une superbe collection d'antiquités polonaises, qui renfermait plus de cent mille numéros de gravures, d'estampes et de médailles se rattachant à toutes les époques de notre vie nationale. Hélas! elle a été, après sa mort, en 1858, vendue à l'encan. — De pareilles collections, pour être durables, exigent plus que des efforts individuels : il faut une institution nationale. Jadis, nos magnats ont, et avec des moyens autrement grands que ceux dont peut disposer un émigré, formé sur notre sol de précieuses collections : habituellement ils prenaient soin de les donner ou léguer à la République.

*

En 1869, le comte Ladislas Plater a fondé en Suisse, sur les bords du lac de Zurich, au château de Rapperswyl, un muséum national polonais. Assurément, c'est l'un des lieux d'Europe où les collections dont il sollicite la formation se trouveront le mieux à l'abri des déprédations des cours copartageantes, quoique, hélas! il y a trois quarts de siècle, les hordes de Suwarow soient venues jusque-là, et qu'en 1814 les *Alliés* aient débouché par là. Mais si bien des souvenirs et des curiosités peuvent utilement y trouver place, cela ne diminue en rien l'importance de la Bibliothèque nationale polonaise de Paris, heureusement située au centre du mouvement intellectuel ; cela ne devrait même pas empêcher l'institution, à côté d'elle, d'un musée spécial. Un jour, un pareil musée national, après avoir présenté aux étrangers les plus belles pages de nos annales dans un langage palpable, prendrait, avec notre Bibliothèque nationale polonaise, le chemin de Varsovie, à l'heure attendue, qui peut tarder, mais qui sonnera certainement, de notre Exode.

N. B. — *Je confesse que la présente notice mérite presque le même reproche que ce livre d'Hégel dont on disait que, pour deux lignes de texte, il avait plusieurs pages de commentaires. Mon excuse est dans l'importance, capitale pour nous, d'un sujet si dou-*

loureux; dans l'accusation d'exagérer nos malheurs, qui nous est lancée chaque jour avec plus de hardiesse par ceux qui croient avoir déjà effacé la trace de leurs méfaits ; et dans l'immense désir que j'avais de reconstituer, du moins en partie, les renseignements qui ont formé la base du travail de mon père. Je ne doute pas que, devant tant de raisons probantes, tout lecteur impartial ne soit convaincu que mon père, loin d'écrire sous l'impulsion d'une hostilité passionnée, est resté plutôt en deçà de la vérité.

LA MORT DE GARCZYNSKI

AVANT-PROPOS.

C'est surtout par l'amitié qui l'unissait à Michel de Montaigne et qui a inspiré à celui-ci des pages si pleines de charmes, qu'est connu Estienne de la Boétie (né à Sarlat le 1er novembre 1530, mort à Germignat, près Bordeaux le 18 août 1563), selon la remarque qu'en fit Lamennais, qui réédita en 1835 le plus curieux de ses ouvrages, celui-là même dont Montaigne avait fait l'éloge.

Nous lisons dans les *Essais* au chapitre de l'*Amitié* (liv. I, ch. XXVII) :

« Ma suffisance ne va pas si avant que d'oser entreprendre un tableau riche, poly et formé selon l'art. Ie me suis advisé d'en emprunter un d'Estienne de la Boétie, qui honorera tout le reste de cette besongne : c'est un discours auquel il donna nom *la Servitude volontaire*; mais ceulx qui l'ont ignoré l'ont bien proprement depuis rebaptisé le *Contr'un*. Il l'escrivit par manière d'essay en sa première jeunesse, à l'honneur de la liberté contre les tyrans. Il court pieça ez mains des gents d'entendement, non sans bien grande et méritée recommendation; car il est gentil et plein ce qu'il est possible. Si y' a il bien à dire que ce ne soit le mieulx qu'il peust faire; et si en l'aage que ie l'ay cogneu plus avancé, il eust prins un tel desseing que le mien de mettre par escript ses fantasies, nous verrions plusieurs choses rares, et qui approcheraient bien près de l'honneur de l'antiquité; car notamment en cette partie des dons de nature, ie n'en cognoy point qui luy soit comparable. Mais il n'est demeuré de luy que ce discours, encores par rencontre, et croy qu'il ne le veit onques depuis qu'il lui échappa; et quelques mémoires sur cet edict de Ianvier, fameux par nos guerres civiles, qui trouveront encores ailleurs peut estre leur place. C'est tout ce que i'ay peu recouvrer de ses reliques, moy qu'il laissa, d'une si amoureuse recommendation, la mort entre les dents, par son testament, héritier de sa bibliothèque et de ses papiers, oultre le livret de son œuvre que i'ai faict mettre en lumière. Et si suis obligé particulièrement à cette pièce, d'autant qu'elle a servy de moyen à notre première accointance; car elle me feut montrée longue espace avant que je l'eusse vu, et me donna la première cognoissance de son nom, acheminant ainsi cette amitié que nous avons nourrie, tant que Dieu l'a voulu, entre nous, si entière et si parfaicte, que certainement il ne s'en lit gueres de pareilles, et entre nos hommes il ne s'en veoid aulcune trace en usage. Il fault tant de rencontres à la bastir, que c'est beaucoup si la fortune y arrive une fois en trois siècles.

« ... Au demourant, ce que nous appelons ordinairement amis et amitiez, ce ne sont qu'accointances et familiaritez, nouées par quelque occasion ou commodité, par le moyen de laquelle nos ames s'entretiennent. En l'amitié de quoy ie parle, elles se meslent et confondent l'une en l'aultre d'un meslange si universel, qu'elles effacent et ne retrouvent plus la cousture qui les a ioinctes. Si on me presse de dire pourquoy ie l'aymoys, ie sens que cela ne se peult exprimer qu'en répondant : « Parce que « c'estoit luy; parce que c'estoit moy. » Il y a au delà de tout mon discours et de ce que i'en puis dire particulièrement, ie ne sais quelle force inexplicable et fatale, médiatrice de cette union. Mais nous cherchions avant que de nous estre veus, et par des rapports que nous oyions l'un de l'aultre, qui faisoient en notre affection plus d'effort que ne comporte la raison du rapport : ie croys par quelque ordonnance du ciel.

« ... Mais oyons un peu parler ce garson de seize ans. »

Les paroles de ce si jeune homme étaient très-nettes et très-fermes, tellement qu'après trois siècles on les relit encore avec plaisir et profit.

C'est surtout par l'amitié qui l'a uni à Adam Mickiewicz, qu'Etienne Garczyński vivra dans la postérité. Coupé dans sa fleur, il n'a pas eu le temps de donner son fruit. Mais Mickiewicz qui lut dans son âme, a rendu témoignage à son génie; et les siècles le croiront sur parole. D'ailleurs Garczyński nous a laissé des arrhes spirituelles dans son poëme de la dernière heure.

Notre temps se fait triste : les grands sentiments deviennent rares, l'amitié comme l'amour. Adam Mickiewicz eut le bonheur d'aimer fortement et d'être aimé. Quelle charmante pléiade d'amis nous lui voyons à son aurore! Avec les ans, le cercle est allé s'agrandissant. Ceux qui l'ont vraiment aimé une fois l'ont aimé jusqu'à la fin. L'amitié d'Adam Mickiewicz et d'Etienne Garczynski a été courte, mais profonde. Ils se sont connus en Italie en 1829. Garczynski avait sept ou huit ans de moins que mon père, qui n'en avait alors que 31. A pareil âge, quelques années font une grande différence; en outre, des deux amis, l'un était déjà célèbre et l'autre encore inconnu. Mickiewicz fut, pour Garczynski, un grand et tendre frère aîné.

Ils étaient à Rome, quand y arriva la nouvelle de l'insurrection polonaise du 29 novembre 1830. Garczynski souffrait de la poitrine : mais cette bonne nouvelle releva instantanément ses forces; et il se trouva, comme par miracle, quasi guéri. Il tomba chez Adam Mickiewicz et lui prit ce qu'il avait : momentanément sans argent, mais plus riche que son ami, il lui était plus aisé de lui renvoyer cette somme qu'il ne l'eût été à Mickiewicz de se la procurer une seconde fois. D'ailleurs cela se fit si vite, que Mickiewicz ne réfléchit qu'après coup qu'il serait cloué sur place. Ce fut une des causes premières qui l'empêchèrent de prendre part à notre lutte insurrectionnelle de l'année 1831. Il en a été peiné, comme d'un remords; du moins ce remords lui a été adouci par la pensée qu'il avait facilité l'accomplissement de son devoir à un ami mort avant l'âge. Il n'y avait pas d'argent pour deux. Garczynski renvoya la somme; mais, à cause des circonstances, elle ne parvint que tardivement. A la fin de la lutte, les deux amis se rejoignirent à Posen; de là, ils allèrent à Dresde. L'un et l'autre se mirent au travail. Evidemment l'auteur de *Wallenrod* conseilla à son jeune ami de se fortifier le style par la lecture de Byron, comme à d'autres, plus tard, il conseilla la lecture de Napoléon.

« J'étudie l'anglais de toutes mes forces, écrivait Garczynski le 16 janvier 1832, de Dresde, à un ami poznanien, Vincent Turno. Il me semble que de lire Byron me doublera l'âme. » Le 25 février 1833, il ajoutait à Mickiewicz : « Je lis Byron dans l'original avec transport, avec un véritable ravissement. J'aurais mieux et plus fortement écrit mon *Wenceslas*, si j'avais plus tôt connu ce grand maître. »

Mais passée la lutte nationale qui avait surexcité ses forces, Garczynski ne tarda pas à voir décliner sa santé. Il se cramponna d'abord à la vie, se disant, comme André Chénier, qui se frappait le front devant la mort : Et pourtant j'ai encore quelque chose là. Le 16 septembre 1832, il écrivait à un ami : « Vous ne sauriez croire quelle envie j'ai de vivre au moins quelques années; car j'acquiers chaque jour la conviction que le monde n'est pas si mauvais qu'on le dépeint, conviction dont je suis redevable à mes amis. » Puis le 26 novembre 1832 : « Je suis sensible aux moindres changements de température comme l'araignée; parfois j'ai distinctement conscience que toutes les forces vitales diminuent en moi, et cette prostration est encore mon état le plus agréable. Je voudrais voir mon édition avant de mourir, je ne sais si j'aurai ce plaisir, car tout va lentement, seule ma maladie galope. » Et le 3 janvier 1833 : « Je me console par ce raisonnement, que, si j'ai encore quelque chose à faire ici-bas, je ne puis mourir, et que, dans le cas contraire, le plus tôt sera le mieux. C'est moins la vie qui m'importe que la santé pour être bon encore à quelque chose en ce monde. »

Adam Mickiewicz avait dû quitter Dresde pour Paris où, dans les derniers mois de 1832, il imprima et son *Livre des Pèlerins polonais* et sa troisième partie des *Dziady*. L'intimité des deux poëtes s'était resserrée par la communauté de vie et de travail, par l'unité des aspirations. Ils s'écrivirent. Cette correspondance nous est demeurée. Une expression, qui revient à plusieurs reprises chez Garczynski, est celle-ci : « Si tu savais ce que tes lettres me font de bien, tu ne me les épargnerais point : chaque lettre de toi me donne toute une semaine de santé et de joie. » On a plaisir à voir les deux amis jouir des œuvres l'un de l'autre, Etienne du succès triomphal d'Adam, Adam du génie grandissant d'Etienne. A l'apparition du *Livre des Pèlerins polonais*, Garczynski écrit à Mickiewicz : « Je suis enthousiasmé de ton *Livre des Pèlerins*, je l'apprends par cœur comme l'Evangile. Il existe déjà une traduction allemande, qui paraîtra sous peu. Pourquoi n'as-tu pas signé cet ouvrage (1)? Il se serait répandu encore plus rapidement. » En avril 1833, il se réjouit d'annoncer à son ami que les *Dziady* courent Varsovie, malgré la police.

Adam Mickiewicz s'était chargé de faire imprimer à Paris le poëme d'Etienne Garczynski, *les Gestes de Wenceslas*, et d'en corriger les épreuves. C'est une grande marque d'amitié qu'il lui

---

(1) La première édition polonaise du *Livre de la Nation polonaise et des Pèlerins polonais* parut d'abord anonyme.

donnait, et un réel service qu'il lui rendit. Garczynski se sentait mourir, il tenait à laisser trace de ce qu'il avait pensé, désiré, voulu. Il est mort presque aussitôt après l'édition de son poëme. Si son poëme n'eût déjà paru, qui sait s'il eût jamais vu le jour ? Car qu'il est rare de voir les familles prendre souci de l'héritage intellectuel de ceux de leurs membres qui ne sont plus !

Adam Mickiewicz écrivait de Paris à Etienne Garczynski, le 12 janvier 1833 : « J'ai reçu hier ton manuscrit. J'ai passé toute la nuit à lire *Wenceslas*. Il a fait sur moi infiniment plus d'impression que je ne l'espérais. Alors que tu me l'avais lu, plusieurs fragments m'en paraissaient inachevés ou confus; mais maintenant les parties s'harmonisent et constituent un tout complet. J'en ai lu des passages à l'un de mes amis, qui a beaucoup philosophé, saint-simonisé (1) ; ils l'ont plus frappé que mes nouveaux *Dziady*. Il apparaît clairement que plus de pensées ont traversé ton cerveau que le mien, quoique j'aie mieux travaillé les miennes. Il y a des vers de *Wenceslas* sur lesquels je médite comme sur les rues de Pompéi, en songeant à tous les tours de roue en avant et en arrière qui ont creusé ces sillons. Tiens pour certain que cette œuvre est bien dans le temps présent et reflète étrangement l'état de beaucoup d'âmes. Je me réjouis grandement de ce que même, au point de vue moral, elle exercera une salutaire influence, car d'un coup elle fera franchir à la jeunesse un long ensemble de raisonnements. Tu sais que je n'ai jamais été susceptible de ressentir l'envie poétique; mais il me semble que, si *Wenceslas* n'était pas ta création, je porterais peut-être envie à l'auteur; maintenant je l'aime comme notre commun enfant..... Depuis longues années, depuis l'époque où j'ai lu Schiller et Byron, rien ne m'a saisi tout entier si profondément. » — Garczynski fut grandement charmé de cette lettre, dont il transmit un extrait à l'ami Turno, en ajoutant : « J'ai lieu d'être content, n'est-ce pas ? »

Autres lettres de Mickiewicz à Garczynski : — Du 5 *mars* 1833. « La nouvelle que tu vas mieux m'a donné une meilleure humeur et rendu capable de me remettre à correspondre... N'écris rien avant d'être rétabli. Gœthe a dit qu'il ne faut pas gâcher ses forces et se dépenser *an ein Bild des Lebens*. Ne te soucie pas des jugements du public. Combien je voudrais te communiquer la moitié

---

(1) Probablement Bogdan Janski. (*Note de l'Éditeur.*)

de mon indifférence ! » — D'*avril* 1833. « J'ai reçu ton hymne qui appartient aux plus belles créations de notre littérature ; je l'aimerais davantage s'il ne t'avait tant fait de mal. De grâce, n'écris plus tant que tu seras malade. Apaise l'homme en toi et soigne l'animal; répare le navire et ensuite le capitaine commencera à faire des observations et à charger les canons. » — Du 6 *mai* 1833. « Enfin, le premier volume de tes poésies est achevé, j'ai donné le bon à tirer de la première feuille. » — Fin *mai* 1833. « Les éloges que je me suis donnés pour les soins apportés aux corrections étaient une plaisanterie. Comment as-tu pu prendre cela sérieusement ! J'ai trouvé du plaisir à ces corrections, parce qu'il me semblait que je causais avec ton âme, parfois que je me disputais avec elle et toujours, comme dans la vie, nous nous quittions d'accord. Et même ta dernière poésie envoyée de Dresde, sous le rapport du style, est parfaite. Que de chemin tu as parcouru à cet égard depuis tes premières compositions ! Je voudrais seulement, non comme poëte, mais comme chrétien, changer un vers ou deux, dans lesquels tu sembles ne pas savoir ce que l'âme deviendra. Ce vers : « Orageux est le soir quand la matinée est orageuse, » est profond comme l'*avenir* qu'ici me fait entendre le *soir*. Cette étonnamment belle strophe :

« Dont la pensée divine l'a tiré un moment,
« Pour qu'ici-bas il y ait plus de clarté et de bien, »

renferme une grande vérité. Mais je crois que nous sommes envoyés sur cette terre, afin que, *pour nous aussi*, il fasse plus clair et que nous soyons mieux. J'ai beaucoup goûté cette pensée de saint Martin qu'après la chute mystérieuse de l'esprit, Dieu l'a recouvert de matière comme on recouvre de ouate ou d'un emplâtre un corps brûlé, pour en soutirer l'inflammation, et que l'appareil n'est pas ôté des blessures, tant que celles-ci ne sont pas guéries. Mais ce sont là nos disputes théologiques. Ah! qu'il y a longtemps que nous n'avons disputé ensemble ! Combien de fois, en rassemblant divers arguments, je pense à toi et les prépare non pas comme des armes, mais comme des présents pour une amante ! »

Garczynski étant devenu plus malade, et les médecins l'ayant envoyé en Suisse pour de là gagner l'Italie, Adam Mickiewicz le rejoignit à Bex, sur le lac de Genève. Les lettres, que de là il écrivit à son ami Ignace Domeyko, alors à Paris, aujourd'hui recteur de l'Université de Santiago au Chili, nous ont été conservées. En voici des extraits :

Bex, 8 juillet 1833 « J'ai trouvé Etienne un peu mieux. La maladie semble s'être arrêtée dans son cours, et les médecins laissent espérer une crise favorable; mais Dieu sait. Les médecins ne savent pas grand'chose. Les médecins l'ont envoyé à Bex, où l'on ne connaît pas les cures au petit-lait et où l'on n'a jamais vu de poitrinaire! Notre entrevue a été triste et déchirante pour l'âme. En considérant la belle figure d'Etienne si pâle et si mélancolique, mon cœur était bouleversé. Tel est l'état de sa santé, que je ne pourrai mettre un pied dehors. Nous restons à l'auberge, et dehors il pleut. En quittant Lausanne, j'ai rencontré Claudine Potocka qui, comme un ange protecteur, maintient le moral d'Etienne. Cette femme réconcilie avec l'espèce humaine et peut inspirer de nouveau la foi dans la vertu et la bonté sur la terre ; il semble qu'elle n'a que quelques heures de vie devant elle, et elle n'en trouve pas moins toujours la force de servir autrui. »

Genève, 2 août 1833. « Nous sommes depuis deux semaines à Genève. Etienne était si mal que, pendant quelques heures, chaque jour, nous assistions aux symptômes d'une agonie... Maintenant il est sensiblement mieux, mais moi je n'ai pas le moindre espoir. Peut-être les médicaments le soutiendront-ils jusqu'au printemps? »

Genève, 28 août. — « Etienne grille d'impatience de gagner le Midi. Peut-être un meilleur climat lui fera-t-il du bien ou du moins lui dorera-t-il la vie? Le médecin et tout le monde l'expédient au plus vite ; car, en de pareilles maladies, ils sont pressés de voir le patient au loin. Nous partons demain pour Lyon, d'où par le Rhône nous irons à Avignon. »

7 septembre 1833. — « Nous voici à Avignon. Tu peux t'imaginer ce que c'est qu'un voyage avec un malade qu'il faut transporter à bras de la voiture au logement, dans un pays où les aubergistes, après l'avoir regardé dans les yeux, n'y apercevant guère de vie, ne veulent pas le recevoir. Je ne sais ce que nous deviendrons. Nous devons gagner Marseille, puis l'Italie, projet appuyé par tous les médecins, quoiqu'ils ajoutent à l'oreille que le malade finira ses jours à Marseille ou en mer. Peut-être nous arrêterons-nous à Montpellier. »

22 septembre 1833. — « Notre Etienne nous a quittés avant-hier à six heures du matin, il s'est légèrement endormi pour les

siècles. J'étais parti pour Marseille, chercher un passeport. Pongowski (ami poznanien d'Etienne) était resté et madame Polocka était arrivée. Il ne manquait donc ni d'aide ni de consolation. A la nouvelle des symptômes menaçants dans sa maladie, j'accourus de Marseille, je le trouvai infiniment changé depuis quelques jours, mais l'esprit présent et très-content de mon retour. Il ne parlait déjà qu'avec difficulté. Dans l'après-midi, il ouvrait rarement les lèvres et seulement pour réclamer une médecine, de la lumière ou de l'aide. La nuit, accablé de fatigue, je passai dans une maison voisine pour reposer. Pongowski, appelé une fois encore par Etienne, rarrangea ses oreillers et, une demi-heure après, n'entendant pas la respiration du malade, il s'approcha et le trouva sans vie. Dans les dernières semaines de sa maladie, notre ami ne souffrait pas beaucoup et se plaignait seulement de la faiblesse qui ne lui permettait pas d'aller plus loin... Je suis semblable à un Français revenant de la campagne de 1812, démoralisé, faible, en guenilles et presque sans souliers. Je ne puis encore penser à rien. Avec le temps, le repos me rendra, je l'espère, la santé. Pongowski, après trois semaines, a perdu le sommeil et l'appétit; et moi j'ai été deux mois dans cette position. Je regarde comme une grâce du ciel l'arrivée de Pongowski et de Claudine Polocka, sans leur aide, j'aurais sans doute succombé à mon tour. »

Heureux ceux qui meurent jeunes, disent les uns; heureux ceux qui meurent pleins de jours, disent les autres. L'important est de quitter cette vie avec la plus haute plénitude d'âme. Or l'âme, par un élan héroïque, peut s'emplir d'un trait, comme aussi il peut arriver qu'elle reste vide après une existence longue et inutile, ou bien encore se soit surchargée de fautes, et par conséquent appauvrie. Nous sommes en ce monde, comme dans un lycée : nous devons souhaiter de n'en sortir qu'après avoir achevé notre éducation; mais, avec d'heureuses dispositions ou à force de travail, on peut sauter des classes. Sortir fruit sec, fût-ce en ayant redoublé ses classes, c'est s'exposer certainement à faire mauvaise figure dans le milieu où l'on est appelé à agir. Mieux vaut, pour Etienne Garczynski, avoir accéléré peut-être le développement de sa maladie par sa campagne insurrectionnelle, puis par son travail littéraire. Il est parti de ce bas-monde l'âme plus riche; et son sacrifice, tout en attristant ses amis, les a confirmés dans la voie du devoir; ses vers portent l'empreinte d'une âme de martyr et communiquent aux générations polonaises, par une secrète mais indéniable électricité, l'amour de la patrie.

Nous avons donné, dans le premier volume de ces *Mélanges*, la notice nécrologique qu'Adam Mickiewicz publia en 1837, sur son ami russe, le poète Alexandre Puszkin. Nous donnons, dans celui-ci, celle qu'il écrivit en 1833 sur son ami polonais, le poète Etienne Garczynski. On a vu que, chez lui, l'amitié ne connaissait point de frontières territoriales : le plus ardent patriotisme n'empêchait point son âme d'aller droit à une âme sœur, quels que fussent son pays et sa langue. On verra une fois de plus que loin de jalouser les dons reçus de la Providence par d'autres, il s'en réjouissait comme d'une faveur propre ; car les grâces divines, en s'approchant, se doublent comme les foyers de chaleur.

La présente nécrologie de Garczynski n'a été publiée nulle part, que je sache, du vivant de l'auteur. Le texte polonais en a paru (1866) dans la *Biblioteka Ludowa*, en tête du 13e volume, qui comprend les Souvenirs de l'année 1831 et les Sonnets militaires d'Etienne Garczynski. Nous en donnons aujourd'hui la traduction.

La notice d'Adam Mickiewicz sur la mort de Garczynski est un véritable modèle de nécrologie. Trop souvent, les articles publiés sur un homme qui vient de mourir, comme les discours prononcés sur sa tombe, sont empreints d'exagération élogieuse. Le mort, quel qu'il soit, est proclamé un grand homme, et revêtu de toutes les vertus dans un style à la Bossuet : on le porterait volontiers au Panthéon ; et souvent, au bout de quelques mois, il est totalement oublié. Nous rions des honneurs divins décernés aux empereurs de l'ancienne Rome ; et, chaque jour, nous assistons sérieusement à l'apothéose d'un bourgeois sot, égoïste et nul ! — Adam Mickiewicz a parlé d'un grand poëte polonais, son ami, avec une sobriété admirable et digne d'imitation ; il l'a jugé, mort de la veille, comme s'il fût mort depuis vingt-cinq ans. Or, voici déjà quarante ans qu'Etienne Garczynski a quitté cette terre, et qu'Adam Mickiewicz lui a rendu les fraternels devoirs funèbres : les paroles de 1833 se trouvent non réformées, mais confirmées.

Puisse, en ce jour anniversaire, l'âme de Garczynski accueillir l'hommage respectueux du fils comme elle a dû accueillir l'hommage affectueux du père, et voir, dans cet acte de piété, la preuve que la présente génération sait se souvenir et honorer ! Communier avec les grands morts est une des conditions essentielles de la victoire : car de l'aimantation de l'âme dépend l'efficacité de l'action.

20 septembre 1874. L. M.

LA MORT DE GARCZYNSKI

Le 20 septembre 1833, à six heures du matin, mourut à Avignon notre compatriote et compagnon d'émigration, Étienne Garczynski, soldat dans la cavalerie poznanienne et le poëte national de notre révolution. Sa jeunesse fut belle, courte, consacrée à sa patrie et à ses amis. Né dans la Grande-Pologne, il reçut les premiers principes d'une éducation polonaise, d'abord à la maison, au milieu de sa propre famille, et ensuite dans les écoles de Varsovie. Il se perfectionna plus tard dans les hautes études à l'Université de Berlin, où il s'adonna principalement à l'étude du droit romain et de la philosophie. Ébloui, à l'origine, par la science de Hegel et de ses partisans, il dépensa ses quelques années académiques à approfondir les nouveaux systèmes philosophiques allemands. Mais l'élévation de ses sentiments et la vivacité de son imagination l'arrachèrent bientôt aux piles de livres et aux méditations spéculatives : il chercha des hommes et un beau ciel, se rendit dans le Midi et sentit l'inspiration poétique s'éveiller en lui sur la terre classique des beaux-arts, dans l'antique

Rome, où, de 1829 à 1830, il jeta sur le papier les premiers essais de sa plume, dont il faisait si peu de cas, qu'il s'en cachait auprès de ses amis les plus proches comme d'une infirmité. A cette époque, il entreprit son poëme de *Wenceslas*, dans lequel il déversait toute sa sensibilité et tous les mystères de son âme, et qu'il écrivait pour lui seul, en dialoguant avec soi-même, dans une solitude qu'il commençait prématurément à aimer. Pendant ce temps, sa santé s'affaiblissait de jour en jour : une impressionnabilité excessive, je ne sais quelle irritabilité et quel chagrin inexplicables aggravaient son malaise, quand tout à coup la nouvelle de la révolution de Pologne retentit en Europe. Sans perdre une heure, il traversa à tire-d'aile la Suisse et l'Allemagne; et, à peine les Poznaniens s'étaient-ils formés en légion, qu'on vit Garczynski dans leurs rangs. Les fatigues, les intempéries, le froid, la faim, non-seulement lui rendirent la santé, mais lui inoculèrent des forces gigantesques.

Souvent, sur le champ de bataille, après les combats du jour, déposant sa lance, il créait, au milieu des rumeurs d'un camp, ces chants nationaux que notre jeunesse aimait à répéter, et qui restent après lui le plus beau des souvenirs. Sa *Prière au camp*, son *Chant des Volontaires Poznaniens en marche vers la Lithuanie*, et d'autres hymnes révolutionnaires, étaient déjà connus pendant la guerre et accueillis avec enthousiasme par le peuple et par l'armée. Il ne tarda pas à être nommé officier et à remplir les fonctions d'aide de camp près du général Uminski, à côté de qui il resta jusqu'à la fin, et qu'il vit acclamer chef par la Diète et par une partie de l'armée. La douleur que lui causèrent et nos désastres et la remise des armes aux mains de l'ennemi, ses plus intimes compagnons furent seuls à la connaître. Le gouvernement prussien ne le laissa pas longtemps se reposer au sein d'une famille amie en Poznanie. La persécution s'abattit sur lui; et, pour éviter le cachot d'une forteresse, les tracasseries d'une police inquisitoriale et le service dans la landwehr, il gagna, sous un faux nom, en janvier 1832, Dresde, où il acheva tranquillement son poëme de prédilection et écrivit la majeure partie des poésies qui viennent d'être publiées. Mais le printemps ramena tout à coup ses anciennes souffrances; en juillet, apparurent les premiers symptômes d'une maladie de poitrine, et en automne les médecins le condamnèrent. L'hiver s'écoula pour lui dans de cruelles tortures, accrues par la douleur morale du sort de notre patrie, l'apathie de l'Europe et le martyre de la Pologne; c'est à ce moment que, cédant aux sollicitations de ses amis, il consentit à éditer ses poésies, qui auront à peine eu le temps de pénétrer dans le pays avant la nouvelle de sa mort.

En mars (1833), il comprit qu'il touchait au dénouement rapide et inévitable de sa maladie. Il ne lui restait à tenter qu'un voyage en Italie, qu'il désirait et dont il espérait encore sa guérison. Mais il était émigré; la police saxonne, excitée par les Cours voisines, pressait son départ, et les ambassadeurs des grandes Puissances lui refusèrent un passeport pour l'Italie. Suivant le conseil des médecins, il fut dirigé sur Bex, en Suisse, où ils prétendaient que l'air est très-favorable aux poitrinaires. A Bex, il fut rejoint par un ami (1) qui accourait l'assister et qui ne le quitta plus. Toutes les démarches pour gagner l'Italie furent vaines : là encore les représentants des grandes Puissances lui refusèrent jusqu'à la consolation d'expirer sous ce beau ciel. Dans l'espoir qu'en France il lui serait plus aisé d'obtenir cette faveur unique, il se rendit de Genève à Avignon, d'où il devait descendre à Marseille. Les dernières semaines, il souffrit peu et ne se plaignit plus que de sa faiblesse qui l'empêchait d'aller plus loin. Sans agonie, il s'endormit doucement pour les siècles. Dans une heure de pressentiment, il avait lui-même dépeint et sa mort prématurée et sa courte jeunesse :

> A l'école du malheur, comme le vent sur la montagne,
> J'ai été élevé et j'ai grandi. Peut-être périrai-je comme le vent.
> Mais je patienterai encore cette heure dernière,
> Et j'accepterai avec un égal courage ce que j'aurai mérité.

(1) L'auteur de la présente notice.   (*Note de l'Éditeur.*)

Voici l'épitaphe qu'au-dessous d'une lyre et d'une harpe qui se croisent, Adam Mickiewicz fit graver sur son tombeau, au cimetière d'Avignon :

D. O. M.

STEPHANUS GARCZYNSKI

MILES

IN BELLO CONTRA MOSCOVIÆ TYRANNUM

EQUITUM POSNANIENSIUM

CENTURIONIS VICES GESSIT

VATES

POLONORUM ARMA VIROSQUE CECINIT

PATRIA A TYRANNO OPPRESSA

EXUL

OBIIT AVENIONE

ANNOS NATUS XXVII

Puis vient, en polonais, l'inscription :

ÉTIENNE GARCZYNSKI

LIEUTENANT DANS LA CAVALERIE POZNANIENNE

DÉCORÉ DE LA CROIX MILITAIRE

NÉ A KOSMOWO EN 1806

MORT A AVIGNON LE 20 SEPTEMBRE 1833

NOTES.

Dans la préface, que le jeune et regretté comte Stanislas Skorzewski a mise en tête du volume des œuvres complètes d'Etienne Garczynski, son cousin, je trouve quelques indications biographiques.

D'abord il cite une lettre du comte Arnold Skorzewski à Pongowski, en date du 29 novembre 1833, qui contient, sur la jeunesse d'Étienne Garczynski, quelques renseignements dont voici l'extrait :

« Etienne Garczynski est né à Kosmowo, près Kalisz (grand-duché de Posen), en 1806, d'un père colonel dans l'armée polonaise et d'une mère issue des Rodolinski. Il perdit ses parents dans sa dixième année, et fut élevé par les soins de sa tante la comtesse Antonine Skorzewska, née Garczynska, mère d'Arnold. Il fit ses premières études à l'école de Trzemeszno, passa au gymnase de Bydgoszcz (Bromberg), puis alla au lycée de Varsovie. En 1823, il revint à Lubostron (grand-duché de Posen), et y perdit la tante qui lui avait servi de mère. En 1824, il se rendit à Berlin, et y suivit à l'Université, durant quatre ans, les cours de droit, d'économie politique et de philosophie, en s'attachant principalement à Hegel et à Gans. En 1829, il partit pour l'Italie, et s'y lia avec Adam Mickiewicz. Il fit toute la campagne polonaise de 1830-1831 contre les Russes. »

Le 30 mai 1832, Garczynski écrivait de Dresde au comte Héliodore Skorzewski, son oncle : « Bienheureux ceux qui souffrent la persécution pour la justice ; car le royaume des cieux est à eux, dit l'Ecriture sainte. Viendra le jour du jugement et d'une terrible vengeance : il n'est pas loin, je le pressens. » — Le 18 août, il ajoutait : « Tu ne saurais imaginer ce qui se passe en moi, quand mes amis font des actions belles et généreuses. Dès mon plus jeune âge, j'ai eu l'âme ouverte à l'admiration des actes, fût-ce d'étrangers, dès l'instant qu'ils étaient dignes de louange. Aujourd'hui l'envie de voir, de trouver le plus de bien possible ici-bas, s'accroît toujours davantage; et l'acte d'un ami, quand il est d'un ordre élevé et surtout uni à un sacrifice, me cause une volupté angélique. Je remercie Dieu de vivre encore sur cette terre, je m'élève, je jouis, et, pour un moment, je suis heureux. La vie sans sentiments élevés et sans actes ne serait qu'un affreux désert. » — Puis le 27 août : « Quand une fois j'ai aimé quelqu'un, je l'aime longtemps et très-longtemps. Je n'obtiens pas des autres une réciprocité égale. Qu'ils se refroidissent quotidiennement dans leur amitié, pourvu qu'ils ne me le fassent point sentir ! Mon cœur devient plus irritable ; car, avec le temps, c'est une dépense constante de sentiments ; et une ombre, un mot, une apparence blesse et si sensiblement. N'était cette disposition enfantine, je serais bien portant comme d'autres, frais comme d'autres, gai comme les autres... Tu es père, frère, fils et mari. Tu as beaucoup à penser et à faire : je ne veux pas augmenter tes obligations et tes tracas. Tu voudrais venir me voir, une dernière fois peut-être. Dussé-je ne plus te revoir, je refuse. Nous nous reverrons ailleurs. Ici-bas, tu as d'autres devoirs. Tu me rendrais heureux un instant, et tu pourrais en devenir veuf pour de longues années. » — Autre lettre du 20 avril 1833 : « Je quitte Dresde. Je sais que la Providence ne m'abandonnera pas. J'ai peu de souci de l'avenir. Ne soyez pas inquiets sur mon compte. Il y a un monde supérieur qui attire et dirige les hommes qui le servent. »

Etienne Garczynski était une belle âme assurément.

*
* *

Adam Mickiewicz a généreusement reconnu qu'il procédait de Byron, lequel procédait de Napoléon. Or, Garczynski procède directement de Mickiewicz. Il est, de tous nos poëtes, celui qui est le plus dans la ligne de Mickiewicz : nul, mieux que lui, n'a comme poëte, mérité d'être proclamé son fils spirituel.

La vraie gloire d'Adam Mickiewicz, la preuve irréfragable de sa force intérieure, c'est l'action qu'il a exercée autour de lui, c'est l'étincelle morale qu'il a fait jaillir du génie familier des hommes de bonne volonté qui l'ont approché et dont chacun (leurs lettres et leurs souvenirs en font foi) lui en sont restés reconnaissants. Entre autres exemples, à Paris, il influa, par sa conversation active, sur *Christianisme et Révolution française*, d'Edgar Quinet (cours de 1845 au Collège de France, professé par son collègue et ami durant l'année qui suivit la suspension du sien), comme à Lausanne (1839) il avait influé sur le cours de Scovazzi, *Dante et son siècle* (Scovazzi a raconté lui-même ce qu'il devait à Mickiewicz, pour ouverture d'horizons nouveaux sur la littérature italienne). En Russie, il avait agi sur Puszkin, qui reconnut publiquement, on se le rappelle, la supériorité du grand poëte polonais. En Occident, il fit écrire au comte Henri Rzewuski ses *Récits d'un vieux gentilhomme polonais* (Seweryn Soplica), qui l'avaient frappé, et qui sont un chef-d'œuvre. A Rome, puis à Dresde, il aida Garczynski à se dégager des broussailles philosophiques allemandes ; il lui enseigna à préciser son style et à éclairer son vers, à coordonner son poëme et à ranger en bataille ses personnages : poëte-prophète, il alluma et entraîna le poëte-philosophe. C'est à l'insistance de Mickiewicz que nous devons l'apparition de *Wenceslas*. Il leva, en s'en chargeant, les dernières difficultés, — ennuis matériels de l'impression et corrections. Après avoir, par son souffle puissant, opéré sur la gestation de l'œuvre, il en fut, comme éditeur, le père nourricier. Aussi écrivait-il à Garczynski : « J'aime *Wenceslas* comme s'il était notre commun enfant. »

Ce n'était point là, chez Mickiewicz, une parole vaine. Garczynski étant mort, Mickiewicz servit de second père à l'enfant devenu orphelin : il l'introduisit dans le monde avec la tendresse et la sollicitude d'un bon parrain. On se souvient encore de l'amour avec lequel il le présenta, alors seulement âgé de neuf ans, au public du Collège de France. Je n'ai pas à reproduire ici ce qu'il a dit de *Wenceslas* et de l'auteur. Je renvoie le lecteur au Cours de Littérature slave. Outre les trois leçons qu'il leur consacra, les 17, 21 et 28 juin 1842 (*Slaves*, III, p. 318, 329, 344), il y revint incidemment les 1er juillet, 13 et 20 décembre 1842, 24 janvier, 7 mars 1843, 7 février, 5 mars, 30 avril et 21 mai 1844 (*Slaves*, III, p. 367 ; IV, p. 17, 43, 142, 164, 246, 253 ; V, p. 67, 118, 143, 235, 273).

Voici d'ailleurs la trame du poëme : Ce poëme débute un vendredi saint par une imprécation contre l'Eglise officielle. Wenceslas, qui sent l'insuffisance de l'Eglise, a compris également le vide de la science. Pendant qu'il maudit les livres, l'écho d'un chant bachique de jeunes gens arrive à ses oreilles. Il sort dans la disposition où l'homme est prêt à vendre son âme au diable, il entend dans une auberge un étranger qui pousse les buveurs aux propos d'un scepticisme trivial, mais quelqu'un joue une marche guerrière et le recueillement succède à la licence. Wenceslas sent d'où lui viendra le salut : de l'amour de la patrie. Ce Faust allait devenir un don Juan, la vision de la Pologne le dérobe à la tentation, lui marque un but dans la vie. La seconde partie s'ouvre par un bal à la cour : nous y voyons des patriotes échanger le récit de leurs souffrances ; puis nous assistons aux conciliabules secrets où le froid égoïsme essaie de glacer l'entraînement généreux. L'amour entre également en scène, mais le poëme ne fut jamais achevé. Il reste comme un fragment de cette immense symphonie dont les *Dziady* de Mickiewicz forment le prélude, que continua la *Comédie infernale* de Krasinski, et qui durera autant que le martyre de la Pologne. Cette poésie en effet reflète nos successives douleurs nationales, comme les oratorios de Bach et de Hœndel les phases de la passion du Christ, alors que les Odes et les Sonnets guerriers résonnent comme l'orchestre militaire, au cours d'une bataille, pour exciter la valeur des combattants et adoucir l'agonie des mourants.

La conception de *Wenceslas* est plus originale que celle de *Faust*; le sujet est plus neuf, le héros est plus vivant : c'est un contemporain, un homme du dix-neuvième siècle, aux prises avec les difficultés de l'époque, les passions du jour. L'auteur polonais n'a pas, comme l'auteur allemand, emprunté son motif initial au *Job* de la Bible : Dieu n'y apparaît point, livrant, pour l'éprouver, l'homme à Satan ; nous y voyons un patriote souffrant sur les ruines de sa nation. Cet infortuné Polonais maudit l'Eglise officielle, parce que, au lieu du Verbe fait chair, elle ne lui offre que la représentation théâtrale d'un sacrifice historique; et il maudit la doctrine ou science régnante, parce que, au lieu de la flamme capable de ressusciter un peuple, elle ne lui offre que l'ingénieuse explication des causes qui l'ont fait mourir. N'ayant plus de patrie et sentant chaque jour moins de Dieu en lui, Wenceslas se trouve misérable; mais il ne songe point, comme Faust, à se donner la mort, il se voit asphyxié. Ce n'est point le tintement de la cloche de Pâques qui, par le souvenir des anciennes joies religieuses du jour de la Résurrection, le rattache, comme Faust, machinalement à la vie. C'est un chant national, la *Polonaise* de Kosciuszko, entonnée par ses compatriotes paysans, qui réveille en lui le génie polonais; et un seul éclair de ce génie suffit à dissiper l'atmosphère méphitique sous laquelle il se mourait. Avec l'espoir lui est revenue l'intuition des moyens de salut : l'esprit de sacrifice et l'action.

Le tentateur, qui suscite les obstacles sous les pas de notre héros, est plus intéressant que Méphistophélès. Il ne s'agit point ici d'un désir de volupté né sur le soir de la vie, ni de vulgaires complaisances pour aider à la chute d'une jeune fille innocente, ignorante et simple, ni de joies d'amour diaboliquement empoisonnées, interrompues et coupées : il s'agit du relèvement d'une nation et des entraves sataniquement apportées par un personnage mystérieux, qui se trouve toujours à point nommé pour refroidir l'enthousiasme, semer le doute, perpétuer l'anarchie. Wenceslas n'est point lié par un pacte à ce personnage; mais, outre qu'il voit que ce personnage a prise par ses défauts sur la société que luimême voudrait enflammer, il a la douleur de comprendre que, tout en le détestant, il est impuissant à le vaincre, car il a, durant un temps, sucé les mêmes principes délétères et ne s'en est pas encore entièrement guéri : c'est là la chaîne par laquelle le diable le tient et qui ne saurait être brisée ou usée que par la vertu du sacrifice patriotique.

Si le *Wenceslas* est plus profond et plus humain que le *Faust*, il n'en a pas l'atticité. C'est à l'auteur de *Conrad Wallenrod* et des *Dziady* qu'il était réservé d'unir, pour la plus grande gloire de la Pologne, à l'élévation de la pensée, à l'ampleur du sujet, à la grandeur du but, cette beauté de forme, cette splendeur artistique qui est l'auréole des œuvres immortelles.

Mon père aimait le *Wenceslas* pour la profondeur de l'idée et le patriotisme du plan. De plus, il se plaisait à faire ressortir l'extraordinaire justesse de certaines expressions et la hardiesse singulière de certaines images.

* *

Adam Mickiewicz admirait ce que Garczynski avait dit de la parole qui devient action. La vie du jeune poëte rend témoignage à ses écrits. Conformément à la tradition de nos poëtes légionnaires qui chantaient et se battaient, de qui le chant était un acte et de qui l'acte était un chant, Garczynski épancha son âme en vers brûlants devant l'ennemi. Il y a chez lui un élan superbe. C'est l'âme qui souffre et qui crie, qui espère ou qui pleure, qui sait la justice de sa cause et qui veut vaincre. Il a célébré l'enrôlement de la jeunesse, il a lancé son cri enthousiaste à l'armée polonaise, quand les Russes passèrent le Bug ; il a glorifié la première bataille de Stoczek, qui fut une première victoire (14 février 1831) et l'étonnante bataille de Grochow (25 février) et les batailles heureuses de Wawer et de Demby (19 février et 31 mars). Un jour, ces strophes inspirées seront répétées dans nos temples aux anniversaires de nos luttes héroïques : car nos Légions martyres auront leurs *propres* à l'office, comme l'ont les saints que l'Eglise a canonisés. Il a de toutes ses forces appelé aux armes, en chantant la Levée en masse (1er juillet), et il a poussé des cris déchirants sur l'assaut de Varsovie (6 et 7 septembre) ; il a pleuré sur la retraite en Prusse (23 septembre); il a célébré le premier anniversaire de l'insurrection (29 novembre), et il a prophétisé la résurrection de la Pologne. C'est le recueil de ces chants qui constitue les *Souvenirs de la guerre nationale*.

De ces hymnes guerriers, mon père en aimait deux particulièrement. Voici d'abord :

La Prière au camp (7 mai à Rudzienka).

« Aujourd'hui ne comptons pas nos prières sur les grains du chapelet. Que les canons tonnent, que les sabres brillent, et que parte des rangs, pour unique prière, le cri : En Lithuanie, commandant, en Lithuanie !

« Il n'est pas avec Dieu celui qui met son zèle à relire les prières de son missel. Infailliblement Dieu tient pour celui qui agit dans la foi à la liberté. Que notre unique prière soit donc : En Lithuanie, commandant, en Lithuanie !

« Elles sont belles, les vallées du Niémen, plus beaux sont les cœurs des Lithuaniens ; les Lithuaniens se joindront à nous et le parjure cessera de vivre. Qu'aujourd'hui retentissent nos communes prières : En Lithuanie, commandant, en Lithuanie !

« Nous y élèverons l'autel de la foi, ce sera l'autel des autels, devant lequel les potentats humilieront leur front, et sur lequel nous sacrifierons le tzar. Aujourd'hui poursuivons l'ennemi. En Lithuanie, commandant, en Lithuanie !

« Que là où les poteaux de Boleslas brisaient les vagues, nos frères dressent notre église. J'y allumerai l'encens ; car je connais la prière de vos cœurs : En Lithuanie, en Lithuanie !

« La poussière, que nous soulevons de notre sol, est toute palpitante des reliques de nos martyrs ; qu'elle monte en colonnes vers le ciel, et que le ciel nous serve de témoin — de témoin de la prière vengeresse, du malheur de la Pologne, du malheur de la Lithuanie !

« Les larmes de nos frères, que les prêtres les recueillent dans la coupe comme corps et comme sang ! Que l'aumônier change son chant en gémissement, en gémissement infernal : « Ainsi fût-il ! » Nous, chantons les batailles sanglantes, le sang versé en Pologne, le sang versé en Lithuanie.

« Le temps remplacera le sacrificateur ; le froid monde écoutera notre messe ; que, dans sa misère morale, notre chant le transperce d'outre en outre ! Chantons les batailles sanglantes, le sang versé en Pologne, le sang versé en Lithuanie.

« Comme l'étincelle, qui, quand dans sa course elle rencontre un corps, brille et allume la flamme, ainsi notre chant volera par l'univers et enflammera des milliers d'esprits : ils chanteront les batailles sanglantes, le triomphe de la Pologne, le triomphe de la Lithuanie.

« Le monde te maudira, être orgueilleux en qui réside la cause du malheur de tous ; on te maudira de siècle en siècle, comme mon chant te maudit aujourd'hui. Périsse le meurtrier de la Pologne et de la Lithuanie ! C'est le dernier mot de ma prière. »

Le ton de la *Prière au camp* de Garczynski la place à côté de la *Constitution insurrectionnelle* d'Adam Mickiewicz. Les deux amis sentirent de même et jugèrent de même les événements. Envers et contre les perfides conseils de la diplomatie, envers et contre les coupables condescendances des chefs civils et militaires, ils comprenaient et ils dirent qu'il n'y avait de chances de salut qu'en portant la guerre en Lithuanie, avec la résolution d'une lutte à outrance.

Le Chant des Volontaires Poznaniens en marche vers la Lithuanie (26 mai) est fort beau. Mais je dois me borner à la citation des premières strophes :

« LE CHŒUR.

« Allons! Lâchons la bride à nos chevaux; en avant, frères! hâtons notre course, là-bas, sur l'autre rive, portons la liberté aux plaines de la Lithuanie.

« UNE VOIX.

« Que celui qui est sans cœur s'arrête, regard myope, âme obscurcie! Nous, nous avons les yeux de la Liberté, et le regard libre n'a pas de limites : il va de pair avec les battements du cœur; il vole avec la pensée jusqu'au plus haut des cieux; devant lui, les rois ne sont que poussière, Dieu lui-même ne lui est point caché. »

Le chœur reprend, puis la voix continue :

« Regardez, fils de la Lithuanie; sonnez gaiement les cloches! Voici l'anneau sans tache que la Pologne vous envoie en signe de fiançailles : il vient de la main des Français; il fiancera un jour le monde entier; c'est un pacte d'alliance, comme l'arc-en-ciel; frères, recevez l'anneau saint. »

De nouveau le chœur, et la voix poursuit :

« La Lithuanie avec la Pologne, la Pologne avec la Lithuanie, même but, mêmes espérances; que les combats succèdent aux combats, que nos armes remplissent le temps et l'histoire! Aux armes! aux armes vivement! Assez de chaînes, assez d'esclavage!... »

Après le chœur, la voix :

« Que le sang coule à flots! Le sang vaut cher; il se répandra en torrents de punitions et de malheurs sur le tyran. L'ange du ciel recueille, dans une coupe d'or, chaque goutte de ce sang : il sait qui meurt pour la liberté, la patrie, la foi... »

Encore la citation d'une pièce, dont mon père lut un fragment vraiment sublime, au Collège de France. Garczynski, en l'imprimant, l'a fait précéder des quelques lignes que voici pour expliquer dans quelles circonstances il l'avait composée :

« Nos armées, envoyées en Lithuanie sous les ordres des généraux Chlapowski et Gielgud, déposent les armes en Prusse. Le général Dembinski revient à Varsovie, signe que l'insurrection lithuanienne est entièrement comprimée. Entre temps, après la mort du feld-maréchal russe Dybicz, Paszkiewicz, ayant pris le commandement, concentre toutes ses forces sur la Vistule et se prépare à la passer. La paix règne dans l'Europe entière. Les Prussiens violent ouvertement la neutralité promise. La France considère notre cause avec insensibilité. Nous sommes abandonnés à nous seuls. »

Alors, de Varsovie, le 27 juillet, premier anniversaire des glorieuses journées françaises, si vite changées en déceptions pour les peuples amis du peuple français, et en amertumes pour lui-même, furent lancées ces strophes, incandescentes de douleur, qui brûleront longtemps comme un remords toutes les âmes honnêtes de l'Occident:

« Aux Peuples.

« Peuples, écoutez! Jadis, — naguère, vivait une nation grande et libre; elle périt par la trahison. Et le monde n'a pas eu conscience de la trahison, pourtant si patente. Écoutez encore! Plus tard, de nouveau ranimée pour la défense de ses droits, elle a versé son sang par torrents. Elle revécut un moment... Le monde l'a abandonnée à son agonie.

« Maintenant ses gestes sont interrompus! Dans une grande nation, la vie est autre, autre est la mort. Quoiqu'elle soit tombée, son âme est active comme le soleil qui luit encore, après s'être couché! Le cœur nourri de larmes se condense; le sentiment comprimé grandit dans sa force; le sommeil fortifie la vie; après le désastre, se lève l'espérance.

« Elle brille — comme la lune, qui perce d'épais nuages, quoique devant elle la nuit tienne son bouclier, — comme dans la nuit sombre, quoiqu'il n'y ait pas de soleil, du foyer du soleil éternel, les étoiles du souvenir jettent leur clarté. La résurrection est fille de la mort. L'espérance a lui, la main était prête, et la parole a pris corps.

« Les chaînes tombèrent et la nation se leva! L'heure a sonné et ce fut fini. Dans la jeunesse, le germe des grandes vertus a mûri: cette jeunesse a formé un seul corps. L'union du bras avec le bras a fait la force. L'enthousiasme enfanta des miracles. Peuples! cette nation qui avait péri, elle vient de ressusciter par la force de l'esprit.

« Oh! si je pouvais tremper ma plume dans les larmes et dans le sang innocent! Si l'on pouvait changer en chant lugubre les gémissements d'une mère et les pleurs d'un enfant, j'aurais chanté à Dieu, aux hommes, au monde, aux siècles à venir, commen sous le joug un frère tend la main à son frère, et ce qu'est dans l'homme l'esprit créateur!

« Aujourd'hui, l'arche, déjà poussée dans le déluge des événements, s'élève sur le flot du temps. Que les matelots soient pleins de courage! Levons l'ancre et prenons le large. Qu'importe que le ciel s'obscurcisse? Timon en avant, voiles aux vents, que nul ne s'effraie! Comme je hâte ma course, hâtez la vôtre : la liberté est le but du voyage.

« Celui qui, les yeux sur les étoiles, la main sur le gouvernail, pendant tout le voyage pense sérieusement, agit sincèrement et a l'âme remplie de sentiment et de foi, n'a rien à craindre des tempêtes de la mer, ni des orages de la terre. Son esprit, comme un autel dans l'église, est au-dessus de l'homme, parmi les saints.

« Nous lâcherons la colombe. Que l'oiseau aux plumes argentées parcoure le monde entier! Qu'il monte, qu'il s'élève au ciel et qu'il en redescende à volonté! Comme l'oiseau de Noé aperçut la montagne où s'était arrêtée l'arche, et y apporta un rameau d'olivier, ainsi le monde miséricordieux enverra par un émissaire un rameau à notre arche.

« La colombe s'éleva et disparut. O mes frères! prosternons-nous devant la face de Dieu. Là chaque vertu pèse dans la balance, et le miracle ne coûte rien à Dieu. Dieu peut-être inspirera les nations; voici le sang de leur cœur qui coule. Peuples, ne l'oubliez pas, les vicissitudes et les souffrances sont communes à toutes les nations.

« Voyez! oh! voyez! notre sang couler par torrents, sans discontinuer. Les générations périssent les unes après les autres, comme des victimes dans le feu du sacrifice. Et vous pleurez! vains pleurs, alors qu'il faut agir avec énergie. Nous tomberons. L'éternité est notre partage, mais que sera-ce de vous?

« Comme la figure du Sauveur s'est empreinte pour toujours sur le voile sacré, ainsi, peuples, ô miracle inconcevable! la force secrète de notre sang imprimera dans votre souvenir notre vie de martyre et l'image de nos tourments. Chacune de vos pensées aura des yeux et avec chacune d'elles vous jetterez sur nous un regard.

« La mère, le frère, se rappelleront ces milliers de mères égorgées. Vos enfants, les enfants de vos enfants et toute votre postérité, jusqu'à la fin des siècles, périront comme nous avons péri ensemble pour la liberté. Dans leur esclavage, ils tomberont sous le glaive et mourront pour vous avec des paroles de malédiction, puisque nous vous maudissons aujourd'hui.

« Écoutez donc, peuples! L'heure du châtiment sonnera tôt ou tard. Voyez, le reste des guerriers libres use ses forces dans le septième travail. Déjà le septième mois des travaux est à la moitié. Mais, comprenez-le, le huitième ne passera pas sans avoir vu tout périr, le monde et la liberté, comme la flamme languissante de la lampe sépulcrale.

« Sur une foule sans vie, sur les cadavres nombreux de ceux qui l'entouraient, un seul établira son lourd trône de fer, trône de l'orgueil et de la domination. Et de là, horreur! il commandera aux débris d'une nation, à des squelettes de forme humaine, jusqu'à ce que, dans les fers, par la flamme et le meurtre, tout en soit anéanti.

« Voilà votre avenir! Pleurez donc, peuples, non pas sur nous, mais sur votre sort. Nous, si le courage ne nous trompe point, nous ne périrons pas avant vous. Donc, frères, ne perdons pas l'espérance. Comme l'âme est unie au corps, ainsi le bras s'unira au bras sincèrement jusqu'à la fin. Qu'importe le sort que nous réserve l'avenir! Nous mourrons dans la foi de la liberté. »

Garczynski écrivait ces strophes quarante jours avant l'assaut de Varsovie. Presque toute la génération polonaise à laquelle il appartenait est morte dans la foi de la liberté; et, d'entre les peuples, la France a éprouvé en 1870 la vérité de ces prédictions funèbres!

Des littérateurs, des professeurs remarqueront peut-être que le chant qui précède pèche dans l'ordonnance de ses parties. Hélas! oui, il est saccadé comme un psaume de David, mais inspiré comme lui, oppressé de douleur, éclatant d'espoir, illuminé de la lumière de Dieu. Relisez, par exemple, le psaume 49, qui commence aussi par les mots : *Peuples, écoutez*, et qui, sur le double sort d'Israël et des Gentils, contient des enseignements analogues aux suprêmes espérances de la Pologne en face des Puissances, aujourd'hui si superbes, et qu'attend le châtiment de l'Éternel : « Il y en a qui se confient dans leurs biens et se glorifient de l'abondance de leurs richesses... Ils seront mis au sépulcre, et les hommes droits les domineront... L'Éternel me ressuscitera... » Un jour, j'en ai la foi, les peuples chanteront les hymnes de la Pologne, comme ils chantent les psaumes d'Israël.

⁂

Adam Mickiewicz, dans son cours au Collége de France, a fait observer que « ce n'est point par hasard, ni seulement par la force matérielle que Suwarow a vaincu les Polonais; qu'à vrai dire il se montra supérieur aux chefs polonais ; qu'il avait toute la simplicité de Kosciuszko et avec elle une certaine rusticité que le paysan comprend et aime, qui enthousiasme le soldat en lui inspirant l'amour et la confiance ; que son sentiment religieux était plus profond et plus fort que celui qui animait le général Kosciuszko, et que de là venait sa force et sa foi dans le succès » (*Slaves*, III, p. 194). C'est ainsi encore qu'en 1813 les Volontaires allemands étaient moralement supérieurs aux recrues françaises et qu'ils en triomphèrent. Assurément, dans sa lutte contre les Russes, la Pologne représentait une cause sainte, et dans la campagne de Saxe, les Français combattaient pour une cause plus grande et plus haute que les Allemands, — pour une cause humanitaire ; mais l'esprit général, qui devait servir de levier à ces nobles causes, avait faibli en France comme en Pologne : c'est pourquoi elles succombèrent. — Les chants guerriers d'Etienne Garczynski émanaient d'une âme plus travaillée et plus développée que celle d'où avaient jailli les chants guerriers de Théodore Kœrner; mais le ton en était moins puissant. Les compagnons polonais de l'un furent écrasés en 1831, tandis que les compagnons allemands de l'autre avaient été victorieux en 1813. Tous les deux avaient commencé par s'enrôler avant de chanter; et leurs strophes, pensées au bivouac, furent écrites sur des caissons.

Nous dirons donc un mot du jeune poëte allemand qui, mort dans la guerre de l'indépendance allemande, est resté sacré pour les Allemands, que tout étudiant allemand sait par cœur, et que le jeune poëte polonais, élevé en Allemagne, dut avoir en vue d'imiter.

Théodore Kœrner n'avait que 22 ans (étant né à Dresde le 23 septembre 1791), quand, le 19 mars 1813, il entra dans le corps des volontaires de Lutzow. Il avait choisi la profession d'ingénieur des mines, fait ses études spéciales et étudié à l'Université de Leipzig. Il avait composé quelques drames et comédies et publié un petit volume sous le titre de *Knopfen* (Boutons de fleurs). Il écrivit à son père son désir d'enrôlement : « L'Allemagne se lève, laisse-moi me montrer digne d'elle... Aucun sacrifice n'est trop grand, lorsqu'il s'agit du plus précieux de tous les biens, de la liberté de notre pays. » La troupe fut bénie et consacrée dans une église de village. « Après que l'hymne fut chanté, dit Kœrner, le pasteur Pierre nous tint un discours plein de force et de persuasion ; des larmes coulaient de tous les yeux. Ensuite il nous fit jurer de n'épargner nos biens ni notre sang pour la cause de l'Humanité, de la patrie et de la religion ; puis il se jeta à genoux et invoqua Dieu pour les combattants. Oh! à cet instant nos âmes furent illuminées par une sublime consécration à la mort, nos cœurs battirent. Le serment militaire prêté sur les épées des chefs et le chant de Luther : *Notre Dieu est un château-fort* terminèrent cette imposante cérémonie. » — « Kœrner, on l'a très-justement remarqué, avait trouvé la sphère qui lui convenait. La poésie n'était pas seulement dans sa tête, mais encore dans son cœur, dans son sang, c'était lui-même : il était poëte et poëme tout ensemble. Dès qu'il se fut voué à la délivrance de la patrie, toutes les forces de son être s'élevèrent à une exaltation sublime qui inspira ses chants guerriers. » (Voy. *Revue du Nord*, in-8⁰. Paris, 1837. V, p. 25.)

Qu'on juge de l'âme du poëte et de l'esprit de ses compagnons par l'accent de ses vers! Dans la pièce intitulée *Ma Patrie*, il est dit : « Poëte, où est ta patrie? Là où des cœurs forts brûlaient pour ce qui est sacré. Poëte, quel nom a ta patrie? Elle s'appelait le pays libre, le pays d'Allemagne. Poëte, pourquoi pleures-tu sur ta patrie? Parce que les princes de ses peuples tremblent devant un tyran. Poëte, qu'invoque ta patrie? Ses dieux devenus muets, la main de la vengeance..... Poëte, que veut ta patrie? Libre porter ses fils, sinon les ensevelir sous le sable. Poëte, qu'espère ta patrie? Elle a foi dans sa juste cause. » C'était là un clair Symbole guerrier du *Tugendbund*. Et maintenant entendez les échos qui bondissent de la poitrine des Volontaires. — Le *Chant des Chasseurs noirs* lance ce beau mot : « La mort rend libre. » — La *Chasse de Lutzow* débute par ce cri : « Voici la chasse de Lutzow, la chasse sauvage, la chasse allemande, la chasse aux tyrans, aux bourreaux!... » — Le premier couplet de la *Chanson à boire avant la bataille* est : « Bataille, tu viens! Saluons-la en cercle joyeux. Haut, à la manière des Germains! Frères, avancez. Frères, versez. Frères, jurez. Frères, [votre main. Frères, approchez vos verres. » Et le dernier : « La bataille crie : Marchons! Écoutez, les trompettes aussi nous appellent. En avant, à la vie ou à la mort! Frères, videz vos verres. » Ces paroles si simples, imprégnées des habitudes du libre étudiant, allaient droit au cœur des Universitaires-soldats. — Dans la *Prière avant le combat*, se retrouve la note grave et convaincue du luthérien : «... Père, je te glorifie! Ce n'est pas un combat pour les biens de la terre : notre épée protége ce que nous avons de plus saint. C'est pourquoi, vaincu ou vainqueur, je te louerai. Mon Dieu, je m'abandonne à toi. » — Dans le *Chant de l'Epée* bat le cœur d'Arminius : « Un brave cavalier me porte; c'est pourquoi je brille gaiement. Je suis la défense de l'homme libre : c'est ce qu'aime l'épée. Hourra! hourra!... Pourquoi t'agites-tu dans le fourreau?... Je m'agite dans le fourreau, parce que je désire le combat : il me rend heureuse. C'est pour cela que je m'agite... Pressez donc sa bouche de fer sur vos lèvres. Maudit celui qui abandonnera sa bien-aimée! Hourra! Maintenant laissez agir l'épée; que de claires étincelles jaillissent! Le matin de la noce paraît. Hourra! Fiancée de fer, hourra! »

Le 26 août 1813, Kœrner accompagnait le colonel Lutzow qui voulait enlever un convoi français. L'expédition réussit, mais Kœrner fut blessé à mort d'une balle qui lui déchira le foie. C'était le jour de la double bataille de Dresde, gagnée par Napoléon, et de la Katzbach, gagnée par Blücher. Le Destin était encore indécis : l'élan de la jeunesse allemande emporta la balance. Kœrner, qui avait déjà été blessé à la bataille de Kitzen, est mort sur la route de Schwerin à Gadebusch, près du bourg de Wöbbelin (en Mecklembourg). Il fut enterré par ses compagnons au pied d'un vieux chêne, où un monument lui fut ensuite élevé. C'est après une marche de nuit, une heure avant le combat où il devait trouver la mort, qu'il avait composé son *Chant de l'Epée* (*Das Schwertlied*), le plus célèbre de ses chants.

Engagé comme simple soldat, Kœrner était vite devenu aide de camp de son chef. Et, soit dit entre parenthèses, c'est ce qui arriva de même à notre Garczynski. Après la paix, les chants patriotiques de Théodore Kœrner furent publiés sous le titre : *Leier und Schwert* (*la Lyre et l'Epée*). Et Weber en fit la musique.

Comme les princes allemands retournèrent contre la France les principes de la Révolution française, ainsi l'accent de Rouget de l'Isle et de Marie-Joseph Chénier, qui avaient fait revivre l'héroïsme antique dans des strophes tyrtéennes, passa dans l'âme du peuple allemand, avec des vers trempés comme l'acier, qui jaillissaient des étincelles de l'épée de ses poëtes militaires.

L'Allemagne de 1813, sous l'insupportable pression des bataillons français qui, dans la lutte gigantesque engagée contre l'Europe féodale, lui passaient incessamment sur le corps, et dans le sentiment de la plus amère des humiliations, évoqua la double énergie germanique — des vieux temps, quand les Germains arrêtèrent et enterrèrent dans leur sol les légions de Varus, puis, par delà les Alpes et le Rhin, débordèrent sur l'Empire, — et du beau moment de la réforme protestante, quand la voix colérique de Luther, le moine émancipé de Wittemberg, brisa l'unité de l'Eglise romaine et circonscrivit la catholicité papale, et que la lance de Gustave-Adolphe fit voler en éclats l'armure du Saint-Empire romain et reculer la maison d'Autriche. L'âme de fer, l'âme de feu de ces deux époques, l'Allemagne les souda en elle, à la flamme qu'elle tira du plus profond d'elle-même, sur l'exemple de la France de 1792 ; et non-seulement elle se fit indomptable, mais elle vainquit Napoléon et détruisit l'Empire français.— Le secret de la puissance poétique de Kœrner est d'avoir porté en lui le passé de son peuple et d'avoir ressenti ses douleurs du présent et conçu ses aspirations d'avenir. Le *Tugendbund* était fils d'Arminius et de Luther. Kœrner fut son clairon.

*
* *

Adam Mickiewicz, à Genève, en 1830, quelques jours après la Révolution de juillet, avait, sous le pressentiment funèbre du résultat final du mouvement polonais à la veille d'éclater, lancé son

Ode à la Mère polonaise, où il lui disait que, de même qu'à Nazareth Marie faisait jouer Jésus enfant avec la croix, elle devrait accoutumer la main de son fils à la chaîne, car il était appelé au martyre. Durant son internement en Russie, Mickiewicz avait vu de trop près la force dont disposait la Russie pour croire que la victoire fût aisée. Une fois la lutte éclatée, il fut épouvanté à la vue de la timidité des chefs varsoviens, qui s'imaginaient pouvoir triompher du terrible empire avec des moyens anodins imités de l'Occident et en finir avec le tzar Nicolas et le grand-duc Constantin, comme les Français avec le roi Charles X et le duc d'Angoulême. Il ne publia rien durant la lutte. Son âme souffrit, de cette horrible douleur d'un mal qu'on voit venir sur les siens, dont on se sent impuissant à les convaincre, et qui ne sera ni prévenu, ni détourné, ni brisé. Sa muse se tut.

Après les désastres, il consacra deux poésies à célébrer l'héroïsme des vaincus. En 1831, dans la *Redoute d'Ordon*, il glorifia celui qui, chargé de la défense d'une redoute, la fait sauter plutôt que de la rendre : « Car, dans une cause juste, l'œuvre de la destruction est aussi sainte que l'œuvre de la création ; quand la tyrannie et l'orgueil auront inondé la terre, comme les Russes ont envahi la redoute d'Ordon, alors, pour punir une race de vainqueurs souillée de crimes, Dieu fera sauter la terre comme Ordon a fait sauter sa redoute. » Et il décerna à Ordon le titre de « patron des remparts de la liberté. » En 1833, dans la *Mort du Colonel*, il glorifia la jeune Lithuanienne, comtesse Emilie Plater, colonel d'insurgés, qui mit debout son district, et voulut « mourir, comme Czarniecki, en regardant ses armes. » Ces deux pièces sont dans le genre de celles que Garczynski composa et qu'il a réunies sous le titre de *Souvenirs de la guerre nationale polonaise de* 1831 ; elles ont, elles aussi, pour but de perpétuer la mémoire de hauts faits d'armes et de donner le désir d'en faire autant. La *Redoute d'Ordon*, qui avait paru, pour la première fois, à Dresde, à la fin de 1831, imprimée à part, fut mise par Mickiewicz en appendice au deuxième volume des poésies de Garczynski.

* *

J'ai déjà noté (*Mél.*, I, p. 125) que les Polonais sont peut-être le seul peuple qui possède des sonnets militaires. Et en effet le Polonais aime sa patrie comme une amante. Ceux qui ne connaissent ni ne comprennent son caractère lui reprochent d'aimer la guerre pour la guerre : il aime la guerre uniquement pour la chère adorée qu'elle a pour but de défendre. Toujours prêt à se battre pour la patrie, comme ailleurs on l'est pour sa belle, il caresse les armes qui doivent servir à la protéger, il célèbre l'usage qu'il en a fait ou qu'il va en faire.

Nous avons de Garczynski treize sonnets guerriers. Les derniers portent l'empreinte mélancolique du soldat qui sent que d'autres yeux que les siens verront le triomphe final. Voici, par exemple, le douzième :

Le dernier canonnier.

« Tous les chevaux sont tués, les soldats sont morts, un chef seul est resté avec deux servants, entouré de cadavres comme d'un rempart; et sans cesse deux canons tonnent, fument et brillent.

« Mais c'est en vain, l'ennemi, insatiable de meurtre, pointe des batteries sur ce petit groupe; bientôt il aura la joie d'une victoire complète : l'eau manque, le bronze brûle, la lumière des pièces crépite.

« On avait donc cessé de tirer. Au milieu des boulets, dans une fumée de soufre, trois personnes, mèche en main, miroitent de loin comme des esprits. Malheur! un boulet vient d'en abattre une.

« Quel est ce cri? d'où part ce coup? Un nom retentit. En criant le nom d'un frère, il mouille le bronze de son propre sang. Et derechef, voici que le bronze tonne et que brille le dernier canonnier. »

Le treizième sonnet est : le *Pressentiment de la mort.*

« Déjà les soldats ont enveloppé de leurs feux de bivouacs un vaste espace; fatigués, ils préparent leur repas; ici se fait entendre une voix impie, et là un chant pieux; au loin les sentinelles, à tous moments, échangent d'une voix sourde le mot d'ordre.

« Un seul est triste, une gaie chanson ne le distraira pas, une pieuse chanson ne dissipera point son chagrin, il erre au milieu du bruit, comme il errerait à l'ombre des tombeaux, et la douleur ne fuit pas un moment de son front.

« J'en demandai la cause, il ne répondit rien. Il est toujours plus doux de partager sa pensée avec autrui, mais avec personne son sentiment. Peut-être ignorait-il alors lui-même le motif de sa mélancolie ?

« Peut-être pleurait-il la perte récente d'un ami, peut-être son cœur faisait-il ses adieux à la chaumière paternelle ? Le lendemain, il y eut bataille et il périt. »

* *

Dans une lettre qu'il écrivait de Dresde, le 27 août 1832, à Vincent Turno, Etienne Garczynski parle du *Chant du poëte* (*Spiew wieszcza*), dont il a fait la première partie et Adam Mickiewicz la seconde. Le 17 juin 1833, il lui dit que Bohdan Zaleski devait y ajouter une troisième partie, mais que, cette partie n'ayant point été encore faite (elle ne fut jamais écrite), le Chant ne sera pas inséré du tout dans l'édition d'alors. Il n'y en a point trace dans l'édition posthume.

* *

Les quatre vers, par la citation desquels mon père a fini la nécrologie de son ami, sont les derniers vers de l'hymne dont il félicitait Garczynski dans sa lettre d'avril 1833 (voy. p. 178). Cet hymne, que l'auteur data du 10 mars 1833, 4 heures, à Dresde, est probablement la dernière pièce qu'il ait écrite. Mon père en parlait au Collége de France (*Slaves*, III, p. 347) comme contenant le dernier mot de Garczynski.

* *

L'œuvre de Garczynski a une grande unité. *Wenceslas*, c'est l'effort de la jeune Pologne pour arracher son âme à l'oppression des idées de l'étranger dominateur et raviver en elle la vie nationale, en dépit du manque des sources habituelles d'inspiration, malgré la pétrification de l'Eglise, la falsification de la science et la déviation de l'action. Les *Souvenirs de la guerre nationale*, c'est la glorification du sang versé pour la patrie. Quoique son amour pour la patrie n'ait pas été plus heureux que l'amour de Pétrarque pour sa maîtresse, il n'en chérit pas moins la Pologne aux mains de l'étranger, et même morte, comme l'infortuné poëte du quatorzième siècle chérit sa Laure dans les bras d'un autre, et par delà la tombe : d'où ses *Sonnets guerriers*.

Wenceslas contient environ deux mille cinq cents vers. Et pourtant, tel qu'il est, ce n'est qu'un début de poëme. Les deux premières parties seules ont été composées. Garczynski voulait d'abord y mettre le titre de l'*Apostat*, pour marquer la stigmatisation qu'il y fait de l'invasion morale que trop souvent la génération nouvelle laisse consommer en elle, et de la renonciation aux pénibles devoirs patriotiques par ceux qui y substituent le commode sacrifice aux divinités étrangères. (Voyez ce qu'à propos de *Wenceslas* Mickiewicz dit de l'apostasie, *Slaves*, III, p. 335.) Mais il les a simplement intitulées : *Jeunesse de Wenceslas*. Il a mis en épigraphe à la première partie quatre vers de l'*Ode à la jeunesse*, d'Adam Mickiewicz, et à la seconde quatre vers de Gœthe. Il a placé le poëme entier sous l'invocation de Shakespeare, en inscrivant à la première page deux vers d'*Hamlet*.

Garczynski a dédié son *Wenceslas* à Adam Mickiewicz « en souvenir des mois passés ensemble à Dresde en 1831, » ses *Souvenirs de la guerre nationale* à ses compagnons d'armes et de pèlerinage, et ses *Sonnets guerriers* au général Uminski, sous les ordres de qui il fit la campagne de 1831.

⁎
⁎ ⁎

Jean-Népomucène Uminski, né dans le palatinat de Posen, vers 1780, enrôlé dans le corps de Dombrowski en 1794, court en 1806 au-devant de l'avant-garde française que commandait le général Exelmans et forme avec la jeunesse une garde d'honneur pour Napoléon. Chacun de ces jeunes gens reçut un brevet de sous-lieutenant, et Uminski fut fait chef d'escadron. Tombé à Dirschau aux mains des Prussiens, il fut condamné à mort comme rebelle; il avait déjà le bandeau sur les yeux, quand arriva un parlementaire français déclarant de la part de Napoléon que la tête du prince Auguste de Prusse, son prisonnier, répondrait de celle d'Uminski. A la fin de la campagne, il est nommé major dans le 5ᵉ des chasseurs à cheval. En 1809, il commande l'avant-garde de Dombrowski et parvient au grade de colonel. Il organise le 10ᵉ de hussards, et fait à sa tête la campagne de Russie, en 1812: il fut décoré de la Légion d'honneur à la bataille de Mozaïsk; les Polonais et lui entrèrent les premiers à Moscou, et le général Sébastiani proposa à Napoléon de décerner au 10ᵉ de hussards polonais une médaille avec l'inscription : *Praga vindicata*. Uminski créa un corps de cavalerie légère, qu'il appela *Krakus*, du nom du fondateur de Cracovie, et qui se signala dans la campagne de 1813, et fut rétabli en 1831. (Les Krakus portaient la capote des paysans cracoviens et étaient armés de lance. Ils attirèrent l'attention de Napoléon Iᵉʳ à la bataille de Dresde par leur bravoure.) Il fut blessé à Frohbourg ; à Leipzig, il se couvrit de gloire, contribua avec sa brigade à la prise du maréchal Merfeld et fut nommé officier de la Légion d'honneur. Laissé avec Poniatowski pour couvrir la retraite, il reçut un coup de feu et fut fait prisonnier. Appelé en 1815 à former une division de la nouvelle armée polonaise du royaume de Pologne, il donna le premier sa démission, et s'occupa de créer des sociétés secrètes en vue d'une insurrection. Il se rapprocha, à Varsovie, de Lukasinski qui poursuivait le même but. Le 3 mai 1821, un conciliabule eut lieu dans la forêt de Bielany et le complot organisé. Uminski, arrêté par les Prussiens, le 20 février 1826, assuma sur lui toute la responsabilité, et fut condamné à six ans d'emprisonnement dans la forteresse de Glogau. Après la révolution polonaise du 29 novembre 1830, il réussit, au prix des plus grands dangers, à s'évader de Glogau le 17 février 1831, et parvint le 22 à Varsovie, où il fut accueilli avec enthousiasme.

Nommé général de division, il commandait (25 février) l'aile gauche à Grochow. Il se distingua aux batailles sur la Narwa, à Liwce, à Demby, à Kaluszyn. La Diète lui déféra *in extremis* le commandement en chef; mais l'état moral de l'armée ne permettait plus de rien tenter. Il défendit Varsovie avec héroïsme. Retiré à Modlin, il se refusa à traiter avec les Russes. Quand, à Plock, prévalut l'avis d'une soumission sans conditions, et l'envoi d'une députation au tzar, il donna sa démission, déclarant ne vouloir plus faire partie d'une armée qui, à sa dernière heure, consentait à flétrir sa riche moisson de gloire. La tête d'Uminski fut mise à prix; il erra quatre mois de cachette en cachette avant de pouvoir gagner la France. Le gouvernement prussien le fit pendre en effigie à Posen : le lendemain, le poteau se trouva orné d'une couronne de roses et de lauriers, et salué par tous les passants. (Voyez Straszewicz. *Les Polonais et les Polonaises de la révolution de* 1830. Paris, gr. in-8º, p. 183.)

Uminski publia en 1832, à Paris, un récit de la bataille d'Ostrolenka. Il est mort, à Wiesbaden, en 1851.

— Claudine Potocka, fille du sénateur palatin comte Xavier Dzialynski, née à Konarzew (Pozuanie), le 27 août 1808, et mariée, en 1824, au comte Bernard Potocki. A la nouvelle de notre révolution de 1830, elle passa à Varsovie et s'y dévoua à soigner les blessés et les cholériques. Elle suivit la retraite de l'armée à Modlin, se déguisa en domestique, et fit ainsi passer avec elle la frontière aux personnages les plus compromis. A Dresde, elle s'appliqua à venir en aide à la misère des émigrés; elle engagea tous ses bijoux pour soulager la détresse des soldats polonais internés en Prusse. Ses compatriotes lui offrirent un bracelet avec une plaque d'or surmontée des armes de Pologne et de Lithuanie, et portant l'inscription : *Les Polonais reconnaissants.* — *Dresde, l'an* 1832, *le* 18 *mars*. (Voy. Straszewicz.)

Des notes diplomatiques forcèrent la comtesse Claudine Potocka à quitter Dresde. Elle vint en France, et y visita les différents dépôts de réfugiés polonais. Depuis la chute de Varsovie, elle avait coupé sa chevelure, revêtu des habits de deuil, renvoyé ses femmes de chambre, et se servait elle-même. Admirable renoncement! On comprend que des âmes écrasées par la souffrance, et pour qui a disparu tout horizon d'avenir sur cette terre, cèdent à la tentation de s'ensevelir dans le cloître. Mais les âmes vaillantes, et qui n'ont point désespéré, préfèrent, à des pratiques religieuses veuves d'action, la charité active pour la patrie, au milieu du monde, sans borner leur initiative par des vœux, s'entraver par une sujétion absolue, ni se parquer dans un habit monastique.

Après l'insuccès du coup de main que tentèrent les Polonais en 1833, Claudine Potocka alla à Genève pour adoucir leur sort. Elle souffrait d'un anévrisme. Dans une lettre du 5 décembre 1833, elle écrivait : « Les Polonais se procurent un pain amer, et ils pourront persévérer... Ceux qui sont à Genève travaillent presque tous et leur conduite est un bel exemple. Ma santé ou plutôt mes souffrances ne me permettent pas de les voir aussi souvent que je le voudrais. Chaque émotion me coûte d'affreuses douleurs. Puis-je voir avec indifférence nos frères, nos nobles et braves infortunés! Si mes souffrances pouvaient racheter les leurs, oh ! que je me sacrifierais de bon cœur ! »

Elle mourut à Genève, le 8 juin 1836, à l'âge de trente-quatre ans. Le 29 novembre 1838, les Polonais réfugiés à Genève lui élevèrent un monument funèbre. Adam Mickiewicz figure parmi les personnes que le comité de Genève désigna comme protectrices de ce monument.

Mon père, en parlant, au Collége de France, des femmes polonaises qui, par leur énergie, ont plus qu'ailleurs contribué à faire reconnaître l'égalité de leur sexe, a cité, en même temps que celui d'Émilie Plater, le nom vénéré de Claudine Potocka (*Slaves*, III, p. 317).

*
* *

Jérôme Kajsiewicz, émigré polonais, qui avait fait la campagne de 1831 sous les ordres de Dwernicki et qui est mort supérieur général de la Congrégation des Pères de la Résurrection, consacra une de ses poésies à la mort de Garczynski. A cette occasion, Adam Mickiewicz lui écrivit, de Paris, le 27 juillet 1834 : « Ce que vous avez écrit sur Étienne Garczynski m'a ému jusqu'aux larmes. Je le copierai pour madame Claudine Potocka et pour la sœur d'Étienne ; seulement je supprimerai les vers que Rettel a soulignés avec raison, plus deux autres qui contiennent de trop grands éloges de moi et de Claudine. »

*
* *

La première édition des poésies d'Etienne Garczynski, à laquelle Adam Mickiewicz donna ses soins, fut faite à Paris, en 1833, en deux petits volumes de poche, in-24.

En 1860, Stanislas Skorzewski fit paraître une édition complète des œuvres d'Etienne Garczynski en un volume grand in-8, à Paris, avec un portrait gravé de l'auteur, et sept poésies inédites.

En 1866-1868, j'ai compris dans la *Biblioteka Ludowa Polska* (*Bibliothèque populaire polonaise*), *les Souvenirs de la guerre nationale* et *les Sonnets guerriers* (vol. 13) et *Wenceslas* (vol. 63).

Sauf quelques pièces détachées, insérées à Paris dans le *Polonais* (1834), et le commencement de *Wenceslas*, publié à Genève dans l'*Espérance* (1860), les œuvres de Garczynski n'ont pas encore été traduites ; pourtant elles le méritent. Elles seraient même mieux comprises des Français que la plupart des chefs-d'œuvre polonais. Car si, aux yeux de ses compatriotes, elles pèchent quelquefois par la forme, et si la vigueur de certains de ses anathèmes sur le clergé les blesse, la netteté d'une pensée plus philosophique que mystique plairait au monde occidental.

* *

Après avoir, pendant des siècles, combattu sur leur sol et sur leurs frontières pour la défense de la civilisation et la protection de l'Europe, les Polonais, depuis plus de cent ans déjà, non-seulement ont, dans les Deux-Mondes, versé leur sang sur tous les champs de bataille où il leur a été donné de lutter pour la liberté, mais encore ils laissent leurs os d'émigrés dans les milliers de cimetières des divers Continents.

Notre Garczynski a été, il y a quarante ans, déposé au cimetière d'Avignon, confié à la terre hospitalière de France. Un jour sans doute il reposera dans la patrie polonaise libre, dans sa terre poznanienne affranchie du joug prussien. En attendant, son tombeau demeure sous la sauvegarde de la piété de ceux qui, en France, sont restés sympathiques à la Pologne et amis de la vraie poésie, de la poésie de geste, c'est-à-dire de cette poésie vivante et agissante, qui part d'un cœur d'homme d'action, et qui pousse à l'action.

Les Avignonnais ont dernièrement célébré le centenaire de Pétrarque qui, dans leur Vaucluse, aima et pleura sa Laure adorée. Garczynski, moins célèbre, mourut dans leurs murs pour sa bien-aimée. Sa bien-aimée, à lui, fut sa patrie. Comme Pétrarque aima Laure, il aima la Pologne. Ses sonnets furent des sonnets guerriers.

Les Français, qui nous ont aimés et compris aux heures de leur prospère grandeur, maintenant que leurs députés alsaciens et lorrains coudoient à Berlin nos députés poznaniens, connaissent nos souffrances autrement que par intuition : ils les sentent dans leur propre chair. Qui sait si un jour Polonais et Français ne communieront point, dans une même pensée de revendication, sur le tombeau du poëte-martyr qui mourut en France parce que les Prussiens lui avaient dérobé sa patrie ?

COUP D'ŒIL SUR LES *DZIADY*

SUIVI D'UN

FRAGMENT DE LA PREMIÈRE PARTIE

AVANT-PROPOS.

D'entre les poésies d'Adam Mickiewicz, son œuvre capitale ce sont les *Dziady*. *Grazyna* était par lui considérée comme la plus parfaite de forme ; il avouait sa secrète prédilection pour *Conrad Wallenrod*, la plus hardie de ses conceptions ; il ne s'est guère cité lui-même qu'une ou deux fois dans son Cours, et la citation était tirée des *Dziady*. C'est dans les *Dziady* qu'il a mis le plus de lui ; jamais peut-être n'ont été plus éloquemment exprimées les souffrances de l'homme qui a perdu son amante, et du patriote à qui a été ravie sa nation, ni d'une manière plus sanglante stigmatisés les êtres sans cœur et sans âme, sans amour et sans humanité, ni avec plus de foi affirmées les suprêmes réparations en ce monde ou dans l'autre. Il y a, dans les *Dziady*, autant d'art et de feu sacré que dans *Wallenrod* ou *Grazyna* : il y a de plus l'élan prophétique.

Adam Mickiewicz s'est inspiré de Byron pour *Grazyna* et *Wallenrod*, de Shakespeare et de Dante pour les *Dziady*, et enfin de Gœthe pour le *Sieur Thadée*. — A l'origine, il se nourrit surtout de Byron. « Je ne lis que Byron, » écrit-il de Kowno en 1822. En épigraphe à la partie des *Dziady* qu'il publia en premier lieu, il a placé deux vers de Shakespeare :

> There are more things in heaven and earth
> Than are dreamt of in our philosophy.

Quand parut la troisième partie de ces mêmes *Dziady*, Niemcewicz lui écrivit : « Je ne connais que Mickiewicz qui soit en état d'écrire un poëme épique de notre insurrection à la manière de Dante » (Londres, 3 juillet 1833). Et lui-même, il annonça le *Sieur Thadée*, par ces mots à un ami : « J'écris maintenant, sur notre petite noblesse campagnarde, un poëme dans le genre d'*Hermann et Dorothée*, de Gœthe » (Paris, 8 décembre 1832). — Adam Mickiewicz n'a jamais, à proprement parler, imité personne. Mais, par une réelle transsubstantiation, il s'est assimilé ses maîtres et devanciers : en suivant le rayon de leur génie, il a remonté à la source même de leurs inspirations.

Lorsque, dans son Cours de littérature slave, Adam Mickiewicz en arriva à l'histoire littéraire des dix années qui précèdent la révolution polonaise de 1830, il s'exprima ainsi :

« De nouvelles écoles littéraires surgissent en Pologne qui, nées dans les provinces, se dégagent des idées politiques de la noblesse, commencent à entrer dans la sphère populaire, dans la vie des paysans slaves. Sans nous arrêter aux différences qui existent entre elles, différences provenant du caractère particulier à chaque province, nous envisagerons leurs traits généraux, dans le but surtout de faire ressortir l'identité de tendances qui existe entre les productions littéraires et les théories philosophiques de ce temps. L'école lithuanienne fait intervenir le monde des esprits dans les affaires de la terre. La littérature lithuanienne s'élève vers cette région pour y reconnaître les ressorts cachés des événements visibles. George Sand, examinant les ouvrages d'un écrivain de cette école (1), fait cette remarque qui résume le caractère de l'école lithuanienne : « Les écrivains lithuaniens placent dans le « monde des esprits le centre de toute action, et regardent le « monde visible et les hommes comme des instruments. » L'école ukraïnienne a la même tendance. Cette école, moins spiritualiste que l'école lithuanienne, admet cependant une influence continuelle du monde invisible sur le monde visible, abandonne les errements de l'ancienne poésie polonaise qui ne prenait ses héros que parmi les grands, glorifie des chefs populaires, célèbre des noms inconnus au monde littéraire. — Cette tendance des Lithuaniens et des Ukraïniens contrariait beaucoup l'ancienne école représentée par le public de Varsovie. La critique ne pouvait s'empêcher de regarder cette nouvelle littérature comme une invasion de Barbares ; et réellement c'était une réaction contre la domination de la classe civilisée, devenue déjà faible et stérile. » (*Leçon du 17 juin 1842, Slaves*, III, p. 310, 311.)

Mon père donna le titre de « chef de file de la littérature nou-

---

(1) Adam Mickiewicz lui-même.   (*Note de l'Éditeur.*)

velle » à « Antoine Malczewski, auteur d'un petit poëme (*Marie*), longtemps inconnu, maintenant regardé comme classique, et considéré comme la meilleure production de l'époque. » Et il ajoute que Malczewski, qui avait servi dans les armées de Napoléon, voyagea beaucoup à l'étranger, lut principalement Byron et que, par la forme, son poëme rappelle les compositions de Byron.

Comme c'est surtout la personnalité poétique d'Adam Mickiewicz qui remplit les années qui ont précédé 1830, et qu'il ne pouvait parler de lui-même, il passa à l'examen des œuvres des années qui ont suivi. Il parla donc d'Étienne Garczynski, de Bogdan Zaleski, de Séverin Goszczynski, et du *Poëte Anonyme* (Sigismond Krasinski).

Ce serait une étude d'un grand intérêt que la comparaison des *Dziady* avec les poëmes polonais contemporains. Je me bornerai à indiquer l'un des points de vue sous lesquels ils pourraient être considérés. Tandis qu'à la suite de Malczewski, dont le poëme retrace un exemple douloureux des divisions entre la grande et la petite noblesse, qui ont produit l'impuissance nationale devant l'occupation étrangère, Goszczynski, dans le *Château de Kaniow*, nous exhume, avec leur froid linceul, les Polonais et les Cosaques qui, par les injustices des uns, les révoltes des autres, leurs cruautés réciproques et l'acharnement de la lutte, ont préparé la catastrophe nationale et amené la servitude commune, — et que Zaleski, dans son *Esprit des steppes*, après avoir pleuré sur son Ukraïne, laquelle fut en quelque sorte la vallée séculaire des invasions de Barbares qui fondaient sur l'Occident, puis le théâtre sanglant des combats qui ont préludé au partage de la Pologne, la voit en esprit sur les monts Carpathes, faisant sa pénitence, entourée des esprits de tous les rois et de tous les chefs slaves, Adam Mickiewicz anime sans relâche au combat. Par *Grazyna*, il suscite des Émilie Plater ; par *Wallenrod*, il sème la panique chez l'ennemi ; et déjà, par l'*Ode à la jeunesse*, il a fait appel à l'enthousiasme des fils pour venger les pères. (Cette ode, composée en 1820, pour les philarètes de Vilna, fut entonnée par le peuple de Varsovie, au jour de sa révolution, en novembre 1830.) Les premiers *Dziady* sont navrants ; et pourtant celui dont le cœur y a été brisé, ni ne déserte ce monde, ni ne s'enfouit dans la fange dorée du bien-être, ni ne s'enferme en un monastère, comme pour y échapper à son devoir national : des entraves apportées à ses projets individuels, il conclut seulement à la nécessité de se réfugier dans les intérêts généraux. Aussi, dans les nouveaux *Dziady*, le voyons-nous qui conspire et est incarcéré : il s'est voué au salut de sa nation ; il est devenu un homme nouveau ; de Gustave, il s'est transfiguré en Conrad ; du milieu de ses compagnons de martyre, il prévoit, il prédit la délivrance. Dans *Wenceslas*, le héros de Garczynski, empêtré de formules philosophiques, ne peut prendre son essor ; il ne retrouve point la plénitude de ses moyens d'action : comment sauver les autres, quand on a perdu et qu'on n'a pas rétabli son assiette morale ? Le comte Henri de la *Comédie infernale*, de Krasinski, désillusionné par l'égoïsme et l'hypocrisie des hommes du jour et par les théories matérialistes et les appétits brutaux des hommes du lendemain, se retourne vers le passé, sans croire à la possibilité de le restaurer, mais par point d'honneur chevaleresque et fidélité de gentilhomme. L'homme nouveau et incomplet sous lequel il succombe, fils de la terre, monté des couches inférieures, qui n'est qu'une grande intelligence et a la rage au cœur, sans autre mission que celle de venger et de détruire, ne croit pas lui-même à la durée de son pouvoir. L'auteur finit par nous laisser entrevoir un coin de l'avenir dans l'aube qui déjà blanchit à l'horizon (1).

A ce grand concert de douleurs nationales, chaque contrée polonaise donne sa note particulière. Le poëme ukraïnien se renferme dans les douleurs des temps qui ne sont plus : et cela se conçoit d'un pays qui fut exténué le premier, saigné à blanc. Il se souvient et il gémit, sinon sans espoir, du moins sans oser rêver la revanche. Le poëme poznanien témoigne de l'impuissance d'action là où l'âme polonaise se laisse séduire par la fausse science, que lui offre le serpent germanique avec la tentation orgueilleuse et menteuse de devenir l'égal de Dieu, et qui a pour premier effet de glacer la vieille exaltation polonaise. Le poëme anonyme qui, sous son cosmopolitisme, est infecté du péché galicien, donne le pas aux questions de classes sur les questions de patrie ; il respire la terreur d'un prochain effondrement, d'un épouvantable cata-

---

(1) D'Adam Mickiewicz, *Grazyna* et les premiers *Dziady* sont de 1823 et *Conrad Wallenrod* de 1828 ; le *Château de Kaniow* de Goszczynski parut en 1828 ; la *Marie* de Malczewski fut imprimée en 1826 à Varsovie, en l'année même de sa mort ; les nouveaux *Dziady* de Mickiewicz sont de la fin de 1832 ; le *Wenceslas* de Garczynski parut en 1833 ; la *Comédie infernale* du *Poète anonyme* est de 1834, son *Aube* de 1843, et l'*Esprit des Steppes* de Zaleski est de 1837.

clysme social : on dirait que l'auteur a, douze ans à l'avance, ouï résonner dans son cœur la hache des massacres de Tarnow ! Le poëme lithuanien, au contraire, saigne et crie, plein de foi et d'espoir : c'est un chant d'avant-garde. Comme jadis Roland, à Roncevaux, sonna du cor pour appeler le grand empereur à son aide, et mourut sans avoir été entendu, ainsi Mickiewicz emboucha le cor lithuanien pour convoquer tous les Polonais des quatre coins de la République, pour réveiller et attirer les nations de l'Occident, les sommer d'accourir à la rescousse. Hélas ! tout entier à ses affaires et à ses frivolités, l'Occident a laissé, sans bouger, s'éteindre les dernières notes du cor lithuanien.... Et l'expiation de l'Occident commence.

Le manuscrit du *Coup d'œil sur les Dziady*, qui paraît ici, avait été relié en tête d'une traduction de ce poëme, et le traducteur avait cédé, par voie d'échange, l'exemplaire ainsi enrichi d'un autographe d'Adam Mickiewicz à la *Bibliothèque du Louvre*, où il était placé sous la cote D. 1334. J. B. Ayant eu occasion de travailler dans la Bibliothèque du Louvre, ces quelques pages d'Adam Mickiewicz me tombèrent sous la main, et j'en pris aussitôt copie. On sait qu'en mai 1871 pas un volume de cette magnifique collection n'a échappé aux flammes.

L'origine de ce *Coup d'œil* saute aux yeux. M. Burgaud des Marets, après avoir traduit une partie des *Dziady*, s'est trouvé fort embarrassé d'avoir à parler de ce poëme dans sa préface. Il alla confier ses transes à l'auteur et le pria de jeter à son intention quelques idées sur le papier. Il devait être si effaré de la singularité de l'œuvre qu'il avait interprétée, que l'auteur, jugeant du public d'après M. Burgaud des Marets, la considéra lui-même comme plus difficilement perceptible aux étrangers qu'elle ne l'est en réalité.

Nous renvoyons le lecteur, curieux de voir comment les quelques pages d'Adam Mickiewicz ont été refondues par M. Burgaud des Marets, à la préface de cet écrivain. (Ci-dessous, *Notes*.) Il chercha avant tout à donner au style plus d'élégance, sans succès la plupart du temps. Ne nous étonnons pas si le sentiment qui domine en lui, c'est la crainte d'être incompréhensible, s'il répète, dans une de ses notes, qu'il préfère tronquer le poëme plutôt que d'ajouter de longues explications. Il n'est pas permis de supposer que le rôle de commentateur l'eût sensiblement gêné, assuré qu'il était de l'aide précieuse de l'auteur. Mais il recula devant la tâche ingrate de commentaires qui auraient dû parfois être plus étendus que le texte. Cette nécessité de ne rien laisser d'obscur dans l'esprit du lecteur étranger, que sentait si vivement M. Burgaud des Marets, est une justification du système de notes étendues que nous avons nous-même adopté. Plus la littérature polonaise sera appréciée en France, et moins de pareils commentaires seront utiles; mais, en attendant, ils nous ont paru indispensables.

M. Burgaud des Marets commença par publier sa traduction dans le *Polonais, journal des intérêts de la Pologne.* Un fragment de la deuxième partie parut dans le numéro de septembre 1833, avec un avant-propos de la rédaction. Un fragment de la quatrième partie (non compris dans la réimpression en volume) parut dans le numéro de février 1834. En revanche, le volume contient des fragments de la troisième partie qui n'avaient pas paru dans le *Polonais*, et la traduction des pages précédemment publiées porte la trace de nombreuses corrections. Ces corrections émanées de l'auteur, qui refit également le fragment de la troisième partie qui lui avait été soumis, furent si notables, que M. Burgaud des Marets ne considéra plus la traduction comme sienne, et que, tandis que dans le *Polonais* son nom avait figuré, le volume parut anonyme (1).

A propos du reproche fait au Nord d'être intellectuellement brumeux, M. Bergmann, doyen de la Faculté des lettres de Strasbourg, a dit : « Le brouillard n'est pas dans les choses, il vient de notre ignorance, du brouillard dans notre tête. »

Les poëtes slaves se perdent quelquefois dans les nues : cela vaut mieux, assurément, que de plonger dans les bas-fonds, à l'instar de tant d'écrivains français, allemands et anglais. L'Angleterre, par exemple, à la recherche du confort et de la richesse, puise volontiers, en philosophie et en littérature, ses comparaisons dans la sphère où elle gravite; il en résulte un terre-à-terre dans les idées et un abaissement de style des plus significatifs. M. Louis Etienne fait observer qu'aux yeux de Stuart Mill, un penseur fécond

(1) *Dziady*, ou la Fête des morts, péome traduit du polonais d'Adam Mickiewicz, 2e et 3e parties; 1 vol. in-16, Paris, Clétienne, rue du Faubourg-Poissonnière, 1834. (Le volume a vii et 174 pages.)

« est un esprit produisant une certaine denrée d'idées positives pratiques d'un bon placement. » L'auteur d'une histoire de la littérature anglaise dit « qu'à partir de 1770, l'Angleterre, en fait de romans, passe de l'importation à l'exportation. » Il y a des gens qui ne se possèdent pas d'aise de cette application au monde moral des termes de la bancocratie et de l'industrialisme. Il est de mode aujourd'hui de provoquer le rire d'un public blasé en mettant sur la scène, dans la bouche des dieux de l'Olympe, l'argot des boulevards de Paris, ou en affublant de la pourpre un commis-voyageur. Le bourgeois, qui assiste à *Orphée aux Enfers* et au *Trône d'Ecosse*, est flatté que Jupiter parle le même langage que lui et que sa vulgarité puisse séduire une reine. Eh bien ! le succès d'une certaine école littéraire tient à des causes analogues. Les gens qui n'ont même pas la clef du langage élevé sont ravis qu'on leur parle d'art, de religion et de philosophie avec une terminologie industrielle. M. Taine a dû en partie ses succès à cette méthode. Il exerce les esprits à une sorte de gymnastique intellectuelle et joue avec les questions morales comme avec des chiffres. Ses élèves sont enorgueillis d'arriver à de la dextérité dans le raisonnement, sans s'apercevoir que cette sophistique vigoureuse recouvre le néant.

L'Angleterre elle-même souffre de la viduité de ces systèmes tant prônés; et un critique anglais, David Masson, à propos des théories d'Auguste Comte et de Stuart Mill, a écrit les lignes suivantes : « *La Philosophie positive* nous commande de nous abstenir de toute spéculation sur l'inexplicable. Il faut, pour bien des raisons, mépriser cette défense. La spéculation sur l'essence des choses est la compagne invariable des sentiments forts et profonds; et la nature morale de l'homme périrait d'inanition devant ce maigre râtelier de paille hachée qu'on appelle les relations intellectuelles de similitude et de succession. »

Dans la première moitié de ce siècle, les poètes furent nombreux : chaque race, chaque nation eut les siens. Depuis la seconde moitié du siècle, nul poète nouveau n'a surgi, et ceux qui survivent se taisent peu à peu. C'est qu'il s'est produit une atmosphère mortelle pour la poésie. Stendhal disait que la vue seule d'une figure à argent lui rendait invisible Raphaël pour toute une journée. A plus forte raison, la poésie ne peut exister avec le règne du bourgeois sous ses trois formes de banquier, d'ingénieur et de marchand, en un temps où tout se compte, se calcule et se pèse, dans une société empestée des exhalaisons de consciences mortes et d'âmes putrides. Pensée, sentiment et style, tout est prose. A celui qui dédaigne le Ciel, Dieu se voile.

N'en déplaise à la ploutocratie, l'absence ou le silence de poètes est le signe le plus certain de la bassesse d'une époque.

Mais, même dans les plus mauvais jours, il y a des hommes qui gardent pieusement le culte de l'art, qui entretiennent, fût-ce en secret, le feu sacré. C'est à ceux-là que s'adressent les études sur les œuvres des poètes disparus. Un jour viendra où l'atmosphère sera purifiée, où, du foyer de la vraie poésie, une étincelle tombée sur un cœur bien préparé occasionnera une grande flamme, qui derechef illuminera les voies de l'Humanité.

Je joins au *Coup d'œil sur les Dziady* un fragment de la *Première Partie* que mon père n'acheva pas, qui s'égara, qu'il retrouva plus tard, mais ne publia point. Il a été inséré, après sa mort, dans l'édition polonaise de 1858-1861. Il paraît traduit ici pour la première fois. Je le place à titre de curiosité littéraire, dans ce volume de *Mélanges posthumes*; car, n'étant qu'une ébauche, il ne peut prendre rang dans le poëme lui-même.

26 novembre 1874. L. M.

COUP D'ŒIL SUR LES DZIADY

Le poème polonais dont nous donnons la traduction n'offre, dans l'original, qu'une suite de parties détachées. Les deux premières (1) furent publiées à Vilna, il y a dix ans ; la troisième parut dernièrement à Paris (2) ; mais l'ouvrage, loin d'être terminé, semble attendre des développements subséquents qui doivent lier ces fragments et en former un tout organique (3).

Nous croyons nécessaire de dire quelques mots sur le génie et la structure de cette composition, pour faire saisir aux lecteurs plus facilement la pensée dominante et la tendance de l'auteur.

La foi dans l'influence du monde invisible, immatériel, sur la sphère des pensées et des actions humaines, est

---

(1) Adam Mickiewicz parle ici des parties de son poème d'après l'ordre chronologique de leur publication, et non d'après les chiffres par lesquels il a marqué leur rang.

(2) Cela semblerait indiquer que l'auteur, en donnant à la partie publiée à Paris la dénomination de *Troisième partie des Dziady*, n'a eu en vue qu'une désignation de fait, comme s'il eût dit « J'avais déjà publié deux parties ; en voici une troisième. »

(3) On serait par là porté à penser que l'auteur avait renoncé à l'idée de combler les lacunes des parties antérieures, sauf à les éclairer par les parties subséquentes, les seules auxquelles il songe. (*Notes de l'Éditeur.*)

l'idée-mère du poème polonais ; elle se développe progressivement dans les diverses parties du drame, en prenant des formes différentes, selon la différence des lieux et des époques. D'abord la scène se passe au fond de la Lithuanie, dans une église champêtre ; et le monde poétique de cette scène est construit d'après les idées populaires, débris de traditions païennes mêlés aux croyances chrétiennes. L'action se place ensuite dans un couvent catholique transformé en prison d'Etat. Ici les acteurs revêtent un caractère politique, ils se rapprochent pour ainsi dire de la sphère des réalités, ils entrent plus avant dans la vie ordinaire ; et le monde poétique de cette scène, construit de matériaux plus purs, est tout à fait chrétien, catholique. La fête populaire appelée *Dziady*, fête des morts et des évocations, en réunissant de nouveau les principaux acteurs du drame, lie ensemble l'action ; et un personnage mystérieux, qui traverse tout le drame, lui donne une espèce d'unité.

Ce personnage, dans la deuxième partie (1), apparaît comme une ombre muette, au milieu des spectres et des esprits ; dans la partie suivante, il raconte, sous le nom de Gustave, l'histoire de son enfance, de ses amours, enfin de sa vie privée (2).

Nous le retrouvons, dans la troisième partie (3), au milieu des jeunes conspirateurs, sous le nom de Conrad,

---

(1) Il s'agit de la partie qui est désignée sous le n° II.
(2) Cette partie suivante porte le n° IV.
(3) L'auteur, plaçant cette troisième partie après la quatrième, indique par là même qu'elle appartient à une nouvelle série.

(*Notes de l'Éditeur.*)

poète et visionnaire. Enfin il est mis en liberté ; et l'épisode descriptif de la Russie, espèce d'itinéraire de ce personnage fantastique, paraît en même temps destiné à former une transition aux parties subséquentes du drame.

Ce poème bizarre et non achevé nous semble cependant mériter d'être connu des Français, parce qu'il a excité une grande sensation en Pologne, pays dont l'histoire et la littérature commencent à nous intéresser plus vivement, et parce que sa tendance religieuse est en rapport avec l'esprit qui se manifeste maintenant dans notre littérature.

La tâche du traducteur était bien rude. Sans parler de quelques endroits de l'original à peine intelligibles pour les Polonais eux-mêmes, le genre et le style de la composition embarrasseraient la plume d'un écrivain français plus habile. Cette action qui s'élève à chaque moment vers les régions idéales pour s'abattre subitement sur les détails de la vie ordinaire, ce passage continuel du monde fantastique à la réalité, ces exorcismes, ces phrases sacramentelles qui paraissent être empruntées aux chroniques du moyen-âge, entremêlées d'allusions aux localités et aux actualités de la vie campagnarde et politique, tout cela choque nos habitudes dramatiques et littéraires. Un ouvrage de cette espèce ne pouvait être compris que par les Polonais, nation capable d'une foi robuste comme celle qui caractérisait les anciens martyrs, et d'un enthousiasme politique comme celui qui anime nos révolutionnaires modernes.

Les idées hétérogènes du poète influèrent sur la forme

et le style des *Dziady*. On y trouve des récits en vieux style de la Bible, des hymnes lyriques, des chansons à boire, des cantiques de Noël, et des épigrammes virulents dirigés contre le tzar moscovite; enfin c'est un changement continuel de ton et de rhythme.

La langue poétique des Polonais, riche et flexible, se prête facilement à ces changements subits de décor, qu'il fallait éviter dans une traduction en prose.

Convaincus qu'il nous serait impossible pour le moment de traduire tout le poème d'une manière intelligible aux Français, nous avons choisi quelques morceaux seulement, en retranchant tout ce qui aurait besoin d'explications et de commentaires. Si cet essai excite quelque intérêt chez les lecteurs français, nous nous proposons de compléter un jour notre traduction.

Première partie des Dziady

FRAGMENT.

Sur la scène, à droite, une jeune fille dans sa chambre solitaire. Des livres, un piano. A gauche, une fenêtre sur la campagne ; à droite, un grand miroir. Sur la table, une lumière expirante et un livre ouvert : *Valérie*, roman de madame de Krüdner.

LA JEUNE FILLE (*se levant de la table*).

Méchante lumière ! c'était bien le moment de t'éteindre ! Je n'ai pu lire jusqu'au bout... Est-ce que je puis m'endormir ? Valérie, Gustave, angélique Gustave ! Ah ! j'ai si souvent rêvé de vous tout éveillée ; et, en songe, je serai avec vous, Dieu sait combien !... Triste histoire ! et quel triste enseignement en découle !

(*Après une pause, avec amertume.*)

Que me servirait de lire ? J'entrevois de loin le dénouement. Quel autre sort ici-bas attend de pareils amants ? Valérie, d'entre les femmes, tu es cependant digne d'envie ! Tu fus adorée d'un amant, après lequel une autre soupire en vain toute sa vie, dont elle cherche les traits sur chaque nouveau visage, épiant inutilement, dans chaque voix nouvelle, un ton qui réponde aux vibrations de son âme; mais les visages exhalent la pétrification comme la tête de Méduse, et leurs paroles sont plus froides que la pénétrante pluie d'automne.

Chaque jour, avec le souvenir de figures et d'incidents ennuyeux, je reviens à ma solitude, à mes livres, à mes rêveries : tel un voyageur jeté au milieu d'une île sauvage, chaque matin, promène son regard et ses pas de divers côtés, dans l'espoir de rencontrer une créature semblable à lui, et chaque nuit retourne désespéré dans sa grotte... L'insensé! Qu'il s'enamoure de ses murailles solitaires, et qu'il ne tire point sa chaîne pour ne pas raviver ses blessures!

Salut donc, ô ma grotte! Incarcérés pour toujours, apprenons à devenir prisonniers volontaires. Ne trouverions-nous pas d'occupations? Les sages du temps jadis s'enfermaient pour découvrir des trésors ou des remèdes, des poisons : nous, jeunes et innocents magiciens, cherchons... comment empoisonner nos propres espérances! Et, si l'accès du tombeau nous est encore interdit, ensevelissons notre âme toute vive dans ces pages! On peut s'attendre aussi à une belle résurrection après un tel trépas; et un tel tombeau conduit également aux champs Elyséens. Pour ceux qui habitent parmi les ombres d'un monde de fictions, la perte d'une réalité insipide est largement compensée...

Des ombres?... Est-ce qu'il n'y a donc pas eu, parmi nos frères d'ici-bas, de ces ombres emprisonnées dans une enveloppe terrestre? Leurs âmes n'ont-elles reçu l'existence que de l'arrêt des poètes? Sont-ce seulement des formes coulées d'un nuage de belles paroles? Je ne voudrais, par une semblable pensée, offenser la nature, blasphémer le Créateur — et me manquer à moi-même!

Dans la nature, cette commune patrie des corps et des âmes, toutes les créatures ont leur propre complément; chaque rayon, chaque son uni à un autre lui-même proclame l'harmonie par les couleurs et les tons; un grain de poussière, errant au milieu de l'immensité, finit par tomber sur le cœur d'un atome, son pareil: et seul, un cœur tendre, avec un chagrin aussi persistant que la vie, dans la famille des créatures, devrait rester veuf!... Le Créateur m'a donné ce cœur. Quoique, dans la foule quotidienne, personne ne puisse le connaître, parce que personne ne le comprend, il y a, il doit un jour y avoir, serait-ce aux extrémités du monde, quelqu'un qui, d'une pensée sympathique, vole vers moi!...

Oh! si, déchirant les nuages qui nous séparent, ne fût-ce qu'au moment de mourir, nous nous rencontrions d'un dernier coup d'aile, ou pouvions échanger un mot, un regard! Il suffirait d'un instant, d'un seul... pour nous apprendre au moins que nous avons vécu! Alors l'âme, qui a peine à contenir ses sensations, dont un tourment solitaire empoisonne les joies, métamorphoserait une sombre et silencieuse grotte en un paradis! Qu'il serait doux de se connaître, de s'entrevisiter! Et que nulle belle pensée ne vînt à jaillir, avec tout ce que renferme de généreux l'histoire mystérieuse du cœur, sans briller devant les yeux d'une personne aimée, comme autant de joyaux arrachés du sein des cristaux! Alors nous pourrions incarner le passé dans la vie par le souvenir; nous réjouir de l'avenir dans le pressentiment; et, par l'usage des doux moments du présent, unissant tout, vivre d'une pleine et complète vie ! nous serions comme ces vapeurs ailées que la rosée, par une matinée de printemps, exhale vers les cieux, légères et invisibles,—mais, quand elles se confondent, elles s'enflamment, et une nouvelle étincelle scintille parmi les étoiles.

(Côté gauche du théâtre. Entrent un vieillard et un enfant.)

L'ENFANT.

Revenons plutôt à notre chaumière. Je ne sais quoi, là-bas, du côté de l'église, a brillé; j'ai peur : il y a des cris dans la forêt. Demain nous irons au cimetière : toi, selon ta coutume, pour y rêver, moi pour y orner les croix de fleurs et de verdure. On dit que cette nuit nous rencontrerons les morts ; moi, je ne les connais pas, je ne me rappelle pas ma propre mère. Toi, le jour tu as la vue faible ; tu essaierais en vain de reconnaître dans l'obscurité des gens que tu n'as pas vus depuis longtemps. Tu as l'ouïe faible également. Tu t'en souviens, il y a deux dimanches, il s'était rassemblé beaucoup de parents et de voisins pour fêter ta naissance : tu restais silencieux, n'entendais rien, ne répondais à personne. Tu demandas enfin : Pourquoi cette foule est-elle réunie un jour ordinaire, et le crépuscule tombe-t-il déjà ? Or, nous étions venus te féliciter ; le soleil était couché depuis plusieurs heures, et c'était ton jour de naissance.

LE VIEILLARD.

Ah ! que de chemin j'ai parcouru depuis ce jour ! J'ai dépassé tous les continents, toutes les îles connues ; tous mes trésors héréditaires ont disparu dans le gouffre du temps : que m'importent et vos figures, et vos voix, et vos mains ? Les figures que je m'étais accoutumé à aimer dès l'enfance, les mains qui me caressaient, la voix qui me pénétrait, où sont-elles ? Elles sont éteintes, elles ne résonnent plus, elles ont changé, se sont effacées. Je ne sais si je suis au milieu de morts ou si je suis moi-même un mort ; mais je laisse un monde autre que celui que j'ai trouvé. Malheur à quiconque s'enfonce peu à peu dans la tombe ! O mon petit-fils, ma consolation dernière, ta voix, telle que l'écho enfantin d'une chanson morte, murmure encore les sons entendus de la bouche d'une mère... Mais toi aussi tu me quittes, comme les autres m'ont quitté.

J'irai seul. Qui erre le jour et n'entend pas les vivants, voit la nuit et connaît le langage des asiles funèbres. Je ne m'égarerai pas. N'ai-je pas chaque année suivi ce chemin, d'abord comme toi, mon fils, avec une terreur enfantine ; puis comme un garçon plein d'une curieuse ardeur, puis avec tristesse ; maintenant même sans tristesse, sans regrets ? Qu'est-ce qui me pousse ? Je ne sais quel mobile inconnu, un sombre pressentiment, — peut-être l'instinct du sépulcre ! Je trouverai le cimetière ; et, au fond de l'âme, quelque chose m'augure qu'au retour je n'aurai plus besoin de guide. Mais, avant que nous nous séparions, enfant, je récompenserai tes services. Viens, mon fils, agenouille-toi, joins les mains :

Seigneur, qui m'as commandé de vider la coupe de la vie, et qui me l'as donnée à boire trop grande et trop amère, si la patience, avec laquelle j'ai bu cette amertume jusqu'à la lie, est digne des égards de ta miséricorde, j'ose te demander une seule grâce, la plus grande, bénis mon petit-fils, fais qu'il meure jeune !

Adieu !... arrête-toi, et presse encore une fois la main de ton aïeul. Fais-moi entendre ta voix, chante la chanson favorite si souvent répétée du jeune homme enchanté qui fut changé en pierre.

L'ENFANT (*il chante*).

Twardowski a brisé les portes du château : il erre dans les bâtiments, il monte dans les tours, il descend dans les souterrains. Que d'enchantements, que de fantômes !

Dans un caveau bas-voûté, quelle étrange sorte de pénitence ! Un jeune homme y est enchaîné devant un miroir.

Il est debout ; et, de la forme humaine, par la puissance des conjurations magiques, il perd à chaque instant une parcelle ; il se pétrifie peu à peu.

Il est déjà pierre jusqu'à la poitrine ; mais ses joues reflètent encore le courage et la force, et son œil brille de tendresse.

« Qui es-tu, être merveilleux, pour avoir hardiment

forcé ces retranchements, contre lesquels se sont brisés tant de glaives vaillants, et où tant de gens ont perdu la liberté ?

« — Qui je suis? Oh! le monde entier tremble devant mon sabre et à ma voix, dont la puissance est grande et plus grande encore la gloire. Je suis le chevalier de Twardow.

« — De Twardow? De mon temps, je n'ai point entendu ce nom, ni au milieu des combats ni dans les tournois.

« Je ne saurais deviner combien d'années j'ai pu passer dans ma prison. Toi qui arrives fraîchement du monde, tu dois m'en donner des nouvelles.

« Est-ce que le preux Olgierd, menant notre Lithuanie au combat, rompt toujours les rangs allemands et foule les steppes mongols ?

« — Olgierd? Ah! deux cents ans ont déjà passé sur la perte du héros, mais un de ses petits-fils, Jagellon, lutte maintenant et triomphe.

« — Qu'entends-je? Encore deux mots. Dis, est-ce que, dans tes courses errantes, tu n'as pas été, ô chevalier de Twardow, sur les rives du lac de Switez?

« Ne s'y entretenait-on pas de Poray au bras puissant, et de la belle Maryla, dont il idolâtrait les charmes ?

« — Jeune homme, jamais en ce pays, du Niémen jusqu'au Dniéper, je n'ai entendu parler de Poray ni de son amante.

« Pourquoi ces questions? C'est du temps perdu. Quand je t'aurai arraché de cette pierre, tu visiteras par toi-même toutes les curiosités de ce monde.

« Je sais l'art des enchantements. Je connais la vertu de ce miroir. Je vais le briser à l'instant en mille morceaux pour que tu sois délivré. »

A ces mots, d'un mouvement rapide, il tire son glaive et ajuste, mais le jeune homme s'écrie avec effroi : « Arrête, chevalier !

« Décroche ce miroir de la muraille, et mets-le-moi entre les mains : que je brise moi-même mes chaînes et mette fin à mon tourment ! »

Il le prend et soupire, sa figure pâlit et s'inonde de larmes. Il baise le miroir et devient pierre tout entier.

LE GUSLAR (1).

Partout l'obscurité, partout le silence. L'oreille aux aguets et le regard en éveil, hâtons cette cérémonie mystérieuse. Chantons tout bas, marchons d'un pied léger. Ce ne sont pas des Noëls que nous entonnons : nous psalmodions un chant de deuil ; ce n'est pas au château que nous allons porter des compliments de nouvel an : nous nous rendons en larmes sur les tombes.

---

(1) C'était le nom du prêtre-poète qui présidait à la fête des *Dziady*, que, selon la remarque d'Adam Mickiewicz dans sa préface de la IIe partie de ce poème, on appelait jadis *Uczta kozla* (le banquet du bouc), d'où Kozlarz, ou Guslarz, — et d'où aussi le nom de *Gusla* donné au monocorde dont s'accompagnait le *guslarz*. Plus tard le *Guslar* ne fut plus guère qu'un joueur de *gusla*, en même temps que le conservateur des traditions orales de la commune, une sorte de charmeur et de devin de village, à qui le peuple attribuait superstitieusement un pouvoir magique et demandait de lui prédire l'avenir. (*Note du traducteur.*)

LE CHŒUR.

Pendant que règnent partout l'obscurité et le silence, hâtons cette cérémonie mystérieuse.

LE GUSLAR.

Glissons-nous doucement et sans bruit, par delà l'église, par delà le château : car le prêtre ne tolère pas nos conjurations, et notre chœur nocturne éveillerait le seigneur.

Les morts seuls, à leur gré, vont où le Guslar les appelle : les vivants sont sur le domaine du seigneur, le cimetière est sous la puissance de l'Église.

LE CHŒUR.

Pendant que règnent partout l'obscurité et le silence, hâtons cette cérémonie mystérieuse.

LE CHŒUR DES JEUNES GENS (*à la jeune fille*).

Ne tourmente pas tes petites mains, ô jeune fille ! ne pleure pas : ce serait dommage et pour tes yeux et pour tes mains. Ces yeux se mireront dans d'autres yeux, ces mains serreront une autre main.

Du bois s'envolent deux ramiers, deux ramiers et l'aiglon fait le troisième ; tu t'es enfuie, ma colombe ; regarde en haut, si l'époux au plumage argenté ne te suit pas.

Ne pleure pas, ne soupire pas dans une affliction vaine. Un nouvel époux glousse vers toi ; il a l'éperon au pied, et à son cou brille un ruban bleu entre les couleurs de l'arc-en-ciel.

La rose et le brin de violette, sur la prairie d'été, se

tendent leurs mains parfumées ; le travailleur s'avance pour faucher la chênaie, il a blessé l'époux et laissé une veuve.

Tu pleures et soupires dans un deuil inutile. Le narcisse élancé te salue de sa claire prunelle, au milieu des enfants des champs. Déjà la lune brille parmi les étoiles.

Ne tords pas tes mains, jeune fille. Ne pleure pas ; c'est dommage pour tes mains et pour tes yeux. Celui que tu pleures ne serrera pas ta main, ni son œil ne brillera pour te payer de retour.

Il tient une croix noire dans sa droite, et cherche du regard une place dans les cieux. Donne pour une messe à son intention, jeune veuve ; et à nous, qui sommes vivants, donne-nous une belle parole.

(*Au vieillard.*)

Ne sois pas mélancolique, ô vieillard ! les jeunes t'en supplient. La mélancolie nuit au cœur et aux pensées ; dans ce cœur vivent pour nous des exemples, dans ces pensées il y a pour nous un trésor de conseils.

Le vieux chêne se dépouille de ses vêtements de feuillage, les herbes et les fleurs lui demandent de l'ombre.

— Je ne vous connais pas, enfants d'une nouvelle génération ; j'ignore si vous méritez l'ombre et la fraîcheur. Autres étaient, il y a des années, les herbes et les fleurs qui poussaient sous mes branches.

— Cesse de maugréer dans ton injuste dépit. Personne ne sait ce qu'il y avait jadis. Les uns se fanent, d'autres grandissent. S'ils sont moins beaux, est-ce leur faute ?

Veille sur nos couleurs, réjouis-toi de notre beauté, et d'après nous, remémore-toi les temps passés.

Ne soupire pas, vieillard, dans un impuissant désespoir. Tu en as beaucoup perdu ; il en reste des centaines. Tout ton bonheur n'est pas au tombeau, toutes tes connaissances n'y sont pas : prends un peu de notre bonheur, à nous autres qui sommes heureux, cherche les morts parmi les vivants.

LE GUSLAR.

Celui qui, en errant dans le pays de la vie, voulait garder la ligne droite, quoique le sort, selon l'usage, eût semé partout des épines sur son chemin ; et qui enfin, après quantité d'années, au milieu de nombreux soucis et de lourds ennuis, a oublié le but de sa route, pour trouver du repos après ses peines ;

Celui qui de cette terre tournait les yeux vers le soleil, par la pensée défiait les aigles au vol et ignorait la terre, jusqu'à ce qu'enfin il eût chuté dans le sombre abîme ;

Celui qui, par ses regrets, souhaitait ramener ce qui a disparu au sein du passé ;

Celui, qui, dans son ardeur, souhaitait conquérir ce que l'avenir recèle en son sein mystérieux ;

Celui qui a reconnu trop tard son erreur, et qui, méditant une pire réforme, ferme les yeux pour vivre en rêve avec ce qu'il a cherché dans la réalité ;

Celui qui, atteint de la maladie des rêveries, auteur de ses propres tourments, a en vain poursuivi hors de lui ce qui n'existait qu'au fond de son âme ;

Celui qui garde le souvenir des moments écoulés et rêve aux moments futurs ;

Celui-là va du monde vers le tombeau, va des savants aux guslars ! L'ombre du mystère nous entoure, le chant et la foi nous guident. Que quiconque se désespère, se souvient et désire, nous suive !

CHŒUR DES JEUNES GENS.

C'est ici que le Guslar a enjoint à la jeunesse de s'arrêter à mi-chemin. Là-haut, sur ce monticule, s'étend un village, et là-bas un cimetière dans la chênaie.

Entre la tombe et le berceau, notre jeune âge se tient au milieu : entre les réjouissances et le deuil, tenonsnous au milieu, mes frères.

Il ne sied pas de rentrer au village, il ne sied pas de s'élancer sur leurs traces. C'est ici que nous allons célébrer les *Dziady* et abréger la nuit par nos chants.

A nous de saluer ceux qui arrivent et d'interroger ceux qui s'en retournent, de dissiper les alarmes des heureux et de montrer la route aux égarés.

Le soleil est couché, les enfants courent, les vieillards vont, pleurent et chantonnent ; mais le soleil luira de nouveau, les enfants reviendront, les vieillards reviendront.

Avant que l'enfant ne grisonne, avant que la cloche dernière ne sonne pour le vieillard, encore en ce monde plus d'un gai moment les attend.

Mais celui qui, dès ses jeunes années, agit, non d'un bras dispos, mais du cœur et de la pensée, est perdu pour le monde.

Celui qui, comme la bête fauve, cherche la solitude, — comme le chat-huant, vole la nuit, — comme le vampire, cogne contre le cercueil, celui-là est perdu pour le monde.

Celui qui, dans ses jeunes années, a une fois chanté un chant de deuil le chantera éternellement ; celui qui s'est une fois égaré au milieu des tombes ne reviendra plus au milieu du monde.

Que les enfants et les pères aillent donc à l'église avec des prières, avec du pain ! nous autres jeunes gens, restons à mi-chemin, restons en plein air !

GUSTAVE (*il chante*).

Par monts et par vaux, dans les plaines et les bois, au milieu des éclats de joie de la meute et des fanfares des cors de chasse ;

Sur un cheval dont le vol surprendrait les faucons, et avec une arme dont le bruit couvrirait celui du tonnerre ;

Gai comme un enfant, avide de sang comme un chevalier, le chasseur hardiment et sournoisement a commencé le combat.

Saluez donc le guerrier, collines et plaines ! Vive le chasseur, roi des forêts, maître du gibier !

Qu'il tire, soit vers le ciel, soit vers les prés et les fourrés, une grêle de plumes y tourbillonne, des flots de sang y coulent.

Qui dans les forêts abordera le sanglier sans terreur ? Qui foulera sous ses pieds le poil de l'ours ?

Qui a eu l'esprit d'attirer par bandes les étourneaux dans ses filets ? qui s'est emparé par ruse de l'étendard de leurs ailes ?

Saluez donc le guerrier, collines et plaines ! Et vive le chasseur, roi des forêts, maître du gibier !

Plus loin, plus loin, de piste en piste, de piste en piste, plus loin, plus loin, plus loin, plus loin, de piste en piste, de piste en piste, hop ! hop !

Ma chasse m'a rapporté une chanson. Les chasseurs ne m'en voudront pas d'avoir regagné le logis sans gibier. Dès que je serai de retour, il faut que je la leur chante.

Mais où suis-je ? Pas trace de sentier nulle part. Holà ! quel silence dans ces fourrés ! ni cor de chasse, ni coup de fusil. Je me suis égaré. Voilà le résultat de mon ardeur poétique. En poursuivant la muse, je suis sorti de la battue. Le froid est vif, allumons du feu ; quand la lumière brillera, peut-être elle attirera quelque autre compagnon de chasse égaré comme moi. Nous découvrirons, à deux, plus aisément notre chemin.

O pauvre ami ! tu ne trouverais pas beaucoup de chasseurs qui te ressemblent. Ils n'ont pas coutume, dans le bois, de contempler les nuages ; leurs yeux ne chassent pas les paysages d'automne. Ils n'ont qu'un but et qu'un désir, c'est de suivre sur le sol la piste du gibier. Tant mieux... ils ne s'égarent pas. Sans doute que, le cœur joyeux et le front en sueur, ils terminent les amusements du jour à la table du festin.

Chacun se vante de son butin ou passé ou futur ; chacun compte ses coups heureux et les coups manqués du prochain. Ils plaisantent à haute voix ou chuchotent à l'oreille ; tous parlent, et un vieux père est seul à écouter. Et, s'ils sont las de parler de chasse, ils sourient à leurs voisines et causent avec elles. Parfois un amour de chasseur, oiseau voyageur, visite à tire d'aile un cœur... Ainsi s'écoulent les heures, les semaines et les années. Voilà ce qui se passait hier, ce qui se passe aujourd'hui, et ce qui se passera chaque soir. Ils sont heureux !...

Et moi... pourquoi ne suis-je pas comme eux? Nous sommes partis ensemble ; qu'est-ce qui m'a poussé à travers champs? Ah ! je ne cours pas après le plaisir, je fuis l'ennui. J'aime non le plaisir, mais la fatigue de la chasse qui permet de penser ou au moins de changer de place : personne n'y observe mes rêveries, les larmes vaines qui viennent je ne sais d'où humecter mes paupières, des soupirs sans but qui s'envolent je ne sais où... certes pas vers mes voisines, mais sur l'aile des vents, vers les bois, vers les rêveries...

Pensée étrange ! Il me semble toujours que quelqu'un voit mes larmes, entend mes soupirs, et tourne sans cesse autour de moi comme mon ombre...

Combien de fois, par une journée silencieuse, j'entends dans la prairie comme les pas d'une nymphe qui voltige ! Je regarde... les fleurs s'inclinent et relèvent la tête, comme si elles avaient été légèrement frôlées. Souvent, dans mon alcôve solitaire, je lis un volume ; il me tombe des mains : je regarde, et devant la glace a glissé une forme légère et son vêtement aérien a brui. Souvent je médite la nuit : quand la pensée prend son essor, je soupire, et je ne sais quoi en soupirant m'a donné signe de vie ; mon cœur battait, et je sentais le battement d'un autre cœur. On a proclamé partout que je suis un maniaque insensible : et qui, si ce n'est elles, m'a dépouillé du sentiment ?

Je me souviens du temps où chaque beauté, à mon regard d'adolescent, brillait comme un esprit endormi dans le nuage de la rêverie ; où, d'après l'éclat extérieur, j'étais prêt à supposer des millions de charmes et de qualités cachées. Je hâtais le pas avec terreur vers ce tableau merveilleux. A peine arrivé, je prononçais quelques mots, et cela suffisait pour qu'une figure digne d'égaler les déesses se changeât en statue taillée dans un bloc de glace ! Combien de fois, quand l'âme monte aux lèvres, je veux découvrir les mystères de mon monde intérieur ;.. lors que la prunelle scrute la pensée dans les yeux, que la parole scrute le cœur, et qu'une réponse du cœur est attendue, alors la muette divinité redoute mes regards, n'écoute pas mes paroles, car il ne lui siérait pas de les entendre, ou elle en répète les dernières syllabes, comme fait l'écho ; elle rougit et sourit, et veut derechef m'attirer dans une conversation banale, pareille à celle d'hier, d'avant-hier, de l'année dernière. Et que ses parents, par leurs conseils et leur autorité, la livrent en mariage au marchand qui la recherche, — innocente, inconsciente, aveugle, muette, que sera-ce d'elle ? J'ai honte de le dire, quoique personne ne m'entende !

Ames rapetissées ! ou plutôt squelettes sans âme ! qui puisez toute votre moralité dans l'étiquette, dont les chagrins, les joies, les ardeurs et les froideurs se règlent sur les nouveaux almanachs des modes, vos politesses et vos conversations du meilleur ton ne sont que des bonbons enveloppés dans des vers de salon ;... très-souvent un simple mot, vague et sourd, comme le vol d'une mouche de nuit, caresse mon oreille !...

Je me suis endormi dans une brume lumineuse... D'en haut et au loin brille quelque chose qui n'affecte aucune forme précise, et je sens la flamme d'un regard et le sourire d'un visage. Où es-tu, fille mystérieuse de la solitude ?

Que ton esprit se revête, fût-ce d'un corps vain et périssable ! couvre-toi, fût-ce d'une rognure d'arc-en-ciel ou du limpide cristal d'une source !

Que l'éclat de ton enveloppe brille longtemps, longtemps à mes yeux ! que des accents divins de tes lèvres mes oreilles s'abreuvent longtemps, longtemps !

Sois mon soleil ! Que ta prunelle s'illumine de l'éclat de tes joues ! Chante, sirène. A tes doux accents, je m'assoupirai en rêvant aux cieux.

Ah ! où te chercher ?... Je fuirai les hommes ; ah ! sois à moi, je renoncerai au monde !

UN CHASSEUR NOIR (*il chante à l'écart*).

Tu voles, mon petit oiseau, tu voles trop haut. Connais-tu la puissance de tes ailes ? Regarde la terre que tu rases dans ton vol : que d'appeaux, que de piéges elle recèle !

GUSTAVE.

Holà! j'entends qu'on chante... Hé! qui vive! Réponds, frère, qui es-tu?

LE CHASSEUR.

Un chasseur d'une ardeur égale à la tienne, d'une force un peu plus grande. Nous chassons l'un et l'autre, quoique tu te mettes en chasse le matin et que je commence mes chasses le soir. Tu guettes le gibier, moi des amantes.

GUSTAVE.

J'ignore si tu as choisi un bon endroit, mais je ne veux pas t'y déranger; donc bonne route.

LE CHASSEUR.

Holà! camarade, ne sois pas si prompt. Est-ce grossièreté ou effet de la peur? Tu m'as d'abord toi-même appelé, et maintenant tu te sauves...

GUSTAVE.

Moi, je t'aurais appelé?...

LE CHASSEUR.

J'ai entendu de loin que tu appelais... Qui? pourquoi? je ne le sais pas précisément. Il me suffit d'avoir entendu des soupirs et des regrets. Je suis, comme toi, un chasseur. J'ai été jeune autrefois, je connais donc les aventures de ton métier et de ton âge. Tu dois avoir quelque chose sur le cœur; expliquons-nous sincèrement. Sans doute, dans les fourrés, a disparu quelque animal? Frère, j'ai moi-même erré : je connais divers animaux, ailés et non ailés, à deux et à quatre pattes. Si tu n'es sur la trace de rien, tu serais certes ravi de trouver une piste. Est-ce que la vue de ta gibecière vide ne t'a pas fait rougir? C'est une honte pour un jeune homme de n'avoir jusqu'ici rien abattu. Avoue-le; car je puis, au besoin, partager avec toi.

GUSTAVE.

Merci. Je n'invoque pas l'aide d'inconnus. Je ne me lie pas si vite d'amitié. En vérité, je ne comprends pas ce que signifient tes paroles.

LE CHASSEUR.

Si je suis incompris, je vais m'expliquer. Si tu te défies de moi, je serai franc avec toi.

Sache d'abord que, où que tu ailles, il y a au-dessus de toi certaine créature qui ne te perd pas des yeux, et qui veut te rendre visite sous une forme humaine, si tu tiens inviolablement ce que tu as promis.

GUSTAVE.

Pardieu! Qu'est-ce que cela signifie? Ne m'approche pas...

. . . .

NOTES.

Les *Dziady* sont généralement admirés dans leur ensemble, comme conception dantesque, et très-appréciés dans certains détails, notamment comme peinture du martyre patriotique et flagellation de ceux qui l'évitent par couardise ou qui l'infligent par servilité ; néanmoins, ils n'ont pas été aussi complétement compris qu'ils méritent de l'être. Et cela tient, entre autres, à deux causes : la première en est que, souvent, on a interverti l'ordre régulier des parties du poëme, faute d'avoir réfléchi qu'il y a deux *Dziady* comme il y a deux *Faust*; la seconde, que l'on a pris pour mort effective du héros ce qui n'était qu'une mort morale, produite par un brisement de cœur et dont il se relève par la vertu du sacrifice national, à force d'aimer la patrie et en se dévouant pour elle.

Les premiers *Dziady*, publiés par Adam Mickiewicz, à Vilna, en 1823, après les *Ballades* et à la suite de *Grazyna*, se composaient de deux fragments seulement, intitulés : l'un, II° partie, qui contient l'apparition à la femme mariée sans amour de celui qu'elle aimait mais qu'elle a immolé aux préjugés de famille, à l'orgueil social ; l'autre, IV° partie, toute pleine des lamentations de l'infortuné jeune homme, des éloquentes divagations sur le mal d'amour dont il a souffert jusqu'à en mourir pour le monde, dont il souffre jusqu'à en devenir fou, et laquelle se termine par le suicide du *vieil homme*. — Les nouveaux *Dziady*, publiés à la fin de 1832, ne renferment qu'une troisième partie, dont le héros est l'ancien amoureux transfiguré par le patriotisme, et laquelle est la glorification de la jeunesse lithuanienne persécutée en 1823, avec un appendice où se trouve décrit le voyage en Russie, voyage forcé auquel furent condamnés quelques-uns des jeunes gens qui, enlevés de Lithuanie, ont été internés au centre de l'empire.

M. Christien Ostrowski, le premier qui ait traduit en français les Œuvres poétiques complètes d'Adam Mickiewicz (Paris, 1841), crut bien faire de placer les parties dans l'ordre des numéros : II° partie ; III° partie, avec son appendice ; IV° partie. Or, c'était confondre les parties de deux séries distinctes. Dans une nouvelle édition (Paris, 1859), il a pris licence de changer les numéros mêmes de l'auteur et de présenter ainsi, comme un tout complet, ce qui, ainsi qu'il le reconnaît lui-même dans ses notes, n'était, dans la pensée et selon les déclarations de l'auteur, que les fragments d'un grand édifice resté inachevé. M. Ostrowski donne au poème le titre : *Les Aïeux, mystère en quatre parties*. La deuxième partie de l'auteur devient chez le traducteur : 1e *La Veillée des Morts* ; la troisième partie des nouveaux *Dziady* prend la dénomination de IIe, *Les Martyrs* ; l'appendice de cette partie : *Voyage en Russie*, reçoit le no III ; et la quatrième partie des anciens *Dziady* est la IVe du Mystère total sous le nom de *le Presbytère*. Or ce fut, sans le vouloir, augmenter l'incompréhension du lecteur.

Dans l'édition de 1844, faite sous les yeux de mon père, la troisième partie des *Dziady* de 1832, avec son appendice, venait après les parties II et IV des *Dziady* de 1823. — J'ai suivi le même ordre normal dans la nouvelle édition de 1868.

Un peu d'attention suffisait, il semble, pour se garer de toute erreur à ce sujet. La troisième partie des *Dziady* commence par le *Gustavus obiit*. Comment donc ramener ensuite sur la scène Gustave, quand il s'est transformé en Conrad ! Autant les souffrances particulières et tout intimes du héros émeuvent à la fin d'une première période consacrée à la peinture de son amour malheureux, autant elles choquent reportées après le tableau d'épouvantables douleurs nationales. L'auteur ne pouvait commettre un pareil contre-sens. D'ailleurs, la manière dont il s'exprime dans le *Coup d'œil sur les Dziady* lève jusqu'au moindre doute.

M. de Loménie disait, en parlant des *Dziady* : « A cette *fête des morts* apparaît le jeune homme qui s'est suicidé par amour. Un arrêt de Dieu le condamne à quitter sa tombe pour venir chaque année, le même jour, au même lieu, accomplir le même crime. C'est autour de cette grande et sombre pensée, de cette pensée digne du Dante, que se meut le drame tout entier. » Nous lisons, il est vrai, dans le prologue de la deuxième partie : « On dit qu'il est mort jeune ; à ce qu'il paraît, il s'est tué lui-même. Mais, dans la quatrième partie, le jeune homme vient expliquer qu'il y a plusieurs genres de mort : la plus ordinaire est celle dont meurent les vieillards, les enfants, le commun des mortels en qui la vie s'éteint et que l'on met en terre. Il en est une autre plus terrible, car elle ne tue pas d'un seul coup ; lente, douloureuse, longue, elle frappe deux personnes à la fois : Tout ne détruisant, s'écrie-t-il, l'espoir de ma vie, elle lui conserve une apparence de la sienne ; on respire, on marche, mais le cœur en vit plus. Il est un troisième genre de mort : la mort éternelle ! comme dit l'Écriture. Malheur à celui qui meurt de celle-là !.....

et j'en mourrai peut-être, dit-il. En d'autres termes, il y a la mort du corps, la mort du cœur, la mort de l'âme. Et c'est de la seconde que le héros des *Dziady* est mort. L'explication en est clairement donnée dans la dernière scène de la troisième partie (dont M. Ostrowski a fait le prologue du *Voyage en Russie*), quand la femme y dit : « Je veux voir un esprit, celui qui, il y a bien des années, m'apparut après mon mariage; qui, du milieu d'une masse d'esprits, se dressa soudain, sanglant, pâle, et me fixa d'un œil sauvage, sans dire un mot; » et que le Guslar lui répond : « Il vivait peut-être encore lorsque je le conjurais; voilà pourquoi il ne répondait pas; car, à l'assemblée des esprits, durant la nuit mystérieuse des *Dziady*, on peut aussi évoquer les ombres des vivants. Leurs corps seront au festin, au jeu, ou dans les camps, et y resteront en paix, l'âme, appelée par son nom, apparaît en ombre légère; mais, tant que la vie dure, elle est sans voix, blanche, sourde, muette. » — « Que signifiait cette blessure au sein? » demande la femme. — « Elle voulait dire, lui réplique le Guslar, que son âme avait été atteinte. » Mais il ne répond plus à l'évocation. Car, selon la remarque du Guslar, il a changé de nom, c'est-à-dire adopté une vie nouvelle. Soudain, elle pousse un cri : Lui! elle l'a aperçu de loin, dans une kibitka qu'un souffle de colère maudite emporte vers le nord.

En ce temps-là, l'influence de *Werther* était très-puissante. Néanmoins, Gustave ne mourut point de la mort de Werther. En Pologne, les malheurs publics sont trop considérables pour que l'on y ressente, au même degré qu'en Occident, les malheurs privés, et que l'on ait la tentation de s'y soustraire par le suicide. Quand la nation entière souffre de tous les maux, il n'est point de souffrance personnelle, si grande soit-elle, qui, à côté, ne paraisse mesquine. Ce sont les demi-douleurs qui engendrent les désespérances. Pas plus que l'enfant d'Israël, le Polonais ne connaît ce complet manque de foi dans l'avenir qui conduit au suicide.

Il appartenait à une nation qui, quoique tuée, pourtant vit, et dont les apparitions périodiques troublent les gouvernements et les peuples, excitant l'effroi chez les uns et le remords chez les autres, de produire le type poétique d'un homme (amant et patriote), qui vit, quoique mort, — qui s'est arraché le cœur, « qui est encore de ce monde, mais pour qui le monde n'existe plus, » car il ne peut plus aimer, et devant le pâle visage de qui les passants reculent effrayés, tant il reflète de douleurs; qui, à certaines dates anniversaires, revient troubler, par son apparition, au milieu de leurs joies, ceux par qui il a souffert, et demeure l'obsession, désirée bien que redoutable, de celle pour qui son cœur s'est brisé, — jusqu'à ce que, à force de retourner annuellement le fer dans la plaie, il finisse par totalement insensibiliser son cœur..... Alors, et sans plus jamais, même furtivement, jeter la tête en arrière, d'un amour exclusif il embrasse toute sa nation. Il est percé de mille glaives; mais ces blessures-là, ce n'est pas lui qui se les est faites. Violemment déraciné de son sol natal, « vivant, il sera pour sa patrie comme s'il était mort. » Il ne lui parlera plus que de par delà la frontière, comme d'outre-tombe. Mais il ne cessera un seul instant d'espérer et le salut de la Pologne, et la future réunion des âmes que Dieu a prédestinées l'une à l'autre.

*
* *

Adam Mickiewicz a écrit que « l'idée-mère du poème des *Dziady* est la foi dans l'influence du monde invisible, immatériel, sur la sphère des pensées et des actions humaines. » Et cela ajoute à la valeur de son poème, car il est conforme aux traditions de son peuple. « Le peuple lithuanien, lisons-nous dans les Leçons du Collége de France, n'a jamais cessé d'invoquer ses ancêtres dans des rites solennels. Il sent à chaque moment l'influence du monde immatériel. C'est une croyance si répandue, que le dernier historien, Narbutt, en racontant, par exemple, l'histoire des Ondines et des nymphes Russalki, s'interrompt quelquefois, en disant qu'il ne veut pas raconter ces choses-là parce qu'elles sont généralement connues. Ces histoires, qui sembleraient tirées d'un conte des *Mille et une Nuits*, lui paraissent devoir être aussi bien connues de tout Lithuanien, que le seraient, en France, des faits de la politique du jour. Le culte des morts est la fête la plus célèbre des Lithuaniens. » (*Slaves*, IV, p. 297.)

Ceux qui, principalement en Occident, ont enfermé leur âme dans leur coffre-fort, et pour qui le monde ne s'étend pas au delà de l'asphalte de leurs plaisirs, nient à plus forte raison l'existence des esprits : à quoi serviraient-ils? cela ne se vend ni ne s'achète; comment y croire, puisque cela ne se voit ni ne se touche? Pourquoi se donner d'embarrassantes préoccupations? Et ils s'imaginent avoir supprimé les esprits, parce qu'ils en ont ri!

« Donc il n'est point d'esprits? disait, dans sa tristesse ironique, le héros des *Dziady* au prêtre. Ce monde serait inanimé? Il vivrait, mais d'une vie de squelette qu'une main de docteur meût par un ressort secret; ou bien il serait comme une grande horloge qui marche en raison des lois de la pesanteur! » « Mais, ajoutait-il en souriant, vous ignorez par qui les poids furent attachés! La raison vous explique les rouages et les ressorts; mais vous ne voyez pas la main ni la clef! Si l'écaille terrestre tombait de vos yeux, vous apercevriez autour de vous maint esprit qui hâte le mouvement de l'inerte masse de l'univers. »

Nous sera-t-il permis d'ajouter que, comme l'air physique que nous respirons est plein de petits êtres vivants, invisibles à l'œil nu mais réels, ainsi l'atmosphère morale, au milieu de laquelle nous nous mouvons, est pleine d'esprits : notre âme ne vivrait pas plus dans une atmosphère morale inanimée que notre corps dans un air sans vie.

Saint-Martin le théosophe disait : « Je ne crois pas aux revenants, car je ne crois pas aux s'en allant. » Adam Mickiewicz a écrit : « La mort rapproche de nous ceux que nous avons perdus plus qu'elle ne les éloigne. »

Si les déclassés et les réfractaires sociaux sont des éléments de perturbation dans le pays et hors du pays, nationale et internationale, qu'y a-t-il d'étonnant à ce que ceux qui ont quitté ce monde d'une façon anormale, violemment dépouillés de leurs corps, soient des causes de troubles dans les intermondes et même sur la terre ? Le banni, corporellement éloigné de sa patrie, pourtant la visite en esprit; parfois même, il s'y glisse en secret, souvent il l'agite par un mouvement de son âme. Celui que vous croyez avoir, par la mort, expulsé de ce monde, êtes-vous bien sûrs qu'il aille tout droit dans la région où vous vous imaginez l'avoir envoyé et qu'il s'y tienne coi?

Il y a quelques années, à Paris, un journaliste, se trouvant sur le passage de luxueuses dévergondées en équipage et les entendant huer par des ouvriers des faubourgs, s'écria : «Malheureux, vous insultez vos vengeresses! Ne sont-ce donc point vos sœurs dégradées qui reprennent aux fils, dans leurs prodigales débauches, ce que leurs pères, dans leur avidité, ont arraché à vos sueurs?» Le journaliste aurait été bien étonné, si on lui eût dit qu'il venait de faire l'apologie du vampirisme moral. Or, dans le vrai, toute personne dont on brise la vie est par là même convertie en un instrument de supplice pour elle-même et pour les autres, à moins que, par un rayon de grâce divine ou par un effort de vertu, elle ne s'élève d'un coup d'aile au-dessus de la région de ses déceptions.

A la lueur des incendies et aux cris des massacres de Galicie, un gentilhomme polonais marquis (Wielopolski), dont l'âme fut bouleversée de rage contre les gouvernants autrichiens et de terreur du paysan polonais, en même temps que comble de mépris pour l'Occident, poussa ce lugubre gémissement : « Il ne nous reste plus qu'à nous retourner vers la Russie, qu'à nous frayer, comme un vampire, notre chemin au travers des entrailles de l'empire des tzars. » Mais c'eût été gaspiller, dans une indignité, un long passé de gloire, et perdre le fruit d'un martyre séculaire.

Tout autre fut le double enseignement de mon père dans les *Dziady*. Son héros, en tant que Gustave l'amant malheureux, que l'on croit d'abord devoir être un vampire, apparaît finalement un solitaire dans l'attente d'une céleste union,— et, en tant que Conrad le patriote persécuté, que l'on s'attend à voir tramer une œuvre de vengeance, s'achemine à être le pèlerin polonais dans l'attente de la résurrection nationale.

Le peuple français, que l'on dit matérialiste, parce qu'il cherche à se soustraire à des pratiques qu'il suppose qu'on lui veut imposer par esprit de domination ou par cupidité, et qui est l'un des peuples les plus spiritualistes, a, lui aussi, un grand culte pour les morts. On peut même dire que c'est son culte le plus profond, dans lequel il concentre toute son âme religieuse. Ce n'est pas une promenade machinale et d'habitude qu'il fait au cimetière le Jour des morts, ni une formalité conventionnelle qu'il accomplit en ornant de fleurs la tombe de ceux qui lui sont chers. Pourquoi y irait-il, s'il pensait que les êtres qu'il pleure n'existent plus du tout, que l'âme est un vain mot? Les anciens annalistes rendent aux Gaulois cette justice que nul n'affrontait la mort avec une pareille intrépidité, car ils ne croyaient pas à la mort. Adam Mickiewicz a noté (*Slaves*, I, p. 78) que le peuple laboureur qu'Hérodote appelle Scythe agricole et que les Grecs, dans leur langage poétique, désignent sous le nom d'*immortels*, n'est autre que les Slaves, les hommes qui croyaient à l'immortalité de l'âme On pourrait dire également que les Français sont le peuple de l'immortalité : dans le temps même qu'ils brisaient les images de l'ancien culte et en proscrivaient les prêtres, ils affirmaient, avec leur croyance dans l'Etre suprême, leur foi dans l'immortalité de l'âme. C'est là ce qui se trouve au fond de tout cœur français. Le peuple français aime le grandiose et se plaît au merveilleux, en dépit du terre-à-terre de l'éducation qu'on lui inflige. Pologne et France restent capables de se comprendre, de goûter les productions spirituelles l'une de l'autre.

*
* *

Il y a longtemps déjà qu'on en a fait la remarque, il en est des *Dziady* comme de ces grandes églises non finies, belles pourtant, témoin la cathédrale de Strasbourg, à qui manque sa seconde flèche, et le dôme de Florence, à qui manque sa façade. C'est que, quand une œuvre d'art est de conception parfaite, celui à qui il n'est donné d'en contempler qu'une partie ou même qu'un fragment, l'achève en esprit.

Les *Dziady* forment, pour ainsi dire, deux temples dont l'un est élevé à la douleur individuelle et l'autre à la douleur nationale, tous deux incomplets. Un vide est au milieu ; mais l'âme entrevoit le sanctuaire commun qui devait les unir.

Voulez-vous les parcourir? Allons!

En avant, place avait été ménagée pour un vaste portique. Ceci est le péristyle. Et quel péristyle! Tout entier bâti de sourires cristallisés et d'espérances déçues, des larmes d'une âme bouleversée et du sang d'un cœur déchiré. Dieu! une apparition! Une figure pâle comme la mort, une voix douloureuse, comme d'un malheureux qui aurait traversé les tortures de l'enfer. Il avait cru, en rejetant de sa poitrine un cœur inutile et qui l'avait tant fait souffrir, qu'il s'assurerait au moins le repos de la tombe : il n'a fait, au contraire, qu'accroître son tourment. On lui avai dit d'oublier: il n'a pu. Et il revient aux lieux témoins de sa souffrance. Il sait qu'il va resouffrir tout ce qu'alors il a souffert; mais il ne saurait résister au désir de *la* revoir. Il ne veut ni la tourmenter d'un reproche, ni l'attrister d'un regret; mais il a besoin de se rassasier de sa vue pour s'apaiser (1).

Nous sommes avertis, comme nous le serions par un *cicerone* complaisant, que l'on va célébrer les *Dziady*, autrement dit la fête des morts et des évocations qui faisait partie du culte païen des anciens Lithuaniens et que les croyances chrétiennes ont mitigée (2).

Pénétrons dans la chapelle (3). Des mets sont préparés pour les âmes du purgatoire. Le Guslar fait trois évocations successives, par le flambement rapide de l'étoupe, par le feu brûlant de l'eau-de-vie, par la pâle lumière de la verveine : la première, pour ceux qui, n'ayant fait que passer sur la terre, ne peuvent franchir la porte des cieux; la seconde, pour ceux qui se sont souillés de fautes et dont l'âme ne peut se détacher du corps; la troisième, pour ceux qui ont vécu sans tache, mais sans fruit, et qui dès lors ne peuvent ni se poser sur la terre, ni s'élancer vers les cieux. Aussi, voyons-nous d'abord voltiger deux âmes d'enfants, qui sourient à leur mère, qui ne veulent point de friandises, car, durant leur courte vie, ils ont été saturés de douceurs, mais sont en quête de quelque amertume qui leur profite,— puis hurler le spectre d'un seigneur affamé, qui sait que, tant que son corps ne sera pas désaltéré, rassasié, de la main d'un de ses serfs, son âme maudite ne pourra s'en détacher, mais à qui des oiseaux de proie, ses anciens serfs, disputent tout mets qui lui est présenté et lui crient: « Le tiendrais-tu dans ta bouche, nos becs et nos serres sauraient te l'arracher, ils atteindront, s'il le faut, jusqu'au foie. Tu ignoras la pitié, maître; à notre tour, nous ignorons la pitié; »— et enfin se balancer une jeune fille qui, vivante, dédaigna le mariage, et qui, morte, brûle d'une

(1) Voyez le prologue-dédicace placé n avant de la deuxième partie, qui est intitulé : *Le Vampire*.
(2) Voyez la préface de l'auteur, après le prologue-dédicace.
(3) Voyez la deuxième partie.

flamme inconnue; qui flotte au gré de la brise, sans savoir si elle est de ce monde ou de l'autre, et qui ne désire rien tant que d'être saisie par une main de jeune homme et tirée vers la terre. Ces trois apparitions nous laissent trois enseignements : 1° que qui eut sur la terre des biens sans mélange n'entre pas tout droit dans le ciel; 2° que qui n'a pas été homme une seule fois dans sa vie ne saurait être assisté par des hommes; 3° que qui jamais n'inclina vers la terre ne peut être admis dans le ciel.

« Le coq chante; le terrible sacrifice est consommé; il est temps de commémorer les gestes des aïeux, » dit le Guslar. Mais voici un spectre de jeune homme qui montre son cœur déchiré et ne dit rien; qui ne veut ni manger ni boire et résiste à toutes les conjurations, à la prière, au signe de la croix, à l'aspersion de l'eau bénite; qui toujours reste muet, sourd, immobile comme une tombe dans le cimetière. Une femme lui sourit, en deuil quoiqu'elle ne soit point veuve. « Dieu ! le spectre a marché ! Partout où nous l'entraînons, il la suit ! Qu'arrivera-t-il, qu'arrivera-t-il ? »

Ici, il y a cessation de continuité dans l'édifice. Il nous faut traverser un assez long espace... Nous rentrons au presbytère (1). On y fête aussi les Morts, mais par la prière seule et sans évocation. Un prêtre, entouré de ses enfants (c'est un prêtre uniate, ou un veuf), lit, après le repas, l'Évangile du jour, quand on frappe à la porte. « Spectre maudit ! Ah ! ne nous prends pas notre père ! » exclament les enfants. — « Spectre ! non; mort pour le monde, oui ! est-il répondu. Je suis un solitaire. » Et le prêtre de lui demander : « D'où viens-tu si tard? Qui es-tu? quel est ton nom? En te considérant de près, il me semble t'avoir vu autrefois dans ces contrées. Dis-moi, frère, quel est ton pays ? » — « Mon pays? lui répond le solitaire. Oui, je connais celui-ci ! je l'ai vu, bien jeune ! avant ma mort... il y a quelque trois ans... Mais que t'importe ma naissance ou mon nom? Que la paix règne dans le monde ou que la guerre le déchire, qu'une nation tombe ou qu'un amant expire, prêtre, tu t'en inquiètes peu ! » — Sur l'invitation de se réchauffer, il dit : « Tu ne sais pas quel feu me brûle. » Puis tout à coup : « Connais-tu la *Nouvelle Héloïse? L'Amour et les pleurs de Werther?* » Sur quoi il tire un poignard comme pour s'en frapper. « N'es-tu donc pas chrétien? lui dit le prêtre. Connais-tu l'Évangile ? » — « Connais-tu le malheur ? » lui réplique-t-il. Et alors il se met à lui parler du mal dont il a souffert.

Quelqu'un qui a souffert d'un mal semblable me disait n'avoir jamais rien lu d'aussi poignant dans aucune langue. Chez Dante

---

(1) Voyez la quatrième partie.

et chez Pétrarque il y a de superbes et véridiques accents d'amour : mais Pétrarque, même involontairement, se regarde souffrir, et, s'il bénit le lieu, le jour et l'heure où ses yeux se sont portés si haut (sonnet 10 de la 1re partie) :

> I' benedico il loco, e'l tempo e l'ora
> Che si alto miraron gli occhi miei,

on dirait qu'il bénit également le lieu, le jour et l'heure de ses tourments; quant à Dante, son émotion serait bien plus communicative, si, dans son œuvre, tout n'était trop artistiquement ordonné. Ici, dans les *Dziady*, c'est le désordre même de la passion avec une absence totale de préoccupation personnelle : on y voit le plus fort réalisme spirituel, on y sent que tout cela a été dans la réalité souffert, pensé et dit.

Le solitaire raconte donc comment il aima, qu'il allait « se précipiter dans le torrent impur du plaisir, quand il *la* trouva... hélas ! pour la perdre à jamais ! » et, dans ses moindres détails, comment ils se séparèrent : « Elle était immobile, pareille à une colonne funéraire... Adieu ! dit-elle doucement, oubliez-moi ! —Moi l'oublier ! Ordonne donc à ton ombre de descendre sous terre et de cesser de te poursuivre. Que c'est aisé à dire : Oubliez-moi ! » Faisant un retour sur ses jours de bonheur, il rappelle que, quand sa simple image le mettait en extase, tel de ses amis se riait de son adoration comme d'un enfantillage. Puis aussi, il redit les étonnements de sa mère qui, l'entendant soupirer et parler seul la nuit, lui demandait le matin d'où lui venait ce redoublement de ferveur, qu'il récitait sans cesse les litanies de la sainte Vierge Marie. Il remonte jusqu'à ce moment béni qu'il l'aperçut sur un tertre d'où elle admirait de loin leurs guerres d'enfants, de lui et de ses camarades : « Dès cet instant, elle fut souveraine maîtresse de mes pensées, de mes désirs, de mes actions. Ah ! depuis, je ne vécus plus que pour elle, par elle, auprès d'elle, avec elle ; toutes ces contrées sont encore pleines d'elle ! Ici, pour la première fois, j'entrevis ses traits divins ; là, une première parole me fut adressée; plus loin, sur la colline, nous lisions ensemble le roman de Jean-Jacques... Et aujourd'hui ! (*Il pleure.*) »

Il reprend : il narre qu'un soir d'automne il voulut revoir et le jardin et le pavillon fatal qui furent le berceau et le tombeau de son bonheur, qu'il y retrouva délaissée l'autre moitié de la feuille de cyprès qu'ils s'étaient partagée en se quittant, qu'en se glissant près du mur du château, il le vit en fête ; tout à coup il entend la voix d'un prêtre qui bénit : « il a prononcé un nom, il prononce l'autre ; je ne puis rien voir, mais j'ai distingué sa voix à *elle*... Et je tombe inanimé... Inanimé... je le croyais ! insensé seulement ! Quand je m'éveillai, une rougeur sanglante se levait à l'horizon. Je demeurai quelques instants; tout bruit avait cessé, toute lumière avait disparu. Ah! ce moment fut rapide comme un coup de foudre et long comme une éternité; je n'en verrai de pareil qu'au jugement dernier!... Alors l'ange de la mort m'exila de mon paradis! » — Puis, parlant de leurs deux âmes prédestinées : « Dieu nous avait créés l'un pour l'autre... O femme!... ta beauté rendrait jaloux les anges et ton âme est pire que celle des... Grand Dieu! l'or ou de vaines dignités ont-ils pu t'éblouir à ce point! Que tout ce que ta main aura touché se convertisse donc en or!... D'un cœur glacé, tu as prononcé la parole de ma perdition et fait brûler des flammes impures auxquelles notre chaîne se dissout, et qui, pour mon tourment, élèvent entre nous un éternel enfer!... Je ne te laisserai pas impunie... Mais, non! non! pour la tuer, il faudrait être pire que le premier des démons. Que mon souvenir seul la poursuive que les stylets de la conscience la déchirent!... J'irai, mais désarmé; j'irai la voir seulement... Tout l'enfer de mon cœur brille dans mes yeux, je la transpercerai de mon regard, je lui susciterai des fantômes... Elle si douce! si facilement émue! Et pourquoi la maudire? Quels torts a-t-elle envers moi? M'a-t-elle jamais donné une espérance? Quels sont mes droits sur elle? Quels avantages plaident pour moi? Où sont mes grandes vertus, mes hauts faits?... Je n'ai pour moi que mon amour... Si je pouvais seulement me dire : Je la vois, je l'ai vue hier, je la verrai demain!... Les cieux m'ont tout ravi; mais ils ne sauraient me reprendre un reste d'orgueil... Je saurai t'oublier... Ne l'ai-je pas déjà fait... Ses traits toujours plus confus... Non, même au delà du tombeau, je ne puis l'oublier... »

Ce qui rend tout cela plus navrant, c'est le décousu de ses paroles, ce sont ses égarements, ses conversations avec la nature, ses apostrophes au rameau de cyprès, dont il a fait son compagnon, et ses reproches au taret ou ses soupçons sur l'indiscrétion du ver-luisant!

Plusieurs fois, au cours du récit, le prêtre a cherché à calmer l'infortuné; mais le plus souvent il n'a provoqué que ses saillies. Lorsque le solitaire s'est écrié : « Ma douleur est immense, moins grande que mes crimes, » et que, le prenant au mot, il lui dit en manière de consolation : « Quels que soient tes péchés dans ce monde, Dieu, dans l'autre, te tiendra compte de tes souffrances, » vient aussitôt la réplique : « Mes péchés! et quels sont-ils, je vous prie? Un innocent amour est-il punissable par d'éternels châtiments? Le même Dieu qui créa la beauté, créa aussi l'amour. C'est lui qui réunit deux âmes par la chaîne d'une éternelle sympathie. » — « Il en est des milliers plus malheureux que toi; moi-même j'ai perdu ma femme; Dieu donne et Dieu reprend... » —

« Ta femme ? Chacun pleure sa femme. Mais je ne l'ai jamais vue, ta femme ! » — « Celle que tu pleures est vivante, ce me semble. » — « Vivante ? Il y a bien de quoi remercier Dieu !... Quand on te dirait mille fois qu'elle vit, écoute le cri de mon cœur : Marie est morte !... » — « Songe à l'immensité du monde ; cette grande pensée calmera de puérils transports. Le serviteur de Dieu travaille jusqu'au déclin des jours ; le lâche seul s'enfuit dans la tombe avant l'heure. » — « Ne m'a-t-elle pas donné les mêmes avis ? Tout y est, mot pour mot, comme le soir de notre séparation ! Le sermon venait à propos ! J'entendis de sa bouche bien des paroles sonores, la patrie et la science, la gloire et l'amitié !... Jadis, mon génie s'enflammait au contact de la muse : de son souffle elle a détruit ces fantômes géants ; il n'en reste qu'un pâle reflet. Après m'avoir changé en moucheron, elle voudrait créer un Atlas portant le ciel sur ses flancs de granit !... » — « Jeune et malheureux enthousiaste, parmi les plaintes que laisse échapper ton cœur ulcéré, j'entrevois que tu n'es pas un criminel... Quel que soit ici-bas l'obstacle qui vous sépare, les chaînes qui vous pèsent se rompront avec ce périssable univers ; vos âmes sœurs se retrouveront là-haut. »

A l'accent du vieillard, le solitaire a reconnu celui qui lui avait servi de second père. Et, quand celui-ci croit qu'il s'est frappé et veut se donner la mort par désespoir, Gustave lui dit : « Je te jure que ce poignard ne quittera pas sa gaîne jusqu'au jugement dernier... N'ai-je pas l'air de me porter à merveille ?... Il y a des armes singulières, dont le tranchant pénètre et plonge jusque dans l'âme sans aucun dommage apparent pour le corps. Cette arme est, durant la vie, dans les yeux d'une femme... et, après le trépas du pécheur, c'est le remords... »

Vient cette parole finale : « Longtemps encore, il me faut errer par le monde, jusqu'à ce que Dieu veuille *la* rappeler à lui, alors, à la suite de mon ange bien-aimé, moi, son ombre, je me glisserai dans le ciel. » Mais on sent que le pèlerinage ne s'accomplira point dans une stérile désolation individuelle.

Je me suis attardé dans l'examen de cette partie, qui est, quoiqu'à tort, la plus négligée du public, : dirigeons-nous maintenant vers la troisième, qui est la plus connue, la mieux aimée, et qui forme à elle seule comme un monument à part : celui des *Nouveaux Dziady*.

Et d'abord, il est bon de savoir à quelle occasion il fut élevé. Vers 1822, le tzar Alexandre Ier jeta son masque de libéralisme ; tout le pays entre la Prosna et le Dniéper, entre la Baltique et la Galicie, fut organisé et muré à l'instar d'une immense prison ; toute l'administration fut montée comme un appareil de torture destiné à la Pologne, dont la roue était attelée de deux monstres du tzaréwicz Constantin et du sénateur Nowosilcow. Ce dernier en fit l'essai sur les enfants et la jeunesse des écoles, afin de détruire dans son germe l'espérance des générations futures; délégué à Vilna par le tzaréwicz avec des pouvoirs illimités, il y fut à la fois accusateur, juge et bourreau. Celui des jeunes condamnés qui réussit à échapper voulut que le souvenir de ces souffrances lithuaniennes restât. « Quant aux pitoyables nations de l'Europe qui ont pleuré sur le sort de la Pologne comme les femmes et les enfants de Jérusalem sur le tombeau du Sauveur, elles n'entendront de notre part, dit-il, que les paroles mêmes du Sauveur : *Filles de Sion, ce n'est pas sur moi, mais sur vous-mêmes, que vous devez pleurer* (1) ! »

Voyez-vous cet ancien couvent : c'est maintenant une prison d'État. La cellule du fond est occupée par un jeune professeur, élève de l'Université de Vilna : il est livré aux tentations de l'esprit, en un de ces moments qui décident de toute une vie : au cachot, la nuit est triste, mais la joie règne dans la ville. Son ange gardien l'invite à méditer dans la solitude de sa prison comme le prophète dans le désert, et lui annonce qu'il sera bientôt libre. Sur quoi, il s'écrie : « Je connais la liberté que donnent les Moscovites. Les infâmes ! ils m'ôteront les fers des pieds et des mains et ils me les feront peser sur l'âme. L'exil, voilà ma liberté ! » Et il trace sur le mur : *Gustavus obiit. Hic natus est Conradus !*

Dans la cellule de Conrad, grâce au caporal de garde, ancien légionnaire métamorphosé en soldat russe, se réunissent les étudiants et professeurs poursuivis, eux aussi, pour polonisme, c'est-à-dire comme suspects d'amour de la patrie. L'enthousiaste, doux, mais inflexible Thomas Zan offre de se sacrifier pour tous; l'un d'eux déclare qu'il mourrait dix fois pour que Thomas Zan ou le poète Conrad ressuscitât une seule fois; un autre détenu, qui a été à l'interrogatoire, raconte qu'il a vu partir une file de kibitkas pleines d'enfants déportés en Sibérie, que le peuple et l'armée étaient émus de leur attitude courageuse, mais ils se taisaient par peur du tzar. Explosion de colère chez les détenus. Conrad défend de blasphémer le saint nom de Marie. Chant contre le tzar, auquel Conrad ajoute un chant de vengeance que, malgré les objurgations du prêtre, l'un de ses codétenus, il poursuit avec le refrain : « Vengeance ! oui ! Vengeance ! Vengeance ! contre l'ennemi, avec l'aide de Dieu et même malgré Dieu ! » Survient la ronde. Chacun rentre dans sa cellule.

Soudain jaillit cette magnifique improvisation de Conrad sur la puissance du génie : « Je suis seul ! eh ! que m'importe la foule ?... C'est le moment de Samson, quand, aveugle et dans les fers, il

(1) Préface de la troisième partie.

méditait au pied d'une colonne. Loin d'ici ce corps de boue : esprit, je revêtirai des ailes!... Les voilà : de la gauche, je frapperai le passé, et de la droite, l'avenir! Sur les rayons du sentiment, je m'élèverai jusqu'à toi, Dieu! Tu vois quelle est ma puissance; vois jusqu'où s'élèvent mes ailes! Je suis homme, et là sur la terre mon corps est resté. C'est là que j'ai aimé, dans ma patrie; là que j'ai laissé mon cœur!... Mais mon amour, dans le monde, ne s'est pas reposé sur un seul être comme l'insecte sur une rose; il ne s'est reposé ni sur une famille, ni sur un siècle. J'aime toute une nation. J'ai saisi dans mes bras toutes ses générations passées et à venir... Je voudrais rendre à ma patrie la vie et le bonheur, je voudrais en faire l'admiration du monde. Le moyen me manque et je viens ici le chercher. » Il demande à Dieu la puissance, et aussitôt il l'accuse de livrer le monde aux intelligences et d'y laisser languir les cœurs: « Si je me fais blasphémateur, je te livrerai une bataille plus terrible que Satan. Il te livrait un combat de tête; entre nous, ce sera un combat de cœur. J'ai souffert, j'ai aimé, j'ai grandi entre les supplices et l'amour. » Et finalement, lui reprochant son indifférence envers la Pologne, il lui lance cette malédiction : qu'il n'est plus le père des hommes, mais qu'il en est... le tzar! — Conrad tombe évanoui. Le prêtre se met en prières. De l'église latérale arrive le chant de Noël : *L'Ange dit au pasteur*. Au souvenir que de simples bergers furent les premiers à qui se manifestèrent la sagesse éternelle et l'éternelle puissance, l'humilité et la paix rentrent dans l'âme du poète prisonnier.

Quoi de plus touchant que cette prière de la jeune fille, au fond d'une campagne galicienne, pour les martyrs lithuaniens! « Bien qu'ils soient loin de nous, dit-elle, ils n'en sont pas moins les enfants de notre mère à tous, la Pologne. » — Le ton des prophètes est dans la vision du prêtre, le P. Pierre, qui, prosterné devant Dieu, aperçoit la Pologne sous les traits d'un Christ gigantesque, et voit dans le tzar un nouvel Hérode, et dans la France un autre Pilate. Du milieu des Innocents sacrifiés, un enfant est sauvé, qui lui-même sera un sauveur : « Seigneur, ne daigneras-tu pas hâter sa venue et consoler ton peuple? — Non! le peuple souffrira le martyre. — L'Europe entière traîne mon peuple au supplice... Gallus ne l'a point trouvé coupable, il se lave les mains; et voici que les rois ont crié : Qu'il soit condamné et livré au supplice; que son sang retombe sur nous et sur nos enfants!... Gallus a livré mon peuple. Déjà les rois l'ont saisi, garrotté, couronné d'épines... La croix étend ses bras sur l'Europe entière; elle est formée de trois peuples desséchés comme de trois pièces de bois dur. On le cloue : Mon peuple est sur le trône de la rédemption... » — A cette vision de l'homme de Dieu succède la vision du sénateur-bourreau : rien de plus drôlatique que les contorsions morales de cet être débauché, cruel et vil, dont « l'âme est enfermée dans le corps comme dans un chenil empesté, » et qui tour à tour passe par toutes les gradations de la joie d'un parvenu, parce qu'il se croit en grâce, et retombe abîmé dans le néant, parce que le tzar a détourné de lui son regard.

Comme pendant de la prière galicienne, on a l'entente des patriotes de Vilna avec les patriotes de Varsovie : « Nous devons nous concerter; autrement, divisés, nous périssons tous, » dit Zénon Niemoiewski, l'un des futurs belvédériens. A côté de la société officielle, tant littéraire que politique, il y a une jeunesse à l'âme de feu, hommes et femmes, qui ne songe qu'à la patrie et ne s'intéresse qu'à ce qui est patriotique. Ici se place le récit des tourments de Cichowski, qui sut garder le silence en dépit de tous les interrogatoires et durant quatre ans de prison ; qui, mis en liberté, croyait, dès qu'il entendait le moindre bruit, qu'on venait le chercher pour continuer l'enquête, et de qui la mémoire même de ses souffrances s'était effacée dans son cachot comme une tablette d'Herculanum. Quand un des patriotes, à la vue du monde frivole, léger, vain et nul des salons, dit avec douleur : « Que faire avec eux ? Voilà pourtant les hommes qui sont à la tête de la nation ! — Dites à la surface, répond Pierre Wysocki, qui sera le chef des conjurés du 29 novembre. Notre peuple est comme un volcan, à l'extérieur froid, sec et couvert de cendres; mais cent ans ne sauraient éteindre le feu de ses entrailles. »

Du salon de Varsovie nous passons dans le salon de Vilna. Nous sommes chez monsieur le Sénateur, en sa salle d'audience, dont une porte donne sur la chambre de la commission d'enquête, et l'autre sur la salle de bal; il est entouré de ses acolytes: Baykow, le général-valet, Pélican, le recteur-tortionnaire, et un docteur-espion. Leurs discours, d'un effroyable réalisme, sont, par eux-mêmes, un honteux stigmate. Deux incidents : la présentation de la note du marchand Kanissyn, suivie de l'ordre d'arrêter son fils; et la visite de madame Rollisson qui, protégée par la princesse, maîtresse du Sénateur, vient implorer pour son fils soumis à la torture, et qui ne remporte guère que les odieuses plaisanteries de celui qu'elle sollicite suivies de fausses promesses. A peine est-elle partie, le laquais qui l'a laissée entrer est envoyé chez le commissaire pour y recevoir cent coups de bâton; et le prêtre qui l'accompagnait est, à l'incitation du docteur, soufflété par Pélican: sur quoi il prédit au donneur de conseils qu'il paraîtra le jour même devant Dieu, comme aussi à Baykow qui a suivi son exemple.

Nous voici au bal : le Sénateur, encore tout couvert du sang des martyrs, danse et fait des calembours; entre, envers et contre tous les ordres, madame Rollisson, qui croit son fils mort et qui, dans la frénésie de la douleur, écarte tous les obstacles et, aveugle, va droit au Sénateur et lui vomit des malédictions. On entend un coup de tonnerre. Et aussitôt on apprend que le Docteur a été foudroyé chez lui et est mort, — selon la prédiction du prêtre. Le Sénateur s'en émeut comme d'un avertissement. Mais Pélican fait l'esprit fort : « S'il y avait quelque danger, dit-il, à poursuivre des coupables, la foudre nous aurait donné la préférence. » Alors le prêtre lui raconte la légende de voyageurs qui reposaient contre un mur, et dont le plus méchant fut averti par l'ange du Seigneur qu'il allait s'écrouler, de sorte qu'il échappa seul ; et, comme il s'en réjouissait, l'ange lui dit : « Tes péchés sont les plus grands, tu mourras le dernier, du plus infâme trépas! » — « Il bat la campagne, » dit le Sénateur, d'un air ennuyé, et il laisse aller le prêtre, qui, en sortant, rencontre Conrad se rendant à la commission d'enquête. Conrad reconnaît en lui celui qui l'a assisté en prison : « Vous irez, lui dit le prêtre, dans des contrées lointaines ; cherchez celui qui en sait plus que les sages ; vous le reconnaîtrez ; car, lui le premier, il vous saluera au nom de l'Eternel. Faites ce qu'il vous dira. »

Dernière scène : une kibitka emporte vers le nord Conrad et ses compagnons de captivité.

Ainsi finit la troisième partie des *Dziady*.

Mieux encore qu'à une cathédrale inachevée, on pourrait comparer les *Dziady* à notre Château de Cracovie, qui dans son enceinte contient des églises, des palais, des cours, et des espaces vides en attente de constructions nouvelles.

Le *Voyage en Russie*, que Mickiewicz a placé sous le titre d'appendice, à la suite de la troisième partie, est comme une avenue qui mène à un autre monument, lequel n'a pas été élevé. Dans le pèlerinage de *Child-Harold*, Byron évoquait les grandeurs du passé pour susciter l'avenir ; dans son *Voyage en Russie*, Mickiewicz flétrit et maudit le présent pour en hâter la destruction. L'œuvre littéraire de l'un ni de l'autre n'est terminée : Byron mit le sceau à la sienne par sa mort, Mickiewicz continua la sienne par une vie de sacrifice.

Mickiewicz voit dans la Russie le vestibule de la Sibérie, de cet enfer réel, plus épouvantable que l'enfer rêvé par le moyen-âge et décrit par Dante. Aussi avec quelle tristesse il en parle : « Tout le long de la route, on n'aperçoit ni cité, ni montagnes, aucun monument de l'homme, ni de la nature ; la terre est aussi nue, aussi déserte que le lendemain de sa création... Sur ces plaines de mort, le vent seul tourbillonne... Voici des êtres humains. Mais leur figure est comme les plaines du pays, plate, ouverte et sauvage ; la flamme de leurs cœurs, de ces volcans souterrains, n'a pas encore jailli à la surface... Qui voyage sur ces routes? Tels régiments reviennent de l'orient, tels autres vont vers le sud. Pourquoi? On ne le sait. D'entre les officiers, un Allemand fredonne dans son carrosse une ballade sentimentale, en faisant donner la schlague aux soldats attardés, ou un Français siffle en nasillant quelque refrain libéral en discutant avec un chef kalmouck le moyen de bénéficier sur la nourriture de la troupe... On voit accourir une kibitka; tout fuit hors de la route. Où va-t-elle? qui mène-t-elle? Personne n'ose s'en enquérir. Un gendarme est dedans, il se rend à Saint-Pétersbourg, voilà tout; apparemment le tzar a fait arrêter quelqu'un. Le roi de Prusse, le roi de France, ou le roi de Saxe, n'auraient-ils point par hasard perdu les bonnes grâces du tzar? se demandent les officiers. Ce sont de jeunes garçons! mais quelle fierté dans le regard! Ce doivent être les enfants suspects de quelque souverain. La kibitka court droit vers la capitale. »

A la traversée du faubourg, le poète réfléchit douloureusement : Que de pierres entassées sur des pierres au milieu des marais! dans ce faubourg, les abjects séides des tzars, pour construire leurs voluptueux repaires, ont répandu un océan de larmes et de sang polonais. » Et le souvenir du Colisée lui revient à l'esprit. De fait, le colossal amphithéâtre flavien a été construit par des milliers de Juifs prisonniers transportés à Rome après la chute de Jérusalem. — A l'entrée de Saint-Pétersbourg, le poète se dit: « Quel motif a pu déterminer des milliers de Slaves à venir se confiner en ce lieu, où l'atmosphère, trop brûlante ou trop glaciale, égale en cruauté l'humeur changeante du despote?» Il se répond : «Ainsi l'a voulu le tzar. Au sein de ces fondrières et de ces sables mouvants, il a fait enfoncer et battre cent mille pilotis avec les cadavres de cent mille paysans! » Après avoir rappelé que le tzar imita les diverses grandes villes qu'il avait vues ou dont il avait entendu parler, il conclut : «C'est ainsi qu'il possède à la fois Venise, Paris et Londres... moins leur beauté, leur civilisation, leur industrie. Si l'on a pu dire que Rome a été élevée par des hommes et que Venise est l'ouvrage des dieux, Saint-Pétersbourg est une création de l'enfer. » Suit la description de cette promenade d'étiquette que le grand monde pétersbourgeois fait en grelottant, et où chacun s'estime heureux d'avoir pu saluer son supérieur et voir le tzar. « La cour se retire, les carrosses s'envolent... Reste un pèlerin; il sourit amèrement, serre les poings, lève la main, comme s'il jetait une malédiction à cette ville de marbre. Puis il se croise les bras sur la poitrine, demeure pensif et plante dans la cour du palais impérial ses deux regards comme deux couteaux... Semblable à Samson, lorsque, traîtreusement saisi et chargé de chaînes, il roulait des pensées de vengeance sous les portiques du Philistin.»

C'est ici que se trouve le souvenir de l'intimité d'Adam Mickiewicz et d'Alexandre Puszkin, la confidence du grand poète russe, au pied de la statue de Pierre le Grand, avec l'espoir que cette glorification de l'autocratie disparaîtra bientôt sous le souffle de la liberté des peuples. (Nous l'avons citée dans l'Etude sur Puszkin, 1er volume de ces *Mélanges*, p. 323.) — L'auteur nous conduit ensuite à la revue. Il nous fait observer que le tzar ne quitte jamais l'uniforme, que l'uniforme est la peau du tzar; que l'impérial enfant reçoit pour joujoux un sabre et un fouet, qu'il apprend à épeler avec son sabre et à danser en battant la mesure avec son fouet, et, devenu plus grand, réunit des soldats dans son appartement pour les commander et s'apprendre à façonner les régiments à la manœuvre ainsi qu'à la bastonnade ; que cette *tzaropédie* est une création de Pierre le Grand, lequel, pour *européaniser* la Russie, a raccourci les vêtements et coupé les barbes. Alors éclate cette sanglante ironie : « Pierre importa les tambours et les baïonnettes, établit des citadelles, organisa les cadets, fit danser le menuet, introduisit de force les femmes dans les réunions; sur les frontières il disposa les douanes, il ferma les rades avec des chaînes massives ; à la cour, il créa les sénateurs, les mouchards, les grands dignitaires, la ferme des eaux-de-vie, la vente des offices, les passeports ; au village, il rasa, lava, habilla le paysan, lui mit une arme dans la main, des roubles dans la poche, et l'Europe stupéfaite de s'écrier : L'empereur Pierre le Grand a civilisé la Russie ! Il ne reste plus à ses successeurs qu'à renouveler périodiquement la dose de mensonges prodigués à l'ignoble diplomatie, à envoyer des baïonnettes au secours des despotes, à fomenter quelques massacres et quelques incendies, à accaparer le bien du voisin, à piller ses sujets et à soudoyer des écrivains étrangers, pour soutirer des applaudissements aux Français et aux Allemands, et passer pour un gouvernement puissant, sage et généreux ! Allemands, Français, attendez un instant encore. Lorsque le tonnerre des oukazes aura étourdi vos oreilles, lorsqu'une grêle de knouts aura sillonné vos épaules, lorsque l'incendie de vos palais vous aura éclairés, la nuit, dans votre sommeil, alors les paroles louangeuses auront beau tarir sur vos lèvres : le tzar vous ordonnera de glorifier et de diviniser la Sibérie, les kibitkas, les oukazes et le knout. Peut-être cependant amuserez-vous le tzar avec des airs variés sur vos adulations d'aujourd'hui ! » Cet avertissement aux Allemands et aux Français est de la même époque que l'avertissement aux Français et aux Anglais qui termine le *Livre des Pèlerins polonais :* ils se complètent l'un l'autre. Le poète se rit de ces parades, dont le tzar est le centre comme un soleil autour duquel gravitent les régiments comme autant de planètes; il montre au doigt le servilisme des ambassadeurs des grandes Puissances, qui se pâment d'admiration; il pleure sur les soldats, qui meurent dans ces amusements impériaux et qui poussent l'obéissance jusqu'à étouffer leurs gémissements. Comment n'être pas ému à ce dernier trait! Un pauvre serf, à qui son maître a laissé sa fourrure à garder en lui disant de l'attendre et qui a été oublié, est mort de froid sans bouger et sans se couvrir : « Pauvre serf, ta mort est celle d'un héros... Pauvre Slave! infortuné peuple, que je plains ton sort! Tu ne connais qu'un seul héroïsme, celui de la servitude. »

Un soir, sur les bords de la Néva, un vieillard interrogeait le fleuve : c'était un peintre polonais, Oleszkiewicz, qui, depuis qu'il avait brisé sa palette, ne lisait plus que la Bible et les livres cabalistiques. Le poète reconnut celui qui, à son arrivée à Pétersbourg, l'avait salué par le signe de l'aigle et du cavalier. Dans le silence de la nuit et se croyant seul, le vieillard lança deux présages de malheur, l'un sur le tzar (Alexandre 1er) qui, dit-il, n'avait pas toujours été aussi pervers, qui jadis avait quelque chose de l'homme, puis descendit par degrés jusqu'au despote et de qui l'âme avec les années tomba de plus en plus au pouvoir de Satan; — et l'autre sur la ville qui allait être inondée (on était à la veille de l'inondation de 1824), mais plus tard serait submergée : « Qui vivra verra demain de grands miracles ; ce sera la seconde, mais non la dernière épreuve; le Seigneur brisera le trône assyrien; il ébranlera le sol de la Babylone des mers; mais, ô Seigneur, que nos yeux ne voient pas la troisième! »

Dante dédia les trois parties de sa *Divine Comédie* aux trois grands protecteurs de son exil : l'*Enfer* à Uguccione della Faggiuola, seigneur de Pise et de Lucques; le *Purgatoire* à Moroello Malaspina, marquis de la haute Lunigiane; le *Paradis* à Can Grande, seigneur de Vérone. Mickiewicz, après avoir dédié ses premiers *Dziady* à M***, c'est-à-dire à Marie, celle qu'il aima du premier amour et par qui il souffrit, dédia les nouveaux *Dziady*, partie à trois de ses compagnons polonais de captivité et d'exil, Jean Sobolewski, Cyprien Daszkiewicz, Félix Kolakowski, et partie à ses amis russes, membres de ce peuple par qui souffrait sa nation, mais avec lesquels il avait sympathisé dans un rêve de commune liberté.

***

Adam Mickiewicz, dans son *Coup d'œil sur les Dziady*, parle de l'épisode descriptif de la Russie comme d'une « transition aux parties subséquentes du drame. » Que devaient être ces parties subséquentes? Nous trouvons de précieuses indications dans la correspondance échangée à cette époque entre mon père et le vénérable Julien-Ursin Niemcewicz, l'ancien compagnon d'armes de Kosciuszko et le patriarche de notre littérature depuis le Partage.

Après la lecture des nouveaux *Dziady* (3ᵉ partie et appendice) que mon père lui avait envoyés de Paris, Niemcewicz lui écrivit de Londres (3 février 1833) : .

« Je ne puis prendre sur moi de différer un moment l'expression de ma reconnaissance à mon cher compatriote pour son beau présent. C'est un ouvrage charmant, sublime, tendre, spirituel, historique, en un mot, au-dessus de tout éloge. Il faut qu'il se répande le plus possible, et transmette à la postérité le tableau fidèle, quoique horrible, de nos souffrances et des cruautés des Barbares. Puisse chacun de nos expatriés employer aussi utilement que l'illustre Mickiewicz le talent que Dieu lui a départi ! mais, hélas ! nous préférons nous déchirer les uns les autres, et nous noircir aux yeux des étrangers. Et moi aussi, malgré mes soixante-seize ans, je griffonne encore, moins d'inspiration que par une habitude dont je ne puis me défaire dans ma décrépitude... Je ne vois qu' Mickiewicz capable d'écrire un *poëme épique* sur notre insurrection dans le genre de Dante J'encourage à cela mon respectable et cher compatriote : son génie accomplira cette tâche avec une gloire qui rejaillira sur notre malheureuse patrie. Que le Tout-Puissant vous maintienne comme l'ornement des muses polonaises le plus longtemps possible en bonne santé et en force, et favorise vos entreprises ! Vous reverrez encore notre chère Pologne ; moi, non. *Vale et nos ama.* »

Et Adam Mickiewicz lui répondit :

« Vous ne cessez d'être bon, je ne cesserai d'être reconnaissant. Jadis vos expressions bienveillantes m'encourageaient et redoublaient mon ardeur ; maintenant j'y puise une consolation et je les considère comme une récompense. J'ai lu avec émotion votre opinion sur mon quatrième volume. (La troisième partie des *Dziady* formait alors le quatrième volume de l'édition polonaise de Paris.) Il me semblait entendre l'arrêt de la postérité. Permettez à un auteur de se réjouir de cette illusion. J'ai été infiniment flatté que vous ayez deviné le plan de mon poème : en effet, j'ai l'intention d'y renfermer toute l'histoire des persécutions et du martyre de notre patrie. Les scènes de Vilna sont le préambule des scènes de Pétersbourg, des travaux forcés et de la déportation en Sibérie. Vaste entreprise et riche sujet ! Seulement, Dieu veuille me donner l'inspiration ! Dans l'une des parties suivantes, j'introduirai un Confédéré prisonnier qui, ayant passé toute sa vie dans la citadelle de Pétersbourg, y a atteint l'année 1825, et qui raconte à ses nouveaux compagnons la détention de Kosciuszko et de Niemcewicz. Si vous pouviez, en quelques mots, me communiquer des détails sur votre séjour dans ces cachots, vous me rendriez très-heureux et enrichiriez mon ouvrage. »

Autre lettre de Niemcewicz (Londres, 5 avril 1833) :

« J'ai, selon votre désir, retracé à la hâte mes tristes aventures, et évoqué, autant que ma mémoire usée s'y prêtait, une époque éloignée de nous d'une quarantaine d'années. C'est un bavardage sans beaucoup de sens, une moitié de citron desséché dont votre main puissante extraira peut-être encore quelques gouttes acides... J'ai reçu votre lettre amicale. Je ne saurais assez vous encourager à persévérer dans l'heureuse pensée de chanter nos tortures. Je prie le Tout-Puissant qu'il vous accorde des forces et des années pour la gloire du Parnasse polonais, le bien et l'utilité de notre chère et infortunée patrie. »

Dans cette même lettre, Niemcewicz dit que les meilleurs matériaux pour l'insurrection de Kosciuszko se trouvent dans la *Gazeta Wolna* (la Gazette libre), et autorise Mickiewicz à réclamer à Léonard Chodzko l'exemplaire qu'il lui en a prêté. Quelque temps après, Mickiewicz lui répond que Chodzko est en province et qu'il n'a pas encore obtenu de lui ladite Gazette. Il lui dit également qu'il n'a pas reçu non plus la copie du manuscrit des Mémoires annoncés, que d'ailleurs, avant de se mettre à la continuation des *Dziady*, il a à publier sa traduction du *Giaour* de Byron et à achever le *Sieur Thadée*, qui en était à sa moitié.

Mon père a été ensuite absorbé par d'autres préoccupations. Et les *Dziady* n'ont pas été complétés, comme il l'avait espéré. D'abord à Paris, puis à Lausanne, il écrivit des fragments de la suite qu'il comptait donner à son poëme; mais il les brûla depuis.

Quant aux Mémoires de Niemcewicz, ils furent publiés après sa mort, sous le titre de *Notes sur ma captivité à Saint-Pétersbourg en 1794, 1795 et 1796*, 1 vol. in-8°, Paris, 1843, par les soins de la Société historique polonaise, à la présidence de laquelle Mickiewicz venait d'être appelé comme successeur de Niemcewicz.

Je suis heureux de penser que c'est à la demande de mon père qu'est due la composition du beau Récit de Niemcewicz, qui est et sera durablement, devant la postérité, le témoignage fidèle de ses souffrances et de celles de Kosciuszko. C'est ainsi que le moindre éclair de l'homme de génie excite ou rallume les ardeurs et provoque à l'entour de lui une flamme bienfaisante.

*
* *

Pour savoir dans quelles circonstances avait été composée la notice autographe de mon père, que j'avais retrouvée en tête de l'exemplaire de la traduction d'une portion des *Dziady* cédé à la bibliothèque du Louvre par M. Burgaud des Marets, je me suis adressé à celui-ci : « Votre lettre, me répondit-il le 24 mars 1873, a réveillé en moi de bien doux souvenirs. Ce ne sont pas des rapports de circonstance que j'ai eus avec votre père : mon sublime Adam et moi nous avons fait une paire d'amis. Je serais heureux de parler de lui avec vous, de vous fournir une foule de petits détails qui doivent avoir de l'intérêt pour vous. Mais vous savez sans doute que, par suite d'une attaque d'apoplexie, je ne puis marcher ni sortir. Si vous voulez prendre la peine de passer chez moi, vous me trouverez toujours fier de vous serrer la main. » J'ai donc vu M. Burgaud des Marets, paralysé de la moitié du corps, mais ayant gardé toute la lucidité de son esprit et toute sa chaleur d'âme.

Né en 1808, et, par conséquent, tout jeune encore lorsque se réfugia en France notre Émigration de 1830, M. Burgaud des Marets se lia particulièrement avec Bogdan Janski (1), et rencontra chez lui Adam Mickiewicz. L'impression qu'il en ressentit fut très-forte : « Je compris, me dit M. Burgaud des Marets, ce que c'est qu'un grand homme. Sa conversation me donna un tel désir de connaître ses œuvres que je me mis à l'étude du polonais. Les *Dziady* m'enthousiasmèrent plus que je ne saurais le dire : je résolus de les faire connaître en France. Mais, en les traduisant, je me sentis arrêté par bien des difficultés. Je n'osai soumettre tout d'abord le poème en son entier au jugement du public : Adam Mickiewicz voulut bien faire lui-même les coupures. Il corrigea mon manuscrit. Je fus frappé de sa manière de traduire : je vis que dans les mots français le même ordre peut être gardé que dans les mots polonais. Emporté par le désir de faciliter ma tâche, Adam Mickiewicz écrivit de sa propre main un tiers de la traduction et la préface; et il révisa le reste. C'est un des motifs que j'eus de garder l'anonyme, considérant cette traduction comme plus sienne que mienne. J'en lus, sur épreuves, des fragments à des littérateurs français; je fus si choqué de leur incompréhension des beautés des *Dziady*, que je me bornai à tirer de ce travail soixante exemplaires : il me semblait qu'en le répandant à grand nombre j'aurais profané les merveilles qu'il contient. Adam Mickiewicz était, à cette époque, d'une sérénité rare; un rien provoquait chez lui des accès de la gaieté la plus communicative. Un jour que je lui parlais du temps que peut prendre la composition d'un chef-d'œuvre : « Le temps, me répondit-il, n'a aucune im-« portance. Tout dépend de l'intensité d'inspiration. J'ai écrit le « monologue de Conrad en une seule nuit. »

Quand André Towianski (2) vint à Paris, en 1841, et que les colères que soulevait son action religieuse l'exposèrent à des tracasseries de police, M. Burgaud des Marets, sur la demande d'Adam Mickiewicz, mit à sa disposition une partie du vaste appartement qu'il occupait rue de la Bruyère, n° 24, le même où je le

---

(1) Voy. la notice sur Bogdan Janski, dans le *Mémorial de la légion polonaise de 1848, créée en Italie par Adam Mickiewicz*, in-18, Paris, 1877, I, p. 109.

(2) Voy., sur André Towianski, les pages 7-10, 27-28, 118-122 du 1er vol. dudit *Mémorial*.

vis en 1873. André Towianski y passa quelques mois, au bout desquels il se retira à Nanterre.

M. Burgaud des Marets s'est beaucoup occupé de linguistique et des différents patois de la France; il a publié anonymement une foule d'articles dans les Revues, et a donné la meilleure édition qu'il y ait de Rabelais (Didot, 1872). La préface, qu'il a mise à ce dernier ouvrage, renferme un passage sur mon père : « Dans une réunion d'amis, on venait d'exalter la science outre mesure. Je ne me souviens plus à quel propos l'un de nous dit à Mickiewicz : « Croyez-vous que le monde finisse ? »—« Oui, fit-il, et je sais quand; il finira le lendemain du jour où les savants auront démontré qu'il ne peut pas finir. »

M. Burgaud des Marets m'a cité encore cette parole de mon père, devant lequel on discutait ce qui constituerait le progrès militaire le plus important : « Ce serait, s'écria-t-il, de trouver le moyen que les soldats pussent charger leurs canons avec de la graine d'enthousiasme. La première armée qui retrouvera le secret de cette poudre-là sera invincible. »

Le manuscrit de la traduction des *Dziady*, partie de la main de mon père et partie corrigé par lui, s'égara. M. Burgaud des Marets ne retrouva que la préface : pour qu'elle ne se perdît pas, elle aussi, il la fit relier en tête de son exemplaire, qu'il offrit ainsi à la Bibliothèque du Louvre. Si l'autographe a flambé, la copie que j'en avais faite m'a permis d'en sauver le texte, comme la conversation de M. Burgaud des Marets m'a révélé la part de collaboration jusqu'alors ignorée que mon père avait eue dans la traduction elle-même.

Dans mes visites à M. Burgaud des Marets, j'ai été frappé une fois de plus de l'impression durable laissée par la parole de mon père dans le souvenir de ceux qui l'avaient entendue; j'ai été fortement touché de l'admiration sans borne qu'une âme française conservait pour lui après tant d'années écoulées. Un ami à qui je le racontais me dit : « Tous ceux qui ont connu Adam Mickiewicz ont conservé de lui un souvenir profond : il inspirait l'admiration en un temps où elle est devenue le plus rare. On peut dire de lui ce qu'il disait de Napoléon, qu'il a réveillé l'admiration dans les âmes.»

Mon père s'est trouvé amplement récompensé de la peine qu'il s'était donnée à corriger la traduction des *Dziady* et même à la refaire en partie. Car c'est de cette traduction que se servit madame George Sand pour le beau travail qu'elle publia sur mon père, en 1839, et qui, en contribuant à le mieux faire connaître du monde littéraire officiel français, lui facilita l'accès de la chaire du Collége de France à laquelle il fut appelé l'année suivante.

C'est sans doute à l'occasion de cette traduction que David d'Angers, l'illustre statuaire, écrivit à Mickiewicz :

« Mon ami, j'ai reçu avec bien de la reconnaissance la traduction de quelques-unes de vos œuvres, quoique les traductions ne soient ordinairement qu'un reflet de l'original; cependant le reflet de vos productions est bien lumineux, et au bonheur que j'éprouve en vous lisant se joint celui de penser que les Français pourront mieux vous connaître et vous apprécier. D'ailleurs, mon ami, vous n'avez pas à redouter une traduction; car le génie peut toujours être traduit dans une autre langue: ce sont les productions de l'esprit seul qui sont intraduisibles. »

Cette lettre ne porte pas d'autre indication que celle de « Paris, samedi matin. » Elle a été insérée sous la date de 1834 dans le deuxième volume de l'édition polonaise de la *Correspondance* d'Adam Mickiewicz, page 113 (Édit. polonaise. Paris, 1872).

M. Burgaud des Marets est mort à Paris, rue de la Bruyère, en octobre 1874.

— Le *Polonais, Journal des intérêts de la Pologne*, où furent insérés les premiers fragments traduits des *Dziady*, était une Revue nouvelle en français, format in-8°, qui parut depuis juillet 1833 jusqu'à juin 1836.

— Plus d'un curieux littéraire aura peut-être plaisir à trouver ici le texte même de la Préface que Burgaud des Marets composa à l'aide du *Coup d'œil sur les Dziady*. Voici comment il rarrangea la Note d'Adam Mickiewicz :

« Les *Dziady* ne sont point achevés. Trois parties seulement ont paru : deux à Vilna depuis quelques années, l'autre à Paris, en 1832. Des développements subséquents doivent compléter l'œuvre et lier les fragments déjà publiés.

« L'idée-mère du drame, c'est cette grande pensée d'avenir qui se fait jour parmi nous, c'est la foi en un monde invisible, immatériel, dominant toute l'Humanité.

« Le théâtre de la deuxième partie est une église de village, au fond de la Lithuanie. Le poète a tracé cette scène d'après les idées populaires, mélange bizarre des traditions païennes et des nouvelles croyances. Les acteurs prennent ensuite un caractère politique. Ils se rapprochent de la sphère des réalités et entrent dans la vie commune. Le monde poétique de la troisième partie, c'est le catholicisme primitif. La scène de la fête des *Dziady* qui se trouve à la fin, lie l'action, et le personnage mystérieux qui traverse tout le drame lui imprime un certain cachet d'unité. C'est lui qui apparaît comme une ombre muette au milieu des spectres et des esprits; c'est lui qui, dans une partie non comprise dans cette traduction, raconte, sous le nom de Gustave, l'histoire de son enfance, de ses amours, de sa vie privée. C'est encore lui, ce Conrad que l'on retrouve dans les prisons de Vilna, au milieu de jeunes conspirateurs. Il est libre; et l'épisode descriptif de la Russie, espèce d'itinéraire de ce personnage fantastique, paraît destiné à servir de transition aux parties suivantes du drame.

« Les *Dziady* ont obtenu en Pologne un immense succès. C'est qu'elle vit encore en Pologne, cette foi des anciens martyrs, cette foi qui a rendu si pur l'enthousiasme de ses révolutionnaires modernes. Nous, à peine croyants par calcul, nous qui ne pouvons sentir que d'après les livres du passé la poésie des beaux âges d'amour, comprendrons-nous ces exorcismes, ces phrases sacramentelles, naïves comme les chroniques du moyen âge? Comprendrons-nous aussi cette action qui s'élève à chaque instant vers les régions idéales pour s'abattre tout à coup sur la vie terrestre? ce passage continuel du monde fantastique à la réalité? et surtout ces fréquentes allusions aux mœurs intimes d'un pays que nous ignorons?

« Ce n'était pas là encore la plus grande difficulté. Ces récits en vieux style de la Bible, ces hymnes, ces chansons, ces cantiques, ces épigrammes contre le czar, sont écrits dans un style tellement nuancé, qu'on dirait pour chaque partie une langue différente. Dans l'impossibilité de reproduire en prose cette variété infinie de tons, j'ai pensé qu'il était bien de conserver toutes les tournures de l'original aux dépens de l'élégance et d'une scrupuleuse correction. Pour éviter aussi de longs commentaires, j'ai fait de nombreuses coupures. Si la traduction toute imparfaite de ce fragment excite quelque intérêt, je me propose de la compléter. »

Au bas de la scène VII de la 3ᵉ partie, M. Burgaud des Marets dit :

« Cette scène est tout entière, dans l'original, une peinture de mœurs que nous n'aurions pu comprendre qu'à l'aide d'un long commentaire. Nous avons préféré la tronquer et n'en traduire que ce qui est nécessaire pour l'intelligence de la scène suivante.»

Je noterai quelques-unes des différences entre le texte de mon père et celui de son traducteur : car elles sont l'indice de l'état spirituel des Français catholiques-libéraux d'alors.

Là où mon père dit : « La foi dans l'influence du monde invisible, immatériel, sur la sphère des pensées et des actions humaines, est l'idée-mère du poème polonais, » M. Burgaud met : « L'idée-mère du drame, c'est cette grande pensée d'avenir qui se fait jour parmi nous, c'est la foi en un monde invisible, immatériel, dominant toute l'humanité. » — Au lieu de la croyance absolue dans *le* monde invisible, immatériel et dans son *influence* sur la sphère des pensées et des actions humaines, ce n'est plus que l'affirmation hésitante d'*un* certain monde invisible, immatériel, *dominant* l'humanité, une simple pensée qui peut avoir de l'avenir.

Là où mon père dit : « Le monde poétique de cette scène (celle du couvent-prison d'État), construit de matériaux plus purs, est tout à fait chrétien, catholique, » M. Burgaud met : « Le monde poétique de la IIIe partie, c'est le catholicisme *primitif*, » — comme si l'intervention de l'ange gardien, l'existence même des bons et des mauvais esprits devaient être reléguées dans les limbes de l'Eglise naissante.

M. Burgaud a ajouté cette critique sur ses compatriotes : « Nous à peine croyants par calcul, nous qui ne pouvons sentir que d'après les livres du passé la poésie des beaux âges d'amour. » Mais il n'a pas accepté pour la France l'éloge de l'enthousiasme politique qui anime les révolutionnaires modernes : il le renvoie à la Pologne. Il a rejeté la réticence sur l'habileté du traducteur; en revanche, il appuie sur l'immense succès que l'ouvrage a obtenu en Pologne.

— Mon père se prêta d'autant plus aisément à aider M. Burgaud des Marets dans son essai de mettre les *Dziady* à la portée du public français, qu'il se rendait mieux compte des empêchements naturels qui font que les œuvres slaves sont peu accessibles aux esprits occidentaux. Il avait remarqué, par exemple, que les Français, dans leurs contes, suppriment les accessoires, précisent les faits, et vont droit au but : s'ils naturalisent un conte de l'étranger, la première chose qu'ils font est de lui couper les ailes pour qu'il chemine pédestrement comme les autres. C'est le propre, non de la France seulement, mais de la race latine, d'enfermer les idées dans une forme très-nette et de ne les comprendre que sous des lignes accentuées : cette disposition native est d'autant plus développée que la culture gréco-romaine est plus forte; et là gît la principale difficulté de la vulgarisation des œuvres slaves en Occident.

D'un autre côté, c'était l'époque où le culte des intérêts matériels était dans sa plus haute ferveur. Après les scandaleux abus qu'avaient faits du monde invisible les ministres de Dieu, on en était généralement arrivé à ne vouloir plus croire ni en un autre monde ni en Dieu. Aussi était-il extrêmement difficile de se faire comprendre en parlant la langue du monde supérieur.

Mon père, tout en laissant à ses *Dziady* leur caractère, les raccourcit, les précisa, en fit une sorte d'*épitomé*. Et la lecture de cet *épitomé* lui valut une importante étude, qui, de France, fut ensuite imitée en Italie.

* * *

De même que le *Livre des Pèlerins polonais* a été popularisé en France par la traduction de M. de Montalembert, alors disciple de Lamennais, les *Dziady* y ont été révélés par l'*Essai sur le drame fantastique.* — *Gœthe, Byron, Mickiewicz*, article de George Sand paru le 1er décembre 1839 dans la *Revue des Deux Mondes*, réimprimé plus tard à la suite du roman de *Jeanne*, et publié enfin dans un volume intitulé : *Souvenirs et impressions littéraires*.

George Sand a plus étudié et mieux compris Gœthe et Byron que leur émule polonais; elle est néanmoins l'un des écrivains qui aient le plus dignement parlé d'Adam Mickiewicz. Elle déclare préférer la donnée des *Dziady* à celle de *Faust* et de *Manfred;* elle trouve que Mickiewicz s'est, dans cette œuvre, surpassé lui-même; et elle le met à certains égards au-dessus de Gœthe et de Byron et même de Dante (pages 65 et 66 des *Souvenirs et impressions littéraires*). Nous reproduirons ailleurs les principaux traits de son étude; nous nous bornerons ici à répondre à deux objections.

Dans une lettre qu'il écrivait de Lausanne (8 décembre 1839) à son ami Ignace Domeyko à Coquimbo (Chili), Adam Mickiewicz disait : « En fait de nouvelles littéraires, madame George Sand vient de publier une comparaison des drames fantastiques de Gœthe et de Byron avec les *Dziady*. Tu devines combien les nôtres sont surpris de me voir placé si haut. Je me réjouis seulement que madame Sand attaque mon catholicisme. »

« Nous regrettons, dit George Sand, qu'après d'aussi magnifiques élans vers la vérité, Mickiewicz soit forcé, par les convictions auxquelles il est patriotiquement fidèle, de proclamer de pieux mensonges, à la manière des sibylles. Avec une idée plus hardie de la justice éternelle et des fins providentielles de l'Humanité, il eût résolu plus clairement la question. Il eût pu prophétiser que la défaite de la Pologne sera par la suite des temps un triomphe sur la Russie, et que, comme l'empire romain a subi le triomphe intellectuel de la Grèce terrassée, l'empire russe subira le triomphe intellectuel et moral de la Pologne. Oui, sans aucun doute, la barbarie tombera devant la civilisation, le despotisme sous la liberté. Ce ne sera peut-être pas par la force des armes que s'opérera la résurrection de cette nation sacrifiée aujourd'hui au brutal instinct de la haine et de la violence; mais, à coup sûr, la main de Dieu s'étendra sur la tyrannie et tournera les esclaves contre les oppresseurs. La Russie se fera justice elle-même. Croit-on que dans ce vaste empire tout ce qui mérite le nom de peuple ne nourrit pas une profonde haine contre les bourreaux, une profonde sympathie pour les victimes? C'est par là que la Pologne retrouvera sa nationalité, et l'étendra des rives de la Vistule aux rives du Tanaïs(1). Il y a certainement dans cette moitié de l'Europe une puissance formidable qui gronde, et qui renversera l'odieux empire de la monarchie barbare. Tout ce qui sent, tout ce qui pense, tout ce qui, en Russie, mérite le nom d'homme, pleure des larmes de sang sur la Pologne. Comprimée encore, cette puissance éclatera. Elle

(1) L'illustre critique a sans doute voulu dire : « aux rives du Borysthène », c'est-à-dire, du Dnieper; car les Polonais n'ont jamais songé à s'étendre jusqu'« aux rives du Tanaïs », c'est-à-dire du Don.

aura de terribles luttes à soutenir contre la force matérielle; mais que sont les machines contre le génie de l'homme? Les armées du tzar ne sont que des machines de guerre; qu'un rayon y pénètre, et ces machines obéiront à l'intelligence et fonctionneront pour elle, con.m.e le fer et le feu pour les besoins de l'industrie humaine.

« Mais qu'importe la langue dans laquelle le génie tend ses oracles? La langue de Mickiewicz est le catholicisme. Soit! Je ne puis croire que, pour les grandes intelligences qui restent encore sous ce voile, il n'y ait pas dans les formules un sens plus étendu que les mots ne le comportent...... La brûlante énergie de Con ad déborde en accents qui feraient pâlir Dieu même, si Dieu était ce misérable Jéhovah qui joue avec les peuples sur la terre comme un joueur d'échecs avec des rois et des pions sur un échiquier. Aussi le silence de cette divinité, dont Conrad ne comprend pas les lois impitoyables, le jette dans la fureur et dans l'égarement, remarquable protestation du poète catholique contre le Dieu que son dogme lui propose, protestation à laquelle le catholicisme n'a rien à répondre, et que Mickiewicz lui-même ne peut réfuter après l'avoir lancée! O grand poète! philosophe malgré vous! vous avez bien raison de maudire ce Dieu que l'Église vous a donné! Mais pour nous qui en concevons un plus grand et plus juste, votre blasphème nous paraît l'élan le plus religieux de votre âme généreuse. »

L'assimilation des Polonais aux Grecs et des Russes aux Romains pèche par la base. La Grèce asservie a bien pu essayer de se consoler de la perte de sa liberté, en se disant qu'elle civilisait son vainqueur, selon le mot du poète : *Græcia capta ferum victorem cepit*. Mais les Russes ont moins le génie de la civilisation que celui de la destruction; et quand ils s'affublent de l'extérieur des civilisés, ce n'a été jusqu'ici que pour, à la façon du loup de la fable qui se déguisait en berger, pénétrer plus commodément dans la bergerie européenne et y dévorer tout à leur aise. Les Polonais sont loin de caresser l'idée de se mettre volontairement au service spirituel des Russes : en parant de fleurs leur despotisme, ou en leur apprenant à le manier avec plus d'art, ils le rendraient moins odieux mais aussi plus dangereux; sans doute, ils souffriraient moins, mais ils deviendraient complices du mal; et, en déméritant devant les hommes et devant Dieu, ils n'accéléreraient point mais retarderaient la résurrection de leur nation; ce n'est point, en servant les Romains, pas plus qu'en servant ensuite les Turcs, que les Grecs ont préparé le miracle du relèvement de la Grèce, mais en rentrant dans la voie de l'héroïsme et y persévérant jusqu'au martyre.

L'opinion que le salut de la Pologne viendra de la Russie elle-même plaît à l'Occident qui, après avoir lâchement laissé abattre, égorger et partager la Pologne, endort sa conscience en se persuadant qu'il n'a nul sacrifice réparateur à faire pour qu'elle soit relevée, ranimée, unifiée : car le bon cœur de son principal assassin y suffira! L'habitude qu'ont les Occidentaux de juger les autres peuples, comme s'ils avaient tous la même nature qu'eux-mêmes, est une source d'étranges erreurs et de désillusions amères. On a pu voir, en 1863, par le premier usage que les Russes ont fait d'un commencement de liberté, le cas que méritait la foi ingénue que l'on avait dans les sympathies supposées des Russes pour la Pologne : il y eut, entre le gouvernement russe et la population russe, rivalité d'ardeur dans la répression du patriotisme polonais et dans les mesures de dénationalisation.

Comme on se trompe en jugeant de la Russie d'après la France, on s'éloigne également de la vérité en jugeant de l'Eglise de Pologne d'après le cléricalisme français : le catholicisme polonais, en effet, ne diffère pas moins du gallicanisme que celui-ci ne diffère du catholicisme espagnol. En Pologne, le martyre n'est point relégué dans les lointaines ombres de l'histoire : il y est effectif et quotidien. On n'y offre point uniquement un sacrifice commémoratif et mystique à l'autel : des générations de patriotes versent incessamment leur sang et leurs larmes dans la coupe du sacrifice national. On n'y dissèque ni discute les dogmes : la nation vit religieusement en rafraîchissant de son souffle unanime les fils mystérieux qui rattachent la Pologne terrestre à la Pologne céleste.

Il est inéquitable, surtout quand il s'agit d'un drame, d'attribuer à l'auteur, comme constituant autant d'articles de foi, chacune des pensées qu'il met dans la bouche de ses divers personnages et même telle ou telle des phases successives par lesquelles passe l'esprit de celui dans lequel il s'est le plus complétement personnifié. Il y a quelque chose de grandiose dans la malédiction que lance Conrad contre Dieu, qui semble avoir abandonné la Pologne : mais Mickiewicz est-il pour cela un blasphémateur? L'éminent critique français n'a pas mieux compris le Dieu de Mickiewicz, le Dieu de la Pologne, qu'il n'a compris le Dieu d'Israël. Si le Dieu d'Israël a, par ses prophètes, révélé à son peuple, toujours prêt à l'accuser de ses maux, que ces maux étaient la conséquence de ses infidélités à la Loi sainte qu'il lui avait donnée, et dès lors ne cesseraient que par une observance plus complète de la Loi, ainsi le Dieu de la Pologne fait connaître par la voix de son poète, à la Nation souffrante, que les peuples, comme les individus, se rachètent par la suprême vertu du martyre.

*
* *

Il est écrit dans la *Divine Comédie* de Dante (*Purgatoire*, chant XXXIII, versets 37-45).

> Non sarà tutto tempo senza reda
> L'aquila che lasciò le penne al carro,
> Perchè divenne mostro e poscia preda ;

> Ch' io veggio certamente, e però 'l narro,
> A darne tempo già stelle propinque,
> Sicuro d'ogni intoppo e d'ogni sbarro;
>
> Nel quale un cinquecento dieci e cinque,
> Messo di Dio, anciderà la fuia,
> E quel gigante che con lei delinque (1).

Un *cinquecento dieci e cinque*, c'est-à-dire un 515, ou en chiffres romains DXV, qui, par transposition, donne DVX, en français *chef*. Les critiques se sont fatigués à comprendre ce que le grand poète avait caché sous ces « vers étranges. » Dans ce divin envoyé que prédit le poète, les uns ont vu le capitaine gibelin Uguccione della Fagginola, en qui Dante avait un moment mis tout son espoir. D'autres y ont voulu trouver l'annonciation du moine Martin Luther; « car, dit Ozanam, ces chiffres donnent le nombre de 515, lequel, ajoutant 1000 ans d'un côté et 2 de l'autre, arrivait à la date de 1517 qui est l'hégire des Réformés. » (*Œuvres complètes*, VI.) Pas n'est besoin de faire remarquer ce qu'a d'arbitraire l'addition de 2 pour atteindre un chiffre préconçu. Toujours est-il que Dante a prédit qu'un envoyé de Dieu abattrait la prostituée des sept collines (c'est-à-dire la Curie romaine) malgré le géant qui la soutient (c'est-à-dire le roi de France) et qu'alors l'aigle romain reprendra son vol.

Adam Mickiewicz, dans ses *Dziady*, a aussi prédit un sauveur à sa nation, dans des termes qui ont singulièrement intrigué ses compatriotes.

Voici le passage :

« ... Un enfant est sauvé... Il grandit... c'est un vengeur... un père de la patrie!... Sa mère fut une étrangère; son sang est celui des héros d'autrefois : et son nom sera Quarante-quatre........ Enfant, je l'ai connu... plus tard je l'ai vu grandir, corps et âme. Il est aveugle... Mais il a pour guide un ange, un enfant!... Homme formidable, il a trois fronts et trois visages. Ouvert comme un baldaquin au-dessus de sa tête, le livre du mystère enveloppe ses traits... Trois cités s'étendent à ses pieds... trois limites du monde tremblent lorsqu'il appelle; et des cieux j'entends sortir trois voix pareilles au tonnerre : « C'est le lieutenant visible de la liberté sur la terre!
« Il posera sur la gloire le fondement de son temple! Dominant les peuples
« et les rois, il presse du pied trois couronnes... sans couronne lui-même!
« Sa vie? ... c'est la peine des peines; son titre ?... c'est la nation des na-

---

(1) Il ne sera pas toujours sans héritier, l'aigle qui laissa ses plumes au char, au point d'en devenir monstre et puis proie;
Car je le vois clairement et pour cela je le narre, déjà de proches étoiles nous donnent ce temps libre de tout obstacle et entrave,
Où un Cinq cent-dix et cinq, envoyé de Dieu, tuera la larronne et ce géant qui pèche avec elle.

« tions ; sa mère fut une étrangère... son sang est celui des héros d'autre-
« fois, et son nom est Quarante-quatre... Gloire! Gloire! Gloire! »

A propos de cette prédiction, George Sand a écrit :

« Ici la critique serait facile, trop facile même. On pourrait dire que les révélations inintelligibles du dieu rappellent un peu les énigmes sans mot des antiques oracles, et que c'est un assez pauvre secours accordé à la foi et à la prière, que cette vision où, dans un chiffre mystique, la patrie du poëte se voit délivrée par une réunion de quarante-quatre villes, ou par un personnage dont le nom se compose de quarante-quatre lettres, ou par une armée composée de quarante-quatre phalanges, etc. Les Polonais se perdent en commentaires sur cette prédiction. Nous n'en grossirons pas le nombre... »

Un jour un jeune poëte polonais, ayant questionné Adam Mickiewicz sur l'idée qu'il avait eue en traçant ces lignes, reçut cette réponse : « Je ne me le rappelle plus. » — Est-ce à dire qu'il en était d'Adam Mickiewicz comme de Jacob Boehme, dont il racontait que, quand le moment d'inspiration était passé, il ne se rappelait plus, ou ne comprenait plus ce qu'il avait écrit pendant l'inspiration ? Je ne pense pas que ce soit ici le cas. Car, au moment où il crut avoir rencontré celui qu'il avait rêvé, mon père, en proclamant au Collége de France que l'homme du Destin attend son successeur spirituel, et en parlant de l'*Ecce Homo* de l'époque, disait : « Que l'attente de cet homme est universelle, je l'ai dit, vous en voyez les preuves. J'ajouterai qu'il m'a été donné, à moi, d'avoir prévu en esprit et tracé l'image de l'*homme* dont je parle. Pour la première fois, et pour la dernière, je me cite moi-même ; je lis quelques strophes d'un chant fait par moi, il y a dix ans :
« D'une nation détruite, un seul homme échappe. Je l'ai entrevu
« petit ; il grandit, et sa grandeur devient incommensurable. Il a
« trois fronts et trois faces, trois esprits et trois tons. Il paraît
« aveugle, et cependant il lit dans le livre mystérieux. Il est con-
« duit par un génie, l'homme terrible à la voix duquel la terre
« tremble. Il est debout sur les trois couronnes, mais il ne porte
« pas de couronne. Sa vie est la peine des peines, et son nom est
« le peuple des peuples » (*Dziady*). Il a été vu depuis, cet *homme à trois faces et à trois tons*, par les Israélites et les Français et les Slaves ; ils ont affirmé à la face du ciel l'avoir vu et l'avoir reconnu. J'en appelle à leur témoignage. » (Leçon du 28 mai 1844. *Slaves*, V, p. 296.) Et les disciples répétèrent : « L'homme vu par le prophète, homme remarquable par le travail au-dessus de tous les travaux de l'esprit pour l'amour des peuples, au nombre bienheureux de 44, a déjà reçu l'ordre suprême de faire cette réclamation et d'effectuer cette grâce nouvelle, et, par cette grâce et par sa force, d'arracher le sceptre à l'esprit des ténèbres de la terre. »

En Orient, la foi dans la puissance des nombres est grande. On y croit que tout dans l'univers est ordonné selon les mesures d'une mathématique providentielle, que les nombres président à l'enchaînement des choses et à la corrélation des êtres et dès lors exercent une influence sur les révolutions de la nature et les crises des événements.

Les premiers nombres sacrés sont le *trois* et le *un*, qui constituent cette triplicité dans l'unité, d'après laquelle s'opère avec une harmonie parfaite l'irradiation continue et infinie de l'essence divine, et qu'exprime le divin *tétragramme*. Selon que trois et quatre s'ajoutent l'un à l'autre ou se multiplient l'un par l'autre, on a sept et douze qui sont deux nombres consacrés dans l'ordre de la nature et dans l'humanité : par exemple les sept jours de la semaine et les douze mois de l'année, les sept Sages de la Grèce et les douze tribus d'Israël, puis les douze Apôtres. Qui ne connaît ce dicton : *Omne trinum est perfectum* et le *ter quaterque* des poètes? Ajoutons la trimourti indoue; les trois dieux frères du polythéisme, les trois Grâces et les trois Parques; les trois enfants d'Adam et de Noé; l'adoration des trois rois mages, les trois reniements de saint Pierre et la résurrection de J.-C. au troisième jour.

Lamennais a basé toute sa philosophie sur la *Trinité*. Partant de l'idée de l'être infini, qui, considéré dans sa substance, est un de l'unité la plus absolue, et qui, considéré selon les propriétés inséparables de son essence, a trois énergies primordiales, nécessaires, éternelles, la Puissance, l'Intelligence et l'Amour, ou, d'après le langage de l'Église, trois Personnes distinctes, coexistantes en lui, liées entre elles suivant un ordre non de succession, mais de principe, le Père, le Fils, le Saint-Esprit, — il retrouve partout dans la création la divine empreinte triple et une, plus ou moins forte selon le degré occupé dans l'échelle des êtres créés : ce qui est infini en Dieu est limité dans les créatures, et la limite s'étend au fur et à mesure qu'elles s'élèvent vers Dieu. « Il y a dans l'être infini, dit-il, trois propriétés nécessaires, et il n'y en a que trois : car toutes les autres qu'on essaierait de nommer ne sont que ces propriétés essentielles conçues sous des rapports particuliers, selon leurs opérations propres. » — « La force donne à l'être son existence actuelle et le développe ; l'intelligence lui donne sa forme et coordonne les formes entre elles ; l'amour lui donne la vie, l'unit en lui-même et aux autres êtres. » — Si l'on identifie, dans le monde physique, l'électricité et le principe de force, la lumière et le principe de forme, le calorique et le principe d'union et de vie, l'éther, ou la substance sous son mode fini, est à la fois, dans son unité radicale, électricité, lumière, calorique. » (*Esquisses d'une philosophie*, par F. Lamennais, in-8°; Paris, 1846, 1, p. 45-64, 182 ; IV, p. 56.)

Saint-Simon, imbu également du principe trinitaire, fondait son système social sur le développement harmonique de l'Industrie, de la Science et de l'Art, en faisant ressortir combien d'oppressions résultent tour à tour de la prédominance anormale des industriels, des savants et des artistes les uns sur les autres. Et l'un de ses plus éminents disciples, Enfantin, recommandait de toujours considérer toute chose sous son triple aspect, physique, intellectuel et moral, et l'autre, Pierre Leroux, faisait consister la rénovation politique et sociale dans l'application universelle des lois de la Triade.

J. Salvador, au 2º vol. de son ouvrage *Paris, Rome, Jérusalem, ou la Question religieuse au dix-neuvième siècle* (in-8º, Paris, 1860, IIIº partie, lettre XIV, p. 267 et 268), dit : « Il est bon de rappeler le renseignement curieux relatif aux qualités du nombre quatre, qui nous est fourni par le commentateur des anciennes Écritures, contemporain du roi Hérode. — « La perfection du nombre quatre « tient à plusieurs causes, dit ce vieil interprète, Philon, dans son « *Traité de la Création*. D'abord, il est comme la souche du « nombre dix, qui lui-même est le pivot autour duquel les nom- « bres infinis tournent et roulent. En effet, si vous joignez succes- « sivement à quatre les nombres distincts qui le précèdent, le « trois, le deux et l'unité, vous obtenez ce nombre dix. Dans la « musique, les raisons et les proportions des accords sont parti- « culièrement ramenés au nombre quatre... Le quaternaire a en- « core une vertu aussi admirable à dire qu'à penser. Dans la « géométrie, il est le premier nombre qui correspond à la nature « du solide ; car l'unité, selon les géomètres, regarde la qualité « du point ; le deux s'applique à la ligne qui est une longueur « sans largeur ; le trois représente la pure superficie ou la lon- « gueur et la largeur, mais sans la hauteur ; de sorte que, pour « composer la nature du solide, il faut encore cette hauteur qui « donne le nombre quatre. Si quelqu'un, par hasard, ne comprend « pas bien mon dire, ajoute l'antique écrivain, il pourra facile- « ment l'éclaircir en songeant à un usage familier. Ceux qui « jouent aux noix ont coutume d'en assembler trois sur une sur- « face plate. Le triangle ainsi complété s'arrête à ce nombre trois ; « mais, en mettant une nouvelle noix sur les trois autres, on « forme dans l'ordre des nombres le quatre, dans l'ordre des fi- « gures la pyramide ou le corps doué de solidité. »

On a beaucoup discuté sur l'origine et la signification des pyramides : or, s'il est vrai que les colonnes qui forment les temples grecs étaient l'image de la fédération des républiques helléniques, et que les deux bras des églises chrétiennes représentent Jésus en croix, il est permis de penser que les pyramides d'Égypte étaient une représentation des nombres divins, puisqu'elles figurent l'union de quatre triangles égaux élevés sur un quadrilatère.

Si l'on considère le tétragramme divin, autrement dit les quatre lettres qui forment le nom de Dieu, on voit que ce n'est pas seulement chez les Juifs, mais chez les Grecs et les Latins, que le nom de Dieu est rendu par quatre lettres (en hébreu : יהוה [yod, hé, vav, hé], — en grec : Ζευς — en latin : Deus). Au nombre quatre correspondent les quatre saisons et les quatre Évangiles. Le nombre quatre est consacré chez les Juifs : ainsi, quatre fois Moïse réclama de Pharaon, au nom de Dieu, la délivrance de son peuple, ce que rappellent les quatre libations du soir de la Pâque en Israël; et il y a eu pour Israel quatre grandes calamités : servitude d'Egypte, captivité de Babylone, défaite par Antiochus et dispersion par Titus.

Quatre monts sont célèbres dans les fastes bibliques : le *Moria*, où eut lieu le sacrifice d'Abraham, et sur lequel fut élevé le temple de Jérusalem; le *Sinaï*, d'où furent données les Tables de la Loi; le *Hor*, où mourut Aaron; et le *Nébo*, d'où Moïse disparut des yeux de son peuple. — Le nombre quatre a présidé chez les Ottomans à l'organisation de leurs institutions fondamentales : les quatre colonnes de l'empire ou les vizirs du Kanounnameh de Mahomet II; les quatre califes Raschideddin, successeurs immédiats du prophète (Aboubèkre, Omar, Osman, Ali); les quatre imans orthodoxes et les quatre disciples des Scheikhs qui paraissent être une imitation des quatre évangélistes.

Le nombre *dix* est consacré en Orient par les dix doigts des pieds et des mains, les dix sens (cinq intérieurs et cinq extérieurs), les dix plaies d'Égypte et les dix commandements de Dieu sur le Sinaï, les dix parties du Coran et les dix disciples de Mahomet, etc. Soliman, qui, en Occident, a été surnommé le Grand et le Magnifique, est, en Orient, principalement désigné par l'expression de « celui qui accomplit le nombre dix » (*Ssahib-oul-aaschiret-el-kamilet*), parce qu'il est né au commencement du dixième siècle de l'hégire (l'an 900 qui correspond à l'an 1494 de l'ère chrétienne).

Le nombre dix est la base de l'organisation militaire depuis les temps les plus anciens; il était la mesure de la part des fruits réservée aux lévites, aux veuves, orphelins et étrangers (voy. pour la dîme *Deut.*, XIV, 28); et sur lui repose le système métrique qui de lui a pris le nom de système décimal. — Dix multiplés par sept donnent septante : or, septante vieillards formaient le conseil des anciens en Israël; septante savants ont traduit la Bible en grec; et septante est le chiffre légal des cardinaux dont peut être composé le sacré-collége.

Considérable est aussi le nombre de *quarante* (produit du quatre qui est plutôt de l'ordre divin et du dix qui est plutôt de l'ordre humain, il représente en quelque sorte l'union du divin et de l'humain). Ainsi dura quarante jours la purification de la terre par le déluge, quarante ans la purification d'Israël dans le désert, et quarante jours le jeûne par lequel Jésus préluda à sa mission; Moïse vécut quarante ans à la cour de Pharaon, puis quarante ans chez Jéthro, son beau-père, et quarante ans dans le désert, en tout cent vingt ans, c'est-à-dire trois fois quarante ans. Et Jésus est né l'an 4004 du monde, c'est-à-dire la quatrième année du quarantième siècle. — L'Église a institué les quarante heures de l'exposition du Saint-Sacrement.

Adam Mickiewicz a entrevu le sauveur de son peuple sous le chiffre de quarante-quatre. Quand le nombre quatre est le nombre par excellence de la divinité, comment ne le serait-il pas de l'homme créé à son image? Tous les jours, dans le langage populaire, on dit, d'un homme sûr, fort et ferme, que c'est un homme carré par la base; et tel est en effet celui dont la surface réelle et la hauteur morale sont égales, dont l'action et la pensée sont adéquates. Victor Hugo, dans la préface de l'un de ses drames (*Cromwell*, octobre 1827), disait : « Un de ces hommes *carrés par la base*, comme les appelait Napoléon, le type et le chef de tous ces hommes complets, dans sa langue exacte comme l'algèbre, colorée comme la poésie. »

Gœthe appréciait par-dessus tout, en littérature, ce qu'il appelait un esprit solide; et Mazzini insistait avant tout, en politique, sur la nécessité de l'harmonie entre la pensée et l'action : il avait pris pour devise *pensiero ed azione*. Mickiewicz, par l'emploi du nombre quarante-quatre, semble avoir voulu indiquer que celui de qui le salut des nations viendra doit être carré dans l'ordre des dizaines comme dans l'ordre des unités, c'est-à-dire parfait comme chef ainsi que comme simple individu.

On incline à admettre que telle a été son intention, quand on réfléchit que le point central de l'enseignement de Mickiewicz a été la conformité de la vie avec la parole, selon la double tradition de l'Ancien et du Nouveau Testament, puisque le christianisme repose sur l'incarnation : *Verbum caro factum est*, et qu'il est dit dans les prières israélites en parlant de Dieu : *Haômer vegnoseh, medaber oumeqayem*, qui fait ce qu'il dit, qui parle et agit.

En hébreu, et en grec aussi, les chiffres s'expriment par des lettres : de la sorte, chaque lettre a une signification numérale; et un mot peut se traduire arithmétiquement en même temps que littérairement. Les cabalistes ont beaucoup exercé leur esprit sur les secrets renfermés dans ce genre de combinaisons.

Exemple : Reportez-vous au chapitre XIII de l'Apocalypse, où il est parlé de la bête « qui avait sept têtes et dix cornes, et sur ses cornes dix diadèmes et sur ses têtes un nom de blasphème. » Le chapitre finit par l'indication du *nombre de son nom* : « Ici est la sagesse. Que celui qui a de l'intelligence compte le nombre de la bête; car c'est un nombre d'homme et son nombre est six cent soixante-six (verset 18). » On n'a jamais douté qu'il ne s'agît en ce chapitre de la tyrannie de la Rome impériale. Et il est de tradition que le nombre 666 désigne Néron; en effet, si l'on écrit Néron César en caractères hébraïques, on a : noun, 50; resch, 200; vav, 6; noun, 50; qof, 100; samech, 60; resch, 200; — total : 666. Ce même nombre 666 est le nombre de Caïn, car il correspond à la parole *haoth gnal Qaïn*, c'est-à-dire *signum super Caïn*, quand il est dit dans la Bible (*Genèse*, IV, 15) que Dieu mit un signe sur Caïn : hé, 5; aleph, 1; thav, 400; gnaïn, 70; lamed, 30; qof, 100; yod, 10, noun, 50 = 666.

Chez les Israélites, le nom donné à l'enfant par le père ou la mère contient en quelque sorte la révélation de la pensée mystérieuse sous l'empire de laquelle l'enfant a été conçu. Le nouveau-né porte dans son nom le sceau de sa destinée. Voyez les noms des enfants de Jacob, et entre autres Juda, qui signifie gloire et qui fut la tige de la famille royale; et Levy, qui signifie union et qui fut la tige de la famille sacerdotale, chargée de maintenir l'union entre les tribus parmi lesquelles elle était répandue, sans avoir en elle-même une part territoriale. Parfois il y a changement de nom pour marquer un changement de mission, comme quand Dieu, en faisant son alliance avec lui, dit à Abram qu'il s'appellera dorénavant Abraham parce qu'il sera le père d'une multitude de peuples. Et de cette façon son nom qui correspondait au nombre 243 correspondit au nombre 248.

Les lettres qui composent le nom de Seth (schin, 300; thav, 400) font 700; celles du nom de Juda (yod, 10; hé, 5; vav, 6; daleth, 4; hé, 5) font 30; celles du nom de Moïse (mem, 40; schin, 300; hé, 5) font 345; celles du nom d'Aaron (aleph, 1; hé, 5; resch, 200; noun, 50) font 256; celles de Samuël (schin, 300; mem, 40; vav, 6; aleph, 1; lamed, 30) font 377; celles de David (daleth, 4; vav, 6; yod, 10; daleth, 4) font 24; celles de Salomon (schin, 300; lamed, 30; mem, 40; hé, 5) font 375. — Il y a des noms qui ont le même nombre, quoique n'ayant point les mêmes lettres : Elie (aleph, 1; lamed, 30; yod, 10; hé, 5) a le même nombre 46 que Levy (lamed, 30; vav, 6; yod, 10). — Messie (mem, 40; schin, 300; yod, 10; cheth, 8) fait 358. Goël, qui signifie rédempteur (ghimel, 3; vav, 6; aleph, 1; lamed, 30) fait 40. Adam (aleph, 1; daleth, 4; mem, 40) fait 45. Abiel, nom du père de Kis le vaillant, lequel fut le père de Saül (voy. I. *Samuel*, XI, 1), et qui signifie «père de héros» (aleph, 1; beth, 2; yod, 10; aleph, 1; lamed, 30), fait 44.

Adam Mickiewicz, en se servant du nombre 44 pour désigner

quel sera le sauveur de la Pologne, n'a pas eu en vue un nom propre d'homme, puisqu'il lui est arrivé un jour d'en faire l'application à quelqu'un qui portait dans le monde un nom sans rapport avec ce nombre, mais en qui il avait cru reconnaître les qualités voulues, et qui disait de lui-même : « Ma mission est d'éclaircir l'Évangile et d'en *étendre* l'application. » Nous avons dit plus haut les caractères du nombre 44 en lui-même. Voici maintenant ceux des deux lettres qui forment ce nombre dans la langue sacrée : mem, 40, et daleth, 4 constituent le mot *mad* qui signifie étendue ; de manière que, quand Mickiewicz dit : son nom est quarante-quatre, on peut entendre : son nom est *étendeur*. Si le caractère essentiel du christianisme est l'ascension, comme le rappelait Mickiewicz en disant : « Montez, montez toujours, voilà tout l'enseignement de Jésus, » le caractère essentiel de la troisième ère religieuse est l'extension, selon les besoins de ce temps qui sont d'étendre chaque jour davantage l'application politique et sociale de la religion.

Je ne saurais affirmer que mon père ait précisément songé à ces déductions ; mais j'ai tenu à indiquer comment un homme versé dans les saintes Écritures et habitué aux conceptions spirituelles peut lire le nombre 44 sans difficulté, soit qu'en se reportant à la Bible il y retrouve un « engendreur de héros, » soit qu'en considérant la racine du mot il entrevoie le caractère « universalisateur. »

Ce qui est certain, c'est que mon père a eu conscience de la vertu du nombre quatre. Il n'ignorait point l'honneur dans lequel était tenu le nombre quatre par Pythagore, qui avait apporté de l'Orient l'antique doctrine de la puissance des nombres, y voyant « une loi mystérieuse. » L'âme lumineuse des dieux de l'Orient brille dans les théories de Pythagore : l'harmonie de ses nombres est un écho de la lyre d'Apollon coryphée du monde. » (E. Quinet, *Génie des Religions*, liv. VI, ch. v.) A l'époque où il composa les *Dziady*, il lisait saint Augustin et le théosophe Saint-Martin (voy. sa correspondance d'alors). Saint Augustin fait dans son traité de la *Musique*, l'éloge du nombre quatre. « Saint-Martin attachait une certaine idée au chiffre de *quatre* ; il croit avoir eu plusieurs exemples de ce qu'il appelait les *rapports quaternaires* qui ont eu de l'importance pour lui et qui ont marqué dans sa vie d'intelligence : il avait ainsi sa théorie particulière de la religion des nombres. » (*Causeries du Lundi*, par Sainte-Beuve, 16 juin 1854. Vol. I, p. 192.) — M. David Silvagni, en un article de la *Libertà* (Rome, 1er février 1876), sur le culte des anciens pour les morts, après avoir cité ce qu'Hérodote raconte des croyances et coutumes des Égyptiens, rapporte que, selon leur foi religieuse, Osiris, entouré de ses quarante-quatre assistants, préside au jugement de l'âme.

Dans l'Apocalypse, ce beau livre des vérités mystérieuses, cantique d'espoir au milieu de la douleur, affirmation du triomphe en ace du martyre, vision d'un genre humain tout entier peuple de Dieu et d'un monde qui n'est plus sujet à la mort, il est écrit :

« Celui qui vaincra, j'en ferai une colonne dans le temple de mon Dieu, et j'écrirai sur lui le nom de mon Dieu et le nom de la cité de mon Dieu, qui est la nouvelle Jérusalem, et mon nom nouveau. » (III, 12.)
— « Je vis le ciel ouvert, et voici un cheval blanc ; et celui qui était monté dessus était appelé Fidèle et Véritable, qui juge et combat justement. Et ses yeux étaient comme une flamme de feu ; il y avait sur sa tête plusieurs diadèmes, et il portait un nom écrit que personne n'a connu que lui seul. Il était vêtu d'une robe teinte dans le sang ; et son nom est la Parole de Dieu... La bête fut prise et avec elle le faux prophète, et ils furent tous deux jetés dans l'étang de feu » (XIX, 11, 12, 13, 20). — Puis je vis un nouveau ciel et une nouvelle terre... Et moi Jean, je vis la sainte cité, la nouvelle Jérusalem qui descendait du ciel d'auprès de Dieu, parée comme une épouse... Elle avait une grande et haute muraille, avec douze portes, et aux portes douze anges, et des noms écrits sur elles qui sont les noms des douze tribus des enfants d'Israël. Et la muraille de la cité avait douze fondements, et les noms des douze apôtres étaient écrits dessus. La cité était bâtie en carré, et sa longueur était aussi grande que sa largeur, douze mille stades. La muraille était de 144 coudées, de la mesure du personnage, c'est-à-dire de l'ange » (XXI, 1, 2, 12, 14, 16, 17). — Cent quarante-quatre mille était également le nombre de ceux qui étaient marqués du signe du Père pour être les prémices bénies de l'Éternel sur la montagne de Sion, douze mille par chacune des douze tribus d'Israël, c'est-à-dire le carré de 12, comme l'était la mesure de la cité sainte, et le nombre de l'ange. » (Voy. ch. XIV, 1, 4 ; VII, 3-8.)

Quand Adam Mickiewicz dit que le futur sauveur, échappé au nouveau massacre des Innocents, aura dans les veines le sang des héros d'autrefois, en même temps qu'il sera fils d'une étrangère, cela peut signifier que, Polonais par son père et d'une autre race par sa mère, il sera tout à la fois national et humanitaire. Abordant le même sujet devant le public du Collége de France, Adam Mickiewicz affirmait que le berceau de l'esprit nouveau était marqué dans la Pologne, en raison de sa longue et épouvantable passion : « Rappelez-vous, s'écriait-il, ces paroles du poète et prophète polonais Brodzinski, que « le plus puissant génie du globe « épousa la plus malheureuse de toutes les nations. » Il parlait du génie napoléonien et de la Pologne. Devinez alors quel esprit doit naître d'un tel mariage. » (Leçon du 1er juillet 1842, *Slaves*, III, p. 366.)

Les trois fronts et les trois visages veulent dire que l'Homme attendu verra d'une égale clarté le passé, le présent et l'avenir, portera dans sa pensée la tradition des deux antérieurs Testaments de l'Humanité et la vision du troisième Testament. Mon père répétait fréquemment que celui qui était destiné à agir sur le monde devait porter en soi le triple esprit d'Israël, France et Pologne, et que son action devait s'étendre à tous les continents. Par lui sera dompté l'esprit du mal, et en premier lieu, par conséquent, renversées en Europe les trois couronnes de la trinité satanique. Mais lui-même sera sans couronne, car ce n'est point pour régner qu'il combattra, mais par la puissance spirituelle qu'il vaincra. Aussi sa vie sera-t-elle la plus douloureuse. Il souffrira pour son peuple et pour les autres peuples. Toutes les nations se reconnaîtront en lui.

Mon père avait déjà dit (*Dziady*, III° partie, scène II) : « Mon âme est incarnée dans ma patrie ; j'ai fait entrer dans mon corps toute l'âme de ma patrie !... Moi, la patrie, ce n'est qu'un. Je m'appelle *Million!* car j'aime et je souffre pour des millions d'hommes. Je regarde ma patrie infortunée comme un fils regarde son père livré au supplice de la roue ; je sens les tourments de toute une nation comme une mère sent dans son sein les souffrances de son enfant. » — Il ajoute (scène V) que le titre de celui qui est chargé de la mission du salut sera « la nation des nations, » c'est-à-dire que si, pour agir complètement sur son peuple, il lui faut être un homme-nation, il lui faut, pour agir sur toutes les nations, être un homme-nation des nations, ressentir en son âme les souffrances de toutes les nations, les toutes aimer et vouloir les toutes sauver.

Tel doit être le lieutenant sur la terre de la nation crucifiée !

*
* *

Deux curieux exemples de l'importance que deux grands hommes attachaient aux nombres.

Sur le nombre sept, saint Augustin dit : On pourrait s'étendre beaucoup sur la perfection du nombre septenaire. En effet, le septième jour, Dieu se reposa ; Jacob travailla sept ans au bout desquels il posséda Lia qui en sept ans lui donna sept enfants, et encore sept ans pour être uni à Rachel dont la stérilité ne cessa qu'après sept ans ; Pharaon voit sept vaches et sept épis : la manducation du pain sans levain dure sept jours, ainsi que la fête des Tabernacles. (Et, ajouterons-nous, la fête de la Loi vient après sept fois sept jours écoulés depuis la Pâque, comme le Jubilé à chaque fin de sept fois sept années.) Dans le Nouveau Testament, Jésus passe sept ans en Égypte, reste sept heures sur la croix, y fait entendre sept paroles, apparaît sept fois à ses disciples et leur envoie le Saint-Esprit après sept fois sept jours. (Et, ajouterons-nous, il y a sept couleurs, sept tons principaux dans la voix, sept notes dans la musique.)

Après avoir écrit dans sa *Vita Nuova*, « cette dame, cette glorieuse dame de nos pensées, qui fut nommée Béatrix par bien des gens qui ne savaient pas ce qu'ils nommaient en la nommant, m'apparut au commencement de la neuvième année, moi étant presque à la fin de la mienne, » Dante ajoute : « Je dirai comment le nombre *neuf* figure au décès de Béatrix, et puis j'expliquerai de quelque manière pourquoi ce nombre lui fut tellement favori. — Je dis donc que, d'après l'usage de l'Arabie, la noble âme de Béatrix s'en alla à la neuvième heure du neuvième jour du mois. D'après l'usage de Syrie, elle s'en alla le neuvième mois de l'année; car là, le premier mois qui correspond à octobre chez nous, est nommé *Sirim*. D'après notre usage, elle s'en alla dans cette année de l'Incarnation, où le nombre parfait de neuf était neuf fois résolu dans la centaine où elle était venue au monde; or elle était des chrétiens de la treizième centaine. [Béatrix mourut en effet le 9 juin 1290.] Maintenant pourquoi ce nombre de neuf lui fut-il si affectionné? Voici quelle en pourrait être la raison. — Selon Ptolémée et selon les chrétiens, c'est chose vraie que les cieux mobiles sont au nombre de neuf; et c'est l'opinion des astronomes que tous ces divers cieux exercent, ici-bas, le pouvoir qu'ils ont là-haut. Ainsi donc ce nombre neuf serait revenu si fréquemment dans le cours des destinées de Béatrix pour signifier que tous les cieux avaient présidé de concert à sa naissance. — Cette raison est l'une de celles à donner du fait isolé; mais à penser plus subtilement et d'après l'infaillible vérité, Béatrix fut elle-même ce nombre neuf, figurément, veux-je dire, et voici de quelle manière je le prouve : Le nombre trois est la racine de celui de neuf, car il peut par lui-même, et sans autre nombre, donner neuf, étant chose manifeste que trois fois trois font neuf. Si donc, d'un autre côté, trois est par lui-même le facteur de neuf, et si d'un autre côté la Triade, c'est-à-dire, le Père, le Fils et le Saint-Esprit, est le facteur des prodiges, Béatrix aura été sous l'influence du nombre trois, pour signifier qu'elle était un *neuf*, c'est-à-dire, un prodige dont la merveilleuse Triade est la vraie racine. —...Peut-être y aurait-il des raisons plus subtiles à donner de la chose en question. Mais celle que je viens d'en donner est celle que je comprends et qui m'agrée le plus. » (Voy. *Dante et les origines de la langue italienne*, par Fauriel, I, p. 382.)

Entre autres exemples de l'estime dans laquelle le nombre *neuf* était tenu chez les anciens comme chez les modernes, on peut noter que, dans la Rome de la République et de l'Empire, il y avait les *novendiales*, c'est-à-dire les banquets funèbres donnés le neuvième jour en l'honneur du mort, et que, dans la chrétienté, il y a les neuvaines ou prières qui durent neuf jours. Les Grecs honoraient l'art dans la personne des neuf Muses.

— Napoléon, à Sainte-Hélène, disait un jour à Las Cases, en lui parlant de cette merveilleuse campagne de France, en 1814, où presque chaque journée était marquée par une victoire, telle que Champaubert, Montmirail, Craonne, Montereau : « Ceux qui avaient à nous combattre m'avaient alors surnommé, dit-on, le *Cent-mille-hommes*. La rapidité, la force de nos coups leur avaient arraché ce mot ; le fait est que nous nous étions montrés admirables ; jamais une poignée de braves n'accomplit plus de merveilles. » (*Mémorial*, édit. 1824. III, p. 63.)

Une autre fois, en apprenant la mort de l'un des hommes qui lui avaient été le plus dévoués (Salicetti), il disait devant O'Meara : « Il valait, à lui seul, une armée de cent mille hommes. » (*Napoléon en exil*, II, p. 369.)

C'est dans le même sens qu'Adam Mickiewicz disait, en 1853 : « Maintenant pour renverser l'Empire, il faudrait valoir trente-quatre millions d'hommes. »

— Dans la franc-maçonnerie, on dit des frères, selon le degré de leur initiation, qu'ils sont un 3, un 9, un 18, un 33.

— Nous venons de voir que Dante disait de sa bien-aimée qu'elle était un *neuf*, et que, tandis que Soliman le Magnifique était appelé « l'accomplisseur du nombre *dix*, » Napoléon était surnommé le *Cent-mille-hommes*. Un commentateur de la *Divine Comédie* note que Dante désigna le sauveur de l'Italie par le chiffre de 515, comme saint Jean désignait l'Antechrist par le chiffre de 666. Qu'y a-t-il donc d'étonnant à ce que Mickiewicz ait désigné par le chiffre 44 le sauveur de la Pologne et des autres nations ?

L'emploi des chiffres n'est pas plus singulier en métaphysique religieuse que dans les formules algébriques ou médicinales, qui ne sont comprises que par les initiés, et qui ne prêtent à rire qu'aux ignorants. Chacun même trouve naturel et prudent que la médecine parle une langue à part. Hélas ! il y a telle connaissance morale qui peut, aux mains des méchants, devenir un instrument de mort, comme la science des poisons, si elle était répandue sans discernement, pourrait aider au crime plus qu'à la guérison. C'est ce qui faisait dire à Jésus : qu'il ne faut point jeter de perles aux pourceaux ; et au philosophe : que, s'il avait la main pleine de vérités, il se garderait bien de l'ouvrir. Et c'est pourquoi aussi Adam Mickiewicz disait : « Il est des vérités que le sage exprime devant tout le monde, d'autres qu'il confie à l'oreille de ses amis, d'autres encore qu'il ne dit qu'à lui-même, d'autres enfin qu'il n'ose même pas se dire à lui-même. » (Paroles mises en épigraphe par le comte Xavier Branicki à sa brochure *La Politique du passé et la Politique de l'avenir*. Paris, 1876.)

— En définitive, Adam Mickiewicz, par la formule dont il se servit dans les *Dziady*, affirmait sa croyance à la nécessité des grands hommes pour conduire et sauver les nations, comme Dante l'avait fait avant lui par la formule dont il se servit dans la *Divine Comédie*. Et le passage suivant de Victor Hugo montre une fois de plus que la France et la Pologne communient dans le même esprit et sont dans la même attente :

« On peut dire que la France, depuis deux siècles, nourrit le monde du lait de ses mamelles. La Grande Nation a le sang généreux et riche et les entrailles fécondes...; il ne lui manque ni des Mirabeau pour commencer ses révolutions ni un Napoléon pour les finir. La Providence ne lui refusera certainement pas le grand homme social, et non plus seulement politique, dont l'avenir a besoin. » (Préface aux *Mémoires de Mirabeau*, 1834.)

***

> ... Pendent opera interrupta, minæque
> Murorum ingentes !

Ce que Virgile disait de Carthage ébauchée, on peut le dire des *Dziady* de Mickiewicz. Maintes fois, de simples fragments d'ouvrages ont exercé plus d'influence qu'un ouvrage complet. Le *Contrat social* de Jean-Jacques Rousseau n'était, lui-même l'a raconté, qu'une partie d'un grand ouvrage qu'il avait conçu et qu'ensuite il abandonna : or, peu de livres politiques ont eu une action aussi considérable et aussi prolongée. En fait de poésie, tout dépend de la quantité divine qui y est renfermée.

Adam Mickiewicz aurait bien pu finir les *Dziady* ; mais il ne voulait pas finir quand même. Il se régla toujours sur son inspiration : jamais il ne la força ni ne la contrefit. La *Divine Comédie* a été achevée ; mais plus d'un chant sent l'étude. Le *Faust* a été achevé ; mais si Gœthe a pu dire de son *II° Faust* qu'il y avait mis des secrets à désespérer bien des recherches, il est vrai d'ajouter, toute belle que soit cette continuation du poème, qu'il y a plus d'érudition que d'inspiration. Edgar Quinet a songé à représenter dans *Ahasvérus* la douleur de l'Humanité au travers des siècles, comme Adam Mickiewicz les douleurs de sa nation ; mais, s'il y a des pages délicieuses écrites avec le sang de son cœur, de charmants dialogues tels que celui du banc d'Heidelberg que l'on sent avoir été réellement échangé, combien il y a de pages qui furent écrites moins par intuition que par ouï-dire, qui complètent l'œuvre en unifiant les morceaux, mais aussi la déparent et l'amoindrissent, puisqu'ils ne sont pas à la même hauteur ni ne sont illuminés par les mêmes rayons!

Tous les grands poètes polonais modernes, non pas Adam Mickiewicz seulement, ont compris que, comme le Souverain est soumis à la justice, le poète l'est à l'inspiration. Le *Wenceslas* de Garczynski est inachevé; le *Poète anonyme*, non plus, n'a point fini son œuvre principale. Il avait conçu une trilogie dont il publia les deux dernières parties : La *Comédie infernale* et l'*Aube;* il voulait les faire précéder d'une première partie, dont il n'écrivit qu'un fragment, lequel parut après sa mort sous le titre de *Poème inachevé*, et où son héros, le comte Henri, c'est-à-dire lui-même, est guidé au travers du monde par Alighieri, c'est-à-dire Dante, comme Dante le fut par Virgile à sa descente en enfer.

Adam Mickiewicz n'a rien imprimé qui ne provînt de l'inspiration. Il a travaillé ses pensées, ainsi qu'il l'écrivait à Garczynski; mais si, par la concentration de son âme, il arrivait à produire sur le poème dont il s'occupait la plus forte lumière qui fût en lui, il n'y retouchait plus ensuite,— tandis que Chateaubriand remania plusieurs fois ses œuvres, notamment *Atala*, et que Manzoni récrivit (1842) ses *Promessi sposi* pour en toscaniser la diction: Shakespeare lui-même, dit-on, refit son *Hamlet*, dont il augmenta la terribilité.

Le respect d'Adam Mickiewicz pour son inspiration et pour la pensée qui a mûri cette inspiration, impose la loi de ne pas intercaler dans les œuvres qu'il imprima ce qu'il n'y comprit pas lui-même, mais de l'éditer à part; de s'en tenir au texte adopté par lui et d'être en garde contre les variantes qu'il n'a point sanctionnées par sa propre publicité.

*
* *

Dans les dernières années de sa vie, mon père, à qui un jeune ami demandait pourquoi il n'avait pas publié la première partie des *Dziady*, répondit qu'il l'avait égarée; et comme celui-ci lui dit : Ne pourriez-vous la refaire? il sourit en répliquant : Il faudrait se retrouver sous la même inspiration.

Le fait est qu'un jour un portefeuille étant tombé, un compartiment secret s'ouvrit par l'effet du choc; et mon père, qui avait oublié que ce portefeuille avait un tel compartiment, en retira, à sa grande surprise, un manuscrit de la première partie des *Dziady*. Ce manuscrit contient de simples fragments. En a-t-il existé un autre complet? Je l'ignore; mais c'est peu probable. Celui-ci a l'air de n'être qu'un premier jet, et de remonter à une époque antérieure à la publication des parties II⁰ et IV⁰, c'est-à-dire antérieure à 1823, et peut-être même à 1819, année où il publia *Zywila*. On aura remarqué que, dans la ballade du jeune homme enchanté, il est question du héros Poray et de son amante Marylla : sans doute l'auteur n'avait pas encore arrêté le nom qu'il donnerait à l'héroïne de sa première légende lithuanienne. Le vers « Ames rapetissées ou plutôt squelettes sans âmes » du monologue de Gustave semble un premier essai du vers célèbre qui commence l'*Ode à la Jeunesse* : « Sans cœur, sans âme, ce sont des peuples de squelettes. »

La première partie, telle que nous la possédons, se compose de quatre scènes ou tableaux : d'abord la rêverie de la Jeune fille qui soupire après celui dont l'âme-sœur complétera la sienne ; puis le départ du Vieillard pour la fête des *Dziady*, avec son petit-fils qu'il bénit, et à qui il fait chanter sa ballade de prédilection; la marche du Guslar, de la foule qui fait chœur et des jeunes gens vers le lieu de la fête; la promenade de Gustave qui, oubliant la chasse, s'égare en chantant, et fait la rencontre du Chasseur Noir qui lui offre un pacte...

La jeune fille romanesque de la première scène est la même que nous retrouverons jeune femme à la fête funèbre de la deuxième partie. Ici elle se présente à nous d'abord sous l'impression de la lecture de *Valérie*, qui correspond à ses propres sentiments. L'amie de l'empereur Alexandre I⁰ʳ, madame de Krüdner, a publié en l'an XII son roman de *Valérie* assez oublié aujourd'hui, mais qui fit grand bruit à son apparition, et surtout lors de la haute faveur, influence et célébrité de l'auteur en 1815. La passion du héros de ce roman, qui s'appelle Gustave, n'est point partagée et il en meurt. C'est visiblement ce roman qui fit qu'Adam Mickiewicz a choisi le nom de Gustave pour le héros des *Dziady*, soit à cause de la prédilection qu'eut pour ce roman la jeune fille de son premier amour, soit en raison d'une certaine similitude des situations.

A la scène de la Jeune fille qui aspire à la vie, succède la scène du Vieillard qui appelle la mort, si grand est le vide qui s'est fait autour de lui par la disparition successive de tous ceux qu'il a aimés; — qui se plaît, non dans la société des vivants, mais au cimetière, entre les ombres des trépassés; — et qui demande à Dieu la grâce que son petit-fils meure jeune. Tandis que la Jeune fille cherche dans les romans du jour l'analyse de ses sentiments, de ses pensées et de ses désirs, le Vieillard aime à bercer son esprit de vieilles ballades, surtout de celle de ce jeune homme qui, en apercevant que deux cents ans se sont écoulés depuis son enchantement, que les héros qu'il a admirés dans sa patrie sont morts, et qu'il n'existe plus sur terre aucun de ceux qu'il a connus, dédaigne de revenir à la vie et préfère se pétrifier tout entier.

Pour célébrer les *Dziady*, il faut échapper à l'œil du seigneur et du prêtre : les vivants sont sur le domaine du seigneur et le cimetière est sous la puissance de l'Eglise ; mais les morts obéissent à la voix du Guslar. Le chœur des jeunes gens invite, d'une part, la Jeune veuve à sécher ses larmes et à sourire aux vivants, et, de l'autre, le Vieillard à ne point se consumer dans le regret du passé, mais à enrichir les jeunes du trésor de ses conseils, à chercher les morts parmi les vivants. Appel du Guslar, qui engage à le suivre tous ceux qui ont souffert, dont l'âme est malade de désillusions ou tourmentée de rêveries ; mais il enjoint aux jeunes gens de s'arrêter à mi-chemin, car celui qui erre parmi les tombes ne retrouve plus le chemin du monde, et qui s'enivre de la solitude est perdu pour l'action.

Voici Gustave. Il ne rêve point comme la Jeune fille, en lisant au fond d'un appartement solitaire : il rêve en chantant dans les bois, le fusil sur l'épaule. Il est atteint du même mal. Au milieu du vague de ses rêveries, il est dominé par le besoin d'aimer : « O fille mystérieuse de la solitude, où es-tu?... Tes accents m'entr'ouvriraient les cieux... Où te chercher? Sois à moi, je renoncerai au monde. » Apparaît le Chasseur Noir, qui offre ses services, et qui annonce au Jeune Homme qu'il y a au-dessus de lui certaine créature qui ne le perd pas des yeux et qui veut lui rendre visite sous forme humaine, pourvu qu'il tienne inviolablement ce qu'il aura promis. — Ne m'approche pas, s'écrie Gustave...

C'est le dernier mot du manuscrit.

Notre héros débute, comme celui de la *Divine Comédie*, par s'égarer dans une forêt, mais avant d'avoir vécu, — et comme celui de *Faust* par pousser un soupir d'amour, mais avant de s'être exténué dans les bouquins. Il est tout exubérant de vie, en même temps qu'il est éclatant de virginité. Aussi repousse-t-il avec dégoût l'aide de Satan. Il ne recourra point à l'art méphistophélique : il s'en remet à ses propres efforts et à la grâce de Dieu. Peut-être il échouera, sans doute il souffrira. Mais il ne s'abaissera ni ne s'avilira.

Les premiers *Dziady* sont le livre de la douleur individuelle, les nouveaux *Dziady* sont le livre de la douleur nationale, tous deux sont basés sur le martyre. C'est par le mérite du martyre, par ses saintes épurations, qu'est poursuivie l'union des âmes-sœurs individuelles, l'union des âmes-sœurs nationales.

Les premières pages des *Dziady* concordent avec les dernières.

A de longues années d'intervalle, la pensée de l'auteur est demeurée la même, si forte était son unité morale et si fixe fut son but de vie.

Les amis du génie d'Adam Mickiewicz ne peuvent qu'avoir un réel plaisir à constater que les fragments retrouvés de la première partie des *Dziady*, qui sont manifestement un essai, s'ils n'ont pas la même perfection de forme que les parties terminées et publiées par l'auteur, sont du moins à la même hauteur de pensée.

— On se demande parfois si la partie des Premiers *Dziady* qui devait suivre la IIe partie et se placer avant la IVe n'a jamais été au moins esquissée. Mon père n'en écrivit, je crois, pas une ligne; ni il n'y en a trace dans ses papiers ou sa correspondance, ni il n'en a parlé, que je sache. Ce qu'elle devait être, on peut toutefois l'imaginer en se reportant au : « Partout où nous l'entraînons il la suit, » qui termine la IIe partie. Sans doute, c'eût été la peinture de la souffrance domestique de la femme unie à un autre que celui qu'elle aimait; et cette peinture eût fait le pendant de celle de la souffrance de l'homme dédaigné dans son amour, qui forme le sujet de la IVe partie. Et précisément pour cela, elle ne fut pas écrite, car il est plus difficile d'exprimer les sentiments d'autrui que les siens, outre qu'il est extrêmement délicat de faire parler de soi la personne qu'on aime.

* *

« Madame de Krüdner a été jolie, elle a publié un roman, peut-être le sien; il s'appelait, je crois, *Valérie*; il était sentimental et passablement ennuyeux. Aujourd'hui qu'elle s'est jetée dans la dévotion mystique, elle fait des prophéties, c'est encore du roman, mais d'un genre tout opposé. » Ainsi commençait le persiflage badin que M. de Bonald publia dans le *Journal des Débats* du 28 mai 1817 contre celle qui, deux ans auparavant, avait été une sorte de nymphe Égérie de l'empereur Alexandre 1er; il finissait par les mots : « L'Évangile en main, j'oserai lui dire que nous aurons toujours des pauvres au milieu de nous, ne fût-ce que de pauvres têtes. » A quoi une main amie, que Sainte-Beuve croit avoir été celle de Benjamin Constant, répliqua, dans le *Journal de Paris* du 30, que ce jeu de mots final était plus digne de Potier ou de Brunet que d'un chrétien sérieusement pénétré de l'Évangile.

Une telle sortie inconvenante contre madame de Krüdner, dans le temps où, quittant la France pour retourner en Russie, et traversant les États allemands dont les princes successivement l'éconduisaient, elle excitait par sa parole l'enthousiasme des populations, est une confirmation de sa sincérité, comme aussi l'attestation du manque de sentiment religieux chez le grand seigneur qui, en se déclarant le champion de la religion, n'était réellement préoccupé que d'intérêts terrestres, et que par conséquent irritait toute manifestation d'une âme vraiment religieuse.

Adam Mickiewicz, au contraire, parlait de madame de Krüdner avec respect. Il notait : que madame de Krüdner et quelques mystiques, qui entouraient l'empereur Alexandre, prétendaient baser le nouvel ordre de choses sur l'Évangile; que, bien qu'ayant eu tort de confondre la puissance de Napoléon avec celle du génie des ténèbres, ils avaient saisi le côté mystérieux de la lutte entre le Nord et le Midi (*Slaves*, III, p. 274, 281). « Après tout, dit Sainte-Beuve, madame de Krüdner, sous une forme particulière, dans son langage biblique vague, mais avec un sentiment vivant et nouveau, n'a fait autre chose qu'entrevoir à sa manière et proclamer de bonne heure, du sein de l'orage politique, cette plaie du néant de la foi, de l'indifférence et de la misère moderne, qu'avec plus ou moins d'autorité, de génie, d'illusion et de hasard, ont sondée, adoucie, aigrie, déplorée et tourmentée tour à tour ceux qui, en des sens divers, tendent au même but de la grande régénération du monde, Saint-Martin, de Maistre, Saint-Simon, Ballanche, Fourier et Lamennais. (*Notice sur madame de Krüdner*, en tête de la nouvelle édition de *Valérie*. In-18. Paris. 1840, p. XLII.)

Madame Juliana de Krüdner, fille du baron de Vietinghoff et petite-fille du maréchal de Munich, naquit sur les bords de la Baltique, à Riga; elle passa son enfance à la campagne; à quatorze ans, elle fut mariée au baron de Krüdner, son parent, qui, bien que jeune encore, avait un bon nombre d'années plus qu'elle, et qui, ambassadeur pour la Russie dans diverses cours de l'Europe, l'y introduisit : partout elle y ravissait les cœurs sous ses pas. Du même âge à peu près que madame de Staël (laquelle était née en 1766), elle avait vingt ans quand éclata la Révolution française. Elle avait vu, en France, les dernières splendeurs de la monarchie; en 1793, pendant que son mari occupait, en Danemark, son poste d'ambassadeur, elle habitait Leipzig pour l'éducation de son fils; au commencement du Consulat, elle revint à Paris. — *René* y parut en 1801 et *Delphine* en 1802. Madame de Krüdner y publia sa *Valérie* en décembre 1803, sans nom d'auteur : elle l'avait écrite partie à Paris, partie à Berlin, dans la langue française, qui était celle qu'elle préférait, de telle sorte que, tandis que madame de Staël commençait à tourner à l'Allemagne, madame de Krüdner francisait. Le succès de *Valérie* fut prodigieux, en France et en Allemagne, dans la haute société. Gœthe a lui-même exprimé quelque part le regret qu'une femme de ce talent ait passé à la France. (Voyez la *Notice* de Sainte-Beuve, p. VI-XIII, XXVII, XXVIII.)

Madame de Krüdner avait été liée avec Bernardin de Saint-Pierre;

elle admira et connut M. de Chateaubriand. *Valérie* est une sœur de *Virginie*; et Gustave, son héros, est un frère de *René*. Or, René est né de *Werther*, lequel est né du Saint-Preux de la *Nouvelle Héloïse*.

Alors que le Français Saint-Preux s'inquiète et s'irrite de la contradiction qui existe entre les aspirations de son âme et les préjugés du monde, discute avec lui-même et avec autrui, souffre de ne pouvoir trouver l'emploi de ses nobles facultés, maudit l'injuste société qui les lui refuse, et convoque à sa destruction tout ce qu'il y a d'esprits généreux dans l'univers, l'Allemand Werther, en présence d'une science muette à ses interrogations et d'un cœur qui s'est pour toujours fermé à ses transports, isolé, sans action et sans perspective d'avenir, désespère et se tue. René et Valérie apparaissent après cette grande tempête qu'on appelle la Révolution : le gentilhomme français erre dans la foule étrangère comme en « un vaste désert d'hommes, » ne se voit plus sa place dans la société nouvelle, et se laisse aller « au vague des passions ; » la grande dame livonienne se dépite contre le grand monde européen où elle vit et « dont les lois étouffent ces mouvements généreux et aimables par lesquels l'âme s'élève, devient meilleure, et par conséquent plus heureuse ; » Amélie s'est ensevelie toute vive dans le cloître pour se garer de l'amour illicite qu'elle a conçu pour René, qui est son frère ; Gustave meurt d'amour pour Valérie, qu'il doit respecter comme femme de son bienfaiteur.

Madame de Staël, dans ses *Lettres sur les écrits de Jean-Jacques Rousseau*, imprimées pour la première fois en 1788, après avoir observé que « la donnée d'un précepteur qui séduit sa pupille est prise de l'ancienne Héloïse », estimait que « toute la moralité du roman de Rousseau (la *Nouvelle Héloïse*) est dans l'histoire de Julie, et qu'il n'a songé à peindre Saint-Preux que comme le plus passionné des hommes. » « Son ouvrage est pour la femme, continue-t-elle ; c'est pour elle qu'il est fait, c'est à elle qu'il peut nuire ou servir. » Et elle ajoute : « Je voudrais que Rousseau n'eût peint Julie coupable que de la passion de son cœur. » — Dans ses considérations sur la *Littérature* (1800), parlant de l'immortel roman de Gœthe, dans lequel elle voyait le livre par excellence des Allemands, elle disait : « Cette maladie de l'âme, qui prend sa source dans une nature élevée, et qui finit cependant par rendre la vie odieuse, est parfaitement décrite dans *Werther*... Le caractère de Werther représente dans toute sa force le mal que peut faire un mauvais ordre social à un esprit énergique ; il se rencontre plus souvent en Allemagne que partout ailleurs. On a voulu blâmer l'auteur de *Werther* de supposer au héros de son roman une autre peine que celle de l'amour, de laisser voir dans son âme la vive douleur d'une humiliation et le ressentiment profond contre l'orgueil des rangs, qui a causé cette humiliation; c'est, selon moi, l'un des plus beaux traits de génie de l'ouvrage. Gœthe voulait peindre un être souffrant par toutes les affections d'une âme tendre et fière; il voulait peindre ce mélange de maux qui seul peut conduire un homme au dernier degré du désespoir. Les peines de la nature peuvent laisser encore quelque ressource : il faut que la société jette ses poisons dans la blessure pour que la raison soit tout à fait altérée et que la mort devienne un besoin... Il n'y a que Rousseau et Gœthe qui aient su peindre la passion réfléchissant, la passion qui se juge elle-même et se connaît sans pouvoir se dompter. »

La double réflexion de madame de Staël n'était pas ignorée de madame de Krüdner; et il semble qu'elle ait voulu y répondre en faisant Valérie non coupable et en donnant à Gustave la force de se dominer et de fuir la tentation.

« La situation de ce roman (*Valérie*) est simple, la même que dans *Werther* : un jeune homme qui devient amoureux de la femme de son ami. Mais on sent ici, à travers le déguisement et l'idéal, une réalité particulière qui donne au récit une vie non empruntée. Werther se tuerait, quand même il n'aimerait pas Charlotte; il se tuerait pour l'infini, pour l'absolu, pour la nature; Gustave ne meurt en effet que d'aimer Valérie. La naissance de cet amour, ses progrès, ce souffle de tous les sentiments purs qui y conspirent, remplissent à souhait toute la première moitié : des scènes variées, des images gracieuses expriment et figurent avec bonheur cette situation d'un amour orageux et dévorant à côté d'une amitié innocente et qui ignore... Le portrait de Valérie elle-même revient, repasse sans cesse, dans toutes les situations, dans toutes les poses, souriant, attristé, mobile et comme amoureusement répété par mille glaces fidèles. — La seconde moitié offre quelques défauts qui tiennent au romanesque : je crois sentir que l'*invention* y commence. La fin, en effet, de ces romans intimes puisés dans le souvenir n'est guère jamais conforme à la réalité. Ils sont vrais à moitié, aux trois quarts; mais il faut les continuer, les achever par l'idéal, ce qui exige une attention extrême, pour ne pas cesser de paraître naturel. Il faut faire mourir en toute vraisemblance son héros, tandis qu'il vit demi-guéri quelque part, à Bade ou à Genève. » (Sainte-Beuve, *loc. cit.*, p. XVII, XXI.)

Le prince de Ligne raconte que la princesse Serge Galitzin, n'ayant pu souper chez lui, tant la lecture de *Valérie* l'avait mise en larmes, il voulut lever cet obstacle pour le lendemain, en lui envoyant une fin rassurante où Gustave ressuscite. Il a inséré cette suite de *Valérie* dans ses *Mélanges militaires, littéraires et sentimentaires;* mais ce n'est qu'une plaisanterie d'homme d'esprit. Sainte-Beuve ajoute ce trait de madame de Krüdner, en sa Notice, p. XLVII : « — Mais quoi? répliquait quelqu'un devant qui elle disait que le jeune homme était mort; mais il est à Genève! » « — Oh! mon très-cher, s'écriait-elle avec sa grâce naturelle, s'il n'est pas mort, il n'en est guère mieux pour cela. »

Dans la *Nouvelle Biographie générale* publiée par Didot, sous la direction du docteur Hoefer (Paris, 1861), il est dit que c'est le jeune secrétaire d'ambassade, Alexandre de Stakieff, que madame de Krüdner a représenté dans le personnage de Gustave; et qu'elle composa *Valérie* avant la mort de son mari, arrivée en 1802, mais ne la publia qu'un an après. Sainte-Beuve observe qu'elle a peint son mari dans le personnage du Comte en l'idéalisant un peu. Peut-être le germe de ce roman se trouve-t-il dans la lettre qu'elle écrivit à Bernardin de Saint-Pierre en février 93, et où elle faisait allusion à de grandes douleurs personnelles; la mort d'un père, quelque secret déchirement d'une autre nature peut-être, qui, durant les quatorze derniers mois, avaient porté dans son organisation nerveuse un ébranlement dont elle commençait à revenir. « La fièvre qui me brûlait le sang, disait-elle, a disparu... et l'espérance et la nature descendent derechef sur mon âme soulevée par d'amers chagrins et de terribles orages. » (Sainte-Beuve, *loc. cit.*, p. VIII, X, XI.)

Madame de Krüdner a énoncé elle-même ce qu'elle s'était proposé en écrivant *Valérie*. On lit dans la Préface : « J'ai senti d'avance tous les reproches qu'on pourrait faire à cet ouvrage. Une passion qui n'est point partagée intéresse rarement : il n'y a pas d'événements qui fassent ressortir les situations; les caractères n'offrent point de contrastes frappants; tout est renfermé dans un seul développement, un amour ardent et combattu dans le cœur d'un jeune homme. De là ces répétitions continuelles; car les fortes passions, on le sent bien, ne peuvent être distraites et reviennent toujours sur elles-mêmes : de là ces tableaux peut-être trop souvent tirés de la nature. Le solitaire Gustave, étranger au monde, a besoin de converser avec cette amie; il est d'ailleurs Suédois, et les peuples du Nord, ainsi qu'on peut le remarquer dans leur littérature, vivent plus avec la nature; ils l'observent davantage, et peut-être l'aiment-ils mieux. J'ai voulu rester fidèle à toutes ces convenances; persuadée d'ailleurs que, si les passions sont les mêmes dans tous les pays, leur langage n'est pas le même; qu'il se ressent toujours des mœurs et des habitudes d'un peuple; et qu'en France il est plus modifié par la crainte du ridicule ou par d'autres considérations qui n'existent pas ailleurs. Qu'on ne s'étonne pas aussi de voir Gustave revenir si souvent aux idées religieuses : son amour est combattu par la vertu, qui a besoin des secours de la religion; et d'ailleurs n'est-il pas naturel d'attacher au ciel des jours qui ont été troublés sur la terre? — Mon sincère désir a été de présenter un ouvrage moral, de peindre cette pureté de mœurs dont on n'offre pas assez de tableaux, et qui est si étroitement liée au bonheur véritable. J'ai pensé qu'il pouvait être utile de montrer que les âmes les plus sujettes à être entraînées par de fortes passions sont aussi celles qui ont reçu le plus de moyens pour leur résister, et que le secret de la sagesse est de les employer à temps. Tout cela avait été bien mieux dit, bien mieux démontré avant moi; mais on ne résiste guère à l'envie de communiquer aux autres ce qui nous a profondément émus nous-mêmes. »

Les critiques n'ont vu qu'une « affectueuse indifférence » dans les sentiments de Valérie envers Gustave, mais il y avait plus que cela. « Mon ami, dit-elle au comte son mari, en le conjurant d'aller rejoindre Gustave dangereusement malade et de s'occuper de lui, je crains d'être la cause innocente et malheureuse de l'état de Gustave. Je n'en ai pas de certitude, mais j'ai des soupçons, j'en ai beaucoup... Oh! qu'il a dû souffrir, lui qui est si sensible... qui se reprochait les moindres fautes! » Elle avait senti qu'il fallait laisser partir Gustave, car l'absence est le véritable remède à de tels maux. Elle avait deviné la passion de Gustave, mais, ne voulant point y répondre, elle avait paru ne pas le comprendre, et, quand il était sur le point de parler, elle avait su le contraindre à se taire. « Figurez-vous un instant, lui dit-il enfin, que vous êtes la femme que j'aime.... que j'aime comme aucune langue ne peut l'exprimer... Elle ne répond pas à mon amour; vous ne devez donc point avoir de scrupule... Je ne vous dirai rien; je vous écrirai son nom, et l'on vous remettra, après ma mort, ce nom, qui ne sortira pas de mon cœur tant que je vivrai. Valérie, promettez-moi, si mon repos éternel vous est cher, de penser quelquefois à ce moment et de me nommer, quand je ne serai plus, à celle pour qui je meurs, d'obtenir mon pardon, de répandre une larme sur mon tombeau... » Et alors elle lui donna la moitié d'un bouquet de fleurs d'oranger, en soupirant... Elle se leva précipitamment et gagna la porte de sa chambre; Gustave la suivit, elle lui tendit la main, il y porta ses lèvres... Elle le regarda, et il vit les pleurs qu'elle avait voulu lui cacher; elle tâcha de sourire. « Adieu, dit-elle, Gustave, adieu! » (*Valérie*, p. 230, 231, 180, 185, 188.)

Le nombre est moins rare qu'on ne croit de femmes qui, d'un regard, ou même simplement par la pureté morale de leur personne, savent arrêter un aveu d'amour sur les lèvres d'un amant passionné. Nous avons connu une toute jeune femme, moins heureuse en ménage que ne l'était Valérie et qui était adorée par un jeune vicomte, un homme fort séduisant et beaucoup moins scrupuleux que Gustave, et qui, se sentant aimée, mais étant guidée par un haut sentiment du devoir, eut la force de se dominer assez et de lui imposer assez pour que, dans de longs tête-à-tête, et durant des années, jamais il n'osât lui parler d'amour.

Valérie est plus pure que Julie et qu'Amélie ; car elle n'a péché ni par ses lèvres ni par son cœur. Et Gustave est plus moral que Saint-Preux et que Werther : car ni il ne s'est, comme l'un, abandonné à sa passion, ni il ne s'en est, comme l'autre, affranchi par la mort: mais son âme s'est brisée dans la lutte.

La donnée du jeune homme et de la jeune fille des *Dziady* est supérieure, car l'amour est partagé et avoué, et cet amour, né quand tous les deux étaient libres, n'a pas cessé d'être chaste quand Marie n'a plus été libre ; mais le nouveau Gustave a la force d'ensevelir tout un passé en son âme et de se transfigurer.

En définitive, si *Paul et Virginie* est un livre excellent pour l'adolescence, et que ne lira jamais sans fruit ni jeune homme ni jeune fille, car ils y trouvent l'exemple de la chasteté dans l'amour, même quand il n'a que Dieu pour témoin, — *Valérie* mérite d'être lu et médité par les jeunes femmes mariées, car elles peuvent y voir comment on échappe au péril de l'amour non permis, en mettant en pratique le proverbe : qu'il ne faut point jouer avec le feu. Et les *Dziady* sont un précieux enseignement pour le jeune patriote, qui ne doit jamais méconnaître cette double vérité : que l'on ne saurait édifier sur une coupable vie individuelle une utile vie publique, et que le meilleur refuge contre les souffrances d'un cœur méconnu est le sein de la patrie.

X. Marmier, qui a fait une étude sur madame de Krüdner (*Revue germanique*, juillet 1833), a relevé dans *Valérie* plus d'une pensée profonde et religieuse, telle que celles-ci : « La beauté n'est vraiment irrésistible qu'en nous expliquant quelque chose de moins passager qu'elle, qu'en nous faisant rêver à ce qui fait le charme de la vie au delà du moment fugitif où nous sommes séduits par elle ; il faut que l'âme la retrouve, quand les sens l'ont assez aperçue. » — « Qu'est-ce qui produit cette foule de vices qui nous blessent sans cesse? C'est que l'indifférence pour le bien est la plus dangereuse des immoralités. »

Il a été remarqué avec raison que, dans le ton de *Valérie*, il y a déjà le sérieux que madame de Krüdner mettra, quelques années plus tard, dans ses prédications. On peut également observer qu'Adam Mickiewicz eut, dès ses premiers *Dziady*, le ton qu'il porta dix ans après dans le *Livre des Pèlerins polonais* et vingt ans après dans les Leçons du Collége de France.

Entre autres passages de *Valérie*, en voici deux dont la similitude avec des passages de la première et de la quatrième partie des *Dziady* n'échappera à personne. D'abord ce fragment du journal de la mère de Gustave : « Gustave a quinze ans... Il se promène souvent seul... Hier il revenait d'une de ses promenades solitaires : « Gustave, lui ai-je dit, tu es trop souvent seul à présent. » — « Non, ma mère, jamais je n'ai été moins seul. » Et il a rougi. — « Avec qui es-tu donc, mon fils, dans tes courses solitaires? » Il a tiré Ossian, et, d'un air passionné, il a dit : — « Avec les héros, la nature et.... » — « Et qui, mon fils? » Il a hésité... Puis il a ajouté en baissant la voix : — « J'ai été avec un être idéal, charmant; je ne l'ai jamais vu, et je le vois pourtant; mon cœur bat, mes joues brûlent; je l'appelle; elle est timide et jeune comme moi, mais elle est bien meilleure... Oh! comme je saurais aimer! bien, bien au delà de la vie! et je la forcerai à m'aimer de même... » Puis, après un moment de silence, il a ajouté : « Un de nos hommes les plus étonnants, les plus excellents, Swedenborg, croyait que des êtres qui s'étaient bien, bien aimés ici-bas, se confondaient après leur mort et ne formaient ensemble qu'un ange : c'est une belle idée, n'est-ce pas, maman ?» — Et ce cri de Gustave après le départ de Valérie : « Elle est partie... Il me semble que je traîne après moi des siècles dans ces espaces qu'on nomme des jours... Je me sens mort au dedans de moi, quoique je marche et que je respire encore. Il semble qu'un ouragan ait passé au dedans de moi et y ait tout dévasté; et cet amour, qui crée des enchantements, n'a laissé après lui pour moi qu'un désert. » (*Valérie*, édit. Paris, 1840, p. 260-261 et 115-116.)

Cette chaste conception de l'amour immortel, qui fait le parfum suprême des premiers *Dziady*, avec cette forte foi que celui qui sait souffrir pour son amour plutôt que de le ternir se mérite par delà la tombe l'union prédestinée, tandis qu'une possession illicite sur cette terre est punie après cette vie-ci par une durable séparation, nous l'avons déjà dans *Valérie :* « Si j'ai offensé ce Dieu qui te créa à son image, prie pour moi, » lisons-nous dans la lettre posthume de Gustave à celle pour laquelle il meurt et à laquelle il ne confesse son amour que d'outre-tombe... « Surtout, femme céleste! ne te reproche rien ; ne crois pas que tu eusses pu me faire éviter cette passion funeste... Je t'aimais comme je respirais, sans me rendre compte de ce que je faisais. Tu étais la vie de mon âme : longtemps elle avait langui après toi, je ne vis que ta ressemblance, je ne vis que cette image que j'avais portée dans mon cœur, vue dans mes rêves, aperçue dans toutes les scènes de la nature, dans toutes les créations de ma jeune et brûlante imagination. Je t'aimais *sans mesure*... Adieu, ma Valérie! tu es mienne par la toute-puissance de ce *sentiment* qu'aucun être n'a pu éprouver comme moi. » — Touchante également est la lettre posthume de Gustave à son ami d'enfance : « L'amitié ne meurt pas... Ce n'est pas le bonheur que je désire le plus pour toi; garde ton âme : c'est un si grand bien que, dusses-tu l'acheter par de vives souffrances, il ne serait pas assez payé. » (*Valérie*, p. 224-225, 272-273.)

Lors de la visite que, au Lido, Valérie, accompagnée de Gustave, fait au tombeau de l'enfant qu'elle a perdu, se trouve exprimée avec une persuasive simplicité la grande pensée de l'immortalité collective : « Nous reverrons les êtres que nous avons aimés et perdus ici-bas. L'amour innocent, l'amitié fidèle, la tendresse maternelle, ne continueront-ils pas dans cette autre vie? Ne le pensez-vous pas, Gustave? me demanda-t-elle avec émotion. — Je le crois, lui répondis-je, profondément ému... et peut-être alors, lui dis-je, des sentiments réprouvés ici-bas oseront-ils se montrer dans toute leur pureté ; peut-être des cœurs séparés sur cette terre se confondront-ils là-bas. Oui, je crois à ces réunions, comme je crois à l'immortalité. » (*Id.*, p. 107.)

Quand, avant de mourir, Gustave confesse son amour, on sent que la mort n'est pour lui que la préparation à de célestes fiançailles : « Pardonnez, dit-il avec un long soupir ; puisque je vous ouvre mon cœur, il faut bien que vous l'y trouviez, elle... Ainsi j'arrivai, continua-t-il d'une voix plus basse, à ce sentiment dont les douleurs valent mieux que les enchantements de ce que les hommes appellent amour. Éclair d'un autre monde, il m'a consumé, mais il ne m'a pas flétri. — J'ai vu le rêve de ma jeunesse passer devant moi, revêtu d'une forme angélique ; il m'a souri, j'ai étendu les bras : la vertu s'est mise entre Valérie et moi, et m'a montré le ciel. — Ne suis-je donc pas heureux, moi qui emporte un cœur pur, des larmes qui me bénissent? Ah! les hommes appellent romanesques ces âmes plus richement douées qui ne veulent vivre que de ce qui honore la vie ; et l'exaltation ne leur paraît qu'une fièvre dangereuse, tandis qu'elle n'est qu'une révélation faite aux âmes plus distinguées, une étincelle divine qui éclaire ce qui est obscur et caché pour le vulgaire, un sentiment exquis de plus hautes pensées qui rend l'âme plus heureuse en la rendant meilleure. — Insensés! ils n'osent demander au ciel du bonheur ; ils demandent à la terre des plaisirs, et le ciel et la terre les déshéritent tous deux. » (*Id.*, p. 249, 250.)

Dans tout le roman de *Valérie*, l'âme domine les sens. La scène de Gustave avec la jeune Vénitienne est pleine de naturel et de charme : il se contient pour ne lui point laisser concevoir un espoir qui serait déçu, de même que plus tard Valérie ne le laisse point lui manifester des sentiments qu'elle ne saurait entendre. Nulle crainte du ridicule ; et, de fait, l'extrême pureté qui rayonne des deux personnages ne permet pas de penser une seconde que l'on puisse faire autrement qu'ils ne font. Chez Gustave comme chez Valérie, même sentiment du vide que les âmes nobles éprouvent dans le monde conventionnel des salons, et même amour de la nature : « Que la nature est belle! s'écrie Gustave mourant ; quel calme elle répand dans tout mon être! Jamais je ne l'eusse aimée ainsi, si je n'avais connu le malheur... Semblable à la religion, elle a des secrets qu'elle ne dit qu'aux grandes douleurs. » (P. 246.)

La lettre testamentaire de Gustave contient ce mot douloureux et touchant : « Si j'ai osé quelquefois rêver à une félicité trop grande sur la terre, c'était en pensant à ce temps où vous étiez libre, où vos regards auraient pu se porter sur moi. » (P. 228.) Et la première scène des *Dziady* (voy. ci-dessus, p. 223) s'ouvre précisément sur cette pensée, à savoir, que la jeune fille, encore libre, soupire après un amour comme celui de Gustave, aussi ardent et aussi pur, mais avec le pressentiment que, si elle rencontre cet amour, elle n'en sera pourtant pas heureuse, car le bonheur dans de telles amours n'est point fait pour cette terre. Le Gustave des *Dziady* aime aussi fortement que le Gustave de *Valérie*. Et « ces cheveux cendrés qui ne peuvent être qu'à Valérie, » ils appartiennent également à Marie. Même douceur, même angélique simplicité chez l'une et l'autre héroïne. « Puissiez-vous marcher dans la vie, en sentant votre âme s'agrandir, » avait dit au premier Gustave une voix paternellement amicale. Il mourut dans la lutte qu'il soutint contre lui-même. Mais il resta pur jusqu'à la fin. Nous retrouvons le même idéal chez le nouveau Gustave; mais, s'il est aussi pur, il est plus fort, il noie ses douleurs personnelles dans les douleurs de sa nation, et son âme s'agrandit dans son amour pour sa patrie.

Un dernier mot sur madame de Krüdner.

Elle reprochait à Napoléon d'avoir, comme général, enrichi son triomphe du dépouillement des musées d'Italie, au lieu de laisser admirer les tableaux et les statues là où ils avaient été inspirés (voy. *Valérie*. p. 142). Elle s'indigna, contre lui Premier Consul, du meurtre du duc d'Enghien. Elle lui en voulut, comme empereur, de ses outrageantes paroles contre la reine de Prusse. Et, après 1814, elle prophétisait qu'il s'échapperait de l'île d'Elbe, et excitait contre lui les empereurs et les rois. — Mais elle aima toujours la France. En 1809, elle se plaisait à s'approprier les paroles de Marie Stuart : « Tant doux pays de France! » Et au commencement de septembre 1815, après avoir assisté à la revue des troupes russes dans la plaine des Vertus, en Champagne, elle s'écria : « Quel cœur n'a pas aussi battu pour vous, ô France! jadis si grande et qui ressortirez plus grande encore de vos désastres!... Dites aux peuples étonnés que les Français ont été châtiés par leur gloire même ; dites aux hommes sans avenir que la poussière qui s'élève retombe pour être rendue à la terre des sépulcres! Et vous, France première, antique héritage des Gaules, fille de saint Louis et de tant de saints qui attirèrent sur elle des bénédictions éternelles, et pensée de la chevalerie, dont les rêves ont charmé l'univers, revenez tout entière, car vous êtes vivante d'immortalité! Vous n'êtes point captive dans les liens de la mort, comme tout ce qui n'a eu que le domaine du mal pour régner ou pour servir. » — Dans les années qui précédèrent la chute de Napoléon, elle visitait dans le duché de Bade les Frères Moraves, et prêchait les pauvres avec l'illuminé Jung Stilling ; et dans les mois qui suivirent Waterloo, elle s'en alla un jour évangéliser les malheureuses femmes de Saint-Lazare, leur parlant des plaies des puissants, se confessant aussi grande pécheresse qu'elles toutes, leur parlant de ce Dieu qui, comme elle disait souvent, « l'avait ramassée au milieu des délices du monde, » pleurant avec elles et provoquant leurs sanglots. — En 1813, elle se crut prédestinée au rôle de Velléda évangélique et de prophétesse du Nord ; en 1815, l'empereur Alexandre quittait furtivement l'Élysée pour aller chez elle plusieurs fois le jour prier avec elle. Mais lorsque l'empereur Alexandre fut retourné en Russie, la vénération pieuse qu'il avait ressentie pour elle se changea en aversion et finit même par la persécution. Elle fut bannie de Saint-Pétersbourg pour s'être déclarée en faveur des Grecs, et elle mourut en 1824, en Crimée, où elle essayait de fonder une espèce d'établissement pénitentiaire. (Notice de Sainte-Beuve, p. XXVIII, XXXIV, 294, XXXIX, XXX, XLV, XXXII, XXXV, XL, LIII.)

Dans une lettre du 10 décembre 1809, adressée de Riga à mademoiselle Cochelet, amie de la reine Hortense, madame de Krüdner, en lui parlant de son nouveau roman *Othilde* et du dévouement chevaleresque du moyen âge, qu'elle y avait tracé, disait : « Oh ! que vous aimeriez cet ouvrage ! Il a été écrit avec le ciel. Voilà pourquoi j'ose dire qu'il y a des beautés. » (Voy., à la suite de *Valérie*, p. 109.) Cette phrase, dans laquelle certains critiques n'ont vu qu'une naïveté, montre que madame de Krüdner n'attachait de prix qu'à l'inspiration. Et cela même explique le cas qu'Adam Mickiewicz fit de *Valérie*.

*

J'ai rappelé ci-dessus, dans une note, p. 230, qu'Adam Mickiewicz dérivait *guslarz* et *gusla* de *koziel*, bouc. J'ajouterai ici qu'il considérait la plupart des superstitions du paganisme comme une dégradation des vérités religieuses, qui eurent chez les Hébreux leur première manifestation. Par conséquent, il ne serait pas impossible de rattacher, quant à sa première origine, la fête polonaise de la commémoration des *Dziady* à la fête juive du souvenir *Yom hazikérone*, qui est aussi appelée *rosch haschana*, c'est-à-dire commencement de l'année, ou premier jour de l'an civil, dans lequel retentit le son du *schofar* ou corne de bélier, comme un appel à l'examen de conscience pendant les dix jours pénitentiels qui suivent et se terminent par le jour de l'expiation ou de *kipour*. *Rosch haschana* est le premier jour du septième mois ou *tisri* et *kipour* le dixième. Or, le jour de *kipour* correspond au jour où Moïse descendit du Sinaï, en rapportant les nouvelles Tables de la Loi avec le pardon de l'Éternel pour le crime de l'adoration du veau d'or. Et, au jour de *kipour*, le grand prêtre, après le sacrifice d'un jeune taureau sur la tête duquel il imposait les mains en confessant ses péchés et ceux de sa famille, puis ceux de la caste sacerdotale, se faisait amener les deux boucs qui étaient pour le public : sur celui que le sort avait destiné à être immolé pour l'expiation des péchés, il confessait les péchés du peuple, et l'autre, il l'envoyait perdre par un messager spécial.

— On peut se reporter à la leçon d'Adam Mickiewicz au Collége de France (21 mars 1843. *Slaves*, IV, p. 280) sur la mythologie lithuanienne. C'est là qu'il y dit : « Le culte domestique, le culte des morts, est commun aux Lithuaniens ainsi qu'aux autres peuples de l'antiquité ; mais nulle part il n'est resté aussi profondément enraciné et aussi pur que dans cette race. » (P. 285.) — Voy. ci-dessus, p. 245.

— Sur le vampirisme, qui semble avoir pris naissance chez les Slaves, voy. le même Cours (Leçon du 16 février 1841. *Slaves*, p. 202-205.)

Jean-Jacques Rousseau a placé la note suivante à la Lettre XI de la VIe partie de la *Nouvelle Héloïse* : « Platon dit qu'à la mort les âmes des justes qui n'ont point contracté de souillure sur la terre se dégagent seules de la matière dans toute leur pureté. Quant à ceux qui sont ici-bas asservis à leurs passions, il ajoute que leurs âmes ne reprennent point sitôt leur pureté primitive, mais qu'elles entraînent avec elles des parties terrestres qui les tiennent comme enchaînées autour des débris de leurs corps. Voilà, dit-il, ce qui produit ces simulacres sensibles qu'on voit quelquefois errant sur les cimetières, en attendant de nouvelles transmigrations... »

— Quant aux esprits (voy. ci-dessus, p. 245), Sigismond Krasinski, dans son roman historique d'*Agay-Khan* (XI), met les paroles que voici dans la bouche de l'ataman Zarucki, qui les adresse à l'ex-tzarine Marina Mniszech, son amante : « Souvent j'ai erré seul dans les grandes forêts, avec les étoiles au-dessus de ma tête ; on entendait des murmures étranges, tantôt dans les halliers, tantôt dans les marécages, tantôt plus haut, parmi les branches des arbres; ce n'était pas le vent, ce n'étaient pas les hurlements des loups, ni le cri aigu des chouettes; mon oreille connaissait bien tous ces bruits-là. C'était quelque chose de léger, d'entrecoupé; cela s'entendait à peine, et pourtant un frisson me parcourait le dos et les épaules comme si des milliers de fourmis y eussent passé; je m'efforçais de voir, je tendais l'oreille, car j'étais curieux d'apercevoir ces créatures de Dieu, supérieures aux hommes, errant par le monde, pour qui la nuit est le jour, qui habitent les tombeaux et volent sur les ailes du vent, toutes vêtues de blanc, avec des yeux brillants comme du bois qui tombe en poussière, silencieuses ou annonçant par des paroles brèves les décrets du ciel, le châtiment, la damnation; parfois aussi, comme on raconte dans le peuple, elles apparaissent au lit du pécheur mourant et lui mettent de terribles pressentiments dans l'âme. »

* * *

Adam Mickiewicz, dans son *Coup d'œil*, dit : «La fête populaire appelée *Dziady*, fête des morts et des évocations... » Dans sa préface polonaise des Premiers *Dziady*, il avait écrit : que « *Dziady* est le nom d'une fête populaire célébrée jusqu'à présent dans plusieurs contrées de la Lithuanie, de la Prusse et de la Courlande, en commémoration des aïeux. » Christien Ostrowski adopta dans sa traduction de 1841 le titre de : *Les Aïeux;* et les étrangers, à sa suite, se sont servis de la même expression qu'ils ont traduite chacun dans sa langue : *Gli Avi*, en italien; *The Antecessors*, en anglais, etc. — Je crois préférable de conserver le terme même de *Dziady*, dont mon père s'est servi lors de la première présentation de son poëme au public français, en 1834.

Dziady veut bien dire : Aïeux ; mais il veut dire quelque autre chose encore ; il s'applique aux trépassés en général. C'est le mot consacré pour désigner la fête elle-même; et la fête est à la fois la commémoration des aïeux, la fête des morts et des évocations, la mise en communication des vivants et des morts.

— *Noël* (qui est l'abréviation populaire du mot *Emmanuel*, lequel fut prononcé lors de l'annonciation de la naissance de Jésus et signifie « Dieu avec nous » (*S. Matth.*, 1, 23), a passé de même sans traduction dans la langue française pour indiquer le jour de fête de cette naissance et les cantiques qui la célèbrent.

— Niemcewicz, dans un *post scriptum* à sa lettre de Londres du 5 avril 1833, écrivait à Mickiewicz: « J'ai traduit en anglais votre belle prière des Exilés polonais et toute la troisième partie des *Dziady*. Je veux la publier; mais j'éprouve de la difficulté avec les éditeurs qui n'accueillent que ce qui a trait directement à l'Angleterre » (*Koresp. Ad. Mick.* 1876, III, p. 178). Ces précieuses traductions, qui n'ont jamais, que je sache, été publiées et qui mériteraient de l'être, doivent se trouver encore parmi les papiers qu'a laissés leur auteur.

— A propos d'un projet de collection dramatique en langue italienne, Mazzini recommandait d'y comprendre « aussi quelques poèmes contemporains, notamment d'exilés polonais, qui, flottant entre le lyrique et le dramatique, semblent, comme des fantômes errant sur les confins des deux mondes, manifester tout à la fois la ruine d'une forme de drame et l'aspiration à une autre forme. » Et il indique en note : « Les *Dziady* de Mickiewicz et la *Comédie infernale* de Krasinski. » (Voyez son article sur le *Drame historique* inséré en juillet 1830 dans l'*Antologia* de Florence, n° 115, et reproduit avec cette remarque en plus dans l'édition milanaise de ses œuvres, 1861, II, p. 271.)

— Le génie d'Adam Mickiewicz est essentiellement dramatique Ses *Confédérés de Bar* n'ont été bien compris que sur la scène : sa troisième partie des *Dziady*, déjà si émouvante à la lecture, impressionnerait tout autrement au théâtre. La représentation en serait d'agencement plus facile que le *Faust*. Reste la difficulté politique : mais de meilleurs jours viendront.

APOLOGÉTIQUE
DU ROMANTISME

PRÉFACE.

Comme on a pu le voir dans le premier volume de ces *Mélanges* (p. 196), par la page d'Adam Mickiewicz que nous avons citée de son Cours au Collége de France (Leçon du 15 janvier 1843. *Slaves*, IV, p. 85), la lutte des *classiques* et des *romantiques* eut en Pologne une portée plus étendue que partout ailleurs.

En effet, tandis que les Allemands se faisaient du romantisme une arme contre l'invasion française et évoquaient l'âme des chevaliers du moyen âge contre la Révolution qui, avec les grandes armées de l'Empire, débordait sur l'Allemagne; et qu'une portion des Français eux-mêmes, en même temps qu'ils opposaient le génie du christianisme soit au culte de la Raison, soit aux essais d'une société sans culte, s'en prenaient à l'imitation des antiques littératures de la Grèce et de Rome pour se grouper, s'exercer et se façonner à l'attaque de l'imitation politique gréco-romaine des comices et des tribuns, des sénats et des empereurs, sauf à retourner ensuite leurs armes, et en France et en Allemagne, contre une décevante Restauration, les écrivains polonais visaient plus haut. Ils proclamaient que le génie seul a droit à conduire les hommes et seulement pendant le temps que son inspiration dure.

Byron, l'Anglais, avait fait sentir la misère morale de ceux qui présidaient aux destinées de son pays et par son pays influaient sur une grande partie du globe. Le Polonais Mickiewicz fit entrevoir ce que l'on doit être pour prétendre à la direction légitime de l'Humanité, littérairement, politiquement ou religieusement.

Au Collége de France, dans sa magnifique Leçon du 13 décembre 1842, Adam Mickiewicz, en affirmant sa foi à une série de révélations, ce qu'il appelait le *Messianisme*, disait : « L'âme la mieux développée est nécessairement chargée de conduire les hommes qui se trouvent sur les degrés inférieurs. C'est le dogme principal du *Messianisme*... Dieu parle par une âme qui a toujours suivi sa loi, qui s'est développée régulièrement en observant les conditions requises par la Divinité, qui a subi ses épreuves et qui enfin s'est initiée à la sagesse... Une âme qui travaille, qui s'élève, qui cherche continuellement Dieu, reçoit nécessairement une lumière supérieure, ce qu'on appelle une *parole;* et l'homme qui l'a reçue devient révélateur... Cette lumière divine, qui n'a besoin que d'un seul homme pour s'annoncer, se développe plus tard, parce que c'est une parole vivante... Elle se prouve par elle-même ;... elle parle et elle se réalise en même temps. » — Puis, s'appuyant de l'exemple de la Vierge d'Orléans, « cette fille paysanne, qui se met à la tête d'une armée parce qu'elle en a reçu l'ordre exprès de Dieu, qui se présente devant les pouvoirs constitués et qui les oblige à suivre l'inspiration, » il disait : « Je crois, et tout me porte à le croire, que les peuples chrétiens marcheront de plus en plus vers la réalisation de l'Évangile et qu'un jour ces âmes privilégiées, qui se trouvent en état de recevoir les inspirations divines, seront appelées à jouer des rôles qui, aujourd'hui peut-être, ne seraient pas encore en rapport avec l'état actuel de la société. » — Et il ajoutait : « La même révélation qui guide les peuples fait marcher aussi leurs littératures... Il existe, dans la sphère littéraire, la même lutte que dans la politique. Comme les codes et les lois entravaient continuellement le développement du christianisme, de même les écoles, les théories, la rhétorique, les journaux, arrêtent, étouffent le développement du génie littéraire. Tout cela agit pour empêcher les hommes de recevoir des révélations. Voilà pourquoi les grands artistes ne sortent presque jamais des écoles, et pourquoi aussi ils s'inspirent toujours de la grande vie qui anime le peuple. » (*Slaves*, IV, p. 19-25).

En résumé, Adam Mickiewicz croyait à une série d'hommes inspirés comme devant être les guides naturels des peuples en matière de religion, de politique et de littérature. Et il était convaincu que l'inspiration deviendrait de plus en plus fréquente, de plus en plus générale, de plus en plus forte. Malgré la piété toute filiale qu'il professait pour le passé religieux, politique et littéraire de l'Humanité, il ne pensait pas que le monde dût s'enfermer dans l'*Art poétique* d'Horace ou de Boileau, le *Corpus juris* des empereurs ou le recueil des canons de l'Église, ni osciller entre le césarisme et la république classique. Mais il demandait que la société fondée sur une parole inspirée vécût de plus en plus d'inspiration ; et il espérait que l'inspiration serait le pain quotidien des peuples.

C'était là l'idéal que le Peuple de Dieu avait entrevu, d'être conduit par des prophètes, par des voyants immédiatement inspirés du Très-Haut, — mais qu'il déserta maintes fois, car cela exigeait un effort difficile et continu : en politique il se fatigua vite de poursuivre cet idéal, puisqu'il contraignit Samuel à lui donner un roi comme l'avaient les autres peuples, c'est-à-dire que, lui aussi, avait hâte de se décharger à toujours sur un chef et sa famille de la responsabilité gouvernementale ; religieusement, il se rebella contre cet idéal, puisque tour à tour enfermé dans de littérales observances ou entraîné vers des divinités étrangères qui flattaient ses passions, il rejetait les appels de l'Esprit vivant et mettait à mort ses prophètes ; littérairement du moins, il est resté fidèle à cet idéal, puisqu'il n'a admis en sa Bible aucune œuvre qui ne fût marquée du sceau de l'inspiration divine ; — seulement sa Bible est depuis deux mille ans pour lui un livre clos.

L'idéal d'Israël est devenu le patrimoine commun de l'Humanité, du Gentil, du Romain, du Barbare comme du Juif. De même que le christianisme, fils de la Judée, dont il étendit à l'univers les Tables de la Loi, repose essentiellement sur la présence réelle de Dieu chez les fidèles, la Littérature Romantique, fille de Rome christianisée, et qui, éclose à la chaleur de l'Évangile, s'est développée d'abord sous l'influence latine, vit de l'Esprit de Dieu qui éclaire tout homme venant en ce monde.

Dans la Grèce antique, les philosophes (φιλόσοφοι), qui font profession d'aimer la sagesse, remplacèrent de bonne heure les sages (σοφοι), qui vivent vertueusement ; et ils substituèrent les inventions de leur intelligence aux révélations de l'âme inspirée des sages. (Voy. *Slaves*, IV, p. 22.) Le même phénomène s'y produisit dans les Beaux-Arts en général et particulièrement dans la littérature : les poètes soumirent leur inspiration aux calculs de leur raison ; on se défiait d'un vol trop élevé et le génie se taillait les ailes ; les œuvres ainsi obtenues furent, il est vrai, des chefs-d'œuvre, mais terrestres ; on pouvait les étudier à l'école et par la patience arriver à les reproduire ; et c'est là, à proprement parler, la Littérature Classique.

Les générations successives devront toujours considérer avec respect les chefs-d'œuvre de l'antiquité, ne fût-ce que pour ne pas déchoir; mais elles doivent s'appliquer à se rendre de plus en plus dignes de recevoir ces hautes inspirations qui, degré par degré, font monter l'Humanité vers le Beau éternel.

Veut-on envisager la question, non plus historiquement, mais en elle-même, alors on voit que, si la lutte des classiques et des romantiques est loin de nous, si les noms changent, pourtant la dualité subsiste, et la lutte ne s'assoupit un moment que pour recommencer plus vive. Les romantiques d'aujourd'hui sont les classiques de demain. A peine le génie fraie-t-il une voie nouvelle, qu'il rencontre d'abord la résistance des possesseurs en titre du domaine littéraire; et quand il a vaincu, il est suivi de la tourbe des imitateurs. Il ne suffit pas à une génération de repasser les sentiers foulés par la génération précédente, si, son pèlerinage achevé, elle renonce à s'élancer au delà.

Byron, dans son *Memento* de Ravenne, a inscrit cette superbe définition que « la poésie est le sentiment d'une antérieure et d'une future existence. » Mais il n'est donné qu'au petit nombre de se souvenir d'où l'on vient et de pressentir où l'on va. Le vulgaire des écrivains ne connaît de l'art que le procédé. Sans pierre de touche pour constater quel est le titre du lingot, il ne sait en apprécier que les guillochures.

Adam Mickiewicz excita tout d'abord, dans la société de Varsovie, la même explosion d'admiration chez les uns et de fureur chez les autres que Byron avait provoquée à Londres. Le public européen était familiarisé avec les noms des présomptueux qui prétendirent accabler Byron sous leurs foudres académiques; la renommée des adversaires de Mickiewicz était circonscrite aux frontières de la Pologne.

Je ne donnerai sur ce débat que les éclaircissements indispensables à la compréhension des articles de l'auteur. L'antagonisme des classiques et des romantiques exista à la même époque en France, où les chefs de file du mouvement littéraire affirmaient que c'était en littérature le même combat qui en politique se livrait entre l'absolutisme et le libéralisme, mais où bien des esprits furent possédés des doutes qu'expriment le Dupuis et le Cotonet d'Alfred de Musset : « Nous crûmes d'abord, fait-il dire à ces personnages, que le romantisme ne s'appliquait qu'au théâtre, et qu'il se distinguait du classique parce qu'il se passait des unités :

c'est clair. Mais on nous apprend tout à coup qu'il y avait poésie romantique et poésie classique, roman romantique et roman classique, ode romantique et ode classique. Que dis-je? un seul vers, un seul et unique vers pouvait être romantique et classique, selon que l'envie lui en prenait. »

Pourquoi, d'ailleurs, tant épiloguer sur la forme, quand c'est surtout le fond qui différait? Dans le duel de la création et de l'imitation, de la vie vraie et de la vie apparente, la victoire n'est jamais longtemps douteuse.

Varsovie, de 1815 à 1830, posséda un aréopage littéraire dont un Sainte-Beuve polonais, M. Lucien Siemienski, a narré la grandeur et la décadence. Il était formé d'un professeur, Louis Osinski, qui ne comprit jamais qu'on pût ne pas se borner à copier Racine et à pratiquer les préceptes de Boileau ; d'un autre savant du même acabit, Dmochowski, qui s'immobilisait dans l'adoration des Grecs; de Kozmian, lequel préparait depuis trente ans des Bucoliques polonaises qui, lors de leur publication, arrachèrent à Adam Mickiewicz ce mot qu'il n'y a pas besoin d'hexamètres pour enseigner à planter des choux et des navets. Un général, François Morawski, complétait cette oligarchie littéraire, dont l'un des centres de réunion était le salon du général Vincent Krasinski, père du *Poète anonyme de la Pologne*, grand homme de guerre tourné au scepticisme sur ses vieux jours. Vincent Krasinski accueillait toutefois aussi de jeunes littérateurs, auxquels Schiller et Byron ouvraient des horizons nouveaux et qui n'attendaient que l'impulsion de Mickiewicz pour s'élancer dans l'arène.

Les premières poésies de Mickiewicz parurent à Vilna en 1822-1823. Le public se les arracha avec avidité. L'aréopage varsovien trouva que les ballades étaient bien populacières, et que *Grazyna* ne rentrait dans aucun genre connu. Trois ans plus tard, les *Sonnets de Crimée* furent excommuniés à cause de leur tour oriental. Revenant sur les *Dziady*, qui débutent par ce vers :

Partout l'obscurité et partout le silence,

le professeur Osinski crut avoir raison du poème en parodiant ce vers par les mots :

Partout l'obscurité et partout la sottise.

Comment voulait-on que l'âme de feu de Mickiewicz, dont les improvisations frappaient de stupeur ses auditeurs à Saint-Pétersbourg, ne se révoltât pas contre ces arrêts ridicules? — « Dans *Don « Carlos*, Posa dit à Philippe II : « Je ne puis être serviteur des « princes, je ne puis distribuer à vos peuples ce bonheur que « vous faites marquer à votre coin. » Quel est le jeune homme, ayant du talent ou non, qui ne se sente battre le cœur à ces paroles? Sans doute, la liberté engendre la licence, mais la licence vaut mieux que la servilité, que *la domesticité littéraire.* » (*Un mot sur l'art moderne*, 1833, par A. de Musset dans *Mél. litt.* 1867, p. 2.)

Plus Mickiewicz grandissait, plus éclatait la petitesse des membres de cette coterie. Vint *Conrad Wallenrod*. La censure, à Varsovie, plus pénétrante qu'eux, sentit la portée politique du poème et défendit d'en rendre compte. Ces burgraves littéraires se réjouirent de cette interdiction! Ils recherchaient, la loupe en main, des provincialismes dans cette création inspirée; et, ne sachant, à la fin, quelle raison opposer à cette marée montante de l'enthousiasme public, qui allait bientôt les submerger, ils s'en prirent à la portée morale du poème.

Un écrivain genevois des plus distingués, M. Albert Réville, dans une étude sur *Le peuple juif et le judaïsme au temps de la formation du Talmud*, émet l'opinion que le livre de *Judith* « a pour but de ranimer le patriotisme et le courage des Juifs en leur montrant, sous le voile d'une fiction romanesque, comment il ne faut jamais désespérer de la patrie juive, puisqu'une simple femme a pu sauver son peuple au temps des guerres contre l'Assyrie. » Tel est aussi le but du poème de *Conrad Wallenrod*. C'est en vain qu'un puissant État se flatte de façonner les populations vaincues à devenir ses dociles instruments : toute sa puissance finit par se briser contre la personnalité d'un obscur enfant de la nation persécutée. Seulement, cet enfant sacrifie et sa vie et son honneur, il sacrifie plus que toutes les joies d'ici-bas : c'est son âme elle-même qu'il jette dans la fournaise. Périsse son âme, pourvu que sa patrie soit sauvée! *Conrad Wallenrod* nous montre qu'un État conquérant a à redouter non pas uniquement les vertus des vaincus, mais jusqu'aux vices qu'il leur inocule. On a voulu élever le wallenrodisme à la hauteur d'un système. L'auteur n'a point eu cette pensée. Il n'est pas permis d'employer de mauvais moyens, même dans un but excellent. Mais le mal évoque le mal, le despotisme engendre la trahison. Si l'ancienne Loi ne ustifiait point Judith de prostituer, ne fût-ce qu'en apparence, ses charmes pour arriver à mettre à mort l'ennemi de son peuple (et, en effet, le livre de *Judith* n'a pas été admis au nombre des livres canoniques juifs, et saint Jérôme l'a traduit du chaldéen, non de l'hébreu), la nouvelle Loi ne saurait amnistier Wallenrod de recourir au mensonge et à la ruse pour délivrer son peuple du fléau des fléaux. C'est la peinture d'un état psychologique auquel la Russie réduit bien des âmes polonaises ; il y a là un réel danger pour la Russie, en même temps qu'un reproche sanglant, car c'est elle qui est coupable du wallenrodisme. Il y a là aussi une douleur de plus pour la Pologne qui suit les ravages de la Russie sur son domaine spirituel. — Au reste, pour bien comprendre la moralité du poème de *Conrad Wallenrod*, il faut ne pas oublier que, s'il porte en épigraphe un mot de Machiavel, la dernière parole que le poète a mise dans la bouche de son héros mourant est une invocation au souvenir de Samson, qui, « en brisant une colonne du portique des Philistins, fit crouler tout l'édifice, et s'ensevelit sous ses ruines. » Or, ce n'était point là une fleur de rhétorique ni une glorification de hasard : car l'exemple de Samson, comme s'il eût obsédé l'esprit du poète, revint deux fois encore dans ses vers, et dans l'*Improvisation* des *Dziady* (IIIᵉ partie, scène II), et dans le *Voyage en Russie* qui fait suite à cette partie (chap. III), ainsi que nous l'avons noté ci-dessus, p. 253, 257.

Adam Mickiewicz perdit patience. Il avait mis, en tête de la première édition de ses œuvres en 1822, une Étude sur la poésie romantique ; il mit, en tête de l'édition de 1829, sa réponse aux critiques de Varsovie. Il pouvait dire comme Byron : « J'ai appris à me rire des décrets empesés d'un critique pédant et à le rouer vif sur la roue qu'il m'avait préparée. » Cependant Mickiewicz eut plus de dédain mais moins de colère que le poète anglais. Le fiel domine dans la réplique de l'un et la bonhomie dans la réplique de l'autre. Mon père avait fait sien cet axiome de la mère de Gœthe : que « la poésie existe pour sauver ce qui est noble, simple et grand, des griffes du bourgeois ; que tout était poésie à son origine, et que le poète est destiné à faire reparaître cette poésie première, parce que les choses ne s'éternisent que par elle. »

« J'ai visité la Crimée, écrivait de Moscou, le 7 janvier 1827, Adam Mickiewicz à notre grand historien Joachim Lelewel, alors à Varsovie. J'ai vu l'Orient en miniature. Ce que ma mémoire en a gardé se trouve dans les *Sonnets,* qui vous sont déjà parvenus sans doute et sur lesquels j'attends avec impatience votre opinion personnelle. J'ai lancé les *Sonnets* comme une reconnaissance. De même qu'après les *Chants populaires,* j'ai eu la hardiesse de faire paraître les *monstrueux Dziady* (1), si les *Sonnets* sont bien accueillis j'ai l'intention de composer quelque chose de plus étendu dans le style oriental. Si, au contraire, ces minarets, ces namaz, ces irans et autres sons non moins barbares ne trouvent pas grâce auprès de l'oreille délicate des classiques, si... je dirais avec Krasicki que je m'en affligerai, mais continuerai d'écrire. — En attendant, bien que je me sois plongé dans Hammer et que je me prépare à attaquer les *Indes* de Schlegel, je n'oublie point la Lithuanie. Une légende de l'époque des Chevaliers Teutoniques sur Wallenrod est achevée, et vous l'aurez sous peu. »

Autre lettre du 7 août suivant : « Vous êtes bien bon, mon honorable ami, d'avoir collectionné les critiques des *Sonnets.* A dire vrai, je les avais toutes prévues : les dames sentimentales ont condamné mes sentiments trop terrestres, les salons mes expressions d'antichambre, les savants mon tartarisme et mes fautes de grammaire. Chacun de ces péchés grammaticaux avait été prémédité ; et je ne me laisserai pas de sitôt aller au repentir. Peut-être me corrigerai-je plus tard ; mais, quant à présent, je dois obéir à mon oreille et me fier à elle. Ce dont je ne me corrigerai jamais, c'est la liberté de syntaxe, ce sont les changements dans la succession des temps, en dépit des règles de la grammaire française, parce que tous les Latins se les permettaient, parce que Trembecki et Krasicki ont fait de même, et quoique de pareilles libertés soient menacées par la tendance actuelle de la poésie polonaise, qui est de marcher sur les traces des Français en se tenant le plus près possible de la prose. Après tant de critiques, je me sens coupable de force manquements, de manquements plus graves que tous ceux que l'on me reproche ; et si j'écrivais une critique sur moi-même, elle serait la plus sévère de toutes ; mais peut-être ne mentionnerais-je même pas un seul des points dont les critiques ont discouru, tellement je diffère d'avis avec eux. »

Quelques mois plus tard, à propos de l'édition de ses poésies à Saint-Pétersbourg, mon père écrivait à Lelewel (16 janvier 1828) :

---

(1) Mickiewicz se sert de cette expression pour rappeler ironiquement la manière dont quelques-uns jugèrent les *Dziady.*

« Mon édition s'achève... Je serai lapidé à Varsovie pour ma préface. J'ai rompu des lances contre presque tous les littérateurs, bienveillants ou hostiles. Dans mes remarques sur l'école historique polonaise, depuis l'abbé Golanski jusqu'à Louis Osinski, j'ai lancé plus d'un sarcasme sur les *Kleinstädters* (gens de petite ville) Varsoviens, sur leurs flagorneries mutuelles et leur grande ignorance des choses étrangères. Cette préface n'est que l'entrée en matière de la grande lutte que je veux de suite engager et que je me sens la hardiesse de mener jusqu'au bout. Je vais écrire toute sorte d'essais littéraires ; en répétant des pensées étrangères, il est vrai, mais très-nouvelles chez nous, j'y ajouterai comme exemple une analyse de nos écrivains. J'ai un grand respect du talent ; et les auteurs, cette classe, si je puis m'exprimer ainsi, féconde en littérature, ont droit à de justes égards, et même à de l'indulgence dans leurs erreurs. Mais d'obscurs et orgueilleux rhéteurs ne méritent pas de pitié ; il est facile de reconnaître tout leur néant. Au reste, une attaque entraînera des ripostes de leur part : ils seront forcés de lire, ce qui dans tous les cas leur profitera. — Je vous avouerai qu'il est impossible de traduire en russe le compte rendu des séances de la Société des Amis des sciences, comme nous en avons eu plus d'une fois l'intention. Songez un peu à ce que l'on dirait de ce plâtre des murs de Trajan et de ce long bavardage sur une dissertation économique, œuvre d'étudiant ! Je ne sais quel esprit infernal a embarqué tous vos littérateurs dans des projets lexicographiques, synonymiques, et orthographiques. Ce qu'il y a de plus triste, c'est que leur idée du dictionnaire n'est, on le voit, que l'ancien dada des académiciens français : *fixer la langue*. A Varsovie, ils ajoutent seulement que les synonymes et les dictionnaires *enrichissent* le langage ! Il semble que, depuis le temps de Linde, ils aient reculé de cinquante ans dans leurs idées lexicographiques. »

Autre lettre du même au même, datée de Berlin, 12 juin 1829 : «...Il m'est revenu que vous n'aviez pas été satisfait de ma préface. Cela me peine. Plus d'une fois, j'ai pensé en l'écrivant qu'elle vous ferait sourire. Dites-moi pourquoi j'aurais donc dû ménager ces « criards goujats du Parnasse, » comme les appelle Trembecki ?. Ils ont causé un grand préjudice à la littérature, par le mauvais goût qu'ils ont inoculé. Odyniec, bien qu'il ne les aime point, a subi un peu leur influence, et c'est tout juste s'il n'admire pas certaines de leurs sottises. Peut-être, en d'autres sciences, avez-vous de bons travailleurs ? Mais, en littérature, vous avez reculé d'un demi-siècle, même sur la Russie. Quoi que vous en puissiez penser, je les tourmenterai encore plus d'une fois ; qu'ils écrivent de moi ce qu'ils voudront et me damnent tant qu'il leur plaira ! » (*Korespondencya Adama Mickiewicza*, Paris, 1876, III, p. 283, 285, 287, 297.)

Dmochowski fils répondit à Mickiewicz par une grosse brochure à laquelle personne ne fit attention.

Le 1er mai 1829, à la veille de partir pour l'Occident, mon père écrivait de Saint-Pétersbourg à son jeune ami Édouard Odyniec : « Quant aux polémiques littéraires, je les avais toutes prévues, et elles ne m'étonnent nullement. Seulement je ne puis comprendre pourquoi tu es si fort en colère contre Dmochowski : attaqué, il a bien fallu qu'il se défendît ; et, dans sa réponse, il n'y a rien qui mérite l'épithète de *vil* que tu lui lances. Il faut s'attendre à de plus rudes assauts classiques ; ils prendront mes poésies à partie, surtout les *Dziady*, et se moqueront peut-être très-spirituellement de bien des choses. Qu'y a-t-il là d'extraordinaire ? Je ne sais si c'est heureux caractère ou excès d'amour-propre, mais, vrai comme je t'aime, les critiques ne me fâchent pas, et plus ils me plaisanteront avec esprit, plus je rirai de bon cœur. Qu'ils épuisent donc leur encre ! J'ai préparé contre eux une philippique encore plus terrible, où j'examine et apprécie en détail la valeur de certains d'entre eux. Il vaudrait sans doute mieux pour moi ne m'attaquer à personne, et tu sais que, dans la vie ordinaire, je suis très-tolérant et vis en paix avec chacun ; mais j'en ai assez de votre clique classique, et je montrerai que je ne les crains pas tous ensemble. » (*Koresp. Adama Mickiewicza.* Paris, 1874, I, p. 41.)

Bientôt la Révolution de 1830 éclata. Cette explosion de la vie nationale enterra définitivement la coterie, un moment toute-puissante, des Baour-Lormian et des Viennet polonais, que le souvenir des attaques dirigées contre Mickiewicz protége contre l'oubli mieux que leurs œuvres. Leur royauté éphémère fait comprendre pourquoi mon père a, dans sa réponse, tempéré la constante hardiesse des idées par une certaine retenue d'expressions.

D'autre part, Adam Mickiewicz, qui avait pu sortir de Russie et que les nouvelles souffrances de sa nation remuèrent jusqu'au plus profond de son être, ne songea plus à des travaux critiques. Mais son âme poussa de ces cris déchirants, que tous ses contemporains ont entendus et qui se répercuteront de siècle en siècle dans le cœur des peuples.

« Il est un signe invariable, a dit M. Bossert, auquel se reconnaissent les grandes choses, à quelque moment de l'histoire et en quelque lieu de la terre qu'elles aient pris naissance : c'est le don d'exciter l'admiration. L'essentiel est de les aborder avec une âme capable d'enthousiasme et un esprit libre de prévention. Si une œuvre d'art, interrogée de la sorte, reste muette pour vous, c'est que la nature a été muette pour l'artiste. Si elle vous charme par un côté seulement, c'est par ce côté qu'il vous faudra la juger d'abord : on juge mieux ce qu'on a d'abord admiré outre mesure. C'est surtout dans l'appréciation des littératures étrangères qu'il faut se garder des méthodes exclusives. Quel que soit le goût d'une époque, d'une nation, d'un individu, le vrai n'a point d'âge et le beau n'a point de patrie. C'est la mission de la critique de retrouver la poésie, qui est éternelle, sous le vêtement dont chaque siècle l'a couverte, et de construire ainsi, à l'aide de toutes les littératures, cette littérature universelle qui est l'expression même de l'esprit humain. »

Il a paru en avril 1876, dans une revue de Varsovie, l'*Athenæum*, un article signé F. K. (l'abbé Karpinski) sur le *Romantisme et ses suites*. L'auteur reproche au romantisme d'exalter les regrets du passé, ce qui est le dernier reproche qu'on s'attendrait à trouver sous une plume polonaise. « Ce passé, écrit l'auteur, est présenté, par les romantiques, comme un Christ en croix, comparaison dont on a souvent usé et abusé sans motif. Le Christ était innocent, il a souffert pour tous et a sauvé le monde. Donc... le passé est innocent et appelé à sauver le genre humain. De même que d'après le système de Ptolémée, la terre était le centre autour duquel tout se mouvait, de même les romantiques ont transformé le passé en un soleil dont tous les événements doivent dépendre, et autour duquel la société européenne doit accomplir ses évolutions. » Une pareille ironie dénote une russification intellectuelle avancée. Les poètes n'ont pas dit que la Pologne fût sans péché : ils ont seulement dit que son meurtre fut le plus grand des crimes. Parce que le Christ aura été sans péché, le monde doit-il ne pas révérer les martyrs qui n'ont pas été impeccables comme leur divin maître, mais qui ont succombé sous les coups des méchants ? L'auteur s'écrie que le Christ a sauvé le monde. Combien de siècles n'a-t-il pas fallu pour répandre le christianisme et combien s'en faut-il que le triomphe de la Croix soit encore complet! De même que la nation juive a été le centre du progrès moral de la société antique, la Pologne est appelée à être le centre de ce progrès dans l'ère nouvelle. L'auteur de l'article que nous mentionnons et qui a fait scandale en Pologne, criera au mysticisme. Il préconise la raison, le bon sens, la prudence. Il les préconise au nom du classicisme, qui paraît employé comme simple synonyme de moscovitisme. Raisonnablement la Pologne n'a rien à espérer que sa destruction lente et inévitable. La poésie l'aide à s'élever au-dessus des doutes qui ont dû assaillir les premiers chrétiens lorsqu'ils se voyaient si petits et leurs adversaires si grands. Mais Dieu était avec les uns et contre les autres. L'auteur multiplie les allusions au mal qu'ont causé à la Pologne les entraînements poétiques. Nos insurrections ont coûté bien de l'argent, bien du sang. Il est plus doux cependant de mourir ruiné pour son pays et pendu par les Russes qu'enrichi par eux et repu par eux. Ce sont des axiomes que l'abbé Karpinski n'est plus en état de comprendre, mais que chaque passant comprend à Varsovie. Est-il besoin d'enseigner l'égoïsme, de prêcher aux gens de ne pas perdre de vue leurs intérêts? Notre espèce n'est que trop portée à ne voir que ses avantages. Il y aura, hélas! toujours des esprits positifs. Mais pour arracher l'homme à la peur et au lucre, il faut une force morale merveilleuse. Nos poètes polonais, par leurs vers, ont donné des ailes à des milliers d'esprits qui sans eux fussent restés des huîtres attachées au triple rocher austro-prusso-russe.

Les apôtres de l'égoïsme politique et social en Pologne se plaisent à chercher en France des exemples et des arguments en faveur du culte des intérêts matériels qu'ils cherchent à importer dans notre infortunée patrie. Car, si la France est l'une des nations chez qui l'esprit de sacrifice est le plus développé dans les masses, et chez qui le feu sacré est le plus intense, elle est aussi le pays où le mal a son siége le plus puissant. Ainsi le veut une loi providentielle : toujours la tentation au mal est en raison directe de la grandeur de la mission des individus et des peuples. (Voy. les pages d'Adam Mickiewicz sur l'*Orléanisme* dans la *Politique du XIXe siècle* et mon commentaire au *Livre de la Nation polonaise et des Pèlerins polonais*.) Puisque quelques-uns de mes compatriotes, heureusement peu nombreux, fatigués du martyre, voudraient trouver un oreiller commode, tout en assourdissant leur conscience, et tentent de refroidir l'enthousiasme polonais par l'eau glacée des doctrinaires français, cela explique la nécessité où nous sommes de combattre, chaque fois que l'occasion s'en présente, ce doctrinarisme, que nous dédaignerions bien volontiers, si l'on ne s'en faisait une arme dangereuse pour prolonger l'engourdissement de la Pologne et des autres nations au tombeau.

« Le bon sens manquait à ces hardis chevaliers. Ils avaient le superflu de toutes les qualités qui font les héros : ils n'avaient pas le nécessaire de celles qui font les citoyens d'une république, même royale. Dans un autre ordre d'idées, le luxe des seigneurs polonais formait un contraste affligeant avec la misère déguenillée du peuple. Eux-mêmes, ces brillants électeurs de rois, qui délibéraient le sabre au poing et votaient à cheval, avaient souvent à lutter contre le plus élémentaire dénûment dans la vie privée. « Les seigneurs polonais, écrivait madame de Motteville, « ont des diamants et n'ont pas de linge. »

Voilà ce que nous lisions dernièrement dans le *Journal des Débats* (n° du 30 septembre 1876), en un article de M. Cuvillier-Fleury sur la nouvelle édition de l'*Histoire de Sobieski* par M. le comte de Salvandy. Au fond, M. Cuvillier-Fleury pense des héros ce que M. Guizot pensait des prophètes : que ce sont des gens qu'il ne faut admirer ni offrir à l'admiration d'autrui qu'à la condition d'écarter jusqu'à la moindre velléité ou possibilité de les imiter. C'est qu'en effet le propre des doctrinaires est de fuir les difficultés du présent, d'une part en projetant devant eux des théories nobles et bien dites, mais dont le temps ne serait pas encore venu, et ne doit venir que quand nous n'y serons plus, et d'autre part, en élogiant des sacrifices sublimes, mais dont le temps serait passé pour ne jamais plus revenir. De la sorte, ils sont assurés des applaudissements, des faveurs et de l'appui de tous ceux pour qui l'important est de jouir et qui leur savent un gré infini de prouver que tout ce qui pourrait déranger leur quiétude est inopportun et de les couvrir en même temps, contre le mépris public et leur propre mésestime, du brillant manteau d'idées perpétuellement prématurées et de généreux sentiments scellés à jamais dans la tombe.

Les états-majors français de 1870 et 1871 ni les membres du Gouvernement de la Défense nationale ne manquaient de linge, et les classes sociales qu'ils représentaient plus spécialement et qui les soutenaient, possédaient l'argent qui procure les diamants. Non-seulement, ils eurent les uns et les autres le bon sens de capituler ; mais les plumes et les voix les plus autorisées les félicitèrent d'avoir, en livrant leurs armes, montrré l'héroïsme du bon sens ! Se figure-t-on les calamités qui auraient accablé la France, si l'on eût eu la folie d'irriter les Allemands par une prolongation de la résistance ? Ils auraient pu exiger un milliard de plus pour le sang versé ! Les paysans et les ouvriers français étaient mieux vêtus que leurs pères au siècle dernier ; mais ils se laissèrent battre. On excusa les uns d'avoir accru leur avoir en vendant leurs bestiaux et leurs grains à l'envahisseur étranger, et on loua les autres de n'avoir pas appauvri la richesse publique en détruisant les chemins de fer qui transportèrent les régiments ennemis.

Il y a vraiment, pour les Polonais, de bien autres enseignements à prendre en France que celui que donnent les docteurs d'un présent éphémère, qui, pour conserver le placide bien-être d'un petit nombre, élèvent à la hauteur d'un système ce qui ne fut qu'une défaillance momentanée. Ce ne sont pas les tristes pages des capitulations de guerre et de conscience, mais les glorieuses pages des fastes héroïques et des hardiesses d'esprit de notre sœur-nation, que nous pouvons et devons méditer dans nos malheurs.

Les plaisanteries sur ce pauvre *Jérôme Paturot* qui avait eu l'audace de rêver d'être autre chose qu'un riche marchand de bonnets de coton, n'ont pas retardé d'une heure l'explosion de la conscience française au 24 février 1848, et l'avénement du peuple à la vie publique. Les diatribes des Erckmann-Chatrian et compagnie contre la guerre, et tous leurs efforts pour faire prendre en dégoût les armes n'empêcheront pas le réveil du vieil esprit guerrier du peuple français, avec l'universalité de son action sympathique, son mépris des périls et son amour de la gloire.

Le temps n'est pas loin où la génération actuelle se plaira à entendre des paroles comme celles-ci, que Quinet adressait à sa devancière, et qui résonnaient comme un clairon dans l'âme de la France et des peuples :

« A la fin, cette lave d'indignation, d'espérance, de révolte ou de douleur qui couve dans toutes les âmes poétiques et vivantes de ce temps, quel que soit aujourd'hui leur nom, glorieux ou obscur, mortel ou immortel, Espronceda, Larra en Espagne, Almeida-

Garrett en Portugal, Manzoni, Berchet, Niccolini, Leopardi en Italie, Uhland, Boerne, Heine, Herwegh en Allemagne, Kollar en Bohême, Mickiewicz en Pologne ; oui, à la fin, ce ferment de justice, de colère éclatera à l'improviste. Ces frères qui ne se connaissent pas se toucheront un jour ; et puissé-je aider à les rapprocher ! La conspiration des âmes ne sera pas toujours déjouée ; la vérité, l'honneur, ne seront pas éternellement le domaine de la rime. Toutes les voix qui dans le Midi et dans le Nord se convient en disant la même chose, jetant le même cri, appelant la même résurrection, perceront à la fin, mieux que des glaives, le cœur de ceux qui font aujourd'hui les sourds. » (*Mes Vacances en Espagne* (1843), par Edgar Quinet, in-8°, Paris, 1857, p. 247.)

Un professeur de l'Université jagellonienne, le comte Stanislas Tarnowski, a défendu le romantisme un peu à la façon dont Renan défendait le christianisme lorsqu'il arrachait à M. de Montalembert cette exclamation spirituelle : « Voilà un homme qui fait de l'éloge la forme la plus répugnante du blasphème. » Selon le comte Tarnowski, les vers qui ont enflammé des générations entières, tels que celui-ci : « Proportionne tes forces à tes desseins, et non tes desseins à tes forces. » n'étaient que des sophismes émanés de l'inexpérience d'un débutant littéraire. Toutefois, le noble comte daigne admettre que les paradoxes de Mickiewicz ont causé moins de mal qu'on ne le suppose. Une pareille apologie du romantisme n'est qu'un réquisitoire déguisé. Certaines feuilles de Varsovie l'ont bien saisi, et la censure russe n'a pu bâillonner entièrement leurs plaintes. Le comte Tarnowski répète qu'entre le cœur et la raison il n'y a point incompatibilité, que l'un complète l'autre. Soit, mais il s'agit de savoir, lorsque la raison dit non et que le cœur dit oui, auquel des deux on doit obéir. Or, tuer dans la jeunesse la foi dans les miracles du cœur, c'est tuer en elle le patriotisme, car la raison ordonnerait aux Polonais de désespérer, et le cœur seul leur garantit la résurrection de la patrie. Le comte Tarnowski sabre les premières poésies d'Adam Mickiewicz et n'a que pitié dédaigneuse pour ses Leçons au Collége de France ; il le proclame parvenu à son zénith avec le *Sieur Thadée*, non toutefois sans découvrir des taches à son soleil. Il ne saisit pas que dans la prose des Cours il y a autant de poésie que dans n'importe quel poème de l'auteur, et que nier la dernière partie de la carrière d'Adam Mickiewicz, c'est reprendre contre sa mémoire la lutte des classiques de Varsovie, c'est continuer ce rôle d'éteignoir spirituel auquel s'essayèrent Dmochowski et Osinski. Dans les Lettres et Discours qui forment les deux volumes récemment parus à Paris, en langue polonaise, sous le titre : *Coopération d'Adam Mickiewicz à l'œuvre d'André Towianski*, mon père répète sous mille formes, avec la clarté et l'assurance de l'âge mûr, les vérités morales que, jeune, il devina et formula dans des vers si flamboyants qu'ils blessent toujours aussi vivement les presbytes qui redoutent la lumière morale. « La parole ordinaire, dit-il, n'est que mensonge; il n'y a de vérité que là où, dans chacun des mouvements de l'homme, vibre son esprit entier. La conscience et le caractère consistent à ne jamais rien exprimer sans mouvement d'esprit ou contrairement à notre mouvement intérieur : le mensonge n'est pas béni de Dieu. Chaque homme est créé pour devenir un grand homme. Quiconque ne vise point à ce but ne travaille point au salut de son âme. » (Vol. I, p. 120.)

Voilà des aphorismes qui certainement ne seront pas du goût de l'école positiviste. C'est en réponse à l'attaque à fond de train contre le romantisme parue dans l'*Athenæum*, que le comte Tarnowski (mars 1877) a plaidé à Varsovie, dans une série de conférences publiques, les circonstances atténuantes en faveur du chef de l'école romantique. Il a représenté que le fameux vers : « Aie un cœur et regarde au cœur, » Mickiewicz l'avait écrit bien jeune, qu'en somme il fallait du cœur à condition de n'en pas trop avoir et de ne pas tout lui subordonner. Si le comte Tarnowski lit les nouveaux volumes que je viens de mentionner, il devra avouer qu'Adam Mickiewicz est mort dans l'impénitence finale romantique, et cet éminent critique gémira sans doute en lisant, à la date du 16 novembre 1843, des phrases comme celle-ci : « Contre toutes nos oppressions, nous n'avons qu'un seul remède, le même que contre n'importe laquelle de nos misères, c'est de nous élever en esprit aussi haut que possible, jusqu'à l'exaltation, jusqu'à la folie, et, dans ce bond, de saisir l'idée qu'il nous faut. » -

On peut donc dire qu'en lançant les strophes de son *Ode à la Jeunesse*, Mickiewicz s'est engagé dans une voie où il n'a cessé de monter, mais dont il ne s'est jamais écarté. En 1845, il traçait ainsi l'idéal moderne : « La religion appliquée à la politique, l'inspiration luttant contre la doctrine, l'individu appelant, avec l'aide

PRÉFACE.

de Dieu, les masses à accomplir leur devoir et défiant son siècle, c'est le type de l'avenir du monde. » C'est aussi, ajoutons-nous, le portrait d'Adam Mickiewicz lui-même.

Le jour où tous les Polonais seraient raisonnables, soit à la Darwin, soit à la Tarnowski, la Pologne ne serait plus qu'une religion littéraire, qu'une momie archéologique. C'est pourquoi les questions qui, en d'autres pays, n'ont qu'un intérêt philosophique, en Pologne offrent un intérêt vital. Les ennemis ou les faux amis du romantisme polonais d'avant 1830 sont nécessairement les ennemis de toute manifestation vraie de notre vie nationale. On dirait que les magnificences de notre poésie ont été accordées à notre génération pour adoucir les amertumes d'une attente trop longue. Les strophes proscrites par la Russie étaient gravées dans toutes les mémoires. Et voilà que l'ironie les corrode, que le doute voudrait les effacer. Les accents qui ont retenti dans des millions d'âmes sont représentés comme de simples folies de jeunesse, comme d'innocentes excentricités. Les éloges prodigués à Adam Mickiewicz deviennent un simple artifice oratoire, puisque chaque compliment à son génie enveloppe l'insinuation d'avoir à se garer des conseils qu'il nous a légués. S'extasier sur la forme est le procédé le plus sûr pour pouvoir impunément rabaisser le fond. On loue la partie pour mieux sacrifier le tout.

Ces mêmes contempteurs du romantisme, qui, à force de détours, se flattent de se glisser dans la place ennemie, appartiennent au parti catholique : ils n'en mettent pas moins, eux aussi, la sagesse des fils de la terre au-dessus de la sagesse des fils de Dieu. Ces gens se lamentent sur les envahissements du matérialisme, sur la sophistication morale de notre jeunesse par les théories de Darwin, de Moleschotts, et autres. Or, jamais propagande étrangère ne causera la centième partie du mal qu'occasionne cette propagande qui a pour elle son apparence polonaise, qui se pare de la langue nationale et qui emploie les formules admiratives à tuer l'admiration dans les âmes. Le comte Tarnowski, et c'est le comble de l'art, a réussi, en niant le mobile supérieur auquel Mickiewicz a obéi toute sa vie, à faire que des auditeurs, dans leur naïveté, lui offrissent un album en reconnaissance des honneurs rendus par lui au grand poète ! Que d'individus se sont également imaginé que M. Thiers a grandi Napoléon I*er*, illusion que partage l'auteur du *Consulat et de l'Empire*, et qui sera la risée de la postérité. Le comte Tarnowski s'est moqué avec infiniment d'esprit d'une traduction du *Sieur Thadée* par M. de Noire-Isle (1), parodie inconsciente d'un chef-d'œuvre, et trop ridicule pour qu'aucune personne de sens y puisse chercher, fût-ce un reflet de l'original. Le mal que cause à Mickiewicz M. de Noire-Isle peut se comparer à ces *confetti* ou boulettes de farine que le premier venu lance, pendant le carnaval de Rome, à la figure des passants. On s'essuie, il n'en reste pas de trace; tandis que le critique cracovien essaie de porter au poète un coup de Jarnac: mais déjà Mickiewicz est cuirassé d'immortalité.

Dans ce panégyrique qui, en réalité, est une philippique, le comte Tarnowski, partant de cette idée vraie que notre époque a le tort de décerner les mêmes éloges aux géants et aux pygmées poétiques, s'en sert pour comparer aux grenouilles du Parnasse Bohdan Zaleski, Severin Goszczynski, etc. Il dénie ainsi toute valeur précisément aux poètes qui dans la vie formèrent le cortége d'Adam Mickiewicz et qui l'escorteront devant la postérité. Sous prétexte que de si petits arbres sont indignes du voisinage d'un si beau chêne, il les sape par la base. Ne serait-ce pas pour que le chêne, isolé, résistât moins sûrement à l'orage qu'on paraît avoir résolu de déchaîner contre lui?

J'aurais toutes les raisons du monde de me répéter à moi-même cette phrase de la lettre de mon père à Odyniec (voy. ci-dessus, p. 312) qu'«il vaudrait mieux pour moi ne m'attaquer à personne.» Mais si je n'ignore pas les ennuis que l'on se procure en contredisant des gens puissants, ceux qui me blâmeraient de n'avoir pas la prudence d'écouter la voix de l'intérêt plutôt que celle du devoir, voudront bien excuser un vice héréditaire. Et j'aime même à croire que ceux contre lesquels je défends la mémoire de mon

---

(1) Cette traduction, intitulée : *Monsieur Thadée de Soplica, ou le dernier procès sui generis*, a paru en deux volumes in-18 chez Plon, Paris, 1876. Le pseudonyme Charles de Noire-Isle cache un certain comte Przezdziecki qui publie tout une série de traductions des poètes illustres de la Pologne au dix-neuvième siècle. Scarron, lorsqu'il tourna en plaisanterie les vers de Virgile, ne s'imaginait pas traduire ce poète, et Scarron maniait, en outre, admirablement la langue française. Si le comte Przezdziecki savait mieux le français, il présenterait le phénomène d'un Scarron prenant son Virgile travesti pour une traduction fidèle. Mais M. de Noire-Isle désarme le lecteur par la sincérité de ses illusions. On se sent indulgent vis-à-vis d'un peintre qui admire ceux qu'il caricature et qui ne nuit pas plus au génie dont il barbouille la silhouette que n'ont nui au type de Napoléon Ier la nuée de vulgaires et grossières gravures dans lesquelles il est impossible de reconnaître les traits superbes du grand homme dont elles sont censées l'image.

père m'estimeront d'autant plus qu'il m'en aura plus coûté d'accomplir un devoir sacré.

Dans l'*Athenæum* d'août 1877, M. Stanislas Sulima Przyborowski, à propos de la *Maria* de Malczewski, a repris, lui aussi, la question de la lutte des romantiques et des classiques en Pologne. Du terrain littéraire, il la transporte sur le terrain politique. Selon lui, à la fin du siècle dernier et au commencement du siècle actuel, il y avait lutte en Pologne entre la démocratie nobiliaire et la démocratie révolutionnaire. Les classiques polonais auraient donc été les adeptes des traditions nationales et les romantiques de dangereux innovateurs, des importateurs d'idées étrangères. M. Przyborowski reproche à l'auteur de *Conrad Wallenrod* d'avoir, en choisissant l'époque païenne des fastes polonais, « jeté le voile de l'oubli sur le passé civilisé de la nation. » A en croire cet écrivain, ce poème aurait dévoyé la société du droit sentier qu'elle suivait, en lui présentant le mirage « d'une prétendue puissance colossale et inconnue renfermée en son sein. » Les romantiques, en menaçant le *statu quo*, évoquaient la résistance des gardiens de la tradition nationale.

M. Przyborowski comprend que, sous l'apparence d'un débat littéraire, une question politique était sous roche, celle des principes qui devaient guider la nation. Mais quelle étrange affirmation que de soutenir que le *statu quo* fût conforme aux traditions nationales! Le *statu quo*, c'était l'éternisation du partage de la Pologne. Ce qui subsistait des anciennes institutions polonaises était vicié par la domination austro-prusso-russe. Le *statu quo* politique, c'était la lente destruction du pays ; et, si les romantiques poussaient, par leur esprit de rénovation littéraire, à une rénovation politique, ils méritaient doublement bien de leur patrie. M. Przyborowski prétend que les classiques voulaient une épopée qui créât une génération de Spartiates. Une épopée ne se décrète pas, et des Spartiates polonais auraient été un vain anachronisme. Il reproche aux romantiques la mollesse de leur lyrisme et leurs rêveries. Selon lui, les classiques donnaient la preuve « d'une profonde maturité intellectuelle, de la connaissance des besoins sociaux. » Or, le besoin social de l'époque n'était pas la conservation du régime russe en politique et des pastiches du siècle de Louis XIV en littérature.

Si nous dégageons de précautions de langage et de formules

les idées de Stanislas Sulima Przyborowski, nous voyons qu'en somme les désastres entraînés par nos insurrections amènent certains esprits à ces conclusions lamentables : que le *statu quo* en politique eût mieux valu que nos mouvements nationaux, et que dès lors les partisans du *statu quo* littéraire ont été des génies incompris, des victimes de l'opinion publique égarée. D'où il résulterait qu'aujourd'hui le mouvement romantique polonais devrait être envisagé comme une déviation, comme une tentative gigantesque, mais intempestive.

Or, les romantiques furent les seuls gardiens véritables de la tradition nationale. Si Mickiewicz, pour échapper aux yeux d'Argus de la censure, plaça le sujet de son poème en plein paganisme, les sentiments de son héros étaient tout modernes. Chaque malédiction du joug teuton était comprise comme une malédiction du joug russe. Quant aux insurrections échouées, si un prisonnier ne réussit pas dans une tentative d'évasion, le mal est dans sa captivité et non dans son échec.

Il y a quelque gravité à voir, dans une Revue polonaise, des écrivains tâcher de dénaturer, à force d'érudition et de doctes raisonnements, le sentiment national. Ce sentiment résistera à ce déploiement de sophismes dangereux. Mais ces sophismes sont très-propres à troubler la jeune génération, à empêcher ou retarder l'éclosion de génies nouveaux. Ce sont autant de gluaux auxquels de pauvres oiseaux laisseront peut-être bien des plumes.

A une nation captive, l'amour platonique du passé ne suffit pas. Il faut y joindre l'horreur du présent et le rêve d'un meilleur avenir. Voilà pourquoi, au début de son règne, Alexandre II a recommandé de ne point se laisser, en politique, aller à des rêveries, et pourquoi aussi des littérateurs polonais ne devraient pas nous conseiller de n'avoir pas de rêveries en littérature.

Heureusement il y a dans nos chefs-d'œuvre poétiques une flamme que ne sauraient éteindre des averses de syllogismes. Il faut même que cette flamme soit bien vive pour que des pompiers volontaires prennent à Varsovie tant de peine pour l'étouffer.

Il est naturel qu'Adam Mickiewicz soit attaqué après sa mort comme il le fut pendant sa vie. C'est une preuve de plus de l'énergie d'âme qui est dans ses poésies. Car, comme on ne s'appuie que sur ce qui résiste, on ne combat que ce qui vit. La poésie mickiewiczienne, étant une poésie toute d'action, qui, née de l'action, pousse à l'action, alarme nécessairement ceux qui se font un oreiller, sinon du doute, au moins de leur moelleuse patience. Les âmes demi-mortes en veulent à cette poésie, parce qu'elles y sentent, parce qu'elles y voient un foyer d'insurrection morale. Mais elles ne méritent guère d'autre réponse que celle que l'auteur lui-même fit aux peureux de la littérature et de la politique qui lui reprochaient, à la veille de 1830, d'être rebelle aux autorités littéraires établies, et, à la veille de 1848, d'être indocile envers les autorités politiques et religieuses de l'Émigration.

En 1829, les pédants qui composaient le cénacle classique de Varsovie se donnaient l'ineffable ridicule de bannir Adam Mickiewicz du Parnasse polonais. Et ce ridicule même fut dépassé sur la terre étrangère, en 1844, par les burgraves de la politique classique, qui (la postérité voudra-t-elle le croire?) allèrent jusqu'à exclure Adam Mickiewicz de la Société littéraire dont il présidait la section historique, ou, ce qui revient au même, jusqu'à l'obliger à donner sa démission, et ce, comme suspect d'avoir attaqué la religion dans son cours de littérature au Collège de France.

A cette occasion, Adam Mickiewicz, après avoir rappelé que le nombre des pharisiens est infini, et que leur travail, toujours le même, consiste à tuer l'esprit, ajouta : « Mes expressions peuvent être éclaircies par les annales de notre littérature : à l'époque où surgissait en Pologne une poésie nouvelle, les pharisiens de la littérature clabaudaient contre elle en disant qu'elle menaçait la littérature, car chacun d'eux s'imaginait que la littérature c'était lui; et de même, quand un pharisien catholique prétend qu'on menace l'Église, cela signifie que l'Église c'est lui. » (Voyez le procès-verbal de la séance du 6 mars 1844 dans *Wspoludzial Adama Mickiewicza w sprawie Andrzeja Towianskiego. Listy, i Przemowienia*. Paris. In-8°. 1877. Vol. I, p. 148, 149.)

Le sentiment est la seule pierre de touche au moyen de laquelle on peut reconnaître les pharisiens littéraires. Ces pharisiens recourent aux subtilités de la dialectique pour refouler les mouvements généreux. Ils se servent de leur intelligence pour comprimer le cœur de ceux qui les écoutent. Les vrais apôtres sont ceux à la parole desquels l'âme s'enflamme, la poitrine se dilate, les résolutions viriles envahissent l'entendement, l'amour de la patrie et de l'Humanité s'empare de l'être entier. Les pharisiens, au contraire, abaissent la température spirituelle. Leurs auditeurs s'en vont découragés, en proie à la perplexité, disposés à aider leur patrie... dans cent ans, et convaincus que, d'ici là, le mieux est de se croiser les bras et de rire des fous qui sacrifient à l'idéal, soit leur sang, soit leur esprit. Ces fous, il y a des pharisiens qui les lapident, il y en a d'autres qui les plaignent hypocritement, et ces derniers ne sont pas les moins dangereux.

Un homme de lettres français, qui fut le collègue de mon père au Collège de France comme professeur de littérature germanique, qui maintes fois vint le faire causer de sujets qu'il se proposait de traiter, et qui montre dans ses œuvres posthumes un courage d'appréciation que trop souvent des considérations sociales lui firent celer de son vivant, a laissé sur les souverains littéraires de son pays et de son temps les très-justes remarques que voici et que peuvent s'appliquer à eux-mêmes les classiques polonais d'aujourd'hui comme d'hier.

« Céder aux milieux, c'est la bassesse de l'âme et souvent le succès... », écrit dans ses *Mémoires* Philarète Chasles. Et il se moque de l'école moisie, de sa friperie littéraire, de ses faussetés scolaires et de ses dissertations fleuries. Il déclare insupportable « la pondération des phrases qui s'équilibrent par une sorte de mouvement, de balancement matériel, qui les rendent monotones dans leur élégance et élégantes dans leur monotonie. Ce sont les boucles trop bien frisées, trop symétriques, d'une tête à perruque. Cela ne cache pas les impropriétés, les expressions fausses et les inélégances réelles. » Et Philarète Chasles, reprochant à ces vieux écoliers de la rhétorique et du mensonge de manquer d'idées, s'écrie : « De la nullité des âmes émane l'insignifiance absolue des œuvres. Au fond de toute littérature viable, il y a un désintéressement réel et un dévouement pieux. Cervantès se fait blesser à la guerre, Molière lutte contre le clergé, Pascal se cache, Shakespeare est l'ami de Southampton, Milton s'expose à la haine de tous, Tasse se fait chasser de la cour et condamner ou à peu près par Rome. Il ne faut pas leur comparer nos ambitieux : tous, ils pensent à leur pauvre moi, qu'ils adorent; ils veulent acquérir de l'or, des galons, du pouvoir, de l'éclat, ils sont tous Byzantins. » (*Mémoires de Philarète Chasles*. In-18. Paris. 1877. II.)

J'ajouterai qu'à côté du vrai romantisme, il y a le faux romantisme, c'est-à-dire que le romantisme a ses caricatures : ce sont ces espèces de nihilistes littéraires, qui, au lieu de dégager du passé ce qui en reste d'applicable au présent, le dédaignent et le condamnent en masse, et qui, au lieu de frayer la route de l'ave-

PRÉFACE.

nir, poussent les générations dans des chemins de traverse, d'où elles ne savent ensuite comment sortir. Entre les faux prophètes et les pharisiens, c'est-à-dire entre ceux qui feignent l'inspiration et ceux qui embrassent dans le même anathème l'inspiration véritable et l'inspiration simulée, la distance morale n'est pas grande. La lassitude d'errer ramène parfois au droit chemin les activités égarées ; mais qu'espérer de ceux qui se sont pétrifiés dans l'immobilité ?

Je réunis ici sous le titre : *Apologétique du romantisme*, les deux préfaces de mon père de 1822 et de 1828. Elles ne sont pas inédites ; mais elles sont traduites en français pour la première fois ; et, à ce titre, je les insère à la fin de ce deuxième volume de *Mélanges posthumes*. Mon père (dans une lettre du 31 octobre 1835 à Jérôme Kajsiewicz) estimait que les polémiques d'avant 1830 n'étaient plus que des vieilleries. Mais si, dans les écrits que je réimprime ici, une partie a vieilli, il y a aussi une partie durable ; et toutes deux, d'ailleurs, intéressent l'histoire de la littérature en général et de la littérature polonaise en particulier.

Adam Mickiewicz, en écrivant à Kajsiewicz ce qu'il pensait du poème que celui-ci venait de composer sur les *Pulawski* et dont il lui avait envoyé le manuscrit, ajoutait : « Vous devriez, dans tous les cas, effacer de votre préface ce qui a trait à la lutte des classiques et des romantiques, à Osinski, etc. Ce sont de petites choses depuis longtemps mortes et enterrées. » (*Korespondencya A. Mickiewicza*. In-8°. Paris. 1874. I, p. 157.) Évidemment mon père avait trouvé dans Kajsiewicz un avocat trop ardent et trop agressif ; et sans doute il n'aura voulu ni de cet excès d'injures à ses adversaires ni de cet excès d'éloges à lui-même. Du reste, il était sans fiel même littéraire, et il était de l'avis de Napoléon Ier, qui disait que jamais la colère ne doit dépasser le coup électrique. Les hommes disparaissent ; mais les travers de l'esprit humain subsistent. Et ce qu'Adam Mickiewicz, en 1835, croyait mort et enterré, s'agite aujourd'hui. Les morts littéraires de 1830 sortent, il semble, de leur tombe, et reviennent, en vampires classiques, essayer d'éteindre la flamme rallumée par le romantisme, et contre laquelle, de leur vivant, ils furent impuissants. Et, de la sorte, des écrits polémiques qui datent de cinquante ans redeviennent presque une œuvre d'actualité.

Dans cette même lettre à Kajsiewicz, Adam Mickiewicz exprime la pensée suivante, dont la modestie rehausse la grandeur. Loin de s'exagérer outre mesure la valeur de l'école dont il fut le chef, il voyait dans le romantisme, non un plein midi, mais une simple aurore, si haute était l'idée qu'il se faisait de la poésie et de sa mission : « Il me semble, disait-il, qu'en général toutes les formes poétiques anciennes sont à moitié pourries et qu'elles ne sont ranimables que pour l'amusement des lecteurs. La véritable poésie de notre siècle n'est peut-être pas encore née : on aperçoit seulement les symptômes de sa venue. Nous avons trop écrit pour amuser ou dans un but mesquin. Veuillez vous souvenir de ces paroles de Saint-Martin : « *On ne devrait écrire des vers qu'après avoir fait un miracle.* » Il me semble que des temps reviendront où il faudra être saint pour être poète, où il faudra posséder des inspirations et des données d'en haut sur ce que la raison humaine ne sait pas exprimer pour éveiller chez les hommes le respect de l'art, qui a été trop longtemps une actrice, une fille de joie ou une gazette politique. Souvent ces pensées éveillent en moi des regrets et presque des remords; souvent il me semble que, comme Moïse, du haut de la montagne, je distingue la terre promise de la poésie, mais je sens que je ne suis pas digne d'y entrer. Je sais pourtant où elle est située ; et vous, jeunes gens, regardez dans cette direction... »

L. M.

1er septembre 1877.

APOLOGÉTIQUE
DU ROMANTISME

I

DE LA POÉSIE ROMANTIQUE

S'il est un conseil qui soit, de temps immémorial, prodigué aux artistes et qu'ils aient grandement raison de suivre, c'est celui d'attendre, à chaque exposition, tranquillement et en silence, que le jugement de connaisseurs émérites les fixe sur la valeur du travail qu'ils ont accompli et les mette à même de faire leur profit de savantes critiques, en y puisant d'utiles enseignements pour leurs œuvres futures. Mais advient-il qu'un auteur, éclairé par l'expérience d'autrui, prévoie que son œuvre est condamnée d'avance par l'unique motif qu'il aura adopté ce modèle-ci et non ce modèle-là, et préféré telle école à telle autre, alors il lui faut se justifier d'avoir, dans le choix de son sujet, osé contredire l'opinion d'un certain nombre de spectateurs, d'auditeurs ou de lecteurs. C'est pourquoi j'ai senti le besoin de quelques explications préalables en publiant des ballades et des chants populaires, que l'usage classe au nombre des créations romantiques sur lesquelles plane aujourd'hui une excommunication que fulminent beaucoup de doctes arbitres, de théoriciens et jusqu'à des maîtres en poésie ; je prends la parole moins encore en mon nom qu'au nom des artistes voués au genre littéraire auquel je me suis moi-même adonné. J'estime que je remplirai suffisamment le devoir ou la tâche que je m'impose, si, au lieu de réfuter les reproches de mes adversaires, j'expose ma pensée dans toute sa simplicité, et qu'au lieu de défendre la poésie romantique, j'établisse son origine, je détermine son caractère et j'en cite les types les plus marquants. Or, pour démontrer d'une manière probante comment le genre de poésie nommé romantisme a pris naissance, s'est perfectionné et finalement est arrivé à une vie propre et complète en soi, il faut rechercher avec soin les circonstances spéciales auxquelles est due sa formation et le distinguer exactement d'avec une foule d'éléments qui ont concouru à la création d'autres genres de poésie. Il y a donc à étudier quel est l'enchaînement ordinaire des faits, quelles sont les conséquences des événements, et comment les changements qui se produisent dans les sentiments, le caractère et les opinions des nations sont accompagnés d'un changement dans la poésie, qui est l'indicateur le plus certain de la marche séculaire de l'esprit humain. De la sorte, même si l'on ne veut décrire que la poésie romantique seule, on est involontairement entraîné à des observations sur les autres genres littéraires, ou mieux encore obligé de parcourir l'histoire universelle de la poésie, autant, du moins, que le sujet l'exige et que les limites d'une préface le comportent.

Il va de soi que les nations ne peuvent toutes nous arrêter ; dans l'antiquité, la Grèce mérite d'attirer d'abord et le plus fortement notre attention. En tant que nation, ses œuvres d'imagination doivent, quant à leur point de départ et à leur développement, avoir quelque analogie avec celles des autres peuples ; mais cette ressemblance ressort du fond même de la nature des choses qui est commune à tous : elle cesse dès qu'on envisage le même objet sous le rapport des formes et de la destination que lui ont prêtées les Grecs, et c'est alors que leur individualité et leur supériorité apparaissent. Les sociétés dans l'enfance possèdent une foule de contes divers. Les phénomènes de la nature, surprenants et inaccessibles encore à de faibles intelligences, reçoivent de monstrueux commentaires ; on cherche à les expliquer en supposant des forces mystérieuses, des esprits cachés, notamment sous une apparence humaine ou animale ; les sentiments et les passions sont incarnés et souvent mis en action ; la fable enjolive jusqu'aux événements authentiques ; voilà en partie ce qui constitue le monde mythique, commun peut-être à toutes les nations, produit d'une imagination jeune, enflammée, mais sans culture, à laquelle vient en aide un langage qui commence par être grossier et sensuel et qui emprunte la forme des objets pour rendre perceptibles aux sens des idées isolées. Mais chez les Grecs, ce monde mythique fut plus vaste, plus riche, plus varié que chez les autres peuples, car l'imagination grecque fut la plus vive et la plus féconde, et la langue grecque surpassa toutes les autres langues en souplesse, en richesse et en plasticité. Et de plus, ce monde mythique devint une mine inépuisable de matériaux admirablement propres aux beaux-arts, considérés dans leur acception la plus élevée. En effet, grâce à un heureux concours de circonstances, il se manifesta en Grèce, à la fois et en plus grand nombre qu'ailleurs, des talents créateurs qui, par la simple impulsion naturelle propre à leur sol, poussaient les sentiments et les imaginations à la recherche de tout ce qu'il y avait de délicat, d'harmonieux, de beau, aussi bien dans la poésie que dans la musique, la danse, la peinture et les autres arts. En outre, les Grecs, longtemps libres et gais, en possession de la vie publique, pénétrés, dans toute sa force, du nationalisme le plus pur, dotés de nombreux exemples des plus éminentes vertus, ne pouvaient point ne pas atteindre à un haut degré de perfection morale ; ils cultivèrent par conséquent cette seconde catégorie de facultés dont l'union constitue le caractère moral. Enfin les esprits grecs, élevés, curieux, persévérants, s'adonnèrent de bonne heure à la recherche de la vérité ; ils s'exerçaient sans cesse au raisonnement, y progressant en différents sens et par des voies le plus souvent originales ; de cette manière, ils éveillaient en eux l'esprit philosophique, apprenaient à penser avec méthode et profondeur, et développaient, fortifiaient et mûrissaient le bon sens. Quand donc toutes les facultés intellectuelles s'acheminaient vers la perfection dans une étroite harmonie, l'imagination, dont la vivacité était tempérée par la délicatesse du sentiment et par la maturité de la raison, pouvait allier dans une œuvre d'art la grandeur à la simplicité, la régularité à la variété et la beauté à l'aisance. Un maître grec, ainsi préparé, tournait son talent créateur vers l'ancien monde mythique et savait rapidement le métamorphoser à nouveau. Il en rejetait tout ce qui était grossier, monstrueux, choquant ; et, d'un mélange d'idées d'origine différente qu'il coordonnait entre elles, il composait un ensemble. Ces idées, groupées en un seul tout, quoiqu'elles fussent incorporelles, c'est-à-dire abstraites, étaient toujours rendues sous forme de choses perceptibles aux sens, mais dont la perfection et le fini ne pouvaient être conçus ni exprimés que par l'intelligence, c'est-à-dire d'une manière idéale. C'est ainsi que du monde mythique naquit l'idéal du monde matériel, c'est-à-dire le monde mythologique. Il fut créé, comme nous venons de l'observer, par un talent magistral, épanoui au milieu du perfectionnement harmonique de toutes les forces intellectuelles, déjà extraordinaires par leur nature même. Ce monde n'était pas sans avoir un but et une destination spéciale. Les maîtres grecs s'efforçaient d'amener par leur influence leur nation entière à s'assimiler et à accroître cette somme de forces intellectuelles et de talents qui créait ou contribuait à créer ce monde mythologique auquel ils empruntaient les sujets qu'ils représentaient dans leurs œuvres. Comme le talent créateur des maîtres grecs résultait de l'équilibre existant entre l'imagination, le sentiment et le bon sens, il s'ensuivait que, dans leur arrangement et dans leurs contours extérieurs, certains calculs présidaient aux proportions des œuvres d'art : ce sont là les qualités et le caractère qui, dans les beaux-arts, se nomment style grec ou *classique*. Ce style régnait au siècle de Périclès; il subsista jusqu'à l'époque d'Alexandre le Grand. Naturellement ce que nous avons dit en général des maîtres et des beaux-arts de la Grèce ne perd rien de son exactitude, si on l'applique en particulier au talent poétique et à la poésie de cette contrée ; nous ajouterons seulement que, dans son art, le poète jouissait de plus de liberté que les autres maîtres, pouvait s'adresser d'une manière plus variée à de plus grandes masses, et exercer sur sa nation une influence plus réelle. Ce furent, en effet, les masses que, dans la période la plus brillante de leur art, les poètes grecs eurent toujours en vue; leurs chants étaient le trésor des sentiments, des opinions, des souvenirs populaires, que relevaient encore d'heureuses expressions et des fictions ingénieuses ; ils contribuèrent par conséquent beaucoup à conserver, à renforcer et à développer le caractère national. A la longue, quand les circonstances changèrent, la marche du temps, les influences étrangères, les désastres publics, la perte de la prééminence et des franchises nationales, furent cause que les sentiments, le caractère et l'énergie de la nation faiblirent ; alors aussi cessa la grandeur du talent poétique, et la poésie perdit son ancien caractère et sa haute destination. Les poètes s'éloignaient du peuple qui, ne pesant plus rien en politique, était tombé dans le mépris, et ils se transportaient à la cour des despotes : c'est à les flatter qu'ils bornèrent dorénavant leur activité littéraire, si on en excepte les rares excursions dans l'ancien domaine classique, d'où ils ne rapportèrent, les œuvres du siècle des Ptolémées en font foi, que des imitations faibles, de mauvais goût, et plus savantes que poétiques. De la sorte, la poésie, qui avait été jadis un besoin national, devint un délassement d'érudit ou d'oisif.

Après les Grecs, les Romains sont le second peuple fameux de l'antiquité qu'il convient de ne pas omettre dans l'histoire de la poésie. Toutefois ce peuple ne peut nous arrêter longtemps à cet égard ; car ses mœurs primitives et son genre de vie revêtirent une forme et affectèrent une direction moins favorables à la poésie. Si les peuples latins, d'un naturel sauvage et rude, longtemps guerriers et conquérants, eurent une poésie nationale, elle dut garder sa grossièreté première et n'exercer que peu ou point d'influence sur la civilisation du pays. Quand des relations eurent fini par s'établir avec les Grecs, la poésie grecque commença à s'adresser au sentiment romain. Cela eut lieu surtout à une époque où le peuple était dans l'abaissement et où les classes supérieures, consolidées dans leur prépondérance, regardaient la connaissance de la langue et de la littérature grecques comme le suprême vernis d'une éducation raffinée. Bientôt surgirent à Rome de nombreux talents poétiques, mais qui se contentaient de traduire ou d'imiter les modèles grecs, en conservant entièrement l'aspect et jusqu'aux formes de la poésie grecque. Les conceptions mythologiques elles-mêmes étaient transplantées telles

19.

quelles ou combinées avec les mythes locaux. On lisait donc des poésies en latin, mais c'était une poésie grecque, vêtue de mots latins ; de plus, elle n'avait de lecteurs que dans les hautes couches sociales, c'est-à-dire dans une portion très-restreinte de la nation. Voilà comment les Romains n'eurent pas de poésie qui leur fût propre, car ils ne possédèrent pas de poésie nationale qui, en influant sur le caractère et la culture du peuple entier, pût remplir sa mission spéciale. Ainsi, chez les Romains, une culture étrangère, empruntée aux Grecs, mit obstacle à l'éclosion d'une poésie romaine originale qui autrement se fût peut-être encore fait jour.

Les hordes du Nord, établies sur les ruines de l'Empire romain et mêlées aux populations locales, devaient un jour réveiller l'imagination longtemps endormie, et inaugurer un genre de poésie tout à fait nouveau. Ces hordes, autant que faire se pouvait, avaient sans doute des sentiments, des opinions, des idées et des traditions mythiques particulières, mais de leur sein il ne surgit pas de ces talents poétiques qui pussent, ainsi que chez les Grecs autrefois, faire du monde de la fable un si splendide emploi, contribuer à épurer les mœurs populaires, à former et à donner une trempe vigoureuse au caractère national. De nombreux obstacles s'opposaient à ce que le talent poétique y atteignît un pareil épanouissement. L'existence sauvage ou errante des peuples du Nord, qui se mélangeaient continuellement entre eux, en les amenant à un échange réciproque d'idées, d'opinions, de mœurs et de termes du langage, fit que leur mythologie, quoique cultivée dans certaines régions plus riches en poésie, n'eut jamais la stabilité nécessaire : leurs conceptions mythiques ne forment aucune unité régulière, belle et harmonique, c'est-à-dire nul système de monde mythique ; il y perçait toujours un certain manque de proportion, d'ordre, de liaison et une étrangeté qui empêchaient qu'il n'y eût là un tout. Par le même motif, le langage de ces peuples n'était point châtié ; si leurs expressions avaient de la hardiesse, elles péchaient sous le rapport de la clarté et de la précision. Mais, comme les changements incessants et rapides de l'état de ces peuples, jusqu'à ce qu'il eût fini par acquérir de la consistance, tournaient tous à l'avantage de la poésie, celle-ci dut, en suivant persévéramment ces modifications, revêtir une forme plus nette et prendre un caractère plus précis. Les nouveaux sentiments et les opinions inhérentes aux Barbares seuls, l'esprit qu'on nomme chevaleresque et qu'accompagnaient un respect et un amour de la femme inconnus aux Grecs et aux Romains, une stricte observance des lois de l'honneur, les extases religieuses et un mélange des traditions mythiques et des conceptions morales des peuples barbares qui réalisa un véritable alliage du paganisme antique et du christianisme primitif, tels furent au moyen âge les éléments constitutifs du *monde romantique*, dont la poésie reçut également la qualification de romantique. Cette poésie eut son caractère constant, mitigé seulement par les influences locales, tantôt des sombres et impétueux Normands, tantôt des gais minnesingers, tantôt des tendres troubadours. Le moule extérieur ou la langue, qui était un composé du latin et des dialectes du nord, s'appela *roman :* d'où il advint qu'on appliqua plus tard à cette poésie et à l'esprit de cette époque la dénomination de romantique.

La fusion définitive des peuples germains et scandinaves avec l'ancienne race romaine, le frottement des idées et des sentiments du monde nouveau avec les idées et les sentiments anciens, imprimèrent leur empreinte au caractère de l'Humanité, et marquèrent, par conséquent, une nouvelle évolution de la poésie. Dès qu'on apprit à mieux connaître les modèles classiques de la Grèce et de Rome, les poètes instruits n'y purent rester indifférents, et, en profitant de diverses manières, ils créèrent différentes écoles, différents genres de poésie. Les uns, empruntant leurs sujets à l'histoire ancienne, voulaient, et quant au fond et quant à la forme, les traiter selon les principes des Grecs : le Trissino en est un exemple ; et comme ils n'étaient encore ni assez familiarisés avec la littérature classique ni assez pénétrés de l'esprit de l'antiquité, ils ne parvenaient qu'à en imiter la structure, les divisions, c'est-à-dire les formes extérieures. D'autres, se conformant à la tendance du siècle où ils vivaient, préféraient emprunter au monde romantique leurs sujets, auxquels ils adaptaient l'ordonnance qui s'y assortissait le mieux, en ayant toutefois le soin de ciseler leurs vers d'après les exemples légués par l'antiquité : ce fut la méthode de l'Arioste ; d'autres enfin, se tenant dans une sorte de juste milieu, cherchaient à imposer à un sujet, à une matière, romantique de sa nature, des formes strictement classiques, en ce qui concerne surtout les proportions architectoniques de l'œuvre et son ornementation extérieure : le Tasse procéda de la sorte.

Au milieu d'une pareille variété, ces poètes, envisagés au point de vue de l'art, atteignirent leur but, chacun dans la limite de son talent et de ses dispositions ; mais si nous reportons notre attention sur le peuple pour lequel ils écrivaient, nous apercevrons que les œuvres où l'on s'efforçait de conserver l'esprit et la manière grecs ne pouvaient être universellement goûtées à une époque où la littérature antique était peu répandue, tandis qu'au contraire les poètes, dont les chants gracieux célébraient des traditions nationales, plaisaient davantage, et préparaient la voie aux écrivains qui introduisirent dans le monde romantique toujours plus d'ordre, d'harmonie et de charme.

Les genres de poésie que nous venons d'énumérer durent être nouveaux, comme était nouvelle l'évolution qu'accomplissait l'Europe d'alors ; ils furent donc essentiellement différents de la poétique des anciens. Ils fleurirent d'abord en Italie, où l'on cultiva de bonne heure avec succès, à côté de la poésie nationale, les études antiques.

En France, malgré le voisinage de l'Italie, la poésie nationale romantique avait déjà disparu. Les troubadours provençaux se transportèrent à la cour des princes et n'y gardèrent pas longtemps la considération qu'ils avaient acquise parmi le peuple. La politesse mondaine prévalut bientôt chez les princes et les grands, qui ne trouvèrent plus guère de charme dans des chants populaires dont la simplicité cadrait mal avec le ton des cours. Or, c'est à la cour des rois que se concentrait l'intérêt national, depuis la consolidation de l'autorité royale et l'affaiblissement du système féodal. Il fallait que tout s'y conformât à une étiquette quelque peu adoucie par la légèreté française; les coteries privées adoptèrent le ton des courtisans que caractérisaient l'observance des règles du cérémonial, une dissimulation presque diplomatique, une courtoisie charmante, il est vrai, mais strictement calculée selon les lieux et les personnes. Pendant que la société se policait ainsi, l'instruction, grâce au développement des études, faisait de réels progrès. Par la fréquence de relations communes, l'enthousiasme des Italiens pour l'antiquité gagna les Français. Tout ce qui était grec ou romain préoccupait chaque jour davantage les savants et, après eux, la classe la plus éclairée : non point qu'on s'appliquât à approfondir l'histoire de ces nations ou à en tirer d'importantes vérités politiques et morales, mais on essayait d'imiter les Grecs et les Romains. Cette imitation, de l'avis des Français contemporains, consistait à s'assimiler les dehors et le ton des anciens.

En un pareil état de choses, quiconque désirait plaire à la France, c'est-à-dire à Paris, devait accommoder la trempe de son caractère individuel à la mode régnante, sous peine de paraître un pédant et un original; il lui fallait poser des bornes à son talent, brider son imagination, tenir en laisse son sentiment, puisque chaque entraînement, toute fougue violente, eussent été une offense aux convenances de la cour, qui recherchait plutôt l'esprit et le bon sens; il était en outre obligé, dans les œuvres d'art, de copier, selon la mode et l'usage, les Grecs et les Romains, autant du moins que les courtisans des Henri et des Louis copiaient eux-mêmes les Caton et les Flaminius.

Les poètes, s'abandonnant au courant du siècle, s'attachèrent donc à observer, non pas tant la nature et le caractère des hommes que le caractère des sociétés parisiennes; ils se moquaient d'une façon adroite et spirituelle de la transgression des convenances, des coutumes et de la mode ; ils soumirent à l'étiquette qui régnait dans le grand monde, le monde de l'imagination, dont ils firent tomber la moindre manifestation sous le coup de préceptes raisonnablement conçus et élégamment exprimés; ils amusèrent, en définitive, de leurs scènes et la cour et Paris. On vit ainsi surgir la satire et le genre didactique; et, comme la culture française d'alors, qui se distinguait par un brillant vernis, ajouté à la prédominance des deux facultés supérieures du bon sens et de l'esprit élevées à une rare hauteur, était diamétralement opposée à la culture de la Grèce et à celle du moyen âge, le monde poétique français, issu d'un concours de circonstances très-différentes et du jeu d'intelligences autrement préparées, apparut sous une forme entièrement nouvelle et infiniment éloignée du monde mythologique et romantique. Dans le premier, nous voyons l'alliance de l'harmonie, du sentiment, de l'imagination et du bon sens qui s'équilibrent, en quelque sorte; dans le second, les facultés basses prédominent; et le dernier, c'est-à-dire le français, qu'on pourrait appeler le monde des relations sociales, le monde conventionnel, est régenté par le bon sens, l'esprit et le formalisme.

Aucune invention hardie, s'élevant au-dessus des sphères de la réalité, aucune tradition par trop fabuleuse, n'y pouvaient trouver place. On rechercha de préférence des sujets historiques; et, qu'ils fussent tirés de l'antiquité ou du moyen âge, on les coula uniformément dans le moule français. Cependant, quoique ces maîtres en circonscrivissent l'exercice dans un cycle si restreint, leurs talents n'en eurent pas moins une force et une direction originales, et, en grandissant, ils se frayèrent une route nouvelle et qui leur était propre. Dans la poésie, sur laquelle se porte principalement notre attention, il semble que l'imagination française n'osait d'elle-même faire aucun pas en avant, empressée qu'elle était de se mettre au service des autres facultés de l'intelligence. Aussi la raison la subjugue et la réduit à enjoliver, autant que possible, les préceptes didactiques et les faits de l'histoire; cette poésie, dans le genre descriptif, ne s'écarte pas du chemin battu de l'observation systématique, et, ne cessant de raser le sol de près, elle dépeint les sujets du monde réel qui lui sont offerts, ou, pour mieux dire, elle exécute, d'après ces sujets, des portraits d'un fini achevé quant au coloris, mais d'une disposition trop architectonique, trop semblables aux modèles, et par là même trop inanimés; si elle prend parfois un essor un peu plus élevé, elle cherche uniquement dans le pays de la fiction les matériaux que l'esprit emploiera soit à de froides bâtisses, soit à des emblèmes allégoriques. Une autre faculté, celle du sentiment, était également garrottée. Dans les matières qui avaient trait à la morale et au civisme, les lèvres des poètes français répétaient tout ce qu'avaient effectivement ressenti les cœurs des poètes grecs, comme les rhéteurs d'Alexandrie répétaient Périclès et Démosthène ; s'il s'agit d'exprimer les plus délicats sentiments du cœur, les écrivains du siècle de Louis XIV sont uniformément animés d'une sentimentalité romantique trop raffinée, trop exquise : dans un cas comme dans l'autre, la passion se mêle au raisonnement et à l'esprit, et est saupoudrée de maximes et d'antithèses. Les œuvres d'art créées dans ces conditions, françaises d'essence, avaient une forme grecque imaginée non par les maîtres, mais par les théoriciens de l'antiquité (1) et souvent altérée. Dans la tragédie, par exemple, l'intérêt qui était fondé chez les Grecs sur une vigoureuse peinture des caractères, sur un lyrisme pathétique et sur une forme classique, dépend, dans le drame français, d'un certain agencement des scènes et de la conduite de l'action : le canevas si simple des Grecs a été remplacé par ce que l'on a appelé l'intrigue dramatique. Enfin, sous le rapport des beautés extérieures, c'est-à-dire du style, si nous plaçons face à face les genres classique, romantique et français, et que nous envisagions la matière, c'est-à-dire le sujet et la composition de l'ou-

---

(1) Corneille, dans sa polémique avec Scudéry et dans les discussions qui en furent la suite, ne cite jamais Sophocle ni Euripide; mais la poétique est si souvent en scène que Voltaire, impatienté, s'écrie dans ses *Commentaires* : « Ah ! que vous m'ennuyez avec votre Aristote ! »

vrage, comme l'esprit et le corps de la poésie, le style pourra se comparer au vêtement, et nous verrons de nouveau se produire des différences correspondantes au caractère des siècles et des peuples.

La robe grecque, sérieuse et en même temps légère et flottante, se pliait aux moindres mouvements du corps, et se modelait sur eux ; il en résulte que, dans les arts plastiques, la draperie grecque joue un grand rôle, reconnu par tous les artistes, et ajoute tant de relief et de charme aux statues et aux tableaux. La langue grecque, qui possède des qualités analogues, constitue un des éléments importants de la poésie, c'est-à-dire ce style classique qu'on peut considérer en lui-même et en dehors du sujet. Le moyen âge, qui avait moins de goût, frappe cependant par son costume caractéristique. Les grands manteaux des montagnards écossais, l'armure d'acier des chevaliers, les plumes et les couleurs nobiliaires relevées d'une croix ou d'un ruban, distinguent les héros des croisades. Le style poétique du romantisme est de même d'une envergure hardie, mais sans suffisante souplesse ; on y sent, sous la simplicité, une énergie pleine de raideur ; les expressions ont de l'éclat et sont parfois criantes. Enfin le costume français est trop simple et trop uniforme ; il sert indifféremment aux héros, aux conseillers d'État et aux danseurs, moyennant de légers changements. Des mieux appropriés à la vie quotidienne, il a été adopté universellement ; mais les beaux-arts s'en accommodent mal. Les artistes dramatiques et les orateurs, vêtus à la française, doivent beaucoup calculer leurs gestes et leur action extérieure, puisque chaque mouvement violent que la draperie n'est pas là pour adoucir semble exagéré et choquant. Ni le sculpteur ni le peintre n'osent affubler de l'habit français une statue ou un portrait : car les beautés qui ressortent de la structure ou des proportions du corps, disparaissent forcément sous ce vêtement. La langue française offre précisément les mêmes qualités et les mêmes insuffisances ; elle peut traduire chaque pensée et chaque sentiment, pourvu qu'ils ne soient ni trop hardis ni trop violents ; car, grâce à un vocabulaire peu varié et à une syntaxe qui ne laisse à la phrase presque aucune liberté d'allure, tout ce qui est extraordinaire y tranche trop vivement. Correcte et claire, elle se prête à l'enseignement des sciences exactes, elle est facile et commode dans les conversations journalières, ce qui en a tant généralisé l'usage ; mais, qu'il s'agisse de traduire soit les audaces de la raison soit les élans du cœur, elle est, par sa régularité excessive, trop esclave et trop uniforme.

La poésie française diffère de la poésie classique et de la poésie romantique à autant d'égards que nous avons signalé de points de démarcation entre le monde mythologique, le monde du moyen âge et le monde conventionnel. Les Grecs puisaient l'inspiration de leurs chants dans l'esprit public, les romantiques dans l'esprit chevaleresque, les poètes du siècle de Louis XIV dans l'esprit de cour. Les premiers s'adressaient à une nation éclairée tout entière, les seconds aux guerriers et au peuple des campagnes, les derniers n'avaient en vue que l'amusement de la classe éclairée seule. Les

Grecs portèrent leur langue poétique au plus haut degré de la perfection; les poètes romantiques tournèrent vers l'ornement d'une langue qui n'était point châtiée la hardiesse de leur imagination et l'ardeur de leur sentiment; la poésie française, épuisée à force de fioritures extérieures, n'eut point de style qui lui fût propre et resta toujours prosaïque.

Dans l'histoire de la poésie européenne, nous arrivons au tour de la Grande-Bretagne qui a un caractère nettement marqué et qui, isolée par la mer, s'est trouvée moins exposée aux impressions du dehors. Par la vivacité du sentiment et de l'imagination, les anciens Ecossais et les Saxons ne pouvaient pas ne point être passionnés pour la poésie. Grâce aux bardes et aux druides, la mythologie y fut incomparablement plus travaillée qu'en aucun autre pays. Après que le christianisme se fut propagé sur toute l'étendue de la Grèce et de l'Empire romain, une de ses boutures, transportée en Angleterre, y amena la destruction des croyances religieuses de ce peuple, qui n'accepta pourtant pas aussi aisément la poésie des Grecs et des Romains que leur religion. Dans l'état féodal de l'Angleterre, les vieilles coutumes et aussi la vieille estime où étaient tenus les poètes nationaux se conservèrent avec plus de pureté et plus durablement qu'ailleurs. Les chants chevaleresques, imprégnés du sentiment national et adaptés aux circonstances locales, étaient en honneur chez un peuple qui participait déjà à la vie politique et qu'occupaient de continuelles expéditions militaires. Les puissants ducs et les seigneurs feudataires trouvaient dans la poésie des bardes l'histoire de leurs ancêtres. C'est pourquoi la poésie populaire fut cultivée en Angleterre plus longtemps que chez les nations voisines et s'est perpétuée en Ecosse jusqu'à nos jours. Les poètes d'alors, sous la pression de cet état du peuple de la Grande-Bretagne et de ses tendances, restèrent fidèles à l'opinion dominante et à un besoin généralement ressenti, et répétaient, en les amendant, les chants nationaux. De la sorte se créa l'école de Chaucer et l'esprit que respirent les œuvres dramatiques, précisément celui qui influa ensuite sur le caractère national. Le grand Shakespeare, justement nommé l'enfant du sentiment et de l'imagination, et qui se forma uniquement d'après des modèles nationaux, a marqué ses œuvres du sceau indélébile de son génie individuel et du savoir de son siècle. Profond connaisseur du cœur humain, il dépeignit en traits hardis et vrais la nature humaine, dans le genre nouvellement créé de la poésie dramatique, dont le principal caractère est la lutte de la passion et du devoir, l'une des idées du monde romantique. Shakespeare est moins heureux lorsqu'il traite des sujets tirés de l'histoire grecque et romaine ; car l'histoire et la littérature antiques n'étaient pas alors assez universellement répandues, pour qu'il fût possible de se pleinement pénétrer du caractère et de l'esprit de ces deux peuples anciens. L'homme seul existait aux yeux de Shakespeare ; il ne connaissait ni Grec, ni Romain, ni Anglais. Pendant ce temps, la société anglaise se poliça. L'étiquette de Versailles et le goût français envahirent la cour de Saint-James. L'école de Chaucer et de Shakespeare dut donc céder le pas au raisonneur Pope, au guindé Adisson et au spirituel Swift. Ces écrivains remarquables furent suivis d'imitateurs de plus en plus faibles, qui précipitèrent la littérature anglaise dans une décadence dont notre siècle la voit se relever à peine, depuis l'apparition des deux génies de Walter Scott et de Byron. Le premier consacra son talent aux annales de son pays, en publiant des traditions populaires du monde romantique sous une forme classique ; il écrivit des poèmes nationaux et devint l'Arioste des Anglais. Byron, en animant ses tableaux par le sentiment, créa un nouveau genre poétique où l'esprit passionné perce à travers les fictions de son imagination ; Byron, dans le genre narratif et descriptif, est ce que fut Shakespeare dans le genre dramatique.

Ces différents caractères de la poésie que nous avons esquissés semblent avoir leur épanouissement dans l'école allemande, qui vint la dernière. A partir de la moitié du dix-huitième siècle, de grands génies commencèrent simultanément à briller en Allemagne. Un vaste champ s'y ouvrit devant eux : ils y trouvèrent principalement dans l'Allemagne du Nord, de nombreuses facilités dans le progrès indiciblement rapide des sciences et de la culture générale. L'universalisation d'une connaissance approfondie des langues anciennes et modernes permit de profiter à la fois des modèles grecs, italiens, français et anglais. Quoi d'étonnant si les poètes allemands, qui prenaient leurs sujets dans le monde classique ou romantique, empruntant souvent à l'un l'esprit et le fond, à l'autre la forme et l'expression, et pondérant le tout selon leurs dispositions particulières, déployaient dans leurs œuvres beaucoup de variété et ne se montraient point semblables les uns aux autres ? L'école allemande garde cependant un caractère constant qui s'accentue plus ou moins chez ses différents poètes. Les Allemands, en effet, enclins, surtout depuis l'époque de la Réforme, à l'exaltation et à la sentimentalité, portés à méditer sur l'amélioration de l'état moral des individus et des sociétés et à tourner leurs profondes conceptions intellectuelles vers les problèmes de la philosophie, imprimèrent aux sentiments et à l'imagination des formes toujours plus abstraites et plus générales. Les Allemands sont en outre animés d'un esprit cosmopolite qui a moins pour objectif un pays ou une nation que l'Humanité entière et qui, dans la peinture des nuances les plus délicates du cœur, élève la sentimentalité chevaleresque à une pureté presque abstraite. On peut appeler le monde poétique allemand un monde idéalement abstrait, différent du monde mythologique : les caractères en ressortent le mieux dans les œuvres du grand Schiller.

Ce coup d'œil sur l'histoire de la poésie, si rapide et si général qu'il soit, suffit pour démontrer que le genre romantique n'est pas une invention nouvelle, comme certaines gens le prétendent, mais qu'à l'instar des autres genres, il est le résultat d'une disposition particulière des peuples ; que c'est chez les poètes du moyen âge qu'il y a à chercher des œuvres strictement romantiques, dans toute la force du terme ; que toutes les productions postérieures, qualifiées de romantiques, appartiennent le plus souvent par leur nature ou leur composition, par leur forme ou leur style, à d'autres genres de poésie très-différents. Si, sans tenir compte de cette variété, on établissait une classification trop générale, elle serait inexacte par son absolu même. Certains écrivains ne voient, dans toute la littérature poétique, que romantisme et classicisme; et les œuvres de tous les poètes, depuis Orphée jusqu'à Byron, selon qu'elles leur paraissent romantiques ou classiques, sont rangées à droite ou à gauche. En ce cas, d'une part, l'*Iliade* prend place à côté de la *Henriade*, les hymnes en l'honneur des héros olympiques figurent à côté des odes françaises à la Postérité, au Temps, etc.; d'autre part, le *Heldenbuch* et les *Niebelungen* se rencontrent avec la *Divine Comédie* de Dante et les chants de Schiller. Enfin, il est impossible de deviner dans quelle catégorie ce terrible jugement mettrait quantité d'ouvrages tels que la *Messiade*, les *Sonnets* de Pétrarque, la *Jérusalem délivrée*, *Hermann et Dorothée* de Gœthe et la poésie française tout entière. Voilà ce que gagne la poétique à ces divisions générales et mal définies; la même confusion peut se produire dans les détails, si, en classant les poètes, le critique, pareil au Nestor d'Homère, en divise la foule par nation (1). Il proclamera romantiques tous les écrivains d'une même race, les Allemands, par exemple, et Lessing et Schiller, et Wieland et Gœthe, et Hagedorn et Bürger : *Tros Italusve*

---

(1) Il dénombre la foule nation par nation (*Iliade*).

jual; ou il enjoindra à un écrivain d'avoir à être fatalement un romantique, Gœthe par exemple, quoique son *Iphigénie en Tauride*, au dire des connaisseurs, soit celle de toutes les œuvres contemporaines qui se rapproche le plus du genre classique des Grecs; quoique son *Tasse* unisse l'esprit romantique au style classique ; quoique Gœthe, dans presque toutes ses créations, se montre autre chaque fois et déploie une variété infinie. Toute l'impropriété des divisions et des classifications faites à la légère provient de ce que ceux qui écrivent sur la poésie abritent leurs propres idées sous ces expressions, dérobées aux théoriciens allemands, de romantisme et de classicisme ; leurs assertions seront par conséquent incompréhensibles tant qu'ils ne se résoudront pas à employer ces termes techniques dans l'acception la plus universellement reçue ou n'expliqueront point l'extension qu'ils leur donnent. Car si nous prenons le classicisme et le romantisme dans le sens où l'entendent Schlegel, Buterwek et Eberhard, qui ont les premiers donné la théorie de ces expressions et les ont définies, si nous admettons que le caractère de la poésie romantique consiste à refléter l'esprit du temps, la manière de penser et de sentir des peuples au moyen âge, alors s'élever contre le romantisme, ce n'est pas combattre les poètes, mais déclarer une guerre savante aux nations chevaleresques dont les poètes ont chanté les mœurs et les gestes. Et de même que, dans l'état actuel de l'Europe, nous voyons se conserver beaucoup d'opinions, couver beaucoup de sentiments qui datent du moyen âge, de même les œuvres

20

contemporaines de différents genres portent plus ou moins l'empreinte romantique. Pour effacer radicalement de la poésie cette empreinte, il faudrait préalablement changer le caractère des nations, ce qui n'est pas au pouvoir des théoriciens, ou prouver que, dans le domaine de l'imagination et du sentiment, les sujets empruntés au monde romantique ne sont pas susceptibles d'être traités poétiquement avec succès, ce que contredisent tant d'exemples admirables des maîtres romantiques (1). Si nous rejetions les définitions des maîtres allemands et attachions quelque autre idée au romantisme, et que nous affirmions, par exemple, qu'il a pour principe de violer les règles et de mettre les diables en scène, alors les reproches des adversaires d'un pareil romantisme seraient justes et irréfutables.

Afin d'éviter ces propositions à double sens, le mieux serait, en blâmant ou en louant un genre, de désigner de suite les écrivains et les œuvres, leurs qualités ou leurs défauts En effet, la partie réglementaire technique de la critique ne suffit pas pour baser un arrêt. Celui qui voudrait, d'après un fragment de la *Poétique* d'Aristote, juger Homère, l'Arioste, Klopstock, Shakespeare, ressemblerait à un juge qui déciderait d'après les lois de Solon ou les Douze Tables dans la cause d'un Grec, d'un Italien, d'un Allemand et d'un Anglais. Il ne s'en-

(1) Ce n'est pas seulement dans la poésie, mais aussi dans les arts plastiques, que la critique distingue un genre romantique. Dans les peintures, par exemple, de l'école italienne, la représentation de la Madone et des anges appartient au monde romantique élevé jusqu'à l'idéal.

suit pas qu'en matière de beaux-arts, la critique n'ait pas certains principes fixes et immuables : mais de même que, d'entre les lois du monde moral, les unes sont inhérentes à la conscience de chaque individu et identiques dans toutes les époques et dans toutes les nations, les autres établies par les législateurs selon les circonstances, suivent les variations des mœurs ou de l'esprit du temps, ainsi il existe réellement dans le monde de l'imagination des règles primordiales que l'instinct poétique sait et doit observer dans les productions exemplaires de n'importe quel genre, tandis que les simples préceptes déduits ou à déduire de l'examen d'ouvrages doivent changer et s'amender à mesure que change le caractère des œuvres d'art. Une critique esthétique qui ne perd de vue aucune de ces considérations et reporte toujours les œuvres aux temps et aux individus, évitera d'être fougueusement partiale dans l'énumération des erreurs d'un seul genre. Quant aux critiques qui envisagent l'art sous le rapport non-seulement esthétique, mais historique, philosophique et moral, tous les genres leur paraissent dignes d'attention, tous sont le fruit d'un labeur humain : les diverses phases de culture de l'intelligence individuelle s'y laissent déchiffrer, avec une netteté particulière, dans les genres qui n'ont d'autre but que l'homme et qui dépeignent ses mœurs et ses sentiments. Nous en concluons qu'importants et d'un grand intérêt sont le genre romantique et son rameau particulier : la poésie populaire. Il nous reste à dire quelques mots de cette dernière ; une autre fois, nous nous étendrons davantage sur la poésie populaire et principalement sur la poésie populaire nationale.

Nous avons ci-dessus mentionné qu'au moyen âge des récits et des chansons circulaient parmi le peuple. Leur caractère devait être plus ou moins uniforme et propre au genre tout entier : les sujets puisés dans les annales de la chevalerie étaient ornés de fictions; les sentiments envers le beau sexe s'interprétaient dans de tendres expressions ou de gaies plaisanteries; le parler, simple et naturel, était, au moyen de strophes, adapté au chant. Ce genre, dans sa généralité, comprenait une foule de sous-genres diversement nommés : chansonnettes, sagas, lais, virelais, sirvantes, etc. ; mais c'étaient les ballades et les romances qui étaient les plus nombreuses et les plus répandues. Le nom de ballade apparut, paraît-il, pour la première fois en Italie (*canzone da ballo*). On le donnait indistinctement à toute chansonnette communément gaie, ce qu'indique d'ailleurs le mot *ballare* (danser). Chez les Espagnols, où la poésie populaire était très-florissante, on ne la connut que sous le nom de romances. Les Français distinguaient, il est vrai, la ballade des autres genres, mais moins quant au fond et au caractère que sous le rapport de la structure des strophes et des vers. Par ce motif on nommait ballades beaucoup de chansonnettes de Marot, qui en réalité étaient des madrigaux et des romances; c'est ce qui fit dire à Boileau que souvent une pointe spirituelle ou une rime particulière font tout le mérite de ce genre de poésie. La ballade anglaise a un tout autre caractère, invariable et distinct; c'est un récit tiré des événements de la vie quotidienne ou des annales de la chevalerie, dans lequel intervient en général le surnaturel du monde romantique, qui est chanté sur une gamme mélancolique, dont le style est grave et dont les expressions sont simples et naturelles. Des montagnes de l'Ecosse et de l'Irlande, les bardes et les ménestrels répandirent ce genre dans les plaines de l'Angleterre ; et les poètes nationaux se plaisaient à recueillir les ballades populaires, à les corriger et à en créer sur ce modèle. La littérature anglaise compte plus de deux cents recueils de ce genre. Cependant, avec le temps, quand à Londres l'esprit de la poésie commença à se modifier et à revêtir d'autres formes, on composa des ballades très-différentes du genre populaire, gaies et spirituelles, telles que celles de Cowley, de Prior, ou parodiant souvent les anciennes ballades, ainsi que le fit Swift. Ce goût fut passager ; Rowe d'abord, ensuite Gay, David Mallet et surtout Percy et Walter Scott rendirent tout son éclat à l'ancien genre des ballades écossaises sérieuses. Semblable est l'histoire de la ballade chez les Allemands, où ce genre, quoiqu'il comptât beaucoup de poètes, n'était pas aussi répandu qu'en Angleterre, et avait subi diverses modifications en ce qui concerne le caractère et le style. Ce n'est que dans la moitié du siècle dernier (1773) que Bürger, par sa célèbre *Léonore* et par beaucoup d'autres modèles, évoqua de nombreux imitateurs. Depuis cette époque, la littérature allemande fut, après l'anglaise, la plus riche en ballades. En ce genre, ont brillé les noms, fameux aussi à d'autres titres, de Stolberg, de

Rosegarten, de Hœlte, de Gœthe et de Schiller. Ce dernier, de l'avis de Buterwek, s'est un peu éloigné, dans son style, du naturel et de la simplicité propres aux ballades écossaises.

Les romances (*romanza*), si universellement appréciées en France et en Espagne, sont semblables aux ballades : elles diffèrent en ceci qu'elles sont consacrées à la tendresse ; les fictions surnaturelles y sont donc plus rares et la forme est communément dramatique ; le style doit se recommander par la plus grande naïveté et simplicité.

II

RÉPONSE AUX CRITIQUES DE VARSOVIE

Ils crièrent : Je m'y oppose ; et ils s'enfuirent à Praga.
(*Le Retour du Nonce.*)

Les poésies comprises dans ce recueil (1), et presque toutes déjà connues du public, ont, à leur première apparition, été l'objet de nombreux comptes rendus ; et on ne leur a ménagé ni les critiques ni les éloges. J'ai lu les unes et les autres avec le même sentiment et je me suis tu. Quiconque connaît l'état actuel de la critique littéraire en Pologne et sait quelle sorte de gens en usurpent la fonction, comprendra les motifs de mon silence. Cependant, puisque je réédite des œuvres tant de fois déjà par tant de plumes analysées, et que je les lance dans le monde quasi sans aucun changement et en leur état de défectuosité primitive, je craindrais que mes lecteurs n'attribuassent à un endurcissement de cœur, maladie habituelle des auteurs critiqués, mon entêtement à ne pas profiter de remarques, et, qui plus est, de remarques imprimées, et, qui plus est en-

(1) Il s'agit de l'édition de Saint-Pétersbourg, dont le présent article formait la préface.

core, imprimées à Varsovie. Si j'ai péché, je ne cher-
cherai pas à m'excuser vis-à-vis de mes critiques en
prétendant avoir agi en ignorance de cause : la politesse seule me ferait d'ailleurs un devoir de leur soumettre les raisons de ma persévérance obstinée dans
mes erreurs ; car les faiseurs de comptes rendus, quelle
que soit leur opinion, appartiennent presque toujours à
la classe des individus qui lisent les livres, au moins en
polonais, classe chez nous très-peu nombreuse et qui a
des droits d'autant plus incontestables à des égards
exceptionnels de la part des auteurs.

Le premier compte-rendu de mes poésies, que je
sache, a paru il y a six ans dans l'*Astrée*, feuille périodique de Varsovie. Le rédacteur, François Grzymala,
y émet un jugement flatteur pour le poète ; il lui reconnaît du talent, tout en lui prodiguant d'excellents avis
sur la nécessité d'être studieux, de se garer de l'amour-
propre, de témoigner de la déférence à la critique, etc.
Quant aux qualités et aux défauts de l'ouvrage au point
de vue de l'art, François Grzymala, dont la spécialité
est l'économie politique et sociale, n'ose s'engager
dans des discussions littéraires ; et, ne sachant au juste
si mes poèmes doivent lui plaire ou lui déplaire, il inter-
roge les savants de Varsovie dont il attend une analyse
sérieuse et officielle. D'autres feuilles insérèrent de simples mentions ou de brèves appréciations jusqu'à ce que
le critique espéré par François Grzymala se présentât
enfin dans la personne de François de Sales, Dmochowski.

Le rédacteur de la *Bibliothèque polonaise* accorde également du talent au poète, auquel il distribue avec une égale largesse des avis généraux moralo-littéraires. Par malheur, il est difficile à un artiste de profiter d'une observation générale. Les visiteurs, par exemple, rendront un médiocre service au peintre qui expose un tableau à leurs critiques, si, avec la mine de connaisseurs consommés, ils lui répètent à satiété qu'il importe de travailler, d'apprendre le dessin, de perfectionner le coloris, etc. Il y eut cependant des reproches de détail : on m'accusa notamment de corrompre le goût polonais par l'introduction de provincialismes et de mots étrangers. J'avoue que, loin d'éviter les provincialismes, j'y recours peut-être de propos délibéré. Je prierais de faire quelque attention aux différents genres de poésie que renferment mes œuvres, et de vouloir bien en juger le style d'après les règles spéciales qui s'y réfèrent.

Dans les ballades, dans les chansons, et en général dans toutes les poésies basées sur la tradition populaire et empreintes d'un caractère exclusivement local, les grands poètes anciens et modernes ont employé et emploient des provincialismes, c'est-à-dire des mots et des locutions différentes du style communément usité pour les livres. Sans parler des antiques dialectes de la Grèce, il suffit de jeter les yeux sur les œuvres de Burns, de Herder, de Gœthe, de Scott, de Karpinski, de Bohdan Zaleski. Notre Trembecki a eu plus de hardiesse encore, puisque dans le genre didactique descriptif, le plus éloigné de la poésie populaire, il s'est servi d'expressions pareilles : et certes ce n'était point ignorance de la langue. Tout dépend d'un heureux emploi. Je ne conteste pas que celui que j'ai fait des provincialismes ne puisse être excessif ou déplacé : libre à chacun de m'en accuser, je n'ai point le droit de m'en justifier. C'est aux personnes qui joignent à une profonde connaissance de la langue un goût éprouvé qu'il appartient de se prononcer sur les innovations grammaticales : leurs arrêts, le public à la longue les confirme ou les casse. Rendre un jugement en pareille matière est beaucoup plus malaisé que ne l'imaginent les critiques. Pour formuler une opinion, il faut posséder de l'autorité littéraire. Un théoricien tel que M. Ordyniec, qui a pour soi le dictionnaire et la grammaire, souligne les provincialismes ou les locutions vulgaires de Trembecki. Nous autres provinciaux, dans ces contestations que le goût est seul apte à trancher, nous penchons plutôt du côté de l'auteur de la *Sophiade*. La condamnation générale que les auteurs de comptes rendus fulminent contre les provincialismes résulte d'une méthode qu'ils ont reçue des vieux gazetiers français : ces derniers, qui se considèrent comme les gardiens de la langue, en appellent à chaque instant au Dictionnaire de l'Académie. Il est compréhensible, en effet, qu'il soit doux à certains critiques et à certains lecteurs de penser qu'en achetant un dictionnaire, ils ont en poche un tribunal capable de résoudre les litiges les plus délicats que puisse soulever la langue poétique.

Si mes premières poésies n'avaient donné lieu qu'à une appréciation générale, en revanche dans les *Sonnets* les moindres détails et jusqu'à des mots ou à des locutions isolées, ou à la forme des expressions, ou aux terminaisons, rien n'échappe à l'analyse et au triple examen grammatical, rhétorique et esthétique. J'ai lu plus de vingt comptes rendus, sans parler des satires et des parodies. Voici d'abord le canevas des observations générales. La poésie polonaise, dit M. M. M...., se bornait jusqu'à présent à des traductions et à des imitations du français; Mickiewicz, le premier, lui a imprimé un cachet de nationalité, il est le créateur de notre poésie originale. — La poésie polonaise, répond M. François Dmochowski, était jusqu'à présent nationale, elle ne cessait d'avancer vers la perfection, et sa plus sublime création, la plus essentiellement et la plus foncièrement nationale devait être le poème sur l'Agriculture, qui est attendu à Varsovie depuis une dizaine d'années (1). Mickiewicz le premier brise ce cachet de nationalité et le détruit; il ébranle les principes du goût, violente le style et menace la littérature polonaise d'une décadence rapide. — Nous nous réjouissons, s'écrie l'éditeur de mes Sonnets à Léopol, que, renonçant aux ballades que le peuple des campagnes s'entend mieux que personne à composer, Mickiewicz ait introduit dans notre littérature un genre entièrement nouveau. Les *Sonnets* lui donnent des droits incontestables à l'immortalité. — Nous regrettons, s'écrie un autre critique, que Mickiewicz, qui cultivait jusqu'ici la poésie nationale, les

(1) Allusion à un poëme de Gaëtan Kozmian, qui resta des années en portefeuille et dont les pédants de Varsovie annonçaient sans cesse la prochaine apparition comme de la huitième merveille du monde. (*Note du traducteur.*)

ballades et les légendes, les néglige et choisisse les sonnets, genre tout à fait étranger à notre littérature. — La forme du sonnet semble au dixième de mes critiques, libre, noble et belle ; au onzième, elle semble esclave, difficile et ingrate ; le quinzième méprise les sonnets, parce qu'ils sont une invention de la barbarie du moyen âge ; le vingtième prétend qu'Horace lui-même a écrit quelque chose dans le genre des sonnets.

La même diversité se rencontre dans les observations de détail. Des tournures et des expressions qui surprennent les uns par l'élévation et l'harmonie du langage, scandalisent les autres par la vulgarité des pensées et par une versification qui écorche les oreilles. Le même sonnet attendrit à droite et devient à gauche le thème d'une joyeuse parodie ; ceux-ci ne le comprennent pas, ceux-là l'expliquent par de longs commentaires, d'autres comprennent l'auteur, mais se plaignent de l'obscurité du commentateur.

Au milieu d'une pareille variété d'opinions, un reproche nous a particulièrement frappé : il se retrouve uniformément sous la plume de la plupart des critiques et François Dmochowski surtout s'y arrête avec complaisance. Il s'agit de l'emploi de termes étrangers, orientaux. Le rédacteur de la *Bibliothèque polonaise* débute, selon son habitude, par des observations générales parfaitement justes, mais déjà tant soit peu connues avant l'apparition de son article, par exemple, qu'imiter la poésie orientale est difficile. Si l'on n'était pas au courant de la tactique des faiseurs de comptes rendus qui se plaisent à se livrer, à propos des sujets qu'ils ignorent, à ces considérations générales qu'on emploie en littérature au lieu du signe *x*, on s'imaginerait que M. Dmochowski est un orientaliste éminent. Mais l'illusion ne dure pas longtemps; nous ne tardons pas à nous apercevoir que non-seulement M. Dmochowski ne savait point les noms propres des montagnes et des rivières, ce qui prouve une médiocre connaissance de la géographie de pays voisins, mais qu'il ne comprenait pas les mots : Allah, drogman, minaret, namaz, izan. Il nous semble que, même à Varsovie où les études orientales comptent peu d'élèves, une telle ignorance doit étonner le public. Les mots arabes ou persans en question ont été tant de fois employés et expliqués dans les œuvres de Gœthe, de Byron, de Moore, qu'un public européen et à plus forte raison les éditeurs d'un recueil périodique ne sauraient sans honte les ignorer. Dans une description poétique de nos villes, qui n'a mentionné les églises et les tours ? dans une description de cité orientale, comment omettre les minarets ? Comment les rendre en polonais, ou, pour parler le style de la critique, comment les traduire dans la langue des Sarbiewski, des Kochanowski, des Sniadecki, des Twardowski (1) ? A la vérité, François Dmochowski a donné un bizarre exemple de la polonisation de termes étrangers, lorsqu'en parlant dans ses vers de Pélée, père d'Achille, il l'appelle gouverneur *d'un*

---

(1) Sarbiewski a écrit en latin et non en polonais; les frères Sniadecki n'ont point écrit de poésie; et les œuvres de Twardowski contiennent plus d'expressions étrangères que tous mes sonnets réunis.

petit district de la Thessalie et fait ainsi, de l'un des plus puissants rois de la Grèce héroïque, un de nos maréchaux de district (1). Mais ce sont de ces innovations, propres aux classiques sérieux, et auxquelles, en ma qualité d'écrivain romantique à ses débuts, je n'ai osé recourir.

Les provincialismes, les mots étrangers et l'incorrection des vers ont surtout choqué les critiques. De là une crainte générale que nous ne retombions dans la barbarie du siècle de la littérature jésuitique. Nous permettons, s'écrient finalement les critiques, qu'on imite chez nous la liberté d'allure des écrivains anglais et allemands, pourvu qu'on y imite également leur style pur et correct. Dmochowski proclame, avec le reste du chœur, que personne n'a jamais accusé Byron, Gœthe ni Walter Scott d'écorcher la langue. Si nos critiques daignaient par hasard jeter les yeux sur d'anciens comptes rendus allemands et sur de nouveaux comptes rendus anglais, ils se convaincraient que tous les poètes qu'ils ont cités ont encouru exactement les mêmes reproches. Ces comptes rendus ont déjà eu l'honneur d'une traduction française. Voyons ce que dit le *Mercure du XXIe siècle* : « Les poètes anglais le plus renommés parmi nous, Walter Scott, Southey, Moore, ne daignent pas corriger leurs vers ; ils bravent non-seulement les règles de la mesure, mais encore celles de la grammaire ; ils font de la langue anglaise une véritable

---

(1) Maréchaux, administrateurs de district, jadis élus par la noblesse de Pologne et aujourd'hui nommés par le gouvernement russe. (*Note du trad.*)

polyglotte, où sont admis les mots de tous les idiomes parlés. Byron jette au hasard ses inspirations sténographiées sur le papier, sans daigner ensuite y rattacher son attention, mettant les négligences au rang des licences ; système qui est sans doute celui du vrai poète : car c'est avec ce dédain que, chez nous, M. de Lamartine a modulé ses *Méditations*, que ses amis et M. Tastu, son libraire, sont obligés de revoir » (*Journal de Saint-Pétersbourg*, 1828) (1). De semblables lamentations ne doivent étonner personne. Les rhéteurs scolastiques, depuis l'époque de Dante jusqu'à Lamartine, ont toujours été identiques dans leurs caractères et leurs opinions ; toujours ils ont exhalé, avec un soupir bénévole, leur regret que les poètes de talent aient été dépourvus de science. Les alarmes bruyantes des rhéteurs alarmistes augmentent périodiquement d'intensité aux époques de grands changements littéraires. Dans la première moitié du siècle dernier, la littérature en Allemagne n'était guère moins pauvre que chez nous. Gottsched, alors fameux grammairien de Leipzig, rimeur correct sans talent, rhéteur à courte vue et à conception étroite, considérait l'école des poètes imitateurs de Silésie comme classique ; d'après ce système, les vers de Gottsched lui-même eussent été le produit le plus parfait du classicisme et de la nationalité allemande. Dans l'esprit de cette école, Lessing, Klopstock, Gœthe, étaient d'ignares et audacieux novateurs. Cette lutte d'opinions a sauvé de l'oubli le nom de Gottsched, dont

(1) La citation est en français dans l'original. (*Note du trad.*)

personne ne lit plus les œuvres. L'Espagne avait été jadis le théâtre de contestations pareilles, quand l'école italienne introduisit en ce pays une poésie nouvelle. En Angleterre, une semblable querelle a pris fin sous nos yeux et elle se continue en France jusqu'à présent. Les pronostics de la prochaine décadence de la littérature et du goût en Pologne paraissent donc sans fondement : du moins, s'il y a danger, ce n'est point du camp des romantiques qu'il menace de surgir. L'histoire de la littérature universelle démontre que la perversion du goût et l'insuffisance des talents proviennent partout d'une cause unique : de la claustration, dans un certain nombre de règles, de pensées et d'opinions dont l'épuisement, en l'absence d'aliments nouveaux quelconques, amènent la famine et la mort. Telle fut la fin de la littérature byzantine, héritière des plus riches monuments de la Grèce, parce qu'après avoir établi une ligne de démarcation et s'être également séparée des Francs et des Arabes, elle se refusa à accepter des formes nouvelles selon le progrès des siècles. C'est d'une pareille anémie que fut atteinte, au siècle dernier, la littérature française. Chez nous, du temps des Jésuites, le mauvais goût ne fut-il point propagé précisément par les gens les plus initiés aux préceptes de la rhétorique, par les professeurs d'éloquence et les prédicateurs ? Le profond obscurantisme résultait, non de l'introduction des études étrangères, mais du soin apporté à s'en préserver. Quand Konarski soutenait la nécessité d'apprendre le français, les élèves et les partisans des Jésuites s'indignaient contre cette nouveauté, tout comme aujourd'hui les élèves et les partisans de l'école littéraire de Varsovie protestent contre les littératures anglaise et allemande.

Le lecteur s'apercevra que, parmi les nombreux défauts qui m'ont été signalés, deux seulement sont de ma part l'objet d'un essai de justification : je veux parler de l'emploi de mots étrangers et de provincialismes. Je laisse sans réponse les opinions des critiques sur la beauté ou l'absurdité de mes pensées, le choix heureux ou malheureux de la forme, l'harmonie ou la dureté du vers, m'en remettant au jugement du public. Eloigné de la scène des orages littéraires et en dehors de toutes les coteries, je lis les comptes rendus plusieurs années après leur publication, et je les ai cités uniquement pour montrer aux lecteurs qu'il n'est pas aussi aisé qu'il peut le paraître de corriger des ouvrages conformément aux observations des journalistes. Il est vrai que certains critiques, désireux d'épargner du travail à l'auteur, se sont, d'eux-mêmes, chargés de remplacer des mots, des locutions et jusqu'à des vers entiers. Une pareille munificence de la critique, sans précédents de nos jours dans la littérature périodique européenne, appartient à ces vertus antiques qui sont héréditaires dans le journalisme de Varsovie. Malheureusement, je diffère d'opinion avec la critique quant à l'opportunité de ces corrections. J'en offrirai quelques spécimens, en laissant au lecteur la liberté du choix. M. S. conseille, dans le sonnet *Soir et Matin*, au lieu de : « *Elle brilla à la fenêtre, je tombai à genoux,* » de mettre : « *Je restai cloué en place.* » M. François Dmochowski, au lieu des *froides sinuosités du rivage*, voudrait voir *les sables du ri-*

vage, ou *les plaines sablonneuses*. Il est vraiment dommage que, dans la contrée que je décris, il n'existe point de plaines sablonneuses. M. P.-J.-K., au lieu de : *Et quand le cœur est tranquille, il y plonge ses serres*, corrige ainsi : *Et quand les sens sont tranquilles, il enfonce ses serres dans le cœur*. J'aurais dû accepter cette dernière correction ; le critique en justifie suffisamment la nécessité par les considérations suivantes : 1° « Qu'il est incontestable que l'hydre des souvenirs, c'est-à-dire l'activité de l'âme résultant des douloureux souvenirs qu'on y éveille et, par conséquent, son activité vis-à-vis de la propriété du sentiment, est non pas agréable, mais désagréable dans l'organisation de notre vie morale… » Dieu garde l'auteur des Sonnets de contredire une vérité aussi claire, démontrée dans quatre catégories non moins claires et dans une longue dissertation sur l'hydre des souvenirs, toutes choses que le lecteur curieux trouvera dans la *Gazette Polonaise de* 1827 !

En terminant ma défense, quand j'ai jeté une dernière fois les yeux sur les comptes rendus et les appréciations précités, le ton tranchant des journalistes de Varsovie, la conviction qu'ils ont de leur propre savoir, l'importance qu'ils attachent aux connaissances qu'ils possèdent, le prestige dont jouissent encore auprès de certaines intelligences les mots : « On l'a loué dans la Gazette, » « il a été blâmé dans la Gazette, » sans souci d'examiner de qui émanait le blâme ou l'éloge, tout cela m'a montré quelle distance existe entre notre humble classe d'écrivains de province et la grave hiérarchie des critiques de Varsovie. Je me suis souvenu, par bonheur, que j'ai quelques droits aux priviléges dont s'enorgueillit leur Chapitre. Il y a une quinzaine d'années, étant encore étudiant, moi aussi j'ai imprimé dans le *Mémorial de Varsovie* une dissertation imprégnée de classicisme, où je citais abondamment la Lettre aux Pisons et le Cours de La Harpe, ce qui, au sein dudit Chapitre, passe encore pour de l'érudition peu commune et pour un titre suffisant à la fonction de critique. C'est ce qui m'enhardit à oublier pour un moment que je suis descendu au rang de poète et à revêtir mon ancien caractère de critique, afin d'être à même de rendre à mes confrères leurs observations générales et morales en semblable monnaie, c'est-à-dire de leur donner à mon tour de banales remarques et un peu de paille hachée spirituelle.

Un poète qui n'est pas d'une science vaste et multiple, s'il ne crée pas de ces chefs-d'œuvre de première grandeur qui font époque en littérature, peut cependant essayer ses forces avec succès, particulièrement dans des genres secondaires : s'il ne conquiert pas une réputation européenne, il peut rencontrer néanmoins dans son pays, dans sa province, des lecteurs et des admirateurs. Tout autre est la position des théoriciens : leur profession réclame qu'ils soient instruits ; plus il naît d'œuvres d'art et plus il se découvre de vastes horizons dans le champ des théories, plus ils doivent s'efforcer de perfectionner leur talent critique pour avancer toujours avec leur siècle. Plus les relations sociales sont enchevêtrées, plus il existe de lois et d'usages, plus il faut que les critiques aient à cœur d'être, de par les exigences même de leur profession, des juges éclairés. Par une étrange contradiction, notre littérature nous offre des poètes et des orateurs instruits; mais nos théoriciens, depuis les grammairiens jusqu'aux docteurs en esthétique, n'ont vécu que des bribes de préceptes rapportées des bancs de l'école, alliant du reste l'obscurantisme à l'ignorance et à une foule de préjugés. C'est par là que nos annales littéraires ressemblent un peu à notre histoire politique. Nous avons eu de bons soldats, de dignes citoyens; mais, surtout dans les derniers temps, la tâche d'élaborer les lois et d'administrer l'armée était assumée par des gens sans aucune instruction ni la moindre expérience : législation et administration littéraires se trouvaient dans un état également misérable. Mrozinski a déjà évalué à leur juste valeur les grammairiens en renom à Varsovie : les rhéteurs attendent encore qu'on leur rende ce triste et funèbre service. A tout le moins comparons-les brièvement aux auteurs. Trembecki, pour un poète, était un homme érudit : il connaissait en philologue la littérature antique, il possédait à fond la littérature française, il avait lu et su apprécier notre littérature du siècle de Sigismond. Les œuvres de Krasicki témoignent d'une culture poétique des plus variées, basée sur l'étude des modèles latins, italiens et français. Niemcewicz, dès son premier début, ne se borna pas aux imitations : il créa les formes nouvelles du drame historique, de la comédie politique et des chants historiques (1), non d'après la rhétorique de Deko-

---

(1) Au commencement du seizième siècle, et peut-être plus tôt

lonius, mais selon les besoins du temps. Les orateurs du règne de Stanislas-Auguste essayaient, par leur culture

encore, on représenta chez nous des dialogues, des mystères, c'est-à-dire des récits tirés de l'histoire sainte et de la mythologie. La forme du drame populaire était donc toute trouvée. S'il se fût rencontré alors un poète de talent pour aborder de semblables sujets, en choisir les plus dramatiques, perfectionner la forme des représentations et ennoblir le style, l'art dramatique national, dont s'enorgueillissent l'Italie, l'Espagne et l'Angleterre, eût sans doute surgi chez nous. Jean Kochanowski, formé en Italie, méprisa un spectacle si informe, et écrivit, sur un patron grec, un drame sans intérêt pour la nation, et qu'un choix malheureux de la forme rendit ingrat même pour la poésie. Cependant Kochanowski a ce grand mérite que, mieux au fait de l'antiquité grecque que les classiques postérieurs, il s'efforça de l'interpréter fidèlement. Les Grecs de Kochanowski rappellent les héros d'Homère : les Grecs de nos classiques sont des êtres de convention. Ce à quoi aucun de nos critiques n'a fait attention. On se contenta de se féliciter que le *Renvoi des Ambassadeurs* fût une pièce régulière. A la renaissance des études, la littérature fleurit seulement à Varsovie, et il n'était plus temps d'y ressusciter les dialogues. Julien Niemcewicz, soit par une méditation approfondie sur l'art, soit par l'instinct naturel au talent, pressentit le besoin du siècle et eut l'heureuse idée de représenter des personnages historiques, en conservant le coloris local et les traits de l'époque où ils ont vécu, et en prêtant même au discours, pour augmenter l'illusion, le caractère antique de l'époque sigismondienne. (Voir son drame de *Casimir le Grand*.) C'est d'une pensée analogue, mais réalisée bien auparavant, que s'inspira Gœthe dans son drame *Gœtz von Berlichingen*, qui fit époque en littérature. Les scènes historiques qu'on donne maintenant en France présagent pour l'Europe un nouveau genre dramatique, différent de forme du drame grec, shakespearien et caldéronien. Niemcewicz ne put ni développer aussi heureusement son idée ni parvenir à d'aussi grands résultats; car, si Gœthe avait la voie frayée par Herder et Lessing, la France l'eut par l'influence des Allemands, la haute situation des études historiques, l'action des romans de Walter Scott et une immense quantité de mémoires qui facilitaient le début de ce nouveau genre dramatique. Chez nous, même après les travaux de Niemcewicz, de Czacki, de Lelewel, de Baudtkie, une grande composition historique, épopée ou drame, restera pour un long temps encore une entreprise au-dessus de la force des poètes, alors qu'il existe si peu de nos genres secondaires de poésie qui aient été développés. L'idée, que jus-

politique et civile, d'égaler les étrangers et de suivre le progrès. Les théoriciens, au contraire, disaient avec pitié des orateurs : *Isti homines, me hercule, habent talentum, sed non docti, rhetoricam non frequentaverunt, non illuminant orationem figuris ; ubi est hypotyposis, aposiopeis, prosopoeia, sustentatio, prætermissio ?* Les formes et les préceptes qui régnaient à l'époque de la décadence polonaise se perpétuèrent. Les plus instruits d'entre les critiques ajoutèrent seulement à leur bagage littéraire des extraits de livres élémentaires français. Piramowicz, l'un des plus savants, alors que les hautes pensées sur l'art des Lessing, des Hume, des Hutcheson, des Burke, des Smith, occupaient l'Europe, n'apercevait rien au delà des limites de la rhétorique scolaire; l'abbé Golanski et François Dmochowski, dans leurs théories en prose et en vers, se moquent du petit Anglais qui s'appelle Shakespeare et dont le théâtre, comme il serait facile de le leur prouver, ne leur était connu ni en original ni en traduction : ils raillent Calderon, « un rimeur d'au delà des neigeuses Py-

qu'ici se font de ces genres certains de nos théoriciens et de nos lecteurs; est singulière. Ils estiment, par exemple, que les lieux communs, les maximes et les sentences morales, déclamés sur la scène française avec une égale emphase par les Grecs, les Romains, les Turcs et les Américains, traduits correctement en vers polonais, s'ils commencent par les mots : « Quelle ardeur m'enflamme ! » — « Muse, soutiens mon vol, » etc., deviennent une ode nationale; si on les coupe en dialogues, et qu'on les place dans la bouche des Sambor et des Jaxa, constituent un drame national; qu'enfin, s'ils paraissent dans le monde sous la forme d'un poème dont le titre se termine en *ade*, et qui commence par : « Je chante,» avec adjonction des allégories et des machines nécessaires, ils créent alors une épopée nationale.

rénées, » et Lope de Vega, sans avoir même affronté la vue de leurs ouvrages. Une telle outrecuidance prend son origine dans le préjugé persistant chez nous, selon lequel il serait possible de juger des ouvrages sans examen et sur la foi d'autrui, de condamner par exemple Calderon sur la foi de Boileau et Shakespeare d'après les arrêts de Voltaire.

Il faut une hardiesse peu commune, observe le savant Mrozinski, pour s'attaquer à l'autorité grammaticale de Kopczynski. — Il faut autant de courage, quoique peut-être il faille un peu moins de science, pour apprécier la valeur des critiques et des travaux de François Dmochowski. C'est le patriarche des critiques de Varsovie et il sert de modèle à leur école. De même que jadis, à Paris, on nommait Laharpe le Quintilien français, et, à Varsovie, Kopczynski le Lhomond polonais, ainsi Dmochowski était, à Varsovie, appelé un Laharpe (1), et, à Vilna, Slowacki un Dmochowski. L'hérédité des titres en ligne directe et collatérale était fort à la mode. S'élever à Varsovie contre le criticisme de François Dmochowski, c'est, pour me servir des paroles de Byron, disserter à Constantinople, dans la mosquée de Sainte-Sophie, sur les absurdités de l'Alcoran, en se fiant à la lumière et à la tolérance des ulémas. A la vérité, comme traducteur de poésies, Dmochowski a rendu de notables services à notre littérature. Il appartenait encore aux temps de Sta-

(1) Les jugements personnels de Laharpe sur la littérature antique n'ont jamais été d'aucun poids dans le monde savant ; les Français eux-mêmes, principalement Villemain, signalent combien ses jugements sur la littérature française sont superficiels et souvent faux.

nislas-Auguste et il marque précisément l'époque de transition entre une poésie forte et originale et une imitation timide et servile. Le talent du traducteur de l'*Iliade*, bien que dénué de force originale, a conservé un certain ton et une certaine vie ; au moins en ce qui regarde les traductions, il se lance dans de vastes et grandes entreprises. Avec une médiocre connaissance du latin et de la littérature française, Dmochowski, comme les écrivains du règne de Stanislas-Auguste, était versé dans l'ancienne littérature nationale du siècle des Sigismond : tout en appliquant plus qu'il ne convenait les règles de la grammaire française à la langue poétique, il n'était pas encore entièrement aveuglé ; il sentait et appréciait la hardiesse, la richesse et la variété du style de l'époque sigismondienne, il était frappé des nouvelles expressions de Trembecki et rendait justice, malgré de légères taches, aux grandes et nombreuses qualités de Karpinski. Dans ses propres écrits, à force de labeur et d'assiduité, il améliora son style qui fut d'abord négligé, lourd et dur. Sous ce rapport, il y a une grande différence entre l'*Art poétique* et la traduction d'Homère. Dans les derniers chants surtout de l'*Iliade*, les vers sont harmonieux, sobres d'expression et, quoique privés de tout élan poétique, ils ne sont pas une simple prose rimée (1). Ce même Dmochowski occupe dans notre lit-

---

(1) Le style des poésies homériques, la marche du récit propre à l'*Iliade*, ont disparu ou ont été radicalement modifiés dans la traduction. Dmochowski n'a compris les poésies d'Homère ni au point de vue historique ni au point de vue critique.

térature, en tant que savant et que critique, une place très-infime ; et l'intrépidité, qui, dans ses travaux poétiques, le poussa à prendre un plus haut vol, donna, en fait de critique, à ses successeurs le plus funeste exemple. Dmochowski travaillait à la traduction de l'*Iliade* à un moment où les prolégomènes de Wolf sur les Homérides captivaient l'attention générale. Une grande dispute littéraire, la plus importante peut-être qui se soit produite dans l'histoire de la critique contemporaine, divisait les savants anglais et allemands, et éveillait de l'intérêt même en France où l'étude de l'antiquité était alors dans un misérable état. Notre traducteur de l'*Iliade*, après un si grand travail de tant d'années, n'est capable que de répéter au sujet d'Homère ce qu'il a lu dans les *Voyages d'Anacharsis*. Or, de tous les savants qui ont écrit sur Homère, depuis Wolf jusqu'à Benjamin Constant, personne n'a encore invoqué l'autorité de l'abbé Barthélemy. Que dire des annotations de l'*Iliade*, où Homère est comparé à Virgile, au Tasse et, si je ne me trompe, à Voltaire, et comment? Des paragraphes isolés ou de simples vers sont traduits et placés en regard. S'il est possible de deviner le but du traducteur, il a voulu donner une idée de la différence de talent ou de style de ces poètes en offrant, comme cet architecte, des briques des temples de l'*Iliade* et de la *Jérusalem délivrée*. Il nous semble lire, au dix-neuvième siècle, les dissertations de Vossius, de pédante mémoire, et ses arrêts enfantins basés sur de semblables principes. Plus l'école poétique de Dmochowski, c'est-à-dire des imitateurs et traducteurs des œuvres françaises anciennes et contemporaines, recruta d'adeptes, et plus elle rétrécit son horizon et restreignit son instruction, et aussi plus la décroissance du talent y fut sensible. Le latin passa définitivement de mode, on cessa de parler du grec, et l'on défendit d'autant plus les classiques, qu'on négligea davantage les langues classiques. Finalement la littérature française, portion de la littérature universelle, devint d'alpha et l'oméga de nos savants. Au lieu de l'*Iliade*, de l'*Enéide*, du *Paradis perdu*, on consacra dix ans à traduire Delille, Legouvé, Colardeau, et puis quantité d'odes, d'épîtres, de tragédies et de comédies dont les journaux de Paris avaient fait l'éloge. Après un long intervalle, lorsque ces productions étaient déjà oubliées à Paris, elles faisaient chez nous leur apparition et éveillaient l'enthousiasme des critiques. Quant au style, presque tous les traducteurs sont parvenus par une pratique assidue à être également corrects, également exempts de provincialismes et d'expressions nouvelles et tous à bien écrire en vers. Ces vers ont entre eux une ressemblance singulière, ils paraissent fabriqués du même métal et coulés du même jet. L'aphorisme philosophique, que, pour rendre deux choses absolument pareilles, il les faut d'abord priver de vie, s'est trouvé de la sorte confirmé. Que ce soit une traduction de Molière ou de l'*Iliade*, de Milton ou de Legouvé, la coupe du vers, le style et quasi jusqu'aux rimes, tout est identique. C'est ce que François Dmochowski appelle le progrès constant de la poésie nationale. Ne diminuons pas le mérite des plus récents de ces traducteurs : il ne s'en est pas fallu de beaucoup qu'ils n'accomplissent tous ensemble ce que Defauconpret à lui seul fit pour la France, bien que Defauconpret ait traduit des ouvrages plus importants et en plus grand nombre.

L'école critique, à notre époque, présente un spectacle encore plus triste, s'il en peut exister de plus triste. Son *Corpus Juris* se compose des cours de littérature qui étaient en usage dans les lycées et prytanées français, des préfaces placées en tête des œuvres de Corneille, de Racine et de Voltaire, d'analyses telles que l'*Examen du Cid*, *de Polyeucte*, etc., et de commentaires qui s'en réfèrent encore aux disputes de Scudéry et de Chapelain, et d'observations rhétoriques et grammaticales sur les vers français. Les critiques, munis de connaissances si vastes, commencent communément par affubler les auteurs de certains titres : ils nomment l'un le Corneille polonais, un autre le Pindare, un autre encore le Prince des orateurs ou des poètes. Les plus heureux sont gratifiés à la fois de plusieurs titres et dotations. C'est ce qu'un jeune critique de Varsovie a spirituellement qualifié de mascarade littéraire. Dans les appréciations particulières des auteurs et leur comparaison entre eux reviennent constamment les mêmes topiques scolaires : tel auteur, par exemple, est léger, spirituel, amusant, tel autre grave, triste, élevé, etc. Si l'un quelconque des X, en méditant sur une tragédie, se livra à des spéculations plus hautes, à une dissertation sur les trois unités et démontre que l'une d'elles fait défaut dans la pièce, s'il s'aperçoit que, dans l'intervalle d'une scène à l'autre, le théâtre reste vide, et s'il prouve qu'à certain endroit il convient de se figurer un vestibule au lieu d'une antichambre, on s'extasie sur le talent et les connaissances d'un tel X. Les arrêts sur les styles ou plutôt sur le style, car on n'en connaissait et on n'en avait qu'un seul en vue, furent dictés par les prescriptions rhétoriques et grammaticales libellées à propos des vers français et qui jouissaient d'une autorité exceptionnelle. Aussi s'est-on complu surtout dans une critique de détails; car, dès qu'on s'était étendu tout à l'aise sur les trois unités, la Poétique d'Horace et de Boileau, on était à bout d'observations générales. Des paragraphes détachés, des vers isolés absorbèrent toute l'attention. Il était plaisant de voir des critiques réunir leurs forces pour retourner une expression ou un vers, souvent indignes d'être remarqués, et le traîner péniblement au milieu du forum de la critique, comme les fourmis de Karpinski charrient le ventre d'une mouche ou un quart d'insecte, et soutenir à grand'peine un si pesant fardeau (1).

En un pareil état de la critique, il est intéressant et édifiant de considérer les relations amicales de bon voisinage (2) dans lesquelles les critiques vi-

---

(1) Voir, dans la *Gazette polonaise* de 1827, sept articles sur la traduction d'une strophe de Lefranc de Pompignan. Lefranc de Pompignan, avec toutes ses œuvres, mérite à peine une mention dans la littérature française.

(2) L'auteur de l'*Histoire de la littérature* n'ose apprécier un ouvrage : « Aurais-je dû oublier, dit-il, surtout vis-à-vis de personnes vivantes, toute espèce d'égards? La justice et les relations de société ne m'ont pas permis de le faire. En revanche, je cite fidèlement les appréciations d'autrui, celles surtout de juges aussi

vent entre eux et avec les auteurs, le respect avec lequel ils acceptent leurs arrêts réciproques et le soin

compétents que Louis Osinski, Stanislas Potocki, François Dmochowski. » Choisissons au hasard certains de ces jugements. Stanislas Potocki dit de la traduction de l'*Iliade* : « Dmochowski a rendu *les pensées de l'auteur* (Homère) dans un style coulant. Il ne m'était pas encore arrivé de lire d'un trait, dans les anciennes traductions, deux ou trois chants (donc il n'a point lu l'*Iliade !*) sans je ne sais quelle mélancolie (?). J'ai lu Dmochowski d'une seule haleine et avec plaisir. » Qui a jamais, dans une histoire quelconque de la littérature, trouvé une pareille appréciation ? L'une des qualités particulièrement caractéristiques de l'*Iliade*, c'est précisément que l'auteur n'y apparaît nulle part et ne manifeste pas d'opinions personnelles. Peut-on dire que les chants de cette merveilleuse épopée sont *les pensées de l'auteur* (Homère) sur la guerre de Troie ? L'abbé Baka a écrit en vers des *Considérations sur la mort infaillible* ; son biographe observe facétieusement que Milton a également écrit en vers ses *Considérations sur le Paradis perdu*. Mes remarques ne sauraient offenser la respectable mémoire de Stanislas Potocki. Ce grand orateur et bien méritant homme d'Etat ne perdra point sa renommée, parce qu'il se sera inutilement mêlé de rhétorique. Nous aurions respecté sa faiblesse et passé ses manquements sous silence : mais peut-il être loisible à Osinski, professeur de littérature à Varsovie, de citer de pareils jugements comme *importants* et à un professeur d'histoire de les citer comme *ayant un très-grand poids* ? Nous lisons à la page 306 : « Trembecki a montré un véritable talent de versification : il unit dans ses poésies la hardiesse de Pindare avec le goût d'Horace et la douceur de Sapho. » C'est comme si l'on disait d'un compositeur de musique, qu'il est à la fois Mozart, Rossini, Hummel et Orphée ! ou d'un peintre, qu'il a le style de Raphaël, de Rembrandt, de David et d'Apelles ! Nous ne connaissons que par tradition la poésie de Sapho, car il ne s'est conservé de ses œuvres que des fragments insignifiants. (*Odaria duo integriora et cætera carminum frustula*, Grodeck.) Éclaircir les qualités de Trembecki en comparant le caractère de sa poésie à celui du chant de Sapho, c'est l'éclaircir par quelque chose d'assez obscur. Ajoutons que la douceur n'était pas la qualité distinctive et principale des œuvres de Sapho : on leur reconnaissait *vim, gratiam* et en dernier lieu seulement *dulcedinem*. Le jugement sur Trembecki mérite qu'on s'y arrête : il est difficile de renfermer plus d'absurdités en moins de mots. — A la page 303, nous voyons : « Kniaznin tient, parmi les chansonniers, un rang éminent ; une imagination vive, des tableaux spirituels (?) et qui

scrupuleux avec lequel ils les transmettent de bouche en bouche et de plume en plume. François Dmochowski cite les opinions de l'abbé Golanski; Louis Osinski cite François Dmochowski; Stanislas Potocki les cite tous et tous le citent. Ces appréciations se concentrent pour le moment dans l'*Histoire de la littérature* de Bentkowski, d'où, par le canal des journaux, elles retournent à leurs sources sous forme de citations, de préfaces et d'allocutions élogieuses. Il se maintient de la sorte en circulation à Varsovie un certain nombre d'opinions qui sont partout ailleurs sans la moindre valeur, comme ont encore cours en Samogitie les vieux thalers hollandais et les ortes (1).

imposent au lecteur un certain étonnement, moins par leur hardiesse que parce quelles chatouillent et caressent d'une manière irritante les sens, voilà la caractéristique des poésies de Kniaznin.» Bentkowski ne mentionne pas quel est le membre comme il faut de son aréopage qui a rédigé cette sentence. Passons aux paroles de S. Potocki sur J. Lipinski : « Il a peu confié de ses vers au public, mais ce qu'il en a communiqué est si excellemment travaillé que cela cesse d'être petit. » Nous ne connaissons pas bien le langage mathématique; mais il nous semble que ce qui cesse d'être petit devient moindre ou s'anéantit. Joseph Lipinski *a travaillé* de faibles traductions de Virgile et du Tasse. Jadis Symonowicz avait imité et partiellement traduit les *Bucoliques*, et Pierre Kochanowski, la *Jérusalem*. En comparant ces curieuses traductions moins correctes, mais pleines de vie, hardies et riches d'expressions au vers sec et prosaïque de Lipinski, on pourrait faire le mieux éclater la manière de la nouvelle école, et prouver combien nos traducteurs, éduqués uniquement à la manière française, ont causé de tort à la langue nationale. En réalité, ils l'ont dépouillée de tous les ornements du style; ils ont arraché, si je puis m'exprimer ainsi, le vêtement et un peu la chair des pensées et des sentiments et changé les vers en une série de syllogismes. — D'autres appréciations sont plus laconiques : par exemple, à la page 312 : « Osinski (Louis) a montré un véritable lyrisme. » Au même endroit : « Kozmian s'est montré un vrai poète lyrique. »

(1) Orte, ancienne monnaie qui valait un quart d'écu. (*N. du tr.*

Les partisans de cette école critique qui existent encore à Varsovie, se trouvent vis-à-vis de l'Europe dans une position de plus en plus désagréable et amusante. En littérature, tout a changé autour d'eux, depuis Gibraltar jusqu'à la mer Blanche : ils se cramponnent à la poétique scolaire comme à une ancre immobile. Et ils retrempent leur courage par la lecture de quelques brochures et de plusieurs journaux français, des moins lus en France. On pourrait les comparer à ces législateurs qui, s'appuyant sur notre constitution qu'ils ne comprenaient pas, défendaient les priviléges des Hetmans et le *liberum veto*, et qui, en dépit de la nouvelle tactique adoptée dans les pays voisins, protestaient contre les importations étrangères et étaient convaincus que, hors la cavalerie nationale, tout n'est que creuse rêverie germanique. Krasicki le leur a vainement dit, et, avec Krasicki, nous le crierons aux soi-disant classiques :

Il faut étudier, l'âge d'or n'est plus !

La critique historique brille déjà dans nos annales, la méthode historique a banni de notre législation l'ancien dogmatisme : mais la critique littéraire reste encore purement scolastique. Aujourd'hui, sans parler de l'Orient, que de nations, dans la seule Europe, nous ouvrent toutes les richesses de leur littérature ! Les Français eux-mêmes, après avoir renoncé à la civilisation exclusive à laquelle voulait les astreindre l'école de Voltaire, s'instruisent, traduisent et créent de nouveaux genres. En dehors de la littérature française jusqu'à la moitié du XVIIIᵉ siècle, nos savants ne voient rien qui mérite d'être appris. Ils raisonnent comme le calife Omar : ou toutes les littératures étrangères s'accordent avec la Poétique de Boileau, et alors elles sont peu utiles; ou elles la contredisent et alors elles sont dangereuses. En prenant soi-disant parti pour l'antiquité et le classicisme, quel abus ils font de ces expressions ! Il y en a qui, ignorant le latin et n'ayant pas même une idée du grec, prétendent enseigner aux Anglais et aux Allemands comment il convient de sentir et de juger l'antiquité et jusqu'à quel point il est permis d'en imiter les formes ! Aujourd'hui qu'en tant de langues tant de chefs-d'œuvre si différents occupent l'Europe, il faut, pour les juger, pour émettre sur l'art des observations générales, avoir le talent et les connaissances multiples des Schlegel, des Tieck, des Sismondi, des Hazlitt, des Guizot, des Villemain, et des rédacteurs du *Globe*. Quels progrès effectuent dans cette direction les critiques de l'école de l'abbé Golanski et de François Dmochowski ? Les uns se moquent de Gœthe, de qui les œuvres ont été traduites, lues et appréciées, dans le monde civilisé tout entier, jusqu'aux barrières de Varsovie ; les autres se félicitent *de ne pas connaître le hollandais et de n'avoir pas lu Lessing ;* d'autres conseillent même l'établissement d'un *cordon sanitaire* pour empêcher qu'accidentellement l'instruction étrangère ne pénètre chez nous. Le public n'admet pas ce blocus de la raison, si nécessaire qu'il soit pour maintenir le cours des produits versifiés de Varsovie. A Varsovie même, quelques poètes et quelques théoriciens se sont prononcés là contre. La contagion des études étrangères s'étend au point que des classiques parfaitement orthodoxes citent les noms de Gœthe, de Moore, de Byron : il conviendrait de ne pas invoquer en vain ces grands noms, quand leurs œuvres sont encore si peu connues et pénètrent si rarement au delà du cordon classique. Disserter sur ces ouvrages et sur l'art et sur la poésie en général, sans autre bagage littéraire que des préceptes d'écoles et qu'un Laharpe, n'est possible qu'à table ou dans un salon ; mais, la plume à la main et dans une feuille périodique, ce n'est pas tolérable. Les critiques classiques de Varsovie qui tranchent avec autant de hardiesse que de présomption les plus graves questions littéraires, ressemblent à ces politiques de petite ville qui, sans avoir même lu les journaux étrangers, se prononcent sur les mystères des cabinets et sur la conduite des chefs. Heureuses gens !

Saint-Pétersbourg, 1828.

NOTES.

« Il faut voir comme Pierre Corneille, harcelé à son début pour sa merveille du *Cid*, se débat sous Mairet, Claveret, d'Aubignac et Scudéry! comme il dénonce à la postérité les violences de ces hommes, qui, dit-il, se font *tout blancs d'Aristote!* Il faut voir comme on lui dit, et nous citons des textes du temps : « Ieune
« homme, il faut apprendre avant que d'enseigner, et à moins que
« d'être vn Scaliger ou vn Heinsius, cela n'est pas supportable. »
Là-dessus, Corneille se révolte et demande si c'est donc qu'on veut le faire descendre « beaucoup au-dessovs de Claveret? » Ici, Scudéry s'indigne de tant d'orgueil et rappelle à ce trois fois grand avthevr du *Cid* « les modestes paroles par où le Tasse, le plus
« grand homme de son siècle, a commencé l'Apologie du plus
« beau de ses ouurages contre la plus aigre et la plus iniuste Cen-
« sure qu'on fera peut-être iamais. M. Corneille, ajoute-t-il, tes-
« moigne bien en ses responses qu'il est aussi loing de la modération
« que du mérite de cet excellent avthevr. » Le *jeune homme si iustement* et si *doucement censuré* ose résister; alors Scudéry revient à la charge, il appelle à son secours *l'Académie éminente*:
« Prononcez, o mes Iuges, un arrest digne de vous, et qui
« face sçavoir à toute l'Europe que le *Cid* n'est point le chef-
« d'œuure du plus grand homme de France, mais ouy bien la
« moins iudicieuse pièce de M. Corneille mesme. Vous le devez,
« de pour votre gloire en particulier, et pour celle de nostre nation
« en général, qui s'y trouue intéressée : veu que les estrangers qui
« pourroient voir ce beau chef-d'œuvre, eux qui ont eu des Tassos
« et des Guarinis, croyroient que nos plus grands maistres ne sont
« que des apprentifs. » Il y a, dans ce peu de lignes instructives, toute la tactique éternelle de la routine envieuse contre le talent naissant, celle qui se suit encore de nos jours, et qui a attaché, par exemple, une si curieuse page aux jeunes essais de lord Byron. Scudéry nous la donne en quintessence. Ainsi les précédents ouvrages d'un homme de génie toujours préférés aux nouveaux, afin de prouver qu'il descend au lieu de monter; *Mélite* et la *Galerie du Palais* mis au-dessus du *Cid*; puis les noms de ceux qui sont morts toujours jetés à la tête de ceux qui vivent : Corneille lapidé avec Tasse et Guarini (Guarini!), comme plus tard on lapidera Racine avec Corneille, Voltaire avec Racine, comme on lapide aujourd'hui tout ce qui s'élève avec Corneille, Racine

et Voltaire. La tactique, comme on voit, est usée; mais il faut qu'elle soit bonne, puisqu'elle sert toujours. Cependant le pauvre diable de grand homme soufflait encore. C'est ici qu'il faut admirer comme Scudéry, le capitan de cette tragi-comédie, poussé à bout, le rudoie et le malmène; comme il démasque sans pitié son artillerie classique, comme il « fait voir » à l'auteur du *Cid* quels doivent être les épisodes, d'après Aristote, qui l'enseigne « aux chapitres dixiesme et seiziesme de sa *Poétique*; » comme il foudroie Corneille, de par ce même Aristote « au chapitre onziesme « de son *Art poétique* dans lequel on voit la condamnation du *Cid*; » de par Platon, livre dixiesme de sa *République*; de par Marcelin, au livre vingt-septiesme; on le peut voir « de par les tragédies de *Niobé* et de *Jephté*, de par l'*Ajax* de Sophocle, » de par « l'exemple d'Euripide, » de par Heinsius, au chapitre six, constitution de la Tragédie, et Scaliger le fils dans ses poésies, » enfin de par « les Canonistes et les jurisconsultes, au titre des Nopces. » Les premiers arguments s'adressaient à l'Académie, le dernier allait au Cardinal. Après le coup d'épingle, le coup de massue; il fallut un juge pour trancher la question. Chapelain décida. Corneille se vit donc condamné : le lion fut muselé, ou, pour dire comme alors, la *corneille fut déplumée*. Voici maintenant le côté douloureux de ce drame grotesque : c'est après avoir été ainsi rompu dès son premier jet, que ce génie, tout moderne, tout nourri du moyen âge et de l'Espagne, forcé de mentir à lui-même et de se jeter dans l'antiquité, nous donne cette Rome castillane, sublime sans contredit, mais où, excepté peut-être dans *Nicomède*, si moqué du dernier siècle pour sa fière et naïve couleur, on ne retrouve ni la Rome véritable, ni le vrai Corneille. »

Telles sont les misères que Corneille avait dû souffrir et que Victor Hugo exposait alors que, lui-même, il rompait des lances pour son propre compte, contre les routiniers de son siècle : « Verser la même dose de temps à tous les événements, appliquer la même mesure sur tout ! s'écriait-il. On rirait d'un cordonnier qui voudrait mettre le même soulier à tous les pieds. Croiser l'unité de temps à l'unité de lieu comme les barreaux d'une cage et y faire pédantesquement entrer de par Aristote, tous ces faits, tous ces peuples, toutes ces figures que la Providence déroule à si grandes masses dans la réalité! c'est mutiler hommes et choses, c'est faire grimacer l'histoire. Disons mieux : tout cela mourra dans l'opération, et c'est ainsi que les mutilateurs dogmatiques arrivent à leur résultat ordinaire : ce qui était vivant dans la chronique est mort dans la tragédie. Voilà pourquoi bien souvent la cage des unités ne renferme qu'un squelette. — Et puis si vingt-quatre heures peuvent être comprises dans deux, il sera logique que quatre heures puissent en contenir quarante-huit. L'unité de Shakespeare ne sera donc pas l'unité de Corneille. Pitié ! — Ce sont là pourtant les pauvres chicanes que, depuis deux siècles, la médiocrité, l'envie et la routine font au génie. C'est ainsi qu'on a borné l'essor de nos plus grands poètes. C'est avec les ciseaux des unités qu'on leur a coupé l'aile. Et que nous a-t-on donné en échange de ces plumes d'aigle retranchées à Corneille et à Racine? Campistron. »

Adam Mickiewicz, comme Pierre Corneille et Victor Hugo, exposa, puis défendit ses œuvres dans des préfaces. Mais, tandis qu'à Paris, Pierre Corneille fut condamné par les Académiciens, et que Victor Hugo fit capituler ceux de son temps, qui le reçurent dans la place, les Académiciens de Varsovie s'éteignirent sous le ridicule des attaques qu'ils avaient dirigées contre Adam Mickiewicz.

Les plaisanteries d'Adam Mickiewicz sur les contradictoires critiques de ses *Sonnets* (ci-dessus, p. 359) rappellent naturellement les analogues moqueries de Chateaubriand contre les appréciations bizarrement opposées auxquelles donna lieu son grand ouvrage, le *Génie du Christianisme* : « Où trouverais-je, disait-il, la vérité parmi une foule d'opinions contradictoires? L'un vante mon sujet aux dépens de mon style, l'autre approuve mon style et désapprouve mon sujet. Si l'on m'assure, d'une part, que le *Génie du Christianisme* est un monument à jamais mémorable pour la main qui l'éleva et pour le commencement du dix-neuvième siècle (M. de Fontanes), de l'autre on a pris soin de m'avertir, un mois ou deux après la publication de l'ouvrage, que les critiques venaient trop tard, puisque cet ouvrage était déjà oublié (M. Ginguené, *Décad. philos.*)... Les éditions du *Génie du Christianisme* se multiplient. » (Préface de la 12ᵉ édition d'*Atala* et de *René*, 1805.)

Si les critiques provoquèrent un semblable sourire chez les deux auteurs, les éloges ne tournèrent pas la tête au poète polonais, comme l'écrivain français raconte qu'elle lui tourna à lui-même : « Je devins à la mode, dit-il, j'ignorais les jouissances de l'amour-propre, et j'en fus enivré... Je cherchais *Atala* dans les *Petites affiches*. » (*Mémoires d'Outre-Tombe*, in-8º, Paris, 1849, IV, p. 6-8.) Mickiewicz ignora toujours la vanité.

Chateaubriand raconte, à la même occasion, l'anecdote suivante : « Politesse réelle ou curieuse faiblesse, je me laissais quelquefois aller jusqu'à me croire obligé de remercier chez elles les dames inconnues qui m'envoyaient leurs noms avec leurs flatteries : un jour, à un quatrième étage, je trouvai une créature ravissante sous l'aile de sa mère, et chez qui je n'ai pas remis le pied. Une Polonaise m'attendait dans des salons de soie; mélange de l'odalisque et de la valkyrie, elle avait l'air d'un perce-neige à blanches fleurs ou d'une de ces élégantes bruyères qui remplacent les autres filles de Flore, lorsque la saison de celles-ci n'est pas encore venue ou qu'elle est passée : ce chœur féminin, varié d'âge et de beauté, était mes anciennes sylphides réalisées » (Id. p. 9.)

* * *

« Ce qui est vraiment divin dans le cœur de l'homme ne peut être défini... Si l'on veut comprendre ce qu'est la poésie, il faut appeler à son secours les impressions qu'excitent une belle contrée, une musique harmonieuse, le regard d'un objet chéri, et par dessus tout, un sentiment religieux qui nous fait éprouver en nous-même la présence de la Divinité. La poésie est le langage naturel à tous les cultes. La Bible est pleine de poésie; Homère est plein de religion. Ce n'est pas qu'il y ait des fictions dans la Bible, ni des dogmes dans Homère ; mais l'enthousiasme rassemble dans un même foyer des sentiments divers; l'enthousiasme est l'encens de la terre vers le ciel; il les réunit l'un à l'autre. Le poète ne fait, pour ainsi dire, que dégager le sentiment prisonnier au fond de l'âme, le génie poétique est une disposition intérieure de la même nature que celle qui rend capable d'un généreux sacrifice; c'est rêver l'héroïsme que de composer une belle ode... Un homme d'un esprit supérieur disait que *la prose était factice et la poésie naturelle* : en effet, les nations peu civilisées commencent toujours par la poésie, et, dès qu'une passion forte agite l'âme, les hommes les plus vulgaires se servent, à leur insu, d'images et de métaphores; ils appellent à leur secours la nature extérieure pour exprimer ce qui se passe en eux d'inexprimable. Les gens du peuple sont beaucoup plus près d'être poètes que les hommes de bonne compagnie; car la convenance et le persiflage ne sont propres qu'à servir de bornes, ils ne peuvent rien inspirer... Il faudrait parler aux poètes comme à des citoyens, comme à des héros; il faudrait leur dire : « Soyez vertueux, soyez croyants, soyez libres; respectez ce « que vous aimez, cherchez l'immortalité dans l'amour et la divi- « nité dans la nature ; enfin sanctifiez votre âme comme un temple, « et l'ange des nobles pensées ne dédaignera pas d'y apparaître. » (*De l'Allemagne*, par Mme de Staël, 1810, IIe partie, chap. X : *de la Poésie*.)

Comme Buffon a dit : « Le style, c'est l'homme, » M. de Bonald a écrit : « La littérature est l'expression de la société. » S. Ambroise avait défini le beau « la forme du vrai; » d'autres ont ajouté qu'il en est « la splendeur. » Un Français du Canada a dit excellemment : « La poésie, c'est l'expression spontanée de l'enthousiasme et de l'exaltation de la pensée humaine, inspirés par un souffle divin : *Mens divinior.* » (*Histoire de la littérature canadienne*, par Edmond Lareau, in-8°, Montréal, 1874, p. 6.) Et il se plaisait, par delà l'Océan, à citer ce mot de Lamartine : « La poésie est l'incarnation de ce que l'homme a de plus intime dans le cœur, de plus divin dans la pensée, de ce que la nature visible a de plus magique dans ses images, de plus mélodieux dans les sons. Elle est à la fois sentiment et sensation, esprit et matière : la prose s'adresse à l'idée ; la poésie à l'idée et à la sensation à la fois. »

Autre et encore plus belle définition de la poésie par un poète : « Il est un élixir qui se nomme *Poésie* ; ceux qui ont en eux, dans la vie privée, une seule goutte de cette liqueur divine, ont pour leur pays plus de dévouement, pour leur maîtresse plus d'amour, dans leur vie plus de grandeur. Ceux qui ont deux gouttes dans les veines sont les maîtres du monde politique, ou règnent dans l'éloquence ou dans les écrits de la grande prose. Mais ceux en qui le flacon entier est répandu avec la liqueur de la vie, ceux-là sont les rois de la pensée dans le roi des langages. » (*Journal d'un Poète*, année 1843, recueilli et publié sur les notes intimes d'Alfred de Vigny, par Louis Ratisbonne, in-18, Paris, 1867, p. 173.)

On comprend qu'Armand Carrel, parlant d'Alfred de Vigny à un de ses collaborateurs du *National*, ait dit : « Voilà une belle âme, il faut la montrer. » Le poète était vraiment digne de ce jugement du grand journaliste.

Nous lisons dans ses Notes : « Avec un beau-père trois fois millionnaire, j'ai vécu honorablement sans lui rien demander jamais une fois pendant treize ans, et sans faire de dettes. Dans toutes les affaires de fortune, j'ai attendu mes droits sans daigner me plaindre, j'ai souffert en silence, j'ai travaillé sans dégrader ma pensée et je n'ai fait que des œuvres d'art. J'ai réussi à prouver que l'on peut être uniquement poète ou homme de lettres et marcher de pair avec ce qu'il y a de plus haut dans la société, sans avoir une fortune considérable ou même ordinaire. »

De son côté, le *Poète anonyme* de la Pologne (Sigismond Krasinski) lançait ces strophes sibyllines (1834) : « ... Ce n'est pas que je me plaigne de toi, Poésie, mère de beauté et de salut ; seulement il est à plaindre celui-là que, sur la limite des mondes en germe et des mondes en ruines, tu tiens enchanté par le souvenir ou par le pressentiment : car tu ne perds que ceux qui se sont voués à toi et se sont faits les organes de ta gloire. — Heureux celui en qui tu as placé ta demeure, comme Dieu au milieu du monde, inaperçu, ignoré, mais grand et éclatant dans chacune de ses parties, et devant lequel les créatures se prosternent partout en disant : Il est ici. Ainsi celui-là te portera comme une étoile sur son front et ne mettra pas entre ton amour et lui l'abîme de la parole ; il aimera les hommes et brillera comme un héros au milieu de ses frères. Et à celui qui ne te restera pas fidèle, à celui qui te trahira avant le temps, et te livrera aux joies périssables des hommes, tu jetteras quelques fleurs sur la tête et te détourneras : celui-là passera sa vie à tresser, avec des fleurs fanées, une couronne funéraire. »

Et Adam Mickiewicz, en traduisant et citant ces hautes pensées, ajoutait : « La poésie, pour l'auteur de la *Comédie infernale*, est une inspiration sérieuse ; il faut la porter, comme il dit, au fond de l'âme. Une parole, une poésie énoncée en paroles, est déjà un malheur pour l'âme qui s'est trahie ainsi. La parole écrite trahit l'impuissance d'agir. La véritable poésie, chez les Grecs mêmes, ne signifiait autre chose que l'action. La poésie en grec signifie l'action. Que demande l'auteur polonais? C'est que les âmes les mieux trempées, les plus élevées, les plus fortes, celles qui communiquent avec la divinité, réservent toutes leurs forces pour agir, au lieu de parler. C'est le sens de cette préface; et malheur aux poètes, s'ils se bornaient seulement à parler! C'est alors que la Poésie leur jetterait cette guirlande de fleurs mortes dont ils seraient condamnés à s'amuser pendant toute leur vie. » (*Slaves*, IV, p. 28-30. Leçon du 13 décembre 1842.)

On a vu, dans le premier volume de ces *Mélanges*, l'admiration de mon père pour Byron. Mazzini voyait dans le grand poète anglais « le Napoléon de la poésie. »

« Byron, parlant de lui-même, dit qu'il a écrit « par trop-plein, « par passion, par entraînement, par beaucoup de causes, mais jamais par calcul... » — S'il n'y a que des badauds capables de lui attribuer les crimes de ses héros, il n'y a que des aveugles capables de ne point voir en lui les sentiments de ses personnages : il n'a jamais fait que l'épopée de son propre cœur... Byron ne se réduisait aux rêves qu'à défaut d'action. Lui-même, en s'embarquant pour la Grèce, disait qu'il avait pris la poésie faute de mieux, qu'elle n'était pas son affaire : « Qu'est-ce qu'un poète? Qu'est-ce qu'il vaut? Qu'est-ce qu'il fait? » Il augurait mal de la poésie de son siècle, même de la sienne, disant que, s'il vivait dix ans, on verrait de lui quelque chose d'autre que des vers. » (Taine, *Histoire de la littérature anglaise*, p. 350-353.)

« Si l'on demandait ce qui vaut mieux d'un ouvrage avec de grands défauts et de grandes beautés ou d'un ouvrage médiocre et correct, je répondrais sans hésiter qu'il faut préférer l'ouvrage où il existe ne fût-ce qu'un seul trait de génie. » (Mad. de Staël, *De la Littérature*.)

M. de Chateaubriand disait, dans le même esprit, qu'il faut quitter la mesquine critique des défauts pour la grande et féconde critique des beautés, » c'est-à-dire qu'il faut, dans l'examen d'un ouvrage, s'attacher à ce qu'il y a de meilleur.

Et Victor Hugo a ajouté : « Les écrivains doivent être jugés, non d'après les règles et les genres, choses qui sont hors de la nature et hors de l'art, mais d'après les principes immuables de cet art et les lois spéciales de leur organisation personnelle... Notre infirmité s'effarouche souvent des hardiesses inspirées du génie... Il y a de ces défauts qui ne prennent racine que dans le chef-d'œuvre ; il n'est donné qu'à certains génies d'avoir certains défauts. »

George Sand, en parlant de Victor Hugo, a écrit : « Ce poète est un intrépide cavalier. Son Pégase, à lui, est un cheval terrible, un dragon de feu. » Puis elle s'écriait avec ironie : « Monsieur veut de grands poètes bien sages, bien peignés, bien gentils !... Or la vie des grandes intelligences n'est pas autre chose qu'un orage sublime. » Et elle continuait : « J'ai beau chercher, dans l'histoire des arts, un ouvrage de premier ordre, qui ne pèche point par quelque endroit contre ce que les uns appellent les règles, contre ce que les autres appellent la saine logique, je ne les trouve pas. Le pur Racine a tous les défauts du milieu où il a vécu, à commencer par le ton de cour française qu'il donne à ses héros antiques, ce qui fut une adorable qualité pour les amateurs de son temps, ce qui est un hiatus de couleur très-répréhensible aujourd'hui à nos yeux, et ce qui ne l'empêche pourtant pas d'être un beau génie. — D'où vient donc que, malgré l'école romantique et l'immense progrès qu'elle nous a fait faire, Racine restera debout ? C'est que les qualités sérieuses et vraies survivent aux défauts inhérents à l'époque et au milieu où l'on vit. A mesure que les siècles suivants se débarrassent de ces défauts, ils les pardonnent au passé. La première réaction est amère et parfois injuste : il faut de la passion pour vaincre l'habitude et implanter le progrès. Cela fait, la guerre cesse, les combattants s'apaisent, et les vainqueurs sont les premiers à tendre la main aux morts illustres. Cette nouvelle réaction en leur faveur est quelquefois aussi ardente que l'a été celle qui les a dépossédés du rôle de modèles. En deux ou trois siècles, les grands noms sont faits, défaits ou refaits. Ils ne sont réellement consacrés qu'après l'épuisement des réactions contraires ; et alors on sent pour eux une indulgence absolue qui n'est que justice absolue. De même qu'il n'est pas de grand personnage historique qui n'ait eu dans sa vie quelque erreur ou quelque tache, il n'est pas de grand artiste qui n'ait eu son côté faible ou désordonné, et dont on ne puisse dire : Il fut homme ; ce qui n'empêche pas d'ajouter : Il fut grand. » (G. Sand, juin 1856. *Autour de la Table*, p. 17, 20, 23, 27, 28.)

Deux exemples d'un admirable et malheureusement trop rare esprit de justice dans la critique :

« Les seuls écrits qui restent et qui prouvent réellement sont ceux où l'âme de l'artiste s'est exhalée dans l'inspiration aidée de la réflexion, et là Béranger est vraiment un des grands esprits dont la France doit s'honorer toujours. Il a chanté la patrie et relevé son drapeau comme une protestation, dans un temps où le prêtre, devenu instrument politique, marchait sur la pensée, sur la liberté, sur la dignité de la France. Il a chanté le peuple et flétri le courtisan; il a pleuré sur la misère, il a rallumé et tenu vivante l'étincelle de l'honneur national; il a fait retentir le cri de la souffrance et de l'indignation; il a démasqué des vices honteux, il les a flagellés jusqu'au sang. Là est son œuvre, là est sa vie véritable, là est sa gloire... C'était bien autre chose que du bon sens qui le guidait! C'était une réaction d'énergie extraordinaire; c'était une haute raison doublée d'une fierté transcendante et d'un respect de lui-même qui allait jusqu'au stoïcisme. Il a beaucoup voulu paraître sage, et il a été réellement ce qu'il paraissait, c'est-à-dire l'homme que n'atteignent point trop les choses puériles de ce monde. » (George Sand, 8 mai 1860. Voy. *Autour de la Table*, in-18, Paris, édit. Hetzel.)

« On est aujourd'hui plus *habile* que Cooper dans son propre genre, on sait mieux le métier de conteur, on a plus de verve, et on précipite les incidents dramatiques; mais, par cela même, on n'attache pas, on ne persuade pas autant, et ce grand fonds de vérité saine, cette pureté d'âme et de forme, cette individualité tranquille d'un génie fécond et bien portant, on ne l'a pas et on ne peut pas se l'inoculer, » disait G. Sand, en terminant un article sur *Fenimore Cooper* (août 1856). (Voy. Variétés littéraires à la suite de *Autour de la Table*, p. 233.)

Théophile Gautier a observé que « les haines littéraires sont encore plus féroces que les haines politiques, car elles font vibrer les fibres les plus chatouilleuses de l'amour-propre, et le triomphe de l'adversaire vous proclame imbécile. Aussi n'est-il pas de petites infamies, disait-il, et même de grandes, que ne se permettent, en pareil cas, sans le moindre scrupule de conscience, les plus honnêtes gens du monde. » (Article rétrospectif (1872), sur la première représentation d'*Hernani*. Voy. *Histoire du Romantisme*, in-18, 2ᵉ éd. Paris, 1874, p. 100).

Autant avait été vive l'ardeur d'Adam Mickiewicz contre les classiques durant la bataille, autant fut grande la sérénité avec laquelle il jugea plus tard ses adversaires vaincus. Il a dit en effet au Collège de France : « Le grand-duché de Varsovie payait des impôts immenses... Les faiseurs de petits vers, les publicistes s'apitoyaient sur le sort de leurs compatriotes. Le poète Molski déplorait, dans ses opuscules, le sort des bourgeois obligés d'entretenir les soldats, et la misère des paysans soumis à des impôts excessifs. Mais le pays ne regrettait ni son argent, ni le sang de ses enfants, il repoussait toute idée d'abandonner la France. Cependant les

littérateurs officiels continuaient leurs travaux. Dans le but de
« civiliser la nation et d'orner l'esprit de leurs compatriotes, » ils
imitaient et traduisaient les ouvrages des écrivains français. On
peut, d'après les productions de la littérature française de l'Empire,
se faire une idée de ce que fut la littérature polonaise du Grand-
duché. Quelques poètes, dans de rares moments d'enthousiasme,
adressaient des odes à Napoléon. Et ce n'est que grâce à quelques
strophes inspirées par Napoléon que ces poètes, pour la plupart
oubliés déjà, ont conquis une place dans la littérature nationale.
Kozmian, auteur d'un grand nombre d'ouvrages poétiques assez
célèbres dans leur temps et déjà peu lus aujourd'hui, publia une
ode à l'occasion de la paix de Schœnbrunn. Je regarde quelques
strophes de cette ode comme les plus belles qui existent dans
l'ancien genre de J.-B. Rousseau et de Lebrun. » (*Slaves*, III,
p. 249-251. Leçon du 24 mai 1842.)

* * *

Dans sa *Réponse aux critiques de Varsovie* (voy. ci-dessus, p. 367),
Adam Mickiewicz fait allusion à un article critique qu'il aurait
publié quand il était encore sur les bancs de l'école. Cet article,
paru dans le *Pamientnick Warszawki*, numéro de janvier 1819, a
été inséré dans l'édition posthume des œuvres polonaises de l'auteur. En voici un extrait :

REMARQUES SUR LA JAGELLONIDE.

Les créations du talent et de l'imagination éveillent d'ordinaire un intérêt
beaucoup plus vif, si, outre les qualités qui leur sont propres, elles ont pour
objet spécial d'ajouter à la gloire ou au profit de la nation dont elles se proposent d'enrichir la littérature. C'est au rang de ces œuvres qu'il convient
de placer la *Jagellonide* de Tomaszewki (Dymsza Boncza), que firent d'abord
connaître quelques extraits parus dans le *Dziennik Wilenski*, n° 32 d'août
1817, et qui fut imprimée en son entier quelques mois après, à Berdyczew.
En attendant qu'un critique plus autorisé n'en apprécie plus exactement les
beautés, et n'en signale les défectuosités, je vais faire quelques courtes
observations sur le fond et la forme de ce poëme.

Il ressort, du résumé publié par le journal de Vilna, que le poète
s'est proposé non-seulement de célébrer les faits et gestes de Jagellon
et « l'union de la Lithuanie à la Pologne, » comme il le dit dès le début,
mais aussi de n'omettre aucune des guerres de cette époque, qui, entreprises en des lieux divers, pour divers motifs et de diverses manières,
constituent des événements distincts, et n'ont entre eux presque pas de liens
visibles. Les historiens auxquels, à vrai dire, il appartient d'approfondir des
événements de cette nature, auraient peine à les coordonner en histoire
régulière, et c'est pourquoi ils ont coutume de s'en tenir aux chroniques.
Quelles difficultés ne rencontrerait donc pas le poète qui voudrait faire converger tous ces événements autour d'une même action! Et il est certain,
pourtant, que sans unité d'action il n'y a pas de drame ni d'épopée, cette
dernière, sous ce rapport, n'étant qu'un grand drame, et dès lors pas d'in-

térêt possible. On dit que l'action est une, quand toutes les circonstances, même secondaires, qu'on y introduit, ont un point de départ commun, se développent dans un enchaînement continu, se nouent successivement, et finalement se dénouent : les descriptions et les tableaux qui sont joints à l'action principale ne sont que des épisodes dont, quoique utile, l'emploi doit être déterminé. Il est vrai que notre imagination, occupée par l'intérêt toujours croissant de l'action principale, sent le besoin de tableaux moindres dont elle conçoive et ressente plus aisément la beauté et qui par là la reposent et la raniment en quelque sorte. C'est ainsi que s'est reposé le regard de Jupiter en se détournant des champs ensanglantés de Troie, pour contempler les nations innocentes des Thraces et des Hippomolgues (*Iliade*, chant XIII). Tout l'emploi des épisodes se borne donc à détendre et délasser l'esprit, d'où résulte que, s'ils ajoutent de la variété et du charme à l'action principale à laquelle ils sont mêlés, ils ne sauraient constituer le poème même : sinon le poème ne présenterait aucun intérêt, et serait, comme dit Voltaire, semblable à un cadre dont on pourrait enlever la toile, en y substituant telle autre qu'on voudrait. Or, c'est un défaut qui est plus d'une fois répété dans la *Jagellonide*. Otez, par exemple, l'assaut de Horodlo, les tristes aventures d'Adèle, les Tournois du camp de Kieystut et que le poète remplace par d'autres vers ces épisodes, le lecteur ne s'en apercevrait guère. L'auteur a senti cet inconvénient. Il avoue dans sa préface que, « à en juger d'après les règles imposées au poème, le plan de son ouvrage n'échappe pas à ses propres critiques, qu'il n'y a pas d'unité d'action, que l'action se transporte de place en place... »

Nous avons dit que l'épopée, pour mériter ce nom, doit avoir une action importante et intéressante, et que l'intérêt consiste à occuper sans cesse l'imagination, à soutenir l'attention, ce qui exige des tableaux, des descriptions, qui frappent l'imagination, c'est-à-dire nouvelles et extraordinaires, liées à l'action principale et tendant au même but qu'elle. Voici, en peu de mots, toute la théorie de l'étrangeté épique.

Les Grecs avaient, dans leurs innombrables divinités, tout ce qu'on peut imaginer à cet égard. Les formes de ces divinités ayant une ressemblance avec les formes humaines, leurs passions étant les mêmes, leur influence sur les affaires terrestres continuelle et prépondérante, tout cela était propre à fortement impressionner les esprits. Par bonheur pour la raison, par malheur peut-être, pour les beaux-arts, ces erreurs enchanteresses cédèrent le pas à la vérité. La Divinité chrétienne, telle que la foi et la philosophie nous la représentent, ne peut d'aucune façon être introduite comme machine dans un poème; il est difficile de dépeindre sensiblement la puissance, la bonté ou tel autre attribut que notre intelligence ne saurait comprendre. Le poète n'est pas métaphysicien. L'Écriture sainte, en beaucoup d'endroits, a essayé de représenter les qualités de Dieu d'une manière sensible. Elle l'introduit armé dans la bataille contre les esprits rebelles, ou se promenant sur les vents, non qu'elle veuille restreindre par là la puissance de l'Être suprême, mais on peignait en rédaction un tableau que les hommes puissent saisir. C'est ce qu'ont fait Milton et le Tasse.

Notre Église reconnaît et honore les saints : selon la foi, personne ne peut contester leur influence sur les affaires humaines; et qui plus est, ces saints, nés d'hommes, protecteurs d'hommes, et en particulier de nations, de villes, et de certaines associations, n'oubliant même pas les récréations qu'ils affectionnaient sur la terre quand ils inspirent les sages, combattent visibles ou invisibles devant les rangs de leurs compatriotes, ce dont il y a des traces manifestes dans la vie des saints. Ne pourraient-elles pas plus dignement et avec plus d'intérêt, ces créatures aux qualités supérieures, remplacer les divinités païennes? Un de nos poètes nous en a déjà donné l'exemple.

Je borne là mes extraits et ma traduction, les critiques de style étant intraduisibles, et les reproches relatifs à l'agencement d'un poème historique, aujourd'hui oublié, n'ayant d'intérêt que pour les Polonais. Je ferai seulement observer que le romantique perce dans le dernier paragraphe où mon père reproche à l'auteur de n'avoir pas remplacé par des saints les divinités mythologiques.

* *
*

Un professeur de littératures étrangères à la Faculté des lettres de Paris parlait en ces termes de l'influence de Rome sur le monde des esprits : « Les étrangers obtiennent le droit de cité dans la république littéraire comme dans l'État. Rome n'ignore pas le danger de cet envahissement; elle est avertie de ce qu'elle doit perdre d'élégance et de noblesse au commerce de ces fils des Barbares. Sa gloire est de n'avoir point reculé à leur vue. Elle les naturalise, elle les civilise ; elle fait à ses risques et périls l'éducation des écrivains et des peuples. Ce ne fut point la force des événements, ce fut un bienfait compris et voulu. Pline écrivit de l'Italie cet éloge singulier: « Que les dieux semblaient l'avoir élue pour donner au monde un ciel plus serein, pour réunir tous les empires, rapprocher les langues discordantes et rendre à l'homme l'humanité. » Et Tertullien, enchérissant encore, par un barbarisme éloquent, créa un mot nouveau pour désigner cette culture universelle, qui s'étendait de la Grande-Bretagne aux extrémités de la Hongrie : il l'appela *Romanitas.*» (A. F. Ozanam *Œuvres complètes*, in-8, Paris, 1859, VI, p. 10. — Discours préliminaire sur *Dante et la philosophie catholique* au XIIIe siècle.)

« D'où vient le nom de *romance?* Probablement du nom de la langue dans laquelle ont été composés les premiers poèmes de cette espèce. La langue *romane* ou *romance* était alors en vigueur en Espagne aussi bien qu'en France, et l'on donnait le nom de *romans* aux poèmes composés dans cette langue où l'on célébrait les exploits d'un héros historique ou imaginaire. » (*Dictionn. de la conversation*, Paris, édit. 1857.) — *Roman, romane* se dit des langues formées du latin : espagnol, italien, français, provençal. » (*Dictionnaire de Littré.*)

«Le nom même de *romances*, donné aux poésies espagnoles des temps primitifs, semble impliquer qu'elles étaient la seule poésie connue dans la langue *romane* de l'Espagnol, à l'époque qui suivit immédiatement la formation du langage lui-même. C'étaient probablement des *romances* qui chantaient les exploits du Cid déjà vers l'année 1147. » (*Histoire de la littérature espagnole* de G. Ticknor, trad. de l'anglais par J.-G. Magnabal, in-8. Paris, 1864, I, p. 110.)

On lit dans le même volume (note p. 145) : « Les romances primitives de l'Espagne représentent cet ensemble d'exaltation dans les sentiments poétiques, sentiments qui animèrent toute la nation durant cette période où la puissance des Maures se brisa peu à peu contre un enthousiasme devenu à la fin irrésistible, parce que, dès l'origine, il s'était reporté sur un principe de loyauté et sur un devoir de religion. »

« Dans les *Leyes de Partidas*, d'Alphonse X, préparées vers l'an 1260, on recommande aux bons chevaliers de ne pas prêter l'oreille aux récits poétiques des chanteurs de romances, à moins que leurs chants ne se rapportent à des faits d'armes : *que los joglares non dixiesen antellos otros cantares sinon de gesta, e que fablassen de fechos d'armas*, que les jougleurs ne diraient devant eux d'autres chants que des chansons de gestes et qui parleraient de faits d'armes. Voy. Partie II, tit. XXI, lois 20 et 21. — Alphonse le Sage dit de son père Ferdinand : « *Et otrosi pagandose de omes de Corte, que sabien bien de trobar et cantar e de joglares que sopiesen bien tocar estrumentos...* Et il s'environne aussi d'hommes de cour qui savaient bien l'art de trouver et chanter et de jongleurs, qui savaient bien toucher des instruments. » (Ticknor, *id.* p. 111, 112).

Les *joglares* (jongleurs), dont le nom est dérivé du latin *jocularis*, étaient des chanteurs vagabonds transformés plus tard en bouffons. Le nom de *troubadour* vient de *trobar*, trouver, comme celui de poëte vient de ποιεῖν, faire.

Jean-Jacques Rousseau, en sa *cinquième Promenade*, écrit que « les rives du lac de Bienne sont plus sauvages et plus *romantiques* que celles du lac de Genève. » Et Littré s'appuie sur ce passage pour dire que « romantique se dit des lieux et des paysages qui rappellent à l'imagination les descriptions de poëmes ou de romans. » Il serait plus exact de dire : « qui éveillent les mêmes sentiments et disposent à la même mélancolie. »

*
* *

Un philosophe-littérateur suisse, A. Vinet, a écrit dans un livre destiné à l'enseignement :

« L'antiquité sera longtemps encore la base de l'enseignement littéraire, et nous ne voyons jusqu'à présent rien qui la puisse remplacer... La ligne de démarcation que le christianisme a creusée dans l'ancien monde et le nouveau est profonde comme un abîme.

Un autre idéal de l'homme et de la vie a surgi du sein de la vérité ; idéal qui, plus élevé que tout autre, est tout aussi naturel ; idéal que tout esprit adopte sans effort, alors même que la source qui le lui fournit lui serait malheureusement suspecte ou odieuse; idéal moins simple que celui de l'antiquité, mais seulement parce qu'il est plus complet; idéal qui peut sembler moins pur, comme nos cathédrales le sont moins que le Parthénon, mais qui le sera lorsqu'il exprimera toute la vérité, mieux peut-être que nos cathédrales n'expriment toute la religion de Jésus-Christ; idéal enfin hors duquel nous ne pouvons plus concevoir ni représenter l'homme, bien que nous puissions prendre plaisir encore à retrouver dans l'antiquité, purs de toute complication et affranchis de toute lutte, certains sentiments, certaines tendances humaines, qui, sous la bannière du christianisme, ne peuvent plus désormais se déployer sans contrôle ou contradiction. La littérature chrétienne (et je prie qu'on ne prenne pas ici cette expression dans sa signification religieuse), la littérature chrétienne n'est pas exclusivement gothique, pas plus que nos vieilles églises ne sont exclusivement chrétiennes. Je la maintiens, en principe comme de fait, grecque pour une bonne partie ; l'élément grec n'est point en dehors du christianisme, qui ne l'a pas seulement recueilli, mais, si je ne me trompe, reproduit et consacré. Et pourquoi s'en étonner? L'élément grec, c'est l'élément humain, dans sa pauvreté, je le veux, mais aussi dans sa simplicité; or cet élément, pris dans tout ce qu'il a de sain et de moral, est harmonique au christianisme dans le plus haut degré. Là donc où cet élément aura trouvé sa part, mêlé avec d'autres, dont l'admirable fusion, la définitive unité, ne laisse démêler qu'à grand'peine les ingrédients qui l'ont formée ; là où quelque chose de la contemplation des solitaires et des cuisants ressouvenirs de l'homme social, des habitudes de la vie privée et de la pensée toujours présente de la société, de la tristesse du moyen âge sans son amertume et de la sérénité antique sans sa froideur, de la restauration de l'individualité et de la puissance des convictions communes ; là où ces teintes diverses formeront une nuance générale et propre, sur laquelle brillera toute la clarté de l'esprit hellénique, là vous aurez trouvé, non la réalité parfaite (elle est loin d'être atteinte), mais l'idée approximative et les signes distincts de la littérature chrétienne. C'est là que vous rencontrerez Bossuet et Racine : et vers ce point précis, ou vers cet espace sévèrement limité, je vous dis de tourner et d'appliquer vos regards. — Voilà *notre* antiquité.

Et l'auteur ajoutait : « Toute littérature est profane. Le christianisme n'a point de littérature à lui; il faut attendre qu'il ait un monde à lui. C'est de lui peut-être que relèvent, dans les siècles modernes, les plus grandes œuvres du génie, parce qu'il a les plus grandes pensées qui puissent exciter et alimenter le génie ; mais aucune littérature ne relève de lui, parce que la littérature ne relève que de la société, laquelle, au sens vrai du mot, n'est pas encore chrétienne. Toute littérature, prise dans son ensemble et pieusement jugée, toute littérature, et même celle du dix-septième siècle, est donc hors de la vérité; et si vous la voulez soumettre à la plus redoutable des épreuves, elle vous fondra presque tout entière dans les mains. » (*Chrestomathie française*, in-8, édit. Lausanne, 1870, III, p. 12-15.)

M. Vinet, s'appuyant sur un passage de Michelet (*Histoire de France*, I, p. 8) relatif à l'infécondité de l'élément gaulois borné à lui-même, en conclut que «l'importance européenne de la nation française tient peut-être à sa nature composite.» Il observe que les métaux les plus précieux, privés du secours de l'alliage, servent de peu, et pense que « le caractère français est comparable au métal de Corinthe si recherché pour les usages des arts. »

Or, c'est là une théorie spécieuse et qui n'est pas sans péril. Il ne faudrait pas qu'on s'imaginât qu'une nation s'enrichît moralement en proportion des invasions qu'elle subit. Il peut arriver qu'une nation absorbe ses conquérants successifs, comme la terre d'Égypte s'engraisse annuellement du limon de son Nil. Mais, pour un fleuve dont le débordement périodique et régulier est une source de fertilité, il y en a cent dont les inondations portent avec elles la dévastation et la ruine, la stérilité d'irrémédiables ensablements.

Les deux peuples qui ont exercé la plus efficace et la plus universelle action sur l'Humanité, le Peuple-Roi et le Peuple de Dieu, se sont constitués et développés selon deux modes opposés, l'un par l'agrégation des éléments les plus divers, et l'autre par la stricte conservation de la pureté de la race élue. La vérité est que ce qui fait la grandeur des individus et des peuples est la quantité de divin qui est en eux. C'est la chaleur d'âme de chacun d'eux qui produit la hauteur respective de leur thermomètre moral. De même que la parole de l'orateur est d'autant plus écoutée et répété qu'elle remue davantage, la langue d'une nation porte d'autant plus loin qu'elle est le véhicule d'une idée plus nécessaire, la transmission d'une vie plus intense.

M. Vinet signale, entre autres causes du privilège d'universalité qu'acquiert de très-bonne heure la langue française, l'importance de l'Université de Paris, forteresse élevée par la pensée contre le dogmatisme impérieux de l'Église, et qui vit pendant si longtemps affluer vers elle de toutes les parties de l'Europe les hommes avides de savoir et d'indépendance intellectuelle. »

Il rappelle que la langue provençale, cultivée la première, reine parmi les langues romanes, fertile en poètes, donna le ton pour un temps aux littératures de l'Europe; mais qu'elle périt au treizième siècle avec l'indépendance politique de la France méridionale; que les cris de douleur des Albigeois (1209-1229) étouffèrent les derniers accents de la muse des troubadours; et que le roman wallon, langue sèche, âpre et sans accent, mais parlée par un peuple énergique et ingénieux, devint, sous le nom de *français*, la langue de toute la Gaule. »

« Les *romans*, où le trouvère français écrivait sous la dictée des conquérants le souvenir de leur gloire étrangère, les *fabliaux*, monuments de l'esprit gaulois et des mœurs bourgeoises, les *poèmes allégoriques*, par où le génie des écoles semble pénétrer dans la littérature nationale, revêtant de la docte raideur des inspirations demi-populaires et demi-chevaleresques, nous révèlent, dès les premiers débuts de la littérature française, quelques-uns de ses perpétuels et indélébiles caractères. On y voit déjà *l'esprit*, premier attrait et principale maladie de cette littérature usurpant la place et le nom de l'imagination ; le langage poétique presque entièrement suppléé par un grand talent de descriptions artistiques, et par une rare précision de style; la poésie elle-même, dès lors comme plus tard, suscitée du dehors au dedans, appelée de l'objet au sujet, au lieu de se répandre de l'âme sur le monde extérieur; une disposition ironique et frondeuse, toujours sur l'éveil, toujours épiant le sérieux pour le dépouiller et le dégrader à ses propres yeux; disposition qui, plus tard, oblige les inspirations élevées à se retrancher avec soin dans une langue solennelle, sans rapport avec la langue familière, avec la langue de la vie, car la pompe et l'apprêt sont, chez une société moqueuse, la seule forme permise aux sujets graves ; enfin l'on voit, dès le premier essor de cette littérature, l'élément oratoire, attribut d'une nation sociable, active et passionnée, se donnant et se faisant accepter pour de la poésie et se prononçant davantage à mesure que le tissu social devient plus serré. L'impuissance lyrique des trouvères se révèle dans cette multitude immense de chants où le raisonnement tient la place de l'enthousiasme et où la versification tout arithmétique, sans rhythme et sans mélodie, assujettie à mille caprices bizarres, semble calculée pour l'amusement des yeux encore plus que pour le plaisir des oreilles.»

— Autre observation ingénieuse : — « En France, sous le nom de *goût*, c'était bien plutôt le *tact* social dont on faisait règle aux poètes; les convenances artificielles de la société s'introduisirent sous un nom trompeur dans le domaine de l'idéal; la poésie, la langue de la nature, se vit soumise à l'étiquette des salons; et qui ne sait que les convenances dont le tact social se compose sont essentiellement négatives ? Ce qu'on appelait goût dut l'être pareillement. » (*Chrestomathie française*, p. 22-27.)

On lisait dans le même ouvrage (p. 107-109) : « Madame de Staël et M. de Chateaubriand représentaient (au commencement du siècle), ou plutôt constituaient à eux seuls une littérature nouvelle, toute vibrante d'une secousse qu'ils paraissaient seuls avoir ressentie. Lorsque la chute de l'Empire laissa reprendre haleine à l'esprit humain, il se précipita dans les voies que ces deux grands talents avaient ouvertes ou indiquées. On ne put cacher plus longtemps la mort de l'ancien système et la vacance du trône. Mais l'héritier manquait. Le *romantisme*, alors, fut proclamé ; on se paya de ce mot, et l'on ne vit pas que ce que l'on appelait romantisme n'était pas plus une littérature que l'éclectisme n'est une philosophie, que le protestantisme n'est une religion. Sous ce nom, beaucoup trop précis, il ne se trouva en réalité qu'une vague idée d'émancipation ; faute d'un sol préparé, on retombait, du moins pour un temps, sous le joug des modèles, et l'on n'avait fait, à bien prendre, que changer de servitude. Quelques éléments toutefois se laissaient discerner dans le tourbillon des idées nouvelles ; l'un après l'autre, ils descendaient et se posaient dans les esprits et commençaient la religion de la nouvelle littérature ; mais elle n'était pas pour cela constituée et elle ne l'est point encore. »

*
* *

« Littérairement, il n'y avait qu'une voix pour saluer le fondateur, parmi nous, de la poésie d'imagination, le seul dont la parole ne pâlissait pas dans l'éclair d'Austerlitz. Après le xviiie siècle, qui est en général sec, analytique, incolore ; après Jean-Jacques, qui fait une glorieuse exception, mais qui manque souvent d'un certain velouté et d'épanouissement ; après Bernardin de Saint-Pierre, qui a bien de la mollesse, mais de la monotonie dans la couleur, M. de Chateaubriand est venu, remontant à la phrase sévère, à la forme cadencée du pur Louis XIV, et y versant les richesses du monde nouveau, les études du monde antique. Il y a du Sophocle et du Bossuet dans son innovation, en même temps que le génie du Meschacébé : Chactas a lu Job et a visité le Grand Roi. On a comparé heureusement ce style aux blanches colonnes de Palmyre ; ce sont en effet des fûts de style grec, mais avec les lianes des grands déserts pour chapiteaux. Et puis comme, dans le Louis XIV, un fond de droit sens mêlé même au faste, de la mesure et de la proportion dans la grandeur. En osant la métaphore comme jamais on ne l'avait fait en français avant lui, M. de Chateaubriand ne s'y livre pas avec profusion, avec étourdissement : il est sobre dans son audace ; sa parole, une fois l'image lancée, vient se retremper droit à la pensée principale, et il ne s'amuse pas aux ciselures ni aux moindres ornements. Le fond de son dessin est d'ordinaire vaste et distinct, les bois, la mer retentissante, la simplicité lumineuse des horizons, et c'est par là qu'on le retrouve surtout homérique et sophocléen. — M. de Chateaubriand apparaît donc littérairement comme un de ces écrivains qui maintiennent une langue en osant la remuer et la rajeunir. Toute l'école moderne émane plus ou moins directement de lui. »

Telles sont les réflexions par lesquelles Sainte-Beuve commençait en 1834 un article sur Chateaubriand (*Portraits littéraires contemporains*, in-18, Paris, 1855, 1, p. 11-12).

Chateaubriand publia *Atala* en 1801, et le *Génie du Christianisme* en 1802. Il disait, en ce dernier ouvrage (1re partie, livre III, ch. IX) : « Les anciens ont peu connu cette inquiétude secrète, cette aigreur des passions étouffées qui fermentent toutes ensemble : une grande existence politique, les jeux du gymnase et du champ de Mars, les affaires du forum et de la place publique, remplissaient tous leurs moments et ne laissaient aucune place aux ennuis du cœur.

— Les femmes, chez les peuples modernes, indépendamment de la passion qu'elles inspirent, influent encore sur tous les autres sentiments. Elles rendent notre caractère d'homme moins décidé ; et nos passions, ennoblies par le mélange des leurs, prennent à la fois quelque chose d'incertain et de tendre. »

On lit dans les *Mémoires d'Outre-Tombe* : « Un épisode du *Génie du Christianisme*, qui fit moins de bruit alors qu'*Atala*, a déterminé un des caractères de la littérature moderne. Mais, au surplus, si *René* n'existait pas, je ne l'écrirais plus ; s'il m'était possible de le détruire, je le détruirais. Une famille de René poètes et de René prosateurs pullule. On n'a plus entendu que phrases lamentables et décousues ; il n'a plus été question que de vents et d'orages, que de mers inconnues livrées aux nuages et à la nuit. Il n'y a pas de grimaud, sortant du collège, qui n'ait rêvé être le plus malheureux des hommes ; de bambin qui, à seize ans, n'ait épuisé la vie, qui ne se soit cru tourmenté par son génie ; qui, dans l'abîme de ses pensées, ne se soit livré au *vague de ses passions*, qui n'ait frappé son front pâle et échevelé et n'ait étonné les hommes stupéfaits d'un malheur dont il ne savait pas la source ni eux non plus. Quoi qu'il en soit, la littérature se teignit des couleurs de mes tableaux religieux comme les affaires ont gardé la phraséologie de mes écrits sur la cité ; la *Monarchie selon la Charte* a été le rudiment de notre gouvernement représentatif. » (Edit. in-8° Paris, 1849, p. 50-51.)

Napoléon, à Sainte-Hélène, disait à Montholon, après la lecture d'un article de Chateaubriand dans le *Conservateur* : «Chateaubriand a reçu de la nature le feu sacré... son style est celui du prophète.

Si jamais il arrive au timon des affaires, il est possible que Chateaubriand s'égare, tant d'autres y ont trouvé leur perte! Mais ce qui est certain, c'est que tout ce qui est grand et national doit convenir à son génie. » Et Chateaubriand, après avoir relaté ce jugement, ajoutait en toute franchise : — « Pourquoi ne conviendrais-je pas que ce jugement *chatouille de mon cœur l'orgueilleuse faiblesse?* » (*Mémoires d'Outre-Tombe*, VIII, p. 176, 177.) — Que Chateaubriand fût un « bon Français, » selon l'expression de Napoléon, il l'a montré en 1831, quand, après avoir dit à la duchesse de Berry : « Madame, votre fils est mon roi, » il ajoutait : « De prétendus royalistes n'aspirent qu'à voir l'Europe attaquer la France... Si mes paroles avaient quelque puissance, je les emploierais à rallier les Français contre l'étranger qui rapporterait Henri V dans ses bras. » Et l'on a pu constater que ces paroles avaient eu un immense retentissement dans le Midi, la Bretagne et la Vendée.

M. de Chateaubriand, et c'est ce qui donnait à son style une teinte particulière, restait chevaleresquement fidèle au passé sans plus y croire, croyait à l'avenir sans le voir clairement, et avait le mépris et le dégoût du présent.

« A la fin de chaque grande époque, on entend quelque voix dolente des regrets du passé et qui sonne le *couvre-feu* : ainsi gémirent ceux qui virent disparaître Charlemagne, saint Louis, François Ier, Henri IV et Louis XIV. Que ne pourrais-je pas dire à mon tour, témoin oculaire que je suis de deux ou trois mondes écoulés? Quand on a rencontré comme moi Washington et Bonaparte, que reste-t-il à regarder derrière la charrue du Cincinnatus Américain et la tombe de Sainte-Hélène? Pourquoi ai-je survécu au siècle et aux hommes à qui j'appartenais par la date de ma vie? Pourquoi ne suis-je pas tombé avec mes contemporains, les derniers d'une race épuisée? Pourquoi suis-je demeuré seul à chercher leurs os dans les ténèbres et la poussière d'une catacombe remplie! Je me décourage de durer. » (*Mém. d'Outre-Tombe*, VII, p. 194, 195.)

*
* *

« Il existe, ce me semble, disait la baronne de Staël, deux littératures tout à fait distinctes, celle qui vient du Midi et celle qui descend du Nord, celle dont Homère est la première source, celle dont Ossian est l'origine. Les Grecs, les Latins, les Italiens, les Espagnols et les Français du siècle de Louis XIV appartiennent au genre de littérature que j'appellerai la littérature du Midi. Les ouvrages anglais, les ouvrages allemands, et quelques écrits des Danois et des Suédois doivent être classés dans la littérature du Nord, dans celle qui a commencé par les bardes écossais, les fables islandaises et les poésies scandinaves. » Après avoir ainsi distingué ce qu'elle appelait « les deux hémisphères de la littérature, » elle ajoutait : « Les pensées les plus habituelles dans Ossian sont celles qui rappellent la brièveté de la vie, le respect pour les morts, l'illustration de leur mémoire, le culte de ceux qui restent envers ceux qui ne sont plus... L'ébranlement que les chants ossianiques causent à l'imagination dispose la pensée aux méditations les plus profondes. » Et à cette poésie ossianique ou du Nord elle donnait aussi le nom de poésie mélancolique. (*De la Littérature*, 1800, 1re partie, chap. XI.)

Plus tard, dans son volume sur l'*Allemagne*, madame de Staël spécifiait par races les littératures qu'elle avait commencé par classer selon la latitude :

« On peut rapporter l'origine des principales nations de l'Europe à trois grandes races différentes : la race latine, la race germanique et la race esclavonne. Les Italiens, les Français, les Espagnols et les Portugais ont reçu des Romains leur civilisation et leur langage ; les Allemands, les Suisses, les Anglais, les Suédois, les Danois et les Hollandais sont des peuples teutoniques ; enfin, parmi les Esclavons, les Polonais et les Russes occupent le premier rang. En général, cette partie de l'Europe, dont les langues dérivent du latin et qui a été initiée de bonne heure dans la politique de Rome, porte le caractère d'une vieille civilisation qui, dans l'origine, était païenne... Les nations germaniques ont presque toujours résisté au joug des Romains ; elles ont été civilisées plus tard, et seulement par le christianisme ; elles ont passé immédiatement d'une sorte de barbarie à la société chrétienne : les temps de la chevalerie, l'esprit du moyen âge sont leurs souvenirs les plus vifs... La civilisation des Esclavons ayant été plus moderne et plus précipitée que celle des autres peuples, on voit plutôt en eux, jusqu'à présent, l'imitation que l'originalité : ce qu'ils ont d'européen est français ; ce qu'ils ont d'asiatique est trop peu développé pour que leurs écrivains puissent encore manifester le véritable caractère qui leur serait naturel. Il n'y a donc dans l'Europe littéraire que deux grandes divisions très-marquées : la littérature imitée des anciens et celle qui doit sa naissance à l'esprit du moyen âge ; la littérature qui, dans son origine, a reçu du paganisme sa couleur et son charme, et la littérature dont l'impulsion et le développement appartiennent à une religion essentiellement spiritualiste. » (Voy. *Observations générales* placées en tête de l'*Allemagne*.)

Poursuivant dans cet ordre d'idées et s'arrêtant au point de vue de la double ère religieuse de l'Europe avant et après l'Evangile, madame de Staël a écrit :

« Le nom de *romantique* a été introduit nouvellement en Allemagne pour désigner la poésie dont les chants des troubadours ont été l'origine, celle qui est née de la chevalerie et du christianisme. Si l'on n'admet pas que le paganisme et le christianisme, le Nord et le Midi, l'antiquité et le moyen âge, la chevalerie et les institutions grecques et romaines, se sont partagé l'empire de la littérature, l'on ne parviendra jamais à juger, sous un point de vue philosophique, le goût antique et le goût moderne.

« On prend quelquefois le mot *classique* comme synonyme de perfection. Je m'en sers ici dans une autre acception, en considérant la poésie classique comme celle des anciens, et la poésie romantique comme celle qui tient de quelque manière aux traditions chevaleresques. Cette division se rapporte également aux deux ères du monde : celle qui a précédé l'établissement du christianisme et celle qui l'a suivi. — La nation française, la plus cultivée des nations latines, penche vers la poésie classique, imitée des Grecs et des Romains. La nation anglaise, la plus illustre des nations germaniques, aime la poésie romantique et chevaleresque et se glorifie des chefs-d'œuvre qu'elle possède en ce genre.

« Il y a dans les poèmes épiques, et dans les tragédies des anciens, un genre de simplicité qui tient à ce que les hommes étaient identifiés à cette époque avec la nature et croyaient dépendre du destin comme elle dépend de la nécessité...... L'homme personnifiait la nature : des nymphes habitaient les eaux, des hamadryades les forêts; mais la nature, à son tour, s'emparait de l'homme, et l'on eût dit qu'il ressemblait au torrent, à la foudre, au volcan, tant il agissait par une impulsion involontaire, et sans que la réflexion pût en rien altérer les motifs ni les suites de ses actions. — Les anciens avaient, pour ainsi dire, une âme corporelle, dont tous les mouvements étaient forts, directs et conséquents; il n'en est pas de même du cœur humain développé par le christianisme : les modernes ont puisé dans le repentir chrétien l'habitude de se replier continuellement sur eux-mêmes...

« La poésie des anciens est plus pure comme art, celle des modernes fait verser plus de larmes; mais la question pour nous n'est pas entre la poésie classique et la poésie romantique, mais entre l'imitation de l'une et l'inspiration de l'autre. La littérature des anciens est chez les modernes une littérature transplantée; la littérature romantique ou chevaleresque est chez nous indigène, et c'est notre religion et nos institutions qui l'ont fait éclore. Les écrivains imitateurs des anciens se sont soumis aux règles du goût les plus sévères; car, ne pouvant consulter ni leur propre nature, ni leurs propres souvenirs, il a fallu qu'ils se conformassent aux lois d'après lesquelles les chefs-d'œuvre des anciens peuvent être adaptés à notre goût, bien que toutes les circonstances politiques et religieuses qui ont donné le jour à ces chefs-d'œuvre soient changées. Mais ces poésies, d'après l'antique, quelque parfaites qu'elles soient, sont rarement populaires, parce qu'elles ne tiennent, dans le temps actuel, à rien de national.

« La poésie française, étant la plus classique de toutes les poésies modernes, est la seule qui ne soit pas répandue parmi le peuple. Les stances du Tasse sont chantées par les gondoliers de Venise ; les Espagnols et les Portugais de toutes les classes savent par cœur les vers de Calderon et de Camoëns. Shakespeare est autant admiré par le peuple, en Angleterre, que par les classes supérieures. Des poèmes de Gœthe et de Bürger sont mis en musique, et vous les entendez répéter des bords du Rhin jusqu'à la Baltique. Nos poètes français sont admirés par tout ce qu'il y a d'esprits cultivés chez nous et dans le reste de l'Europe ; mais ils sont tout à fait inconnus aux gens du peuple et aux bourgeois même des villes, parce que les arts, en France, ne sont pas, comme ailleurs, natifs du pays même où leurs beautés se développent...

« La littérature romantique est la seule qui soit susceptible encore d'être perfectionnée, parce qu'ayant ses racines dans notre propre sol, elle est la seule qui puisse croître et se vivifier de nouveau ; elle exprime notre religion ; elle rappelle notre histoire ; son origine est ancienne, mais non antique. La poésie classique doit passer par les souvenirs du paganisme pour arriver jusqu'à nous... » (*De l'Allemagne*, par madame de Staël. IIe partie, chapitre XI : *De la poésie classique et de la poésie romantique*.)

*
* *

Gœthe disait :

« Je reconnais comme *classique* ce qui est sain, et comme *romantique* ce qui est malade. Pour moi, le poème des *Niebelungen* est classique comme Homère ; tous deux sont bien portants et vigoureux. Les ouvrages du jour ne sont pas romantiques parce qu'ils sont nouveaux, mais parce qu'ils sont faibles, maladifs ou malades. Les ouvrages anciens ne sont pas classiques parce qu'ils sont vieux, mais parce qu'ils sont énergiques, frais et dispos. Si nous considérions le *romantique* et le *classique* sous ces deux points de vue, nous serions bientôt tous d'accord...

« Les poètes de nos jours écrivent tous comme s'ils étaient malades, et comme si le monde était un vaste hôpital... C'est une vraie profanation. J'ai trouvé un mot qui convient à ces messieurs : j'appellerai leur poésie *poésie de lazaret*. Et la véritable poésie, celle qui non-seulement chante les combats mais verse le courage moral dans l'âme de l'homme, je l'appellerai *poésie tyrtéenne*.

« Les Allemands veulent trouver dans un ouvrage du sérieux, de l'élévation et de la *plénitude intérieure :* c'est pourquoi ils placent Schiller si haut.

« Tout en Schiller était fier et grandiose ; ses yeux seuls étaient doux et son talent ressemblait à son extérieur... Mes pièces à moi sont un enchaînement de motifs, et c'est pour cela qu'elles étaient peu propres au théâtre. Le talent de Schiller était au contraire tout à fait créé pour la scène... Tous les huit jours, c'était un autre homme, et un homme plus parfait ; chaque fois que je le revoyais, il me semblait plus instruit, plus savant ; son jugement me paraissait plus vigoureux. Ses lettres sont le plus beau souvenir que j'aie de lui ; et elles peuvent être comptées parmi ses meilleures productions ; la dernière est pour moi une relique. C'était un être magnifique ! et il est mort dans la plénitude de sa force.

« L'Allemagne du Nord doit son style à Wieland. Elle a beaucoup appris de lui, et le pouvoir de bien s'exprimer n'est pas chose médiocre.

« Tieck est un talent éminent ; et personne mieux que moi ne reconnaît son mérite extraordinaire ; mais on se trompe quand, l'élevant au-dessus de lui-même, on le compare à moi. Je parle franchement, car je ne me suis pas fait. C'est tout juste comme si je voulais me comparer à Shakespeare, qui était un être supérieur, vers lequel je lève les yeux et que je suis forcé d'admirer.

« On ne peut rien dire de Shakespeare ; tout est au-dessous de lui... Ce n'est pas un poète de théâtre ; il ne pensait jamais à la scène ; elle était trop étroite pour son génie. Le monde visible tout entier était même trop peu pour lui... Shakespeare nous présente des pommes d'or dans des plats d'argent. En étudiant ses pièces, nous finissons par nous approprier les plats d'argent ; mais nous n'avons que des pommes de terre à y mettre.

« Byron est à considérer sous trois points de vue : comme homme, comme Anglais et comme talent. Ses bonnes qualités appartiennent à l'homme, ses mauvaises à l'Anglais et au pair d'Angleterre. Quant à son talent, il est incommensurable... C'était un talent inné ; la force poétique ne m'est jamais apparue si grande que chez lui. Dans les peintures extérieures et dans la connaissance des situations passées, il est aussi grand que Shakespeare, mais Shakespeare est au-dessus de lui comme individualité pure... Le rang de pair d'Angleterre a été très-nuisible à Byron... Je qualifierai les effets négatifs de Byron de *discours parlementaires rentrés.* Mais les Anglais ont beau dire, ils n'ont rien à comparer à Byron. Il est différent de tous leurs autres poètes et presque toujours au-dessus d'eux. C'est le plus grand talent du siècle.

« Molière est si grand qu'il nous étonne de nouveau chaque fois que nous le lisons. C'est un homme à part... Chaque année, je lis une pièce de Molière, comme de temps en temps je contemple quelques gravures d'après les grands maîtres italiens. Car nous autres petits hommes, nous ne sommes pas capables de conserver en nous la sublimité de pareilles choses; il nous faut donc y retourner à certains intervalles afin de ranimer nos impressions.

« Victor Hugo est un talent véritable... Quand je le considère attentivement, je vois d'où il vient, lui et d'autres talents aussi frais : ils viennent tous de Chateaubriand, qui est un bien grand poète et un bien grand rhétoricien.

« Les chansons de Béranger sont parfaites : c'est ce qui a été fait de mieux dans ce genre, surtout quand on se figure le gai refrain qui termine ses couplets.

« Manzoni est né poète comme Schiller. Son ode sur le *Cinq Mai* est ce qu'on a fait de mieux sur la mort de Napoléon. Quant à son roman *I promessi sposi*, il surpasse tout ce que nous avons en ce genre. » (*Entretiens de Gœthe avec Eckermann de* 1823-1832. Voy. *Revue du Nord*, Paris, 1837, vol. V, p. 1-24.)

Comment n'être pas frappé de tant de bon sens, de profondeur et de bienveillance, de modestie et d'impartialité! Nul peut-être, sauf Mickiewicz, n'a porté aussi loin l'esprit de justice littéraire, sans acception de genres, et sans distinction de races.

Visant deux défauts opposés, celui de la courtisanerie envers le public et celui de la pédanterie, Gœthe disait encore : « Beaucoup d'écrivains sont très-spirituels et pleins de savoir, mais en même temps pleins d'une telle vanité, que, pour se faire admirer de la foule, ils ne gardent ni pudeur ni retenue ; » puis : « Penser ne sert à rien. Il faut être naturellement bien organisé, de telle sorte que les bonnes idées se présentent comme des enfants de Dieu, en disant : Nous voici. » — Il a dit, en vers, dans le même esprit: « Je chante comme l'oiseau sur la branche. »

* ***

Louis Bœrne (juif allemand, né à Francfort en 1786 et qui a écrit sur la France avec amour) se rendait à lui-même ce témoignage: « Tout ce que j'ai dit, je le croyais. Ce que j'ai écrit, mon cœur me l'a dicté ; je n'ai pu faire autrement. On rirait, si on savait combien je suis ému lorsque je mets la plume à la main. Je le sais, je ne suis pas un écrivain artiste et pourtant le véritable écrivain doit l'être. Ce n'est pas ce que l'art représente qui importe à l'art, c'est la manière ! Une grenouille, un concombre, un gigot de mouton, un *Wilhem Meister*, un Christ, tout leur est égal, pourvu que tout soit bien peint! Tel je ne suis pas, tel je ne fus jamais. Je n'ai jamais cherché dans la nature que Dieu, dans l'art que la nature divine... C'est ainsi que j'ai jugé les événements, les hommes, les livres. » Et il ajoutait : « On me reproche de ne savoir pas faire un livre. Un livre est du vin en tonneau ; une feuille est du vin en bouteille : qu'importe, pourvu que ce soit du vin ! » (Voy. notice sur Bœrne dans la *Revue Germanique*, in-8°. Paris, 1832.)

Bœrne appréciait avec originalité et fermeté d'esprit le mouvement littéraire de son temps :

« Les Allemands, disait-il, forment une république littéraire : ils sont libres quant à la poésie et ne se prosternent devant aucune idole. Les Français, au contraire, sont soumis à une aristocratie littéraire ; ils rampent devant les règles comme les courtisans devant l'étiquette, et ils ne pensent, ne veulent, ne font, que ce qu'ont voulu, fait, pensé les grands seigneurs de leur littérature. Or, comme la liberté civile est incompatible avec une poétique hors de laquelle il n'y a pas de salut, la révolution politique en France doit être nécessairement suivie d'une révolution littéraire ; et déjà, en effet, elle se fait sentir (1822). En littérature, les Français sont divisés en deux partis : les *classiques* et les *romantiques*. Ils décorent du nom de *classique* la vieille littérature, la littérature légitime, conventionnelle ; et ils appellent *romantique* tout écrivain qui va son chemin à lui, qui ne tient compte de la loi et de la coutume et qui, de temps à autre, se sert d'un mot dans un autre sens qu'il n'était usité à l'Œil-de-Bœuf littéraire. Mais ni les sectateurs, ni les adversaires de la littérature romantique ne savent au juste en quoi elle consiste... — L'*humour*, cette démocratie désordonnée et volontaire des pensées et des sentiments, les Français le comprennent si peu qu'ils n'entendent pas même leur propre Rabelais et qu'ils le classent parmi les satiriques... — L'aristocratie littéraire dut peser aux Français habitués aux libertés et plusieurs des jeunes écrivains en secouèrent le joug. Mais ici se montre un phénomène très-extraordinaire : les *ultras* favorisent le romantisme et sont les libéraux, les protestants de la littérature ; tandis que les constitutionnels s'efforcent de maintenir l'antique foi au classicisme. Les premiers se plaisent au romantisme, parce qu'ils s'imaginent que les brouillards, les spectres, les croix et les misères qui y apparaissent quelquefois en sont l'essentiel et que tout cela favorise leurs plans ; par la même raison, les libéraux ont pris le genre romantique en aversion. »

En un chapitre intitulé : *l'Aristocratie de l'esprit*, il dit encore : « Dans l'empire de l'art et de la science française, règnent sans contrôle et sans opposition (cette opposition s'est élevée depuis) la coutume, la naissance, l'usage, la convenance. Chaque principe est obligé de justifier de ses armoiries, de ses aïeux. Vient-il de Corneille, de Boileau, de Voltaire, on l'admet. N'a-t-il pour toute recommandation que sa valeur intrinsèque, il est repoussé... Les paroles sentencieuses, les mots passionnés y sont arrangés comme des mouches. Le vieux goût est un despote devant lequel ils s'inclinent et rampent. Même servilité dans la peinture et la sculpture : pose théâtrale, coquetterie, couleurs éclatantes, cheveux frisés, toute la pompe de la cour de Versailles. » (Voir le V° vol. des Œuvres de Bœrne, consacré à ses souvenirs de Paris de 1822-1823.)

Nouveau voyage de Bœrne en France, après la révolution de Juillet 1830. Le 30 octobre, il écrit de Paris :

« J'ai lu avec beaucoup de plaisir l'*Hernani* de V. Hugo. La poésie romantique est salutaire au Français, non à cause de son principe créateur, mais de son principe destructeur. C'est un plaisir de voir comment, dans leur ardeur, les romantiques brûlent et démolissent tout, et enlèvent du lieu de l'incendie de grandes charretées de règles et de décombres classiques. Ces imbéciles de libéraux, qui auraient intérêt à favoriser la destruction, s'y opposent; cette conduite est une énigme, que je cherche en vain depuis dix ans à deviner. Les pauvres romantiques sont persiflés, et poursuivis par leurs adversaires que ça fait pitié, et l'on ne peut lire sans pleurer leurs plaintes déchirantes. »

Puis, le 8 janvier 1831 : « Avez-vous déjà lu les poèmes de Victor Hugo ? Je vous recommande aussi ses romans : *Le dernier jour d'un condamné*, *Bug-Jargal*, *Han d'Islande*. C'est tout magnifique, plein d'une chaleur d'été; mais l'on désire quelquefois l'ombre et la fraîcheur, et elles manquent. Les yeux vous font mal, on se meurt de chaleur. Hugo n'a que vingt et quelques années, mais l'âge ne peut le changer. La poésie romantique, en effet (comme on l'appelle ici), n'est que dans sa jeunesse, et une génération entière passera avant qu'elle soit plus réfléchie, qu'elle apprenne à se modérer et à entendre raison. Je me suis entretenu en passant avec Hugo; et ne suis point curieux de le connaître plus particulièrement : ce n'est, en effet, ni nécessaire, ni possible. Les écrivains français les plus spirituels portent leur âme sur les lèvres. — Hugo ne parle pas autrement que les autres. Ce n'est pas comme chez nous. Un poète allemand est un fidèle et pieux serviteur de la poésie et il en porte la livrée. Mais un poète français est maître de la poésie; elle porte sa livrée et va derrière lui, quand il paraît en public. » (*Lettres écrites de Paris pendant les années* 1830-1831 *par* M. L. Bœrne, trad. par M. F. Guiran, in-8°, Paris, 1832.)

Nous trouvons, dans le même volume, à la date du 20 mars 1831, les réflexions suivantes sur le grand romantique anglais : « J'ai commencé à lire les *Mémoires de lord Byron*, par Thomas Moore (qu'a traduits madame Belloc). C'est du vin chaud pour un voyageur allemand. Comme une comète qui ne se soumet à aucun ordre civil des étoiles, Byron traversait le monde sauvage et libre, arrivait sans accueil, partait sans adieux, et préférait d'être seul que d'être le valet de l'amitié. Jamais il ne toucha la terre aride : c'est entre la tempête et le naufrage qu'il naviguait courageusement et la mort fut le premier port qu'il vit. Comme il fut ballotté çà et là! mais aussi quelles îles fortunées il a découvertes, où le calme et la prudente boussole ne menèrent jamais! Je ris quand les gens disent que Byron n'a vécu que trente et quelques années : il a vécu mille ans. Et quand ils le plaignent d'avoir été mélancolique! Dieu ne l'est-il pas aussi? La mélancolie est la joie de Dieu... La douleur est le bonheur des bienheureux. Celui-là vit le plus qui souffre le plus. Nul n'est heureux, si Dieu ne pense à lui; si ce n'est en amour, que ce soit en haine; mais qu'il pense à lui. Je donnerais toutes les joies de ma vie pour une année des douleurs de Byron. »

*
* *

« Les générations actuelles doivent se figurer difficilement l'effervescence des esprits à cette époque : il s'opérait un mouvement pareil à celui de la Renaissance. Une sève de vie nouvelle circulait impétueusement. Tout germait, tout bourgeonnait, tout éclatait à la fois. Des parfums vertigineux se dégageaient des fleurs; l'air grisait, on était fou de lyrisme et d'art. Il semblait qu'on vînt de retrouver le grand secret perdu, et cela était vrai, on avait retrouvé la poésie...

« Chateaubriand peut être considéré comme l'aïeul, ou, si vous l'aimez mieux, comme le Sachem du Romantisme en France. Dans le *Génie du Christianisme*, il restaura la cathédrale gothique; dans les *Natchez*, il rouvrit la grande nature fermée; dans *René*, il inventa la mélancolie et la passion moderne. Par malheur, à cet esprit si poétique manquait précisément les deux ailes de la poésie : le vers; ces ailes, Victor Hugo les avait, et d'une envergure immense, allant d'un bout à l'autre du ciel lyrique. Il montait, il planait, il décrivait des cercles, il se jouait avec une liberté et une puissance qui rappelaient le vol de l'aigle.

« Quel temps merveilleux! Walter Scott était alors dans toute sa fleur de succès; on s'initiait aux mystères du *Faust* de Gœthe, qui contient tout, selon l'expression de madame de Staël, et même quelque chose d'un peu plus que tout. On découvrait Shakespeare sous la traduction un peu raccommodée de Letourneur; et les poèmes de lord Byron, le *Corsaire*, *Lara*, le *Giaour*, *Manfred*, *Beppo*, *Don Juan*, nous arrivaient de l'Orient qui n'était pas banal encore. Comme tout cela était jeune, nouveau, étrangement coloré, d'enivrante et forte saveur! La tête nous en tournait; il semblait qu'on entrait dans des mondes inconnus... La préface de *Cromwell* rayonnait à nos yeux comme les Tables de la Loi sur le Sinaï.»

Ainsi s'exprimait, au bout de cinquante ans, Théophile Gautier, dans son *Histoire du Romantisme* (in-18, Paris, 1874, p. 2-5), — si grand avait été l'enthousiasme de cette splendide jeunesse de 1830, et si puissant en était resté le souvenir !

Dans cette préface de *Cromwell*, qui fut reçue des romantiques français avec une dévotion véritable, il se trouvait des paroles comme celles-ci :

Tout ce qui est dans la nature est dans l'art... Le but de l'art est presque divin : ressusciter, s'il fait de l'histoire; créer, s'il fait de la poésie.

Il y a aujourd'hui l'ancien régime littéraire, comme l'ancien régime politique. — Il serait étrange qu'à cette époque la liberté, comme la lumière, pénétrât partout, excepté dans ce qu'il y a de plus nativement libre au monde, es choses de la pensée. Mettons le marteau dans les théories, les poétiques et les systèmes.

Il n'y a d'autres règles que les lois générales de la nature qui planent sur l'art tout entier, et les lois spéciales qui, pour chaque composition, résultent des conditions d'existence propres à chaque sujet... Le génie, qui devine plutôt qu'il n'apprend, extrait, pour chaque ouvrage, les premières de l'ordre général des choses, les secondes de l'ensemble isolé du sujet qu'il traite; non pas à la façon du chim ste..., mais à la manière de l'abeille.

Que le poète surtout se garde de copier qui que ce soit... Il faut puiser aux sources primitives... C'est la même nature qui féconde et nourrit les génies les plus différents.

Le drame est un miroir où se réfléchit la nature..., non un miroir à surface plane, mais un miroir de concentration. — L'unité d'ensemble est la loi de perspective du théâtre. L'œil ni l'esprit humain ne sauraient saisir plus d'un ensemble à la fois. L'unité d'action est aussi nécessaire que l'unité de temps et l'unité de lieu sont inutiles. L'action, encadrée de force dans les vingt-quatre heures, est aussi ridicule qu'encadrée dans le vestibule. Toute action a sa durée propre comme son lieu particulier.

Ce n'est point à la surface du drame que doit être la couleur locale, mais au fond, dans le cœur même de l'œuvre, comme la sève... Le drame doit être radicalement imprégné de la couleur des temps : elle doit en quelque sorte y être dans l'air.

L'idée, trompée dans le vers, prend soudain quelque chose de plus incisif et de plus éclatant. C'est le fer qui devient acier.

Celui qui est pénétré du génie d'un idiome, toujours libre et sûr, parce qu'il va d'accord avec la logique de la langue, peut oser, hasarder, créer, inventer son style : il en a le droit et n'en est pas moins correct.

Le goût, c'est la raison du génie... Ce qu'il faut détruire avant tout, c'est le vieux faux goût. Il faut en dérouiller la littérature actuelle : il la ronge et la ternit.

C'est au génie à résoudre les difficultés de l'art, non aux *poétiques* à les éluder... Il n'y a qu'un poids qui puisse faire pencher la balance de l'art : c'est le génie.

On le voit, Victor Hugo en France, comme Adam Mickiewicz

en Pologne, faisait avant tout appel au génie. Dans le même temps, aux deux bouts de l'Europe, l'un et l'autre poète, fils bien-aimés de deux nations sœurs, élargissaient l'horizon du romantisme.

Dès 1824, Victor Hugo, dans la préface de ses *Odes*, protestait contre la signification restreinte qui avait été donnée au romantisme et au classicisme : « Selon une femme de génie, disait-il, qui la première a prononcé le nom de littérature romantique en France, « cette division se rapporte aux deux grandes ères du « monde, celle qui précède l'établissement du christianisme et « celle qui l'a suivi... » Il ne paraît pas démontré que les deux mots importés par madame de Staël soient aujourd'hui compris de cette façon. »

En octobre 1827, dans la préface qu'il mit à son drame non représenté de *Cromwell*, Victor Hugo exposait dans les termes suivants la marche de la poésie dans le monde :

« La poésie a trois âges, dont chacun correspond à une époque de la société : l'ode, l'épopée, le drame. Les temps primitifs sont lyriques, les temps antiques sont épiques, les temps modernes sont dramatiques. L'ode chante l'éternité, l'épopée solennise l'histoire, le drame peint la vie. Le caractère de la première poésie est la naïveté, le caractère de la seconde est la simplicité, le caractère de la troisième, la vérité. Les rapsodes marquent la transition des poètes lyriques aux poètes épiques, comme les romanciers des poètes épiques aux poètes dramatiques; les historiens naissent avec la seconde époque, les chroniqueurs et les critiques avec la troisième. Les personnages de l'ode sont des colosses : Adam, Caïn, Noé ; ceux de l'épopée sont des géants : Achille, Atrée, Oreste ; ceux du drame sont des hommes : Hamlet, Macbeth, Othello. L'ode vit de l'idéal, l'épopée du grandiose, le drame du réel. Enfin cette triple poésie découle de trois grandes sources : la Bible, Homère, Shakespeare. »

De la sorte, Victor Hugo ajoutait les saintes Écritures juives au dualisme littéraire de l'antiquité grecque et de la modernité chrétienne, entre lesquelles madame de Staël, à la suite des Schlegel, divisait l'histoire de l'esprit humain. Lui aussi, il marquait fortement la diverse influence du paganisme et du christianisme sur la littérature, mais en faisant, pour ainsi dire, abstraction de la question de races et de climats :

« Le paganisme, qui pétrit toutes ses créations de la même argile, rapetisse la divinité et grandit l'homme. Les héros d'Homère sont presque de même taille que ses dieux. Ajax défie Jupiter, Achille vaut Mars... Au contraire, le christianisme sépare profondément le souffle de la matière. Il met un abîme entre l'âme et le corps, un abîme entre l'homme et Dieu.... Avec le christianisme et par lui s'introduisait dans l'esprit des peuples un sentiment nouveau, inconnu des anciens et singulièrement développé chez les modernes, un sentiment qui est plus que la gravité et moins que la tristesse : la mélancolie... A l'instant où vint s'établir la société chrétienne, l'ancien continent était bouleversé. Tout était remué jusqu'à la racine... L'homme, se repliant sur lui-même, en présence de ces hautes vicissitudes, commença à prendre en pitié l'humanité, à méditer sur les amères dérisions de la vie. De ce sentiment qui avait été pour Caton païen, le désespoir, le christianisme fit la mélancolie.

« Jusqu'alors, agissant en cela comme le polythéisme et la philosophie antique, la muse purement épique des anciens n'avait étudié la nature que sous une seule face, rejetant sans pitié de l'art presque tout ce qui, dans le monde soumis à son imitation, ne se rapportait pas à un certain type du beau. Type d'abord magnifique, mais, comme il arrive toujours de ce qui est systématique, devenu dans les derniers temps faux, mesquin et conventionnel. Le christianisme amène la poésie à la vérité. Comme lui, la muse moderne verra les choses d'un œil plus haut et plus large. Elle sentira que tout dans la création n'est pas humainement *beau*, que le laid y existe à côté du beau, le difforme près du gracieux, le grotesque au revers du sublime, le mal avec le bien, l'ombre avec la lumière. Elle se demandera si la raison étroite et relative de l'artiste doit avoir gain de cause sur la raison infinie, absolue du Créateur ; si c'est à l'homme à rectifier Dieu ; si une nature mutilée en sera plus belle ; si l'art a le droit de dédoubler pour ainsi dire l'homme, la vie, la création ; si chaque chose marchera mieux, quand on lui aura ôté son muscle et son ressort ; si enfin, c'est le moyen d'être harmonieux que d'être incomplet. C'est alors que, l'œil fixé sur des événements tout à la fois risibles et formidables, et sous l'influence de cet esprit de mélancolie chrétienne et de critique philosophique que nous observions tout à l'heure, la poésie fera un grand pas, un pas décisif, un pas qui, pareil à la secousse d'un tremblement de terre, changera toute la face du monde intellectuel. Elle se mettra à faire comme la nature, à mêler dans ses créations, sans pourtant les confondre, l'ombre à la lumière, le grotesque au sublime, en d'autres termes, le corps à l'âme, la bête à l'esprit ; car le point de départ de la religion est toujours le point de départ de la poésie. Tout se tient.

« Aussi voilà un principe étranger à l'antiquité, un type nouveau introduit dans la poésie ; et comme une condition de plus dans l'être modifie l'être tout entier, voilà une forme nouvelle qui se développe dans l'art. Ce type, c'est le grotesque, cette forme, c'est la comédie.

« Et ici qu'il nous soit permis d'insister ; car nous venons d'indiquer le trait caractéristique, la différence fondamentale qui sépare, à notre avis, l'art moderne de l'art antique, la forme actuelle de la forme morte ou, pour nous servir de mots plus vagues, mais plus accrédités, la littérature *romantique* de la littérature *classique*.

« Enfin ! vont dire ici les gens qui depuis quelque temps nous
« *voient* venir, nous vous tenons ! vous voilà pris sur le fait. Donc
« vous faites du *laid* un type d'imitation, du *grotesque* un élément
« de l'art ! Mais les grâces..., mais le bon goût... Ne savez-vous
« pas que l'art doit rectifier la nature ? qu'il faut l'*ennoblir* ? qu'il
« faut *choisir* ? Les anciens ont-ils jamais mis en œuvre le laid et
« le grotesque ? Ont-ils jamais mêlé la comédie à la tragédie ?
« l'exemple des anciens, messieurs ! D'ailleurs, Aristote... D'ail-
« leurs, Boileau !... D'ailleurs, la Harpe. » — En vérité !

« Ces arguments sont solides sans doute et surtout d'une rare nouveauté. Mais notre rôle n'est pas d'y répondre. Nous ne bâtissons pas ici de systèmes, parce que Dieu nous garde des systèmes. Nous constatons un fait. Nous sommes historien et non critique. Que ce fait plaise ou déplaise, peu importe ! il est. — C'est de la féconde union du type grotesque au type sublime que naît le génie moderne, si complexe, si varié dans ses formes, si inépuisable dans ses créations, et bien opposé en cela à l'uniforme simplicité du génie antique... C'est de là qu'il faut partir pour établir la différence radicale et réelle des deux littératures. »

Puis il rappelait que « Tartufe n'est pas beau, que Pourceaugnac n'est pas noble, » et que pourtant « Pourceaugnac et Tartufe sont d'admirables jets de l'art. » Et il ajoutait : « Les hommes de génie, si grands qu'ils soient, ont toujours en eux leur bête qui parodie leur intelligence. C'est par là qu'ils touchent à l'humanité, c'est par là qu'ils sont dramatiques. « Du sublime au ridicule il n'y a qu'un pas, » disait Napoléon, quand il fut convaincu d'être homme ; et cet éclair d'un homme de feu qui s'entr'ouvre, illumine à la fois l'art et l'histoire : ce cri d'angoisse est le résumé du drame et de la vie. » (Préf. de *Cromwell*.)

A la veille de la révolution de juillet 1830, Victor Hugo s'écriait : « Jeunes gens, ayons bon courage ! Si rude qu'on veuille nous faire le présent, l'avenir sera beau. Le romantisme, tant de fois mal défini, n'est, à tout prendre, et c'est là sa définition réelle, si l'on ne l'envisage que sous son côté militant, que le *libéralisme en littérature*... Bientôt, car l'œuvre est déjà bien avancée, le libéralisme littéraire ne sera pas moins populaire que le libéralisme politique. La liberté dans l'art, la liberté dans la société, voilà le double but auquel doivent tendre d'un même pas tous les esprits conséquents et logiques... La liberté littéraire est fille de la liberté politique. Ce principe est celui du siècle et prévaudra. Les *ultras* de tout genre, classiques ou monarchiques, auront beau se prêter secours pour refaire l'ancien régime de toutes pièces, société et littérature : chaque progrès du pays, chaque développement des intelligences, chaque pas de la liberté fera crouler tout ce qu'ils auront échafaudé... Après tant de grandes choses que nos pères ont faites et que nous avons vues, nous voilà sortis de la vieille forme sociale ; comment ne sortirions-nous pas de la vieille forme poétique ? A peuple nouveau, art nouveau. Tout en admirant la littérature de Louis XIV si bien adaptée à sa monarchie, elle saura bien avoir sa littérature propre et personnelle et nationale, cette France actuelle, cette France du XIX° siècle à qui Mirabeau a fait sa liberté et Napoléon sa puissance. » (*Lettre de V. Hugo aux éditeurs des poésies de M. Dovalle*, poète mort avant l'âge, — datée du commencement de 1830, citée dans sa préface d'*Hernani*, 9 mars 1830.)

Et, dans cette même préface d'*Hernani*, il ajoutait : « Que les vieilles règles de d'Aubignac meurent avec les vieilles coutumes de Cujas, cela est bien ; qu'à une littérature de cour succède une littérature de peuple, cela est mieux encore ; mais surtout qu'une raison intérieure se rencontre au fond de toutes ces nouveautés... »

Au lendemain de 1830, il faisait les réflexions suivantes : « Dans les dernières années de la Restauration, l'esprit nouveau du XIX° siècle avait pénétré tout, réformé tout, recommencé tout, histoire, poésie, philosophie, tout, excepté le théâtre. Et à ce phénomène, il y avait une raison bien simple : la censure murait le théâtre... Vidocq bloquait Corneille. Or la censure faisait partie intégrante de la Restauration ; l'une ne pouvait disparaître sans l'autre. Il fallait donc que la révolution sociale se complétât, pour que la révolution de l'art pût s'achever. Un jour Juillet 1830 ne sera pas moins une date littéraire qu'une date politique. — Maintenant l'art est libre ; c'est à lui de rester digne.

« Les misérables mots à querelle, *classique* et *romantique* sont tombés dans l'abîme de 1830 comme *Gluckiste* et *Picciniste* dans le gouffre de 1789. L'art seul est resté. Pour l'artiste, qui étudie le public, et il faut l'étudier sans cesse, c'est un grand encouragement de sentir se développer chaque jour au fond des masses une intelligence de plus en plus sérieuse et profonde de ce qui convient à ce siècle en littérature non moins qu'en politique... On sent le public attentif, sympathique, plein de bon vouloir, soit qu'on lui fasse dans une scène d'histoire la leçon du passé, soit qu'on lui fasse dans un drame de passion la leçon de tous les temps... Ce serait l'heure pour celui à qui Dieu en aurait donné le génie de créer tout un théâtre, un théâtre vaste et simple, un et varié, national par l'histoire, populaire par la vérité, humain, naturel, universel par la passion. Poètes dramatiques, à l'œuvre ! elle est belle, elle est haute. Vous avez affaire à un grand peuple habitué aux grandes choses. Il en a vu et il en a fait... Pourquoi maintenant ne viendrait-il pas un poète qui serait à Shakespeare ce que Napoléon est à Charlemagne? » (Août 1831. Préf. de *Marion Delorme*.)

Mais l'état de siége fut mis dans la cité littéraire comme dans la cité politique. *Le Roi s'amuse* fut interdit par ordre du ministre du commerce et des travaux publics, comte d'Argout. Et l'auteur se demanda : « Dans quel pachalik vivons-nous? » Et les rieurs ne furent point du côté de l'autorité, quand, dans le procès qu'il soutint à cette occasion, devant le tribunal de commerce de Paris, il dit : « En 1829, à l'époque où les premiers ouvrages dits *romantiques* apparaissaient sur le théâtre, vers le moment où la Comédie-Française recevait *Marion Delorme*, une pétition signée par sept personnes fut présentée au roi Charles X pour obtenir que le Théâtre-Français fût fermé tout bonnement, et de par le roi, aux ouvrages de ce qu'on appelait la *nouvelle école*. Charles X se prit à rire, et répondit spirituellement qu'en matière littéraire, il n'avait comme nous tous *que sa place au parterre*. La pétition expira sous le ridicule. Ce qu'ils pétitionnaient timidement en 1829, ils ont pu, tout-puissants qu'ils sont, le faire en 1832. »

Puis on lut dans la préface de *Marie Tudor* (nov. 1833) : « Le drame selon le XIX⁰ siècle, ce n'est pas la tragi-comédie hautaine, démesurée, espagnole et sublime de Corneille; ce n'est pas la tragédie abstraite, amusante, idéale et divinement élégiaque de Racine; ce n'est pas la comédie profonde, sagace, pénétrante, mais trop impitoyablement ironique, de Molière : ce n'est pas la tragédie à intention philosophique de Voltaire; ce n'est pas la comédie à action révolutionnaire de Beaumarchais... Le drame doit être pour la foule un perpétuel enseignement. » — Et dans la préface de *Ruy Blas* (nov. 1838) : « Le drame tient de la tragédie par la peinture des passions, et de la comédie par la peinture des caractères. Le drame est la troisième grande forme de l'art, comprenant, enserrant et fécondant les deux premières. Corneille et Molière existeraient indépendamment l'un de l'autre, si Shakespeare n'était entre eux, donnant à Corneille la main gauche, à Molière la main droite. De cette façon, les deux électricités opposées de la tragédie et de la comédie se rencontrent, et l'étincelle qui en jaillit, c'est le drame. »

Enfin Victor Hugo fut reçu à l'*Académie française* (3 juin 1841). Il en avait forcé les portes. Il avait fini par s'imposer à ses adversaires eux-mêmes. D'ailleurs, sous la vivacité des couleurs et la musculosité des formes, on sentait une constante noblesse d'âme et l'on entrevoyait la pondération des idées. En présentant *Hernani* au public, il avait dit : « Dans les lettres, comme dans la société, point d'étiquette, point d'anarchie : des lois. Ni talons rouges, ni bonnets rouges. »

A propos du recueil des Cantiques polonais, Adam Mickiewicz disait au Collège de France en 1841 (*Slaves*, II, p. 78) : « Dans quelques pièces de V. Hugo, surtout dans celle intitulée l'*Enfant qui dort, qui parle avec l'Ange*, quelques vers pourraient donner une idée de la grâce des poésies contenues dans le recueil polonais, quoique la pièce de l'auteur français soit mieux conçue, mieux achevée comme production de l'art. » — J'ajouterai qu'après le coup d'Etat de 1851, mon père fut très-frappé de l'accent de sincérité de l'indignation continue de V. Hugo dans les *Châtiments*.

On a souvent reproché à V. Hugo l'abus des antithèses : maintes fois, sa phrase est colossale ; mais ses paroles en relief saisissent l'œil et l'âme et s'impriment dans l'esprit. Voyez, par exemple, ce portrait des Burgraves (mars 1844) : « Ces grands chevaliers avaient trois armures : la première était faite de courage, c'était leur cœur ; la deuxième d'acier, c'était leur vêtement ; la troisième de granit, c'était leur forteresse. » — Et ce beau télégramme qu'en octobre 1872 il adressa à Crémieux qui, candidat à Alger pour l'Assemblée nationale, lui demandait : Serez-vous mon adversaire ? — « Vous ne me trouverez jamais sur votre chemin, répondit-il, que pour vous aimer, vous aider et vous applaudir. »

Victor Hugo a été une preuve vivante de la vérité de la parole du moraliste français (La Rochefoucauld) : que les grandes pensées viennent du cœur.

Il portait en lui, dans son sang, l'ancienne et la nouvelle France, comme il le confessa lui-même dans les *Feuilles d'Automne* :

> A l'empereur tombé dressant dans l'ombre un temple,
> Aimant la liberté pour ses fruits, pour ses fleurs,
> Le trône pour son droit, le roi pour ses malheurs,
> Fidèle enfin au sang qu'ont versé dans ma veine
> Mon père vieux soldat, ma mère Vendéenne.

D'autant plus irrité contre le neveu de l'Empereur, qu'il avait un instant cru à son désintéressement et à son libéralisme, il stigmatisa à la Tacite le coup d'Etat du nouveau César, son parjure et ses violences ; et il resta en exil jusqu'au dernier jour de l'Empire : « S'il n'en reste qu'un, avait-il dit, je serai celui-là. » Elu député par Paris en 1871, il n'hésita pas à condamner les fureurs et les excès de l'Assemblée et de l'armée de Versailles et, lui proscrit de la veille, il offrit sa maison de Bruxelles pour asile aux proscrits du lendemain.

En appréciant le volume des *Contemplations* (juin 1856), George Sand faisait sur l'auteur les judicieuses observations que voici :

« Un grand changement a dû s'opérer chez le poète. Il a franchi des mers, il a traversé des abîmes, il a dû vieillir, se calmer ou se lasser, devenir sage. Eh bien, pas du tout, et voilà le merveilleux de la chose ; il est resté *lui*, et il n'a pas vieilli d'un jour, quoi qu'il dise ; et il est plus fougueux, plus agité que jamais. Seulement il a énormément grandi, et en s'éloignant toujours des routes frayées, il a laissé toute critique sous ses pieds, parce qu'il a monté jusqu'aux cimes de son olympe romantique... Si c'est une énormité, une chose effroyable et désespérante, comment et pourquoi n'a-t-on pas su l'arrêter ? Où sont les poètes que l'école classique a poussés contre lui ? Où est son rival ? Qui a osé se mesurer contre un tel champion ?... Tout ce qui écrit ou pense est, aujourd'hui, partisan de la liberté absolue de conscience et d'allure dans les arts. L'école classique existe-t-elle encore ? D'où vient qu'elle n'a trouvé personne pour la représenter dans un combat singulier contre ce Cid superbe ? Il a eu beau crier : *Paraissez, Navarrois !...* Personne n'a voulu se montrer. » (*Autour de la Table*, p. 18-19.)

Vingt ans plus tard sa verve n'était pas encore tarie. Après *l'Année terrible* vint une nouvelle série de la *Légende des siècles* et *l'Art d'être grand-père*. Chose étonnante ! même vigueur de pensée et même fraîcheur d'expression chez le septuagénaire que chez l'adolescent. Même élan vers le bien, même culte de l'art. Ainsi au banquet qu'il offrit aux représentants de la presse et aux artistes de la Comédie-Française à l'occasion de la reprise d'*Hernani* en décembre 1877, après avoir rappelé que « l'idée fixe ressemble à l'étoile fixe » ; que « plus la nuit est noire, plus l'étoile brille », et avoir énoncé la noble pensée qu'il ne fallait vouloir « rien que de grand, de bon, de généreux », ce qui fut accueilli par une salve d'applaudissements, il ajoutait : « Nous tous qui sommes ici, poètes, philosophes, écrivains, artistes, nous avons deux patries, l'une la France, l'autre l'art. Oui, l'art est une patrie ; c'est une cité que celle qui a pour citoyens éternels ces hommes lumineux : Homère, Eschyle, Sophocle, Aristophane, Théocrite, Plaute, Lucrèce, Virgile, Horace, Juvénal, Dante, Shakespeare, Rabelais, Molière, Corneille, Voltaire... (Cri unanime : Victor Hugo.) Et c'est une cité moins vaste, mais aussi grande que celle que nous pouvons appeler notre histoire nationale, et qui compte ces hommes non moins grands : Charlemagne, Roland, Duguesclin, Bayard, Turenne, Condé, Villars, Vauban, Hoche, Marceau, Kléber, Mirabeau (Appl. répétés)... A la santé de la France et à la santé du grand art ! »

*
* *

« Il y aura toujours en France des classiques, de quelque nom qu'on les appelle. Nous avons quelque chose d'attique dans l'esprit qui ne nous quittera jamais, » a dit Alfred de Musset (à propos des débuts de mademoiselle Rachel, 1 nov. 1838. *Mél. litt.*, p. 72). — C'est vrai. Mais on peut dire, avec une égale vérité, qu'il y aura toujours en France des romantiques, de quelque nom qu'on les appelle; car il y a, dans la nature française, quelque chose d'essentiellement novateur.

Adam Mickiewicz avait bien saisi ce double aspect du caractère français, qui joint l'amour de l'ordre à la passion des nouveautés. Aussi distinguait-il le genre français du genre classique et du genre romantique (voy. ci-dessus, p. 339). Quinet a observé de même, dans ses leçons du Collége de France (*Christianisme et Révolution française*. Paris, 1845), que la France, en matière de religion, n'avait voulu ni s'identifier avec le catholicisme pontifical comme l'Espagne, ni s'isoler comme l'Allemagne avec le protestantisme, mais avait pris, sous le nom de gallicanisme, une position médiatrice. En dépit des apparences, et quoique la dénomination de gallicanisme ait disparu du langage officiel, ce n'en est pas moins l'exemple de la France qui sert encore de règle générale aux rapports de l'Église et de l'État dans le but d'assurer tout à la fois les droits de l'État, la liberté de l'Église et l'inviolabilité des consciences. La littérature française, bien que son genre soit innomé, n'en a pas moins jusqu'ici un caractère d'universalité. N'étant ni exclusivement classique ni exclusivement romantique, mais procédant et participant de l'un et l'autre genre, elle est vraiment une littérature médiatrice entre les nations.

M. Quinet a écrit : « Les étrangers répètent aujourd'hui le mot du siècle dernier « que les Français n'ont pas la tête épique. » J'ai osé tenté de donner un démenti à ce jugement... Je suis entré dans la seule voie qui ne fût pas encore occupée souverainement chez nous et marquée par des monuments achevés. Car il ne faut pas prétendre que les inventions épiques où le monde entier est contenu répugnent à l'esprit de notre temps et qu'il serait incapable d'en supporter le fardeau. La *Messiade*, *Obéron*, les *Deux Faust* en Allemagne, *Child-Harold*, *don Juan*, *Manfred*, *Caïn* en Angleterre, les *Aïeux*, *Conrad* en Pologne, ont assez montré qu'il y a une ample matière à la poésie moderne en dehors de la poésie lyrique où la couronne a été décernée. » (Préf. du poème de *Prométhée* de Quinet, nouv. édit., 1857.) — Mais est-il donc absolument indispensable que chaque peuple possède toutes les mêmes aptitudes? autant vaudrait s'étonner que chaque homme ne fût pas également un artiste de génie, un savant du premier ordre et un industriel éminent; ou qu'un grand poète ne fût à la fois un grand peintre et un grand musicien. Tous les académiciens et tous les professeurs du monde ne sauraient faire que la *Henriade* par exemple soit épique. Et la *Chanson de Roland*, toute poétique qu'elle soit, n'est pas une véritable épopée : il lui suffit d'être une chanson de geste. Que gagne-t-on à affubler des mêmes noms des choses qui, malgré d'apparentes ressemblances, sont foncièrement différentes! C'est par une manie semblable que l'on donnait le nom des divinités romaines aux divinités d'autres pays : cette simplification et unification à laquelle, du reste, n'était point étrangère la raison d'état, n'a produit scientifiquement qu'un résultat, la confusion.

On lit dans Chateaubriand : « Les *Mystères*, plaisirs grossiers, sans doute, enfance de l'art, où tout se trouvait confondu, musique, danse, allégorie, comédie, tragédie, mais scènes pleines de mouvement et de vie, et dont nous aurions tiré une littérature bien plus originale et bien plus féconde, si notre génie, sous Louis XIV, ne s'était fait grec et latin. » D'autre part, Edgar Quinet a rappelé que J.-J. Rousseau, en même temps qu'il jetait son accusation contre les spectacles, n'avait pu s'empêcher d'ajouter : « Il est sûr que des pièces tirées, comme celles des Grecs, des « malheurs passés de la patrie, ou des défauts présents du peuple, « pourraient offrir aux spectateurs des leçons utiles. » (Préface du drame des *Esclaves*, 1853.) — Si la France s'est rejetée des *Mystères* religieux vers la tragédie antique, ce fut surtout par un retour au civisme qui était l'un des grands côtés de la Renaissance. Et si Rousseau protestait contre des spectacles énervants et démoralisants, c'est parce que ces spectacles ne servaient qu'à dévoyer le peuple et à le détourner du chemin de la civilisation. Le théâtre est, comme la presse, un trop puissant moyen d'action, pour que les ennemis du progrès ne cherchent pas à gâter d'aussi admirables instruments. Et c'est là une des raisons qui font que la France n'a encore ni le théâtre ni la presse qu'elle devrait avoir.

Il n'est pas sans intérêt de rapprocher de l'appréciation que donne Adam Mickiewicz du génie français et des difficultés qui ont entravé sa marche, les observations suivantes d'écrivains autorisés :

M. Vinet remarque que « le Français en tout temps, et déjà le Gaulois avant lui, s'est piqué de paraître *désabusé*, le libertinage d'esprit a été de bonne heure à la mode ; les plus superstitieux ont affecté de rire des croyances, les plus sensibles de mépriser le sérieux ; il y en a des traces curieuses au plus fort du *bon vieux temps*. » (*Chrestomathie*, p. 24.)

Madame de Staël a dit :

« Les Français pensent et vivent dans les autres, au moins sous le rapport de l'amour-propre ; et l'on sent, dans la plupart de leurs ouvrages, que leur principal but n'est pas l'objet qu'ils traitent mais l'effet qu'ils produisent. Les écrivains français sont toujours en société, alors même qu'ils composent; car ils ne perdent pas de vue les jugements, les moqueries et le goût à la mode, c'est-à-dire, l'autorité littéraire sous laquelle on vit à telle ou telle époque. — La première condition pour écrire, c'est une manière de sentir vive et forte. Les personnes qui étudient dans les autres ce qu'elles doivent éprouver et ce qu'il leur est permis de dire, littérairement parlant, n'existent pas. Sans doute, nos écrivains de génie (et quelle nation en possède plus que la France!) ne se sont asservis qu'aux liens qui ne nuisaient pas à leur originalité... — En France, on ne lit guère un ouvrage que pour en parler... La clarté y passe pour l'un des premiers mérites d'un écrivain; car il s'agit, avant tout, de ne pas se donner de la peine et d'attraper, en lisant le matin, ce qui fait briller le soir en causant... L'on attache beaucoup plus d'importance au style en France qu'en Allemagne; c'est une suite naturelle de l'intérêt qu'on met à la parole et du prix qu'elle doit avoir dans un pays où la société domine... La beauté du style n'est point un avantage purement extérieur; car les sentiments vrais inspirent presque toujours les expressions les plus nobles et les plus justes. » (*De l'Allemagne*, IIe partie, ch. 1.)

« L'on ne dit en français que ce qu'on veut dire, et l'on ne voit point errer autour des paroles ces nuages à mille formes qui entourent la poésie des langues du Nord et réveillent une foule de souvenirs... Le souvenir des convenances de société poursuit en France le talent jusque dans ses émotions les plus intimes; et la crainte du ridicule est l'épée de Damoclès qu'aucune fête de l'imagination ne peut faire oublier. » (*Id.* ch. IX.)

« Boileau, tout en perfectionnant le goût et la langue, a donné à l'esprit français, l'on ne saurait le nier, une disposition très-défavorable à la poésie. Il n'a parlé que de ce qu'il fallait éviter, il n'a insisté que sur des préceptes de raison et de sagesse, qui ont introduit dans la littérature une sorte de pédanterie très-nuisible au sublime élan des arts. Nous avons en français des chefs-d'œuvre de versification; mais comment peut-on appeler la versification de la poésie !... » (*Id.* ch. X.)

« L'on peut remarquer aujourd'hui, parmi les littérateurs français, deux opinions opposées, qui pourraient conduire toutes deux, par leur exagération, à la perte du goût ou du génie littéraire. Les uns croient ajouter à l'énergie du style en le remplissant d'images incohérentes, de mots nouveaux, d'expressions gigantesques. Ces écrivains nuisent à l'art, sans rien ajouter à l'éloquence ni à la pensée. De tels efforts étouffent les dons de la nature, au lieu de les perfectionner. D'autres littérateurs veulent nous persuader que le bon goût consiste dans un style exact;

mais commun, servant à revêtir des idées plus communes encore. Ce second système expose beaucoup moins à la critique. Ces phrases connues depuis si longtemps sont comme les habitués de la maison; on les laisse passer sans leur rien demander. Mais il n'existe pas un écrivain éloquent ou penseur dont le style ne contienne des expressions qui ont étonné ceux qui les ont lues pour la première fois, ceux du moins que la hauteur des idées ou la chaleur de l'âme n'avaient point entraînés. Il est impossible d'être un bon littérateur sans avoir étudié les auteurs anciens, sans connaître parfaitement les ouvrages classiques du siècle de Louis XIV. Mais l'on renoncerait à posséder désormais en France de grands hommes dans la carrière de la littérature, si l'on blâmait d'avance tout ce qui peut conduire à un nouveau genre, ouvrir une route nouvelle à l'esprit humain, offrir enfin un avenir à la pensée; elle perdrait bientôt toute émulation, si on lui présentait toujours le siècle de Louis XIV comme un modèle de perfection, au delà duquel aucun écrivain éloquent ni penseur ne pourra jamais s'élever. » (Préf. de la 2º éd. de *Littérature*.)

« L'amour de la liberté *bouillonnait* dans le *vieux sang* de Corneille : Fénelon donnait dans son *Télémaque* des leçons sévères à Louis XIV : Bossuet traduisait les grands de la terre devant le tribunal du Ciel, dont il interprétait les jugements avec un noble courage; et Pascal, le plus hardi de tous, à travers les terreurs funestes qui ont troublé son imagination en abrégeant sa vie, a jeté dans ses pensées détachées le germe de beaucoup d'idées que les écrivains qui l'ont suivi ont développé. Les grands hommes du siècle de Louis XIV remplissaient l'une des premières conditions du génie : ils étaient en avant des lumières de leur siècle; et nous, en revenant sur nos pas, égalerions-nous jamais ceux qui se sont élancés les premiers dans la carrière et qui, s'ils renaissaient, partant d'un autre point, dépasseraient encore tous leurs nouveaux contemporains ? » (Préf. de *Delphine*, 1ʳᵉ édit.)

On a vu (p. 344) comment Adam Mickiewicz se raillait de ceux qui à Varsovie voulaient *fixer* la langue polonaise. Victor Hugo s'est moqué de même de la manie académique qu'on avait à Paris de *fixer* la langue française :

« La langue française n'est point *fixée* et ne se fixera point. Une langue ne se fixe pas. L'esprit humain est toujours en marche, ou, si l'on veut, en mouvement et les langues avec lui. Les choses sont ainsi. Quand le corps change, comment l'habit ne changerait-il pas ? Le français du dix-neuvième siècle ne peut pas plus être le français du dix-huitième, que celui-ci n'est le français du dix-septième, que le français du dix-septième n'est celui du seizième. La langue de Montaigne n'est plus celle de Rabelais, la langue de Pascal n'est plus celle de Montaigne, la langue de Montesquieu n'est plus celle de Pascal. Chacune de ces quatre langues, prises en soi, est admirable, parce qu'elle est originale. Toute époque à ses idées propres, il faut qu'elle ait aussi les mots propres à ces idées. Les langues sont comme la mer : elles oscillent sans cesse. A certain temps, elles quittent un rivage du monde de la pensée et en envahissent un autre. Tout ce que leur flot déserte ainsi sèche et s'efface du sol. C'est de cette façon que des idées s'éteignent, que des mots s'en vont. Il en est des idiomes humains comme de tout. Chaque siècle y apporte et en emporte quelque chose. Qu'y faire? cela est fatal. C'est donc en vain que l'on voudrait pétrifier la mobile physionomie de notre idiome sous une forme donnée. C'est en vain que nos Josué littéraires crient à la langue de s'arrêter; les langues ni le soleil ne s'arrêtent plus. Le jour où elles se *fixent*, c'est qu'elles meurent. — Voilà pourquoi le français de certaines écoles contemporaines est une langue morte. » (Préface de *Cromwell*.)

*
* *

Arsène Houssaye a fait, sous le titre : *Histoire du 41ᵉ fauteuil de l'Académie française*, une spirituelle critique de ce corps littéraire, qui se recrute lui-même, et dont le souffle doctrinaire sèche et stérilise les lettres. Il suppose que le 41ᵉ fauteuil (imaginaire, puisque les académiciens ne peuvent, selon le Statut de fondation, jamais être plus de quarante) a été successivement occupé par un grand écrivain, lequel en réalité est, de son vivant, resté dédaigné de la docte Compagnie : tel que Descartes, Molière, Malebranche, Vauvenargues, Le Sage, Saint-Simon, l'abbé Prévost, Jean-Jacques Rousseau, Gilbert, Diderot, Mably, Mirabeau, Camille Desmoulin, André Chénier, Beaumarchais, Rivarol, Napoléon, Joseph de Maistre, Désaugiers, Paul-Louis Courier, Benjamin Constant, Hégésippe Moreau, Honoré de Balzac, Xavier de Maistre, Lamennais, Béranger, Eugène Sue, Alexandre Dumas père, Quinet et Michelet. Rien de plus éloquent contre l'Académie que la longue liste de médiocrités ou nullités à qui, d'année en année, elle décerna l'*immortalité*, en regard des noms illustres de ceux qu'elle laissa à la porte.

Curieux passage d'une lettre de Jules Janin : « J'ai posé ma candidature et j'ai fait des *visites*. Ah! à quelles hontes un malheureux se condamne en acceptant cette horrible tâche! Aller, venir, prier, revenir, réciter son propre commentaire et chercher son arrêt dans ces yeux vagues, ternes, implacables! Se demander, en sortant de là, si l'on est bien le même homme que l'on était chez soi, tout à l'heure, en son logis, au milieu de ses livres de ses amis, de son cher entourage... » (*Correspondance*, Paris, 1877. Lettre du 31 mars 1863 au prince A. Galitzin.)

En 1821, l'Académie des Jeux floraux, à Toulouse, avait ouvert un concours sur les deux littératures, en posant la question suivante : « Quels sont les caractères distinctifs de la littérature à laquelle on a donné le nom de *romantique*; et quelles ressources pourrait-elle offrir à la littérature classique ? » M. Thiers concourut mais échoua. Il écrivit, alors, au président de cette Académie : « Je n'ai aucune confiance aux jugements des sociétés littéraires qui souvent n'entendent pas même les questions qu'elles proposent... Je sais que peu importent les solutions, même à l'Institut. Il s'agit du style et le mien, trop rapide et trop heurté, n'avait pas les qualités académiques. » (Lettre d'Aix, du 8 juin 1821. — Voy. *Messager de Toulouse*, mi-sept. 1877.)

« La langue académique, dit M. Tœpffer, langue de formules élégantes mais froides, pures mais uniformes, est l'image du dessin académique : elle substitue également le type à l'individualité, les formules consacrées par le bel usage aux expressions qui naissent de l'usage commun. »

Le sujet du prix de poésie pour 1879, adopté par l'Académie française, est la *Poésie de la science*. Un membre avait proposé : *La Croix de Genève* et un autre : *La Science au service de l'Humanité*. Même tendance chez tous. Il serait raisonnable de couronner l'œuvre spontanée qui aurait déjà mérité les suffrages du public. Mais dicter d'avance à des poètes le sujet de leur inspiration, est un non-sens. Aussi le résultat de pareils concours est-il nul, quand il n'est pas pire encore, c'est-à-dire ridicule.

« Les idées font le tour du monde; elles roulent de siècle en siècle, de langue en langue, de vers en prose, jusqu'à ce qu'elles s'enveloppent d'une image sublime, d'une expression vivante et lumineuse qui ne les quitte plus ; et c'est ainsi qu'elles entrent dans le patrimoine du genre humain. » C'est ce que disait Rivarol, qui ne fut pas académicien, mais qui y avait incontestablement droit en raison de la constante ciselure de ses phrases. Si c'est joliment dit, c'est pourtant insuffisant. En effet, il n'est pas exact, comme il l'a écrit, que la « parole soit le vêtement de la pensée. » Non, la parole est et doit être le corps de la pensée. (*Et Verbum caro factum est.*) A cette condition seulement, l'idée entre dans la vie et devient agissante : autrement elle demeure dans le domaine de l'abstraite idéologie. Or beaucoup se contentent de revêtir la pensée d'un vêtement, qui cache l'absence du corps : et c'est là le péché capital des littérateurs académiciens et de ceux qui, sans l'être, seraient dignes de figurer parmi eux. (Voy. les Leçons VII et VIII d'Adam Mickiewicz (1844), où il parle de la *parole*, dans le V° vol. des *Slaves;* et aussi la XIII° Leçon, p. 257, sur la Stérilité littéraire des académies.)

« Les Grecs, a dit Mickiewicz, se sont laissé bien vite gâter par leur civilisation matérialiste et tout extérieure ; ils ont à leur tour corrompu bien vite les Romains. Il y eut un temps où les grandes villes de la Grèce et de l'Italie n'étaient plus que des arènes où s'ébattaient des sophistes et des histrions. Les populations s'assemblaient pour entendre discourir les Épicuriens et les Cyniques, pour écouter un savant lisant une dissertation académique sur la beauté d'Hélène, prononçant un éloge éloquent, de qui? l'éloge *d'une mouche!* (Lucien a composé, pour un semblable auditoire, l'éloge de la mouche.) Voilà ce qui occupait l'esprit des nations civilisées du quatrième et du cinquième siècle. — Le peuple français n'a jamais pris une part active aux disputes des nominalistes et des réalistes, à celles des Aristotéliens et des Gassendiens, pas plus qu'à celle des éclectiques et des Hégéliens. Il est resté, philosophiquement et littérairement parlant, toujours barbare, toujours jeune et nouveau. C'est pourquoi la France, comme nation, n'a pas encore vieilli et n'a pas à craindre l'irruption des barbares étrangers. » (*Slaves*, V, p. 239, 240.)

*
* *

Adam Mickiewicz se moque (p. 377) du critique classique qui louait un poète « d'unir la hardiesse de Pindare avec le goût d'Horace et la douceur de Sapho. » Ce critique est de la famille du Florimond auquel Musset fait dire : « Vous avez parlé comme Bossuet, comme Fénelon, comme Jean-Jacques, comme Quintilien, comme Mirabeau, » et du journaliste à qui il raconte avoir entendu dire que « la Descente de croix du peintre Vincent était le *Requiem* de Mozart combiné avec les *Lettres d'Euler* et la *vie de saint Polycarpe.* »

*
* *

Dans un article sur les *Pensées de Jean-Paul* (17 mai 1831), Alfred de Musset disait : « Jean-Paul Richter écrivait comme il sentait, et l'on pouvait dire de lui ce qu'on a écrit de Shakespeare : *sa plume et son cœur allaient ensemble.* L'affectation, cette chenille qui dévore les germes et les boutons les plus verts, n'a jamais attaché sa rouille sur lui. »

Et il ajoutait : « Ampoulé et trivial sont deux mots qui remplissent merveilleusement et arrondissent avec aisance la bouche d'un sot. Ce sont deux expressions poudrées comme les gâteaux qu'on vend en plein air ; c'est dans le siècle du grand roi (qui fut le grand siècle) qu'on imagine le trivial et l'ampoulé. Voici comment : Quelqu'un qui n'avait pas d'idées à lui prit celles des autres, ramassa tout ce qui avait été dit, pensé, écrit; il compila, replâtra, pétrit tout ce qui avait été pleuré, ri, crié et chanté; il fit du tout un modèle en cire et l'arrondit convenablement. Il eut soin de donner à sa statue une physionomie bien connue de tout le monde, afin de ne choquer personne. Boileau y passa son cylindre, Chapelain son marteau, et les limeurs leur lime; on fit un saint de l'idole; on le plaça dans une niche, sur un autel, et l'Académie écrivit au bas : Quiconque fera quelque chose où rien ne ressemblera à ceci, sera trivial ou ampoulé. — C'est-à-dire qu'un amant qui perd la raison, un joueur qui se ruine et saisit un pistolet pour finir sa peine; c'est-à-dire qu'une mère qui défend sa fille, comme dans certain chapitre déchirant de la *Notre-Dame*... tout cela est ampoulé ou trivial; c'est-à-dire que Napoléon montrant les Pyramides est ampoulé; que les *baïonnettes* de Mirabeau seraient triviales dans une tragédie; que Régnier est trivial, Corneille ampoulé... Dans les trois premières lignes de son monologue, Faust dit qu'il mène ses écoliers par le bout du nez; cependant dix lignes plus bas il s'élève au-dessus du langage et de la démence des hommes. Pauvre Gœthe! comme te voilà, dans l'espace d'une demi-page, trivial et ampoulé! Et les marmots du bon Werther et sa gamelle et ses petits pois qu'il fait cuire lui-même! Comme tout cela soulève un cœur profondément sensible aux violations des convenances et aux fautes de grammaire!... — Savez-vous ce qui est trivial, hommes difficiles, gens de goût? C'est de ramasser dans les égouts des répertoires et les ordures des almanachs des idées mortes de vieillesse, de traîner sur les tréteaux des guenilles qui ont servi à tout le monde, et d'aller comme les bestiaux désaltérer votre soif de gloire et d'argent dans les abreuvoirs publics. » (*Mélanges de littérature et de critique*, in-18, Paris, 1867, p. 265-268.)

« On n'imagine pas les orages qui éclataient au parterre du Théâtre-Français lorsque le *More de Venise*, traduit par Alfred de Vigny, redemandait en grinçant des dents ce *mouchoir* appelé prudemment *bandeau* dans la vague imitation shakespearienne du bon Ducis. La cloche se nommait l'*airain sonore*, la mer l'*élément humide* ou *liquide*, et ainsi de suite. Les professeurs de rhétorique restaient atterrés devant l'audace de Racine, qui avait désigné les chiens par leurs noms dans le songe d'Athalie (*molosses* eût été mieux !), et ils invitaient les jeunes poètes à ne pas imiter cette licence du génie. Le premier qui écrivit *cloche* fit donc une action énorme : il s'exposait à ne plus être salué par ses meilleurs amis et risquait d'être exclu de partout. Ce sont de ces courages dont on ne sait pas assez gré aux poètes des époques crépusculaires, des services qu'on oublie trop vite. » (Théophile Gautier, *Notice historique* sur Alexandre Soumet, 16 août 1870, à la suite de son *Histoire du Romantisme*, in-18, Paris, 1874, p. 188.)

« Delille a passé dans la tragédie. Il est le père (lui, et non Racine, grand Dieu!) d'une prétendue école d'élégance et de bon goût qui a flori récemment. La tragédie n'est pas pour cette école ce qu'elle est pour le bonhomme Gilles Shakespeare, par exemple : une source d'émotions de toute nature; mais un cadre commode à la solution d'une foule de petits problèmes descriptifs qu'elle se propose chemin faisant... Cette muse, on le conçoit, est d'une bégueulerie rare. Accoutumée qu'elle est aux caresses de la périphrase, le mot propre, qui la rudoierait quelquefois, lui fait horreur. Il n'est point de sa dignité de parler naturellement. Elle *souligne* le vieux Corneille pour ses façons de dire crûment :

... *Un tas d'hommes perdus de dettes* et de crimes.
... Chimène, *qui l'eût cru ?* Rodrigue, *qui l'eût dit ?*
... Quand leur Flaminius *marchandait Annibal.*
... Ah ! ne me *brouillez* pas avec la République, etc., etc.

Elle a encore sur le cœur son : *Tout beau, monsieur!* Et il a fallu bien des *Seigneur!* et bien des *Madame!* pour faire pardonner à notre admirable Racine ses *chiens*, si monosyllabiques, et ce *Claude* si brutalement *mis dans le lit* d'Agrippine... Le Roi du peuple, nettoyé par M. Legouvé, a vu son *ventre-saint-gris* chassé honteusement de sa bouche par deux sentences, et il a été réduit, comme la jeune fille du fabliau, à ne plus laisser tomber de cette bouche royale que des perles, des rubis et des saphirs ; tous faux, à la vérité. » (Victor Hugo, Préface de *Cromwell*.)

« Il serait difficile de décrire, maintenant que les esprits sont habitués à regarder comme des morceaux pour ainsi dire classiques les nouveautés qui semblaient alors de pures barbaries, l'effet que produisaient sur l'auditoire ces vers si singuliers, si mâles, si forts, d'un tour si étrange, d'une allure si cornélienne et si shakespearienne à la fois (de Victor Hugo dans *Hernani*). Il faut d'abord bien se figurer qu'à cette époque, en France, dans la poésie et même aussi dans la prose, l'horreur du mot propre était poussée à un degré inimaginable. Quoi qu'on fasse, on ne peut concevoir cette horreur qu'au point de vue historique, comme certains préjugés dont les motifs ou les prétextes ont disparu. — Quand on assiste aujourd'hui à une représentation d'*Hernani*, en suivant le jeu des acteurs sur un vieil exemplaire marqué de coups d'ongle à la marge pour désigner des endroits tumultueux, interrompus ou sifflés, d'où partent d'ordinaire maintenant les applaudissements comme des vols d'oiseaux avec de grands bruits d'ailes et qui étaient jadis des champs de bataille piétinés, des redoutes prises et reprises, des embuscades où l'on s'attendait au détour d'une épithète, des relais de meutes pour sauter à la gorge d'une métaphore poursuivie, on éprouve une surprise indicible que les générations actuelles, débarrassées de ces niaiseries par nos vaillants efforts, ne comprendront jamais tout à fait.

Comment s'imaginer qu'un vers comme celui-ci :

> Est-il minuit? Minuit bientôt.

ait soulevé des tempêtes et qu'on se soit battu trois jours autour de cet hémistiche? On le trouvait trivial, familier, inconvenant; un roi demande l'heure comme un bourgeois et on lui répond comme à un rustre : *minuit*. C'est bien fait. S'il s'était servi d'une belle périphrase, on aurait été poli; par exemple :

> ...L'heure
> Atteindra bientôt sa dernière demeure.

Si l'on ne voulait pas de mots propres dans les vers, on y supportait aussi fort impatiemment les épithètes, les métaphores, les comparaisons, les mots poétiques enfin, — le lyrisme, pour tout dire, ces échappées rapides vers la nature, ces élans de l'âme au-dessus de la situation, ces ouvertures de la poésie à travers le drame, si fréquentes dans Shakespeare, Calderon et Gœthe, si rares chez nos grands auteurs du dix-septième siècle...» (Théophile Gautier, article sur *Hernani*, 1872; voy. son *Histoire du Romantisme*, p. 110-112.)

« Ne serait-il pas temps de ramener dans les sujets sérieux la franchise du style, d'abandonner la périphrase, cette pompeuse et frivole manière de tourner autour de la pensée? N'est-il donc pas aussi noble de dire par exemple « un homme qui frappe avec son épée » que « un mortel qui immole avec son glaive? » Les anciens méprisaient cette timidité, et Corneille ne parlait pas ainsi.» (Alfred de Musset, *De la Tragédie* (1ᵉʳ nov. 1838). Voy. *Mélanges de littérature et de critique*, p. 91.)

Lamartine, en la préface qu'il mit à une nouvelle édition des *Méditations poétiques* (1849), dit :

« Quant à la poésie française, les fragments qu'on nous faisait étudier chez les jésuites consistaient en quelques pitoyables rapsodies du P. Ducerceau et de madame Deshoulières, dans quelques épîtres de Boileau sur l'*Équivoque*, sur les bruits de Paris, et sur le mauvais dîner du restaurateur Mignot. Heureux encore quand on nous permettait de lire l'épître à Antoine,

> Son *jardinier* d'Auteuil
> Qui *dirige* chez *lui* l'if et le chèvrefeuil,

et quelques plaisanteries de sacristie, empruntées au *Lutrin!*

« Qu'espérer de la poésie d'une nation qui ne donne pour modèle du beau dans les vers à sa jeunesse que des poèmes burlesques et qui, au lieu de l'enthousiasme, enseigne la parodie à des cœurs et à des imaginations de quinze ans? Aussi je n'eus pas une aspiration de poésie pendant toutes ces études classiques. Je n'en retrouvais quelque étincelle dans mon âme que pendant les vacances... C'est Ossian, après le Tasse, qui me révéla ces mondes des images et des sentiments que j'aimai tant depuis à évoquer avec leurs voix. »

Or, en raison de l'éducation qu'il reçut et de celle qu'il se donna, comme aussi de sa propre nature, Lamartine ne s'est guère élevé au-dessus d'une poésie superficielle. De même que beaucoup ont, de nos jours, plus de *religiosité* que de religion, il avait moins de poésie que de *poéticité* (qu'on nous passe l'expression!). Si M. de Chateaubriand a été, en prose, selon l'expression de Gœthe, un bien grand rhétoricien, on peut dire avec plus de vérité encore que M. de Lamartine a été un bien grand rhétoricien en vers.

Lamartine s'est vanté d'avoir été le premier à nommer les choses par leur nom. Et précisément M. de Vigny lui reproche « de n'oser pas toujours dire les choses par leur nom, de dire, par exemple : l'eau qui sort d'une *urne écumeuse* au lieu d'une *bouillotte*.» Souvent, au lieu de la *cloche*, il dit : l'*airain religieux*. Lamartine, écrivant à son ami de Virieu (avril 1810, *Corresp.* I., 1873), prend pour épigraphe ce vers de Voltaire :

Mes vers sont durs, mais forts de choses!

Tandis que la vigueur de style et de pensée est ce qui manque le plus à ses vers.

Adam Mickiewicz, parlant un jour d'Alexandre Dumas père, disait qu'il avait rendu à la littérature ce service d'avoir généralisé la simplicité, l'habitude d'écrire naturellement comme on parle.

« Les anciens étaient *naturels, vrais* dans leurs manières, comme sont encore les Italiens et quelques peuples orientaux. J'ai été ému en relisant l'entrevue d'Alexandre et de Néarque, au retour de celui-ci après son admirable expédition maritime. Le premier événement dans l'histoire de la navigation est ce voyage du golfe Persique à l'Indus. J'aime les pleurs d'Alexandre recevant Néarque et demeurant longtemps sans pouvoir parler, parce qu'il croit que ses Macédoniens et ses vaisseaux ont péri. L'homme antique ne faisait jamais de fausse dignité; il pleurait sans rougir de ses larmes quelque grand qu'il fût.» (*Journal d'un poète*, année 1833.)

Les classiques, à force d'imiter des imitations de l'antique et de chercher à rendre des sentiments qu'ils n'éprouvaient point, étaient tombés dans la pruderie littéraire, la sécheresse et l'affectation.

Les romantiques, par leur hâte à exprimer des passions à peine nées et confuses encore et des idées non mûries, chutèrent rapidement dans 'exagération et la boursouflure.

* * *

Les démocrates français commencèrent par se déclarer anti-romantiques, et créèrent même des organes dans ce sens. Ce qui fit dire à Victor Hugo : « Libéraux et classiques, c'est mettre un bonnet phrygien sur une perruque. »
Dans la préface qu'il écrivit, en juillet 1849, pour une nouvelle édition de ses *Premières Méditations poétiques*, M. Alphonse de Lamartine, après avoir raconté que « Louis XVIII, qui avait de l'Auguste dans le caractère littéraire (!), s'étant fait lire le petit volume, crut qu'une nouvelle Mantoue promettait à son règne un nouveau Virgile, ordonna de lui envoyer l'édition des classiques de Didot et signa le lendemain sa nomination à un emploi de secrétaire d'ambassade », ajoute : « Ces vers cependant furent pendant longtemps l'objet des critiques, des dénigrements et des railleries du vieux parti littéraire classique, qui se sentait détrôné par cette nouveauté. Le *Constitutionnel* et la *Minerve*, journaux très illibéraux en matière de sentiment et de goût, s'acharnèrent pendant sept à huit ans contre mon nom. Ils m'affublèrent d'ironies, ils m'aguerrirent aux épigrammes. Le vent les emporta, mes mauvais vers restèrent dans le cœur des jeunes gens et des femmes, ces précurseurs de toute postérité. » — Mais une partie des attaques dont se plaint M. de Lamartine ne serait-elle pas venue précisément de ce que ses vers faisaient plaisir aux hommes de l'ancien régime et semblaient un retour aux sentiments et aux idées du passé ?
Alfred de Vigny rappelle (*Journal d'un poète*, 29 août 1830, édition posthume 1867, in-18, p. 52) que « quand un soir de l'hiver précédent, il parla à Benjamin Constant de l'acharnement avec lequel on poursuivait la poésie dans le côté gauche de la Chambre, celui-ci lui dit que c'était affaire de bonne compagnie, que c'était crainte de paraître vouloir briser toutes les chaînes, qu'on voulait conserver les plus légères, *celles des règles littéraires.* »
En réalité, l'antipathie première de la démocratie française pour le romantisme avait sa raison d'être dans ce que l'on pourrait appeler le péché originel du romantisme. Au commencement, en effet, le romantisme apparut comme une espèce de Vendée littéraire, d'Émigration littéraire, de Coalition littéraire organisées et dirigées contre l'esprit de la Révolution française.
« En 1806, le parti romantique et la cour de Berlin voulaient à tout prix la guerre contre la France. » (Beugnot, *Mémoires*, ch. VIII.)

« Il n'est peut-être pas inutile de rappeler que ce mot de *romantique*, importé d'Allemagne et si souvent défiguré chez nous, n'était à l'origine qu'une simple désignation de genre appliquée par les critiques allemands à toutes les productions littéraires ou artistiques enfantées depuis le christianisme en dehors de la tradition grecque et romaine, par opposition à l'épithète de *classique* qu'ils appliquaient à l'art antique ou imité de l'antique. » (*Note* de M. de Loménie, à propos de Schlegel.)

Les premiers romantiques en voulaient à la culture gréco-romaine, surtout d'avoir formé des caractères réellement antiques en opposition radicale et révolutionnaire avec l'esprit et les institutions de l'ancien régime religieux, politique et social.

La protestante genevoise baronne de Staël se trouva, à cet égard, d'accord littérairement avec les frères Schlegel, catholiques allemands, comme l'était politiquement la protestante Angleterre avec la catholique Autriche.

« Les deux Schlegel (promoteurs du romantisme) penchent visiblement, disait Mᵐᵉ de Staël, pour le moyen âge et pour les opinions de cette époque,... et ils s'appliquent à tout ce qui pourrait diriger dans ce sens les esprits et les âmes. W. Schlegel exprime son admiration pour le moyen âge dans plusieurs de ses écrits et particulièrement dans deux stances dont voici la traduction:

> « L'Europe était une dans ces grands siècles, et le sol de cette patrie universelle était fécond en généreuses pensées, qui peuvent servir de guide dans la vie et dans la mort. Une même chevalerie changeait les combattants en frères d'armes; c'était pour défendre une même foi qu'ils s'armaient; un même amour inspirait tous les cœurs, et la poésie qui chantait cette alliance exprimait le même sentiment dans des langages divers.
>
> « Ah ! la noble énergie des âges anciens est perdue : notre siècle est l'inventeur d'une étroite sagesse, et ce que les hommes faibles ne sauraient concevoir n'est à leurs yeux qu'une chimère ; toutefois rien de divin ne peut réussir, entrepris avec un cœur profane. Hélas! nos temps ne connaissent plus ni la foi ni l'amour; comment pourrait-il leur rester l'espérance? » (*L'Allemagne*, 2ᵉ p., ch. xxxi.)

Des deux coryphées du romantisme en France, l'un, M. de Chateaubriand, fut le prédicateur de la restauration religieuse par son *Génie du Christianisme*, puis le tapageur héraut de la restauration politique, par son pamphlet *De Buonaparte et des Bourbons;* et l'autre, madame de Staël, fut l'instigatrice de la trahison de Bernadotte en 1812 et le tambour-major de l'invasion en 1814 : « J'ignorais, dit-elle en parlant avec un enthousiasme ému de ses adieux au maréchal Kutusow, si j'embrassais un martyr ou un vainqueur. » (*Dix années d'exil.*)

Henri Heine a une page de verve sanglante sur madame de Staël qu'il appelait « une tempête en jupon » : « Madame de Staël, écrit-il, ne voyait au delà du Rhin que ce qui lui convenait de voir dans un but de polémique : un pays nébuleux d'esprits, où des hommes sans corps et tout verts se promènent sur des champs de neige, ne s'entretenant que de morale et de métaphysique... Partout elle y voit du spiritualisme et encore du spiritualisme ; elle vante notre honnêteté, notre probité, notre moralité, notre culture d'esprit et de cœur. En lisant son livre, on dirait que chaque Allemand mérite le prix Monthyon, — et tout cela dans la seule intention de vexer l'Empereur, dont nous étions à cette époque les ennemis. La haine de l'Empereur est l'âme de son livre *de l'Allemagne*... Mais elle ne se bornait pas à écrire des livres contre lui, elle cherchait encore à le combattre autrement que par les armes littéraires : elle fut, pendant quelque temps, l'âme de toutes ces intrigues oligarchiques et jésuitiques qui précédèrent la collision des rois et roitelets d'Europe contre Napoléon. Comme une vraie sorcière, elle était accroupie près de la fatale chaudière, dans laquelle tous les empoisonneurs diplomatiques, surtout ses amis Talleyrand, Metternich, Pozzo di Borgo, Castlereagh, etc., cuisaient les maléfices qui devaient faire périr l'Empereur. La malheureuse femme, aveuglée par une haine personnelle, mettait sa plus grande activité à remuer dans cette fatale chaudière, où ne bouillonnait pas seulement la ruine de l'Empereur, mais aussi celle du monde entier, le malheur de tout le genre humain. Quand l'Empereur succomba, madame de Staël entra triomphante dans Paris, avec son livre *de l'Allemagne*, et accompagnée de quelques cent mille Allemands, qu'elle amenait pour ainsi dire comme une vivante illustration de son livre. Cette illustration vivante, mangeante, buvante, jurante et fumante, avec toutes ses odeurs exotiques, devait naturellement rehausser beaucoup l'authenticité de l'ouvrage, car le public français pouvait à présent se convaincre par ses propres yeux de la fidélité parfaite avec laquelle l'auteur nous avait dépeints, nous autres Allemands, nous et nos vertus germaniques. Quel précieux frontispice ne fut pas ce vieux Blücher, ce pilier des tripots, qui avait toujours les cartes à la main et la pipe à la bouche, et dont la verve ordurière se plaisait à parodier les paroles sublimes des harangues napoléoniennes! Dans un de ses ordres du jour, cet animal se fit fort, pour le cas où l'Empereur tomberait vivant entre ses mains, de lui faire donner le fouet ou des coups de bâton. *Aushauen lassen* est le mot dont il se servit, et, pour l'honneur de mon pays, je dois présumer que notre père Blücher était ivre, lorsqu'il publia cet infâme ordre du jour. » (*De l'Allemagne*, II, p. 252-257.)

***

Il est à remarquer que le mouvement Cornélien, qui a eu une si forte et si durable action sur la littérature française, eut, lui aussi, son péché originel.

Alexandre Dumas fils, en son discours de réception à l'Académie française, notait que l'irritation qu'éprouva et manifesta le cardinal de Richelieu lors de l'apparition du *Cid*, provenait, non d'une mesquine jalousie d'auteur, comme on l'a dit et répété, mais du fait même de la glorification de l'ennemi sur la scène.

J. Michelet avait déjà fait une semblable observation en son *Histoire de France* (Paris, 1858, vol. XII, ch. X) : « C'était le jour le plus critique, en 1636, le lendemain de l'invasion, quand la France entamée douta du génie du ministre et l'accusa d'imprévoyance. Elle eut à ce moment un accès fou qu'elle a parfois, celui d'admirer l'ennemi. Et par un terrible à-propos (que l'auteur, certes, n'avait pas calculé), l'Espagne éclata au théâtre et y fut glorifiée... La campagne s'ouvrit. De quel cœur la noblesse allait-elle se battre contre les descendants du *Cid*, ces Espagnols aimés et admirés? Français et Espagnols allaient penser également que l'ennemi n'était qu'à Paris, l'ennemi commun, Richelieu. »

Si Corneille admirait l'antique héroïsme des Espagnols, au moment même où l'Espagne envahissait la France, comme plus tard madame de Staël glorifia le spiritualisme des Allemands dans le temps que la France était en guerre avec eux, du moins l'admiration du grand tragique était désintéressée et non suspecte d'antipatriotisme. Il obéissait aux purs instincts de sa nature. Sans doute, il eût mieux fait de choisir ailleurs que chez l'ennemi son exemple d'héroïsme. Mais on peut dire aussi qu'il eût voulu que ses compatriotes montassent leur âme au niveau de l'âme des Espagnols pour être plus sûrs de les vaincre.

Michelet observe « qu'il n'est pas une des pièces de Corneille qui n'eut l'effet d'une conspiration. *Horace*, quoique dédié au cardinal, fut avidement saisi par les Romains du parlement, les Cassius de la grand'chambre et les Brutus de la basoche. *Cinna*, la *clémence d'Auguste*, sous cet homme inclément, parut une sanglante satire. *Polyeucte* fut représenté au moment où le ministre venait de mettre à la Bastille le Polyeucte janséniste, l'abbé de Saint-Cyran. Les femmes de Corneille sont déjà les frondeuses et ce sont elles qui firent celles-ci. » Or, si le public français est très friand d'allusions et, pour peu que le sujet s'y prête, en met volontiers là même où l'auteur n'y avait point songé, il est certain que Corneille eut l'unique préoccupation de mettre en scène, comme autant de types d'imitation, les divers genres d'héroïsme.

L'âme française s'est ainsi nourrie de mâles maximes comme par exemple :

> On est toujours tout prêt, quand on a du courage...
> Mais qui peut vivre infâme est indigne du jour...
> Qui ne craint point la mort ne craint point les menaces...
> La valeur n'attend point le nombre des années...
> A vaincre sans péril, on triomphe sans gloire...

« La haute tragédie, disait un jour Napoléon Ier, à Saint-Cloud, est l'école des grands hommes. Elle échauffe l'âme, élève le cœur ; elle peut et doit créer des héros. Sous ce rapport, peut-être la France doit à Corneille une partie de ses belles actions. »

L'historien Henri Martin a bien saisi le caractère de Corneille :

« Le premier rayon de l'aube théâtrale (en France) brilla dans *Médée*, imitée de Sénèque (1635). Le fameux :

> Que vous reste-t-il ? — Moi.

fut le : *Je pense, donc je suis !* de la tragédie, et annonça ce théâtre héroïque qui allait se fonder, comme la philosophie, sur la puissance de la personnalité humaine. »

Après avoir dit comment, l'année suivante, le *Cid* jaillit du contact électrique de l'âme de Corneille avec l'œuvre de Guilhen de Castro, celui peut-être des dramaturges castillans qui s'était le plus franchement rejeté dans les temps chevaleresques du moyen âge, loin de l'Espagne de Philippe II, et après avoir parlé de l'émotion qui saisit le public quand il vit « surgir ces héros qui ont dix pieds de haut comme ceux d'Homère, quand il entendit retentir ces dialogues à coups de foudre, tels que les échos d'aucun théâtre n'en ont jamais répété de semblables, quand toutes les âmes frémirent à l'unisson sous le choc de ces passions si grandes et si vraies, devant ces magnifiques combats de l'amour et de l'honneur, de la tendresse et du devoir ! » Henri Martin ajoute : « A chaque pas, Corneille s'empare d'un monde. Il avait conquis le moyen âge chevaleresque avec le *Cid* ; avec *Horace* et *Cinna* (1639) il prit possession de l'antiquité romaine ; avec *Polyeucte* (1640), de l'antiquité chrétienne... *Polyeucte* est comme la divine transfiguration des *mystères*... Le principe de Corneille, c'est l'idéal de la grandeur morale et de la libre volonté supérieure à la fortune... Son ressort dramatique, le plus noble, le plus difficile de tous, ressort qu'une main de géant peut seule manier, ce n'est ni la pitié, ni la curiosité, ni la terreur, ni la saisissante reproduction de la réalité, c'est l'admiration, c'est l'enthousiasme du courage et de la vertu. Qu'on examine chacune de ses créations fondamentales ! Qu'est-ce que Rodrigue, sinon l'idéal du chevalier? — Le vieil Horace, du citoyen? — Auguste, du prince? — Polyeucte, du chrétien? — Chimène, de l'amante? — Cornélie et Pauline, de l'épouse, de la femme? — Nicomède, que Corneille chérissait d'une prédilection paternelle entre tous les enfants de sa muse, et qui est son dernier mot comme *Hamlet* est le dernier mot de Shakespeare, n'est-ce pas le héros élevé à sa conception la plus générale et la plus absolue, la force morale personnifiée? Il serait aussi impossible de dépasser la hauteur de ces idéalités que de dépasser la profondeur et la vérité des passions incarnées par Shakespeare dans *Othello* et dans *Macbeth*!

Si le vrai but de l'art est... d'élever l'âme par l'évocation des types supérieurs vers l'idéal qui vivifie et transforme le réel, vers la source divine de toute beauté comme de tout bien et de toute vérité, le système de Corneille est le premier de tous et le seul qui touche au but. » (Henri Martin, *Histoire de France*, gr. in-8, Paris, 1858, XII, p. 135-140.)

Le même auteur indique que l'impulsion qui entraînait les poètes français vers Rome et Athènes était une recrudescence de la Renaissance, bien plus radical que la période du seizième siècle et un effacement bien plus systématique du moyen âge; que le dédain allait croissant pour les temps qui séparent l'antiquité de l'âge moderne; que la monarchie était poussée vers les formes et l'esprit de l'empire romain, en attendant que la démocratie lettrée remontât jusqu'aux républiques antiques; que cette victoire de l'antiquité devait ainsi avoir de grandes conséquences : maîtresse des théâtres et des collèges, elle préparait la Révolution.

De même que le classicisme, par son évocation de l'héroïsme antique, fut un des puissants facteurs de la Révolution, ainsi le romantisme, d'une part, par sa piété à recueillir, sous les décombres de la société du moyen âge, de précieuses étincelles du sentiment chrétien, et de l'autre et surtout par son appel au génie créateur, a fait faire un pas de plus à l'esprit humain, en lui ouvrant une nouvelle voie.

Il est juste de constater qu'en Pologne la Renaissance, avec son retour à l'antiquité et le classicisme qui s'en est suivi, se produisit plus tôt qu'en Occident, et que le romantisme, pas plus que le classicisme, n'y eut de péché d'origine.

*
* *

Tandis qu'en France le romantisme fut, au commencement, une sorte d'alluvion étrangère, sur laquelle, il est vrai, poussèrent rapidement des plantes indigènes, en Allemagne d'abord et puis en Italie le romantisme eut un caractère essentiellement patriotique.

« Au commencement de ce siècle, dès que les écrivains du Nord, les Allemands en particulier, ont voulu échapper à l'imitation du goût français, ils ont commencé par faire au siècle de Louis XIV une guerre de Vandales. Pour rentrer dans la tradition nationale, ils ont eu besoin d'efforts violents. Les systèmes, la critique, la philosophie, tout a été mis en œuvre dans cet affranchissement laborieux. » (*Mes vacances en Espagne*, par Edgar Quinet, édit. des *Œuvres complètes*, p. 128.)

Dans le *Conciliatore* de Milan, en 1818, Silvio Pellico prêchait la liberté dans les lettres avant de la prêcher dans la politique par ses souffrances et par ses *Prisons*. Les Italiens, en rejetant le joug d'Horace et de Quintilien, s'essayaient à briser le joug de l'Autriche et des princes satellites de l'Autriche. Combattre et vaincre le *classicisme* était, selon l'expression de Mazzini, se débarrasser d'une première servitude.

« J'étais à Vienne, dit madame de Staël, quand Wilhelm Schlegel y donna son cours public de littérature dramatique. W. Schlegel n'a point d'égal dans l'art d'inspirer de l'enthousiasme pour les grands génies qu'il admire... Il nous peignit (dans la séance à laquelle j'assistais) cette nation chevaleresque (l'Espagne) dont les poètes étaient guerriers et les guerriers poètes. Il cita ce comte Ercilla, « qui composa sous une tente son poème de l'*Araucana*, « tantôt sur les plages de l'Océan, tantôt au pied des Cordillières, « pendant qu'il faisait la guerre aux sauvages révoltés. Garci-« lasso, un des descendants des Incas, écrivait des poésies d'a-« mour sur les ruines de Carthage et périt à l'assaut de Tunis. « Cervantes fut grièvement blessé à la bataille de Lépante ; « Lopez de Véga échappa comme par miracle à la défaite de la « flotte invincible ; et Caldéron servit en intrépide soldat dans « les guerres de Flandre et d'Italie. » Les auditeurs de Schlegel furent vivement émus par ce tableau. On peut comparer la manière de W. Schlegel en parlant de poésie, à celle de Winckelmann en décrivant les statues ; et c'est ainsi seulement qu'il est honorable d'être un critique ; tous les hommes du métier suffisent pour enseigner les fautes ou les négligences qu'on doit éviter ; mais après le génie, ce qu'il y a de plus semblable à lui, c'est la puissance de le connaître et de l'admirer. Frédéric Schlegel, s'étant occupé de philosophie, s'est voué moins exclusivement que son frère à la littérature ; cependant le morceau qu'il a écrit sur la culture intellectuelle des Grecs et des Romains rassemble en un court espace des aperçus et des résultats de premier ordre... »

Ce que madame de Staël ne dit pas, c'est que les éloges, justes d'ailleurs, prodigués par son auteur à l'Espagne, avaient leur source principale dans la résistance qu'opposaient les Espagnols aux armées de Napoléon, alors ennemi de l'Allemagne.

« On ne connaît guère en France M. Auguste-Guillaume Schlegel que par les écrits de sa noble protectrice, madame de Staël... Il ne subsistait que des idées de son frère (Frédéric) qu'il s'entendait à élaborer artistiquement. Par ses traductions, il rendit réellement de grands services : sa traduction de Shakespeare est surtout un chef-d'œuvre incomparable. Peut-être est-il le plus grand métrique de l'Allemagne...

« A.-G. Schlegel ne dut sa célébrité qu'à l'assurance inouïe avec laquelle il attaqua les autorités littéraires qui existaient alors. Il arracha les couronnes de laurier qui couvraient de vieilles perruques; et, à cette occasion, il fit voler beaucoup de poudre aux yeux de son public. Sa renommée est une fille naturelle du scandale... Il a suffisamment compris l'esprit du passé, surtout celui du moyen âge, et il réussit fort bien à indiquer cet esprit dans les anciens monuments et à expliquer leurs beautés sous ce point de vue. Mais tout ce qui touche au présent, il ne saurait le comprendre; tout au plus en saisit-il quelques traits extérieurs... En général, il n'appartient qu'à un grand poète de saisir la poésie de la pensée d'un temps présent; la poésie d'un temps passé se devine plus facilement, et il est plus facile de la faire sentir aux autres...

« Ce qui augmenta encore beaucoup la réputation de M. Schlegel, ce fut lorsque plus tard ici, en France, il s'attaqua aux autorités littéraires des Français. Nous vîmes avec joie et orgueil notre belliqueux compatriote démontrer aux Français que toute leur littérature classique ne vaut rien; que Molière est un bouffon et un farceur, et non pas un poète; que Racine a également bien peu de valeur, et qu'en revanche nous autres Allemands nous sommes incontestablement les dieux du Parnasse. Son refrain était toujours que les Français sont le peuple le plus prosaïque du monde, et qu'il n'y a pas du tout de poésie en France. Ces choses-là, l'homme les disait dans un temps où, devant ses yeux, s'offraient encore maint et maint coryphée de la Convention, où il voyait passer devant lui, en chair et en os, les derniers acteurs de cette tragédie de géants, dans un temps où Napoléon improvisait chaque jour une sublime épopée, lorsque Paris fourmillait de dieux, de héros, de rois. Mais M. Schlegel ne vit rien de ces choses : il ne voyait que lui-même, il ne regardait que sa figure dans un miroir. M. Schlegel n'a jamais pu comprendre que la poésie du passé : celle du temps présent lui échappe. Il n'a pu concevoir la poésie de la France, ce sol maternel de la société et de la poésie modernes.

« Racine dut être aussi le premier poète que M. Schlegel ne put comprendre, car ce grand poète se présente déjà comme le héraut des temps modernes près du grand Roi avec qui commencent les temps nouveaux. Racine est le premier poète moderne, comme Louis XIV fut le premier roi moderne. Dans Corneille, respire encore le moyen âge : en lui et dans la Fronde, râle la voix de la vieille chevalerie qui pousse son dernier soupir. Mais dans Racine, les sentiments et les poésies du moyen âge sont complètement éteints : il ne réveille que des idées nouvelles, c'est l'organe d'une société neuve. On voit éclore dans son sein les premières violettes du printemps qui ouvre notre jeune âge ; on y voit même les bourgeons des lauriers qui s'épanouissent plus tard si largement. Qui sait combien d'actions d'éclat jaillirent des vers tendres de Racine ? Les héros français qui gisent enterrés aux Pyramides, à Marengo, à Austerlitz, à Iéna, à Moscou, avaient entendu les vers de Racine, et leur empereur les avait écoutés de la bouche de Talma. Qui sait combien de quintaux de renommée reviennent à Racine sur la colonne de la place Vendôme ? Euripide est-il un plus grand poète que Racine ? C'est ce que j'ignore ; mais je sais que ce dernier fut une source vivante d'enthousiasme, qu'il a enflammé le courage par le feu de l'amour, et qu'il a enivré, ravi et ennobli tout un peuple. Qu'exigez-vous de plus d'un poète ? Nous sommes tous mortels ; nous descendons dans le tombeau et nous laissons derrière nous notre parole ; et quand cette parole a rempli sa mission, alors elle retourne dans le sein de Dieu, ce refuge de toutes les paroles de poète, cette patrie de toutes les harmonies.

« Si M. Schlegel s'était borné à dire que la mission de la parole de Racine était accomplie et que le temps qui s'avançait toujours exigeait d'autres poètes, ses attaques auraient eu quelque base ; mais elles se trouvèrent sans fondement, lorsqu'il voulut démontrer la faiblesse de Racine en le comparant à des poètes plus anciens. Non seulement M. Schlegel n'a rien deviné de la grâce infinie, de la douce finesse, du charme profond qu'il y a dans cette pensée de Racine qui a revêtu de costumes antiques ses héros français modernes...; mais il a été assez gauche pour prendre tous ces délicieux travestissements au sérieux, pour juger les Grecs de Versailles d'après les Grecs d'Athènes, et comparer la Phèdre de Racine avec la Phèdre d'Euripide ! Cette manière de juger le présent à la mesure du passé est si fortement enracinée dans M. Schlegel que c'est toujours avec les lauriers des vieux poètes qu'il fustige les jeunes, et que, pour rabaisser Euripide à son tour, il n'a rien su trouver de mieux que de le comparer au vieux Sophocle ou même à Eschyle. »

Henri Heine remarque que les Schlegel, en dépit de leur incrédulité, ont cependant gémi sur la chute du catholicisme, désiré restaurer cette croyance dans la multitude et bafoué dans ce dessein les rationalistes et les humanistes, comme le catholiquepaïen et marguillier athénien Aristophane, qui se raillait des Dieux, attaqua le philosophe Socrate qui préparait la chute de l'Olympe par la prédication d'une meilleure morale, et laissait Euripide qui n'était pas enivré du moyen âge de la Grèce comme l'étaient Eschyle et Sophocle, mais qui se rapprochait déjà de la tragédie bourgeoise.

« Mais je fais peut-être à M. Schlegel un honneur qu'il n'a pas mérité, en lui prêtant des sympathies et des antipathies : il se peut qu'il n'en ait aucune. Dans sa jeunesse, il fut un helléniste ; et, dans un âge plus avancé, il devint un romantique. Il se fit le coryphée de la nouvelle école : elle reçut son nom et celui de son frère, et, de tous ceux de cette école, il fut peut-être celui qui la prit le moins au sérieux. Il la soutint de ses talents ; il la seconda par ses études, se réjouit tant que la chose alla bien, et lorsque l'école prit une mauvaise fin, il poussa ses études dans une autre voie. » (Henri Heine. *De l'Allemagne*, I, p. 253, 254, 260-268.)

**

Gœthe (voy. ci-dessus p. 402) donnait la préférence à ce qu'il appelait la *poésie tyrtéenne*, c'est-à-dire la poésie qui verse le courage moral dans l'âme.

Tyrtée, dont l'orateur Lycurgue nous a conservé un chant célèbre, sut, en effet, exalter à un haut degré la vertu guerrière :

> Mourir est beau : mourir, tomber aux premiers rangs,
> Brave et le fer en main, défendant sa patrie !
> . . . .
>   Prodigues d'une courte vie,
>   Combattons pour notre patrie,
>   Sachons mourir pour nos enfants.
>   Jeunes guerriers, gardez vos rangs :
>   Laissez au sein du vil esclave
>   La pâle fuite et la terreur.
> Faites-vous un cœur mâle, inaccessible à la peur,
> Dédaigneux de la vie ; et songez que du brave
>   Un plus brave seul est vainqueur.

La première strophe fait songer au :

> Mourons pour la patrie,
> C'est le sort le plus beau, le plus digne d'envie,

qui sont des vers de Rouget de Lisle (l'auteur de la *Marseillaise*), et qui, en 1847, introduits avec une légère variante, par Alexandre Dumas père, dans son drame des *Girondins*, devint le chant populaire de la Révolution de février 1848 : « Mourir pour la patrie... »
— Marie-Joseph Chénier, dans son *Chant du Départ*, s'est élevé

au ton de la seconde strophe : « Pour la République, sachons mourir. »

L'accent de la *Marseillaise*, qui a marqué le pas de la Révolution, est un accent retrouvé de l'antiquité et haussé d'un degré.

Le génie (et c'est ce qui fait sa sainteté) reste ainsi un des plus féconds inspirateurs d'héroïsme.

« De notre temps, on établit une opposition absolue entre l'héroïsme et la sagesse. Le premier est folie, la seconde seule est raisonnable. Quand Hérodote a fait défiler devant vous toutes les races humaines sur le pont qui relie l'Asie et l'Europe, il paraît déraisonnable d'opposer à ce déluge d'hommes quelques milliers de Grecs. Avec les idées que l'on fait prédominer aujourd'hui, il faudrait rire de cet entêtement. Et pourtant cette folie s'est trouvée sagesse. Les Grecs, tant qu'ils ont été quelque chose, ne s'en sont jamais guéris, et cette folie de Salamine, de Platée, de Mycale, a passé des hommes d'action dans les hommes de pensée. Elle est devenue l'âme de la Grèce aussi longtemps qu'elle a vécu... Le ton d'héroïsme auquel était montée l'âme des combattants dans les guerres médiques, à la veille des grandes journées, est resté le ton dominant et comme la région morale des écrivains des grands siècles. Voilà ce qui forme l'unité du génie grec dans toutes ses œuvres. Les Grecs ont cessé d'être eux-mêmes, lorsqu'ils ont séparé, comme inconciliables, l'héroïsme et la sagesse. Ce jour-là de Grecs ils sont devenus Byzantins. » (Edgar Quinet, *Vie et mort du génie grec.*) Un vol. in-8, Paris, 1878.

Combien la société moderne est redevable aux *Hommes* de Plutarque et au *De Viris illustribus!* Il faut, il est vrai, savoir tempérer ces grandes leçons de l'antiquité par l'esprit de l'Evangile, et y joindre la légende des martyrs et héros de l'ère chrétienne et aussi de la troisième ère qui a commencé avec la Passion de la Pologne et l'apostolat de la France. Il faut surtout se garer des formes vides et des fleurs sèches de la rhétorique byzantine et doctrinaire.

Les temples des dieux de la Grèce et de Rome ont disparu depuis des siècles : mais sur leurs ruines il est resté un panthéon des belles-lettres dans lequel sacrifient les plus nobles âmes de tous les peuples, sous la double invocation du génie hellénique et du génie latin. Point de fidèle qui n'y puisse répéter la prière littéraire suivante :

« Esprits immortels de Rome et surtout de la Grèce, génies heureux qui avez prélevé comme en une première moisson toute fleur humaine, toute grâce simple et toute naturelle grandeur, vous en qui la pensée, fatiguée par la civilisation moderne et par notre vie compliquée, retrouve jeunesse et force, santé et fraîcheur, et tous les trésors non falsifiés de maturité virile et d'héroïque adolescence. Grands Hommes pareils pour nous à des dieux et que si peu abordent de près et contemplent, ne dédaignez pas ce cabinet où je vous reçois à mes heures de fête ; d'autres sans doute vous possèdent mieux et vous interprètent plus dignement ; vous êtes ailleurs mieux connus, mais vous ne serez nulle part plus aimés. » (*Pensées* de Sainte-Beuve, à la suite des *Portraits contemporains et divers*. In-18, Paris, 1855, III, p. 519-520.)

*
* *

« Je suis revenu à l'Ancien Testament. Quel grand livre ! Plus remarquable que son contenu est pour moi sa forme, ce langage qui est, pour ainsi dire, un produit de la nature, comme un arbre, comme une fleur, comme la mer, comme les étoiles, comme l'homme lui-même. Tout y jaillit, coule, étincelle, sourit ; l'on ne sait pourquoi ni comment on trouve tout parfaitement naturel. C'est vraiment la parole de Dieu, tandis que les autres livres ne témoignent que du génie raffiné de l'homme. Dans Homère, cet autre grand livre, la manière de présenter les choses est un produit artistique ; et quoique la matière, comme dans la Bible, soit toujours prise dans la réalité, elle se coordonne pourtant et forme une création poétique refondue, pour ainsi dire, dans le creuset de l'esprit humain et épurée par ce procédé intellectuel que nous appelons art. Aussi dans la Bible ne trouvons-nous aucune trace d'art. C'est le style d'un agenda, où l'intelligence absolue, ou, si vous voulez, le Saint-Esprit, écrit avec la même fidélité, la même simplicité qu'une bonne ménagère met à marquer les dépenses du jour. Ce style se refuse à toute critique ; nous pouvons tout au plus constater son action sur notre âme. Qu'on s'imagine donc l'embarras qu'éprouvèrent les grammairiens grecs lorsqu'ils essayèrent de définir certaines beautés de la Bible d'après les règles d'art déjà existantes. Longin y voit du sublime, les esthétiques modernes de la naïveté ; mais, je l'ai déjà dit, toute règle de critique est ici impuissante : la Bible est la parole de Dieu.

« Il est pourtant un auteur qui me rappelle ce style primitif de la Bible. Je veux parler de Shakespeare. Chez lui aussi le mot se présente parfois dans une sainte nudité qui fait frissonner. Dans les œuvres de Shakespeare, nous voyons souvent apparaître la vérité elle-même, dépouillée de tout vêtement d'emprunt. Mais ce n'est que par moments, alors que le génie de l'art, sentant peut-être son impuissance, cède la place à la nature pour la reprendre ensuite avec d'autant plus de jalousie dans les créations plastiques et dans l'habile enchaînement du drame. Shakespeare est à la fois juif et grec, ou plutôt ces deux éléments contraires, le spiritualisme et l'art, se sont fondus en lui pour former un tout d'un ordre supérieur. — Une pareille harmonie, un pareil mélange ne serait-il pas la tâche de toute la civilisation européenne? Ce résultat est encore bien loin de nous. » (Henri Heine, Lettre d'Helgoland, du 29 juillet 1830, dans le II⁰ vol. de l'*Allemagne*, édit. in-18, Paris, 1856, p. 21 et 22.)

Pas si loin, peut-être. Le livre préféré de Byron était la Bible : — « J'en suis grand lecteur et grand admirateur, disait-il; je l'avais lue et relue avant d'avoir huit ans; je veux dire l'Ancien Testament; car le Nouveau, pour moi, était une tâche, mais l'Ancien un plaisir. » (Voy. *Histoire de la littérature anglaise*, par Taine, p. 353).

La Bible et l'Iliade sont les deux grandes sources de la vraie littérature, comme le génie d'Israël et le génie de la Grèce sont les deux guides de la vraie civilisation.

La Renaissance, avant la Réforme, se manifeste avec Dante, qui procède de Virgile, c'est-à-dire d'Homère occidentalisé, et de David, c'est-à-dire du génie attendri d'Israël, et, après la Réforme, avec Shakespeare, en qui revit l'âme d'Eschyle illuminée d'un des rayons de Moïse.

Entre ce double réveil de l'antiquité chez les nations du Midi et chez les nations du Nord, la France chercha en littérature comme en religion une voie moyenne : elle eut son gallicanisme littéraire avec Bossuet et Racine.

De nos jours, nous avons eu Gœthe, ce grand génie hellénique ressuscité, en adoration devant Hélène, type éclatant de la beauté grecque, et Byron dont l'âme déchirée pousse des cris shakespéariens, puis enfin Adam Mickiewicz chez qui la flamme d'un Évangile supérieur brûle dans un style biblique, et la plus pure antiquité s'allie à la plus ardente modernité, la clarté de l'Olympe avec la splendeur de Sion pour exprimer l'amour de la patrie et la délivrance de l'humanité.

*
* *

Adam Mickiewicz, qui a parlé de « la poésie européenne » (voy. p. 344), s'élevait (p. 380) contre l'étroitesse des études littéraires, et l'esprit d'exclusivisme qui y domine.

Il y a déjà de longues années, Gœthe écrivait : « J'entrevois l'aurore d'une littérature européenne : nul d'entre les peuples ne pourra la dire sienne; tous auront contribué à la fonder. » Joseph Mazzini prenait cette parole pour épigraphe de son article : *D'une littérature européenne*, paru dans l'*Antologia* de Florence (nᵒˢ de nov. et déc. 1829), et inséré dans ses *Œuvres*, II, p. 153.

Edgar Quinet s'exprime dans le même esprit, en la leçon d'ouverture de son Cours de Lyon en 1839 : *De l'Unité morale des peuples modernes.*

« Si le temps dans lequel nous vivons a quelque valeur, ce sera assurément parce qu'il achèvera de mettre pleinement en lumière cette unité du génie des modernes. Alors que la critique continuait de tout diviser, les œuvres plus intelligentes rapprochaient déjà les instincts des peuples. Au grand banquet social, la même coupe servait à tous. Est-il un seul écrivain de notre temps qui n'ait à sa manière contribué à sceller cette alliance? Qui ne sait tout ce que Gœthe doit à Voltaire et Byron à Rousseau? M. de Chateaubriand n'offre-t-il pas le mélange de l'influence anglaise et de l'esprit français, des hardiesses d'Ossian et des traditions de Port-Royal? madame de Staël ne tient-elle pas également de Genève et de Weimar? Walter Scott n'a-t-il pas commencé sa carrière d'enchantements par la traduction d'une pièce de Gœthe? Si l'on décomposait le caractère de la plupart des contemporains, on trouverait de semblables alliances en chacun d'eux. Pour ne parler que des étrangers, qu'est-ce que le drame de Schiller, si ce n'est l'union passionnée du système de Shakespeare et de l'esprit de critique de Lessing? Qu'est-ce que la poésie de Tieck, si ce n'est un reflet de l'imagination espagnole versé dans l'âme et dans le style d'un trouvère saxon? N'est-il pas évident que l'Allemagne est mêlée à l'Italie dans Manzoni, à l'Orient dans Ruckert, à la France dans Heine, à l'Angleterre dans Shelley, Coleridge, Wordsworth, au Danemark dans Oehlenschlager, à la Pologne dans Mickiewicz? Les refrains de Béranger sont répétés dans le Caucase, et j'ai trouvé la Métaphysique de Kant dans les roseaux de l'Eurotas... » (*De l'unité des littératures modernes*, par Edgar Quinet. Revue des Deux Mondes, 4ᵉ série, tome XV, p. 348. — 1ᵉʳ août 1838.)

« En ce temps-là, dit un écrivain allemand, on s'habillait à la hollandaise, on mangeait à la suédoise, on hâblait à l'espagnole, on jurait à la hongroise et à la turque ; et le discours le plus éloquent était celui qui contenait le plus d'ingrédients étrangers. » (*Menzel's deutsche Literatur*, III, p. 233.) Schiller, dans le sermon du capucin (1ʳᵉ partie de *Wallenstein*), a donné un spécimen du faux goût allemand de cette époque. Et Mickiewicz, par les conversations de M. le Sénateur (IIIᵉ partie des *Dziady*), s'est également moqué du macaronisme de langage de la haute société officielle russe. — C'était, dans l'un et l'autre cas, stigmatiser le faux européisme.

« Il y a aujourd'hui, dit Victor Hugo, une nationalité européenne, comme il y avait du temps d'Eschyle, de Sophocle et d'Euripide une nationalité grecque. Le groupe entier de la civilisation, quel qu'il fût et quel qu'il soit, a toujours été la grande patrie du poète. Pour Eschyle c'était la Grèce; pour Virgile, c'était le monde romain ; pour nous c'est l'Europe. Partout où est la lumière, l'intelligence se sent chez elle et est chez elle... Quelles que soient les antipathies momentanées et les jalousies de frontières, toutes les nations policées appartiennent au même centre et sont indissolublement liées entre elles par une secrète et profonde unité. La civilisation nous fait à tous les mêmes entrailles, le même esprit, le même but, le même avenir. D'ailleurs la France, qui prête à la civilisation même sa langue universelle et son initiative souveraine, la France, lors même que nous nous unissons avec l'Europe dans une sorte de grande nationalité, n'en est pas moins notre première patrie, comme Athènes était la première patrie d'Eschyle et de Sophocle. Ils étaient Athéniens comme nous sommes Français; et nous sommes Européens, comme ils étaient Grecs. Oui, la civilisation tout entière est la patrie du poète. Cette patrie n'a d'autre frontière que la ligne sombre et fatale où commence la barbarie. Un jour, espérons-le, le globe entier sera civilisé; tous les points de la demeure humaine seront éclairés, et alors sera accompli le magnifique rêve de l'intelligence : avoir pour patrie le monde et pour nation l'humanité. » (Préface des *Burgraves*, 25 mars 1843.) — Et c'est là une noble prédication de la fraternité qui doit régner dans l'universelle république des lettres.

Madame de Staël avait écrit que « les hommes de génie de tous les pays sont faits pour se comprendre et pour s'estimer ; mais que le vulgaire des écrivains et des lecteurs allemands et français rappelle cette fable de La Fontaine où la cigogne ne peut manger dans le plat ni le renard dans la bouteille. » (*De l'Allemagne*, IIe partie, chap. I.) Elle préconisait l'utilité de « faire entrer dans la régularité française un peu de sève étrangère, » et ne croyait pas à la possibilité de discipliner les écrivains allemands, d'après les lois prohibitives de la littérature française. » Elle recommandait, pour agir sur les Allemands, de « remonter aux principes, sans jamais employer l'autorité du ridicule contre laquelle ils sont tout à fait révoltés. »

En réalité, les littératures des divers peuples, et principalement sur un même continent, doivent s'enrichir en s'illuminant et se vivifiant par leur communion dans une atmosphère élargie, mais sans rien perdre de leurs distinctifs caractères nationaux, selon la remarque de Mickiewicz à Gœthe (*Mélanges posthumes*, I, p. 214).

**

Adam Mickiewicz observe (p. 345) que « l'homme seul existait aux yeux de Shakespeare ; qu'il ne connaissait ni Grec, ni Romain, ni Anglais. »

La même remarque se retrouve chez Victor Hugo qui a écrit : « Shakespeare, comme Michel-Ange, exagère les proportions, mais il maintient les rapports. Admirable toute-puissance du poète ! il fait des choses plus hautes que nous, qui vivent comme nous. Hamlet, par exemple, est aussi vrai qu'aucun de nous et plus grand. Hamlet est colossal et pourtant réel. C'est que Hamlet ce n'est pas vous, ce n'est pas moi, c'est nous tous. Hamlet, ce n'est pas un homme, c'est l'homme. » (Préface de *Marie Tudor*.)

Hugo, dans son culte pour Shakespeare, a dit encore : « Shakespeare, ce dieu du théâtre, en qui semblent réunis, comme dans une trinité, les trois grands génies caractéristiques de notre scène : Corneille, Molière, Beaumarchais.... Shakespeare, c'est le drame ; et le drame qui fond sous un même souffle le grotesque et le sublime, le terrible et le bouffon, la tragédie et la comédie, le drame est le caractère propre de la troisième époque de poésie, de la littérature actuelle. » (Préface de *Cromwell*.)

On lit dans M. Taine les justes observations suivantes sur Shakespeare :

« Tout vient du dedans chez lui, je veux dire de son âme et de son génie ; les circonstances et le dehors n'ont contribué que médiocrement à le développer... Il avait le génie sympathique, j'entends par là que naturellement il savait sortir de lui-même et se transformer en tous les objets qu'il imaginait.... Il se détache un peuple de figures vivantes et distinctes, éclairées d'une lumière intense, avec un relief saisissant. Cette puissance créatrice est le grand don de Shakespeare et communique aux mots une vertu extraordinaire. Chaque phrase prononcée par un de ses personnages nous fait voir, outre l'idée qu'elle renferme et l'émotion qui la dicte, l'ensemble des qualités et le caractère entier qui la produisent, le tempérament, l'attitude physique, le geste, le regard du personnage, tout cela en une seconde, avec une netteté et une force dont personne n'a approché. Les mots qui frappent nos oreilles ne sont pas la millième partie de ceux que nous écoutons intérieurement ; ils sont comme des étincelles qui s'échappent de distance en distance ; les yeux voient de rares traits de flamme ; l'esprit seul aperçoit le vaste embrasement dont ils sont l'indice et l'effet. Il y a ici deux drames en un seul : l'un bizarre, saccadé, écourté, visible ; l'autre conséquent, immense, invisible, celui-ci couvre si bien l'autre qu'ordinairement on ne croit plus lire des paroles : on entend le grondement de ces voix terribles, on voit des traits contractés, des yeux ardents, des visages pâlis; on sent les bouillonnements, les furieuses résolutions qui montent au cerveau avec le sang fiévreux, et redescendent dans les nerfs tendus. Cette propriété qu'a chaque phrase de rendre visible un monde de sentiments et de formes vient de ce qu'elle est causée par un monde d'émotions et d'images. Shakespeare, en l'écrivant, a senti tout ce que nous y sentons, et beaucoup d'autres choses. Il avait la faculté prodigieuse d'apercevoir en un clin d'œil tout son personnage, corps, esprit, passé, présent, dans tous les détails et dans toute la profondeur de son être, avec l'attitude précise et l'expression de physionomie que la situation lui imposait. Il y a tel mot d'Hamlet ou d'Othello qui, pour être expliqué, demanderait trois pages de commentaires; chacune des pensées sous-entendues que découvrirait le commentaire laissait sa trace dans le tour de la phrase, dans l'espèce de la métaphore, dans l'ordre des mots ; aujourd'hui, en comptant ces traces, nous devinons les pensées. Ces traces innombrables ont été imprimées en une seconde dans l'espace d'une ligne. A la ligne suivante, il y en a autant, imprimées aussi vite et dans le même espace. Vous mesurez la concentration et la vivacité de l'imagination qui crée ainsi.... De là autre émotion et autre tendresse. Nous lui disons comme Desdémone à Othello : « Je vous aime parce que vous avez beaucoup senti et beaucoup souffert. » (*Hist. de la Littér. anglaise*, II, p. 164, 178, 206, 207, 280.)

« Le but de l'art, fait dire Shakespeare à Hamlet (acte III, scène 1re), est de présenter, pour ainsi dire, le miroir de la nature; de montrer à la vertu ses propres traits, au vice sa propre image, et aux siècles divers, ainsi qu'au temps présent, leur forme et leur empreinte. »

Adam Mickiewicz disait au Collège de France (26 décembre 1843) : « On n'aurait pas osé, il y a une vingtaine d'années, lire ici un poème étranger, par exemple une tragédie de Shakespeare, parce que le lecteur aurait d'abord demandé de quelle école on était, si l'on était classique ou romantique, si l'on était de l'école de Boileau. Heureusement, sous ce rapport, le public a marché et il nous a été permis de lire publiquement les créations des aveugles mendiants serbes et des bouviers lithuaniens. » (*Slaves*, V, p. 14.)

*
* *

Le moyen âge avait fini par trop complètement abolir l'antiquité gréco-romaine en matière littéraire, et l'antiquité juive en matière religieuse. D'où le besoin se fit sentir d'un double retour aux sources : c'est-à-dire, d'une part, aux siècles de Périclès et d'Auguste, et, de l'autre, à l'Ancien et au Nouveau Testament. La Renaissance remit en honneur Homère et Virgile, de même que la Réforme fut un rappel à la Bible.

La Révolution française, dans sa colère contre le moyen âge, avait dépassé le but et trop complètement supprimé les œuvres et institutions sorties du christianisme. La France était revenue à la littérature classique comme à la république classique et à l'empire classique ; et elle s'était mise à vivre d'une vie plus grecque et romaine que française et chrétienne. Le romantisme fut, en littérature, une réaction de la conscience refoulée, comme le libéralisme le fut en politique.

C'est ainsi que le Classicisme et le Romantisme ont été tour à tour un progrès et un bienfait. Edgar Quinet faisait un jour observer que les dieux de la veille deviennent les démons du lendemain, c'est-à-dire qu'à chaque période religieuse l'Humanité trouve son obstacle dans ce qui avait été l'aiguillon de l'époque précédente ; et ce sont précisément les services rendus qui tout à la fois font regretter une mise à la retraite et la rendent nécessaire.

Les initiateurs du Romantisme ne voulaient guère que revenir au moyen âge, comme les Pères et premiers martyrs de la Réforme ne voulaient que revenir à l'Eglise primitive. Mais bientôt on réclama quelque chose de plus : à savoir, de tenir compte des aspirations non officielles des peuples en même temps que des traditions.

« Ces sourires orgueilleux d'écoliers et de parvenus avec lesquels la littérature actuelle se détourne des siècles qui l'avaient précédée, vous n'en trouverez point de trace chez les grands écrivains de la littérature slave : au contraire, c'est avec tendresse, c'est avec amour qu'ils étudient l'histoire du passé. » (Les *Slaves*, de Mickiewicz, IV, p. 74.)

L'amour respectueux des poètes slaves pour le passé, sans que cet amour diminue leur élan vers l'avenir, forme un contraste singulier avec le ton généralement polémique de la littérature occidentale.

En Occident, on a senti maintes fois la supériorité des « pensées « qui brûlent, des paroles qui respirent, des sujets qui empoignent » sur des matières indifférentes, des mots vides, des phrases mortes. Mais nulle part, plus qu'en Pologne, car la Pologne a le plus souffert, on n'a l'horreur de la rhétorique, cette science des paroles sans âme. La rhétorique, en effet, enseigne à exprimer des sentiments qu'on n'a pas encore pu avoir, comme l'Académie apprend à admirer ce qui est bien dit, indépendamment de toute idée.

Le monde ne saurait renoncer à l'idéal de la beauté gréco-romaine, ni se passer de l'inspiration judéo-chrétienne : en outre, on ne doit point négliger la sève des Barbares que chaque nation possède en son sein. Et, non seulement, selon le mot de madame de Staël, il faut puiser son talent dans le fond de son âme ; mais il faut suivre son génie qui n'est autre que la concentration de l'éclair divin dans l'âme de l'artiste.

⁂

Quelques pensées tirées des deux volumes de *Portraits littéraires* par Gustave Planche, 3ᵉ édit. Paris, 1853 :

« La poésie qui ne s'adresse ni au cœur, ni à l'intelligence, qui n'excite aucune sympathie, qui n'éveille aucune méditation, ne mérite pas le nom de poésie, et n'est qu'un jeu d'enfant. » (I, p. 121.)

« Ne valait-il pas mieux cent fois, comme M. Alfred de Vigny, vivre de poésie et de solitude, chercher la nouveauté du rhythme dans la nouveauté des sentiments et des pensées, sans s'inquiéter de la date d'une strophe et d'un tercet, sans savoir si tel mètre appartient à Baïf, tel autre à Coquillart? Que des intelligences nourries de fortes études examinent à loisir et impartialement un point d'histoire littéraire, rien de mieux. Mais se faire du passé un bouclier pour le présent, emprunter au seizième siècle l'apologie d'une rime ou d'un enjambement, transformer ces questions toutes secondaires en questions vitales, c'est un grand malheur à coup sûr, une décadence déplorable, une voie fausse et périlleuse. Qu'arrivait-il en effet ? c'est qu'en insistant sur le mécanisme rhythmique, on avait réduit la poésie à des éléments matériels trop facilement saisissables : en six mois, on apprenait les secrets du métier, on savait l'ode, la ballade ou le sonnet, comme l'équitation ou le solfège ; ç'a donc été un grand bonheur pour Alfred de Vigny de vivre jusqu'en 1828 au milieu de son régiment, plutôt que parmi les sociétés littéraires de Paris qui s'efféminaient dans de mesquines arguties. » (I, p. 189.)

« *Lélia* n'est pas ce récit ingénieux d'une aventure ou le développement dramatique d'une passion ; c'est la pensée du siècle sur lui-même, c'est la plainte d'une société à l'agonie, qui, après avoir nié Dieu et la vérité, après avoir déserté les églises et les écoles, se prend au cœur et lui dit que ses rêves sont des folies. *Lélia* signifie l'incrédulité du cœur née de l'amour trompé. » (II, p. 13.)

« Byron, le plus grand nom poétique du dix-neuvième siècle, car Gœthe appartient surtout au dix-huitième. » (II, 176.)

« Idéaliser, c'est comprendre la réalité plus profondément que les esprits vulgaires, c'est expliquer et rendre visible à tous les yeux le sens caché de tout homme et de toute chose. » (II, p. 255, en un article sur l'*Etat du théâtre en France*.)

Et s'adressant à Victor Hugo, dans son article de 1834 sur les *Royautés littéraires* (inséré dans le même recueil des *Portraits*, II, p. 357), Planche lui dit : « Vous avez rendu à la période française l'ampleur flottante et majestueuse qu'elle avait perdue depuis la Renaissance. Vous avez sculpté notre idiome, vous l'avez découpé en trèfles et en dentelles, vous avez gravé dans la parole les merveilleux dessins qui nous ravissent dans les tours mauresques, dans les palais vénitiens, dans les vieilles cathédrales chrétiennes... — *René*, par sa mélancolie, par la peinture profonde, quoique rapide, des souffrances du génie oisif, par le tableau vivement esquissé du cœur qui répugne au présent et n'a pas encore trouvé l'avenir qu'il doit souhaiter et poursuivre, *René* demeure le plus glorieux titre de Chateaubriand. Conrad, Lara et Manfred ont légué à Lélia leur inépuisable tristesse, mais la douleur, en descendant sur les lèvres d'une femme, est devenue plus cruelle et plus impitoyable. »

Dans le même article se trouvent les considérations suivantes : « Il y a, dans la vénération du passé, quelque chose qui obscurcit fréquemment l'intelligence des contemporains. Complète et persévérante, l'étude des monuments qui ont traversé les siècles ne pourrait se concilier avec l'ignorance et le dédain du présent; renfermée dans certaines limites, dévouée aux intérêts d'une famille dont elle ne connaît pas la généalogie, cette étude ferme la porte aux idées nouvelles. Faut-il s'étonner si un homme façonné dès longtemps aux poèmes castillans de Corneille ou bien aux élégies harmonieuses, aux délicates analyses de Racine, refuse de s'initier par de nouvelles et laborieuses investigations aux tentatives et aux espérances de la poésie contemporaine? Faut-il s'étonner s'il répugne à passer de la contemplation des chefs-d'œuvre accomplis à la recherche des créations qui se multiplient et se combattent et dont plusieurs encore ne sont que l'ébauche incomplète des idées qu'elles devaient réaliser? Il est si simple et si commode d'enfermer sa pensée dans un cercle infranchissable! Il est si doux pour la paresse de nier la terre qu'on n'a pas visitée, de traiter de visionnaires ceux qui rêvent des îles inconnues! A quoi bon abréger son sommeil pour étudier les projets de ces nouveaux Colomb? Au lieu de risquer le voyage, ne vaut-il pas mieux dire : le sol manque où mes pieds n'ont pas marché? Il y a, dans l'intimité des hommes qui ne sont plus, quelque chose de grave qui détourne la pensée de nouvelles épreuves. Quand on s'est composé un cercle choisi d'esprits rares et puissants qui ont réalisé par des œuvres pures et fidèles leurs plus hautes ambitions, l'âme fière de ces glorieuses amitiés se fait prier plus d'une fois pour engager sa confiance à de nouvelles affections. Elle passe indifférente auprès des créations les plus éclatantes qui viennent d'éclore, comme un époux de la veille près d'un groupe de jeunes filles resplendissantes de pudeur et de beauté. » (II, p. 330.)

*
* *

« Nourri de lectures classiques, je voyais le romantisme se répandre. Je l'avais déjà repoussé et raillé dans mon coin, dans ma solitude, dans mon for intérieur; et puis j'y avais pris goût, je m'en étais enthousiasmé; et mon goût, qui n'était pas formé, flottait entre le passé et le présent, sans trop savoir où se prendre ; et chérissait l'un et l'autre sans connaître et sans chercher le moyen de les accorder. » Ainsi s'exprime G. Sand sur la situation d'esprit où elle se trouvait à la veille d'écrire son premier roman. (Voyez article du 15 juin 1854 sur M. Delatouche dans les *Variétés littéraires* qui complètent le volume *Autour de la table*, par G. Sand, in-18, Paris, édit. Hetzel, p. 157.)

George Sand à qui, lors de ses premiers romans, M. Granier de Cassagnac père, en vue de discréditer l'idée dont elle se faisait l'organe, reprochait, et non sans ridicule, de « n'avoir point de style, » et « de ne savoir pas écrire, » disait, dans la préface qu'elle mit à une nouvelle édition de sa *Lélia* (Paris, trois volumes in-8º), et que, la veille de la mise en vente, publia la *Revue de Paris* (livraison du 15 septembre 1839) :

« Dans le temps où nous vivons, les éléments d'une nouvelle unité sociale et religieuse flottent épars dans un grand conflit d'efforts et de vœux dont le but commence à être compris et le lien à être forgé par quelques esprits supérieurs seulement; et encore ceux-là ne sont pas arrivés d'emblée à l'espérance qui les soutient maintenant... Si les grandes intelligences et les grandes âmes de ce siècle ont eu à lutter contre de telles épreuves, combien les êtres d'une condition plus humble et d'une trempe plus commune n'ont-ils pas dû douter et trembler en traversant cette ère d'athéisme et de désespoir!

« Lorsque nous avons entendu s'élever au-dessus de cet enfer de plaintes et de malédictions les grandes voix de nos poètes sceptiquement religieux ou religieusement sceptiques, Gœthe, Chateaubriand, Byron, Mickiewicz, expressions puissantes et sublimes de l'effroi, de l'ennui et de la douleur dont cette génération est frappée, ne nous sommes-nous pas attribué avec raison le droit d'exhaler aussi notre plainte et de crier, comme les disciples de Jésus : « Seigneur, Seigneur, nous périssons! » Combien sommes-nous qui avons pris la plume pour dire les profondes blessures dont nos âmes sont atteintes et pour reprocher à l'humanité contemporaine de ne nous avoir pas bâti une arche où nous puissions nous réfugier dans la tempête ? Au-dessus de nous, n'avions-nous pas encore des exemples parmi les poètes qui semblaient plus liés au mouvement hardi des siècles par la couleur énergique de leur génie? Hugo n'écrivait-il pas au frontispice de son plus beau roman (1) ἀνάγχη? Dumas ne traçait-il pas dans *Antony* une belle et grande figure au désespoir? *Joseph Delorme* (2) n'exhalait-il pas un chant de désolation? Barbier ne jetait-il pas un regard sombre sur ce monde, qui ne lui apparaissait qu'à travers les terreurs de l'enfer dantesque (3) ? Et nous autres artistes inexpérimentés, qui venions sur leurs traces, n'étions-nous pas nourris de cette manne amère répandue par eux sur le *désert des hommes?*... (4).

« La postérité n'enregistrera que les grands noms, mais la clameur que nous avons soulevée ne retombera pas dans le silence de l'éternelle nuit... Le doute et le désespoir sont de grandes maladies que la race humaine doit subir pour accomplir son progrès religieux. Le doute est un droit sacré, imprescriptible de la conscience humaine qui examine pour rejeter ou adopter sa croyance. Le désespoir en est la crise fatale, le paroxysme redoutable. Mais, mon Dieu ! ce désespoir est une grande chose ! Il est le plus ardent appel de l'âme vers vous, il est le plus irrécusable témoignage de votre existence en nous et de votre amour pour nous, puisque nous ne pouvons perdre la certitude de cette existence et le sentiment de cet amour sans tomber aussitôt dans une nuit affreuse, pleine de terreurs et d'angoisses mortelles. Je n'hésite pas à le croire, la Divinité a de paternelles sollicitudes pour ceux qui, loin de la nier dans l'enivrement du vice, la pleurent dans l'horreur de la solitude ; et si elle se voile à jamais aux yeux de ceux qui la discutent avec une froide impudence, elle est bien près de se révéler à ceux qui la cherchent dans les larmes. Dans le bizarre et magnifique poème des *Dziady*, le Conrad de Mickiewicz est soutenu par les anges au moment où il se roule dans la poussière en maudissant le Dieu qui l'abandonne (5), et le Manfred de Byron refuse à l'esprit du mal cette âme que le démon a si longtemps torturée, mais qui lui échappe à l'heure de la mort...

« Si reconnaître une erreur passée et confesser une foi nouvelle est un devoir, nier cette erreur ou la dissimuler pour rattacher gauchement les parties disloquées de l'édifice de sa vie est une sorte d'apostasie non moins coupable et plus digne de mépris que

---

(1) *Notre-Dame de Paris.*
(2) Personnage de Sainte-Beuve.
(3) Auguste Barbier, auteur des *Iambes* et des *Rimes héroïques.*
(4) Expression de Chateaubriand dans *René.*
(5) Trois mois après la publication de cette préface, George Sand donnait à la *Revue des Deux Mondes* son bel article sur *Gœthe, Byron et Michiewicz.* (1er déc. 1839.)

Notes de l'Éd.)

les autres... Pénétré de l'inviolabilité du passé, je n'ai donc usé du droit de corriger mon œuvre que quant à la forme. J'ai usé de celui-là très largement, et *Lélia* n'en reste pas moins l'œuvre du doute, la plainte du scepticisme. Quelques personnes m'ont dit que ce livre leur avait fait du mal; je crois qu'il en est un plus grand nombre à qui ce livre a pu faire quelque bien; car, après l'avoir lu, tout esprit sympathique aux douleurs qu'il exprime a dû sentir le besoin de chercher sa voie vers la vérité avec plus d'ardeur et de courage; et quant aux esprits qui, soit par puissance de conviction, soit par mépris de toute conviction, n'ont jamais souffert rien de semblable, cette lecture n'a pu leur faire ni bien ni mal. Il est possible que quelques personnes, plongées dans l'indifférence de toute idée sérieuse, aient senti à la lecture d'ouvrages de ce genre s'éveiller en elles une tristesse et un effroi jusqu'alors inconnus...

« La question pour nous en cette vie, et en ce siècle particulièrement, n'est pas de nous endormir dans de vains amusements, et de fermer notre cœur à la grande infortune du doute : c'est de combattre cette infortune et d'en sortir, non seulement pour relever en nous la dignité humaine, mais encore pour ouvrir le chemin à la génération qui nous suit. Acceptons donc comme une grande leçon les pages sublimes où René, Werther, Obermann, Conrad, Manfred exhalent leur profonde amertume ; elles ont été écrites avec le sang de leurs cœurs (1); elles ont été trempées de leurs larmes brûlantes ; elles appartiennent plus encore à l'histoire philosophique du genre humain qu'à ses annales poétiques. Ne rougissons pas d'avoir pleuré avec ces grands hommes. La postérité, riche d'une foi nouvelle, les comptera parmi ses premiers martyrs.

« Et nous, qui avons osé invoquer leurs noms et marcher dans la poussière de leurs pas, respectons dans nos œuvres le pâle reflet que leur ombre y avait jeté. Essayons de progresser comme artistes, et, en ce sens, corrigeons nos fautes humblement ; essayons surtout de progresser comme membres de la famille humaine, mais sans folle vanité et sans hypocrite sagesse : souvenons-nous bien que nous avons erré dans les ténèbres et que nous y avons reçu plus d'une blessure dont la cicatrice est ineffaçable. »

Pierre Leroux, qui, à tant d'égards, peut être considéré comme un frère aîné spirituel de George Sand, a, dans sa préface à sa belle traduction de *Werther*, projeté l'éclair que voici sur ce que devrait être la poésie en notre siècle :

« Le suicide était la conséquence nécessaire de l'élévation relative que Gœthe a donnée à son héros, et de l'impossibilité où il était

---

(1) Par les auteurs qui se sont personnifiés en eux, Chateaubriand, Gœthe, Sénancourt, Mickiewicz, Byron.

de lui donner une élévation plus grande. Qui ne voit en effet qu'il faudrait à Werther une religion pour remplacer dans son cœur et dans son intelligence la vieille religion dont il est à jamais sorti, et pour le retenir ainsi sur le bord de l'abîme au nom du devoir ? Celui qui ne sent pas cela ne comprend pas ce livre. Gœthe concevait son œuvre de cette façon...

« Oui, sans doute, nous pressentons aujourd'hui une autre poésie, une poésie qui n'aboutira pas au suicide. Mais ceux qui la feront, cette poésie, ne reculeront pas sur leurs devanciers ; je veux dire qu'ils n'abandonneront pas cette élévation du sentiment et de l'idée, que l'on voudrait vainement flétrir du nom de folle exaltation. Ce n'est pas avec des débris de vieilles idoles, ce n'est pas non plus en aplatissant nos âmes et en vulgarisant nos intelligences qu'ils résoudront ce problème d'une poésie qui, au lieu de nous porter au suicide, nous soutienne dans nos douleurs. Je sais que l'art a tourné aujourd'hui vers un plat servilisme, vers un plat matérialisme ; mais j'aime encore mieux l'art douloureux de Gœthe dans *Werther* et dans *Faust* que cet art qui, pour les jouissances du présent, trahit toutes les espérances de l'humanité et abandonne honteusement l'idéal. Montrez-nous, poètes, montrez-nous des cœurs aussi fiers, aussi indépendants que celui que Gœthe a voulu peindre ! Seulement donnez un but à cette indépendance, et qu'elle devienne ainsi de l'héroïsme. Montrez-nous l'amour aussi ardent, aussi pur que Gœthe l'a peint dans *Werther ;* mais que cet amour sache qu'il y a un amour plus grand, dont il n'est qu'un reflet. Montrez-nous, en un mot, dans toutes vos peintures, le salut de la destinée individuelle lié à celui de la destinée universelle » (p. 39-41).

Qu'il me soit permis d'ajouter qu'Adam Mickiewicz avait, par les *Dziady*, répondu d'avance à cet idéal.

***

Théophile Gautier, au commencement de son *Histoire du Romantisme*, dit : « On ne saurait imaginer à quel degré d'insignifiance et de pâleur en était arrivée la littérature. » Mais, dit-il encore, « bientôt allait éclater cette fanfare aux vibrations puissantes (du cor d'*Hernani*) qui devait mettre en fuite les fantômes classiques. »

Il constate que, « dans l'armée romantique, comme dans l'armée d'Italie, tout le monde était jeune. Les soldats pour la plupart n'avaient pas atteint leur majorité, et le plus vieux de la bande était le général en chef, âgé de vingt-huit ans. C'était l'âge de Bonaparte et de Victor Hugo à cette date. » Il note que le caractère qu'on retrouve dans tous les débuts de ce temps-là est le débordement du lyrisme et la recherche de la passion. Développer librement tous les caprices de la pensée, dussent-ils choquer le goût, les convenances et les règles ; haïr et repousser, autant que possible, ce qu'Horace appelait le profane vulgaire et ce que les rapins moustachus et chevelus nomment épiciers, philistins ou bourgeois ; célébrer l'amour avec une ardeur à brûler le papier, le poser comme le seul but et le seul moyen de bonheur, sanctifier et déifier l'Art regardé comme un second créateur : telles sont les données du programme que chacun essaie de réaliser selon ses forces, l'idéal et les postulations secrètes de la jeunesse romantique. — ... La bande, véritablement enragée de poésie, satisfaite sous le rapport du style, se souciait assez peu du sujet. »

Après avoir rappelé ses propres vers :

> Puis la tête homérique et napoléonienne
> De notre roi Victor !

il ajoute : « Nous aimions tous d'ailleurs, quoique les meilleurs fils du monde, avoir l'air farouche et turbulent, ne fût-ce que pour imprimer une terreur salutaire aux bourgeois... Il était de mode alors dans l'école romantique d'être pâle, livide, verdâtre, un peu cadavéreux, s'il était possible. Cela donnait l'air fatal, byronien, giaour, dévoré par les passions et les remords. Les femmes sensibles vous trouvaient intéressants... Jehan du Seigneur portait, au lieu de gilet, un pourpoint de velours noir taillé en pointe emboîtant exactement la poitrine et se laçant par derrière... Une jaquette à larges revers de velours, une ample cravate en taffetas à nœud bouffant, complétaient ce costume profondément médité qui ne laissait voir aucune blanche tache de linge, suprême élégance romantique... Il fallait toute la majesté olympienne de Victor Hugo et les tremblements de terreur qu'il inspirait pour qu'on lui passât son petit col rabattu, concession à Joseph Prudhomme. »

Gautier se plaît à rappeler que, « comme les camarades du petit cénacle, Bouchardy savait tous les vers d'Hugo et eût récité *Hernani* par cœur d'un bout à l'autre, tour de force qui alors n'étonnait personne et que nous réalisions souvent entre nous, dit-il, chacun prenant un rôle de la pièce, et, par saint Jean d'Avila ! il n'y avait pas besoin de souffleur. »

Mais les années vinrent. Et plus d'un romantique « passa aux Philistins. » Et quand plus tard, sous l'Empire, Gautier assista à la reprise de l'œuvre du Maître, il s'écria avec tristesse : « Voilà donc ce qui reste des vieilles bandes d'*Hernani* !... Oh ! comme ils ont l'air fatigué et ennuyé de la vie !.. — A quand le second volume de vers ? demandâmes-nous à l'un d'eux. Oh ! quand il n'y aura plus de bourgeois, nous répondit-il avec un soupir. »

Des soldats de l'armée romantique poussèrent le zèle insurrectionnel jusqu'à traiter Racine de *Crétin*. Mais Victor Hugo parlait de lui avec un juste respect. Il admirait « sa ravissante élégie d'*Esther*, sa magnifique épopée d'*Athalie*. » « Il est incontestable, disait-il, qu'il y a surtout du génie épique dans cette prodigieuse *Athalie*, si haute et si simplement sublime que le siècle royal ne l'a pu comprendre. » (Préface de *Cromwell*.)

Le romantisme français s'est vivement emparé des libertés poétiques conquises par Hugo et par Musset : il s'en est amusé en espiègle, outrant l'émancipation de la forme et l'adaptant à des vieilleries. Les poésies de Gautier ressemblaient aux *concetti* italiens d'autrefois; Banville et lui ont fait des tours de force de prosodie : ils ont assoupli la rime et abusé triomphalement des enjambements, pour plaisanter sur l'obélisque, sur les crocodiles. Pour eux, le progrès a consisté à opposer le débraillé de la brasserie au guindé de l'Académie, le chapeau pointu et la veste de velours à la cravate blanche et à l'habit noir, comme, en politique, il a trop souvent consisté pour certaines personnes dans la substitution des cheveux coupés ras des malcontents à la chevelure bien peignée de gens du monde, et le remplacement des favoris bourgeois par la longue barbe démocratique. Plus d'un romantique français se plaisait à exprimer des pensées, d'ailleurs justes, avec une exagération qui prêtait à rire. Ainsi un des bien-aimés disciples d'Hugo (M. Auguste Vacquerie, l'auteur de *Tragaldabas*) aspirait à « mettre l'Océan dans un verre, » et menaçait Dieu de « cracher son âme au front du Paradis, » si, dans le Ciel, il ne le réunissait point à son amante. Aujourd'hui l'école romantique est devenue d'un fade désolant. Elle nous offre un *parnassiculet* au sommet duquel Coppée s'attendrit à froid sur les amours d'un garçon épicier, tandis que Sully-Prudhomme et Cie se pâment sur un coucher de soleil, sur une larme, etc.

Le dernier historien du romantisme, Marc de Montifaud (pseudonyme qui cache une femme-auteur), pose en principe que, « s'il convient à quelqu'un dans une œuvre d'imagination d'exprimer l'équivalent du veau à deux têtes ou de la femme à barbe, toute liberté d'exhibition doit lui être laissée. » (*Les Romantiques*, Paris, 1878, 1 vol. in-18.) C'est le droit à la monstruosité. Les monstruosités s'exhibent dans les foires et figurent dans les cabinets d'anatomie, mais un auteur qui recherche de parti pris l'anomalie est aussi absurde qu'un père qui demanderait au ciel des enfants siamois. « Que s'il plaît à l'écrivain d'aller jusqu'à l'extrême limite du dégoût, ajoute Marc de Montifaud, c'est à l'odorat de nous garder dans le détour à faire. » Singulière excuse de ces chimistes littéraires qui mettent à fabriquer des gaz asphyxiant le même soin que d'autres à distiller des parfums. Trop d'écrivains réduisent le romantisme aux exagérations de style enfantées par le triomphe du romantisme, espèce de ronde joyeuse où les phrases dansaient souvent un galop fantastique. Marc de Montifaud voit le romantisme « dans le style et le craquant du modèle, la rugosité des termes, le scintillant du mot, l'art de chromatiser les périodes, de faire mordre la chute d'une phrase, la pratique de l'onomatopée, la recherche dans la brisure des phrases, l'effet rêvé par le peintre lorsqu'il fait rebondir son rayon sur l'angle d'un meuble. » Illusion aussi naïve que le serait celle de gens qui trouveraient qu'entre l'ancien régime et la société moderne il n'y a que la différence de la culotte de cour au pantalon noir, du pourpoint au frac. Certes le romantisme a émancipé les écrivains. Mais la liberté à elle seule ne saurait tenir lieu d'inspiration ni de talent et la préciosité romantique n'est guère plus respectable que le pédantisme classique.

* * *

Si en Italie, comme autrefois dans la Grèce, le spectacle est une partie essentielle de la vie, au point que presque chaque ville y a son théâtre, en France le roman tient une grande place dans l'existence de tout un chacun. Le public français ne saurait se passer des récits interminables que lui offrent quotidiennement ses romanciers plus infatigables même que la Shéhérazad des *Mille et une Nuits*. Il eut ses romans héroïques, il eut ses romans sentimentaux ; il a ses romans bourgeois, si toutefois on peut appliquer le mot *roman* à ce qu'il y a de plus prosaïque.

« Le roman d'analyse est né de la confession. C'est le christianisme qui en a donné l'idée par l'habitude de la confidence. » (*Journal d'un poète*, année 1843.)

Dans une préface à une nouvelle édition de *Manon Lescaut* (1874), Alexandre Dumas fils a écrit que « c'est le moment, quand on élève des monuments à toutes les gloires de la France, d'en élever un à l'auteur de *Manon* (l'abbé Prévost), qu'en voyant les mœurs actuelles on peut appeler le chef de l'école française. » Et il ajoute cette maxime : « Quiconque a reçu du Ciel la faculté de bien voir et de bien dire doit dire ce qu'il voit. Ceux que cela gêne sont des drôles. » — Mais tout n'est pas beau à voir, ni tout n'est pas bon à dire. Ceux de qui l'âme est demeurée droite et pure, détournent leurs regards des obscénités, comme ils ferment à l'impureté leurs lèvres et leurs oreilles.

En France, où l'amour de tête n'est point rare, où l'imagination est plus vive que les sens ne sont ardents, la débauche de l'esprit prime la débauche du corps et souvent même en tient lieu. C'est ce qui explique la popularité de tant de chansons égrillardes et la vogue des plus vulgaires récits d'intrigues galantes.

Après Pigault-Lebrun et Paul de Kock, Balzac, George Sand, Alexandre Dumas et Eugène Sue, la France en est arrivée à Henri Monnier et à Zola.

« Henri Monnier n'est pas allé chercher loin son modèle ; il s'est planté devant un miroir, s'est écouté penser et parler et, se trouvant énormément ridicule, il a conçu cette vieille incarnation, cette prodigieuse satire du bourgeois qui s'appelle Joseph Prudhomme. Car Monnier, c'est Joseph Prudhomme, et Joseph Prudhomme, c'est Monnier. Tout leur est commun, de la guêtre blanche à la cravate à trente-six tours. Même jabot de dindon qui se gonfle, même air de solennité bouffonne, même regard dominateur et rond dans le cercle d'or des lunettes, mêmes invraisemblables apophtegmes prononcés d'une voix de vieux vautour en chiffrené. Le bourgeois qu'avait en lui Henri Monnier se révoltait contre ce rôle de bouffon. » (Henri Daudet, *Mémoire d'un homme de lettres*. Voy. le *Temps*, 21 novembre 1878.)

On lit dans la correspondance littéraire d'une revue polonaise :

« Je voulais vous parler des derniers romans de Zola, mais je craindrais d'effaroucher des lecteurs. Quand Eugène Sue prend ses personnages dans les bas fonds de la société, c'est pour nous apitoyer sur le sort des déshérités d'ici-bas. Il met en action la thèse sur laquelle roule le théâtre de Victor Hugo, à savoir, qu'il n'y a d'âme si souillée où ne brille quelque pure étincelle divine capable si on la ravive de devenir flamme. George Sand n'a pas dépeint le paysan pour mettre ses vices en relief. Au contraire, elle s'est proposé de prouver l'égalité des sentiments chez l'homme. Un rustre amoureux est aussi poétique qu'un grand seigneur et plus poétique même s'il est plus sincèrement amoureux. Zola suppose que, dans les classes inférieures, les sentiments sont aussi ignobles que les manières et que le costume. L'analyse de l'odeur des fromages se mêle à celle des sensations d'un garçon de la halle ému devant sa belle. Au fond Zola calomnie les malheureux ou tout au moins il portraiture les exceptions les plus dégoûtantes qu'il offre comme les types du peuple français. La bourgeoisie accueille avec plaisir ces volumes où Zola encanaille ceux qu'on reprochait à ces devanciers d'idéaliser. L'ouvrier est flatté de voir son argot s'imprimer, sans s'apercevoir assez que l'auteur n'a vu que les termes de la populace. Les romans politiques de Zola ne sont pas mieux observés que ses romans sociaux. Il dramatise la lutte des républicains contre le fonctionarisme impérial, et à l'étranger on prend cette fantasmagorie pour une réalité. Mais les ouvriers de Zola sont des silhouettes de fantaisie. Les Rouher et les Morny (Daudet s'est inspiré de ce dernier comme Zola du premier n'étaient pas, à proprement parler, des fruits du régime impérial, ce sont des chenilles orléanistes qui ont dévoré l'arbre napoléonien. Morny était sous Louis-Philippe un des satisfaits de la Chambre. Reprocher au seul Napoléon III les vices de la noblesse bourbonnienne et l'égoïsme de la bourgeoisie orléaniste, c'est vouloir faire la cour indirectement à deux régimes déchus, voilà tout. Au point de vue littéraire il circule dans les pages de Zola un courant fangeux, comme la Bièvre ou l'égout collecteur ; mais cela se meut et ce mouvement est préférable à la littérature académique qui ressemble aux fleuves en plâtre des villes en relief du musée de marine au Louvre. »

*
* *

A la critique académique se joint aujourd'hui un autre éteignoir intellectuel : la critique matérialiste (voy. p. 217). D'Angleterre, la lèpre du positivisme se propage en France. L'art de ces critiques consiste à jongler avec les mots comme un histrion jongle avec des boules. Ils simplifient les questions en les décapitant. Si au siècle de Temple, de Swift, de Pope, de Gray, de Thomson, la poésie manqua de grandeur et de souffle, un critique anglais de l'école positiviste, M. Matthew Arnold, en rejette la faute sur le vers de dix syllabes. M. Taine, en France, s'est acquis de la réputation par l'émission de définitions vides dont se paient les esprits superficiels. Il explique gravement que « toute substance n'est qu'un substantif et le substantif un ensemble de qualificatifs. » Ce qu'on décore du nom de réalisme scientifique, c'est la prétention d'avortons intellectuels de codifier toutes leurs incompréhensions. Qu'on suppose une limace faisant à une hirondelle un cours sur les limites de l'horizon et on aura une image des découvertes des Buchner, des Wyroubof, des Moleschoth, etc. Ils sont fiers de déclarer que l'âme n'est qu'une entité nébuleuse, l'idée de Dieu une affaire d'habitude, la conscience et la pudeur un rêve d'enfant, la pensée le mouvement de la matière ; que le cerveau est le répétiteur des centres sensitifs, que la vie organique n'est qu'une résultante des forces moléculaires, l'homme un produit des forces de la nature, etc. Un certain nombre de ces insanités ont été collectionnées avec admiration et publiées sous le titre suivant : *Recueil de philosophie naturelle et d'aphorismes scientifiques, vade-mecum d'un matérialiste*, Paris, 1872.

Un médecin a écrit : « Le génie est une névrose. » Un autre médecin a ajouté : « Non seulement l'homme de génie est un malade, mais la prédominance de l'idée fixe qui constitue sa valeur accidentelle, en détruisant l'équilibre de ses facultés, a créé un être totalement irresponsable et fait de lui un véritable danger social. »

Balzac a défini l'amour paternel « un sentiment irréfléchi qui s'élève jusqu'au sublime de la nature canine. »

Quelle aimable société nous aurions, disait un critique italien, (M. Piccardi, en un feuilleton du *Diritto*, Rome, 30 nov. 1877), si l'éducation positiviste actuelle finissait par nous trop convaincre que la femme n'est, en fin de compte, qu'un tissu cellulaire imbibé de phosphate de chaux !

***

Notre grand poète Krasinski s'est élevé avec force contre la littérature matérialiste. (Voy. sa *Correspondance* non traduite encore.) Il stigmatise ces auteurs qui « s'ingénient à spiritualiser le sale ou plutôt à salir le spirituel, » et leur reproche de donner un coup mortel à l'art. Car, dit-il, « la tendance de l'art est de s'élever de la terre vers le ciel, et non de descendre la lumière d'en haut pour la faire briller dans la boue. Le domaine de l'art ne comporte pas les mares de boue. *Le mal* peut s'y présenter, mais le sale et le *dégoûtant*, *l'abject*, — jamais. *Le mal* énergique, *le mal* tragique, — c'est-à-dire celui qui combat à outrance, qui combat avec rage *le bien*, — celui-ci y joue son rôle ; mais jamais on n'y voit *ce mal* qui colle sa bave *au bien* et de ce mélange abominable pétrit une pâte gluante ! Ces messieurs sont de vrais pâtissiers inventeurs des *meringues au mal*. Comme corrupteurs de leurs lecteurs, ils sont affreux, — comme artistes, ils n'ont pas la moindre valeur... Dans le domaine de l'art, on peut voir s'élever des prisons, des donjons, se dresser des échafauds, on peut y voir le purgatoire, on peut y voir l'enfer ; — mais des porcheries ! quelle idée !... »

Dans une autre lettre, il dit : « Quant à la poésie, je vous réponds tout net et vous déclare qu'il serait de la dernière inconséquence de vouloir lui faire subir ce qu'il est convenu d'appeler *l'esprit du temps*. Croyez-vous donc, par hasard, que la poésie peut devenir concubine de chétives individualités ? La littérature des romans, la littérature française actuelle, voilà une concubine achetée pour de l'argent, voilà de la singerie misérable de Byron incompris. Je vous le dis, je vous le jure, ils ne le comprennent pas le moins du monde ces soi-disant littérateurs : *Servile imitatorum pecus.* »

Une autre fois, il s'écriait : « La poésie est, sans nul conteste, la vérité définitive, la vérité dernière de l'avenir : ce qu'elle rêve deviendra réalité un jour. Ces tableaux, ces œuvres se mouvront un jour dans les espaces, comme ils s'élèvent et se meuvent aujourd'hui dans nos esprits seulement. Il n'y a pas deux mondes, il n'y a pas deux Dieux. Il n'y a qu'un seul Dieu, il n'y a qu'un seul monde. Si la poésie était une illusion, une fiction, une sottise, alors il faudrait aussi dire adieu à tout le reste de ces pressentiments séculaires de l'homme, qui font le trésor de sa consolation. La fleur du sentiment la plus élancée, la plus belle, c'est la poésie; son fruit le plus beau, c'est la religion. Si vous détruisez la fleur, que deviendra le fruit? Par ce chemin, on aboutirait nécessairement à l'athéisme, on serait obligé de taxer tout d'ironie et d'illusion! Il n'y a pas de milieu où la poésie, par laquelle commence la religion (et de celle-ci découle la philosophie), renferme en elle le pressentiment de la vérité; où la religion et la philosophie sont aussi des fictions. L'union de la beauté avec la vérité est si intime, qu'il est de toute impossibilité de faire périr la première sans porter, en même temps, le coup mortel à la seconde. Or donc, celui qui ose toucher la poésie de sa main sacrilège, qui ose l'appeler mensonge, celui-là ne sait pas ce qu'il fait, celui-là devient meurtrier de lui-même, du monde et de Dieu!

« Depuis six mille ans le genre humain chante son poème. Le chanterait-il en pure perte? et n'y aurait-il qu'une sonorité creuse et vaine? Non! jamais. Notre esprit vit et se perfectionne dans le temps, mais il porte en lui l'éternité : tout ce qui a été, tout ce qui est et tout ce qui sera *peut se trouver* en lui, par conséquent *s'y trouve ;* seulement il s'y trouve sous une forme double, sous la forme sommeillante ou sous la forme éveillée. De même aujourd'hui, ce qui ne doit venir qu'à la fin des temps, la nouvelle Jérusalem, l'état définitif de la perfection humaine, la transfiguration de l'homme en ange, son salut, son bonheur éternel, le paradis, appelez-le enfin comme vous voudrez, cette réalité finale en un mot, tout cela se trouve déjà en nous, mais encore sous la forme peu saisissable de la pensée, de l'imagination, des tableaux; et cette forme constitue une de nos puissances nécessaires, qui se manifeste partout et toujours dans nos âmes.

« Si je vous demande comment appelle-t-on cette puissance, cette faculté précieuse de l'homme? vous me répondrez probablement : « Mais, c'est la poésie! » Oui c'est elle : la poésie, c'est la nécessité de nos prédestinations immortelles, présente actuellement déjà en nous; c'est la prophétie continuelle de ce qui viendra un jour; c'est l'intelligence du monde et de l'être sous la forme divine, c'est la *vision* continuelle de l'avenir. — Tant que le ciel sera en nous et non autour de nous, la poésie vivra. Quand nous serons au ciel, la poésie mourra; mais nous aurons le ciel alors. »

***

Un Français a dit d'une façon analogue :

« La poésie est le résultat de l'action de Dieu sur l'âme. Les premiers moralistes ont écrit en vers. Le vers est le langage de la spontanéité. La liberté est la vie même de l'âme. Le poète doit nécessairement être un homme libre. La poésie est supérieure à la science ; il y a plus de vérités dans la poésie que dans la science ; la poésie est plus utile et plus importante que la science, la poésie répond aux sentiments et aux besoins de tous les hommes, tandis que la science ne s'adresse qu'à un petit nombre d'individus ; la poésie, en un mot, révèle à l'humanité ce qui doit être, l'idéal, et la science lui explique souvent hypothétiquement ce qui est. Or c'est l'infini, l'idéal, la raison qui importe à l'humanité, et non le fini, qui est périssable, passager, éphémère. » (*Pensées* de M. Noirot, professeur de philosophie au lycée de Lyon, *sur la poésie et sur l'art*, recueillies par Jacques de Ricqlès, Paris, 1852, in-8.)

Déjà un grand Allemand, Jean-Paul Richter, avait écrit :

« Les poètes de l'antiquité étaient citoyens et soldats avant d'être poètes, et, dans tous les temps, la main des grands poètes épiques, en particulier, a dû faire manœuvrer le gouvernail dans les flots de la vie avant de tenir le pinceau qui décrit le voyage ; ainsi Camoëns, Dante, Milton, etc. Combien Shakespeare, et encore plus Cervantes, n'ont-ils pas été tourmentés, labourés et sillonnés par la vie, avant que chez l'un ou chez l'autre le germe de leur flore poétique se soit développé et ait grandi !

« Si la poésie est une espèce de prophétie, la poésie romantique est en particulier le pressentiment d'un avenir trop grand pour avoir sa place ici-bas ; ainsi les fleurs romantiques nagent autour de nous comme ces semences inconnues qui provenaient d'un nouveau monde non découvert encore et que la mer, qui unit toutes les parties de l'univers, allait porter aux côtes de la Norwège. En marchant vers cette terre promise que deux religions a là fois et le plus grand être que le monde ait porté ont élevée pour l'imagination à la hauteur d'un empire éclairé par le crépuscule d'un saint pressentiment ou d'un isthme entre ce monde et l'autre, on allait se transfigurer romantiquement. Il est d'ailleurs tout naturel que les différents romantismes, bien qu'enfants d'un même père, soient autres dans le nord que dans le midi. Dans cette Italie, parente, par son climat, de la Grèce, le romantisme doit être porté par un souffle plus gai. Dans la brûlante Espagne, il revêt la hardiesse de l'Orient. La poésie et le romantisme du nord sont comme une harpe éolienne, agitée par les tempêtes de la réalité, où des mugissements se résolvent en sons mélodieux, mais où tremble une douce mélancolie et parfois même le cri déchirant de la douleur. L'origine et le caractère de la poésie moderne se laissent si facilement déduire du christianisme qu'on pourrait l'appeler poésie chrétienne tout aussi bien que poésie romantique; semblable au jour final de l'univers, le christianisme annihila tout le monde des sens, il mit à sa place un nouveau monde spirituel. Le présent entier de la terre s'effaça devant un avenir céleste. Après cette ruine du monde extérieur, que restait-il pour l'esprit poétique? Ce monde intérieur, dans lequel l'autre s'écroulait. L'esprit descendit en lui-même. L'immensité ouvrit ses profondeurs » (*Poétique ou introduction à l'Esthétique*, par Jean-Paul-Fr. Richter, trad. par Alexandre Büchner et Léon Dumont, vol. 1er, in-8. Paris, 1862.)

On lit dans le 2e vol. du même : « C'est dans le poète que l'humanité entière a conscience d'elle-même et trouve son expression. .... Ce que dans les temps mauvais personne n'ose dire, la poésie peut le chanter.... Les grands poètes devraient, quand ils ont les clefs du ciel et de l'enfer, ouvrir le ciel de préférence. Quand on lègue à l'humanité un idéal moral, un saint, on mérite d'être sanctifié soi-même, et ce caractère profite quelquefois aux autres plus encore qu'à celui qui l'a créé, car il vit et enseigne et éternellement sur la terre. A la vue de cette sainte image divine, les générations se réchauffent et se relèvent les unes après les autres, et la cité de Dieu, que tous les cœurs désirent, nous a ouvert ses portes. »

Il faut avoir été de cœur et d'âme, et autant que possible d'action avec ceux qu'on sculpte, qu'on peint ou qu'on chante; ou tout au moins aspirer soi-même à la réalisation des hauts faits qu'on décrit. Lorsqu'on offre de grandes figures du passé à l'admiration du présent, que ce soit pour aider ses contemporains en ravivant en eux le sentiment de la mission de leurs ancêtres à mieux accomplir leur propre tâche. « Personne, écrivait Luther, ne comprendra Virgile dans ses *Bucoliques* s'il n'a été cinq ans pasteur. Personne ne comprendra Virgile dans ses *Géorgiques* s'il n'a été cinq ans laboureur. Personne ne peut comprendre Cicéron dans ses *Lettres* s'il n'a été durant vingt ans mêlé aux affaires d'un grand Etat. » (*Mémoires* de Luther. Paris, 1837, t. II, p. 212.) Nous ajouterons, à notre tour, que la meilleure préparation à la compréhension de la littérature polonaise et de l'art polonais, ce sont la déportation russe et les cachots moscovites, autrichiens et prussiens, et que la persécution pour la cause nationale est le corollaire de toute véritable vocation poétique ou artistique chez nous. Cette persécution peut n'être pas visible. Un homme peut souffrir immensément de l'humiliation de sa nation sans être lui-même individuellement bâtonné ou déporté ; mais il n'est un grand historien, un grand poète, un grand sculpteur, un grand peintre, que si son âme saigne des blessures faites à son peuple comme les corps sur lesquels la douleur spirituelle finit par répéter les stigmates du Christ.

*
* *

Edgar Quinet, dans ses *Révolutions d'Italie*, prend plaisir à montrer que la Renaissance sociale a commencé par l'amour et que les troubadours en furent les précurseurs; que Pétrarque a été le précurseur de Jean-Jacques Rousseau. Nous ajouterons qu'à plus d'un point de vue Chateaubriand procède de Bernardin de Saint-Pierre, qui lui-même procède de Jean-Jacques Rousseau.

Adam Mickiewicz voyait dans Napoléon Ier le plus grand écrivain moderne. Et en effet, il a la clarté de Voltaire sans en avoir la sécheresse et la chaleur de Rousseau sans en avoir la déclamation. Napoléon avait respiré cet air d'Orient, tout plein du souffle de la Bible et du Coran, et il se plaisait à la lecture d'Ossian. Il réunissait en son âme les deux pôles de l'électricité littéraire. Et dans le feu d'une action continue, il produisit ces paroles vivantes qui constituent un style modèle.

On a dit de Napoléon, qu'en renouvelant la stratégie militaire, il avait donné en même temps un modèle pour les luttes parlementaires et les combats littéraires. Un poème est une bataille. Mickiewicz, comme Byron, a, sur le champ littéraire, suivi la stratégie napoléonienne, qui consiste à négliger les accessoires, à sacrifier tout ce qui est secondaire pour tout faire converger vers le point central, et, comme au siège de Toulon, enlever la position dominante dont la possession décide nécessairement la victoire.

*
* *

Adam Mickiewicz, au lieu de consacrer sa plume à la peinture des martyrs d'il y a dix-huit cents ans, comme le fit Chateaubriand, la consacra aux martyrs contemporains. Et là est une différence fondamentale des deux romantismes.

« Ce qui distingue d'abord la littérature slave des littératures de l'Occident, disait Mickiewicz en 1844, c'est qu'elle n'est pas encore devenue une spécialité. Pendant qu'en Europe tout se divise et tout se brise, chez les peuples slaves, au contraire, tout se résume et tout tend à se concentrer. Chez nous, tout ouvrage littéraire remarquable est en même temps une œuvre religieuse et politique. Il y a telle production slave que l'on pourrait appeler indifféremment un poème ou un pamphlet, une prédication ou un journal. J'ignore dans quel genre les rhéteurs rangeront cette sorte de productions. Je ne m'étonne pas qu'on veuille les exclure d'un cours de littérature proprement dite, à cause de leur caractère multiple et indéfinissable; mais ce que je sais, c'est que toutes les grandes productions de l'esprit humain portaient précisément le même caractère. Les époques et les hommes qui ont créé des littératures furent les époques et les hommes les moins littéraires. Comment appeler la chose que nous ont laissée les *Homérides?* Faisaient-ils de la littérature proprement dite? Chez les Grecs, les enfants, les philosophes et les hommes d'Etat écoutaient et étudiaient le chant des Rapsodes, comme on apprend chez nous le catéchisme, la théologie, la législation, la géographie. Tout cela se trouvait dans Homère. Dans une querelle internationale, on décida une question de frontières entre deux Etats grecs d'après l'autorité des vers d'Homère. En quoi, je vous le demande, tout cela ressemble à la littérature proprement dite?

« Le plus grand et le plus beau des ouvrages orientaux, même sous le rapport de la forme et du style, est le Coran. Il occupe maintenant les littérateurs de l'Europe. Mais Mahomet faisait-il de la littérature? Les troubadours et les minnesingers ne seraient-ils pas étonnés, s'ils trouvaient maintenant leurs ouvrages entre les mains des savants? Shakespeare lui-même ne se doutait pas du tout qu'il fût un grand littérateur : vis-à-vis des littérateurs contemporains, il était dans la situation où se trouvent les poètes du Cirque olympique vis-à-vis de vos auteurs dramatiques proprement dits.

« La littérature, dans le sens actuel du mot, n'a commencé en Europe qu'à l'époque de la Renaissance. Les érudits, et surtout les érudits hollandais et allemands, séparés tous de la vie réelle et active, ont fini par croire que cette vie n'existait pas, et ils appelèrent le latin « l'étude de l'humanité, *studia humaniora.* » L'humanité pour eux n'existait que dans les livres classiques. Leur manière de voir prévaut encore dans les écoles. Il y eu du temps de Louis XIV des hommes très savants en France, des érudits de première force, qui étaient convaincus que Boileau et Racine ne faisaient pas de la littérature proprement dite, et qu'ils ne méritaient pas le titre sérieux de littérateurs. On n'accorde pas non plus ce titre à Béranger, à Fourier, à Pierre Leroux, à George Sand. On a rétréci l'idée de la littérature jusqu'à en exclure tous les éléments d'une vie réelle. Permis aux maîtres d'école d'avoir une telle idée; mais vous, vous ne l'accepterez pas.

« Une littérature dont on occupe un public sérieux doit être ce qu'elle a été dans les grandes époques créatrices ; elle doit être, tout ensemble, religion et politique, force et action. Une telle littérature existe-t-elle chez vous ?... Ce que je sais, c'est qu'elle existe, qu'elle vit et qu'elle agit chez les Slaves. C'est là même qu'on pourrait trouver les éclaircissements sur la manière dont se produisirent les plus grands et les seuls véritables ouvrages littéraires : les vers d'Homère, les strophes des *Niebelungen*, les versets du Coran et même les versets de l'Evangile. Les éléments d'une telle littérature, déposés dans l'esprit de la race slave, mûris par les travaux d'une vie intérieure qui a duré des milliers d'années, viennent enfin de se manifester. C'est dans ce sens que Kollar a dit que, tous les peuples ayant dit leurs mots, c'est maintenant à la race slave de formuler le sien. » (*Slaves*, V, p. 217-220.)

***

Charles-Edmond Chojecki, dans sa publication anonyme *La Pologne captive et ses trois poètes Mickiewicz, Krasinski, Slowacki* (Leipzig, 1874, in-16), rappelle « qu'à l'époque de sa plus radieuse activité, Adam Mickiewicz sentait que la conservation et le développement du caractère de la poésie actuelle ne lui suffisaient pas, et qu'il fallait concevoir autrement qu'on ne l'a souvent fait cet idéal qui, déjà dans des temps reculés, brillait devant l'humanité, mais dont la forme matérielle surtout resta entre les mains des générations suivantes. »

Et jetant un coup d'œil sur la poésie de la Grèce, il dit : « Homère, philosophe, moraliste, poète, sous l'influence d'une divinité suprême gouvernant les dieux et les hommes du haut des cieux, faisait descendre l'Olympe sur la terre, embrasait les poitrines humaines d'un esprit immortel, et, dans un calme majestueux, déroulait, devant la Grèce enthousiasmée, les péripéties de son histoire passée. Lors des fêtes où l'on immolait le bouc sacré (1), quand le peuple avide d'émotions poétiques se pressait

---

(1) Le mot *tragédie* (τράγος ῳδή) signifie « le chant du bouc ». Nous avons vu (p. 230) que la fête des *Dziady* s'appelait originairement « le banquet du bouc, *uczta kozla*.

On apprend, au collège, que la tragédie est née pendant la vendange dans le chariot de Thespis, puis fut élevée sur les gigantesques tréteaux d'Eschyle et fut anoblie par Sophocle et adoucie par Euripide. La vérité est que la tragédie, avant de devenir un simple amusement, fut un enseignement sacré. Elle est essentiellement la représentation d'une action héroïque (c'est-à-dire d'un moment élevé) ; d'où la règle des unités, comme l'a observé Musset. On a beaucoup disputé sur la question des unités, en oubliant qu'il peut y avoir une règle différente pour différents genres, et que la comédie et le drame peuvent être soumis à d'autres lois que la tragédie.

dans l'enceinte d'un théâtre, Eschyle lui représentait son *Prométhée*. Ce n'était pas un sentiment terrestre qui était le principal ressort de la tragédie... Le poète dévoilait à ses auditeurs les plus sublimes mystères de leur foi. Soutenu exclusivement par l'élément divin, il les frappait d'une sainte terreur qui atteignait parfois au délire. Un autre jour, il leur faisait voir Oreste poursuivi par les furies, en puisant son inspiration toujours à la même source. Selon les historiens du temps, les hommes étaient agités de transports frénétiques, les mères avortaient, la nature stupéfaite semblait suspendre son travail. La scène était depuis longtemps vide que les cœurs tressaillaient encore, les impressions reçues agitaient violemment les spectateurs jusqu'à ce qu'elles se fussent fixées dans leur mémoire, en un tableau solennel et calme. Telles sont les causes de la puissance de cette poésie qui agit si fortement encore sur nous, aujourd'hui que la direction de notre esprit, notre religion, nos mœurs, nos penchants invincibles à l'analyse matérielle nous rendent si différents des auditeurs des tragédiens et des poètes de la Grèce. Après la disparition des grands maîtres hellènes, après la chute de leur glorieuse patrie, la forme que l'idéal avait si complètement dominée usurpa de nouveau le premier rang dans la poésie. Malgré l'invocation sacramentelle des dieux, malgré l'intervention convenue des puissances surnaturelles dans les créations, la poésie, esclave de la forme et ne ressemblant plus à une inspiration supérieure, cessa d'exercer son influence divinement lumineuse ou foudroyante. Dans ses meilleurs jours, elle s'emparait des cœurs par des moyens terrestres ; c'était par des artifices matériels qu'elle enflammait les esprits. L'idéal grec se voila et plana au-dessus de la terre... Dante le ressuscita de son souffle puissant. »

Après avoir dit comment la chevalerie romantique du moyen âge fit de l'amour en grande partie le but de son existence, et que quand les poèmes n'y suffirent plus, l'Espagne se mit à publier de volumineux romans où régnait exclusivement l'amour ; comment le poète, s'appliquant à chanter l'univers réfléchi dans sa propre personnalité, conçut l'ambition de devenir l'idole de ses auditeurs et s'adonna coquettement à la recherche de la forme la plus enivrante; comment enfin, de même que le symbole le plus grand de la poésie religieuse de l'antiquité était ce Prométhée, puni par les dieux pour avoir ravi au ciel une étincelle du feu sacré, le symbole le plus glorieux de la poésie moderne, c'est Byron, qui osa porter jusque dans le ciel et contre le ciel la flamme de son propre génie, — l'auteur ajoute : « Cette vérité commença à poindre que, pour émouvoir et diriger le monde, il faut un plus puissant mobile que l'amour de la femme, ou qu'un individualisme si sublime qu'il soit; et enfin qu'il faut revenir à puiser la force créatrice dans la grande source de la vie, à rechercher ce genre d'inspiration jadis ambitionné par la poésie primitive. Et si la poésie grecque, épanouissement de conceptions mythologiques incomplètes, a cependant acquis une puissance aussi durable, de combien sera plus grande la puissance d'une poésie basée sur des principes d'une vérité grande, simple, immortelle ? Cette vérité sublime, comme pour compenser les sanglantes adversités du sort, s'est choisi pour patrie une nation au sein de laquelle toutes les vérités morales ont été martyrisées. La Pologne, vivant continuellement d'une double souffrance, indignement mutilée dans son existence matérielle, opprimée dans l'activité de son esprit, contrainte par ses douleurs et par les besoins de l'espérance à chercher un refuge dans les régions abstraites, rapporta d'en haut le pressentiment de grandes vérités spirituelles et fondamentales qui se manifestèrent d'abord par les chants prophétiques de ses poètes » (p. 84-93).

*
* *

Michel Czaykowski, émigré polonais de l'année 1831, le même qui, sous le nom de Sadyk-Pacha, commanda les Cosaques-Ottomans pendant la guerre d'Orient de 1853-1856, mais qui, avant de s'en aller faire à Constantinople de la diplomatie polono-turque, civile et militaire, s'était en France adonné à la littérature et y avait publié en polonais ses *Contes Cosaques* et quelques romans où il s'efforçait de représenter et de faire revivre l'esprit de l'Ukraine et les mœurs de la Pologne méridionale d'autrefois, donna en mars 1837 à la *Revue du Nord* (alors dirigée par J. J. O. Pellion) un article sur l'*Influence de la tradition et des Chants populaires sur la littérature polonaise*, où, à propos de la question qui fait l'objet de la présente étude, il s'exprime ainsi :

« Je borne mes observations à la littérature qui parle au cœur et à l'âme... Peu m'importe la dénomination : poésie, drame, romans, contes historiques, humouristiques, fantastiques, etc.; l'enveloppe n'est rien, le contenu est tout... Malgré tant de belles dissertations sur la ligne de démarcation entre le classique et le romantique..., le mécanisme me semble chose accessoire : il ne s'agit pas d'un chapeau où tout dépend de l'art mécanique. L'esprit humain, dans son essor, ne saurait être enchaîné dans des formes immuables. Et, après tout, le public s'embarrasse peu des règles ou des prétendues règles ; il cherche dans les ouvrages ce qui peut exciter ses sympathies...

« La tradition conserve l'ensemble des sentiments, des mœurs, des usages, des hauts faits, enfin de tout ce qui est cher à un peuple. C'est l'autel où la mémoire, non moins puissante que le temps, vient déposer tout le trésor d'une nation et où les enfants viennent chercher le patrimoine moral de leurs pères. C'est la source la plus abondante pour celui qui veut y puiser l'inspiration... Le chant populaire est devenu le dépôt de la tradition; il fait partie des richesses morales d'une nation. Les portes de ce trésor sont ouvertes à tout le monde et il s'offre à chacun pour qu'on le transforme en monnaie courante. — Aucun peuple au monde ne possède une tradition plus riche, plus variée que les Polonais...

« La Pologne, tout en ayant des littérateurs éminents, vivait sur des œuvres empruntées à l'étranger et passait en revue les Grecs, les Latins et les Français ; mais elle ne voyait pas se dérouler à ses yeux ses ancêtres les Polonais, les Lithuaniens, les Cosaques.

« La possession littéraire de l'étranger fut troublée par Julien-Ursin Niemcewicz : ce poète à jamais vénérable publia les *Chants historiques*, cet ouvrage sacré pour la Pologne et auquel appartient la gloire du premier appel fait à la nationalité. Dans les premiers moments de l'apparition de son livre, tous les Polonais le dévoraient, les vieillards le lisaient avec l'avidité d'une dévote pour un nouveau livre de prières, les femmes chantaient ces Chants historiques et les enfants les apprenaient par cœur. Mais d'un autre côté, les sommités littéraires voyaient le succès de l'ouvrage avec mécontentement. Les hommes à la mode criaient qu'il n'y avait plus de poésie, car les *Chants historiques* n'avaient ni Cupidons, ni Gnomes, ni Sylphes. Tout ce bruit provenait du sentiment de la nullité des soi-disant colosses de la littérature, prononcée par l'approbation unanime et nationale qui accueillait l'ouvrage de Niemcewicz.

« Cependant la réforme fut quelque temps sans résultat... Entre autres, Louis Osinski, homme stationnaire et d'un talent fort médiocre, après avoir traduit deux tragédies de Corneille et fait deux odes, se crut un Apollon : il proclama son propre mérite chez le général Krasinski, où se réunissaient quelques maigres écrivains de bon ton, et à l'Université de Varsovie, où la protection l'avait fait professeur de littérature. Cet Apollon sut tellement dominer la jeunesse que, désormais, dans le royaume de Pologne, personne n'osa écrire que comme Osinski le voulait; personne ne se permit d'applaudir qu'à l'ouvrage applaudi par lui...

« Enfin trois hommes, presqu'en même temps, puisèrent dans le trésor moral de la Pologne, et présentèrent à la nation étonnée les richesses qu'elle possédait. Adam Mickiewicz, poète dans l'âme, dans le cœur, esprit profond et scrutateur, après avoir fouillé dans la tradition populaire de la Lithuanie, mit au jour ses *Ballades*. Casimir Brodzinski, homme de mérite, grand esthéticien, étudia les chants populaires de Cracovie et publia son poème de *Wieslaw*. Bohdan Zaleski, aigle des steppes, où il a pris naissance, embrassa en même temps la tradition et les chants populaires de l'Ukraine et livra au public son poème de *Rapsod* et sa doumka (mélodie) de *Mazeppa*. — Osinski, détrôné, devint furieux. Il se présente un jour à la jeunesse de l'Université, un volume de Mickiewicz à la main et l'ouvre précisément où commençait la *Fête des Morts*, cette page immortelle du poète de la Pologne, dont les ouvrages sont traduits dans toutes les langues et applaudis par tous les peuples. Le professeur lit les premiers vers : « Les ténèbres partout, le silence partout. » Il ferme le livre et s'écrie en ricanant : « Sans doute l'ouvrage ne renferme que ténèbres et que silence! » Malgré ces blasphèmes, on vit bientôt paraître *Conrad* de Mickiewicz, et les *Roussalki* de Zaleski..

« Malczewski, homme inappréciable par son goût exquis, l'élégance de sa poésie et l'admirable peinture des caractères de ses personnages, fut le père du poème de *Marie*; et Sévérin Goszczynski, fougueux et grand dans ses vers comme le Dnieper dans sa course, publia le *Château de Kaniow*. Cet ouvrage, basé sur les monuments populaires, peut être placé à côté des plus sublimes créations de Gœthe et de Byron, des descriptions les plus pittoresques de Walter Scott et de Cooper. Etienne Witwicki, n'ayant pas un si vaste génie que les précédents, mais suivant fidèlement la même route, travaille avec succès pour la littérature de son pays : ses poésies, ses ballades, ses *Soirées* sont pleines de charmes pour tout Polonais. Enfin Mickiewicz a publié en France le poème-roman intitulé *Monsieur Thadée*, peinture admirable des mœurs, des usages, des superstitions de la noblesse lithuanienne. Ces auteurs, inspirés aux vraies sources, ont élevé la littérature polonaise au niveau de toutes celles d'Europe...

« Tant que la littérature a dédaigné la tradition et les chants populaires, elle n'était ni nationale ni grande, et ne trouvait pas de sympathies. Sitôt qu'elle adopta ce patriotisme sacré, les Polonais de toutes les classes la comprirent, l'accueillirent, et la Pologne eut une littérature nationale. » (*Revue du Nord*. Paris, in-8, vol. V, p. 369.)

Michel Czaykowski avait imaginé alors d'écrire les noms propres polonais selon leur prononciation : Niemtsevitch, Mickiewicz, Brodzignski, Maltchevski, Gochtchygnski, Vitvitski et même Tchartoryski (mais il signait le même article Czaykowski). C'était écrire les noms polonais comme les Russes écrivent les leurs en français, sans avoir l'excuse qu'ont les Russes d'être obligés de traduire les lettres de leur alphabet. Or il y a des noms qui, ainsi travestis, sont méconnaissables. Et cet essai erroné fournit un argument de plus en faveur du système que nous avons exposé dans le 1er vol. de ces *Mélanges*, p. 292-294, et selon lequel les noms propres usités chez les pays slaves qui ont l'alphabet cyrillien devraient être en langue étrangère traduits avec les caractères et selon le mode des pays slaves qui ont l'alphabet latin. Ou les Russes finiront par écrire en langue étrangère leurs noms à la polonaise, ou les Polonais se résigneront à voir défigurer les leurs propres. Il est vrai que les Russes se font de l'orthographe un moyen de dénationalisation. Mais c'est une raison pour que les Polonais attachent à cette question l'importance qu'elle mérite. Loin que la prononciation doive toujours servir de règle pour l'orthographe, c'est celle-ci qui souvent doit aider à redresser la prononciation, outre qu'il est bon que la manière dont un mot est écrit conserve la trace de son origine.

* * *

Lorsque, dans la préface du présent *Apologétique*, j'ai parlé (p. 317) des Conférences du comte Tarnowski sur le Romantisme et sur mon père, je ne les connaissais que par les journaux galiciens. L'auteur vient de publier le texte officiel de la plus importante; et il y existe une telle habileté de forme, que j'en suis à me demander si ce que j'ai dit sera bien compris, et si plus d'un ne me taxera point d'injustice, voire même d'ingratitude.

Or je prie le lecteur de ne pas perdre de vue que le doctrinaire littéraire, comme le doctrinaire politique, a pour habitude d'envelopper de belles et nobles phrases ses mesquins sentiments comme ses vilains actes; toujours il accompagne de réticences ses compliments, de même que jamais il n'accorde que des éloges décourageants : il appartient à cette catégorie d'êtres qui n'ont ni queue, ni ailes, ou à qui elles ont été coupées, et qui voudraient voir tout un chacun fait à leur image.

Le comte Tarnowski cite les paroles d'un compatriote, qui était jeune quand Adam Mickiewicz publia ses premiers volumes (*Ballades, Romances, Grazyna* et le *Gustave* des premiers *Dziady*) et qui, de longues années plus tard, s'écriait avec élan : « Nous vivions alors dans l'ancienne poésie comme dans une brume glaciale; nous marchions, courbés sous de lourdes années; nous soupçonnions qu'elles nous dérobaient le ciel et le soleil, après lesquels nous soupirions, mais que nous ne voyions pas. Tout d'un coup, parurent les poésies de Mickiewicz, l'atmosphère étouffante, triste et froide se dissipa comme par enchantement : le regard s'élança dans les profondeurs de l'azur; le monde, doré des rayons du soleil, brilla aussi beau, aussi nouveau que le sixième jour de la création; sa lumière communiquait à tout une nouvelle vie, de nouvelles couleurs et de nouveaux charmes. Il nous semblait qu'au delà de cette lumière et de cet azur nous voyions le ciel ouvert au-dessus de nos têtes; que nous découvrions autour de nous une nouvelle terre, plus belle, et en nous un monde de sentiments plus vifs, plus sûrs d'eux-mêmes, élevés à une puissance supérieure. C'est une impression que n'a éprouvée aucune génération depuis la nôtre, et qu'aucun autre poète que Mickiewicz n'a produite... » « Voilà, dit le comte Tarnowski, le souvenir qu'ont laissé, dans le cœur et l'imagination des contemporains, ces deux petits volumes... » — Mais il se hâte d'ajouter : « où aujourd'hui tout ne nous semble pas également digne d'admiration. »

Après avoir rappelé que, « depuis Jean Kochanowski (notre grand poète du XVIᵉ siècle), qui posséda une seule fois peut-être en toute sa vie le véritable lyrisme, mais le montra incontestablement dans son *Psautier*, la poésie lyrique se tait en Pologne et que, quand elle se fait de nouveau entendre cent ans après, elle résonne du faible ton de la guitare, d'un son qui manque de plénitude et d'étendue, ou donne la note d'un chalumeau villageois, note agréable, sympathique, mais un peu uniforme et sans grande portée, tâchant, sans y parvenir dignement, d'atteindre à la vigueur de l'orgue d'église, aux gémissements de la harpe de David, au bruit des trompettes, au chant du rossignol qui accompagnait les paroles de Roméo », le comte Tarnowski poursuit : « Soudain, au milieu de ce silence, depuis longtemps ininterrompu, s'éleva une voix fraîche et simple, « la plus matinale chan- « son qu'ait modulée l'alouette, » et les oreilles et les cœurs humains, étonnés de cette harmonie, dont ils étaient déshabitués, sentirent que c'était l'une « des chansons célestes » à laquelle succéda toute une échelle de tons, tout un orchestre, depuis ces plaintes de Gustave, qui, comme la note la plus haute d'un violon, vous serrent le cœur et vous coupent la respiration, jusqu'à ce *tutti fortissimo* qui éclate dans les autres créations de Mickiewicz. La poésie lyrique venait de naître ou plutôt de renaître chez nous. » — Mais il ajoute : « Et quiconque aspirait à la poésie et en désirait l'avènement ne chercha pas plus loin. » Visiblement, notre critique trouve qu'en ce temps-là on était bien facile à contenter !

Il reconnaît que « même les premières poésies de Mickiewicz étaient supérieures à tout ce qui s'était vu n'importe quand dans la poésie polonaise, qu'elles furent, après trois siècles, la première vraie régénération de la poésie et qu'elles avaient une force d'inspiration, une profondeur de pensée, une perfection de forme que ne connut pas l'âge d'or de notre poésie. La poésie polonaise, avec Kochanowski, était digne des autres poésies européennes d'alors, mais elle ne les égalait pas. Elle n'avait pas, comme dit Jean Sniadecki, assez de force créatrice, d'imagination, d'invention, pour incarner de grandes conceptions dans une forme grande.

Tous les efforts pour la relever ne furent pas stériles : on la civilisa, on lui donna la connaissance de ce qu'elle aurait dû être, la science de l'art, et même, dans quelques genres inférieurs, la perfection de la forme jointe à la valeur réelle du fond ; mais ce sentiment était encore faible et froid et l'imagination n'était qu'active, alors qu'elle se figurait être créatrice. Et voilà qu'avec Adam Mickiewicz, il se produisit un courant d'inspiration et de création qui éleva si haut la poésie polonaise qu'elle peut hardiment se placer au niveau des autres poésies européennes. » — Il ajoute : « Quoiqu'elle n'ait point la prétention de dépasser la poésie anglaise ou allemande, elle peut du moins figurer honorablement à côté d'elles. » Mais n'est-il pas pénible de voir que, quand plus d'un étranger illustre a proclamé que, dans ce siècle, la poésie polonaise, et notamment celle d'Adam Mickiewicz, s'est montrée, maintes fois, supérieure à la poésie des autres peuples, un Polonais ait la coupable modestie d'amener, sans hésitation ni combat, le pavillon de sa nation !

Tarnowski dit encore : « La première composition artistiquement parfaite, le premier poème polonais dans toute la grande acception du mot, fut *Grazyna*. C'est ainsi que s'est présentée, dès le commencement, la poésie romantique en Pologne ; et telle est la place qu'elle nous a conquise dans l'ordre intellectuel et artistique, et par conséquent le rang qu'elle nous a valu dans la civilisation. Faut-il demander après cela à quoi cette nouvelle poésie a servi ? » — Fort bien. Mais, à peine a-t-il affirmé que « ces aubes nationales, qui jetaient le plus brillant et le plus délicieux éclat et dont l'on saluait à genoux les rayons, ont dû pâlir un peu après le lever du soleil, » le noble comte s'efforce de prouver que Mickiewicz n'a pas su se maintenir ensuite dans les limites d'un sage juste-milieu littéraire, de sorte qu'après avoir péché par insuffisance il aurait péché par exagération !

Le comte Tarnowski observe que celui qui, dans sa jeunesse, a appris, avec *Wallenrod*, « d'où revenaient les Lithuaniens, » passera sans doute plus indifféremment à côté du « Tertre de Marie. » — Mais, outre que c'est oublier que, pour le poète, le tombeau de son amour individuel devint le berceau d'un plus vaste amour, de l'amour de sa nation, il faut considérer que les divers genres littéraires ne peuvent pas plus s'apprécier selon une même mesure, que, par exemple, des plans et des liquides. L'important est que, sonnet ou poème, toute pièce soit parfaite en elle-même, chacune selon son genre propre.

L'*Athenæum* (voy. ci-dessus, p. 313, 318) avait reproché « au romantisme (de Mickiewicz, Krasinski et autres) d'avoir été cause, en partie, qu'on proportionnait ses forces à ses desseins et non ses desseins à ses forces, qu'on lâchât la bride au sentiment et qu'on unît au mépris de la raison le dédain de l'expérience; qu'on voulût tout mesurer à l'échelle du sentiment, alors qu'autour de nous le bon sens prenait de plus en plus le dessus sur la chevalerie du moyen âge, qu'on ressuscitât les sorcières, les vampires, les apparitions et toute cette machinerie rouillée depuis longtemps, pour faire rétrograder jusqu'à l'enfance de l'humanité l'intelligence revenue de ces sornettes. »

Le comte Tarnowski, qui se donna la mission de répondre à l'*Athenæum*, lui conteste l'accessoire et lui livre le principal. Qu'on en juge!

« Tous nous savions depuis longtemps, dit-il, que les romantiques, même les grands, même Mickiewicz, ont soit abusé des apparitions et des fantômes, soit en ont fait un emploi maladroit. Mais nous pensions que c'était là une erreur légère et même innocente. Nous ne leur aurions jamais supposé la perversité de vouloir faire rétrograder jusqu'aux âges primitifs ces intelligences émancipées des balivernes, ni n'aurions cru que les *Dziady* présentassent pour le lecteur le danger de le faire croire aux fantômes. Est-ce que, par hasard, celui qui lira *Faust* se mettra à regarder avec défiance chaque chien noir, dans la crainte qu'il ne cache le diable? Ou, en découvrant ses premiers cheveux blancs, s'en ira à la recherche de la sorcière qui a rendu à Faust sa jeunesse? Nous avons au moins cette consolation que, si notre romantisme a été absurde et ridicule, il n'a pas été seul à l'être, que *Faust* renferme les mêmes sottises que nos pauvres *Dziady*, et que ce n'est pas seulement des beautés de Mickiewicz, mais aussi de Gœthe, lequel, par un étrange aveuglement, passait jusqu'ici pour une intelligence des plus puissantes, que « s'entretien-« nent toutes les commères avec ce rire du mépris. » Ce monde fantastique peut ne pas être beau en poésie, nous n'en disconvenons pas; mais s'il est introduit avec la connaissance de l'époque à laquelle le poème est emprunté et des personnages qui y sont en scène, il a le droit d'y figurer, quoiqu'il ne soit pas familier au lecteur actuel... Personne, après les *Dziady*, ne croit aux fantômes, s'il n'y croyait pas auparavant. Et à cet égard, quoique peut-être involontairement et sans aucun mérite de sa part, Mickiewicz ne nous a causé aucun dommage. — « Mais il nous en a causé à un autre point de vue. Y avait-il sécurité et sagesse, était-il sain de nourrir de poésie seulement une nation encline aux emportements, dénuée du sens de la réalité, impétueuse, impressionnable, avec une fantaisie vive et je ne sais quel dédain natif, soi-disant généreux mais malheureux, des conditions réelles, pratiques et des moyens d'existence, d'une nation qui, pendant tout le cours de ses annales, a aimé s'en rapporter à ce malheureux « Cela arrivera de façon ou d'autre, » qu'un homme d'esprit a appelé avec trop de justesse hélas! notre mot d'ordre national favori? Est-ce que, pour ces têtes chaudes et trop souvent légères, une littérature prosaïque, sévère, issue de la réflexion et du travail et conduisant dans cette direction, ne serait pas plus saine et plus nécessaire que la poésie inspirée et entraînante, mais qui détache en même temps du monde réel et qui transporte « dans un domaine paradisiaque, » mais « dans le domaine de l'illusion? » Est-ce que notre poésie, en tombant dans des têtes et des cœurs comme les nôtres, n'a pas fait parfois plus de mal que de bien, quand elle nous a ordonné de croire que la force n'est pas dans la raison et dans le labeur, mais dans le sentiment élevé à la suprême puissance, jusqu'à l'exaltation et à l'intuition, et quand elle nous a ordonné, au mépris de la raison, d'avoir du cœur et de regarder au cœur ou de proportionner non pas nos desseins à nos forces, mais nos forces à nos desseins?

« Aie du cœur et regarde au cœur » serait une maxime fausse et pernicieuse si ce devait être une maxime complète et absolue, à l'exclusion de la raison, de la volonté et du caractère. Mais si à cet égard nous nous permettions de juger très-sévèrement Mickiewicz dans son âge mûr quand, dans son cours de littérature, il parle avec mépris de ce qu'il appelle la sagesse humaine et qu'il commande de tout pressentir, deviner et résoudre par la seule intuition, nous ne compterons pas à Mickiewicz à vingt ans pour un péché si lourd cet aphorisme de sa poésie, fort peu jolie du reste, « *le Romantisme.* » Le génie aussi est homme, il est soumis aux règles de l'âge, il a besoin de certaines années, de certaines expériences de la vie pour reconnaître certaines vérités des plus simples et des plus évidentes, mais qui sont généralement cachées à nos yeux, tant que nous sommes très-jeunes. »

Qu'il nous soit permis de le remarquer, c'est méconnaître la vraie nature du génie, lequel n'est point comme ces feux ordinaires, nés d'une étincelle, qui grandissent avec les matières qu'ils dévorent et finissent par éclater en gerbes flamboyantes, mais bien comme le soleil, que parfois des nuages peuvent voiler, mais qui, toujours identique à lui-même, éclaire des mêmes rayons diverses contrées successivement. L'homme de génie n'est bien senti et compris que par les simples qui jouissent sans jalousie de sa chaleur, et par les autres hommes de génie qui le voient face à face : tandis que l'homme de talent est toujours tenté de le rapetisser à sa propre taille.

Mais passons. Le comte Tarnowski, qui croit à « la nécessité de rectifier certaines opinions sur nos poètes et de réduire certaines conceptions de nos poètes à leur juste valeur, » estime qu'il faut prendre garde d'être « excessif; » et il excuse et justifie, comme il suit, le long poème que Mickiewicz consacra à la vie champêtre de notre petite noblesse : « Il serait mauvais et mensonger, par exemple, de dire que le *Sieur Thadée* est une apothéose d'une sottise et d'un coup de main, ou, pis encore, l'apothéose d'une vengeance privée, puisque le personnage principal, s'il a tiré une fois vengeance d'une offense privée, a travaillé ensuite jusqu'à la fin de sa vie à expier ce crime, en renonçant à lui-même, à sa propre personnalité, au souvenir des hommes, aux sentiments de famille, à son nom même qu'il change contre celui de Robak, c'est-à-dire ver de terre. Et cet autre qui, ayant juré vengeance, tient son serment et, aveuglé et passionné jusqu'à la fin, envahit le bien d'autrui, fait une sottise, sacrifie tout à sa haine privée, ne s'aperçoit-il pas, au dernier moment, de ce qu'il a fait, ne pardonne-t-il pas ses fautes à autrui et ne regrette-t-il pas les siennes? Et ce troisième, qui, offensé et s'entêtant humainement, commence par crier contre le moine, ne finit-il pas, remué jusqu'au fond de l'âme, par lui tendre la main? S'il s'agit d'idées dirigeantes, j'ignore si, en créant, les poètes en ont, et si de même qu'Homère n'en eut aucune, Mickiewicz, en écrivant le *Sieur Thadée*, eut quelque pensée précise, et si cependant il y existe une idée pareille, qu'elle ait été ou non introduite sciemment et avec préméditation, ce ne peut être que celle-ci : à savoir, que l'offense privée et la vengeance, que la querelle des Horeszko et des Soplica, que cette diétine à Dobrzyn et cette attaque, qu'en un mot toute cette petite affaire privée et domestique entrave un intérêt général supérieur et le fait échouer. »

Peut-on dire qu'il n'y a, dans l'*Iliade* et dans l'*Odyssée*, aucune idée dirigeante, et qu'il est douteux que Mickiewicz ait poursuivi dans ses œuvres un but déterminé? Le comte Tarnowski, après avoir, il le pense du moins, écrasé les volumes mickiewicziens de 1822-1823 par celui de 1834 et s'être écrié : « Combien les *Ballades*, les *Romances*, *Grazyna* et le Gustave des *Dziady* sont faibles quand on les juge de la hauteur du *Sieur Thadée!* » en arrive ensuite, on le voit, à trouver qu'après tout, la hauteur du *Sieur Thadée* n'est pas très-haute!

« Nous avons peut-être, dit-il, été hardis à l'excès en montrant les côtés faibles des œuvres de jeunesse de Mickiewicz. Nous n'hésiterions pas à parler avec la même hardiesse et sans plus d'égards, quoique avec plus de chagrin, de l'action de ses dernières années, et à blâmer soit en général la position qu'il a occupée, soit en détail les points où il a erré et s'est trompé. Mais cette sévérité de jugement, qui a pu n'être pas du goût de chacun, ce soin à rechercher et à critiquer le moindre manquement dans ses œuvres, peut maintenant nous servir de témoignage que nous ne le jugeons pas avec l'aveuglement d'une admiration sans réserve, et que nous ne nous extasions pas devant lui avec la passion d'un fanatique, et cela même peut nous donner le droit de parler de lui sans être soupçonné ni accusé de partialité. »

S'il est un reproche qu'on ne saurait adresser au comte Tarnowski, c'est évidemment celui de n'avoir pas eu d'idée dirigeante ni de dessein préconçu dans son étude publique sur Mickiewicz. Il professe la plus vive horreur pour ces jeunes fous, ces imprudents, qui, au lieu de marcher comme le commun des mortels, imaginent de prendre un vol d'aigle; et il se rit agréablement des ailes d'Icare. Il admire théoriquement l'aigle roi de l'air et le lion roi du désert; mais, pratiquement, il leur préfère, on le sent, l'aigle pelé et le lion sans crinière d'une ménagerie, ou mieux encore, le bœuf de l'étable, l'oie de la basse-cour et autres animaux domestiques. Ce qu'il ne peut pardonner à Mickiewicz, c'est l'agitation prophétique de son esprit et de sa parole, le souffle puissant de ses vers.

L'éloge que Tarnowski fait de la poésie n'est qu'une précaution oratoire; car, en réalité, il lui préfère une prose substantielle, raisonnable et utilitaire. « Quiconque croit, comme le croit le monde entier, dit-il, que la poésie est la cime de la vie intellectuelle de l'Humanité, l'expression suprême de sa force imaginative et créatrice, dans laquelle l'esprit humain, concentré en quelques êtres, s'élève au-dessus de lui-même et par l'élévation des sentiments, des pensées et des imaginations, tend « plus haut et plus haut jusqu'au sommet des cieux, » et par cette tendance exhausse, entraîne à sa suite la masse des intelligences et des âmes ordinaires; quiconque connaît l'histoire du monde et l'histoire de sa poésie et voit ce qu'il doit voir, si seulement il sait bien voir, c'est-à-dire que la poésie depuis les Grecs et même avant eux, depuis David et les prophètes hébreux, les Indous et les dieux qui descendaient vers eux sur la terre, a été en vérité « l'arc d'alliance dans laquelle l'humanité déposait « la trame de ses pensées et la fleur de ses sentiments; » quiconque sent et sait que Dieu en créant l'homme a déposé en son âme le besoin et le sentiment du beau et la possibilité de le créer, comme il y a déposé la conscience et la raison, celui-là ne demandera pas : à quoi sert la poésie de Mickiewicz? »

Ce n'est pas sans une joie intérieure que Tarnowski constate que nos grands poètes sont assaillis sur leur piédestal de gloire : « Il paraît que, pour la poésie aussi, la roue de la fortune tourne, puisque cette nouvelle poésie, jadis sans doute trop exclusive, trop sévère et impitoyable à l'égard de ses devanciers, cette nouvelle poésie encensée pendant de longues années si universellement, si unanimement que presque aucune voix ne s'élevait contre elle, doit aujourd'hui subir l'incrédulité, le doute, la moquerie : ses formes sont souvent traitées de ridicules, son fond d'absurde et ses résultats de pernicieux! Nous sommes quasi satisfaits que cette question se dresse devant nous. Un peu plus tôt, un peu plus tard, le moment devait venir où l'admiration illimitée, si bien justifiée dans ce cas, devait par la marche ordinaire des choses évoquer une réaction et céder place à une critique parfois raisonnée et juste, parfois, quoique sans doute elle s'estime justice, prévenue et malveillante. Un pareil moment n'est jamais agréable ; mais s'il vient de lui-même, ne feignons pas de ne pas l'apercevoir, ne fermons pas les yeux. Comme partout, de même en littérature il ne sert de rien de traîner en longueur et d'ajourner les affaires dont le degré de maturité exige qu'on les examine. Examinons-les donc hardiment et posément, scrutons, débattons, critiquons notre poésie. » Et notre comte s'en va gaillardement à l'assaut.

Non toutefois sans protester de sa grandeur d'âme. Si celui qu'il vise tombe, c'est qu'il était mortel; si le mur qu'il bat en brèche croule, c'est qu'il n'était pas solide : « Ce qui est beau et grand ne se laisse pas déraciner, supporte toutes les épreuves et tous les assauts et en sort victorieusement, triomphalement, fortifié dans notre tendresse et notre admiration, quand la réflexion et la raison nous ont démontré que notre sentiment et notre faculté esthétique ne se sont point trompés, en s'attachant de toutes leurs forces à Mickiewicz et en le présentant depuis plus d'un demi-siècle comme un vrai révélateur, un créateur, comme l'homme de notre poésie. »

C'est, sans doute, parce qu'ils ont pris de telles phrases au pied de la lettre qu'Odyniec, Suzin, Kowalewski et autres anciens amis d'Adam Mickiewicz ont offert au comte Tarnowski, à Varsovie, un album avec des vers où il est dit :

> Le monde repose sur les grands hommes;
> Et celui-là, aussi, marque de la grandeur,
> Qui double ici leur renommée,
> Et qui l'explique au monde.
> Vous avez élevé si haut le géant,
> Qu'il n'y a plus de mesure plus haute,
> Que son esprit, de la nue lointaine,
> S'est reflété dans le torrent de vos pensées :
> Et nous tous ici, sur la terre,
> Nous nous y associons.

On conçoit que des gens, ensevelis sous les ruines de la patrie, aient éprouvé quelque plaisir à entendre célébrer, quoique incomplètement, une gloire nationale, comme aussi il est fort naturel qu'une nouvelle génération, prosaïsée par les mathématiques et tournée vers l'industrialisme, ait applaudi à une interprétation rationnelle des poésies de Mickiewicz. Mais que ceux qui ont connu Mickiewicz et qui ne doivent avoir oublié ni son ton, ni son accent, aient pu se méprendre à ce point sur les paroles du comte Tarnowski, cela a lieu de nous étonner. Bien plus, pour peu qu'ils y réfléchissent, ils se persuaderont aisément eux-mêmes que cela a dû contrister l'esprit qu'ils ont si mal à propos évoqué.

« Que Mickiewicz ait écrit tel ou tel vers faible et ait eu telle ou telle idée inexacte, chacun le sait depuis longtemps... Que notre poésie se soit souvent trompée, la preuve s'en trouve dans ses inspirations les plus élevées, dans ses plus grandes œuvres : elle innocentait trop, elle louait parfois quand il aurait fallu blâmer, elle croyait à ses prévisions comme à des manifestations d'en haut, notamment Mickiewicz à l'époque où il laissa de côté les vers. En tout cela, il faut redresser notre poésie. » En d'autres termes, notre critique-gentilhomme en veut à la royauté littéraire d'Adam Mickiewicz. Mais s'il réussissait à ébranler l'autorité morale du poète-prophète de la Pologne, croit-il que ce serait moins funeste à notre nation que ne le lui fut la chute du système de nos rois Jagellons précipité par le grand Zamoyski ?

« Soyons certain, dit-il encore, que plus nous porterons de lumière et de vérité dans l'étude et l'appréciation de notre poésie et mieux cela vaudra, car devant cette lumière et cette vérité plus d'une chose disparaîtra sans doute, le silence se fera autour de plus d'une gloire bruyante, plus d'un talent proclamé grand paraîtra très-petit ; notre poésie ne peut que gagner à être ainsi passée au crible, comme l'Eglise gagne, quand on emporte de l'autel les fleurs artificielles et les verroteries. » Langage passablement iconoclaste et protestant et qu'on a lieu d'être surpris de rencontrer chez quelqu'un qui se pique d'être un homme d'ordre en religion et en politique. Luther raisonnait vis-à-vis des Saints qu'adorait l'Eglise, comme le fait le conservateur-catholique comte Tarnowski vis-à-vis des poètes pour lesquels la Pologne a jusqu'ici professé un culte d'enthousiasme héroïque.

On dirait que les lauriers de M. Taine empêchaient M. Tarnowski de dormir. M. Tarnowski traite Mickiewicz comme M. Taine traite Byron. Voyez, par exemple, cette singulière, mais analogue échappée du critique français : « Je le sais, ces éclatants poèmes (*la Fiancée d'Abydos, le Giaour, le Corsaire, Lara, Parisina, le Siége de Corinthe, Mazeppa* et *le Prisonnier de Chillon*) se sont ternis en quarante ans. Dans ce collier de pierreries orientales, on a découvert les verroteries ; et Byron qui ne les aimait qu'à demi, avait mieux jugé que ses juges. Encore avait-il mal jugé : les morceaux qu'il préférait sont les plus faux. Son *Corsaire* est taché d'élégances classiques ; la chanson des pirates qu'il met au commencement n'est pas plus vraie qu'un chœur de l'Opéra italien; ses chenapans y font des antithèses philosophiques aussi équilibrées que celles de Pope. Cent fois l'Ambition, la Gloire, l'Envie, le Désespoir et le reste des personnages abstraits, tels qu'on les mettait sur les pendules au temps de l'Empire, font invasion au milieu des passions vivantes. Les plus nobles passages sont défigurés par des apostrophes de collège, et la prétendue diction poétique vient y établir sa friperie usée et ses ornements convenus. Bien pis, il vise à l'effet et suit la mode. Les ficelles mélodramatiques viennent tirer à propos son personnage pour obtenir la grimace qui fera frémir le public...» (*Histoire de la Littérature anglaise*, par H. Taine, 2 édit. in-18, Paris, 1866, p. 362, 363.)

Pour être tenu par une main gantée de velours, le marteau du comte Tarnowski n'en est pas moins un marteau de démolisseur. Et, en vérité, le mobile qui le pousse, et auquel il obéit peut-être à son insu, n'est guère différent de celui qui porta le peintre Courbet à vouloir être le déboulonneur de la Colonne d'Austerlitz. Mais y avait-il plus d'honneur et de gloire à recueillir en minant sous les yeux des Russes, à Varsovie, la statue morale du Napoléon de la poésie polonaise, qu'il n'y en eut à jeter bas dans Paris, et presque sous les pieds des Prussiens, le grand empereur de bronze et sa Grande Armée?

Ce que les gentillâtres de l'ancien régime et les bourgeois-publicains du régime nouveau ne pouvaient pardonner à Napoléon, c'était, les uns, la perte définitive de leurs priviléges, et les autres un incessant appel à l'action et au sacrifice. Au jour de la défaillance universelle, il semble que le peuple français n'ait pu supporter le regard des vieux grognards et de leur chef immortel et qu'il les ait, dans un accès de frénésie, renversés comme pour se délivrer de leurs justes mais importuns reproches. Je ne crois pas que la Pologne en soit arrivée au point de ne pouvoir supporter dans toute sa puissance l'accent d'airain de son poète favori. Mais que penser de ceux qui, sous le manteau d'une feinte admiration, s'approchent du piédestal et en liment de sang-froid la base?

Peu importe que le comte Tarnowski compare la poésie polonaise au *Pharis* de Mickiewicz (« l'une de ses conceptions les plus belles, » dit-il), et la voie, elle aussi, se faire jour à travers mille tourbillons et mille obstacles et tendre plus loin, toujours plus loin, le regard noyé dans le ciel, si, dans le même paragraphe final, il affirme que cette poésie qui, à peine née, réduisait son ambition à « s'élever dans le domaine paradisiaque de l'illusion, » est appelée, maintenant qu'elle a mûri, à faire plus et mieux; car « son but, ajoute-t-il, est le monde réel qui égale en beauté les mondes idéaux. » — C'est-à-dire que la poésie doit se faire terrestre et utilitaire! ou, autrement dit, cesser d'être poésie. Le comte Tarnowski pense-t-il que les vers soient plus nécessaires pour chanter les merveilles de l'industrie que pour célébrer les charmes de l'agriculture, pour enseigner la pose des rails de chemins de fer que pour enseigner à planter des navets ?

M. Guizot et ses collègues, ministres de l'orléanisme, ne prononçaient jamais le mot *intérêt* sans y joindre le mot *honneur*. Mais quand ils parlaient de « l'intérêt et de l'honneur de la France, » les gens quelque peu perspicaces s'apercevaient que le mot « honneur » n'était mis là que pour faire passer l'autre, « l'intérêt. » Les naïfs seuls s'y laissaient prendre. Les naïfs seuls aussi peuvent se laisser prendre aux phrases artistiquement balancées sur le mérite et les défauts de la poésie mickiewiczienne par le comte Tarnowski, qui, en somme, est un prêtre de la fort peu poétique orthodoxie du bon sens et de la raison dans les arts.

Un dernier mot. Le comte Tarnowski laisse entendre que, selon lui, « Adam Mickiewicz ne serait pas un voyant comme Sigismond Krasinski, » auquel du reste il n'épargne pas le reproche de « manquer parfois de naturel dans le style. » La méthode de rabaisser les grands hommes en les opposant les uns aux autres, pour être ancienne et vulgaire, n'en est pas moins toujours pratiquée avec une certaine efficacité. Or, entre les vrais grands poètes il y a émulation seulement et non rivalité. Il nous plaît de rapporter ici les nobles paroles que, dans l'élan de douleur qu'il éprouva en apprenant la mort d'Adam Mickiewicz, Sigismond Krasinski écrivit au comte Adam Soltyk :

« M. Adam nous a déjà quittés : mon cœur a éclaté à cette nouvelle. Il a été le miel et le lait, le nerf et le sang spirituel des hommes de ma génération. Nous procédons tous de lui .. C'était un des piliers d'une voûte formée non de pierres, mais de cœurs... Maintenant qu'il est tombé dans l'abîme, toute la voûte doit trembler et pleurer des gouttes de sang... Le plus grand poète non-seulement de sa nation mais de toutes les tribus slaves n'est plus. O douleur ! »

* *

« En France, en Allemagne, en Angleterre la poésie n'est que l'épanouissement des Beaux-Arts. En Pologne, la poésie a influé sur la direction de la pensée nationale, sur sa politique et sur son histoire. Tout ce qui au XIXe siècle a été et sera encore action en Pologne, a été d'abord chanté par les poètes... Après l'arrestation en Lithuanie des citoyens les plus actifs et les plus patriotes, par suite de la découverte de la conspiration de Konarski, la jeunesse, élevée dans des écoles russes, grandissait dans l'ignorance de ses devoirs vis-à-vis de la patrie. Il arriva qu'un collégien reçut par hasard un volume publié dans l'Émigration : l'*Aube*, de Krasinski. Il le lut et se sentit régénéré. En un moment, le sentiment polonais s'éveilla en lui, il sentit qui il était et quels étaient ses devoirs. Il comprit le mensonge de l'enseignement que lui imposait le gouvernement russe. Aucune propagande n'eût réalisé un pareil miracle. Le volume circula de mains en mains, et cette jeunesse échappa au moscowitisme : aussitôt surgit l'idée d'une société secrète pour se perfectionner dans la langue polonaise et raviver l'esprit polonais. Cette association gagna tous les lycées et forma d'ardents patriotes.— Pierre Wysocki a répété bien des fois qu'il avait puisé la première pensée de l'insurrection du 29 novembre 1830 dans la lecture des œuvres de Mickiewicz. »

Tel est l'hommage que le *Ruch literacki* (Mouvement littéraire) de Léopol rendait à la poésie polonaise, le 20 octobre 1877, en un article non signé mais attribué à M. Agathon Giller, et publié sous le titre : *De l'honoration des poètes*, à l'occasion de la fête préparée pour le 29 novembre en l'honneur d'Adam Mickiewicz.

Il est d'autant plus nécessaire de réagir contre la guerre faite à l'enthousiasme et à la poésie par le prosaïque positivisme que cette guerre est un phénomène grave. Même rationnellement parlant, il meurt plus de Polonais, en une seule campagne, dans les armées du vainqueur, où vaincus ils ont été incorporés, qu'au cours d'une longue insurrection, et sans que personne n'en parle. L'absence de résistance n'empêche donc pas, ni même ne diminue les sacrifices humains auxquels une nation démembrée est condamnée. Les insurrections échouent par insuffisance de poésie et non par excès de poésie. S'il y avait eu moins de gens raisonnables en 1794, Kosciuszko eût eu plus de monde à Maciejowice.

* *

Il a paru, en janvier 1878, dans le *Czas* de Cracovie, un feuilleton non signé où le fait de l'apparition d'une appréciation des *Dziady* dans un recueil officiel autrichien est célébré comme un grand événement de nature à agiter les cendres de feu Metternich. Les *Dioscures* (c'est le nom de ce recueil officiel) s'appellent ainsi en l'honneur du dualisme austro-hongrois.

Un article analogue, et provenant sans doute de la même source, a paru en *Variétés*, dans le *Journal des Débats*, du 21 janvier 1878. En voici les passages plus spécialement relatifs à mon père :

« Les *Dioscures*, recueil littéraire publié par la Société des employés de la monarchie austro-hongroise. Vienne, 1878.

« ... Parmi les travaux d'histoire et de critique, nous avons déjà
« indiqué plus haut celui qui est consacré à la mémoire d'Adam
« Mickiewicz. C'est le poème le plus populaire de ce grand
« esprit, *Dziady* (la Fête des morts), que M. Blumenstok — encore
« un nom depuis longtemps connu des lecteurs des *Dioscures* —
« a pris pour sujet, ou plutôt pour prétexte d'un article remar-
« quable sur l'homme dont l'Europe littéraire tout entière, sans
« la moindre exception, a naguère porté le deuil. Rarement un
« poète s'est aussi complétement identifié que Mickiewicz avec
« sa malheureuse patrie; rarement il en a ressenti les douleurs
« et le martyre à un tel degré, jusqu'à en être atteint, comme on
« le sait, dans les fibres secrètes de sa haute intelligence, jusqu'à
« se perdre dans un incompréhensible mysticisme, à force de rêver
« le miracle de la délivrance. Mais aussi quelle vigueur de pensée,
« quelle noblesse d'expression, quelle richesse de poésie dans ce
« poème des *Dziady*, où il a mis toute sa vie, toute son âme, tout
« son génie, tout son être! Cette incorporation d'une nation mal-
« heureuse dans un grand poète, tel est le thème développé par
« M. Blumemstok. Il a d'ailleurs intercalé dans son travail la tra-
« duction, faite par M. Siegfried Lipiner, de quelques-uns des
« plus beaux passages ; et cette traduction est faite de façon à
« nous donner une idée parfaitement exacte de la poésie de
« Mickiewicz. Les vers allemands de M. Lipiner sont splendides;
« ils rendent merveilleusement la force et l'énergie du poème
« original. »

En réalité, c'est là une variété du Tarnowskisme. Or si le Tarnowskisme est éclos en Galicie, il a passé la Vistule. Et la sagesse littéraire et politique, qui commence à gagner jusqu'à Varsovie, impute au Romantisme les insurrections et les mécomptes de la Pologne, lui reprochant d'avoir oblitéré le bon sens, détourné de l'étude, et donné la prédominance aux inspirations du cœur sur les calculs de la raison. Dans le même temps, on glorifie à Paris l'heureux amendement qui se serait produit chez les Polonais, comme quoi ils seraient revenus de leurs illusions et auraient compris que l'Occident n'avait rien pu ni rien dû faire pour eux. Dès lors, quoi de plus naturel que de présenter les œuvres les plus enthousiastes des poètes polonais comme l'éclat d'une folie qui fut cause de déplorables entraînements, mais à laquelle il convient néanmoins de compatir doublement parce qu'elle vient d'un excès de douleur patriotique et qu'elle s'épancha en beaux vers!

Ah ! si l'âme de mon père pouvait crier aux oreilles des hommes, elle leur dirait certainement que mieux vaut cent fois un franc ennemi qu'un élogieux adversaire. Ce que veulent nos réactionnaires, c'est un réquisitoire sous forme d'éloge, un déguisement de mon père, à la mode de ceux qui l'ont contrecarré sa vie durant. Ils voudraient obscurcir sa biographie pour se délivrer, sinon d'un remords, au moins du reproche palpable de n'avoir pas fait leur devoir, de même qu'ils ne négligent aucune occasion de faire falsifier l'histoire pour masquer leurs défaillances.

Rien n'est plus efficace que ce travestissement de la vie d'une nation et de ses grands hommes pour l'ancrer dans la mort. Et c'est cette conviction qui, malgré tant de difficultés, me donne la force de lutter pour l'honneur de mon père et la sauvegarde de ma nation.

« Quand vous luttez pour le triomphe de la vérité, dit très-justement Gœthe, ne vous lassez point de parler, car l'erreur ne se lasse point d'agir. »

* *

Voici la poésie d'Adam Mickiewicz, qui a été plus spécialement attaquée par le comte Tarnowski. Elle a paru dans le premier volume qui ait été édité de l'auteur, à Vilna, en 1822, en même temps que le *Tertre de Marie* et un an avant les premiers *Dziady*, auxquels du reste elle se rattache quant à l'esprit et quant à la donnée. Mon père l'intitula : *Romantisme*. (M. Ostrowski l'a, je ne sais pourquoi, rebaptisée du nom d'*Allégorie*, dans sa traduction. Il m'a semblé convenable d'en donner une traduction à la fin des notes, et comme une espèce de sceau de l'*Apologétique du Romantisme*.

ROMANTISME.

> Methinks I see
> — Where
> — In my minds' eye (1).
> SHAKESPEARE.

Écoute, jeune fille !
— Elle n'écoute pas. —
Il fait grand jour ! Voici la ville !
Il n'y a, près de toi, âme qui vive :
Qu'essaies-tu de saisir autour de toi ?
Qui appelles-tu, qui salues-tu ?
— Elle n'écoute pas. —

(1) Il me semble voir — Où ? — Dans les yeux de mon âme.

Tantôt, telle qu'une roche inanimée,
Elle ne regarde d'aucun côté :
Tantôt elle promène ses regards autour d'elle ;
Tantôt elle s'inonde de larmes.
Elle semble saisir, tenir quelque chose,
Fond en larmes et éclate de rire.

« Au milieu de la nuit, est-ce toi ?
C'est toi Jeannet !
Ah ! il aime même après la mort.
Ici, ici, tout doucement,
De peur que la marâtre n'entende.

« Qu'elle entende, après tout ! Tu n'es plus !
Ton enterrement a eu lieu.
Tu es mort ? Ah ! J'ai peur !
Pourquoi ai-je peur de mon Jeannet ?
Ah ! c'est lui, ce sont les traits, tes yeux !
Ton blanc linceul.

« Et toi-même, tu es blanc comme un linge,
Tu es froid... que tes mains sont glacées !
Mets-les là, sur mon sein,
Serre-moi, lèvre contre lèvre...

« Ah ! qu'il doit faire froid, là-bas au tombeau !
Tu es mort, oui, il y a deux ans.
Prends-moi, je mourrai près de toi !
Je n'aime pas le monde.

« Je suis mal, dans la foule des méchantes gens.
Je pleure et ils me raillent ;
Je parle et personne ne me comprend,
Je vois et eux ils ne voient pas !

« Viens une fois au milieu du jour... Peut-être au milieu d'un songe ?
Non, non... Je te tiens par la main.
Où disparais-tu, mon Jeannet.
Il est encore trop tôt, trop tôt !

« Mon Dieu ! le coq chante.
L'aurore scintille sur la vitre.
Où as-tu disparu ? ah ! mon Jeannet,
Je suis bien malheureuse. »

Ainsi la jeune fille se joue avec son amant,
Elle court après lui, crie, tombe ;
Sa chute, son cri de douleur,
Attroupent la foule.

« Récitez des prières, » disent les simples.
Son âme doit être ici.
Jeannet doit être auprès de sa Charlotte,
Il l'a aimée de son vivant. »

Et moi aussi j'entends, et je crois,
Je pleure et récite des prières.
« Écoute, jeune fille, » s'écrie dans le tumulte
Un vieillard ; et il dit au peuple
« Croyez-en mon œil et mes lunettes,
Je n'aperçois rien ici tout à l'entour.

« Les esprits sont la création des badauds de cabarets,
C'est la sottise qui les forge.
La jeune fille bat la campagne,
Et la populace blasphème la raison. »

« La jeune fille sent, répliqué-je modestement,
Et la foule croit profondément ;
Le sentiment et la foi m'en disent plus
Que le verre et l'œil du savant.

« Tu connais les vérités inanimées, inconnues au peuple,
Tu vois un monde dans un grain de poussière, dans un rayon d'étoile :
Tu ne connais pas les lois vivantes, tu ne contempleras pas de miracles !
Aie du cœur et regarde au cœur ! »

POST-SCRIPTUM.

Une personne amie, après avoir parcouru les épreuves du présent volume, me disait avec autant d'esprit que de bienveillance : « Vous enchâssez les diamants de votre père dans une roue de carrosse. » Comme la même critique peut venir à la pensée de plus d'un lecteur, je répondrai que, du moins, cette roue est couverte de rubis qui, loin de diminuer le bijou paternel, en rehaussent l'éclat.

De fait, les Notes dont est accompagnée la publication du manuscrit d'Adam Mickiewicz sont toutes pleines de citations des plus belles pensées de grands écrivains sur le même sujet. Si les Offices religieux, chez les divers peuples juifs, chrétiens et mahométans, sont formés des extraits des principaux passages de leurs livres saints, pourquoi ceux qui professent un véritable culte pour les belles-lettres ne tendraient-ils pas à se faire une sorte d'Offices littéraires en réunissant ce qui a été pensé ou écrit de mieux sur tel auteur favori ou tel sujet de prédilection? Littérairement comme religieusement, rien ne saurait être plus efficace pour nous aider à saisir, comprendre et embrasser la vérité, c'est-à-dire à nous élever sur l'échelle morale.

Les inspirations du génie, comme les divines révélations, sont la moelle de lion dont veulent être nourris les nobles esprits et les grands peuples.

L. M.

Paris, 14 juillet 1878.

APPENDICE

APPENDICE

I

COMMENT FUT DÉTRUIT UN MANUSCRIT DE L'AUTEUR.

Dans le premier volume de ces *Mélanges* (p. 158), nous avons dit qu'Adam Mickiewicz avait jeté au feu, en n'en réservant qu'un seul chapitre, son *Histoire des guerres futures ;* et nous avons émis une hypothèse sur les raisons qui l'y déterminèrent. Nous ignorions alors les explications données par l'auteur lui-même à un de ses meilleurs amis, le docteur Séverin Galenzowski, qui nous les a répétées peu de semaines avant sa mort (il s'est éteint à Paris, le 31 mars 1878).

Adam Mickiewicz avait soumis son manuscrit à la critique de M. de Montalembert. M. de Montalembert le conjura d'en retarder au moins la publication, qu'il jugeait de nature à offenser le gouvernement de Louis-Philippe. Et qui alors en pâtirait, sinon les Émigrés? C'était l'époque où le Gouvernement français, poussé par l'opinion publique, accordait aux réfugiés des subsides, qu'il leur rogna ensuite d'année en année. (Encore en 1838, l'effigie du Roi se voit au revers d'une médaille qui représente la France accueillant les Émigrés polonais avec ces paroles : *Venez à moi, mes anciens amis*, et qui porte comme inscription : *A la France, des réfugiés polonais reconnaissants.*) M. de Montalembert exprima la crainte que l'éclat même du nom de Mickiewicz, en attirant l'attention générale sur les pages où il déversait des flots d'ironie sur le régime orléaniste, ne provoquât chez tous les fonctionnaires et ne semblât justifier de leur part une recrudescence de tracasseries à l'endroit des compatriotes de l'auteur. L'auteur fut frappé de ces arguments; et, pour éviter que le manuscrit ne s'échappât en quelque sorte accidentellement de ses mains, il le détruisit.

Il y a des gens qui excitent l'activité spirituelle du prochain et qui facilitent les enfantements. Il en est d'autres qui sont de dangereux réfrigérants, facilitent les avortements ou même poussent à l'infanticide. De même que le pair de France M. de Montalembert avait fait jeter au feu un volume prophétique, où l'Europe eût pu voir l'avenir lointain qui lui était dépeint d'avance pour la faire rougir d'elle-même, — le réfugié polonais Louis Orpiszewski a condamné à l'oubli la célèbre improvisation d'Adam Mickiewicz du 24 décembre 1840 (au banquet qui avait été offert au grand poète pour célébrer l'ouverture de son Cours au collége de France). Les amis de Mickiewicz, réunis chez lui le lendemain, le priaient de l'écrire et lui citaient les strophes qu'ils se rappelaient. Déjà l'auteur s'animait et allait retrouver le tout, quand Orpiszewski entra... et exposa que cette improvisation était et devait rester la propriété des auditeurs auxquels Mickiewicz l'avait offerte! Il éteignit de la sorte l'ardeur générale et l'improvisation fut perdue pour la postérité. Ce qu'il y a de curieux, c'est qu'Orpiszewski, dans les dernières années de sa vie, se vantait encore de ce haut fait. (Voir à la page 113, *Wspomnienia o Adamie Mickiewicza* przez Aloizego Niewiarowicza, Lwow, 1878.)

Dans une lettre qu'Adam Mickiewicz écrivait de Russie à Odyniec, alors à Varsovie, et où, lui parlant de *Conrad*

Wallenrod qui n'avait pas encore paru, il disait que « tout n'y était pas de son goût, » qu'il y avait « de beaux passages », mais qu'il n'en était pas « absolument content, » on lit : « J'écris maintenant un nouveau poème assez étrange, sur une très-vaste échelle et je ne sais pas s'il sera jamais imprimé ; j'écris avec plus de plaisir qu'à aucune autre époque ; car j'écris pour moi seul, sans égards d'aucune sorte ; peut-être t'en adresserai-je plus tard quelques extraits. » — Dans une lettre du 9/21 mai 1829, Odyniec parle d'un ouvrage singulier, dont Mickiewicz lui a montré le commencement : *Histoire de l'avenir*, en français. Mickiewicz aurait-il transformé le poème dont il disait s'occuper en une œuvre en français et en prose ? Qui le sait ?

Toujours est-il que c'est le spectacle de la Russie qui lui a fait entrevoir les abîmes sociaux où l'Europe pouvait être appelée à descendre. De même qu'il y avait dans les Tartares de la haute Asie une puissance innée de destruction qu'ignoraient les Grecs et les Romains, ainsi il existe dans le fond des âmes russes une force instinctive de destruction qui surpasse tout ce qu'ont jamais pu imaginer les plus violents révolutionnaires de l'Occident.

Assurément il y a bien des distinctions à faire entre ceux que le gouvernement tzarien enveloppe dans le même anathème, sous un même nom, celui de *nihilisme*. Et, par exemple, nul en Europe n'a pu lire sans une stupéfaction émue les réponses de mademoiselle Vera Sassoulicz devant les Assises de Pétersbourg, dans lesquelles elle confesse sans forfanterie comme sans crainte qu'elle se voua à attenter publiquement à la vie du chef de la police Trepow, dans le seul et unique but de montrer que les iniques procédés de la police russe ne pouvaient plus se continuer impunément, car de telles offenses à la nature humaine révoltent déjà la conscience russe. Mais il est évident que le ton du révolutionarisme russe n'est pas sans action sur l'Occident. Qu'est en comparaison le doctrinarisme des positivistes, qui rappellent les *réalistes* dont parle Mickiewicz en son *Premier chapitre* (*Mélanges*, 1, p. 170)! A Lyon, durant la guerre franco-allemande, feu Bakounine exerça une certaine influence sur les ouvriers par la hardiesse de ses négations auprès desquelles plus d'un révolutionnaire français paraissait modéré. Et en ce moment, il y a des socialistes allemands qui trouvent chez les nihilistes russes de plus intrépides applicateurs de la doctrine d'Hégel que chez eux-mêmes.

Il me semble que mon père, après avoir tracé dans *Wallenrod* un sanglant avertissement à l'Empire oppresseur, ait voulu, dans son *Histoire des guerres futures*, tracer un non moins terrible avertissement à l'Occident insouciant.

On a vu (*Mélanges*, I, p. 83) la foi qu'Adam Mickiewicz avait, dès 1829, dans l'avenir des chemins de fer, c'est-à-dire une dizaine d'années avant que M. Thiers soutînt, à propos du projet du chemin de fer de Paris à Saint-Germain, que l'emploi de la vapeur pour une locomotion utile était une utopie, que les roues tourneraient sur elles-mêmes, que peut-être, par la force d'impulsion première, les wagons avanceraient de quelques lieues, mais que nul homme sérieux ne pouvait songer à faire des chemins de fer la base de grands transports et de grands trafics, qu'un chemin de fer ne serait jamais qu'un joujou!

La récente découverte des téléphones a commencé à

justifier ce que mon père disait, il y a cinquante ans, des appareils acoustiques qui un jour permettraient d'entendre, sans sortir de chez soi, des concerts ou des cours publics. (*Id.*, p. 183.)

II

COMPLÉMENT DE L'ENTREVUE DE WEIMAR.
(Voy. Ier vol. de ces *Mélanges*, p. 202.)

Niewiarowicz, dans le travail qu'il a consacré à mon père, ayant signalé qu'il existe dans la correspondance de Gœthe une remarque désobligeante sur Adam Mickiewicz, suivie le lendemain d'une rectification aimable (car il avait, par mégarde, pris pour le poète polonais de qui la visite lui avait été annoncée, je ne sais quel Russe dont le nom avait un faux air de ressemblance), je me suis empressé de remonter à la source.

M. L. Kurtzmann (Allemand polonisé) eut la bonté de m'écrire de Deutsch-Lissa, le 25 janvier 1878 : « C'est avec le plus grand plaisir que je vous transcris les passages, relatifs à Monsieur votre père, qui se trouvent dans la correspondance qu'eut avec Gœthe le compositeur Zelter, qui habitait Berlin. Madame Szymanowska avait donné à votre père une lettre de recommandation pour Zelter qu'elle connaissait et qui avait mis en musique des poésies de Gœthe.

«Adam Mickiewicz, de passage à Berlin, remit la lettre de madame Szymanowska et demanda une lettre de recommandation pour Gœthe, mais n'alla pas la chercher. Chez Gœthe se montra, avec la princesse Wolkonska, un Russe que Gœthe prit pour Adam Mickiewicz. Gœthe s'étonna qu'il ne se fût pas présenté tout seul; quelques jours après, il annonce à Zelter qu'il s'est trompé, que les Polonais sont arrivés et ajoute combien le caractère des Polonais l'a intéressé après les Anglais qui viennent de le quitter. J'ajoute un extrait des *Mémoires* de Charles Holtey, auteur d'un drame : *Le vieux Chef*, dans lequel figure Kosciuszko. Un peu après, André-Edouard Kozmian fut chez Gœthe : la conversation s'engagea sur Adam Mickiewicz; et Gœthe l'interrogea avec le plus vif intérêt sur les écrits et les phases de la vie du poète polonais qui avait frappé tout le monde par sa mélancolie. »

Extrait de la correspondance de Zelter avec Gœthe.

Zelter (ami de Gœthe, architecte et musicien) écrit le 12 juin 1829 à Gœthe :

« Notre amie madame Szymanowska nous recommande, et spécialement à toi comme au *prince des poètes*, un poète plein de talent, son compatriote polonais. Il se nomme Mickiewicz et veut faire un voyage à travers l'Allemagne et l'Italie. Le jeune homme parle déjà assez bien l'allemand et est fortement recommandé. Le reste, tu pourras le savoir par lui-même (1). »

Autre lettre du 16 juillet :

« Le poète polonais recommandé par madame Szymanowska m'a demandé une lettre d'introduction pour toi, et n'est pas venu la prendre. »

---

(1) Le 12 juin 1829, Adam Mickiewicz écrivait de Berlin à madame Marie Szymanowska : « ... J'ai rendu visite au vieux Zelter ; il me tient en haute estime, parce qu'il dit que madame Szymanowska, *sehr klug und sehr gescheidt* personne de si bon jugement, a écrit de moi que je suis un grand poète. *Sie soll das verstehn*, *sie ist ja mit dem Herrn Gœthe bekannt worden*. [Elle doit s'y connaître, elle qui est liée avec M. Gœthe.] — (*Note de l'éditeur.*)

Le 18 juillet, Gœthe répond :

« Le poète polonais m'est venu voir, en accompagnant la princesse Wolkonsky, au milieu d'une suite nombreuse ; il a à peine dit un mot et n'a pas eu le bon esprit de se présenter seul chez moi. Si l'on n'avait pas, en ce monde, vu souvent maladroitement profiter d'une occasion propice, on devrait blâmer et reprocher un pareil procédé »

Le 23 juillet Zelter récrit :

« Le jeune *Polacco* doit être un singulier oiseau. Je ne sais rien autre chose, sinon qu'il avait pour toi une lettre de madame Szymanowska. Il m'a remis celle qu'il avait pour moi et puis ne s'est plus montré. »

Le 15 août, Gœthe avise Zelter de l'erreur dans laquelle il était tombé :

« Nous nous sommes trop hâtés d'incriminer notre poète polonais recommandé par madame Szymanowska : il n'a pas encore passé ici ; c'était un Russe que nous avions confondu avec lui. »

Enfin le 20 août, Gœthe écrit à Zelter :

« Notre poète polonais vient justement de se présenter : quelques jours plus tôt, il eût été le bienvenu avec la société que nous avions ; à présent il va me falloir lui faire à lui seul les honneurs ; ce qui me devient à la longue très-difficile, presque impossible.

« J'ai pu terminer mon Deuxième Séjour à Rome, auquel je consacre le XXIXe volume ; et j'en aurais fait le double, sans le va et vient continuel qu'occasionnent de bons et chers amis qui n'apportent ni n'emportent rien. Que cette jérémiade ne t'empêche cependant point de charger parfois quelqu'un d'un petit billet : car du déplaisir d'un moment naît souvent une agréable observation. Ainsi ce fut réellement très-intéressant d'observer et comparer les Polonais arrivants avec les Anglais partants : je n'ai jamais vu contraste plus complet. »

Extrait des Mémoires d'Holtei.

Charles de Holtei écrit en ses *Mémoires de quarante ans*, vol. VI, p. 138 :

« Le 27 août, qui était la veille de la fête de Gœthe pour la célébration de sa quatre-vingtième année, je me trouvais à Weimar... Le beau monde féminin, qui, par une délicieuse disposition de la Providence, se trouvait cette fois à peu près libre de légions d'Anglais, avait introduit le culte polonais, auquel moi très-humble, mais vieil et fidèle ami de la Pologne, je m'associai de bon cœur.

« Deux poètes polonais étaient arrivés : l'un, *Odyniec*, dont je n'ai plus depuis entendu parler, et l'autre, *Mickiewicz*, un homme qui, maintenant [1840] s'est, à Paris, par l'exaltation de son mysticisme, conquis une célébrité extraordinaire, mais qui alors était simplement un pâle, intéressant et aimable rêveur, et qui trouva près du beau sexe de Weimar la même faveur que s'il fût venu d'Angleterre ou d'Ecosse. Dès ce 27 août, il donna une preuve de ses tendances mystiques par un fait dont je mis le succès sur le compte d'un gracieux escamotage de société, mais qui, je dois le confesser, me jeta dans un profond étonnement. Il fit circuler parmi les dames et les jeunes filles un plat sur lequel chacune, à son gré, pouvait déposer sa bague, mais sous la condition de l'avoir toujours portée durant plusieurs années, sans l'ôter. Quand une quantité de bagues eut été ainsi entassée pêle-mêle, Mickiewicz alla dans un coin, les considéra attentivement et tout à la ronde, les rendit une à une à leurs propriétaires qui lui étaient complètement inconnues, en devinant en même temps le nom de baptême et, je crois, aussi l'âge de chacune. Il était devenu pâle comme la mort, et de froides gouttes de sueur perlaient sur son front. Dans le premier moment, ai-je dit, je tins le tout pour une plaisanterie arrangée d'avance, mais je me convainquis qu'il avait pris la chose au sérieux. Et maintenant, chaque fois que, dans les feuilles françaises, son nom se trouve mêlé à des contes incroyables, soudain le pâle chercheur de bagues de Weimar réapparaît devant moi. »

Dans le prologue du *Chaos*, un écrit périodique qui

s'imprimait pour la maison de Gœthe, se trouvaient ces deux vers :

> Je me vois dans un cercle *entre l'un et l'autre Polonais*,
> J'entends le bruit d'éternels accents, etc.

Holtei fait là-dessus (*ibid.*, p. 146) la remarque suivante :

« Ces mots contenaient une plaisante allusion. Odyniec et Mickiewicz, les deux poètes susnommés, avaient naturellement pris part au banquet (à l'occasion du quatre-vingtième anniversaire de Gœthe). Lorsque les hôtes quittèrent la salle du festin, le maître d'hôtel était assis derrière une petite table, à la porte d'entrée, afin de recevoir de nous le paiement du vin que nous avions bu ; il avait devant lui une liste sur laquelle, à côté du nom de chacun, était noté le montant de la somme due, et au fur et à mesure que l'on se nommait, il faisait le compte. Or, les deux noms polonais ne voulaient point sortir de sa plume et il se mit à lire : Polonais numéro 1, Polonais numéro 2. D'où il arriva que Odyniec et Mickiewicz furent vite appelés Polonais I et Polonais II ; et comme nous soupçonnions quelques dames d'hésiter entre le Un et le Deux, alors cela donna lieu à l'impression de la parole allusionnelle : « entre l'un et l'autre Polonais. » Madame Gœthe, en souvenir de cette plaisanterie, m'écrivit entre autres : « Honoré
« protecteur du Chaos, je vous envoie notre première feuille, où
« vous pourrez juger par vous-même comme votre Prologue s'y
« présente excellemment. Si je vous disais que j'ai reçu des poésies
« anglaises nombreuses, non comme le sable de la mer, car cela
« sent la prose, mais comme les étoiles au ciel, et que les plumes
« allemandes sont singulièrement en retard, vous mettriez certai-
« nement la vôtre en mouvement, ne fût-ce que par opposition à
« l'Angleterre. Je chante vos « Souvenirs poétiques. » Mais du vieux
« commandant je n'en ai reçu que deux. Est-ce juste ? Du vieux
« commandant, je passe naturellement à la Pologne et de la Po-
« logne au Polonais n. 1. Il n'est pas encore ici tout à fait oublié. »

Il a été question (p. 212 du 1er vol.) de la plume que mon père avait reçue de Gœthe à Weimar.

Au bout de vingt ans (1849), mon père la donna à un M. Pruszynski avec un certificat ainsi conçu (en polonais) : « Plume de Gœthe donnée à Adam Mickiewicz à Weimar en 1829. *Signé* : Adam Mickiewicz, 1849. » — Pruszynski l'offrit à son homme d'affaires, l'avocat Wodzicki, à la mort duquel elle passa en héritage à une cousine de la femme de ce dernier.

Adam Mickiewicz écrivait de Rome le 2 février 1830, à M. François Malewski, à Saint-Pétersbourg : « Tu as dû lire dans le *Journal des Débats* un absurde article sur Gœthe, qui contient aussi de ridicules divagations sur moi et sur mes voyages en Sibérie. Je pardonne au sot étranger qui se trouvait alors à Weimar et qui, après y avoir passé un mois, prenait la belle-fille de Gœthe pour sa femme, et, dans son article, débite une foule de balivernes sur l'Allemagne. »

M. Arsène Houssaye ayant publié, dans sa revue l'*Artiste*, divers fragments des *Souvenirs* d'un ami de David d'Angers, où il était question de mon père, je m'adressai à l'auteur, qui m'envoya son ravail en y joignant quelques renseignements.

Dans le temps que Mickiewicz, venu du Nord, visitait Gœthe, le célèbre sculpteur français David d'Angers, accompagné, lui aussi, d'un jeune ami, était arrivé de Paris pour solliciter du grand Allemand l'honneur de faire son buste. M. Édouard Odyniec et M. Victor Pavie ont, chacun de leur côté, publié leurs souvenirs. De même que j'ai, dans le premier volume, traduit des extraits de la correspondance d'Odyniec, je donnerai, dans celui-ci, des extraits de la brochure de M. Pavie.

La brochure est intitulée : *Gœthe et David, Souvenirs*

d'un voyage à Weimar, par Victor Pavie. Extrait des Mémoires de la Société d'Agriculture, Sciences et Arts d'Angers. In-8°, Angers, 1874.

On y lit (p. 51) : « Le dîner prenait fin *Zu Elephanten*, et le café faisait son apparition. Les convives pinçaient des lèvres les tuyaux de leurs pipes... Vis-à-vis de nous siégeaient deux étrangers dont le type slave, relevé de l'accent caractéristique, décela bientôt la patrie. La France n'hésite guère en face de sa sœur de Pologne... Du côté de nos voyageurs abondaient les questions sur la croisade romantique alors en plein essor chez nous. Les plus récentes de nos gloires avaient franchi la Vistule. En réponse à leurs cordiales sympathies, j'exhalai de ma pipe, au milieu d'un nuage d'encens, un nom cher et de fraîche importation en France, celui de Mickiewicz. J'avais, disais-je, de confiance et par amour pour la sainte cause de la Pologne, suspendu à mon chevet le portrait du barde lithuanien, sans avoir pu encore lire de lui une seule page. — Il paraît que le portrait n'est pas frappant, interrompit le plus jeune des Polonais avec un sourire révélateur, tandis que l'embarras et la rougeur croissante de l'autre, se rattachant pour moi à de vagues similitudes, mettaient de plus en plus son *incognito* en péril. Les derniers nuages se dissipèrent : Mickiewicz en personne était devant nous. »

Et David de s'écrier : « A nous deux, mon poète et mon proscrit ; je ne vous lâcherai point que je n'aie tiré de vous un portrait, mais qui vous ressemble. »

M. Pavie raconte que, dès cette première rencontre, David avait emmené mon père dans sa chambre, pour y faire son médaillon, en l'invitant à lui dire un de ses chants, tandis que leurs jeunes amis tiendraient la plume et lui l'ébauchoir.

28.

« Et là-dessus, avec une délicatesse d'expression à désespérer un puriste, celui qui de sa vie n'avait foulé le sol de la France, entonna les premières strophes du *Pharis* en ces termes :

« Qu'il est heureux l'Arabe, lorsqu'il lance son coursier du haut d'un rocher dans le désert, lorsque les pieds de son cheval s'enfoncent dans le sable avec un bruit sourd, comme l'acier rouge qu'on trempe dans l'eau ! Le voilà qui nage dans l'océan aride et coupe les ondes sèches de sa poitrine de dauphin.

« Plus vite et plus vite : déjà il effleure à peine la surface des sables ; plus avant, plus avant encore : déjà il s'élance dans un tourbillon de poussière.

« Il est noir, mon coursier, comme un nuage orageux. Une étoile brille à son front comme l'aurore. Il étale au vent sa crinière d'autruche et ses pieds blancs jettent des éclairs.

« Vole, vole, mon brave aux pieds blancs. Forêts, montagnes, place, place ! »

— Sublime ! s'écria David... Le poète reprit ses strophes, brûlantes comme la flamme, chastes comme la neige, et tout empreintes de la virginité sauvage du désert, et termina de la sorte :

« Oh ! comme il est doux de respirer ici de toute la largeur de sa poitrine ! Je respire librement, pleinement, largement. Tout l'air de l'Arabistan suffit à peine à mes poumons. Oh ! comme il est doux de regarder de toute l'étendue de sa vue ! Mes yeux s'élargissent, se renforcent, ils percent au delà des bornes de l'horizon. Oh ! comme il est doux d'étendre ici les bras franchement, librement, de toute leur longueur ! Il me semble que j'embrasserais de mes bras tout l'univers, de l'Orient à l'Occident. Ma pensée s'élance comme une flèche ; plus haut et plus haut et plus haut encore, jusque dans l'abîme du ciel. Et comme l'abeille ensevelit sa vie avec l'aiguillon qu'elle enfonce, ainsi moi, avec ma pensée, je plonge mon âme dans les cieux. »

« Voilà qu'au même instant, par un mouvement involontaire de la main qui l'exécutait, le médaillon, jusqu'alors invisible, se tourna de notre côté. C'est bien lui, ses tempes, jeunes encore, déjà sillonnées par l'orage, la fierté de sa lèvre, son œil bleu qui nous semblait noir, cette expression rêveuse où l'inspiration du poète et la foi du croyant confinaient à l'enthousiasme de la patrie. — Rencontre mémorable que celle de deux gloires l'une à l'autre inconnues et qui, du premier coup, s'éclairent et se reflètent mutuellement! La soirée s'écoula dans une intimité croissante où le barde, silencieux par nature, mais stimulé par nos questions, entr'ouvrait de temps à autre le voile de sa vie. De la renommée de ses œuvres et de leur influence, la plus grande qui, de nos jours, ait agi sur un peuple, *motus!*... Son intarissable disciple intervenait et suppléait... Mickiewicz avait poussé jusqu'à Weimar pour y visiter Gœthe, dans le salon duquel nous devions nous retrouver bientôt. »

David, qui craignit un moment que Gœthe ne ressaisît sa parole et ne lui permît pas d'exécuter son buste, dit à Pavie, en parlant de Mickiewicz : « Après tout, l'honneur est sauf; et je retourne tête haute à Paris où le buste en marbre du grand homme que voici justifiera mon excursion. — Mon rêve, répliqua son jeune ami, c'est qu'en retour de mon heureuse initiative d'hier à table vous m'abandonniez l'original en cire de Mickiewicz, après moulage. »

Je doute très-fort que mon père se soit prêté à une récitation théâtrale pendant que l'on faisait son médaillon. Il résulte même de la correspondance d'Odyniec (1ᵉʳ vol. des présents *Mélanges*, p. 210) que la même séance servit à David pour le médaillon et au peintre envoyé par Gœthe pour le portrait.

Ce qui est exact, c'est qu'en retour du médaillon mon père offrit à l'auteur une traduction française du *Pharis* qu'il fit spécialement pour lui. Elle fut imprimée quelques mois après dans le volume : *Konrad Wallenrod, récit historique tiré des annales de Lithuanie et de Prusse*, le *Pharis* et *les Sonnets de Crimée*, traduits du polonais par Félix Miaskowski et G. Fulgence, ornés du portrait de l'auteur. Paris, 1830, in-8º. La publication du *Pharis* y est, en effet, accompagnée de la mention : « Nous devons à la complaisance de M. David cette traduction faite par le poète lui-même dont cet illustre sculpteur est depuis longtemps l'ami. » A la fin on lit : « Traduit du polonais et donné à M. David en signe d'amitié par Adam Mickiewicz, 15 septembre 1829. » On voit, par la correspondance de Mickiewicz, que, le 19 septembre 1829, il était à Zurich. Mais dans une lettre du 12 septembre, datée d'Heidelberg, Odyniec parle d'une nouvelle entrevue que Mickiewicz et lui auraient eue avec David (*Mélanges*, I, p. 212).

Le *Pharis* (c'est-à-dire cavalier arabe) a été, comme on lit dans l'original, composé à Saint-Pétersbourg en 1828, en l'honneur de l'émir Tadjul-Fekher (en arabe *Fekher* signifie gloire et *Tadj*, laurier). C'était le nom que le comte Wenceslas Rzewuski avait pris en Orient où il promena son humeur aventureuse et chevaleresque, fut créé émir et se mérita l'amour et le respect de plus d'une tribu. Revenu en Ukraine peu avant l'insurrection polonaise de 1831, il monta un escadron de volontaires. Les uns disent qu'il périt dans le combat de Daszow, d'autres, que sa jument favorite, Guldia, l'emporta au fond des steppes, couvert de sang et de blessures. (Note d'Ostrowski dans sa traduction des *Œuvres poétiques* d'Adam Mickiewicz.)

Mon père affectionnait ce chant. On lit, dans une lettre de lui à Léonard Chodzko (datée de Florence, 10 juillet 1830), à propos de la traduction de MM. Miaskowski et Fulgence, qu'il ne connaissait encore que par un article de la *Revue encyclopédique* : « Si l'on m'avait consulté sur le choix des morceaux qu'il convenait de traduire, je n'eusse indiqué que le *Pharis*, des extraits de *Wallenrod*, les *Sonnets de Crimée*, un ou deux sonnets de la première partie, deux ou trois *ballades* et les *Dziady*; je crains même que ces derniers n'ennuient les étrangers. »

Le *Pharis* est un pendant de l'*Ode à la Jeunesse*. Tandis que celle-ci est un *sursum corda* intérieur national, celui-ci est un *excelsior* de l'émigré. Dans l'un et l'autre chant, même dédain des choses basses, même besoin de mouvement, même élan et même exaltation, même marche en avant. Tous deux ils sont de la famille de ce premier chant de l'ère moderne, la *Marseillaise*, dont Adam Mickiewicz disait qu'elle consiste tout entière dans la parole : *Allons, marchons*, et dans l'impulsion qui accompagne cette parole et lance les hommes en avant comme autant de boulets de canon.

M. Pavie fait une confusion d'époques, quand il dit (p. 54) que mon père passait par Weimar, pour se rendre en Suisse, où « l'état de souffrance d'un de ses compagnons d'exil l'avait appelé à Bex. » Ce n'est qu'en 1833 que Mickiewicz alla soigner Garczynski, qui était malade à Bex et auquel il ferma les yeux à Avignon. (Voyez ci-dessus, p. 179.)

Je ne suis, de même, pas parfaitement sûr que la mémoire de M. Pavie l'ait exactement servi quant aux détails de la première rencontre. Car, en 1829, il n'avait encore paru de Mickiewicz, en France, qu'un petit article biographique dans la *Biographie universelle et portative des contemporains* de MM. Rabbe, Vieilh de Boisjolin et Sainte-Preuve ; et l'édition polonaise des trois volumes de poésies avec le portrait de l'auteur, par les soins de Léonard Chodzko.

M. Pavie parle de la représentation de *Faust* (dont il est fait mention, *Mélanges*, I, p. 209-210) : « La pensée était venue à ses concitoyens adoptifs de solenniser le quatre-vingtième anniversaire de la naissance du poète par une innovation mémorable. *Faust* allait être représenté pour la première fois. L'auteur, en produisant son œuvre, l'avait reléguée dans une sphère inaccessible aux réalisations scéniques... On sait avec quel empressement le conseiller intime avait autrefois accepté, des mains de son ducal ami, la direction théâtrale, avec quelle capacité despotique il s'était acquitté de ses fonctions, adoré de la troupe qu'enivrait son moindre sourire et qu'un froncement de ses sourcils faisait trembler. Ses rares contemporains s'entretenaient encore de l'impression produite par lui dans le rôle d'*Oreste* à un des divertissements de la Cour. « On l'eût pris pour un Apollon, » s'écrie un chroniqueur de 1777. — Dès le matin du 27, vigile de la fête, nous vîmes débarquer par escouades, sur la place, les étudiants d'Iéna, alors en pleines vacances, mais ralliés de divers points de leurs résidences par l'attrait de la solennité. Le soleil se coucha et la toile se leva. Du fond de sa loge de famille, où les regards des acteurs et ceux des spectateurs se rencontraient incessamment, l'auteur, en proie à plus d'une émotion, suivait sous son masque impassible les évolutions de son drame... A voir cette jeunesse, livre en main, s'absorber dans le texte avec une si religieuse attention, qui eût pu se méprendre sur la véritable destination du poème? C'était moins sur les planches que dans les têtes qu'il se jouait.

« Le lendemain à midi, heure solennelle où l'amant passionné de la lumière en avait salué les splendeurs, une affluence compacte d'amis en habit de fête, d'acteurs en habit de ville et de fonctionnaires en tenue, se pressait dans le salon de réception. Voici le vieux Mayer, vêtu à la Klopstock, et l'improvisateur Hummel (maître de chapelle de la cour); voici l'incomparable découpeuse de silhouettes, l'amie de Mendelssohn, mademoiselle Shopenhauer; voici Gretchen au bras de Faust; voici Herder (1) ressuscité sous les traits de deux petites filles dont Gœthe avait doté la mère. Il y avait de l'humain en lui; à l'occasion il savait sortir de lui-même.

« Parlerai-je d'un banquet en l'honneur de l'anniversaire où les lettrés du pays firent assaut de harangues et de couplets?... »

A propos de la conversation de Gœthe et de son culte pour la nature, dont il a déjà été parlé (*Mélanges*, I, p. 207 et 211), M. Pavie écrit : « Les paroles tombaient lentement et sûrement de ses lèvres, avec une pureté de langage assez fréquente chez les étrangers... L'attitude de Gœthe, au centre des mille sujets qu'il dominait de sa portée, n'était celle ni du poète, ni de l'historien, ni du savant, ni de l'artiste; c'eût été le borner que de lui assigner un aspect. Il conversait en esprit organisateur occupé à recueillir, pour sa jouissance propre, et jusqu'à la dernière minute de sa vie, les éléments d'une synthèse, réalisée dans l'ensemble de ses écrits. L'on était alors au début de la querelle engagée entre Geoffroy Saint-Hilaire et Cuvier sur l'unité de structure animale. Si quelqu'un, en dehors de la France et de la science (dans l'acception pratique du mot), avait droit de s'y immiscer, c'est à coup sûr l'auteur hâtif et vigilant de la *Morphologie* et

---

(1) C'est sans doute *Schiller* qu'il eût fallu dire; et *une* au lieu de *deux* petites filles. (Voy. *Mél.*, I, p. 205.)

de la *Métamorphose des plantes*. L'hypothèse d'une nature comprimée à divers degrés, dans son épanouissement final, par des causes déterminantes des genres et des espèces, lui souriait de préférence à celle d'une intervention personnelle et divine dans le jeu de la création. Il a été déjà parlé de ce qu'on n'oserait appeler l'anthropomorphisme de Gœthe : Dieu inconscient, omis ou relégué dans les espaces inaccessibles, régnant et ne gouvernant pas; l'homme, être central, type immortel et radieux autour duquel gravite le monde. »

Un mot sur le foyer de Gœthe : « Là siégeaient et son fils, le premier par le sang, sinon par la valeur et la signification personnelle, et sa bru charmante, Ottilie de Pogwisch, l'âme de sa famille et le sourire de sa maison, et ses trois petits-enfants sur le front desquels le vieillard répandait ses plus affectueuses tendresses. »

M. Pavie note enfin l'excursion faite par David et mon père au champ de bataille d'Iéna. Iéna est près de Weimar et l'excursion ne demandait qu'une matinée : « L'itinéraire de nos Polonais les acheminait de ce côté. »

M. Pavie m'a écrit d'Angers, à la mi-février 1875 :

« Qui craindriez-vous de fatiguer en le questionnant sur votre père? Qui de ceux qui l'ont lu ne l'ont admiré et de ceux qui l'ont connu ne l'ont aimé? Il n'était que patrie et poésie...

«Après les adieux d'Iéna, nous nous retrouvâmes dans Berg'strasse où les nœuds se resserrèrent plus étroitement encore. Je le recherchai avidement lors de son arrivée à Paris, où l'amitié de David le mit immédiatement en rapport avec les illustrations contemporaines. Un de mes camarades d'alors, rompant tout récemment, à mon égard, un demi-siècle de silence, évoqua au début de sa lettre le souvenir d'un dîner chez Boulay-Paty, dîner intime dont Adam Mickiewicz et David étaient les héros. Ma jeunesse et mon obscurité me tenaient naturellement à distance de votre père... Je me rappelle avec quel enthousiasme en parlait Montalembert qui avait appris le polonais pour le lire et pour le traduire. Je retrouve dans mon album, sous la date de 1843, trois vers de Mickiewicz, en langue originale, avec la traduction suivante :

« Plus la muraille est haute, plus les fondements en doivent être profonds. La hauteur de la journée d'un sage se mesure d'après la profondeur de son humilité » (1).

M. Pavie, dans sa brochure, reparle de Mickiewicz venu à Paris après l'insuccès de l'insurrection polonaise de 1831 : « Nous le vîmes à nos foyers d'étudiants doux et simple comme un enfant, parfois pensif et taciturne, et le front penché sous les angoisses de sa patrie ; il eût donné pour elle non-seulement sa vie, mais sa gloire, si tant est que la gloire lui eût été de quelque souci. Son entrée, presque inaperçue au salon de Victor Hugo où il s'éteignit de si bonne grâce dans le groupe obscur des visiteurs, est demeurée pour nous le type de l'abnégation... » M. Pavie rappelle que « la médaille de Weimar a reçu du ciseau de David les proportions d'un buste en marbre ; » et qu'un moment « Mickiewicz s'installa sous le toit de ce généreux ami, dans une maison de campagne à quelques lieues de Paris. » Il ajoute qu'un jour il se

---

(1) Ces vers sont tirés des *Zdania i Uwagi* de Mickiewicz, *Maximes et Sentences* d'après les plus célèbres mystiques ; ils portent pour titre : *Wierzcholek i Podstawa* (le Sommet et la Base).
(*Note de l'éditeur.*)

présenta chez lui, un album à la main, pour réclamer une ligne de sa plume, et que l'autographe de Mickiewicz se trouva placé entre un sonnet de Sainte-Beuve et un dessin à l'encre de Hugo.

Nouvelle lettre de M. Pavie le 25 février : « En parcourant les pages rédigées par M. Odyniec sur des notes contemporaines, j'ai surpris ma mémoire en défaut sur quelques points, et le passé remis avec son intégrité sous mes yeux grâce à ce narrateur fidèle s'est nettement reconstitué. Heureusement qu'à cela près des inexactitudes de détail, l'impression générale que j'ai essayé de reproduire sans documents et après coup ne se trouve point en désaccord avec la sienne. J'ai écrit à travers un éblouissement de jeunesse et d'émotion, dont, à l'heure qu'il est, j'ai peine encore à me défendre... Le portrait de Mickiewicz, que vous avez bien voulu joindre à votre envoi (du premier volume des *Mélanges*), double l'intérêt et en relève la valeur. Quelque ressemblant qu'il soit dans son idéal d'art et de poésie, il ne dépasse point le cher et vivant exemplaire que j'en garde au fond de ma pensée et que les ravages du temps n'ont point altéré. »

Dans sa brochure, M. Pavie, qui appartient à ce que l'on appelait en France « le parti catholique » et qui a été l'ami du R. P. Jérôme Kaisewicz de la Résurrection, avait attaqué la phase messianique de la vie de mon père et s'était exprimé irrespectueusement sur Towianski dont il avait parlé comme d'un « Cagliostro vulgaire, intervenu à point nommé pour s'emparer de l'esprit de Mickiewicz et pousser au mysticisme la nature essentiellement religieuse du poète. » A mes observations il répilqua : « Quant au fidèle et au croyant, je n'en saurais revenir : en dehors de l'orthodoxie, l'image de Mickiewicz se fausserait... En poète, en citoyen qu'il était, il n'a pu croire à la régénération individuelle en dehors de l'influence sociale qui en est le foyer et le centre ; en chrétien, il n'a pu accuser Rome d'un silence démenti chaque jour à la face du tzar comme à la face du monde, par les protestations ou bien encore par les battements de son cœur. » — Or, loin de croire que l'individu pût tout seul faire son salut, mon père croyait que le milieu national est nécessaire au salut des Polonais. Quant aux Polonais qui se déchargent sur le Saint-Siége du devoir patriotique qui incombe à chacun d'entre eux, je me bornerai à citer la phrase de la lettre par laquelle Léon XIII annonça son avénement à Alexandre II, et où il est dit : « que les sujets catholiques de Sa Majesté, conformément aux enseignements de la foi, se montreront soumis et dévoués. » Il fut répondu à Sa Sainteté : « La tolérance religieuse est consacrée par les traditions historiques et les mœurs nationales de la Russie. Il ne dépend pas de l'Empereur d'écarter les difficultés. Tous les moyens de protection seront employés, qui se peuvent concilier avec les lois fondamentales de l'Etat. » Et l'on ne dit point que le Pape ait relevé, comme il le méritait, le cynisme tzarien !

III

LA SEMAINE DE MIEL D'UN CONSCRIT

(Voy. 1er vol. de ces *Mélanges*, p. 131.)

La Semaine de miel d'un conscrit, fragment des *Mémoires d'un sergent polonais*, a paru pour la première fois comme *Mélanges* dans la livraison de mai 1835 (et non

1836, comme il a été imprimé à tort) de la *Revue du Nord*, à Paris. (Voy. 1ᵉʳ vol. in-8º de la collection de cette Revue, p. 576-588.) Il n'y a point de nom d'auteur, et la note finale sur Dwernicki porte la mention : (*Note du rédacteur*). Une table placée à la fin du vol. IV indique ceci : « *La Semaine de miel d'un conscrit*, extrait des Mémoires d'un sergent polonais et publié par Adam Mickiewicz. »

IV

PEUR D'INVASION LITTÉRAIRE ET VANITÉ NATIONALE

J'ai rappelé (dans le premier volume de ces *Mélanges*, p. XXIII) l'insurrection du public parisien contre Shakespeare, parce qu'Anglais. Louis Bœrne, dans le Vᵉ vol. de ses Œuvres, consacré à ses souvenirs de Paris en 1822-1823, cite la brutalité du parterre de la Porte Saint-Martin, lorsque, le 31 juillet 1822, une troupe anglaise essaya de représenter le *More de Venise*. On repoussa ce qu'on appelait une invasion littéraire. Bœrne décrit d'une manière très vive cette scène où Martainville fut mis à la porte et où les spectateurs se donnèrent en spectacle. Paris a depuis réparé cette conduite discourtoise et inhospitalière. (Voy. la notice que M. Guiran a mise en tête de la traduction déjà citée des *Lettres* de Bœrne de 1830-1831.)

Mon père constatait vingt ans plus tard (comme on le voit ci-dessus, p. 443) le changement qui s'était opéré dans les esprits en France. Mais, si la peur d'invasion littéraire cessa et si le romantisme finit par être accepté en dépit de la répugnance qu'il rencontra d'abord par son origine exotique, les littératures étrangères, malgré le efforts des esprits d'élite, sont encore fort peu cultivées en France. Les classes de langues étrangères, qui furent créées dans tous les collèges en 1840, donnèrent des résultats à peu près nuls. Il est peu probable que les nouvelles tentatives, faites dans le même sens après 1871, réussissent mieux. Cela tient, non à la paresse d'esprit, mais à la suffisance. La nation la plus sympathique est en même temps la plus fermée ; elle compatit aux souffrances des autres, sans se donner la peine d'écouter leurs pensées ; expansive, elle répand à pleines mains ses idées sur le monde, mais elle n'en reçoit guère, car elle a souvent la vanité de croire que les siennes sont toujours les meilleures, de même qu'elle est disposée à trouver ridicule tout ce qui n'est point conforme à la mode française du jour.

Et pourtant, si la France veut conserver la primauté morale, il importe qu'elle ouvre son âme à toutes les inspirations du génie, fût-il étranger ; car elles proviennent de l'Esprit qui souffle où il veut.

V

DOUBLE BOUTADE SUR CE QUE LA FEMME PRÉFÈRE

(Voy. les présents *Mélanges*, II, p. 76, 82.)

Byron a écrit : « La vérité est que les esprits supérieurs sont rarement compatibles avec les paisibles inclinations de la vie de famille. C'est le malheur des grands esprits, dit Pope, d'être plus admirés qu'aimés. La continuelle réflexion sur soi-même, les études et toutes les habitudes du génie tendent à séparer du vulgaire des hommes celui qui le possède, ou, pour parler plus exactement, celui qui en est possédé. Victime de sa propre supériorité, il ne comprend personne et n'est compris de personne. Il jette dans un pays où il n'y a que de la petite monnaie en circulation de l'or à pleines mains. On sent bien sa grandeur, mais il faut une espèce d'égalité pour qu'il se forme des inclinations réciproques. La nature a voulu que sur cette terre aucun de ses ouvrages ne fût parfait. Celui qui allierait aux dons brillants du génie cette douceur de caractère et ces sentiments paisibles qui forment la base du bonheur domestique serait plus qu'un homme. Qu'on considère la vie de tous les grands hommes et l'on trouvera qu'il y a eu peu d'exceptions, si tant est qu'il y en ait eu. »

« Tout cela est parfaitement vrai, ajoute Bœrne; et les parents de filles nubiles ont bien raison, dans le choix de leurs gendres, de faire plus d'attention à l'argent qu'au génie. Je ne connais pas de femme qu'un sot ait rendue malheureuse et aucune qui ait vécu heureuse avec un homme de génie. »

VI

UNE EXPLICATION RABBINIQUE DU NOMBRE 44

(Voy. les présents *Mélanges*, II, p. 270-279.)

Joseph Zaleski, le cousin et l'inséparable compagnon de notre grand poète Bohdan Zaleski, écrivait d'Endoume, le 16 juin 1837, à Charles Wodzinski « Un de mes amis m'a dit qu'un rabbin de Jérusalem arrivé depuis deux ans en Pologne, lui a expliqué l'énigme de 44. Avant de vous relater cette explication, j dois vous prévenir que ce rabbin, qui se nomme Benjamin, porte, parmi ses livres saints, les œuvres d'Adam, et n'est jamais aussi heureux que quand il rencontre quelqu'un avec qui il peut parler à cœur ouvert. Ce rabbin est retourné à Jérusalem. Il a exercé en Pologne beaucoup d'influence sur les juifs et a même fomenté parmi eux une sorte de conspiration, et fondé à Slawuta une imprimerie hébraïque secrète. Il en est résulté l'an dernier qu'une vaste enquête s'y est poursuivie et que beaucoup de juifs ont été déportés en Sibérie. Voici maintenant comment il explique le 44 d'Adam. Ceux-là se trompent, dit-il, qui voient dans ce chiffre : « Prince Adam Czartoryski, roi de Pologne, grand-duc de Lithuanie. » Ma cabale talmudique donne une explication toute différente, à savoir, L. V. D. En effet, D, dans la numération romaine, signifie 500, et LV signifient 55 ; mais, placés devant D, c'est-à-dire devant le nombre 500, ils doivent être soustraits (1), et de la sorte, 500 moins 55, reste 445. Comme, selon les règles de la cabale, d'un nombre dans lequel figure trois fois le chiffre 5 il faut toujours retrancher le dernier chiffre, par conséquent, après ce retranchement, de 445, il restera 44, c'est-à-dire, ainsi que cela a été dit plus haut : *Lud* (le peuple). — Quand vous verrez Adam, montrez-lui cette solution cabalistique. »

J'ignore ce que mon père aura dit de cette ingénieuse interprétation, qui a quelque analogie avec celle donnée au 515 de Dante (DXV = DVX, voy. p. 270). Mais je rappellerai la croyance de mon père à la nécessité des fortes individualités et sa foi en la venue d'un Sauveur personnel.

(1) Ainsi L = 50 ; XL = 50 — 10 = 40. (*Note de l'Éd.*)

VII

DES SPOLIATIONS RUSSES

(Voy. les présents *Mélanges*, II, p. 119.)

Le *Golos* (*la Voix*), de Saint-Pétersbourg, à propos des archives de Lithuanie transportées à Saint-Pétersbourg en 1795, et qui sont une très riche source historique pour les annales du XIV° et du XV° siècle, exprime le regret que ces trésors soient depuis un siècle la proie de la poussière et des rats : « La routine bureaucratique, écrit cette feuille russe, s'est endormie sur ces documents comme le chevalier de la légende qui garde des trésors enchantés ; encore le chevalier soulevait-il de temps à autre le couvercle de la caisse et s'émerveillait-il de la vue des joyaux, tandis que la bureaucratie a oublié les siens. Ces archives sont dispersées en trois endroits, partie au sénat, partie à l'état-major général et partie à Moscou. L'accès des archives laissées à Saint-Pétersbourg est des plus difficiles. Elles ont été confiées à la protection éclairée d'un fonctionnaire, dont non-seulement l'instruction ne répond pas à sa tâche, mais qui est empêché de s'en occuper par suite d'une autre profession. En effet, le chef des archives exerce aussi le métier de dentiste à Orianembaum, à 40 verstes de Saint-Pétersbourg. Il n'a donc que peu d'instants qu'il puisse passer au milieu des vieux parchemins. Tel est le personnage éclairé et actif auquel les archives sont confiées depuis vingt années. » Ces édifiantes révélations du *Golos* sont citées dans un recueil polonais de Cracovie, le *Dwutygodnik Naukowy*, consacré à l'archéologie, à l'histoire et à la linguistique. (Numéro 22, du 15 novembre 1878.)

Catherine II, soucieuse d'avilir toutes nos reliques nationales, imagina de se faire faire, du trône des rois de Pologne, une chaise percée! Mais cette profanation eut son châtiment. C'est sur cette chaise percée que la mort surprit cette Messaline du Nord. (Voir *Ostanie lata Stanislawa Augusta*, c'est-à-dire *Les dernières années du règne de Stanislas-Auguste*, par M. Kalinka, première partie, p. xcvi. Posen, 1868, 2 vol. in-8º.)

VIII

PHILOMATHES, PHILARÈTES ET RAYONNANTS

J'ai, au commencement de ce volume, parlé des sociétés de jeunes gens auxquelles mon père a pris part en Lithuanie; et j'y ai en partie rectifié les erreurs commises à ce sujet par ses biographes.

Voici deux notes complémentaires qu'on lira sans doute avec intérêt et qui sont tirées : l'une du petit volume *Pamientnik o Filomatach i Filaretach*, par feu Ignace Zdanowicz, publié par la *Biblioteka Ludowa Polska*; et l'autre d'une biographie polonaise de Thomas Zan, publiée à Cracovie.

Au lieu que, comme on l'a dit souvent, le groupement des jeunes gens ait commencé par les *Rayonnants*, puis se soit développé et étendu par les *Philarètes*, et se soit concentré finalement dans les *Philomathes*, la vérité est que l'association débuta secrètement par les *Philomathes*, qui créèrent les *Philarètes* comme une sorte de noviciat également secret, et établirent les réunions publiques des *Rayonnants*, pour chercher et préparer des adeptes aux *Philarètes*.

En 1817, six élèves de l'Université, Zan, Mickiewicz, Jezowski, Malewski, Czeczot, Pietraszkiewicz, résolurent de réformer la jeunesse en lui imprimant une direction morale et patriotique. Et le 1er octobre 1817, ils formèrent l'association des Philomathes (qui aiment leur patrie). Les Philomathes s'engageaient sous serment à travailler toute leur vie au bien de leur patrie, à cultiver la science et la vertu, à entraîner par leur exemple les autres jeunes gens. Ils voulaient publiquement et légalement s'employer à relever de sa chute leur patrie en en corrigeant les mœurs. Le 10 avril 1819, les Philomathes formèrent une autre société, celle des Philarètes, dont les membres, sans prêter de serment, s'engageaient simplement au secret. Le 3 janvier 1820, ils résolurent de créer des groupes séparés. Les Philomathes engageaient à devenir Philarètes les jeunes gens qu'ils jugeaient les meilleurs. Les Philarètes les plus fervents devenaient Philomathes. Jusqu'en 1820, les Philomathes n'atteignaient qu'au chiffre de douze membres. Comme les Philarètes s'augmentaient trop lentement, Zan, en avril 1820, imagina une société nullement secrète, celle des *Rayonnants* ou des *Amis des amusements utiles*. Zan écrivit leurs statuts et, dans des promenades à la campagne, il leur faisait un cours sur l'amitié. Les Rayonnants devaient préparer des dissertations qui seraient lues entre collègues. La jeunesse afflua. Les Rayonnants se divisèrent alors en sections qui, dans les excursions aux environs des villes, se groupaient autour d'un parasol d'une même couleur et nommaient un trésorier qui faisait le partage des vivres. En 1821, les Rayonnants furent dissous, mais plusieurs d'entre eux admis parmi les Philarètes qui, de 1821 à 1822, comptèrent plus de 200 membres environ. Les Philarètes se subdivisèrent en groupes, généralement d'après la Faculté suivie par ses membres : les médecins étaient les plus nombreux. Ces groupes avaient des appellations : le groupe poétique s'appelait *les Roses*, le groupe des étudiants en droit, *les Verts*. Chaque groupe avait un directeur qui maintenait le bon ordre, un conseiller qui présidait, un secrétaire qui rédigeait le procès-verbal. En 1823, les Philomathes, n'étant pas sûrs de tous les Philarètes, prononcèrent la dissolution de cette société. La dénonciation de Jankowski, l'un des Philarètes, amena les arrestations. L'ukase qui frappe les Philomathes est du 14 septembre 1824.

La société des Rayonnants était si peu secrète que les statuts en furent approuvés par le recteur d'alors de l'Université, Simon Malewski, et par l'évêque de Vilna, Kundzicz. Mais les Rayonnants suscitèrent des criailleries, et le général russe Korsakoff s'en étant ému, la société fut dissoute et remplacée par la société des Philarètes, dont le comité directeur était les Philomathes. Dénoncées au prince Czartoryski, alors curateur de l'Université, ces deux sociétés brûlèrent les procès-verbaux de leurs séances au printemps de 1822, et préférèrent ne plus exister que de risquer d'attirer des persécutions sur la jeunesse. En mai 1823, Michel Plater, élève de la 5ᵉ classe du Gymnase, écrit sur le tableau : « Vive la Constitution du 3 mai 1791! » Le professeur Ostrofskoï dénonça ce fait au gouverneur Korsakoff, comme l'indice d'un complot, et le grand-duc Constantin, auquel Korsakoff en référa, envoya Novitsiltzoff faire une enquête. Cinq élèves du Gymnase furent incorporés dans l'armée. D'autres arrestations eurent lieu parmi la jeunesse, et un certain Jankowski dénonça l'existence des Philomathes et donna les noms de Zan, de Czeczot, de Jézowski et d'Adam Mickiewicz, qui furent arrêtés le 23 octobre 1823. Le 1er et le 2 novembre, Jankowski dénonçant au hasard, les arrestations eurent lieu par centaines. Au bout de six mois, Zan, ému de pitié pour la multitude de jeunes gens emprisonnés, se déclara fondateur des Philomathes, prenant toute la faute sur lui, si faute il y avait. Un ukase du 14 septembre 1824 condamna à diverses peines 4 professeurs de l'Université, 11 Philomathes et 9 Philarètes, « coupables du crime d'avoir propagé l'insensée et imaginaire nationalité polonaise dans les provinces russes. » Zan fut déporté à Orenburg. Une foule de jeunes gens furent incorporés dans l'armée, et s'en allèrent mourir dans la campagne de 1828, sous les murs de Braïla et de Varna. Novitsiltzoff devint curateur, Pelikan recteur à vie, Baikoff, Bécu, Botwinko, Lawrinowicz et Szlikoff reçurent de grosses récompenses, mais la plupart n'en jouirent pas longtemps. Baikoff mourut d'apoplexie quelques mois après, Lawrinowicz succomba bientôt à une affreuse maladie, Bécu fut tué d'un coup de foudre et Botwinko, comme Lawrinowicz, expira après de cruelles souffrances. Zan, né aux environs de Minsk, le 21 décembre 1796, mourut à Kochaczyn, Russie Blanche, le 7 juillet 1855. Sur sa tombe ont été gravés les mots : « Thomas Zan, agréable à Dieu et aux hommes, et dont la mémoire est une bénédiction. » On lui avait permis, en 1837, le séjour de Pétersbourg ; et en 1841, il put revenir dans sa patrie, en Lithuanie.

AU LENDEMAIN DE DEUX CONGRÈS

Chaque œuvre d'Adam Mickiewicz est une revendication de la nationalité polonaise, et cette nouvelle série d'écrits posthumes paraît dans un moment qui semble donner un démenti éclatant à nos espérances.

Le mois de juin 1878 a vu s'ouvrir deux congrès : le congrès littéraire de Paris en même temps que le congrès politique de Berlin. Certes, il n'y avait aucune chance de se faire, je ne dis pas écouter, mais même seulement entendre des plénipotentiaires à un congrès présidé par le prince de Bismarck, en leur présentant une réclamation polonaise ; mais il est triste qu'un congrès présidé par Victor Hugo, dont le vaste esprit embrasse tous les peuples en une généreuse sympathie, ait été dominé par la crainte de déplaire aux Cabinets.

Dans le *Rapport* présenté au Congrès littéraire international, au nom de la troisième commission, par M. Luis Alfonso, et qui a été publié chez Chaix, à Paris, in-8º, 1878, on lit (p. 11) : « Le délégué russe, M. Boris Thiviler, a très-peu parlé ; il a été aussi laconique et aussi éloquent qu'un Spartiate. Les gens de lettres n'ont pas lieu de se plaindre en Russie ; le public de lecteurs est très-nombreux et très-enthousiaste ; les dames russes lisent plus que les dames françaises et beaucoup plus que les Espagnoles et les Italiennes ; le vrai talent y est sûr de faire son chemin, de trouver des éditeurs et même de gagner de l'argent ; s'il y a des écrivains malheureux, c'est parce qu'il y en a partout. ».

Déjà en 1874, au Congrès international d'anthropologie et d'archéologie préhistorique de Stockholm, bien qu'il eût été convenu que toutes les nationalités qui prenaient part au congrès auraient une représentation réelle dans le conseil, les Polonais demeurèrent exclus, malgré la présence de notre grand écrivain I. J. Kraszewski, qui est universellement connu, et de M. Henri Bukowski, qui habite la capitale de la Suède et y est généralement estimé. Mais il y eut des nationalités doublement représentées et la Finlande elle-même ne fut pas omise. C'est que les uns voient en nous des révolutionnaires incorrigibles, qui ne peuvent se décider à mourir, et les autres des cléricaux incivilisables. (Voy. *Congrès international d'anthropologie et d'archéologie. Session de 1874 à Stockholm. Notes de Kraszewski*, de l'académie des sciences de Cracovie, broch. in-8º, Paris, 1874, p. 12.) On nous reproche déjà presque l'importunité du Juif errant. Mais la calomnie la plus enfiellée n'a pu encore découvrir de quel crime nous pourrions bien être coupables.

Cette fois, du milieu d'une nombreuse assemblée de littérateurs de nations diverses, spontanément réunis en congrès dans un pays libre, dont beaucoup jouissent d'une juste renommée et plusieurs d'une célébrité universelle, il ne s'est trouvé personne pour stigmatiser l'épouvantable tentative qu'affiche et poursuit cyniquement un gouvernement de supprimer une langue que parlent des millions d'hommes et dans laquelle ont été écrits, pendant des siècles, des chefs-d'œuvre de l'esprit humain!

Bien plus, le congrès a repoussé la proposition d'un blâme « aux entraves qui existent à la pensée humaine, » bien que, par timidité ou excès de prudence, l'auteur ait évité de dire lesquelles ni où !

N'est-ce pas un phénomène surprenant et profondément triste que des hommes de lettres, qui se donnent comme les représentants de toutes les libertés et même de toutes les hardiesses de l'esprit, se soient mis volontairement au niveau moral des vieux diplomates

Or, dans l'enquête ouverte par le congrès littéraire sur la situation de la presse dans les divers pays, le silence était obligatoire pour ceux des membres du congrès qui devaient retourner dans un empire où une parole de trop, prononcée à Paris, les eût exposés à la déportation, par voie administrative, au fond de la Sibérie.

Les égards de politesse que la France tient à observer à l'endroit de ses hôtes eussent-ils dû aller jusqu'à mettre la lumière sous le boisseau ? La Philosophie française, au dix-huitième siècle, s'est-elle souciée, lorsqu'elle dénonçait les bûchers à l'exécration du monde, de savoir si elle déplaisait à l'Espagne ou au Portugal ?

En plein dix-neuvième siècle, une langue, une littérature sont poursuivies avec un acharnement inouï. Et la conspiration du silence couvrirait de pareils excès ! Et il a pu se tenir à Paris un congrès littéraire, un congrès présidé par Victor Hugo, sans qu'ils aient été signalés !

Aujourd'hui, si l'Europe officielle est prompte à s'émouvoir des iniquités commises par les Etats faibles, elle est plus prompte encore à fermer les yeux sur les iniquités commises par les Etats forts. Selon une théorie, actuellement régnante, il serait de l'intérêt de la France de pactiser avec certaines injustices pour ne pas s'aliéner des alliés éventuels. La vraie tradition française, c'est le cri de la Révolution : « Périssent les colonies plutôt qu'un principe » synonyme de la devise : « Fais ce que dois, advienne que pourra. »

Et maintenant voici notre réponse aux allégations fantastiques du soi-disant heureux régime qui serait fait aux lettres dans l'empire des tzars :

Dans cette immense étendue de la Pologne sur laquelle s'appesantit la domination russe, ce n'est pas la littérature seule qui est aux prises avec l'arbitraire le plus effréné : la langue elle-même est poursuivie systématiquement. A Varsovie actuellement, le polonais est enseigné en russe, même aux petites filles, par un professeur russe, et comme une langue étrangère ! Les livres élémentaires ne sont permis qu'en russe. Tous les cours ont lieu en russe. Les enseignes polonaises doivent être doublées d'enseignes russes. Dans les justices de paix, des magistrats russes essaient de concilier en russe des plaideurs qui ne savent pas le russe; et les journaux officiels s'impriment en russe, à l'usage d'une population qui ne connaît que le polonais. Nulle société littéraire n'est tolérée, les gens de lettres n'ont pu obtenir de constituer une simple association de secours mutuels.

Les bourses, fondées dans les collèges de Varsovie par des Polonais désireux de contribuer à l'instruction de leurs compatriotes pauvres, sont décernées exclusivement à des élèves russes, aux fils des fonctionnaires chargés de pressurer la Pologne. M. Leroy-Beaulieu, si favorable qu'il soit au gouvernement russe, constate lui-même qu'en Pologne il n'y a pas, comme dans le reste de l'empire, d'assemblées territoriales, ni de juges de paix nommés par elle; qu'en revanche, les juges nommés par l'Etat y reçoivent un traitement plus élevé que dans le reste de l'empire, prélevé sur les contributions dont la Russie frappe les propriétaires polonais depuis

1863. « Dans tout l'empire, ajoute M. Leroy-Beaulieu, le royaume de Pologne et les trois provinces baltiques étaient seuls à posséder des avocats dignes de ce nom. L'édit de 1876, qui a rendu l'usage de la langue russe obligatoire et exclusif dans tous les tribunaux de l'ancien royaume, a mis fin à l'existence du barreau polonais. » (L'*Empire des tzars*, dans la *Revue des Deux Mondes*, 1er décembre 1878.)

Tel est le régime du royaume de Pologne, c'est-à-dire de ce lambeau de notre ancienne République, affublé de cette dénomination par le Congrès de Vienne, dans le but de faire oublier le polonisme des vastes provinces laissées en dehors de cette combinaison diplomatique. Dans les provinces qui nous ont été ravies les premières, l'emploi de la langue polonaise est interdit même au foyer domestique. Des maîtres, sur la dénonciation de leurs domestiques, sont condamnés à des amendes, pour avoir, dans l'intimité, parlé la langue de leurs pères! Dans les écoles, le gouvernement n'accepte qu'une proportion minime d'élèves polonais, et la plupart des carrières leur sont fermées dans leur pays. Aucun journal polonais n'y peut paraître, aucune pièce polonaise n'y peut être représentée. A Varsovie même, aucun costume polonais n'est toléré. Un attelage polonais constitue une contravention. Sur la scène, dans une pièce qui se déroule à Cracovie, la censure remplace par des chapeaux les bonnets cracoviens.

Nulle part, la censure n'est plus inepte. Quand mon père publiait ses premières poésies, il disait ne connaître que trois génuflexions qui ne soient pas humiliantes : devant Dieu, devant nos parents et devant une amante. Le censeur biffa le sonnet en écrivant en marge : « Et « devant le tzar? » Naguère parut à Varsovie la traduction russe presque intégrale du poème le *Sieur Thadée*, dont le texte polonais subit, au contraire, d'effroyables mutilations. L'année dernière, dans le *Journal des Enfants*, sous un portrait d'Etienne Batory, la mention « roi de « Pologne » a été remplacée par celle de « roi des pro- « vinces vistuliennes. » La censure se flatte de faire oublier ainsi que Batory régna, non-seulement sur la Vistule, mais sur la Warta, sur la Dzwina et sur le Dniéper. Dans une traduction d'Emerson, qui paraissait en feuilleton et où se trouvait une critique assez vive des travers de la femme, le censeur supprima le passage en notant sur la marge : « Ne pas oublier que S. M. l'impératrice est « aussi une femme ! » A un auteur qui venait d'écrire un volume sur l'histoire de Pologne au seizième siècle, la censure défendit d'employer le mot « confédération ! » Dans une traduction polonaise de Schlosser, il était dit que les troupes de Pierre Ier ravagèrent la Finlande. La censure corrigea en mettant : « y rétablirent l'ordre. »

A Saint-Pétersbourg, la censure préalable n'existe pas pour les journaux, à moins que ceux-ci ne trouvent plus prudent de l'invoquer. A Varsovie, cette censure préalable est obligatoire. Le temps, pendant lequel le censeur garde les épreuves, n'est pas fixé. Il arrive que le censeur garde quarante-huit heures le numéro d'une feuille quotidienne. D'autres fois, il bouleverse toute la mise en pages : si les phrases ainsi mutilées n'ont plus le sens commun, la rédaction ne peut combler aucune lacune, sous peine de procès. Il est permis d'en appeler d'un censeur au comité de censure et du comité de censure au ministre. Recours illusoire, qui exposerait l'écrivain à un redoublement de tracasseries. Il y a des sujets interdits à la presse, tels que les Grecs-Unis, l'Émigration, l'instruction publique et toute critique de l'administration. Pendant plus d'un an, aux portes de Varsovie, il y eut quelques kilomètres de chaussée d'abîmés. Les habitants n'osèrent ni réparer la chaussée, ni se plaindre de son délabrement, jusqu'à ce qu'il plût au gouvernement de le remarquer; ils transbordaient les marchandises, et les voitures passaient en plein champ. Il est défendu de jamais mentionner un événement qui se passe en Galicie ou en Poznanie, ailleurs que sous la rubrique : *Nouvelles étrangères*. Un journal de Varsovie a payé cent roubles d'amende pour avoir annoncé sous la rubrique : *Nouvelles du pays*, qu'il était tombé de la neige à Cracovie. Cent roubles d'amende également pour avoir annoncé qu'une jeune fille, élevée à l'hôtel Lambert (institution polonaise de Paris), cherchait une place de gouvernante.

Les manuscrits, envoyés sous bande de l'étranger, vont à la censure. Si un manuscrit lui déplaît, la censure est libre de le confisquer. Elle le brûle quelquefois. Un censeur plus pratique a vendu à beaux deniers comptants une collection de manuscrits confisqués par lui au cours de ses fonctions.

Les journaux polonais sont officieusement invités à traduire des nouvelles intéressant les Russes seuls, et les feuilles illustrées à entremêler la description de villes polonaises de la description des localités russes les plus insignifiantes. En revanche, si un journal russe publie quelque article libéral, les feuilles polonaises doivent n'en pas souffler mot. Un professeur russe, M. Gradowski, avait fait des avances aux Polonais. Les journaux de Varsovie ne purent traduire ses articles, qui avaient cependant passé par la censure de Saint-Pétersbourg. Les journaux polonais paient souvent et fort cher des écrivains russes, qui touchent, en qualité de gérants, de gros traitements sans écrire un seul mot et uniquement pour traiter avec la censure.

En dépit d'entraves aussi colossales, il a paru, en ce siècle, plus de livres polonais que de livres de tous les autres idiomes slaves, pris ensemble, y compris le russe.

Les écrivains dramatiques polonais n'ont aucuns droits d'auteur. Le théâtre impérial de Varsovie paie 50 roubles un acte en vers, 30 roubles un acte en prose et le joue ensuite tant qu'il lui plaît. Le théâtre impérial a un monopole, et un théâtre de province doit obtenir son agrément pour jouer une pièce et lui payer un droit énorme, sans parler du droit des pauvres et des droits municipaux. Les autres théâtres de Varsovie ne peuvent jouer que l'été et en plein air. Les opéras subissent les modifications les plus baroques, jusque dans leurs titres. Le *Prophète* y devient Jean de Leyde, la *Muette de Portici* Fenella, *Guillaume Tell* Charles le Téméraire, etc. Lorsque les pièces de l'un de nos poètes, Jules Slowacki, sont jouées, les affiches ne portent jamais que ses initiales, quoique dans les journaux il soit permis de mentionner son nom. Toute improvisation est un délit. Chaque conférence doit être soumise en manuscrit à la censure qui paraphe chaque page, et au moindre changement de phrase il y a procès. Aucun Russe de bonne foi ne saurait nier l'exactitude navrante de mes affirmations.

Et quand une si dure position est faite à la littérature polonaise dans l'empire des tzars, la littérature russe y est-elle donc dans une position bien brillante ?

L'écrivain russe exilé, Alexandre Hertzen, a tracé à ce sujet, en des pages douloureuses, un tableau que je n'hésite pas à opposer à l'étonnante satisfaction qui s'est produite dans le congrès littéraire international de Paris.

Après avoir dit la pauvreté de la littérature élémentaire nationale russe, dont les mélancoliques chants populaires ne pénétraient guère que par les nourrices ou des vieux serfs dans les châteaux, et dont les sombres méditations des sectaires persécutés avaient peine à échapper à la double surveillance de la police orthodoxe et de l'Eglise policière ; — puis avoir montré comment, en Russie, la littérature civilisée n'est qu'une fleur exotique transportée à grands frais dans les serres impériales de Pétersbourg, qui fut cultivée dans des écoles d'Allemands cosmopolites, dans les casernes de la garde impériale et les chancelleries des bureaucrates, de façon que les Russes eurent une littérature d'Etat, comme les Allemands ont eu leur « philosophie d'Etat, » et qui finalement donna des fruits pleins d'amertume, puisque sans base populaire, sans nécessité intérieure d'existence, sans souvenir, rompant avec le passé et méprisant tout ce qui était russe, à l'exception de la force brutale et de la gloire militaire, elle se méprisait elle-même, vu la position ridicule d'une société pour ainsi dire condamnée à une civilisation pénale, Hertzen a écrit :

« La littérature russe, proprement dite, ne commence qu'avec le dix-huitième siècle, c'est-à-dire avec la réforme de Pierre I*er*. Elle en sort, nouvelle Minerve, tout armée de diplômes et en uniforme académique. La période naïve d'une croissance normale lui manque. Elle débute par les satires du prince Cantémir, et prend racine par les comédies de Von Viezen, pour aboutir au rire amer de Griboïédow, à l'ironie implacable de Gogol, et à une négation sans peur et sans bornes de la nouvelle école.

« Le seul grand poète et grand artiste qui puisse, par son chant sonore et large et sa placidité esthétique, faire exception, est Puszkin ; et c'est lui qui a tracé la figure triste et tout à fait nationale d'Onéghin (Onéguine), de *l'homme inutile*, qui, étranger dans la famille, étranger dans son pays, ne voulant pas faire le mal et impuissant à faire le bien, ne fait rien au bout du compte, quoiqu'il essaie de tout, à l'exception de deux choses, qui sont : la première, qu'il ne se range jamais du côté du gouvernement ; la seconde, qu'il ne sait jamais se ranger du côté du peuple, — un homme superflu dans la sphère où il se trouve et qui n'a pas assez de force de caractère pour en sortir ; un homme qui tente la vie jusqu'à la mort, et qui voudrait essayer de la mort pour voir si elle ne vaut pas mieux que la vie. Il a tout commencé sans rien poursuivre ; il a pensé d'autant plus qu'il a moins fait ; il est vieux à l'âge de vingt ans, et il rajeunit par l'amour en commençant à vieillir. Il a toujours attendu, comme nous tous à cette époque, quelque chose, parce que l'homme n'a pas assez de folie pour croire à un état de choses tel qu'il existait alors en Russie. Rien n'est venu et la vie s'en est allée...

« Après Puszkin, la première parole grave qui ait été prononcée, le premier essai de solution, essai donnant d'ailleurs une réponse complètement négative, est la lettre célèbre de Czadaïew (Tchadaïef)... Ce fut un défi, un signe de réveil, elle rompit la glace après le 14/26 décembre. Enfin, il était venu un homme dont l'âme débordait d'amertume. Il trouva une langue terrible pour dire avec une éloquence funèbre, avec un calme accablant, tout ce qui s'était accumulé d'acerbe en dix années dans le cœur du Russe civilisé... Sévère et froid, l'auteur demande compte à la Russie de toutes les souffrances dont elle abreuve un homme qui ose sortir de l'état de brute. Il veut savoir ce que nous achetons à ce prix ; par quoi nous avons mérité cette situation. Il l'analyse, cette situation, avec une profondeur désespérante, inexorable ; et après avoir terminé cette vivisection, il se détourne avec horreur, en maudissant le pays dans son passé, dans son avenir. Oui, cette sombre voix ne s'est fait entendre que pour dire à la Russie qu'elle n'a jamais existé humainement ; qu'elle ne représentait « qu'une lacune de l'intelligence humaine, qu'un exemple instructif pour l'Europe. » Il dit à la Russie *que son passé a été inutile, que son présent est superflu et qu'elle n'a aucun avenir.*

« Et, à côté du vieillard austère qui lançait cette excommunication, un jeune poète, Lermontow, chantait ainsi : « Je contemple avec douleur notre génération : son avenir est vide et sombre ; elle vieillira dans l'inaction, elle s'affaissera sous le poids du doute et d'une science stérile. — La vie nous fatigue comme un long voyage sans but... — Nous ne léguerons rien à nos descendants, ni une idée féconde, ni une œuvre de génie ; et ils insulteront nos cendres par un vers dédaigneux ou par le sarcasme qu'adresse un fils ruiné à un père dissipateur... » Lermontow ne porta pas sa tête avec fierté au bourreau comme Pestel et Ryléiew ; car il ne pouvait croire à l'efficacité du sacrifice. Il se jeta de côté et périt pour rien (en duel en 1840).

« L'année même de la mort de Lermontow, parurent *les Ames mortes*, de Gogol. C'est à côté des méditations philosophiques de Czadaïew et des réflexions poétiques de Lermontow, le cours pratique de la Russie. C'est une série d'études pathologiques prises sur le fait, avec un talent gigantesque et tout à fait original. Gogol ne s'en prend ni au gouvernement, ni à la haute société ; il élargit le cadre et sort des capitales : c'est l'homme des bois et des champs, le loup, le gentillâtre ; c'est l'homme de l'encre, le renard, le petit employé de province et leurs femelles étranges qui servent de sujet à ses vivisections. La poésie de Gogol et son triste rire ne sont pas seulement un acte d'accusation contre cette existence absurde, mais le cri d'angoisse de l'homme qui veut se sauver avant qu'on l'enterre vivant dans ce monde de fous. Pour qu'un tel cri puisse s'échapper d'une poitrine, il faut qu'il y ait des parties saines et une grande force de réhabilitation. Gogol sentait, et beaucoup sentaient avec lui, *les âmes vivantes* derrière *les âmes mortes*. »

Hertzen note qu'entre l'école de Tchadaëv qui voyait l'avenir en noir et désespérait de la Russie, et l'école des slavophiles qui, à l'instar du romantisme teutonique, cherchait le salut dans le passé, il s'était formé un groupe de savants, de littérateurs sans arrière-pensée ni parti pris, dont les plus remarquables furent le publiciste et critique Bélinski, le professeur Granowski et l'auteur des *Récits d'un chasseur*, Ivan Tourgueniew.

« Toute la littérature du temps de Nicolas, ajoute-t-il, fut une littérature d'opposition, une protestation permanente contre la suppression de tout droit humain par le gouvernement. Cette opposition prenait, comme un Protée, toutes les formes et toutes les langues. Elle démolissait en chantant; elle sapait en riant. Ecrasée dans un journal, elle renaissait dans une chaire universitaire; persécutée dans un poème, elle continuait dans un cours de sciences naturelles. Elle se manifestait même par le silence... Au milieu de cette germination sourde et cachée, retentit la nouvelle de la Révolution de février. Nicolas résolut d'en finir complètement avec tout mouvement intellectuel en Russie. Il commença donc une guerre ouverte, implacable, à la pensée, à la parole, à la science. Sept ans, la Russie civilisée se traîna, le boulet au pied, dans un silence profond... — « Que Bélinski est heureux d'être mort à temps! m'écrivait en 1851, Granowski (mort lui-même en 1856). Des hommes forts sont tombés dans le désespoir et regardent ce qui se passe avec une muette indifférence. Quand s'écroulera donc ce monde? » Et il ajoutait: « De sourds murmures se font entendre de tous côtés; mais où sont les forces? O frère, que le fardeau de notre vie est lourd! »

Hertzen écrit ensuite qu'après les défaites de Crimée, Nicolas, « Caton du despotisme, » ne voulut pas survivre à un ordre de choses qu'il avait travaillé trente ans à élever, et qu'à la faveur d'une moindre persécution de son successeur, une foule de journaux et de revues parurent, et une littérature d'accusation fut le premier fruit de cette brusque émancipation de la parole. Tandis que les lettrés poursuivaient l'examen critique des rouages rouillés du gouvernement disciplinaire de Nicolas, le gouvernement mit sur le tapis la grande question de l'émancipation des paysans. Les paysans bénirent le tzar, en maudissant la noblesse opposante. Et les écrivains soutinrent tous le gouvernement; mais le gouvernement prit peur.

« Les procès politiques, presque oubliés depuis la mort de Nicolas, reprirent leur cours. Par exemple, le poète Michaïlow, pour avoir adressé à la jeunesse un appel qui n'avait eu aucune suite, fut condamné à sept années de travaux forcés dans les mines... L'incendie d'un quartier de Pétersbourg étant arrivé on ne sait comment (mai 1862), que la police ne sut pas éteindre et auquel aidèrent peut-être quelques voleurs de rue, on en profita pour dénoncer et accuser quiconque avait des idées en désaccord avec les opinions tolérées par le gouvernement ; et la moitié de la besogne de la chancellerie de la police secrète fut faite par la littérature. Le zèle des journaux dépassait toute mesure. On provoquait le gouvernement à des rigueurs exceptionnelles, extraordinaires. « Tout le monde, s'écriait la Revue de M. Kraewski, les *Annales patriotiques*, compte que la police découvrira ces monstres. Le peuple voudrait infliger à ces mécréants des peines qui n'existent pas dans les lois. Il croit que les fusiller, les pendre, serait une peine trop légère, trop noble pour de tels barbares. S'ils tombaient dans les mains du peuple, il les déchirerait, il les brûlerait sur des bûchers, ou les enterrerait tout vivants. » — Les incendiaires les plus coupables, répétait la *Gazette de Moscou*, ne sont pas les malheureux qui portent la torche enflammée, mais les hommes qui prêchent des doctrines incendiaires. — Une revue religieuse, qui se rédige avec un esprit de jésuitisme schismatique, est allée plus loin. Lorsqu'on cherche un voleur, dit-elle, on publie son signalement. On cherche les incendiaires, comment les trouver?... Il faut aussi se rappeler leur signalement. L'incendiaire, c'est l'homme qui ne croit pas à Dieu, qui n'a pas de religion, qui ne respecte pas les autorités établies, qui prêche les principes des révolutionnaires de l'Occident, etc.

« Une revue osa élever la voix en faveur de la jeunesse calomniée : elle fut suspendue; les autres devinrent plus retenues. La suspension du *Sovremennik* (contemporain) ne suffit pourtant pas au gouvernement. On enferma dans la forteresse de Pétersbourg son rédacteur, Czerniszewski, littérateur remarquable et le plus heureusement doué des héritiers de Bélinski, qui avait créé la Revue, et jusqu'à sa mort l'avait rédigée. Czerniszewski fut condamné à sept ans de travaux forcés et à l'exil à perpétuité. »

« Où sont, se demande Hertzen, les nouvelles productions, les nouveaux talents? où le poète, le romancier, le penseur? Quels types se sont dessinés? Quel est enfin l'idéal, le lyrisme, la souffrance exprimée dans l'art? — Rien de pareil. Pas une capacité nouvelle n'a surgi de ces vagues lourdes, noires, de cette marée de sang. Même ceux d'un autre temps qui ont surnagé ont pâli et se sont égarés. Il n'y a plus de livres en Russie. Les journaux ont tout absorbé; heureusement on traduit beaucoup. N'ayant pas de fonds, nous vivons d'emprunts. Notre civilisation exotique continue à être une civilisation d'importation... Les hommes les plus éminents de la période antérieure (sans en excepter Ivan Tourgueniew) sont désorientés comme les autres. »

Et l'écrivain russe poursuit :

« Dans les dernières années de son règne, Nicolas était parvenu à faire taire toute la Russie, mais jamais à la faire parler comme il voulait. On supprimait alors livres et auteurs; mais on ne faisait pas de la littérature une succursale de la police secrète. Au reste, Nicolas n'y tenait pas. Les applaudissements l'irritaient : il se croyait au-dessus de l'appréciation des hommes. Il se souciait peu qu'on fût content ou non de ses ordres, pourvu que ses ordres fussent exécutés et que personne n'osât montrer son mécontentement. Son idéal de l'ordre, c'était l'obéissance passive d'une caserne.

« Au moins si le danger de parler était grand, on pouvait se taire impunément; personne ne venait dire publiquement : *Cet homme se tait non pas parce qu'il n'a rien à dire, mais parce qu'il cache quelque chose; ou, cet homme est triste, ne serait-ce pas, par hasard, qu'il plaint les Polonais?*

« C'est au règne d'Alexandre II qu'appartient l'introduction, dans les rouages administratifs, d'une littérature de surveillance et d'idolâtrie. On fut dès lors mieux surveillé par les littérateurs que par les gendarmes, et le niveau moral baissa, grâce à la prédication incessante d'une politique exterminatrice et d'une philosophie de l'obéissance et de l'esclavage.

« Le mal qu'a fait la *Gazette de Moscou* est énorme... Ce journal, ayant une réputation acquise, et, derrière lui, le prestige des opinions constitutionnelles, vint prendre la défense la plus arrogante, la plus insolente qu'il soit possible de concevoir, des mesures les plus odieuses, des exécutions les plus inutiles... Pour donner une idée de la *Gazette de Moscou*, je pourrais la comparer à un *Père Duchêne* monarchique et absolutiste. Et pourtant cela n'en donnerait qu'une idée bien faible. Dans toutes les divagations des feuilles révolutionnaires, il y avait un fond de conviction ardente, des passions brûlantes, un amour fanatique. La colère du *Père Duchêne* moscovite était froide, et son abandon de l'anglomanie trop peu motivé... « Je tâche, écrit Katkow, de démasquer les ennemis qui entravent les plans du gouvernement. » A la nouvelle de la nomination de l'affreux Murawiew et aux premiers récits de ses hauts faits, un reste de sentiment humain fit tressaillir le cœur de beaucoup de gens faibles. Pour les rassurer, la *Gazette de Moscou* dit : « Personne ne reproche au vainqueur, couvert de lauriers, d'être sanguinaire. Un dignitaire qui prend des mesures énergiques ne peut non plus être accusé de férocité. » Et là-dessus un tas de littérateurs, de professeurs, de membres de notre jockey-klub et de notre jeunesse dorée... à cheveux blancs, offre un dîner à Katkow, dîner où l'on porte, pour la première fois, un toast à Murawiew... L'exemple donné par Moscou fut immédiatement suivi dans les provinces et à Saint-Pétersbourg... L'agitation provinciale, organisée par le ministre de l'intérieur, dévoilait un grand fond de sauvagerie et une démoralisation profonde.

« C'est lui-même que le petit tyran de village admirait dans Mourawieff. Mais, avec tout cela, une part notable de responsabilité doit retomber sur la feuille universitaire. »

Un détail entre mille : « Des littérateurs de l'Ukraine veulent imprimer des livres en petit-russien. — Ils n'ont pas de grandes sympathies pour la Russie... et pas le moindre motif pour en avoir. C'est une intrigue polonaise, s'écrie la *Gazette de Moscou*; ils veulent se séparer! » — « Chut! lui crie-t-on de tous côtés, savez-vous que, par le temps qui court, vous menez les gens tout droit aux casemates! » — « Cela ne me regarde pas. »

Telle est l'exposition critique qu'Hertzen donnait, six années avant sa mort, dans la brochure *Nouvelle phase de la littérature russe* (Bruxelles et Gand, 1864). S'il vivait encore, il n'aurait point, que nous sachions, l'ombre d'un motif de souscrire au contentement exprimé par le délégué russe au congrès littéraire, et que nous avons relevé, à savoir : que « les gens de lettres n'ont pas lieu de se plaindre en Russie. » Il y a même moins de latitude aujourd'hui, de la part du gouvernement impérial, qu'à l'époque de cette espèce de lune de miel du libéralisme russe qui se manifesta par l'amnistie, tandis que, à présent, de nombreux convois de kibitkas politiques et littéraires ont repris leur route vers la Sibérie.

La position des Polonais, durant la guerre d'Orient,

de 1876-1878, a été extrêmement douloureuse. Eux qui, pendant des siècles, sauvegardèrent la chrétienté contre les Turcs et qui ont constamment désiré la liberté des autres nations, et spécialement des peuples slaves, autant que la leur propre et même avant la leur, ils se sont vus condamnés cette fois à l'inaction. De même qu'ils n'avaient la possibilité de combattre pour les Slaves du Danube et des Balcans que comme « Russes, » c'est comme « Russes » qu'ils étaient sommés de souscrire spontanément pour les frais ou secours nécessités par la guerre! C'est-à-dire que leur dévouement et leur sacrifice eussent dû être accompagnés d'un acte de reniement! Du moins, ils n'ont rien fait qui pût entraver la délivrance de peuples consanguins : malgré de vives instances, ils ne se prêtèrent ni à la formation de légions polonaises, ni à un mouvement insurrectionnel polonais. Mais ils avertirent les peuples et les gouvernements qu'il n'y avait à attendre de la Russie ni lutte désintéressée ni délivrance réelle.

Le partage de la Pologne s'est répété sur la Turquie, avec cette différence que la Turquie n'est point une nation dont la division est un démembrement, mais un empire dont les parties hétérogènes étaient agglomérées par force; et avec cette similitude que ceux qui se partagèrent les dépouilles y apportèrent une égale rapacité.

Tandis que le Congrès de Paris fut, quoique trop timidement, une affirmation du principe des nationalités, le congrès de Berlin fut une impudente réapplication du vieux droit de conquête.

Un journal humouristique italien a caractérisé le Traité de Berlin, en disant qu'il avait été signé avec quatre plumes de vautours, deux d'oies et une de pigeon. Pour les quatre vautours, eux-mêmes en sont glorieux; mais, ce qu'un œil inattentif a pris pour un pigeon, n'est qu'un vautour amaigri et mourant; relativement aux deux oies, un journal humouristique français a répliqué que c'était déjà fort honorable d'être une oie, à preuve que les oies avaient sauvé le Capitole.

La Pologne, après avoir eu ses Targoviciens qui furent les précurseurs des nobles de l'armée de Condé, c'est-à-dire les introducteurs et complices de l'étranger, a ses Orléanistes qui, à l'instar de leurs coreligionnaires politiques de France, répugnent au sacrifice, ne croient qu'à l'habileté et se résignent aisément à tout ce qui n'atteint pas leur bien-être.

Le *Journal des Débats*, qui fut longtemps l'organe le plus autorisé des Orléanistes français et qui l'est resté des Orléanistes polonais, qui a tout à la fois l'intelligence des situations et le sens profond de l'égoïsme, a souvent rencontré, pendant cette dernière guerre, des mots piquants, comme, par exemple, il avait su en rencontrer à l'époque des massacres de Galicie, quand il dit que « la démoralisation du droit public européen remonte au partage de la Pologne » (20 novembre 1846). Mais, pour conclusion, il en arrive toujours à trouver que tout est préférable à l'héroïsme en action. Il était naturel que le *Journal des Débats*, à propos du congrès de Berlin, fît chorus aux très-humbles élucubrations de nos diplomates *in partibus infidelium*.

Si le ton d'un évêque *in partibus infidelium* doit être le ton d'un candidat au martyre, l'accent d'un diplomate aux portes du camp ennemi ne peut agir que si l'on y sent la voix contenue de cent canons.

J'ai donc cru devoir protester contre un *Exposé de l'état actuel de la Pologne à propos du congrès* qui n'est qu'un impie travestissement des sentiments de l'immense majorité de ma nation.

A Monsieur le Directeur politique du Siècle.

Paris, 17 juillet 1878.

« Permettez-moi, Monsieur, de demander l'hospitalité de vos colonnes pour quelques réflexions qui me semblent nécessitées par le document que le *Journal des Débats* a publié sous le titre d'*Exposé polonais*.

« Qui n'entend qu'une cloche, » dit le proverbe, « n'en« tend qu'un son. » Il n'y a pas eu qu'un Exposé polonais adressé au Congrès de Berlin; mais un seul, celui que les *Débats* ont cité et dont ils nous félicitent, jette aux pieds du prince de Bismarck la prétendue abdication anonyme d'une nation, à laquelle certains partis voudraient imprimer le cachet de leur propre défaillance.

« En 1863, combien n'a-t-on pas fulminé contre l'anonymat du gouvernement national polonais d'alors! Les gibets russes levaient de temps à autre les voiles de cet anonymat. L'anonymat du document signalé par les *Débats* est sans danger pour ses auteurs. Je n'examinerai pas où il faut les chercher. Il me suffira d'affirmer que Varsovie est innocente de ce qu'on ose lui attribuer.

« L'idée fondamentale de cet Exposé, c'est que « la « Galicie prouve sa sollicitude pour la puissance de la « monarchie et l'honneur de la maison régnante, » et que, par conséquent, si les Russes ne tourmentaient plus les provinces polonaises qu'ils détiennent, « nous devien« drions, à ce que prétendent les *Débats*, pour le tzar des « sujets aussi loyaux que le sont nos compatriotes de « Galicie pour l'empereur d'Autriche. » Ainsi la Pologne

30.

serait disposée à débattre, de gré à gré, avec ses trois dominateurs le renoncement à son unité nationale et à troquer son avenir contre des franchises provinciales ! Et les pseudo-diplomates, qui ont imaginé un pareil marchandage, voudraient en faire endosser la responsabilité aux Varsoviens !

« Or, il y a eu d'autres manifestations de la pensée polonaise. A Paris, un groupe démocratique polonais a transmis, le 1er mai, à lord Salisbury un mémoire étendu ; et, le 10 juillet, un député au Parlement prussien, Ladislas Niegolewski, et le directeur d'un journal politique de Léopol, Jean Dobrzanski, remettaient au Congrès de Berlin un document revêtu de milliers de signatures polonaises. Ces documents ne méconnaissent aucun des principes auxquels la Pologne a toujours été invariablement attachée. Il n'est donc pas exact, comme le prétendent les *Débats*, que « un souffle de politique réaliste, « qui est aujourd'hui partout triomphante, » ait passé sur l'esprit des Polonais. Les réalités de l'heure actuelle sont trop laides pour que les Polonais s'en amourachent. Les Alsaciens-Lorrains n'ont pas demandé au Congrès de Berlin de les rendre à leur mère-patrie ; mais, si un document anonyme eût promis en leur nom, en échange d'une administration bienveillante, leur dévouement éternel aux Hohenzollern, le premier Strasbourgeois venu eût protesté.

« Dans les négociations qui ont précédé la guerre de 1812, Napoléon Ier, sollicité de signer que la Pologne ne serait jamais rétablie, répondait avec humeur qu'il ne voulait pas se rendre ridicule en préjugeant les desseins de la Providence. Le *Journal des Débats*, moins modeste que le plus superbe des esprits de ce siècle, affirme que « le rétablissement de la Pologne a été relégué définiti-

« vement dans le domaine des impossibilités et des uto-
« pies. » Ce qui est chimérique, c'est de se flatter que la
Pologne soit aujourd'hui capable de se complaire dans
un triple loyalisme prusso-austro-russe. N'avons-nous pas
vu les îles Ioniennes préférer d'être mal administrées
par la Grèce que sagement régies par l'Angleterre? Et
pourquoi irions-nous, nous qui ne comptons qu'un siècle
de servitude, descendre au-dessous des Grecs qui ont
gémi tant de siècles sous tant de jougs différents?

« Nous ne demandons à la France que de ne pas se
méprendre sur nos intentions et de ne pas ajouter foi à
ceux qui, à la légère, prêtent à toute la nation la désespérance de quelques salons politiques.

« Agréez, etc. « LADISLAS MICKIEWICZ. »

Qu'il s'agisse d'individus ou d'empires, le renoncement aux fortunes mal acquises est difficile. Prévoir les
calamités futures qui découleront des prospérités pré-
sentes, c'est le don des prophètes. Si un monarque est
doué de cette clairvoyance, quelles énergies ne lui faut-il
pas pour refouler la cupidité, la routine, l'orgueil qui se
dressent contre la réparation de toute injustice? Je ne
connais guère que saint Louis qui ait restitué une province sans y être aucunement contraint, malgré ses conseillers et parce que c'était juste. Et les historiens modernes français n'osent l'en louer!

Un tzar s'exposerait à être étranglé par ses courtisans, s'il faisait dégorger tant de sangsues qui ne vivent
que du sang de ses sujets. Et cependant que de générations maudiront sa condescendance pour le mal. Sous
Philippe IV, Rubens négociait pour décider les Pays-Bas
à entrer en arrangement avec l'Espagne. C'était un Wie-

lopolski d'alors. Les Pays-Bas versèrent moins de sang sur les échafauds du duc d'Albe que ne leur en aurait coûté une renonciation à leur indépendance. Et si la Hollande a subi des calamités épouvantables, l'Espagne est restée épuisée par ses rêves orgueilleux. Pour avoir voulu la domination du monde, elle s'est vue réduite à se consumer dans d'odieuses guerres civiles. Elle qui tenait à s'imposer à l'univers, végète dans une impuissance extérieure absolue. L'autocratique Russie n'échappera pas au châtiment qui a atteint l'absolutiste Espagne.

Les Russes, se sentant incapables d'agir moralement sur nous, recourent aux violences matérielles. Mais, sans parler de la punition finale, ils sont châtiés de plus d'une façon. Dans la dernière guerre, pourquoi ces dilapidations, ces vols sur une immense échelle? Parce que les fonctionnaires, habitués à piller impunément les Polonais, pillent ensuite leurs propres compatriotes. D'où provient le nihilisme, sinon de ce que le gouvernement, en ne respectant rien en Pologne, révolte les âmes, excite en elles une soif sauvage d'anéantir la dynastie, l'administration, le clergé? Oui, du bien que la Russie ferait aux Polonais elle serait la première récompensée. Elle gagnerait à être juste au delà de ce qu'elle peut imaginer. Mais elle peut tout espérer, sauf le loyalisme des Polonais à l'égard d'un gouvernement étranger usurpateur. Le loyalisme est une invention des consciences perverties qui, en 1830, trouvaient l'armée déloyale de chasser les Russes, comme si un serment imposé par la force était obligatoire. A notre siècle d'abus de mots, loyalisme devient synonyme de trahison. L'homme qui se sent déloyal vis-à-vis de sa patrie se trompe lui-même en se persuadant qu'il est loyal vis-à-vis du monarque autrichien, russe ou prussien. Est-ce qu'un séquestré que son bourreau a martyrisé d'abord, puis traiterait supportablement en lui offrant son amitié, à la seule condition qu'il s'engagerait à ne jamais réclamer sa liberté complète, pourrait sincèrement accepter une semblable proposition? La Pologne est trop loyale dans le sens vrai du mot pour promettre des lèvres ce que son cœur démentirait. Et lorsque le marquis Wielopolski vint lui dire : *pas de Wallenrodisme*, c'est-à-dire l'invita, sous condition d'être humainement traitée, à renoncer sincèrement à l'espoir de se libérer de la domination russe, le pays préféra un million de misères à une pareille abjuration. La marque caractéristique du mauvais Polonais, c'est sa confiance dans l'un des trois États copartageants (toujours dans l'État où ce Polonais gangrené réside). Cette confiance a pour point de départ l'égoïsme. Il est si commode pour un Poznanien de s'imaginer que la Prusse rétablira la Pologne et que, sans exposer sa vie ni ses biens, il étalera un patriotisme agréable à Berlin! Sous l'administration du marquis Wielopolski, il était doux à plus d'un Polonais des provinces polonaises exploitées par la Russie de pouvoir cumuler le patriotisme avec les faveurs du gouvernement de Saint-Pétersbourg. La possibilité de cumuler le patriotisme avec les égards de la Cour de Vienne est la base civique du loyalisme hapsbourgeois de ceux des Galiciens qui jurent à tout propos que Cracovie veut à jamais rester sous le sceptre autrichien. Et comme ce *jamais* contredit le relèvement de la Pologne, ces pseudo-patriotes ont imaginé un système d'après lequel l'Autriche serait destinée à réunir un jour toute la Pologne sous son sceptre. Les Bohêmes se trouvent-ils si fiers d'être réunis sous le sceptre des Habsbourgs? Et la bureaucratie autrichienne, c'est-à-dire allemande, étendue à Varsovie, à Wilna, à Kieff, comblerait-elle nos vœux? Certains partis et certains journaux de Galicie qui, en 1861, attaquaient le marquis Wielopolski avec le plus de virulence, lui ont prodigué, lors de sa mort récente, des éloges sans réserve.

N'espérant plus rien de Dieu ni de la Pologne elle-même, prosternée en esprit devant l'empereur François-Joseph, cette clique a compris tardivement que Wielopolski avait été l'initiateur de leur politique. Ils la transplantent de Varsovie à Cracovie; mais au moindre vent favorable, un loyalisme pétersbourgeois surgira à Varsovie; que Bismarck ait besoin de paralyser les Poznaniens, il découvrira quelque adepte du loyalisme prussien. Ce triple loyalisme est donc une triple désespérance, un triple reniement, un triple piége des rois partageurs de la Pologne. La Pologne ne tendra loyalement la main à ses persécuteurs que s'il leur arrive jamais de demander hautement pardon à Dieu et aux hommes du nationalicide de 1872. D'ici là les Polonais qui s'inféodent volontairement à une des trois dynasties copartageantes ne sont que les continuateurs hypocrites des traîtres Targoviciens et des malheureux soudoyés, à diverses époques, par Vienne, Berlin ou Saint-Pétersbourg.

Tristes individus que ceux qui, parce qu'ils sont satisfaits des hochets que la cour de Vienne accorde à leur vanité, se scandalisent que le pays entier ne partage pas leur joie. Les trois tronçons de la Pologne ne se contenteront pas de régimes distincts, d'autonomies apparentes, ici à la russe, là à la prussienne, plus loin à l'autrichienne, et son unité morale tendra toujours à la réalisation de son unité matérielle.

Le fonctionnarisme au service d'une des trois Cours copartageantes a été pour les Polonais, pour leur patriotisme, une croix aussi lourde que le service militaire. Ce service militaire a forcé des milliers de Polonais à combattre à côté des Prussiens qu'ils exècrent, contre les Français qu'ils aiment. Le fonctionnarisme poussera demain peut-être des employés polonais de Galicie à se faire détester des Bosniaques et des Herzégoviniens, comme les Bohêmes se sont fait détester des Polonais et des Italiens chaque fois qu'ils leur sont apparus en qualité d'exécuteurs des volontés de la Cour de Vienne. Le *divide et imperas* autrichien a toujours exploité les unes contre les autres toutes les nationalités de l'Empire. Puissent les Polonais se garer de ce « loyalisme autrichien, » qui les métamorphoserait en gardes-chiourmes de ceux des Slaves que l'Autriche s'est adjugés à Berlin et qu'elle travaillera à empêcher de ne s'appartenir jamais à eux-mêmes.

Lorsque M. Waddington, ministre des affaires étrangères et premier plénipotentiaire de France au Congrès, annonça à la Chambre, la veille de son départ pour Berlin, que la France dans ce conseil des Puissances souscrirait à tout plutôt que de remettre la paix en question, et y aurait par conséquent une attitude aussi nulle que possible, il recueillit d'unanimes applaudissements. A son retour, il fut embrassé par le *leader* des gauches, M. Gambetta. La France a pourtant été traitée au Congrès autrement qu'en grande Puissance. Le protecteur de la République constitutionnelle de février 1875 a-t-il donc oublié que la monarchie constitutionnelle de juillet 1830 a été renversée dans les âmes françaises le jour où, en 1840, un ministre de Louis-Philippe osa dire que la France pouvait se contenter d'être la première des Puissances de second ordre ?

La France, comme l'Italie, a certainement bien fait de

ne rien prendre ni rien demander pour elle-même au Congrès : car c'eût été se faire complice des rapines d'autrui. Mais s'il n'est point moral de contre-signer, fût-ce gratuitement, le vol du prochain, n'est-il pas singulièrement imprudent de sanctionner par sa signature la violation du principe sur lequel on repose soi-même?

Libre aux sophistes politiques de se prouver à eux-mêmes et à leur public, en France et en Italie, qu'il est sans danger pour l'Italie que l'Autriche devienne la reine de l'Adriatique et qu'il est indifférent à la France que la Méditerranée soit un lac anglais et la mer Noire un lac russe! La conscience nationale d'un peuple est moins aisée à tromper qu'on ne le croit. Nous ne saurions exiger que ceux qui ferment les yeux sur leurs propres périls les ouvrent sur nos douleurs à nous. Quand nous voyons à Paris des hommes indépendants et instruits, députés et sénateurs, regretter, soit d'avoir crié : *Vive la Pologne!* sur le passage du tzar en 1867, soit d'avoir écrit des volumes contre la Russie en 1863, il est logique que les journaux qui ont été les plus sympathiques jadis à la cause polonaise se taisent. Mais il y a là un abaissement moral dont les classes dirigeantes ne peuvent manquer d'être châtiées un jour ou l'autre. Maintes fois, dans le cours des siècles, on a vu des individus se faire renégats pour se soustraire à l'accomplissement de devoirs difficiles; et toujours ils ont trouvé une première punition dans le mépris des âmes fidèles, en attendant l'immanquable arrêt de la Providence. Il ne saurait en être autrement des renégats du polonisme.

J'ajouterai seulement que les difficultés des Russes, quant à une action extérieure émancipatrice, gît principalement dans leur conduite persistante à l'égard de a Pologne. Comment les frères Slaves de la péninsule Balcanique pourraient-ils avoir foi dans l'appui de la Russie pour la rédemption de leur nationalité, quand ils voient la nationalité polonaise exterminée par les Russes! Comment les Puissances occidentales pourraient-elles croire que la Russie a quelque souci de la langue et de la religion des Bulgares, quand ils voient la proscription par les Russes de la langue des Polonais, avec de quotidiennes conversions forcées!

Non desperandum ! En dépit des coups redoublés de la fortune adverse et malgré un abandon universel, nous ne devons point désespérer, mais au contraire nous confirmer dans notre espérance nationale.

Une fois de plus la Russie, qui convoitait le tout, s'est contentée d'une partie, parce que pour elle c'est toujours un pas en avant; l'Autriche, de nouveau, s'est fait prier, mais a pris avec avidité; et l'Angleterre s'est adjugé une portion des dépouilles de sa protégée, la Turquie, avec la même désinvolture que la Prusse, au dernier siècle, à l'endroit de la Pologne, son alliée. Et la France et l'Italie, qui, par crainte, disent-elles, de passer au banc des accusés, c'est-à-dire des condamnés, ont servi de témoins instrumentaires à ce nouvel et effronté brigandage, perpétré sous la présidence de celui qui avait dit : *La force prime le droit*, commencent, l'une à s'irriter que l'Autriche, loin de songer à renoncer à ce qu'elle détient encore du territoire italien, se soit accrue de nouveaux domaines, et l'autre à se demander, au milieu des rêves dorés de son industrialisme, de ses hymnes pacifiques et des kermesses colossales auxquelles a donné lieu son Exposition universelle, s'il peut être vrai, quoique non vraisemblable, que la Prusse-Allemagne soit restée désintéressée en ce marché de peuples qui s'est tenu chez elle et dans lequel elle a aidé à faire les parts, ou si, au contraire, elle n'aurait pas jeté son dévolu sur le Danemark, ce qui lui mettrait dans les mains la grosse clef de la Baltique, et sur la Hollande, ce qui lui permettrait de peser sur la France de tout le poids d'un couvercle d'airain !

Les plus incrédules eux-mêmes reconnaissent et comprennent ce que fut le partage de notre République, en voyant et touchant les iniquités du partage oriental qui se consomme en ce moment. Hier l'Angleterre, dans les perplexités de son isolement, put se dire : Voilà ce que c'est que d'avoir abandonné la France ; aujourd'hui l'Occident tout entier peut se dire : Voilà ce que c'est que d'avoir, non-seulement abandonné, mais laissé exterminer la Pologne.

Les Roumains versèrent bravement leur sang à Plewna et à Widdin, à côté des Russes, leurs compagnons d'armes ; or, dans le même temps que la Russie leur garantissait l'intégrité de leur territoire, déjà elle avait résolu de leur reprendre la Bessarabie ! Les Herzégoviniens et les Bosniaques furent les premiers à s'insurger : or, l'Autriche-Hongrie qui, à l'origine, les avait encouragés, finit par s'approprier leur sol en retour du pain qu'elle a fourni à leurs réfugiés ! Les Grecs se désistèrent de toute participation directe à la guerre, sur la promesse de l'Angleterre qu'elle leur ferait obtenir par un congrès plus qu'ils ne sauraient acquérir par les armes : or les Anglais s'élevèrent contre eux dans le Congrès ; et pendant qu'ils leur faisaient refuser la Crète, ils se faisaient céder à eux-mêmes par les Turcs l'île de Chypre, grecque elle aussi !

Il a été disposé, à Berlin, de peuples sans leur aveu, comme de troupeaux ! Le droit public de l'Europe a reculé d'un siècle.

Et la paix à laquelle on a tout sacrifié, jusqu'à l'honneur, n'est pas même assurée d'une façon quelque peu durable. Car l'Angleterre et la Russie ne sortent pas du Congrès réconciliées; et la France et l'Italie en sortent humiliées. Les Turcs, refoulés et désormais incapables d'entrer en lice contre une grande Puissance, demeurent toutefois assez forts pour faire souffrir les populations qui leur restent. Bien que le plénipotentiaire de France ait proclamé le côté civilisateur et le caractère de haute police européenne de l'occupation de la Bosnie et Herzégovine par l'Autriche-Hongrie, celle-ci n'en aura pas moins à lutter contre ceux à qui elle veut porter, sur la pointe de ses sabres, la civilisation, et aussi contre les voisins Serbes et Monténégrins dont elle menace l'indépendance, pendant que les Bulgares ne tarderont sans doute pas à s'impatienter du protectorat russe, comme le firent les Roumains après le Règlement Organique qui leur fut octroyé après la paix d'Andrinople. Et déjà la Roumanie est redevenue ennemie de la Russie, et la Grèce a perdu toute foi dans l'Angleterre.

Tel est le bilan moral et matériel du traité de Berlin, qui, ouvert le 13 juin, fut clos le 13 juillet. Comme la Question d'Orient consiste essentiellement dans l'affranchissement du joug turc, on peut, à voir tant de populations qui passent sous un joug nouveau plus ou moins déguisé, juger ce que vaut la solution berlinoise.

Le nom même du palais Radziwill où siégea le Congrès de Berlin, comme, il y a vingt-deux ans, le nom du ministre comte Walewski qui présida le Congrès de Paris, ne permettait pas que le nom de la Pologne fût oublié. Or si à Paris on ne fit rien pour la Pologne, à Berlin on agit contre d'autres nations. Et la Pologne souffre moins encore de son propre abandon que des chaînes, toutes semblables aux siennes, qu'elle voit river aux autres.

Les Polonais, pendant la guerre dernière, étaient à la fois contre les Turcs et contre les Russes pour le relèvement des peuples. En 1876, ils souhaitaient aux frères slaves insurgés même indépendance et liberté que pour la Pologne (1). Aujourd'hui nous sommes, nous Polonais, unanimes à condamner les adjudications mutuelles que quelques potentats se firent des âmes et des terres d'autrui. Et qui donc oserait regretter une diminution de la domination turque? Quand quelqu'un se noie, il vaut mieux qu'il soit sauvé, fût-ce par un brigand, plutôt que d'être abandonné à la mort. Mais le spectateur qui n'a pas eu le courage de se lancer à l'eau pour prévenir le brigand, s'il n'a pas ensuite l'énergie de s'opposer à ce que le malheureux soit réduit en esclavage par son sauveur, est doublement coupable, quels que soient d'ailleurs les sophismes dont il pallie son égoïsme.

(1) Entre autres manifestations de la pensée polonaise, on lit dans le compte rendu que le *Comité romain pour la cause slave* a publié à la suite du meeting tenu au grand théâtre de l'*Apollo*, le 3 septembre 1876 :

« Le Comité promoteur a reçu la lettre suivante :

« Florence, 2 septembre 1876.

« Les soussignés, tant en leur nom qu'au nom des Polonais qui se trouvent en Italie, adhérant au meeting de Rome et en applaudissant les promoteurs, protestent contre les barbaries inouïes continuellement commises par les Turcs sur les terres slaves et contre l'inhumaine indifférence de la diplomatie européenne, et ils augurent de cœur aux frères slaves l'indépendance et la liberté comme ils la désirent pour leur patrie opprimée.

« Chevalier JULIEN ORDON, THÉOPHILE LENARTOWICZ, ANTOINE ZALESKI, LADISLAS TALWOSZEWICZ, BOLESLAS TALWOSZEWICZ, docteur MIECZYSLAS GLINDICZ, docteur ARTHUR WOLYNSKI.

« A cette lettre a adhéré de Paris LADISLAS MICKIEWICZ. »

Il est tout simple que, voyant que l'Angleterre, quoique seule, a réussi à contenir la Russie, en partageant avec elle, il est vrai, mais en réduisant la part que celle-ci avait voulu s'attribuer, on se soit dit : Combien n'aurait-il pas pu être obtenu davantage si l'Angleterre eût eu l'appui efficace d'autres nations occidentales comme en 1855 ! Mais qu'importe que le gambettisme français proclame que l'alliance franco-russe n'est plus possible et qu'il faut s'appliquer à l'alliance anglo-française, si ceux qui dirigent la politique de la France n'ont pas plus de base morale ni d'objectif sérieux aujourd'hui qu'hier ? Certes une ligue des puissances de l'Occident contre les puissances du Nord est désirable : mais encore faut-il la faire servir à l'indépendance et à la liberté des peuples.

Quant à nous, que les événements actuels servent du moins à nous guérir de quelques préjugés ! Ce fut une gloire pour la Pologne, à son déclin, de se battre sous les murs de Vienne, avec Sobieski, contre les Turcs. Et d'autre part, il était aussi légitime que naturel qu'en 1848 les Polonais fissent bénir par Pie IX les étendards qu'ils déployaient contre l'Autriche, et qu'en 1855 ils cherchassent à former une légion polonaise sur le sol turc contre les Russes. Mais aujourd'hui il est inepte de mettre son espoir dans des sympathies austro-turco-papalines, et de croire que les Polonais aient quelque chose à gagner pour leur patrie en se consacrant au rétablissement du pouvoir temporel du pape, au maintien de l'intégrité de l'Empire ottoman et au renforcement de l'unité de la monarchie autrichienne !

Ce que le traité de Berlin a prouvé avec la dernière évidence, c'est que nos vieux ennemis n'ont pas changé. Malgré l'annonce périodique de leur scission, toujours ils finissent par se retrouver d'accord, dès qu'il y a une victime nouvelle à dépouiller.

Plusieurs d'entre nous s'étaient imaginé que les Hongrois changeraient la direction de la politique du Cabinet de Vienne et la rendraient plus favorable aux peuples. Or c'est un Hongrois, le comte Andrassy, qui a formulé la nécessité pour l'Autriche-Hongrie de se fourrer comme un coin dans les pays slaves du Sud pour y empêcher le développement du panslavisme; — mais, ajouta judicieusement un journal italien, avec ce premier résultat d'y créer une tumeur dangereuse. Les Hongrois, qui naguère poussèrent tant de hourras pour les Turcs contre les Russes, ont fini par cosigner un partage avec les Russes, en consentant à leur reprise de la Bessarabie en échange de leur consentement à l'occupation austro-hongroise de la Bosnie-Herzégovine enlevée aux Turcs.

Singulière fatalité! les Hongrois, qui ont tant souffert de l'Autriche et qui la pourraient détruire, l'ont toujours sauvée à point nommé, après Sadowa avec le dualisme; comme au dernier siècle quand ils s'écriaient: *Moriamur pro rege nostro Maria Theresa;* comme en 1809, en restant sourds à l'appel de Napoléon. Ils sont amis des Polonais et des Turcs, et ils ont aidé les Habsbourgs à dépouiller les uns et les autres! Ils sont braves entre tous; mais l'orgueil les aveugle! Ils sont droits; mais l'esprit de domination les égare au point d'en faire les instruments de la plus tortueuse des politiques!

Comme on ne pourrait, sans renier Dieu, croire à l'éternité du mal sur la terre, nous ne pouvons pas douter du relèvement de notre nation. Et, sans nous préoccuper de l'heure à laquelle nous recevrons dans ce but l'appel de la Providence, nous devons avant tout maintenir l'intégrité de notre âme, l'unité morale de toutes les parties de notre indivisible et immortelle République de Pologne, notre sympathie militante pour toutes les nobles causes. Nous devons nourrir l'esprit de nos enfants des saintes traditions de nos annales nationales et l'enflammer du feu de nos poètes, comme l'ont fait constamment les Juifs dans leur dispersion; nous devons glorifier notre passé par les arts, comme l'ont fait les Italiens depuis Dante jusqu'à Raphaël et Michel-Ange; et nous devons, chaque fois que nous le pouvons, concourir, comme l'ont fait nos pères, à l'indépendance, liberté et splendeur des peuples frères.

Nous n'avons rien à espérer de la Trinité impériale et royale qui nous a démembrés et partagés, ni de ceux qui s'allient à elle. Mais nous avons à nous fortifier du développement progressif des peuples qui aspirent à leur autonomie, indépendance et unité, notamment des Slaves de la Péninsule Balcanique et des Grecs.

Les Israélites, dont l'égalité des droits civils et politiques a été proclamée pour tous les pays rendus indépendant de l'Empire ottoman ou maintenus sous son autorité médiate ou immédiate, sont les seuls qui n'aient pas à se plaindre du Congrès de Berlin. Or, dans les bienfaits même qu'ils ont reçus, il y a une tentation et un danger. Qu'ils n'aillent pas, eux les opprimés de tant de siècles, prendre, par un faux sentiment de reconnaissance, parti contre les opprimés du jour pour les oppresseurs triomphants!

L'émancipation des Israélites dans l'Empire de Russie peut même suivre le Congrès de Berlin comme celle des serfs y suivit le Congrès de Paris. Que les Israélites, eux non plus, n'oublient pas que leur premier devoir comme leur intérêt réel est de faire cause commune avec la population contre l'envahisseur, c'est-à-dire avec les Polonais contre le tzarisme. Le soin suprême des Polonais chrétiens est de se rendre et conserver amis les paysans et les Israélites.

Un publiciste italien, patriote et libéral, qui, parlant du Congrès de Berlin, eût voulu que l'Italie et la France se retirassent plutôt que de sanctionner par leurs signatures le droit de conquête, concluait par la nécessité d'opposer une « ligue du désintéressement à la ligue des convoitises, » a écrit, dans l'esprit de mon père, la très-juste observation que voici : « L'Empire ottoman était un malade incurable, et la Russie l'aidait à mourir. Si l'histoire de l'Europe orientale présente, durant des siècles, ce double spectacle de la Pologne protégeant le continent contre l'invasion des Turcs et de la Russie le préservant de l'invasion des Tartares, elle finit par nous offrir le fait douloureux de l'effacement de la Puissance polonaise au lendemain du jour où elle avait arrêté les Turcs par le bras de Sobieski, et de son remplacement par la Russie, qui, s'étant tartarisée dans la lutte contre les Tartares, devint un objet d'effroi pour l'Europe. La Pologne, restée debout, eût pu, tout naturellement, après avoir refoulé les Turcs, aider à l'affranchissement des peuples qu'ils avaient subjugués : son désintéressement chevaleresque n'eût permis la moindre appréhension des gouvernements ni des peuples. Il ne pouvait en être de même de la Russie. » (*La Question d'Orient, l'Italie et le congrès*. Lettre à M. Bénédict Cairoli, président du conseil des ministres du roi d'Italie, par Edouard Gioia.)

Comme Galilée, contraint par le Saint-Office à renier son maître Kopernik et à confesser à genoux l'orthodoxe théorie de l'immobilité de la terre, s'écria en se relevant : *Eppure si muove!* (Et pourtant elle se meut!) tout Polonais de l'une quelconque des parties démembrées de notre ancienne République, dans le pays et hors du pays, sur tous les continents et sous tous les climats, s'écrie avec foi : *Jeszcze Polska nie zginenla* (La Pologne n'est pas morte encore!) Mais de plus, toutes les douleurs et toutes les tortures sont incapables de leur arracher un reniement même passager.

En dépit de mille désillusions, restons dans notre foi patriotique; envers et contre tant d'injustices accumulées, continuons à pratiquer la charité internationale.

Les Souverains-bourreaux qui nous ont démembrés, partagés et exterminés, se réjouissent de leurs succès croissants. Mais à force d'ajouter de nouvelles malédictions de peuples aux malédictions de la Pologne, ils feront pleuvoir sur leurs têtes la justice divine.

Béni soit le Seigneur qui relèvera la Pologne!

LADISLAS MICKIEWICZ.

Au 23e anniversaire de la prise de Sébastopol.
Paris, 8 septembre 1878.

★
★ ★

Je terminais la publication du premier volume de ces *Mélanges* (mai 1872), en exprimant, dans un appel *A nos frères ennemis*, le vœu que des voix russes s'unissent aux voix polonaises contre l'iniquité continue du gouvernement tzarien à l'égard de la Pologne.

J'ai, en terminant la publication du présent volume, la satisfaction de constater que déjà des Russes appellent, de leurs vœux les plus ardents, la chute de l'autorité russe, maudissent le partage de la Pologne et invoquent le secours de leur victime.

Je citerai quelques lignes éloquentes d'une plume russe. Le lecteur devinera pourquoi je ne puis nommer l'auteur, mais de tels sentiments ne sont pas une anomalie : plus d'une âme russe éprouve, je le sais, les mêmes élancements vers l'avenir. Puissent les individus qui pensent de la sorte devenir légion ! Puissent les Polonais ne perdre jamais de vue ce qu'il y a de vivant sous cette couche de despotisme qui couvre la Russie comme la neige couvre chaque hiver ses villes et ses campagnes.

« Le *peuple noir*, comme disent les Russes, est vraiment le bien nommé, m'écrit un voyageur russe. Sombre, mais non farouche, patient comme un mouton qu'on tond, à peine a-t-il une courte laine qu'on la lui coupe, à peine a-t-il un morceau de pain qu'on le lui ôte. *Ultra-battu, ultra-pressuré* tel est le portrait fidèle du peuple russe. Au moral, il n'a pas une idée à lui. Il attend pour savoir ce qu'il doit penser l'ordre du gouvernement. *Tu détesteras le Polonais*, lui dit-on, et il déteste le Polonais. Il ne sait pas pourquoi, mais il le déteste. *Tu aimeras le Serbe*, lui dit-on. *Qu'est-ce que le Serbe ?* demande-t-il timidement, car on ne peut aimer ce qu'on ne connaît pas, ce qu'on n'a jamais vu. « C'est « un chrétien d'Orient persécuté par le musulman. » — « Ah vraiment ! j'obéis, je l'aime et lui donne ma der- « nière chemise pour te plaire. » — « Tu détesteras « l'Anglais, tu aimeras l'Allemand, » et le peuple de détester l'Anglais qui ne le touche pas et d'aimer l'Allemand qui, assis comme une chenille dans le cœur d'une rose, soutire ce qu'il y a de meilleur à Saint-Pétersbourg: places, entreprises, protections, tout est pour lui là-bas, dans la Palmyre du Nord. Puisse-t-elle avoir, pour l'édification des peuples, le sort de la Palmyre du Sud, gisante dans les sables du désert! Celle du Nord s'engloutira dans les marais et la boue, suivant la prédiction d'un poète russe.

« La Russie, il est vrai, ne se compose pas uniquement du *peuple noir*. Il y a l'aristocratie, à peine sortie de la barbarie et des lâchetés du temps d'Ivan le Terrible. Il y a quantité de comtes, à peine débrouillés des couvertures du lit de Catherine II, l'inassouvissable Messaline du Nord. Cette aristocratie, composée de boues anciennes durcies et séchées et redélayées dans de nouvelles boues, cette aristocratie aux crasseuses origines est pourrie avant d'avoir vécu au soleil de la civilisation. Il y a la petite noblesse d'où sont sortis les martyrs de l'année 1825; mais la petite noblesse est pauvre, dénuée de tout, même de force et de caractère, et elle manque de l'appui du peuple. Il y a les Nihilistes, pauvres fous, qui s'égarent grâce à des doctrines aussi fausses que pernicieuses et dont aucun pays ne voudrait pour base sociale. Ce ne sont pas ces rêveurs qui réveilleront le Russe de *ce sommeil si profond* chanté dernièrement par TourguenieW, le grand romancier. (Les vers qu'il a écrits ont un cachet de désespoir navrant.) Les marchands à longue barbe ne se distinguent des paysans que par la richesse. Les négociants civilisés... Non, ce n'est pas encore cette nouvelle couche sociale qui secouera le joug de l'autocratie. Mais les obscurs martyrs de ce régime doivent-ils souffrir toujours? Sommes-nous condamnés à perpétuité à la Troisième Section, à cette puissance occulte, à cette police secrète qui crochette les portes et les serrures des bureaux, qui enlève entre quatre gendarmes les citoyens paisibles à leurs occupations, qui menace l'avocat, défenseur d'un orphelin, de le faire mourir de faim s'il attaque telle Excellence, qui exile sans jugement des personnes coupables d'avoir dit hautement ce que tout le monde pense tout bas? Plombs de Venise, vous êtes surpassés, et le prisonnier qui entre dans le palais de la Fontanka n'a plus même la consolation de lancer un dernier regard sur le bleu du ciel et de la mer, car il n'y a pas même de pont des Soupirs sur la Fontanka, et le ciel et l'eau sont couleur de suie à Saint-Pétersbourg. *Le ciel vert pâle, le froid et le granit*, tel est, selon notre poète Puszkin, l'aspect de cette ville allemande. Comme au temps de ce grand poète qui s'écrie dans sa lettre à sa femme : « Quelle idée ai-je eue, ayant de l'âme et du talent, de naître Russe ! » de même maintenant le Russe homme du peuple se débat dans la misère et dans l'obscurité morale, lui qui ambitionne d'être le flambeau des Slaves.

« Un flambeau manque dans ces ténèbres. C'est celui de la véritable fraternité des Slaves, non celle si fausse du général Ignatieff et de ses amis les Slaves Moscovites. Quel bras peut relever ce flambeau, si ce n'est celui de cette Pologne martyrisée mais toujours vivante ? N'est-ce pas le moment pour elle de rentrer en lice, d'affirmer sa vitalité, non l'arme au bras, hélas ! son épée s'est brisée? Mais *une idée remue des mondes*. N'est-ce pas un devoir à remplir que de rendre le bien pour le mal ? Saint Pierre a bien converti ses geôliers. La Pologne n'a qu'à montrer ses blessures pour garantir les Slaves de l'autocratie. La palme du martyre en main, qu'elle enseigne la vraie fraternité, cimentée par la liberté, par l'indépendance, par la dignité humaine. Oui, que la Pologne se relève grande et généreuse, qu'elle parle : sa voix, faible d'abord, finira par remuer les cerveaux alourdis pour arriver au cœur du Russe qui est bon, qui n'aime pas à faire le mal.

Il est honteux pour un peuple de se mêler de délivrer les autres, sans être plus avancé en liberté que les Chinois, dont il a l'air d'imiter l'immobile civilisation. S'appeler *Russe* est et sera *une honte* jusqu'à ce qu'un bon coup d'épaule délivre la Russie de cet horrible joug. Pologne, relève-toi! Ta sœur la Russie a besoin de toi. Tu lui pardonneras sa cruauté envers toi, car tu es grande comme les saintes martyres. Dans les siècles futurs, vous marcherez ensemble, comme deux sœurs, en vous appuyant l'une sur l'autre. »

Le même voyageur russe m'écrivait encore : « Espérons, mais ne dormez pas. J'ai toujours eu de la sympathie pour les Polonais; toujours j'ai été indigné des traitements ignobles qu'on leur faisait souffrir. J'étais enfant encore que mon cœur se soulevait d'horreur au récit de vos persécutions. Je me suis toujours repenti pour mes compatriotes de leur cruauté envers vous... Vous êtes placés moralement plus haut que nous, que *le peuple noir, le peuple sombre* : à vous de montrer le chemin qu'il ne peut trouver!... Par une loi de la nature, loi mystérieuse, tout ce qui est persécuté, peuples, croyances et idées, finit par triompher. La Pologne a souffert, elle a été, elle est persécutée; donc elle triomphera un jour: seulement qu'elle ne s'endorme pas, qu'elle veille, le sommeil c'est la mort. La valeur morale est une force. Qu'elle se manifeste de temps à autre. Voyez l'Italie; on la croyait bien morte : avant dix ans elle sera une nation florissante. »

Et il ajoutait avec douleur : — « Bien peu de Russes ont le courage de leurs opinions. Ils voudraient que le bien se fît, mais tout seul, sans y toucher. »

Un Russe de talent et de cœur, qui a vieilli dans l'exil, un exil de plus de trente-cinq ans déjà, pour n'avoir point voulu courber la tête devant l'autocratie du tzar, et dont le philopolonisme ne s'est jamais démenti, Ivan Golovine, écrivait, il y a quelques années :

« Le moyen pour la Russie de devenir une puissance « tout à fait européenne, » c'est de se conduire à l'européenne et non à l'asiatique, de ne pas pendre et fusiller les Polonais coupables d'être des Polonais. Depuis que la presse russe a eu un peu de liberté, la barbarie y a son franc parler, et l'*Invalide russe* appelle le patriotisme polonais un patriotisme *dégoûtant ;* en quoi le patriotisme des oppresseurs est-il plus beau que celui des opprimés? Les barbares du Nord le sont surtout à l'égard de la Pologne. Le règne d'Alexandre II se distingue par le défaut de magnanimité et le défaut de caractère. C'est surtout aux hommes placés sur les confins des deux peuples à chercher la solution de cette question ruisselante de sang. Ce n'est pas au jésuitisme, mais au christianisme, dans la large acception de ce mot, à remplacer la haine par l'amour. Pour nous, l'intégrité de l'empire ne vaut pas un acte d'injustice ou de spoliation. Nous avons voulu l'émancipation des serfs et nous l'avons obtenue ; nous voulons le rétablissement de la Pologne et nous l'obtiendrons, de notre vivant ou après notre mort... » (Voir *Études et Essais*, in-8. Paris, 1864.)

À la même époque, Hertzen, qui s'était associé au mouvement polonais de 1861-1863, et qui s'efforça d'y coopérer, rendait hommage « à l'attitude de la jeunesse russe envers la Pologne, lors de sa mélancolique protestation de prières et de deuil, » avant que l'opinion publique russe ait été dévoyée et ensauvagée : il constatait que des étudiants et des officiers de la garde impériale et de l'armée firent chanter des messes de mort pour les Polonais massacrés, et cela à Pétersbourg, à Moscou, à

Kiew et dans les corps d'armée qui se trouvaient en Pologne; que le gouvernement fut exaspéré et fit traduire ces officiers devant des conseils de guerre. Il glorifiait en outre les deux officiers russes Arnholt, Sliwicki et le sergent Rostkowski, fusillés en 1862, à Varsovie, comme suspects de dévouement à la cause polonaise, l'officier Kaplinski envoyé aux travaux forcés comme coupable d'un semblable délit, et le soldat Szczor passé par les verges pour ne pas avoir dénoncé les officiers. Et il stigmatisait le zèle féroce du maréchal de la noblesse Bartowicz et du conseiller d'Etat Josephowicz qui, sans y être en rien obligés par leur charge, réclamèrent spontanément et obtinrent du gouverneur général de Kiew Anenkow la révision du procès et la condamnation à mort de Romuald Olszawski qui, fait prisonnier dans les rangs des insurgés polonais, n'avait été condamné qu'aux travaux forcés par la cour martiale. (*Nouv. phase de la littérat. russe*, p. 39, 40, 63.)

Et déjà, en 1855, il avait publiquement exprimé le regret que l'on n'eût point porté la guerre en Pologne : « La déclaration de l'indépendance de la Pologne, disait-il, serait acceptée par le peuple, non-seulement par les Petits-Russiens, mais par une partie de la Grande-Russie, comme un acte révolutionnaire et non comme une agression. Soyez persuadés que le tzarisme ne craint rien autant que l'indépendance de la Pologne. Le jour où la république sera restaurée à Varsovie, l'aigle impériale de Pétersbourg se pendra par l'une de ses têtes. » (*Discours d'Alexandre Hertzen, exilé russe, prononcé au meeting tenu le 27 février 1855, dans St Martin's Hall, à Londres, en commémoration des grands mouvements révolutionnaires de 1848*, p. 5. — Imprim. univers. de Jersey.)

Que de vérités, hardiment énoncées, dans les récentes brochures russes, malheureusement non traduites, de M. Dragomanow, ancien professeur à l'Université de Kiew : l'une intitulée : *La Servitude à l'intérieur et la guerre d'émancipation;* l'autre : *Qu'avons-nous gagné à la guerre?* toutes deux publiées à Genève en 1878.

On lit dans la première : « S'élever contre le fanatisme turco-musulman, exiger contre lui des sacrifices de la part des populations de la Russie, sans égard aux différences de religion et de nationalité ; — et, en même temps, contraindre ceux qui ne sont pas orthodoxes à élever, en cas de mariages mixtes, les enfants dans la religion grecque; restreindre les droits des catholiques dans le service public, dans la possession des propriétés, dans les écoles ; ne pas permettre aux juifs d'habiter où bon leur semble ; punir, comme un crime, le passage de la foi orthodoxe à une autre religion ; forcer les Uniates à se faire gréco-russes par des bastonnades et des exécutions militaires qualifiées de conversion morale ; torturer les Vieux-Croyants; enlever aux Polonais, aux Ruthéniens, aux Géorgiens, le droit d'apprendre et de prier dans leur langue nationale; interdire l'impression de livres ruthéniens (ce qui est sans exemple, même en Turquie, du joug de laquelle nous prétendons vouloir affranchir les Slaves); violer, en un mot, de mille façons, la conscience et la nationalité de millions d'âmes, — c'est accomplir une iniquité qui crie vengeance, une contradiction flagrante, d'autant plus difficile à pardonner au gouvernement qu'elle pervertit la moralité du pays... Comment incriminer avec autorité le mode de l'impôt en Turquie et conserver chez soi un système de contributions devant lequel disparaissent des villages entiers exécutés par le fisc (deux villages des Szérémétiew, par exemple), et en vertu duquel des paysans du gouvernement de Czehryn sont déportés administrativement! Notre ministre de l'instruction publique vient d'interdire, en Ukraine, le professorat aux Ruthéniens. Les Grands-Russes seuls peuvent y professer. Tous les professeurs ruthéniens doivent être transplantés dans les gouvernements du nord de l'empire. De pareils faits témoignent que la politique des tzars moscovites, renouvelée de celle des tzars d'Assyrie, s'étale avec toute sa cruauté dans la soi-disant « libre et progressive Russie. »

Dans la seconde brochure, M. Dragomanow se demande pourquoi la Russie n'a pas rempli le programme qu'elle avait mis en avant, et il se répond : « Parce que, pour une œuvre pure, il faut des mains pures. Tous les Russes sentaient qu'un gouvernement qui redoute l'introduction chez lui des réformes les plus élémentaires, qui torture les socialistes et persécute les autres cultes, qui fusille des gens sans armes et emploie toutes ses forces à la russification de pays non russes, qu'un pareil gouvernement, dis-je, ne peut consciencieusement procéder à la tâche de délivrer les Slaves et de leur procurer des droits autonomiques. » Il s'élève contre le traité par lequel les Russes spolient leurs alliés les Roumains et leur arrachent un lambeau de Bessarabie, « qui ne leur servira pas à grand'chose, il est vrai, car il ne s'y trouve presque pas de Russes, mais c'est un point d'honneur dont ils ne sauraient se départir. » Et il expose que les Bulgares, les moins développés d'entre les Slaves, ont été délivrés parce que la Russie peut les tenir longtemps sous sa main, tandis que « les Grecs, moins nombreux, et les Serbes eux-mêmes ont été sacrifiés. » Et il ajoute: « Grecs, Bulgares et Serbes ont été gratifiés de telle sorte qu'il n'y ait jamais parmi eux paix ni bon accord,

et qu'ils aient perpétuellement besoin de la médiation
« du frère aîné » russe. Il rappelle que, lorsqu'en 1814
l'armée russe s'en alla délivrer les nations « du tyran universel, » elle rencontra partout un bien-être, des lumières et une liberté qui n'existaient pas en Russie, et
qu'au retour de l'Occident elle retrouva le peuple russe
dans la misère et la servitude, avec le régime d'Arakczeiew ; et il remarque que, cette fois aussi, l'armée
russe, à son retour de Turquie, trouvera le peuple dans
la misère, pillé par les usuriers, les exécutions du fisc,
les exactions et un gouvernement de policiers et d'espions. « Les héros de Schipka devront peut-être disperser
les coalitions des ouvriers de ces spéculateurs qui les
ont empoisonnés pendant la campagne; ils défileront
devant la fosse d'un père passé par les armes pour la
résistance la plus légale à la police secrète la plus épouvantable qu'il y ait au monde. » Et comme conclusion,
il formule le programme que, selon lui, tout Russe, chacun dans sa sphère d'action, doit s'efforcer de réaliser:
« Respect de chaque nationalité dans la vie privée et publique; égalité des cultes; liberté d'impression, de réunion, d'association; autonomie des communes et des
provinces; responsabilité de tous les fonctionnaires devant une assemblée nationale, et amnistie. »

Il est vrai qu'Hertzen voyait dans le principe des nationalités une reculade, dans le nationalisme un degré
inférieur de l'aspiration plus élargie, plus vaste vers la solidarité générale, universelle, dans la tendance à se grouper par nation, une manie de classification zoologique!
(La *Mazourka*, article du *Kolokol* du 15 juin 1867,
dédié à Edgar Quinet, par Alexandre Hertzen. Genève,
janvier 1869.) Mais, du moins, il n'avait de préjugés
contre personne, quelle que fût sa race ou sa reli-

gion; et il détestait sincèrement le régime impérial nicolaïen.

M. Dragomanow voudrait, il est vrai, un système fédératif qui embrasserait toutes les populations de l'empire russe, comme s'il y avait possibilité de réunir dans un même parlement des députés polonais et des députés chinois du fleuve Amour! Mais, du moins, il sent visiblement l'injustice faite à la Pologne, et il appelle de tous ses vœux le moment où les nations slaves cesseront d'être une tourbe muette et un passif instrument des desseins les plus funestes à l'humanité.

J'ai foi que le nombre des Russes qui nous aimeront et qui s'associeront sans réserve à nos espérances de relèvement national ira chaque jour grandissant, pour leur salut comme pour le nôtre.

En 1867, je crus devoir protester contre le congrès panslaviste de Moscou, et contre le congrès de la paix de Genève (1), comme en 1878 contre le congrès littéraire international de Paris et contre le congrès de Berlin.

Le congrès de Moscou était, en réalité, un appel des Slaves à l'appui de la Russie, le prodrome d'une intervention russe en Orient, que le *véto* de l'empereur Napoléon III empêcha, et qui, retardée de près de dix ans, s'est récemment opérée, Dieu sait avec quel profit pour les peuples.

(1) *Congrès de Moscou. Lettre à MM. Palacki et Rieger, députés bohémes*, br. in-8°, Paris, 12 mai 1867. — *Congrès de Genève. Protestation polonaise contre la paix. Lettre à M. le président du congrès*, br. in 8°, Paris, 7 septembre 1867.

Le congrès de Genève était, en réalité, dirigé contre l'empire de Napoléon III, dont on voulait, à tout prix, briser le nerf militaire : trois ans après, il était abattu; mais la France était envahie et démembrée, et elle ne s'en est pas encore relevée.

Le gros public voyait, d'une part, une très naturelle fraternisation littéraire entre des représentants de peuples d'une même race; et, de l'autre, une très légitime aspiration philosophique vers le futur âge d'or d'une paix universelle. Mais tel n'était point le secret but des meneurs. Les questions qui ne sont point clairement posées aux yeux de tous s'embrouillent, et les difficultés ne font que se compliquer. Nous en avons eu la preuve.

Quand, à Moscou, M. Rieger, l'éloquent député bohême, prononça le nom de la Pologne, on ne voulut pas l'entendre. Et l'on siffla « les Polonais absents, » alors que cependant ils n'eussent pu être présents qu'au prix de baiser l'ergot du Satan moscovite. La Bohême a-t-elle du moins gagné quelque chose au sacrifice moral des plus illustres de ses fils? Ils s'imaginaient faire peur à l'Autriche de la Russie, oublieux de la complicité qui les lie. Et je ne sache point que le joug apostolique qui pèse sur la Pologne se soit depuis lors sensiblement allégé.

Il eût été naturel que, dans un congrès désintéressé qui se réunissait dans la libre cité de Genève, au lendemain de l'épouvantable écrasement de la Pologne et de l'inique spoliation du Danemark, on stigmatisât les cours copartageantes, les princes-bourreaux du Nord. Mais c'est ce dont on s'occupa le moins. Les souffrances des nations-martyres n'en furent adoucies, pas même par la simple consolation d'une promesse de secours dans l'avenir!

Dans ma lettre à MM. les députés bohêmes Palacki et Rieger, la veille de leur départ pour Moscou, je disais :

« Lorsqu'au lieu de prendre votre point d'appui uniquement, mais profondément dans la nation, vous allez plaider votre cause devant les Russes, vous rappelez les princes Michel et Auguste Czartoryski, qui, au siècle dernier, sollicitèrent l'intervention de la Russie : égarement funeste dont ils se repentirent trop tard. En invoquant l'immixtion de la Russie dans vos affaires et dans celles des Slaves occidentaux, ne préparez-vous point à votre insu la ruine de la Bohême et de la race slave, comme les Czartoryski, en introduisant les Russes dans les affaires de Pologne, ont préparé sans le vouloir le démembrement de notre République ? »

Dans ma lettre au président du congrès de Genève, je disais :

« La Pologne vous offre en elle-même et dans son histoire un grand enseignement. Après les luttes gigantesques qu'elle eut à soutenir contre les coalitions d'alors pour préserver son indépendance, après les victoires de Sobieski qui sauvèrent la chrétienté, la Pologne, fatiguée de gloire, ouvrit l'oreille à ceux qui lui vantaient la paix et le désarmement : elle diminua ses armées, elle fit des économies, elle rêva des réformes et bâtit des systèmes ; mais son exemple de désarmement ne fut pas contagieux ; ses voisins, loin de les restreindre, augmentèrent leurs forces militaires ; leurs bataillons traversaient sans cesse le territoire de la Pologne qui ne pouvait plus s'y opposer ; l'étranger lui imposa des rois, lui dicta des lois, fomenta des partis, la désorganisa, la fit tomber dans l'anarchie, et enfin un jour elle fut partagée. — Quel est le patriote qui voudrait exposer sa nation à être démembrée comme le fut la Pologne ? »

Et j'ajoutais :

« Vous tous, qui avez dénoncé comme un crime le Coblentz des royalistes, ne craignez-vous point qu'on ne vous accuse d'augmenter l'arrogance et les forces de l'ennemi de la patrie française par un Coblentz libéral ? J'entends dire : la guerre fortifierait telle dynastie. Mais n'est-ce point justifier les contre-révolutionnaires de 93, qui, dans la crainte de consolider la République, aidaient les armées françaises à ne point vaincre ? Dès que, dans une nation, on s'allie, ne fût-ce qu'en esprit, à l'étranger contre sa patrie, c'est un signe que la nation est malade et que les malheurs sont proches. La Pologne, pour avoir ainsi agi vis-à-vis de son gouvernement, a perdu le droit d'avoir même un roi à elle. En vérité, ce n'est point de paix qu'il faudrait parler à présent, mais d'une grande croisade pour l'affranchissement des nations opprimées, sauf, une fois la croisade proclamée, à changer les gouvernements qui ne seraient point aptes à la conduire. Tant que la Pologne ne sera point rétablie dans son intégrité, depuis les Carpathes jusqu'au Dniepr, il n'y aura point de paix durable en Europe. Et la Pologne ne peut être rétablie que par les armes. »

Je n'ai guère été qu'un *Vox clamans in deserto*.

Il est triste de voir combien les exemples d'autrui profitent peu, ceux des nations pas plus que ceux des individus.

Napoléon Ier disait : « Celui qui ne craint pas la mort la fait rentrer dans les rangs ennemis. » De même on peut affirmer, l'histoire en main, que tout peuple qui veut la paix à tout prix s'attire sur lui-même immanquablement une guerre effroyable.

Mais la France en est encore à comprendre que son démembrement est venu surtout de l'embourgeoisement de ses mœurs, de l'orléanisation de sa politique, de son amour du bien-être par-dessus toutes choses. Les historiens politiques français se complaisent à chercher des rapprochements dans l'histoire romaine, ils pourraient en trouver de plus instructifs dans l'histoire de Pologne : une étude comparée sur Sobieski et Napoléon serait plus féconde que celle qu'on a faite maintes fois sur Napoléon et César.

Il fallait que le joug turc fût brisé ; mais il est malheureux qu'il ne l'ait pas été par d'autres que les Russes ; car les malheureux Slaves du Danube et des Balkans vont avoir à recommencer une nouvelle vie de souffrances. Le sort de la Pologne est devant eux comme un sanglant témoignage de ce que l'on peut attendre du gouvernement russe.

S'il est vrai, comme le disait Napoléon, que le partage de la Pologne ait nécessairement amené la Révolution française, puisque le danger dont la France se vit menacée par la coalition des cours copartageantes la contraignit à en appeler aux suprêmes énergies pour échapper à la mort, — on peut prévoir de même que la chute de la Turquie va amener nécessairement une révolution en Russie, puisque, pour vaincre les Turcs, le gouvernement russe a dû évoquer des forces qu'il ne peut déjà plus conjurer. Et l'on peut ajouter que cette révolution sera pour l'Europe un bonheur ou une calamité selon qu'elle débutera ou non par rendre justice à la Pologne.

L. M.

Paris, 18 avril 1879.

TABLE DES MATIÈRES.

	Pag.
Au lecteur bénévole...	V

LÉGENDES LITHUANIENNES.

Préface...	3
Zywila...	19
Karylla...	29
Notes...	45

Ce que femme préfère. (Proverbe.)...	55
Préface...	57
Notes...	79

NOTICES LITTÉRAIRES.

Préface...	97
Dépouillement des bibliothèques et des musées de Pologne...	103
Avant-propos...	105
Notes...	125
La mort de Garczynski...	171
Avant-propos...	173
Notes...	188
Coup d'œil sur les Dziady, suivi d'un fragment de la première partie...	209
Avant-propos...	211
Notes...	242

APOLOGÉTIQUE DU ROMANTISME.

Préface...	303
I. *De la poésie romantique*...	327
II. *Réponse aux critiques de Varsovie*...	355

Notes.. 382
Pots-scriptum... 483

APPENDICE.

I. Comment fut détruit un manuscrit de l'auteur...... 487
II. Complément de l'entrevue de Weimar............: 494
III. La semaine de miel d'un conscrit.................. 507
IV. Peur d'invasion littéraire et vanité nationale....... 508
V. Double boutade sur ce que la femme préfère...... 509
VI. Une explication rabbinique du nombre 44.......... 510
VII. Des spoliations russes........................... 512
VIII. Philomathes, Philarètes et Rayonnants............. 513

Au lendemain de deux congrès..... 517

FIN DE LA TABLE DES MATIÈRES.

Paris. — Imprimerie de Charles Noblet, rue Cujas, 13.

PRONONCIATION POLONAISE.

Pour faciliter la prononciation des noms propres polonais, nous croyons devoir indiquer que :

c *se prononce* ts ; sz — ch (dans cheval) ; cz — tch ; g — gué ; n final — ne ; rz — j ; u — ou ; w — v simple.

ERRATA.

Lire : p. VI, l. 17 : qui a tant — l. 18 : a ignoré
XI, l. 11 : Groddeck — p. XXIII, l. 1 : Pharis — l. 16 : *Vorwærts*
XXIV, l. 15 : biographe dit :
XXVII, l. 2 : « l'un = p. XLVII, l. 27 : puis, le 15
LIV, dern. l. : prison. (Voy. toutefois ci-dessous p. 516.)
LXXIII, l. 6 : une semaine avant
LXXIX, l. 9 : en 1856 = p. LXXXIV, l. 32 : (1849)
LXXXVIII, l. 12 : dessous contrairement à ce
CVI, l. 9 : impose-t-elle = p. CVIII, l. 20 : 1832
3, l. 6 : ne peuvent — l. 18 : l'Angleterre
4, l. 17 : La mission de la Pologne — l. 23 : dédaigne
15, l. 20 : Les réflexions qu'ont fait naître
36, l. 28 : les plus riantes pensées
37, l. 9 ; Karylla perdit les chasseurs de vue
46, l. 24 : d'Agamemnon. — l. 25 : C. IV). »
49, l. 23 : mais afin que — l. 38 : hébreu — l. 39 : *nahar*
50, l. 23 : Or dans l'hallucination = p. 53, l. 16 : le charme
58, l. 10 : de propriété : d'une part = p. 59, l. 38 : dont il a su
62, l. 5 : les plus grandes dames
63, l. 35 : au milieu du public
70, l. 7 : lorsqu'il fut représenté
71, l. 3 : et l'amour d'un philosophe ?
80, l. 35 : goûté — l. 36 : à l'auteur : car
83, l. 17 : la même origine et le même
84, l. 9 et 10 : le 181º, qu'il... *empié* — l. 39 : de Dante
86, l. 9 et 10 : que Dante = p. 97, l. 21 : les autres nations
98, l. 11 : Krasinski — l. 19 : et celui du = p. 108, l. 23 : (1841)
111, l. 35 : à moins = p. 112, l. 2 : le tableau dépeignant
113, l. 8 : des sciences de Varsovie
114, l. 28 : *de Pologne,* magnifique aigue marine
118, l. 12 : n'oublient point que deux siècles ne se passèrent pas — l. 26 : 1873
127, l. 27 : expira (19 août) — l. 28 : neuf ans — l. 30 : démembrement total
128, l. 38 : Leszczynski = p. 129, l. 9 : Radziwill
130, l. 30 : polonais. » = p. 131, l. 22 : l'Université
136, l. 7 : la morale ! = p. 137, l. 19 : *Copernico*
138, l. 26 : par l'ancien président du Comité — l. 42 : un horizon infini = p. 139, l. 24 : vus de plusieurs lieues

ERRATA.

Lire : p. 141, l. 6 : L'endroit où le corps de Kosciuszko reposa
146, l. 27 : *proton. apostolico*
148, l. 18 : et dont une réplique fut
149, l. 24 : Jablonowski — l. 31 : est décrit — l. 33 : Buonarroti
152, l. 1 : en 1818 — l. 23 : Les indications ci-dessus
155, l. 39 : *Cracoviæ* = p. 160, l. 22 : de leur vie. »
165, l. 27 ; *arte presi* = p. 185, l. 18 : par l'apathie
186, l. 16 : Peut-être mourrai-je
187, l. 2 : *sur le tombeau de son ami*
192, l. 12 : poète = p. 193, l. 11 : nous immolerons
196, l. 34, 35 : ces milliers de mères, de frères égorgés
197, l. 18 : Des littérateurs de profession = p. 213, l. 3 : ajoutait
216, l. 19 : les fragments — l. 20 : avaient — l. 36 : poème
230, l. 14 : aguets et l'œil en garde = p. 234, l. 10 : le village
243, l. 14 : l'édition polonaise de 1844 — l. 35 : lui-même. »
— l. 41 : Tout en — l. 43 : le cœur ne
246, l. 35 : (marquis Wielopolski) = p. 248, l. 41 : placé en avant
249, l. 19 : Nous entrons — l. 21, 22 : (c'est un veuf, peut-être un prêtre uniate) — l. 29 : le Solitaire
250, l. 6 : si alto — l. 14 : Solitaire
252, l. 6 : de juvéniles transports — l. 44 : monstres,
255, l. 43 : entre tout à coup, envers = p. 272, l. 39 : « Si
273, l. 5 6 : Et de ses plus éminents disciples, l'un, Enfantin
274, l. 14, 15 : par Titus. Quatre monts = p. 276, l. 23 : avoir eu
277, l. 28 : « L'âme — l. 33 : fait = p. 278, l. 3 : face du martyre
280, 281 : Première partie des Dziady = 287, l. 21 : Lamennais. »
295, l. 32 : Premier Consul, elle s'indigne contre lui — l. 33 : Empereur, elle lui en voulut — l. 35 : et elle
304, l. 25 : Les journaux arrêtent = p. 305, l. 7 : en politique
309, l. 1 : justifiait — l. 16 : invocation du = p. 318, l. 24 : « Aie du
321, l. 20 : d'un débat — l. 22, 23 : affirmation, de
322, l. 4 : mouvements — l. 18 : C'est un symptôme de quelque gravité, de voir — l. 21 : un déploiement
327, l. 5 : qui, de temps immémorial, soit
334, l. 19 : particulières ; mais
339, l. 26 : et du monde romantique
341, l. 11, 12 : la passion est mélangée de raisonnement et d'esprit et saupoudrée
351, l. 5 : et chez toutes les — l. 10 : et qu'il doit
354, l. 9 : est généralement dramatique
362, l. 23 : XIX⁰ *siècle* = p. 370, l. 6 : *aposiopesis, prosopopoeïa*
390, l. 19 : *Pamientnik Warszawski* = p. 393, l. 6 : le même
397, l. 36 : puis, comme dans = p. 408, l. 40 : peut oser,
411, l. 33 : éclair d'une âme de feu
413, l. 25 : abstraite, amoureuse, idéale
414, l. 10 : sincérité, de — l. 24 : français (Vauvenargues)
416, l. 29 : osé tenter
417, l. 8 : raison d'État — l. 37 : *désabusé :* le
421, l. 32 : humain. » Voilà ce que = p. 423, l. 1 : imagina
425, l. 7 : « Comment — l. 16 : « Si = 429, l. 5 : tout vertu

ERRATA.

Lire: p. 432, l. 11 : « Si le vrai = p. 434, l. 2 : , a dit H. Heine que par
436, l. 3 : et haïssait — l. 39 : dans le *chœur des Girondins* de son drame *le Chevalier de Maison-Rouge.*
437, l. 23 : jour-là, = p. 445, l. 28 : n'est pas le récit
449, l. dern. : Byron. (*Note de l'Ed.*) = p. 450, l. 32 : *Romantisme*
452, l. 2 : *crétin* — l. 15, 16 : le débraillé des Cafés
454, l. 15 : en- — l. 21 : vos lecteurs — l. 26 : capable, si on la ravive, de — l. 38 : ses devanciers
455, l. 9 : qui — l. 17 : Si, — 28 : Moleschott
456, l. 7 : par nous tous convaincre
457, l. 10 : pas de milieu : ou — l. 12 : ou
459, l. 14 : Jean-Paul-Frédéric Richter
461, l. 36, 37 : eut, du temps de Louis XIV,
462, l. 12 : leur mot = p. 463, l. 23 : ne remontant plus
467, l. 33 : de lourdes nuées = p. 469, l. dern. : à ses forces;
470, l. 4 : moyen âge; — l. 13 : ont abusé — l. 14 : fantômes ou en ont — l. 17 : les intelligences — l. 30 : le rire — l. 38 : dommage. — Mais
473, l. 30, 31 : l'arche d'alliance » — l. 41 : ses devancières
477, l. 13 : les mérites = p. 480, l. 24 : traduction.)
482, l. 4 : peuple : = p. 483, l. 13 : *juif,*
488, l. 28 : Mickiewiczu
491, l. 12 : polonais, de = p. 492, l. 2 : jours après — l. 6 : Holtei
495, l. 7 : une allusion plaisante = p. 496, l. 20 : son travail
506, l. 17 : en double = 507, l. 6 : par ses protestations
509, l. 3, 4 : résultats presque nuls. — l. 12 : elle a trop souvent — l. 24 : CE QUE FEMME
512, l. 14 : à la vue — l. 23 : Oranienbaum
514, l. 8, 9 : (qui aiment les sciences).
516, l. 5 : Jezowski — l. 15, 16 : Orenbourg — l. 18 : Novosilcow
518, l. 15 : Académie = 520, l. 29 : par elles ;
527, l. 9 : l'école de Czadaïew
530, l. 30, 31 : Il y a même aujourd'hui moins de latitude laissée par le Gouvernement
535, l. 19 : doué d'une telle clairvoyance — l. 29 : pour le mal !
536, l. 8 : l'univers, elle végète — l. 23 : juste, et bien au delà
537, l. 18 : ses biens, il pourra étaler
538, l. 1 : à Vilna, à Kiew, — l. 19 : 1772. — l. 20 : à l'une
539, l. 1 : Le — l. 10 : *impera* — l. 15, 16 : de s'appartenir jamais à eux-mêmes !
544, l. 2 : étaient moralement = p. 545, l. 17 : préjugés politiques
548, l. 1 : Le besoin
550, l. 10 : la Russie de même que — l. 14 : aussi patient qu'un — l. 19 : Pour savoir ce qu'il doit penser, il attend l'ordre
557, l. 27 : se départir ! » = p. 559, l. 23 : *velo*
560, l. 23 : sur la Bohême = p. 562, l. 11 : une
566, l. 8 : sur ce que femme

UN CORRECTIF.

Un correctif à ce que j'ai dit (p. 517-519) de l'excès de prudence du Congrès littéraire international de 1878, m'a été fourni par le Banquet de l'Association littéraire internationale qui a eu lieu le 3 mai 1879 : et il m'est doux de l'enregistrer.

M. de Lapommeraye venait, en portant un toast à Victor Hugo, de rappeler les titres des grands hommes à la reconnaissance des siècles. M. Louis Ratisbonne (le poète distingué qui a traduit Dante et qu'Alfred de Vigny choisit pour son exécuteur testamentaire littéraire) se leva et dit : « Messieurs et chers confrères, on vient de vous parler avec éloquence des grands hommes. Il en est que nous admirons avec une plus vive tendresse, parce que, s'ils appartiennent d'abord à leur patrie, ils appartiennent aussi à la France, devenue leur patrie d'exil. Je vois et je salue en face de moi le digne fils du poète de la Pologne, d'Adam Mickiewicz, dont notre Collège de France a entendu la parole harmonieusement mêlée à celle des Michelet et des Quinet. Et je lève mon verre à sa gloire. Au souvenir éternel, dans nos cœurs français, d'Adam Mickiewicz, poète de la Pologne! »

Je remerciai avec émotion, en exprimant le vœu que l'Association littéraire internationale contribue au triomphe de la liberté en tous pays. Sur quoi, M. Lermina poussa le cri de VIVE LA POLOGNE! que répétèrent tous les convives.

Ce qui prouve que, si parfois la vieille sympathie de la France pour la Pologne sommeille accidentellement, elle se réveille et éclate, aussi vive que jamais, à la première occasion.

Le lendemain, M. Ratisbonne m'écrivit : « Voici le toast que vous me faites la grâce de me redemander, au moins comme je me le rappelle : car il n'a que le mérite d'avoir jailli spontanément de mon cœur. » — Or c'est précisément ce visible élan spontané qui remua l'Assemblée et l'unifia en un même sentiment.

Paris, 18 juin 1879.   L. M

www.ingramcontent.com/pod-product-compliance
Lightning Source LLC
Chambersburg PA
CBHW061948300426
44117CB00010B/1261